독자의 **1초**를 아껴주는 정성!

—

세상이 아무리 바쁘게 돌아가더라도

책까지 아무렇게나 빨리 만들 수는 없습니다.

인스턴트 식품 같은 책보다는

오래 익힌 술이나 장맛이 밴 책을 만들고 싶습니다.

길벗이지톡은 독자 여러분이 우리를 믿는다고 할 때 가장 행복합니다.

나를 아껴주는 어학도서, 길벗이지톡의 책을 만나보십시오.

독자의 1초를 아껴주는 정성을 만나보십시오.

미리 책을 읽고 따라 해본 2만 베타테스터 여러분과 무따기 체험단, 길벗스쿨 엄마 2% 기획단,

시나공 평가단, 토익 배틀, 대학생 기자단까지!

믿을 수 있는 책을 함께 만들어주신 독자 여러분께 감사드립니다.

(주)도서출판 길벗 www.gilbut.co.kr

길벗이지톡 www.gilbut.co.kr

길벗스쿨 www.gilbutschool.co.kr

이 책을 추천합니다!

'어떤 단어장을 봐야 할 것인가'에 대하여 누군가 나에게 묻는다면 뒤도 안 돌아보고 이 책을 권하고 싶다. 일본어 실력이 좋지 않았던 나에게 일본어 실력을 말 그대로 끌어올려준 책.

– gon**

속담과 관용어 부분을 집중적으로 몰아서 소개하는 것은 타 어휘 책에서는 별로 보지 못했습니다. 이 책을 서너번 정독하면 웬만한 일본어 단어는 다 알 것 같은 기분이 듭니다.

– ch***909

시중에 파는 일본어 어휘 책을 슬-쩍 훑어본 결과, 대부분은 시시하게 느껴졌고, 우연히 시나공 책을 발견해서 보는데... 어라? 처음보는 어휘들이... '이거다!' 싶어서 구매했어요. 워낙 두꺼워서 어휘 양도 풍부하거니와 어휘 수준이 정말 공부가 되는 것 같아요.

– ti***han

영어에 voca bible이 있다면 일본어에는 voca 15000이 있는 것 같네요. 이걸 꼼꼼히 잘 보기만 한다면 실력 향상에 큰 도움이 될 듯합니다.

– el***an

이 책으로 JPT 950점 준비 중입니다. 이 책 내주셔서 정말 감사드리고요. 단어 공부하는 매순간 행복하네요. 상급자들이 이 책 보면 사막에 오아시스 만난 기분일 겁니다. 저는 매일 이 책 끼고 살고 있네요!^^

– tjf*****

진짜 강추합니다!! 날마다 품사별로 적절히 암기할 수 있는 구성이 너무 좋아요. 단어뿐 아니라 관용어와 속담, 사자성어까지 완전 알차네요. 뒤로 갈수록 난이도가 높아지니 JLPT N1이나 JPT 고득점을 준비하는 분이 보시면 좋을 것 같아요.

– chco*****

mp3 파일 구성과 활용법

Day당 4개의 파일로 나뉘어 있습니다.

- **명사** : Day번호 – 1.mp3
- **동사** : Day번호 – 2.mp3
- **형용사** : Day번호 – 3.mp3
- **부사, 의성어 • 의태어, 속담 • 사자성어, 관용어** : Day번호 – 4.mp3

mp3 파일 무료 다운로드

길벗 홈페이지(www.gilbut.co.kr)로 오시면 mp3 파일 및 관련 자료를 다양하게 이용할 수 있습니다.

1단계 검색 에 찾고자 하는 책 이름을 입력하세요.

2단계 검색한 도서로 이동하여 〈자료실〉 탭을 클릭하세요.

3단계 mp3 파일 및 다양한 자료를 받으세요.

상위 1% JPT 전문가들의 모임

JPT초고수위원회 지음

시나공 일본어 VOCA 15000

Crack the Exam! Japanese VOCA 15000

초판 발행 · 2020년 5월 5일
초판 4쇄 발행 · 2023년 12월 30일

지은이 · JPT초고수위원회
발행인 · 이종원
발행처 · (主)도서출판 길벗
브랜드 · 길벗이지톡
출판사 등록일 · 1990년 12월 24일
주소 · 서울시 마포구 월드컵로 10길 56 (서교동)
대표 전화 · 02)332-0931 | **팩스** · 02)323-0586
홈페이지 · www.gilbut.co.kr | **이메일** · eztok@gilbut.co.kr

기획 및 책임편집 · 오윤희(tahiti01@gilbut.co.kr) | **디자인** · 최주연 | **제작** · 이준호, 손일순, 이진혁
마케팅 · 이수미, 장봉석, 최소영 | **영업관리** · 심선숙 | **독자지원** · 윤정아

편집진행 및 교정교열 · 이경숙 | **전산편집** · 수(秀)디자인 | **오디오녹음** · 와이알미디어
CTP 출력 및 인쇄 · 예림인쇄 | **제본** · 예림바인딩

ISBN 979-11-6521-101-1 03730
(길벗 도서번호 301014)

정가 20,000원

머리말

시험에 많이 나오는 어휘부터 외워라!

시험 합격뿐 아니라 고득점을 노린다!

일본어 학습자분들 가운데는 시험 공부를 통해서 실력 향상을 도모하거나 실력을 증명하고자 하는 분들이 많으리라 생각합니다. 이 책은 그런 분들이 느낄 어휘에 대한 갈증을 해소하기 위해 기획되었습니다. 필자 역시 일본어능력시험 1급에 합격하고 다음 단계로 넘어가기 위해 좀 더 어려운 시험에 도전하게 되었지만, 막상 맞는 교재가 없어 일본어 학습에 어려움을 겪은 적이 있습니다. 《시나공 일본어 VOCA 15000》은 이때의 경험을 토대로 중고급자들에게 꼭 필요한 책을 고민하며 시작되었습니다.

이 책은 시험에 나오는 어휘들을 분석 · 선별하여 중요도순으로 나누어 표제어를 정리했습니다. 또한 원어민 선생님들이 직접 작성한 예문을 추가하여 단어 뜻만 가지고는 알 수 없는 뉘앙스와 용법을 익힐 수 있도록 구성하였습니다. JLPT N2 수준 이상의 어휘를 중심으로, JLPT, JPT, EJU, FLEX, 일본어검정, SNULT 등 거의 모든 일본어 시험에서 출제될 가능성이 있는 고득점용 어휘까지 실제 출제 패턴을 고려하여 정리하였습니다.

개정판, 이렇게 바뀌었다!

그간 국내에서 실시된 일본어 시험은 출제 경향에 다소 변화가 있었고, 폐지되거나 새로 도입된 시험이 생기면서 이러한 변화에도 대비할 수 있도록 개정판을 출간하게 되었습니다. 개정판에서는 시험에 출제되는 단어는 물론 시험에 출제되지 않는 단어들의 패턴까지 분석하여 정밀하게 표제어를 선정하였고, 최소의 노력으로 최대의 효과를 낼 수 있도록 고민하며 작업했습니다. 단어의 용법을 잘 이해할 수 있도록 어려운 예문들을 알기 쉬운 예문으로 교체하였고, 예문을 읽으면서 사전을 찾는 번거로움을 줄이기 위해 표제어를 제외한 모든 예문의 한자어 위에 독음을 달았습니다. 예문 해석도 가급적 원문의 뜻을 정확하게 이해할 수 있도록 직역보다는 의역 위주로 바꾸었습니다. 어휘 뜻은 외우기 쉽도록 가급적 간결하게 정리하되, 뜻을 오해할 소지가 있는 단어들은 가벼운 예시를 들었고 그 정도로도 부족하다 싶은 단어들은 따로 해설을 덧붙였습니다. 또한 속담과 사자성어에도 예문을 추가하여 비슷한 뜻의 한국 속담, 사자성어와 쓰임새가 어떻게 다른지도 비교하며 공부할 수 있도록 구성하였습니다.

어휘 학습은 어떤 영역보다도 많은 시간을 필요로 합니다. 필자 역시 어휘 학습의 어려움을 뼈저리게 느껴 본 경험이 있는 만큼 독자 여러분이 효율적으로 어휘력을 키워 나갈 수 있도록 고민하며 이번 개정판 작업에 임했습니다. 《시나공 일본어 VOCA 15000》이 여러분의 일본어 어휘 학습에 조금이나마 도움이 된다면 필자들에게는 더없는 보람이 될 것입니다.

2020년 5월

저자 일동

1~5순위 어휘

중요도와 난이도를 고려하여 우선순위별로 어휘를 나누었고, 실제 시험에서 다음과 같은 성적을 낼 수 있도록 구성하였습니다.

JPT 점수 기준	
	1순위 어휘 – JPT 600점 도전
	2순위 어휘 – JPT 700점 도전
	3순위 어휘 – JPT 800점 도전
	4순위 어휘 – JPT 900점 도전
	5순위 어휘 – JPT 990점 도전

〈어휘 수록 범위〉 JPT · JLPT는 한자음, 어휘의 의미, 용법을 묻는 문제가 많이 출제되지만, EJU · FLEX의 경우는 독해 문제의 출제 비율이 높습니다. 또한 SJPT · EJU · FLEX의 경우는 말하기, 쓰기 문제도 출제되므로 이해력뿐만 아니라 표현력에도 도움이 되는 어휘를 수록하였습니다.

〈어휘 개수〉 도서의 단어 수는 예문의 단어를 포함하여 산정하였습니다. 기본 표제어는 5,500개입니다.

VOCA Check

본문에 실린 표제어의 일부를 실었습니다. 본문 학습에 들어가기 앞서 워밍업을 한다는 기분으로 가볍게 아는 어휘와 모르는 어휘를 체크할 수 있습니다. 품사별로 페이지 순서에 따라 어휘를 실었습니다. 모르는 어휘는 품사별로 순서를 따라가면 쉽게 답을 확인할 수 있습니다.

표제어와 예문

학습할 어휘들을 품사별로 분류하여 구성하였습니다.

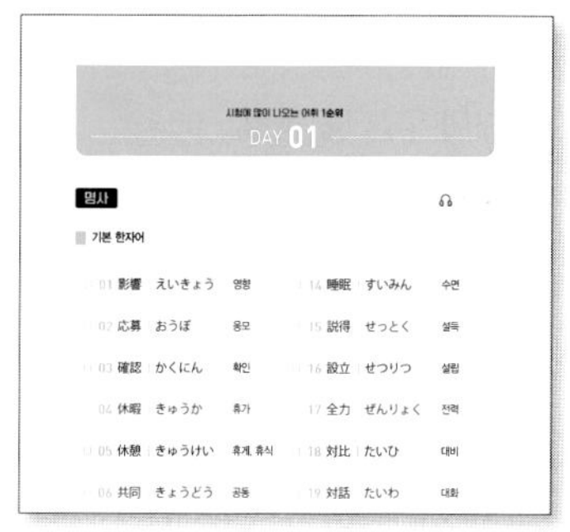

명사 – 기본 한자어 / 읽기에 주의해야 할 음독 한자어, 읽기에 주의해야 할 음훈 결합 명사 / 고유어

동사 – 기본 동사 / 복합동사

형용사 – い형용사 / な형용사

부사, 의성어 · 의태어, 속담 · 사자성어, 관용어

각 표제어에는 해당 어휘가 자주 쓰이는 예문을 함께 실어서 사전적인 의미만으로는 이해가 가지 않는 용법까지 학습할 수 있습니다. 단, 기본 한자어는 단어 자체만으로도 뜻을 이해하는 데에 무리가 없어 예문 없이 표제어만 나열하였습니다.

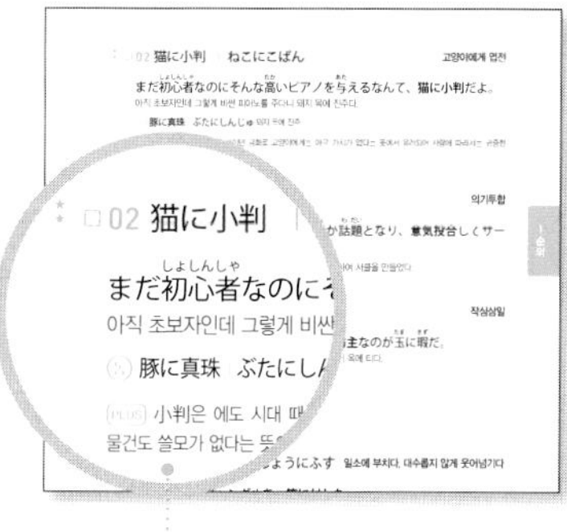

- (반) : 반의어 / (동) : 동의어
- (PLUS) : 표제어와 관련된 참고어와 추가 설명이 필요한 부분을 정리했습니다.

- 난이도 표시 : 별 개수가 많을수록 난이도가 높습니다.

★ 초 · 중급 한자 중에서 기본음으로 제시되었거나 한자의 의미 파악이 쉬운 기본 어휘 〈JPT · FLEX(듣기, 읽기) 600점 / JLPT N2 수준〉

★★ 시험에 출제되는 일반적인 난이도의 어휘 〈JPT · FLEX(듣기, 읽기) 800점 / JLPT N1 수준〉

★★★ 한자의 음이나 의미 파악이 어렵거나 용법에 주의해야 할 어휘 〈JPT · FLEX(듣기, 읽기) 900점 수준〉

쪽지시험

해당 과에서 학습한 어휘들을 간단하게 테스트해 볼 수 있습니다. 1번(바르게 표기된 한자 찾기)은 혼동하기 쉬운 한자의 구분, 2번(올바른 문장 찾기)은 혼동하기 쉬운 의미의 어휘 구분, 3번(설명에 알맞은 어휘 찾기)은 어휘의 사전적 의미를 얼마만큼 이해했는지 확인할 수 있습니다.

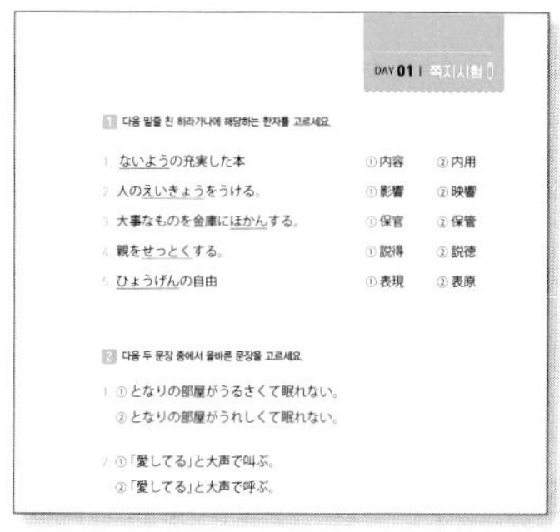

목차

시험에 많이 나오는

1 어휘 순위

정답률 60%에 도전한다!

60%대의 정답률을 목표로 하기 위해서는 기본을 튼튼히 하고 난이도가 높은 문제에서도 정답률이 25% 이상이 되어야 합니다. 이 단원은 튼튼한 기본기를 키우기 위한 어휘들로 구성되어 있습니다.

VOCA Check

나의 어휘 실력은 현재 어느 정도일까?
실전 어휘력 체크!

다음 어휘의 뜻을 써 보세요.

명사

- □01 休憩 ....
- □02 検査 ....
- □03 睡眠 ....
- □04 合致 ....
- □05 支度 ....
- □06 操縦 ....
- □07 後味 ....
- □08 手袋 ....
- □09 目当て ....

동사

- □10 輝く ....
- □11 凍る ....
- □12 叱る ....
- □13 建つ ....
- □14 慣れる ....
- □15 受け止める ....
- □16 追い出す ....
- □17 座り込む ....
- □18 引っ張る ....

형용사

- □19 悔しい ....
- □20 細かい ....
- □21 懐かしい ....
- □22 みっともない ....
- □23 簡素 ....
- □24 緊密 ....
- □25 不備 ....
- □26 裕福 ....
- □27 冷酷 ....

부사·의성어·의태어

- □28 さらに ....
- □29 じっと ....
- □30 すっかり ....
- □31 転々と ....
- □32 からから ....
- □33 くらくら ....
- □34 じめじめ ....
- □35 そわそわ ....
- □36 ぼさぼさ ....

속담·사자성어·관용어

- □37 どんぐりの背比べ ....
- □38 千差万別 ....
- □39 現を抜かす ....
- □40 取るに足りない ....

- **정답 개수 01~10개** ▶ **당신은 초급자!** 산 넘어 산이네요! 정독하여 반드시 어휘 정복합시다!
- **정답 개수 11~20개** ▶ **당신은 초중급자!** 이제 걸음마 뗀 수준? 좀 더 노력하여 수준급으로 Go!
- **정답 개수 21~30개** ▶ **당신은 중급자!** 조금만 더 열심히 하면, 상급자까지 얼마 안 남았어요!
- **정답 개수 31~40개** ▶ **당신은 거의 상급자 수준?!** 방심은 금물! 100% 완벽에 도전합시다!

시험에 많이 나오는 어휘 **1순위**

DAY 01

명사

01-1.mp3

기본 한자어

□ 01 影響 | えいきょう 영향
□ 02 応募 | おうぼ 응모
□ 03 確認 | かくにん 확인
□ 04 休暇 | きゅうか 휴가
□ 05 休憩 | きゅうけい 휴게, 휴식
□ 06 共同 | きょうどう 공동
□ 07 経験 | けいけん 경험
□ 08 形式 | けいしき 형식
□ 09 検査 | けんさ 검사
□ 10 幸運 | こううん 행운
□ 11 参加 | さんか 참가
□ 12 終了 | しゅうりょう 종료
□ 13 準備 | じゅんび 준비
□ 14 睡眠 | すいみん 수면
□ 15 説得 | せっとく 설득
□ 16 設立 | せつりつ 설립
□ 17 全力 | ぜんりょく 전력
□ 18 対比 | たいひ 대비
□ 19 対話 | たいわ 대화
□ 20 内容 | ないよう 내용
□ 21 年齢 | ねんれい 연령
□ 22 配達 | はいたつ 배달
□ 23 発揮 | はっき 발휘
□ 24 表現 | ひょうげん 표현
□ 25 表情 | ひょうじょう 표정
□ 26 保管 | ほかん 보관

읽기에 주의해야 할 음독 한자어

★★ □ 01 **呵責** | かしゃく 　가책

彼には良心の**呵責**など、まったくないように見える。
그에게는 양심의 가책 같은 것은 전혀 없는 것처럼 보인다.

★★ □ 02 **合致** | がっち 　일치

顧客のニーズに**合致**した新製品が出た。
고객의 요구에 일치하는 신제품이 나왔다.

★ □ 03 **完売** | かんばい 　다 팔림, 매진

限定2000着の新作ジーンズは、あっという間に**完売**したそうだ。
2천 벌 한정으로 새로 제작된 청바지는 눈 깜짝할 사이에 매진되었다고 한다.

★★ □ 04 **賛美** | さんび 　찬미

ファシズムを**賛美**する政党の支持者が増えた。
파시즘을 찬미하는 정당의 지지자가 늘었다.

★ □ 05 **仕度・支度** | したく 　준비, 채비

うちに帰ったら夕ご飯の**仕度**ができていなかったので、外で食べることにした。
집에 돌아갔더니 저녁 식사 준비가 되어 있지 않아서 밖에서 먹기로 했다.

★★ □ 06 **推奨** | すいしょう 　추천, 권장

今年の夏休みには文部科学省**推奨**の本で読書感想文を書こうと思う。
올 여름 방학에는 문부과학성 권장 도서로 독서 감상문을 써 볼 생각이다.

★★ □ 07 **操縦** | そうじゅう 　조종

初心者がドローンを**操縦**するのは結構難しい。
초보자가 드론을 조종하는 것은 꽤 어렵다.

★★ □ 08 **台頭** | たいとう 대두

しんしん き えい けいえいしゃ ぎょうかい えいきょう あた

新進気鋭の経営者の**台頭**は業界に影響を与えた。

신진기예 경영자의 대두는 업계에 영향을 주었다.

★★ □ 09 **大別** | たいべつ 크게 나눔

せん い せいせい か てい てんねんせん い か がくせん い

繊維は生成過程によって天然繊維と化学繊維とに**大別**される。

섬유는 크게 생성 과정에 따라 천연 섬유와 화학 섬유로 나눠진다.

★★ □ 10 **搬送** | はんそう 옮김, 반송

たま つ じ こ ふ しょうしゃ きゅうきゅうびょういん はんそう

玉突き事故の負傷者が救急病院に**搬送**された。

연쇄 추돌 사고의 부상자가 응급 병원으로 옮겨졌다.

고유어

★ □ 01 **後味** | あとあじ 뒷맛

えい が けつまつ しょうげきてき わる

あの映画は結末があまりにも衝撃的で**後味**が悪かった。

그 영화는 결말이 너무나도 충격적이라 뒷맛이 나빴다.

★ □ 02 **後々** | あとあと・のちのち 먼 훗날, 장래

かんが いま ちょきん ほう

後々のことを考えるなら、今から貯金をしておいた方がいい。

앞으로의 일을 생각한다면 지금부터 저금을 해 두는 편이 좋다.

★★ □ 03 **大股** | おおまた 큰 걸음

お じ ろう か ある あしおと

叔父はいつも**大股**で廊下を歩くので、足音だけでもわかる。

삼촌은 항상 큰 걸음으로 복도를 걷기 때문에 발소리만으로도 알 수 있다.

★★★ □ 04 **小競り合い** | こぜりあい (소규모 인원들 간의) 다툼

はんてい ふ まん も かんきゃくどう し

判定に不満を持った観客同士の**小競り合い**があった。

판정에 불만을 가진 관객끼리의 충돌이 있었다.

☆ □ 05 手続き | てつづき 절차, 수속

会員登録の**手続き**は意外と簡単だった。
회원 등록 절차는 의외로 간단했다.

☆ □ 06 手袋 | てぶくろ 장갑

白い**手袋**をはめた候補者が有権者に選挙カーから手を振っている。
하얀 장갑을 낀 후보자가 유권자에게 선거 차량에서 손을 흔들고 있다.

☆ □ 07 取り扱い | とりあつかい 취급

危険物の**取り扱い**には十分ご注意ください。
위험물 취급에는 각별히 주의하세요.

☆☆ □ 08 控え目 | ひかえめ 양이나 정도 등을 줄임

塩分**控え目**の醤油を使っている。
염분을 적게 넣은 간장을 사용하고 있다.

☆☆ □ 09 吹き替え | ふきかえ 더빙

子供と一緒に日本語**吹き替え**のアニメ映画を見た。
아이와 함께 일본어로 더빙한 만화 영화를 보았다.

☆ □ 10 微笑み | ほほえみ 미소

ぎこちなく見える**微笑み**が彼女のトレードマークだ。
어색한 듯한 미소가 그녀의 트레이드 마크이다.

☆☆ □ 11 目当て | めあて (어떤 대상이나 목표를) 노림, 목적

賞金を**目当て**に小説を書き始めたのが作家になるきっかけだった。
상금을 노리고 소설을 쓰기 시작한 것이 작가가 된 계기였다.

☆☆ □ 12 目上 | めうえ 나이나 지위 등이 자기보다 위인 관계, 손위

目上の人の前で自分の意見を言う場合には、かなり気を遣う。
윗사람 앞에서 내 의견을 말할 때는 상당히 신경을 쓴다.

반 目下 | めした 손아래

★★★ □ 13 **持ち切り** | もちきり　　같은 화제가 계속 이어짐

今朝(けさ)からワールドカップサッカーの話題(わだい)で**持ち切り**だ。
오늘은 아침부터 월드컵 축구 이야기가 계속 화제로 이어지고 있다.

★ □ 14 **物語** | ものがたり　　산문 형식의 문학 작품, 이야기

この**物語**の作者(さくしゃ)が誰(だれ)なのかは知(し)りません。
이 이야기의 지은이가 누구인지는 모릅니다.

★ □ 15 **横書き** | よこがき　　가로쓰기

日本(にほん)の本(ほん)は**横書き**のものより縦書(たてが)きのものが多(おお)い。
일본 책은 가로쓰기보다 세로쓰기로 된 것이 많다.

반 縦書き | たてがき 세로쓰기

동사

01-2.mp3

기본 동사

★ □ 01 **押す** | おす　　밀다

満員電車(まんいんでんしゃ)の中(なか)で、後(うし)ろの人(ひと)に背中(せなか)を**押されて**驚(おどろ)いた。
만원 전철 안에서 뒷사람에게 등을 밀려 놀랐다.

★ □ 02 **輝く** | かがやく　　빛나다

夜空(よぞら)に広(ひろ)がっている星(ほし)たちがきらきらと**輝いて**いる。
밤하늘에 펼쳐진 별들이 반짝반짝 빛나고 있다.

★ □ 03 **貸す** | かす　　빌려주다

ちょっと鉛筆(えんぴつ)を**貸して**もらえませんか。
연필을 좀 빌려주시겠어요?

★ □ 04 **蹴る** | ける　　(발로) 차다 / 거절하다

ボールを壁(かべ)の方(ほう)に思(おも)い切(き)り**蹴った**。
공을 벽 쪽으로 힘껏 찼다.

□ 05 越える | こえる (장소나 시간 등을) 넘다

この山(やま)を**越えたら**、海(うみ)が見(み)える町(まち)に着(つ)く。

이 산을 넘으면 바다가 보이는 마을에 닿는다.

□ 06 凍る | こおる 얼다

零下(れいか)10度(ど)を下回(したまわ)る寒(さむ)い日(ひ)が続(つづ)き、窓(まど)が**凍って**開(あ)かなくなった。

영하 10도를 밑도는 추운 날이 계속되면서 창문이 얼어 열리지 않게 되었다.

□ 07 叫ぶ | さけぶ 외치다

助(たす)けを求(もと)めるために大声(おおごえ)で**叫んだ**。

도움을 청하기 위해 크게 소리를 질렀다.

□ 08 叱る | しかる 야단치다

ひどいいたずらをして母(はは)に**叱られて**しまった。

심한 장난을 쳐서 어머니께 야단을 맞고 말았다.

□ 09 しゃがむ 쭈그리고 앉다

最近(さいきん)、道端(みちばた)に**しゃがんで**タバコを吸(す)っている若者(わかもの)を見(み)かける。

요즘 길가에 쭈그리고 앉아 담배를 피우고 있는 젊은이들이 눈에 띈다.

□ 10 しゃべる 말하다, 재잘대다

根(ね)も葉(は)もないことを他(ほか)の人(ひと)にぺらぺらと**しゃべる**のはよくない。

근거도 없는 말을 다른 사람에게 퍼뜨리는 것은 좋지 않다.

□ 11 建つ | たつ (건물 등이) 들어서다

久(ひさ)しぶりに田舎(いなか)に帰(かえ)ったら、立派(りっぱ)なマンションが**建って**いた。

오랜만에 고향으로 내려갔더니 멋진 맨션이 들어서 있었다.

□ 12 足りる | たりる 충분하다

親(おや)の仕送(しおく)りだけでは生活費(せいかつひ)が**足りない**。

부모님이 보내 주시는 돈만으로는 생활비가 부족하다.

☐ 13 **慣れる** | なれる　　익숙해지다, 적응하다

入社５年目にもなるのに、会社の人間関係には未だに**慣れない**。
입사 5년 차나 되었는데 회사 인간관계는 지금도 적응이 안 된다.

☐ 14 **似る** | にる　　닮다

妹は小さい時から父よりも母に**似て**いるとよく言われた。
동생은 어렸을 때부터 아버지보다도 어머니를 닮았다는 말을 자주 들었다.

(PLUS) 似る는 기본형으로 쓰이는 경우는 거의 없고 似ている의 형태로 쓰이는 경우가 많다.

☐ 15 **寝る** | ねる　　자다 / 눕다

ベッドで**寝ながら**本を読んでいたら眠くなった。
침대에서 누워서 책을 읽었더니 졸려 왔다.

복합동사

☐ 01 **受け止める** | うけとめる　　받아들이다

先輩の忠告を真摯に**受け止めて**ほしい。
선배의 충고를 진지하게 받아들였으면 한다.

☐ 02 **受け取る** | うけとる　　받다, 수령하다

私の代わりに小包を**受け取って**もらえませんか。
저 대신 소포를 받아 주실 수 있나요?

☐ 03 **追い出す** | おいだす　　내쫓다

改革派は政権から保守派を**追い出した**。
개혁파는 정권에서 보수파를 내쫓았다.

☐ 04 **着替える** | きがえる　　갈아입다

あまりにも疲れて、家に帰ってすぐ寝巻に**着替えて**寝た。
너무나도 피곤해서 집에 돌아가서 바로 잠옷으로 갈아입고 잤다.

□ 05 座り込む | すわりこむ 주저앉다

一人(ひとり)で川辺(かわべ)に**座り込んで**ビールを飲(の)んだ。
혼자 강변에 주저앉아 맥주를 마셨다.

□ 06 付き合う | つきあう 사귀다

彼女(かのじょ)と**付き合って**まもなく、結婚(けっこん)することになった。
그녀와 사귄 지 얼마 지나지 않아 결혼하게 되었다.

□ 07 突き刺さる | つきささる 꽂히다, 박히다

作業中(さぎょうちゅう)に棘(とげ)が指(ゆび)に**突き刺さった**ようだ。
작업 중에 가시가 손가락에 박힌 것 같다.

□ 08 取り替える | とりかえる 갈다, 교체하다

今日(きょう)、蛍光灯(けいこうとう)を新(あたら)しいものに**取り替えた**。
오늘 형광등을 새것으로 갈았다.

□ 09 引っ越す | ひっこす 이사하다

父(ちち)の仕事(しごと)の都合(つごう)で名古屋(なごや)に**引っ越す**。
아버지의 일 관계로 나고야로 이사 간다.

□ 10 引っ張る | ひっぱる 잡아당기다

白(しろ)い紐(ひも)を**引っ張る**と、電気(でんき)がつく。
흰색 끈을 잡아당기면 불이 켜진다.

형용사

01-3.mp3

い 형용사

□ 01 うるさい 시끄럽다 / 까다롭다

味(あじ)に**うるさい**父(ちち)は母(はは)の料理(りょうり)に満足(まんぞく)できず、自分(じぶん)で料理(りょうり)をした。
입맛이 까다로운 아버지는 어머니 요리에 만족하지 못하여 스스로 요리를 했다.

★ □02 **悔しい** | くやしい　(실패나 좌절 등으로 인해) 분하다, 속상하다

試験(しけん)で1点(てん)足(た)りなくて合格(ごうかく)できなかった**悔しい**思(おも)い出(で)がある。
시험에서 1점 부족하여 합격하지 못한 속상한 기억이 있다.

★ □03 **細かい** | こまかい　세심하다

細かいところまで気(き)を使(つか)ってくれてありがとう。
세심한 부분까지 신경 써 줘서 고마워.

★ □04 **懐かしい** | なつかしい　그립다

最近(さいきん)、故郷(こきょう)が**懐かしい**。これがホームシックだろう。
요즘 고향이 그립다. 이것이 향수병이겠지.

★ □05 **見っともない** | みっともない　꼴사납다

いい大人(おとな)が人前(ひとまえ)で大声(おおごえ)を出(だ)して文句(もんく)を言(い)うなんて**見っともない**。
다 큰 어른이 사람들 앞에서 언성을 높이며 불평을 해대다니 꼴사납다.

な형용사

★ □01 **簡素** | かんそ　간소함

昔(むかし)と比(くら)べて最近(さいきん)の結婚式(けっこんしき)はだいぶ**簡素に**なった。
옛날과 비교해서 요즘 결혼식은 상당히 간소해졌다.

★ □02 **緊密** | きんみつ　긴밀함

教育(きょういく)には学校(がっこう)と家庭(かてい)の**緊密な**連携(れんけい)が必要(ひつよう)だ。
교육에는 학교와 가정의 긴밀한 연계가 필요하다.

★★ □03 **不備** | ふび　미흡함

不備な点(てん)がありましたら、いつでも声(こえ)をかけてください。
미흡한 점이 있으면 언제든지 불러 주세요.

☐ 04 裕福 | ゆうふく　유복함

彼は**裕福な**家庭に生まれたそうだ。
그는 유복한 가정에서 태어났다고 한다.

☐ 05 冷酷 | れいこく　냉혹함

会社の**冷酷な**仕打ちに社員たちは怒りを覚えた。
회사의 냉혹한 처사에 사원들은 분노를 느꼈다.

부사

01-4.mp3

☐ 01 さらに　더욱

もともと太り気味だったが、最近**さらに**体重が増えた気がする。
원래 다소 살찐 편이었지만 요즘 더욱 체중이 는 것 같다.

☐ 02 じっと　가만히

動かないで、**じっと**様子を窺う。
움직이지 않고 가만히 상황을 살피다.

☐ 03 すっかり　완전히

高校の同窓会が来週だったことを**すっかり**忘れていた。
고등학교 동창회가 다음 주였다는 사실을 까맣게 잊고 있었다.

☐ 04 転々と | てんてんと　이리저리 (옮겨 다님)

この男は今まで**転々と**住所を変えて生きてきた。
이 남자는 지금까지 이리저리 주소를 바꾸며 살아왔다.

☐ 05 わざと　일부러, 고의로

わざと負けるのはスポーツマンシップに反することだ。
일부러 지는 것은 스포츠맨십에 반하는 행위이다.

의성어·의태어

★★ ☐ 01 **からから** 바싹 말라 물기가 없는 모양

2時間(じかん)も休(やす)まずに講義(こうぎ)をしたら、喉(のど)が**からから**になった。
두 시간이나 쉬지 않고 강의를 했더니 목이 칼칼해졌다.

★★ ☐ 02 **くらくら** 현기증이 나는 모양, 어질어질

高所恐怖症(こうしょきょうふしょう)の私(わたし)は、高(たか)いところにいると頭(あたま)が**くらくら**してくる。
고소 공포증이 있는 나는 높은 곳에 있으면 머리가 어질어질해진다.

★★ ☐ 03 **じめじめ** 습기가 많은 모양

この部屋(へや)は日(ひ)が当(あ)たらなくて、いつも**じめじめ**している。
이 방은 햇빛이 들어오지 않아서 항상 습하다.

★★ ☐ 04 **そわそわ** 불안 등으로 안절부절못하는 모양

合格発表(ごうかくはっぴょう)の日(ひ)は朝(あさ)から**そわそわ**していた。
합격 발표 날에는 아침부터 안절부절못하고 있었다.

★★★ ☐ 05 **ぼさぼさ** 머리가 흐트러진 모양, 부스스

今朝(けさ)は鏡(かがみ)を見(み)る時間(じかん)もなくて、**ぼさぼさ**の髪(かみ)のまま出社(しゅっしゃ)した。
오늘 아침에는 거울을 볼 시간도 없어서 부스스한 머리로 출근했다.

속담·사자성어

★★ ☐ 01 **猿も木から落ちる** | さるもきからおちる 원숭이도 나무에서 떨어진다

チーム一(いち)の選手(せんしゅ)なのにオウンゴールを決(き)めるとは、まさに**猿も木から落ちる**だね。
팀에서 제일가는 선수인데 자책골을 넣다니, 딱 원숭이도 나무에서 떨어지는 격이네.

☐ 02 団栗の背比べ | どんぐりのせいくらべ 도토리 키재기

今回の競技会は、抜きん出た記録が出ず、どの選手も結果は**団栗の背比べ**だった。

이번 스포츠 대회는 특별히 돋보이는 기록이 나오지 않아 어느 선수나 결과는 도토리 키재기였다.

☐ 03 千差万別 | せんさばんべつ 천차만별

人にとって何が幸せかは、**千差万別**だろう。

사람에 있어 무엇이 행복인지는 천차만별일 것이다.

☐ 04 単刀直入 | たんとうちょくにゅう 단도직입

時には遠回しに言わないで、**単刀直入**に話すことも大切だ。

가끔은 돌려서 말하지 말고 단도직입적으로 말하는 것도 중요하다.

관용어

☐ 01 意に介さない | いにかいさない 개의치 않다

父は怒鳴りつけたが、兄はまったく**意に介さない**ようだった。

아버지는 크게 야단을 치셨지만 형은 전혀 개의치 않는 것 같았다.

☐ 02 現を抜かす | うつつをぬかす (무언가에 빠져) 정신이 팔리다

ギャンブルに**現を抜かして**人生を駄目にした。

도박에 정신이 팔려 인생을 망쳤다.

☐ 03 恨みを晴らす | うらみをはらす 원한을 풀다

敵に復讐をして親の**恨みを晴らしたい**。

원수에게 복수를 해서 부모님의 원한을 풀어 드리고 싶다.

☐ 04 悦に入る | えつにいる (일이 잘 풀려) 흡족해하다, 기뻐하다

仕事がうまくいって、ひとり**悦に入って**いる。

일이 잘 풀려서 혼자 기뻐하고 있다.

★★★ □ 05 **癇に障る** | かんにさわる 비위에 거슬리다

やはり僕には彼女の冷たい言い方が**癇に障る**。

역시 나는 그녀의 쌀쌀맞은 말투가 비위에 거슬린다.

★★★ □ 06 **群を抜く** | ぐんをぬく 특출나게 뛰어나다

彼の運動神経は、子供のころから**群を抜いて**いた。

그의 운동 신경은 어렸을 적부터 특출나게 뛰어났다.

★★ □ 07 **取るに足りない** | とるにたりない 하잘것없다, 하찮다

取るに足りない小さなことで悩まないでください。

하잘것없는 작은 일로 고민하지 마세요.

★★ □ 08 **根に持つ** | ねにもつ (나쁜 감정을) 마음에 담아 두다

昔喧嘩して殴られたことを今でも**根に持って**いる。

옛날에 싸우다 맞았던 일을 지금도 마음에 담아 두고 있다.

★★ □ 09 **恥をかく** | はじをかく 창피를 당하다

結婚式のスピーチで新郎の名前を間違えて**恥をかいた**。

결혼식 스피치에서 신랑 이름을 틀려서 창피를 당했다.

★★★ □ 10 **立錐の余地もない** | りっすいのよちもない (너무 혼잡해서) 발 디딜 틈도 없다

立錐の余地もないほどのたくさんの観衆が集まった。

발 디딜 틈도 없을 정도의 많은 관중들이 모였다.

1 다음 밑줄 친 히라가나에 해당하는 한자를 고르세요.

1.	ないようの充実した本	① 内容	② 内用
2.	人のえいきょうをうける。	① 影響	② 映響
3.	大事なものを金庫にほかんする。	① 保官	② 保管
4.	親をせっとくする。	① 説得	② 説徳
5.	ひょうげんの自由	① 表現	② 表原

2 다음 두 문장 중에서 올바른 문장을 고르세요.

1. ① となりの部屋がうるさくて眠れない。
   ② となりの部屋がうれしくて眠れない。

2. ①「愛してる」と大声で叫ぶ。
   ②「愛してる」と大声で呼ぶ。

3. ① サッカーの試合でわざと試合に負ける。
   ② サッカーの試合でわざわざ試合に負ける。

4. ① いたずらをして母に褒められた。
   ② いたずらをして母に叱られた。

5. ① ひさしぶりに田舎に帰って懐かしい人たちに会った。
   ② ひさしぶりに田舎に帰って恥ずかしい人たちに会った。

3 다음 일본어가 설명하고 있는 단어를 고르세요.

1. 温度が低くて水などの物が固くなる。

① 溶ける ② 凍る

2. 多くのものにそれぞれ違いがある。

① 千載一遇 ② 千差万別

3. 多くの人々が一箇所に集まって身動きがとれないほどだ。

① 立錐の余地もない ② 持ち切り

4. 新しい組織や機関をつくる。

① 設立する ② 生産する

5. 湿度が高くて不快だ。

① くねくね ② じめじめ

1 1.① 2.① 3.② 4.① 5.① 2 1.① 2.① 3.① 4.② 5.① 3 1.② 2.② 3.① 4.① 5.②

DAY 02

VOCA Check

나의 어휘 실력은 현재 어느 정도일까?
실전 어휘력 체크!

다음 어휘의 뜻을 써 보세요.

명사

□01 貴重品 .... □02 誤解 .... □03 暖房 ....
□04 願望 .... □05 塗装 .... □06 放棄 ....
□07 共働き .... □08 前売り .... □09 身元 ....

동사

□10 慌てる .... □11 折る .... □12 散る ....
□13 怒鳴る .... □14 跳ねる .... □15 駆け回る ....
□16 抱き締める .... □17 立ち直る .... □18 盛り上がる ....

형용사

□19 羨ましい .... □20 寂しい .... □21 仕方ない ....
□22 素晴らしい .... □23 珍しい .... □24 あらわ ....
□25 しわくちゃ .... □26 素朴 .... □27 余計 ....

부사·의성어·의태어

□28 直に .... □29 実に .... □30 大して ....
□31 とうとう .... □32 まるで .... □33 いらいら ....
□34 どきどき .... □35 はらはら .... □36 ひやひや ....

속담·사자성어·관용어

□37 石の上にも三年 .... □38 日進月歩 ....
□39 泡を食う .... □40 背筋が寒くなる ....

- **정답 개수 01~10개** **당신은 초급자!** 산 넘어 산이네요! 정독하여 반드시 어휘 정복합시다!
- **정답 개수 11~20개** **당신은 초중급자!** 이제 걸음마 뗀 수준? 좀 더 노력하여 수준급으로 Go!
- **정답 개수 21~30개** **당신은 중급자!** 조금만 더 열심히 하면, 상급자까지 얼마 안 남았어요!
- **정답 개수 31~40개** **당신은 거의 상급자 수준?!** 방심은 금물! 100% 완벽에 도전합시다!

DAY 02

명사

02_1.mp3

기본 한자어

01	延期	えんき	연기
02	感謝	かんしゃ	감사
03	完成	かんせい	완성
04	貴重品	きちょうひん	귀중품
05	吸収	きゅうしゅう	흡수
06	禁止	きんし	금지
07	洪水	こうずい	홍수
08	誤解	ごかい	오해
09	失礼	しつれい	실례
10	紹介	しょうかい	소개
11	接近	せっきん	접근
12	大地	だいち	대지
13	暖房	だんぼう	난방
14	都合	つごう	사정, 처지
15	認識	にんしき	인식
16	費用	ひよう	비용
17	貧血	ひんけつ	빈혈
18	変更	へんこう	변경
19	訪問	ほうもん	방문
20	無視	むし	무시
21	夜間	やかん	야간
22	要求	ようきゅう	요구
23	余裕	よゆう	여유
24	例外	れいがい	예외
25	礼儀	れいぎ	예의
26	冷房	れいぼう	냉방

읽기에 주의해야 할 음독 한자어

☆☆ ☐ 01 **願望** │ **がんぼう** 소원, 소망

^{ことし} ^{さい} ^{むか} ^{かのじょ} ^{しゅう い} ^{しんぱい} ^{けっこん}
今年40歳を迎える彼女は周囲の心配をよそに、結婚**願望**はあまりな
いようだ。

올해 40세를 맞이하는 그녀는 주위의 걱정도 개의치 않는 듯, 결혼 생각은 별로 없는 것 같다.

☆☆ ☐ 02 **窮乏** │ **きゅうぼう** 돈이나 물자가 부족하여 생활이 불편함, 궁핍

^{せんそうちゅう} ^{ぶっ し} ^{たいへん}
戦争中は物資が**窮乏**して大変だった。

전쟁 중에는 물자가 궁해서 힘들었다.

☆☆ ☐ 03 **驚愕** │ **きょうがく** 경악

^{けんきゅう} ^{けっ か} ^{ほんとう} ^{あたい}
この研究の結果は本当に**驚愕**に値する。

이 연구의 결과는 정말 경악할 만하다.

☆☆ ☐ 04 **凝視** │ **ぎょうし** 응시

^{い しゃ} ^{かんじゃ} ^{しゃしん} ^{くび} ^{かし}
医者は患者のレントゲン写真を**凝視**して、首を傾げた。

의사는 환자의 엑스레이를 응시하며 고개를 갸웃거렸다.

☆☆ ☐ 05 **恐縮** │ **きょうしゅく** 죄송함

^{たいへん} ^{いち ど} ^{かくにん}
大変**恐縮**ではございますが、もう一度ご確認いただけませんか。

대단히 죄송하지만 다시 한번 확인해 주실 수 없겠습니까?

PLUS 주로 손윗사람에 대해 죄송한 마음을 나타낼 때 쓴다.

☆☆ ☐ 06 **屈指** │ **くっし** 굴지, 손꼽힘

^{だいがく} ^{おんきょう き き} ^{せつ び} ^{そな} ^{こくない} ^{おんがく か}
この大学にはトップクラスの音響機器や設備を備えた国内**屈指**の音楽科
がある。

이 대학교에는 최고 수준의 음향기기와 설비를 갖춘 국내에서 손꼽히는 음악과가 있다.

☆☆ ☐ 07 **工面** │ **くめん** (돈이나 물품 등의) 마련, 준비

^{ふた ご} ^{むす こ} ^{だいがく し きん} ^{く ろう}
双子の息子の大学資金を**工面**するのに苦労した。

쌍둥이 아들의 대학교 학비 마련에 고생했다.

★★ □ 08 **塗装** | とそう　　도장(색을 칠함)

整備工が自動車を**塗装**している。
정비공이 자동차를 도장하고 있다.

★★ □ 09 **吹聴** | ふいちょう　　말을 퍼뜨림

自慢話を**吹聴**して回るような人はみんなに嫌われる。
자기 자랑을 퍼뜨리고 다니는 사람은 다들 싫어한다.

★★ □ 10 **放棄** | ほうき　　포기

動物園で飼育されている動物の中には、育児**放棄**をするものもいるそうだ。
동물원에서 사육되고 있는 동물 중에는 새끼 기르기를 포기하는 동물도 있다고 한다.

고유어

★ □ 01 **宝物** | たからもの　　보물

親にとって子供はかけがえのない**宝物**だ。
부모에게 있어 아이는 둘도 없는 보물이다.

★ □ 02 **共働き** | ともばたらき　　맞벌이

子供の教育費のために**共働き**をする夫婦が増えている。
아이의 교육비를 위해 맞벌이를 하는 부부가 늘고 있다.

㊐ 共稼ぎ | ともかせぎ

★ □ 03 **中身** | なかみ　　속에 든 것

箱の蓋を開けてみたが、**中身**は何もなかった。
상자 뚜껑을 열어 봤지만 안에는 아무것도 없었다.

★★ □ 04 **ひき逃げ** | ひきにげ　　뺑소니

現場に残された証拠をもとに、**ひき逃げ**犯が10日ぶりに検挙された。
현장에 남겨진 증거를 토대로 뺑소니범이 열흘 만에 검거되었다.

□ 05 前売り | まえうり 예매

前売り券は売り切れたので、当日券を買うしかない。
예매권은 매진되었기 때문에 당일권을 사는 수밖에 없다.

□ 06 曲がり角 | まがりかど 길모퉁이, 전환점

30歳を過ぎてから人生の**曲がり角**を感じるようになった。
서른 살을 넘기고 나니 인생의 전환점(이 왔음)을 느끼게 되었다.

□ 07 真心 | まごころ 진심

彼の**真心**を込めて仕事をする姿は役員たちを感心させた。
그가 진심을 담아서 일을 하는 모습은 임원들을 감탄케 했다.

□ 08 真っ二つ | まっぷたつ 두 동강, 반반

賛成と反対の意見が**真っ二つ**に割れた。
찬성과 반대 의견이 반반으로 갈렸다.

□ 09 見所 | みどころ 볼 만한 것, 볼 만한 곳

京都は歴史的な建築物も多く、**見所**が満載な観光地だ。
교토는 역사적인 건축물도 많고 볼거리가 가득한 관광지이다.

□ 10 身元 | みもと 신원

行方不明者の**身元**が家族によって確認された。
행방불명자의 신원이 가족에 의해 확인되었다.

□ 11 矢印 | やじるし 화살표

矢印に沿って進んでいくと、会館が見える。
화살표를 따라 앞으로 가면 회관이 보인다.

□ 12 行き来 | ゆきき 왕래

竹下さんと親しくなって、お互いの家を**行き来**するようになった。
다케시타 씨와 친해져서 서로의 집을 드나들게 되었다.

★★ ☐ 13 ゆとり (시간, 금전, 기력 등의) 여유

まだ時間(じかん)に**ゆとり**があるから、コーヒーでも飲(の)んでいきましょう。
아직 시간이 넉넉하니 커피라도 마시고 갑시다.

★★ ☐ 14 弱み | よわみ 약점

彼女(かのじょ)は彼(かれ)に**弱み**を握(にぎ)られて、仕方(しかた)なく彼(かれ)の言(い)うなりになるしかなかった。
그녀는 그에게 약점을 잡혀서 어쩔 수 없이 그가 하라는 대로 할 수밖에 없었다.

★★ ☐ 15 技 | わざ 기술

あの柔道選手(じゅうどうせんしゅ)は試合(しあい)でいろいろな**技**を使(つか)った。
그 유도 선수는 시합에서 여러 가지 기술을 사용했다.

동사

02-2.mp3

기본 동사

★★ ☐ 01 慌てる | あわてる 허둥대다

地震(じしん)が起(お)きた時(とき)は、とにかく**慌てない**ことが大事(だいじ)だ。
지진이 일어났을 때는 어쨌든 허둥대지 않는 것이 중요하다.

★ ☐ 02 恨む | うらむ 원망하다, 원한을 품다

僕(ぼく)は今(いま)まで人(ひと)に**恨まれる**ような行動(こうどう)をした覚(おぼ)えはない。
나는 지금까지 남에게 원한을 살 만한 행동을 한 기억은 없다.

★ ☐ 03 怒る | おこる 화내다

温厚(おんこう)な部長(ぶちょう)があんなに**怒る**なんて、一体何(いったいなに)があったんだろう。
온화한 부장님이 저렇게 화를 내시다니 도대체 무슨 일이 있었던 걸까?

★ ☐ 04 折る | おる 꺾다

子供(こども)たちに公園(こうえん)の木(き)の枝(えだ)を**折っては**いけないと言(い)った。
아이들에게 공원의 나뭇가지를 꺾어서는 안 된다고 말했다.

☐ 05 **悲しむ** | かなしむ　슬퍼하다

これで終(お)わりじゃないから、そんなに**悲しまないで**ください。
이게 끝이 아니니 그렇게 슬퍼하지 마세요.

☐ 06 **噛む** | かむ　씹다, 깨물다

ガムを**噛みながら**道(みち)を歩(ある)いている。
껌을 씹으면서 길을 걷고 있다.

☐ 07 **困る** | こまる　곤란하다

困ったことに、携帯電話(けいたいでんわ)を家(いえ)に忘(わす)れてきた。
곤란하게도 휴대 전화를 집에 깜빡하고 두고 왔다.

☐ 08 **転ぶ** | ころぶ　구르다, 넘어지다

階段(かいだん)で**転んで**足(あし)を怪我(けが)してしまった。
계단에서 넘어져서 다리를 다치고 말았다.

☐ 09 **散る** | ちる　(꽃, 잎 등이) 떨어지다

まだ４月上旬(がつじょうじゅん)なのに、桜(さくら)はもう すっかり**散って**しまった。
아직 4월 초순인데 벚꽃은 이미 완전히 지고 말았다.

☐ 10 **積もる** | つもる　쌓이다

夕べ(ゆう)一晩(ひとばん)で雪(ゆき)が50センチも**積もった**。
어제 하룻밤 사이에 눈이 50cm나 쌓였다.

☐ 11 **怒鳴る** | どなる　소리를 지르다, 야단치다

会議(かいぎ)の資料(しりょう)を忘(わす)れて、上司(じょうし)に思(おも)いきり**怒鳴られた**。
회의 자료를 깜빡 잊어서 상사에게 호되게 야단맞았다.

☐ 12 **長引く** | ながびく　길어지다, 지연되다

今日(きょう)は打(う)ち合(あ)わせが**長引いて**昼食(ちゅうしょく)をとれなかった。
오늘은 회의가 길어져서 점심을 못 먹었다.

★★ □ 13 憎む | にくむ 미워하다

人(ひと)に**憎まれて**気持(きも)ちいいと思(おも)う人(ひと)は決(けっ)していないだろう。
남에게 미움을 사고 기분 좋을 사람은 결코 없을 것이다.

★ □ 14 残す | のこす 남기다

昔(むかし)はおかずを**残さず**食(た)べたが、最近(さいきん)は少食(しょうしょく)を心(こころ)がけている。
예전에는 반찬을 남기지 않고 먹었지만 요즘은 소식하려고 신경 쓰고 있다.

★★ □ 15 跳ねる | はねる 뛰어오르다, 튀다

かわいい女(おんな)の子(こ)が、ウサギがぴょんぴょんと**跳ねる**姿(すがた)を真似(まね)している。
귀여운 여자아이가 토끼가 깡충깡충 뛰는 모습을 흉내 내고 있다.

복합동사

★ □ 01 売り出す | うりだす (대대적으로 선전하여) 판매하다

各社(かくしゃ)で新型(しんがた)の携帯電話(けいたいでんわ)を**売り出す**ための戦略(せんりゃく)を練(ね)っている。
각 회사가 신형 휴대 전화를 판촉하기 위한 전략을 짜고 있다.

★ □ 02 落ち着く | おちつく 안정되다, 차분하다

試験(しけん)の時(とき)は、**落ち着いて**問題(もんだい)を解(と)きましょう。
시험을 볼 때는 차분하게 문제를 풉시다.

★★ □ 03 駆け回る | かけまわる (분주하게) 돌아다니다

彼(かれ)は一年中全国(いちねんじゅうぜんこく)を忙(いそが)しく**駆け回る**。
그는 1년 내내 전국을 분주하게 돌아다닌다.

★★ □ 04 差し伸べる | さしのべる (손 등을) 내밀다

彼女(かのじょ)は僕(ぼく)に優(やさ)しく手(て)を**差し伸べて**くれた。
그녀는 나에게 다정하게 손을 내밀어 주었다.

★★ □ 05 抱きかかえる | だきかかえる (넘어지거나 떨어지지 않도록) 끌어안다

両手(りょうて)で抱(かか)えきれないほどの花束(はなたば)を**抱きかかえて**いる。
양손으로 다 안을 수 없을 만큼의 꽃다발을 끌어안고 있다.

★★ □ 06 抱き締める | だきしめる (더욱 밀착되도록) 꽉 껴안다

27年(ねん)ぶりに再会(さいかい)した二人(ふたり)はお互(たが)いを**抱き締めて**泣(な)いた。
27년 만에 재회한 두 사람은 서로를 꽉 껴안고 울었다.

★★ □ 07 立ち尽くす | たちつくす (아무것도 하지 않고) 가만히 서 있다

あまりのショックに、その場(ば)で呆然(ぼうぜん)と**立ち尽くした**。
너무나 쇼크를 받아 그 자리에 멍하니 서 있었다.

★ □ 08 立ち直る | たちなおる 회복하다

彼女(かのじょ)は落(お)ち込(こ)みやすいが、**立ち直る**のも早(はや)い。
그녀는 곧잘 풀이 죽지만 회복하는 것도 빠르다.

★★ □ 09 引き締まる | ひきしまる (피부 등에 처짐이 없이) 탄탄하다

運動選手(うんどうせんしゅ)の**引き締まった**体(からだ)が羨(うらや)ましい。
운동선수의 탄탄한 몸이 부럽다.

★★ □ 10 盛り上がる | もりあがる (분위기 등이) 고조되다, 달아오르다

時間(じかん)が経(た)つにつれて、パーティーの雰囲気(ふんいき)はさらに**盛り上がった**。
시간이 지날수록 파티 분위기는 한층 달아올랐다.

형용사

02-3.mp3

い형용사

★ □ 01 羨ましい | うらやましい 부럽다

中学生(ちゅうがくせい)なのに英語(えいご)がぺらぺらだなんて、**羨ましい**。
중학생인데 영어가 유창하다니 부럽다.

1순위

□ 02 寂しい | さびしい　　외롭다

都会(とかい)での一人(ひとり)暮(ぐ)らしは本当(ほんとう)に**寂しい**。
도시에서 혼자 사는 것은 정말 외롭다.

□ 03 仕方ない | しかたない　　어쩔 수 없다

友人(ゆうじん)の紹介(しょうかい)なので、**仕方なく**その仕事(しごと)を引(ひ)き受(う)けた。
친구 소개라서 어쩔 수 없이 그 일을 떠맡았다.

□ 04 素晴らしい | すばらしい　　멋지다

大自然(だいしぜん)の**素晴らしい**風景(ふうけい)にしばらくの間(あいだ)見(み)とれていた。
대자연의 멋진 풍경을 잠시 동안 넋을 놓고 바라보고 있었다.

□ 05 珍しい | めずらしい　　드물다, 진귀하다

この博物館(はくぶつかん)には**珍しい**種類(しゅるい)の蝶(ちょう)の標本(ひょうほん)が多(おお)い。
이 박물관에는 진귀한 종류의 나비 표본이 많다.

な 형용사

□ 01 露わ | あらわ　　노골적임 / (표면으로) 드러남

今回(こんかい)の事件(じけん)で、受験戦争(じゅけんせんそう)の弊害(へいがい)が**露わに**なった。
이번 사건으로 수험 전쟁의 병폐가 드러났다.

□ 02 しわくちゃ　　구깃구깃함, 주름투성이임

息子(むすこ)が合格(ごうかく)したという話(はなし)を聞(き)くと、父(ちち)は顔(かお)を**しわくちゃに**して喜(よろこ)んだ。
아들이 합격했다는 소식을 듣자 아버지는 얼굴에 주름이 생기도록 활짝 웃으며 기뻐했다.

□ 03 素朴 | そぼく　　소박함

あの伝統工芸品(でんとうこうげいひん)にはどこか**素朴な**味(あじ)わいがある。
그 전통 공예품에는 왠지 소박한 멋이 있다.

☆ □ 04 同様 | どうよう 다름없음

この後輩(こうはい)とは兄弟(きょうだい)**同様に**仲良(なかよ)く過(す)ごしている。

이 후배와는 형제나 다름없이 사이좋게 지내고 있다.

☆ □ 05 余計 | よけい 쓸데없음

他人(たにん)に「ダイエットしろ」と言(い)うのは**余計な**お世話(せわ)だ。

타인에게 다이어트하라고 하는 것은 쓸데없는 참견이다.

부사

02-4.mp3

☆☆ □ 01 直に | じかに 직접

この件(けん)については、電話(でんわ)やメールより**直に**会(あ)って話(はな)した方(ほう)がいい。

이 건에 대해서는 전화나 메일보다 직접 만나서 이야기하는 것이 좋겠다.

☆ □ 02 実に | じつに 참으로

彼(かれ)が主張(しゅちょう)している理論(りろん)は**実に**興味深(きょうみぶか)い。

그가 주장하고 있는 이론은 참으로 흥미롭다.

☆ □ 03 大して | たいして 딱히

あの歌手(かしゅ)は**大して**歌(うた)が上手(じょうず)でもないのに人気(にんき)がある。

그 가수는 딱히 노래를 잘하는 것도 아닌데 인기가 있다.

☆ □ 04 とうとう 결국

訊(き)きたいことがあったが、**とうとう**最後(さいご)まで言(い)い出(だ)せなかった。

묻고 싶은 것이 있었지만 결국 마지막까지 말을 꺼내지 못했다.

☆ □ 05 まるで 마치

彼女(かのじょ)は**まるで**日本人(にほんじん)のように上手(じょうず)に日本語(にほんご)が話(はな)せる。

그녀는 마치 일본인처럼 유창하게 일본어를 할 수 있다.

의성어·의태어

★ □ **01 いらいら** 일이 뜻대로 되지 않아 초조한 모양, 안절부절

急(いそ)いでいるのに渋滞(じゅうたい)でバスがなかなか進(すす)まず、**いらいら**する。
급한데 길이 막혀서 버스가 좀처럼 움직이지 않아 초조하다.

★ □ **02 どきどき** 심장이 뛰는 모양, 두근두근

彼女(かのじょ)の両親(りょうしん)に初(はじ)めて会(あ)うので、今(いま)から**どきどき**している。
여자 친구의 부모님을 처음 만나기 때문에 벌써부터 심장이 뛰고 있다.

★★ □ **03 はらはら** 행여나 일이 잘못될까 봐 가슴을 졸이는 모양, 조마조마

彼(かれ)の発言(はつげん)には周(まわ)りにいる人(ひと)たちがいつも**はらはら**させられる。
그의 발언은 주위에 있는 사람들을 항상 조마조마하게 만든다.

★★ □ **04 ひやひや** 위험이나 불안 등으로 정신을 못 차리는 모양, 조마조마

電車(でんしゃ)が遅(おく)れたので面接(めんせつ)に遅刻(ちこく)するのではないかと**ひやひや**した。
전철이 늦어서 면접에 지각하지는 않을까 조마조마했다.

PLUS 주로 화자가 직접 느끼는 위험이나 불안에 대해 쓰는 경우가 많다.

★ □ **05 わくわく** 기대 등으로 마음이 설레는 모양, 두근두근

もうすぐ彼女(かのじょ)との初(はつ)デートだと思(おも)うと、胸(むね)が**わくわく**する。
이제 곧 그녀와 첫 데이트를 할 생각을 하니 가슴이 설렌다.

속담·사자성어

★★ □ **01 石の上にも三年 | いしのうえにもさんねん** 돌 위에도 삼 년

石の上にも三年と言(い)うように、途中(とちゅう)で投(な)げ出(だ)さないことが成功(せいこう)の秘訣(ひけつ)だ。
돌 위에도 삼 년이라는 말이 있듯이 도중에 포기하지 않는 것이 성공의 비결이다.

PLUS 차가운 돌 위에 3년 정도 있으면 따뜻해진다는 뜻에서 유래하여 힘든 일도 오래동안 버티다 보면 결국에는 성공한다는 뜻으로 쓰인다.

★★ □ 02 **急がば回れ** ｜ いそがばまわれ　　　　　　　　　급할수록 돌아가라

いっかくせんきん　ねら
一攫千金を狙うより、**急がば回れ**で、地道に仕事をする方がいい。
　　　　　　　　　　　　　　　じみち　しごと　　　　ほう

일확천금을 노리기보다 급할수록 돌아가라는 말이 있듯이 착실하게 일을 하는 편이 낫다.

★★ □ 03 **喜怒哀楽** ｜ きどあいらく　　　　희로애락(기쁨과 분노, 슬픔과 즐거움의 감정)

ひと
あの人は**喜怒哀楽**が激しすぎて、一緒にいると疲れてしまう。
　　　　　　　　　　　はげ　　　　いっしょ　　つか

저 사람은 감정 기복이 너무 심해서 같이 있으면 지친다.

★★ □ 04 **日進月歩** ｜ にっしんげっぽ　　　　　　일진월보(나날이 발전함)

か がく ぎ じゅつ　しんぽ
科学技術の進歩は**日進月歩**で、その変化はめまぐるしい。
　　　　　　　　　　　　　　　へん か

과학 기술의 진보는 일진월보하고 있어 그 변화는 어지러울 정도로 빠르다.

관용어

★★★ □ 01 **泡を食う** ｜ あわをくう　　　　　　　　　　　질겁하다

てき　き しゅう　　　　　　　　　　に　だ
敵の奇襲に**泡を食って**逃げ出した。

적의 기습에 질겁하며 달아났다.

★★★ □ 02 **笑壺に入る** ｜ えつぼにいる　　　　　뜻대로 되어 기쁘다, 기뻐하다

おお あ
ちょっとしたアイデアが大当たりし、**笑壺に入って**いる。

별것 아닌 아이디어가 대박이 나서 기뻐하고 있다.

★★★ □ 03 **冠を曲げる** ｜ かんむりをまげる　　　　　　기분이 상하다

じょうだん　　　　　　　　　かのじょ
ほんの冗談だったのに、彼女は**冠を曲げて**しまった。

사소한 농담이었는데 그녀는 기분이 상하고 말았다.

★★★ □ 04 **狐につままれる** ｜ きつねにつままれる　　　　여우에 홀리다

おとこ　ひと　　　　　　　　　　　　　　　　　　かお
あの男の人はまるで**狐につままれた**ような顔をしていた。

그 남자는 마치 여우에 홀린 듯한 얼굴을 하고 있었다.

PLUS 마치 여우에 홀린 듯 어안이 벙벙하다는 뜻.

1순위

★★★ □ 05 逆鱗に触れる | げきりんにふれる　(손윗사람의) 노여움을 사다

社長の**逆鱗に触れて**子会社に出向させられた。
사장의 노여움을 사는 바람에 자회사로 보내지게 되었다.

★★ □ 06 背筋が寒くなる | せすじがさむくなる　등골이 오싹해지다

ホラー映画を見ていると、思わず**背筋が寒くなる**。
공포 영화를 보고 있으면 나도 모르게 등골이 오싹해진다.

★★★ □ 07 つむじを曲げる | つむじをまげる　심술을 부리다

部長は気難しいので、ちょっとしたことで**つむじを曲げる**。
부장은 성미가 까다로워서 별것 아닌 일로 심술을 부린다.

★★ □ 08 鳥肌が立つ | とりはだがたつ　소름이 돋다

さっき見た映画の幽霊は**鳥肌が立つ**くらい怖い顔をしていた。
방금 본 영화의 유령은 소름이 돋을 정도로 무서운 얼굴을 하고 있었다.

★★ □ 09 恥を曝す | はじをさらす　사람들 앞에서 창피를 당하다

家庭内の**恥を曝す**ようなことは言わないでほしい。
가정에 먹칠을 하게 될 말은 하지 않았으면 좋겠다.

★★★ □ 10 百も承知 | ひゃくもしょうち　아주 잘 알고 있음

ずうずうしいお願いであることは**百も承知**ですが、何とかお願いできませんか。
뻔뻔스러운 부탁인 줄은 아주 잘 알고 있습니다만, 어떻게 부탁드릴 수 없겠습니까?

1 다음 밑줄 친 히라가나에 해당하는 한자를 고르세요.

1. 友人をほうもんする。 ① 訪問 ② 砲門
2. 水をきゅうしゅうする。 ① 吸集 ② 吸収
3. ビルがかんせいした。 ① 完成 ② 慣性
4. 台風がせっきんする。 ① 接近 ② 切緊
5. たからもののように大事にする。 ① 宝石 ② 宝物

2 다음 두 문장 중에서 올바른 문장을 고르세요.

1. ① 庭に雪が50センチもたまった。
   ② 庭に雪が50センチもつもった。

2. ① スキーがまだ下手なので転ぶことが多い。
   ② スキーがまだ下手なので滑ることが多い。

3. ① 困ったことに、古い友達と偶然再会した。
   ② 困ったことに、午後から急に雨が降ってきた。

4. ① 大事な試合の前だからか、胸がどきどきする。
   ② 大事な試合の前だからか、胸がはきはきする。

5. ① パーティーの雰囲気が立ち上がる。
   ② パーティーの雰囲気が盛り上がる。

3 다음 일본어가 설명하고 있는 단어를 고르세요.

1. 大声で怒る。

① どなる　　② うなる

2. あることを、してはいけないことにする。

① 中止　　② 禁止

3. なかなか見ることができない。

① 煩わしい　　② 珍しい

4. 安全確実な方法の方が、結局は早い。

① 急がば回れ　　② 善は急げ

5. 余裕

① ゆとり　　② さとり

---

1 1.① 2.② 3.① 4.① 5.② **2** 1.② 2.① 3.② 4.① 5.② **3** 1.① 2.② 3.② 4.① 5.①

DAY 03

VOCA Check

나의 어휘 실력은 현재 어느 정도일까?
실전 어휘력 체크!

다음 어휘의 뜻을 써 보세요.

명사

□01 管理 .... □02 婚約 .... □03 進歩 ....
□04 応酬 .... □05 困惑 .... □06 沸騰 ....
□07 織物 .... □08 品薄 .... □09 初耳 ....

동사

□10 掻く .... □11 渇く .... □12 縛る ....
□13 睨む .... □14 挟む .... □15 言い触らす ....
□16 打ち明ける .... □17 噴き出す .... □18 行き届く ....

형용사

□19 図々しい .... □20 ぬるい .... □21 平たい ....
□22 細長い .... □23 薄っぺら .... □24 純粋 ....
□25 不愉快 .... □26 面倒 .... □27 露骨 ....

부사·의성어·의태어

□28 続々と .... □29 只今 .... □30 なおさら ....
□31 のんびり .... □32 わざわざ .... □33 うきうき ....
□34 くたくた .... □35 ざわざわ .... □36 ぶつぶつ ....

속담·사자성어·관용어

□37 三つ子の魂百まで .... □38 意味深長 ....
□39 業を煮やす .... □40 腫れ物に触るよう ....

- **정답 개수 01~10개** ▶ **당신은 초급자!** 산 넘어 산이네요! 정독하여 반드시 어휘 정복합시다!
- **정답 개수 11~20개** ▶ **당신은 초중급자!** 이제 걸음마 뗀 수준? 좀 더 노력하여 수준급으로 Go!
- **정답 개수 21~30개** ▶ **당신은 중급자!** 조금만 더 열심히 하면, 상급자까지 얼마 안 남았어요!
- **정답 개수 31~40개** ▶ **당신은 거의 상급자 수준?!** 방심은 금물! 100% 완벽에 도전합시다!

DAY 03

명사

03_1.mp3

기본 한자어

- □ 01 異常 | いじょう 이상
- □ 02 開封 | かいふう 개봉
- □ 03 確保 | かくほ 확보
- □ 04 管理 | かんり 관리
- □ 05 関連 | かんれん 관련
- □ 06 共通 | きょうつう 공통
- □ 07 交替 | こうたい 교체
- □ 08 婚約 | こんやく 약혼
- □ 09 財産 | ざいさん 재산
- □ 10 集団 | しゅうだん 집단
- □ 11 証明 | しょうめい 증명
- □ 12 進歩 | しんぽ 진보
- □ 13 正義 | せいぎ 정의
- □ 14 制限 | せいげん 제한
- □ 15 専用 | せんよう 전용
- □ 16 対策 | たいさく 대책
- □ 17 道徳 | どうとく 도덕
- □ 18 独身 | どくしん 독신
- □ 19 独立 | どくりつ 독립
- □ 20 破壊 | はかい 파괴
- □ 21 反発 | はんぱつ 반발
- □ 22 負担 | ふたん 부담
- □ 23 分析 | ぶんせき 분석
- □ 24 奉仕 | ほうし 봉사
- □ 25 目的 | もくてき 목적
- □ 26 勇気 | ゆうき 용기

읽기에 주의해야 할 음독 한자어

□ 01 **応酬** | おうしゅう　응수

大学(だいがく)の学費(がくひ)の引(ひ)き上(あ)げについて、大学側(だいがくがわ)と学生自治会(がくせいじちかい)との**応酬**が続(つづ)いている。
대학교 학비 인상에 대해 대학 측과 학생 자치회와의 응수가 계속되고 있다.

□ 02 **お辞儀** | おじぎ　머리를 숙여 하는 인사

営業(えいぎょう)の仕事(しごと)をすると、電話(でんわ)の相手(あいて)にも思(おも)わず**お辞儀**をしてしまう。
영업 일을 하다 보면 전화 상대에게도 나도 모르게 머리를 숙이게 된다.

□ 03 **勘弁** | かんべん　용서, 봐 줌

これ以上(いじょう)の値引(ねび)き交渉(こうしょう)は**勘弁**してもらいたい。
더 이상의 가격 할인 교섭은 하지 않았으면 한다.

PLUS 더 이상 하지 말아 주었으면 하는 마음을 완곡하게 상대에게 전하는 표현이다.

□ 04 **困惑** | こんわく　곤혹(곤란한 일을 당해 어찌할 바를 모름)

あまりの唐突(とうとつ)な質問(しつもん)に**困惑**してしまった。
너무나도 갑작스러운 질문에 곤혹스러웠다.

□ 05 **自任** | じにん　자임(자신이 적임자라고 자부함)

海外(かいがい)マーケティングの戦略(せんりゃく)のうまさについては社内一(しゃないいち)だと**自任**している。
해외 마케팅 전략의 탁월함에 관해서는 회사에서 최고라고 자임하고 있다.

□ 06 **静観** | せいかん　조용히 지켜봄

とりあえず、口(くち)を挟(はさ)まずに事態(じたい)の推移(すいい)を**静観**しよう。
일단 끼어들지 말고 사태의 추이를 조용히 지켜봅시다.

□ 07 **大車輪** | だいしゃりん　전력을 다함

彼(かれ)の**大車輪**の働(はたら)きのおかげで予定(よてい)よりも早(はや)く仕事(しごと)が片付(かたづ)いた。
그가 온 힘을 다해 일해 준 덕분에 예정보다 빨리 일이 정리되었다.

★★ □ 08 薄弱 | はくじゃく 박약

中毒などと言うものは一種の意志**薄弱**から来るものだ。
중독 등과 같은 것은 일종의 의지박약에서 오는 것이다.

★★ □ 09 沸騰 | ふっとう 비등(물 등이 끓음)

沸騰したら、麺とスープを入れて3分茹でます。
물이 끓으면 면과 스프를 넣고 3분간 삶습니다.

★★ □ 10 明言 | めいげん 명언(분명하게 말함)

昨日の記者会見で総理は増税に関する**明言**を避けた。
어제 기자 회견에서 총리는 증세에 관한 명확한 언급을 피했다.

고유어

★ □ 01 公 | おおやけ 공공

公の場ではなるべく静かに話すようにしましょう。
공공장소에서는 되도록 조용히 이야기하도록 합시다.

★ □ 02 落し物 | おとしもの 물건을 잃어버림, 잃어버린 물건

公園で**落し物**をして戻ってみたら、そのまま置いてあった。
공원에서 물건을 잃어버려서 되돌아가 보았더니 그대로 놓여져 있었다.

★★ □ 03 織物 | おりもの 직물

ここには30年前、絹の**織物**工場がずらりと立ち並んでいた。
이곳에는 30년 전에 견직물 공장이 길게 늘어서 있었다.

★★ □ 04 女手 | おんなで 여자의 힘

父が亡くなった後、母は**女手**一つで私たち兄弟を育ててくれた。
아버지께서 돌아가신 후 어머니께서는 혼자 힘으로 우리 형제들을 키워 주셨다.

PLUS 女手一つで(여자 혼자의 힘으로)의 형태로 쓰이는 경우가 많다.

□ 05 空っぽ | からっぽ 텅 빔

酒を飲んだりゲームをしたりする生活を続けたら、頭が**空っぽ**になった。
술을 마시거나 게임을 하거나 하는 생활을 계속했더니 머리가 텅 비게 되었다.

□ 06 逆様 | さかさま 거꾸로 됨

この箱にはケーキが入っていますので、**逆様**にしないでください。
이 상자에는 케이크가 들어 있으니 거꾸로 뒤집지 마세요.

□ 07 品薄 | しなうす 품귀

どの店でも人気商品はすぐに**品薄**になることが多い。
어느 가게에서나 인기 상품은 금방 품귀가 되는 경우가 많다.

□ 08 旅路 | たびじ 여로

この歌は人生の**旅路**を歌った人気の歌謡曲である。
이 노래는 인생의 여로를 부른 인기 가요이다.

□ 09 使い捨て | つかいすて 1회용

昔、**使い捨て**カメラが流行した時期があった。
옛날에 1회용 카메라가 유행하던 시기가 있었다.

□ 10 手前 | てまえ 바로 앞

次の信号の**手前**で降ろしてください。
다음 신호등 (바로) 앞에서 내려 주세요.

□ 11 手元 | てもと 손이 닿을 만큼 가까운 곳, 수중

今、**手元**に資料がないのであとでご連絡いたします。
지금 수중에 자료가 없으니 나중에 연락드리겠습니다.

□ 12 初恋 | はつこい 첫사랑

駅前で**初恋**の相手に偶然出会った。
역 앞에서 첫사랑 상대를 우연히 만났다.

** □ 13 初耳 | はつみみ 금시초문

そんなことがあったんですか。それは**初耳**です。
그런 일이 있었어요? 그건 금시초문입니다

** □ 14 役目 | やくめ 역할

<ruby>汗<rt>あせ</rt></ruby>には<ruby>体温<rt>たいおん</rt></ruby>を<ruby>調節<rt>ちょうせつ</rt></ruby>してくれる**役目**がある。
땀에는 체온을 조절해 주는 역할이 있다.

* □ 15 世の中 | よのなか 세상

そんな<ruby>弱気<rt>よわき</rt></ruby>では**世の中**を<ruby>生<rt>い</rt></ruby>きていくのが<ruby>難<rt>むずか</rt></ruby>しいだろう。
그런 나약함으로는 세상을 살아가는 것이 어려울 것이다.

동사

🎧 03-2.mp3

🟦 기본 동사

* □ 01 訪れる | おとずれる 방문하다

<ruby>久<rt>ひさ</rt></ruby>しぶりにうちの<ruby>店<rt>みせ</rt></ruby>に<ruby>懐<rt>なつ</rt></ruby>かしいお<ruby>客<rt>きゃく</rt></ruby>さんが**訪れた**。
오랜만에 우리 가게에 그리운 손님이 방문했다.

* □ 02 掻く | かく 긁다

<ruby>蚊<rt>か</rt></ruby>に<ruby>刺<rt>さ</rt></ruby>されたところは、どんなにかゆくても**掻かない**<ruby>方<rt>ほう</rt></ruby>がいい。
모기에 물린 곳은 아무리 가려워도 긁지 않는 것이 좋다.

* □ 03 隠す | かくす 숨기다

マスコミが<ruby>大事<rt>だいじ</rt></ruby>な<ruby>情報<rt>じょうほう</rt></ruby>を**隠している**ような<ruby>気<rt>き</rt></ruby>がして<ruby>信<rt>しん</rt></ruby>じられない。
매스컴이 중요한 정보를 숨기고 있는 것 같은 느낌이 들어서 믿을 수가 없다.

* □ 04 片付ける | かたづける 정리하다

<ruby>隣<rt>となり</rt></ruby>の<ruby>部屋<rt>へや</rt></ruby>のテーブルと<ruby>椅子<rt>いす</rt></ruby>を<ruby>倉庫<rt>そうこ</rt></ruby>に**片付けて**ください。
옆방의 테이블과 의자를 창고에 정리해 주세요.

1순위

★ □ 05 渇く | かわく (목이) 마르다

何も飲まないで6時間もいたら、喉が**渇いて**死にそうだ。
아무것도 마시지 않고 여섯 시간이나 있었더니 목이 말라서 죽을 것 같다.

★ □ 06 傷つく | きずつく 상처받다

友達に言われた何気ない一言に**傷ついて**しまった。
친구에게 들은 아무것도 아닌 한마디에 상처받고 말았다.

★ □ 07 断る | ことわる 거절하다

忙しくて、上司からの夕食の誘いを**断った**。
바빠서 상사의 저녁 식사 제안을 거절했다.

★ □ 08 縛る | しばる 묶다

古新聞は紐でしっかりと**縛って**捨ててください。
오래된 신문은 끈으로 단단히 묶어서 버리세요.

★ □ 09 頼む | たのむ 부탁하다

クラスメートにノートを見せてくれと**頼んだら**、すぐ見せてくれた。
반 친구에게 노트를 보여 달라고 부탁했더니 바로 보여 주었다.

★ □ 10 届く | とどく 전해지다, 닿다

昨日の夕方、会社の後輩からお中元が**届いた**。
어제 저녁때 회사 후배로부터 백중날 선물이 도착했다.

★ □ 11 睨む | にらむ 째려보다, 노려보다

二人のボクサーはリングの上でお互いに相手をじろりと**睨んで**いる。
두 권투 선수는 링 위에서 상대방을 무서운 눈초리로 노려보고 있다.

★ □ 12 励ます | はげます 격려하다

友達に**励まされて**、好きな人に告白する勇気をもらった。
친구에게 격려를 받고 좋아하는 사람에게 고백할 용기를 얻었다.

★ □ 13 挟む | はさむ 사이에 두다

電話(でんわ)のベルが鳴(な)って、本(ほん)にしおりを**挟んで**から電話(でんわ)に出(で)た。
전화벨이 울려서 책에 책갈피를 끼운 후에 전화를 받았다.

★ □ 14 離す | はなす 거리를 두다

マイクの音(おと)が大(おお)きすぎたので、少(すこ)しだけマイクを**離して**しゃべった。
마이크 소리가 너무 커서 마이크를 약간 멀리 잡고 이야기했다.

★ □ 15 広がる | ひろがる 펼쳐지다 / 넓어지다

このサークルに入(はい)ってから、人間関係(にんげんかんけい)がずいぶん**広がった**。
이 모임에 들어온 다음부터 인간관계가 상당히 넓어졌다.

복합동사

★★ □ 01 言い触らす | いいふらす 말을 퍼뜨리다

事実無根(じじつむこん)の噂(うわさ)を**言い触らされて**迷惑(めいわく)した。
사실무근의 소문이 퍼져서 곤혹스러웠다.

★★ □ 02 入り交じる | いりまじる 한데 뒤섞이다

不安(ふあん)と緊張(きんちょう)が**入り交じる**中(なか)、面接(めんせつ)が始(はじ)まった。
불안과 긴장이 뒤섞이는 가운데 면접이 시작되었다.

★★ □ 03 打ち明ける | うちあける 털어놓다

30年間誰(ねんかんだれ)にも言(い)うことができなかった秘密(ひみつ)をついに**打ち明けた**。
30년 동안 아무에게도 말할 수 없었던 비밀을 드디어 털어놓았다.

★ □ 04 差し上げる | さしあげる 드리다

今日(きょう)で定年退職(ていねんたいしょく)する先生(せんせい)に花束(はなたば)を**差し上げた**。
오늘로 정년 퇴임하시는 선생님께 꽃다발을 드렸다.

☐ 05 黙り込む | だまりこむ　(갑자기) 입을 다물다

自分(じぶん)の欠点(けってん)を指摘(してき)された彼(かれ)は、**黙り込んで**しまった。
자신의 결점을 지적당한 그는 갑자기 입을 다물어 버렸다.

☐ 06 噴き出す・吹き出す | ふきだす　내뿜다, 웃음을 터뜨리다

彼女(かのじょ)の冗談(じょうだん)を聞(き)いた瞬間(しゅんかん)、思(おも)わず**噴き出して**しまった。
그녀의 농담을 듣는 순간 나도 모르게 웃음을 터뜨리고 말았다.

☐ 07 吹き飛ぶ | ふきとぶ　날아가다, 깨끗이 사라지다

冷(ひ)えたビールを飲(の)んだら、暑(あつ)さが**吹き飛んだ**。
시원한 맥주를 마셨더니 더위가 깨끗이 사라졌다.

☐ 08 召し上がる | めしあがる　잡수시다, 드시다

今日(きょう)の夕食(ゆうしょく)は何(なに)を**召し上がりますか**。
오늘 저녁은 무엇을 드시겠습니까?

☐ 09 行き届く | ゆきとどく　(배려나 주의 등이) 세심하게 두루 미치다

その航空会社(こうくうがいしゃ)は**行き届いた**サービスを売(う)りにしている。
그 항공사는 세심한 서비스를 세일즈 포인트로 내세우고 있다.

☐ 10 呼び止める | よびとめる　불러 세우다

バス停(てい)で知(し)らない人(ひと)に**呼び止められた**ことがある。
버스 정류장에서 모르는 사람이 불러 세운 적이 있다.

형용사

03-3.mp3

い 형용사

☐ 01 かわいらしい　귀엽다, 예쁘장하다

彼(かれ)には目(め)に入(い)れても痛(いた)くないような**かわいらしい**娘(むすめ)がいる。
그에게는 눈에 넣어도 아프지 않을 귀여운 딸이 있다.

★★ □ 02 図々しい | ずうずうしい　　뻔뻔스럽다

図々しいお願(ねが)いをして、誠(まこと)に申(もう)し訳(わけ)ありません。
뻔뻔스러운 부탁을 드려서 참으로 죄송합니다

★ □ 03 ぬるい　　미지근하다

スープが**ぬるかった**ので、温(あたた)め直(なお)すことにした。
수프가 미지근했기 때문에 다시 데우기로 했다.

★ □ 04 平たい | ひらたい　　납작하다, 평평하다

ヒラメは楕円形(だえんけい)で**平たく**、両眼(りょうがん)とも左側(ひだりがわ)にある。
광어는 타원형이고 납작하며 두 눈 모두 왼쪽에 있다.

★ □ 05 細長い | ほそながい　　길쭉하다

山田(やまだ)さんは背(せ)が高(たか)くて髪(かみ)が短(みじか)くて**細長い**顔(かお)をしている人(ひと)だ。
야마다 씨는 키가 크고 머리가 짧고 얼굴이 길쭉한 사람이다.

な 형용사

★★ □ 01 薄っぺら | うすっぺら　　얇고 싼 티가 남 / 천박함

薄っぺらなメモ用紙(ようし)にぎっしりと何(なに)かが書(か)き込(こ)まれていた。
얄따란 메모지에 빽빽하게 무언가가 적혀 있었다.

★ □ 02 純粋 | じゅんすい　　순수함

この映画(えいが)の主人公(しゅじんこう)は**純粋で**不器用(ぶきよう)な中年(ちゅうねん)サラリーマンだ。
이 영화의 주인공은 순수하고 어설픈 중년 샐러리맨이다.

★ □ 03 不愉快 | ふゆかい　　불쾌함

先日(せんじつ)は**不愉快な**思(おも)いをさせて申(もう)し訳(わけ)ありませんでした。
며칠 전에는 불쾌한 일을 겪게 해서 죄송했습니다.

(동) 不快 | ふかい　(반) 愉快 | ゆかい 유쾌함

☆ □ 04 面倒 | めんどう 귀찮음

夕ご飯を作るのも**面倒な**ので、今日はそば屋の出前をとった。
저녁을 만드는 것도 귀찮아서 오늘은 메밀국수 가게에 배달을 시켰다.

☆☆ □ 05 露骨 | ろこつ 노골적임

妹は嫌いな人には**露骨に**嫌な顔をする。
동생은 싫어하는 사람에게는 노골적으로 싫은 티를 낸다.

부사

03-4.mp3

☆ □ 01 続々と | ぞくぞくと 잇따라서, 계속해서

式場の中に**続々と**お客さんたちが入ってくる。
식장 안으로 계속해서 손님들이 들어온다.

☆ □ 02 只今 | ただいま 지금, 방금

只今担当の者をそちらに向かわせましたので、もうしばらくお待ちください。
방금 담당자를 그쪽으로 보냈으니 잠시만 더 기다려 주세요.

☆ □ 03 なおさら 더욱더

この料理は日本でしか食べられない味だと思うと、**なおさら**食べたくなる。
이 요리는 일본에서밖에 먹을 수 없는 맛이라고 생각하니 더욱더 먹고 싶어진다.

☆ □ 04 のんびり 느긋하게

今年の夏はリゾートで**のんびり**とした一日を過ごしてみたい。
올여름은 리조트에서 느긋한 하루를 지내 보고 싶다.

☆ □ 05 わざわざ 일부러

雨の中、**わざわざ**お越しくださいまして、本当にありがとうございます。
비도 오는데 일부러 찾아와 주셔서 정말 감사합니다.

의성어·의태어

□ 01 うきうき　　기뻐서 들뜬 모양

娘は小学校に入って初めての遠足を**うきうき**と楽しみにしている。
딸은 초등학교 입학 후 첫 소풍을 들떠서 기대하고 있다.

□ 02 くたくた　　피곤해서 녹초가 된 모양

一日中歩き回ったら、もう**くたくた**になった。
하루 종일 여기저기 돌아다녔더니 벌써 녹초가 되었다.

□ 03 ざわざわ　　많은 사람들이 웅성거리는 모양, 웅성웅성

休み時間になると、教室の中は学生たちのおしゃべりで**ざわざわ**する。
쉬는 시간이 되면 교실 안은 학생들의 수다로 웅성거린다.

□ 04 にこにこ　　기분 좋게 웃는 모양, 싱글벙글

今日の部長はなぜか**にこにこ**として機嫌がいいように見える。
오늘의 부장님은 무슨 일인지 싱글거리는 게 기분이 좋아 보인다.

□ 05 ぶつぶつ　　불평이나 불만을 늘어놓는 모양

陰で**ぶつぶつ**と言わないで、堂々と言いたいことを言ってみなさい。
뒤에서 구시렁거리지 말고 당당하게 하고 싶은 말을 해 봐.

속담·사자성어

□ 01 住めば都 | すめばみやこ　　정들면 고향

こんな田舎は嫌だと言っていたのに、今では住み心地がいいだなんて、
やっぱり**住めば都**なんだね。
(처음에는) 이런 시골은 싫다고 말했는데 지금은 살기 좋다니 역시 정들면 고향인가 봐.

☐ 02 三つ子の魂百まで | みつごのたましいひゃくまで 세 살 버릇 여든 간다

三つ子の魂百までと言う通り、彼の頑固さは今も相変わらずだ。
세 살 버릇 여든 간다더니 그의 고집불통은 지금도 여전하다.

☐ 03 一進一退 | いっしんいったい 일진일퇴

父の容体は**一進一退**で、今も予断を許さない状況だ。
아버지의 용태는 좋아졌다가도 나빠져서 지금도 예단을 불허하는 상황이다.

PLUS 상황이 좋아졌다가 나빠진다는 뜻.

☐ 04 意味深長 | いみしんちょう 의미심장

会議の時、上司が言った**意味深長**な言葉がどうも気になる。
회의 때 상사가 말한 의미심장한 말이 어쩐지 마음에 걸린다.

관용어

☐ 01 親船に乗ったよう | おやぶねにのったよう 큰 배를 탄 듯(든든함)

大手メーカーに転職して**親船に乗ったような**気持ちだ。
대형 제조사로 이직해서 큰 배를 탄 듯한 기분이다.

☐ 02 業を煮やす | ごうをにやす 부아가 치밀다

ずっと黙って聞いていた父は結局**業を煮やして**口を開いた。
계속 가만히 듣고만 있던 아버지는 결국 부아가 치밀어 입을 열었다.

☐ 03 ばつが悪い | ばつがわるい 겸연쩍다

彼女はどこか**ばつが悪そうな**表情で話を始めた。
그녀는 어딘가 겸연쩍어 보이는 표정으로 이야기를 시작했다.

☐ 04 **腫れ物に触るよう** | はれものにさわるよう 종기를 건드리듯

彼は怖い人だから、みんな**腫れ物に触るように**注意している。
그는 무서운 사람이라서 모두 종기를 건드리듯 조심하고 있다.

PLUS 성미가 까다로운 사람을 조심스럽게 대하는 모습을 표현한 말.

☐ 05 **一泡吹かせる** | ひとあわふかせる 기겁하게 만들다

いつも嫌味ばかり言ってくる上司に**一泡吹かせて**やりたい。
항상 비아냥거리기만 하는 상사를 기겁하게 만들어 주고 싶다.

☐ 06 **不興を買う** | ふきょうをかう 역정을 사다

誠意のない謝罪で、取引先に**不興を買って**しまった。
성의 없는 사죄로 거래처의 역정을 사고 말았다.

☐ 07 **墓穴を掘る** | ぼけつをほる 제 무덤을 파다

今の状況では、焦れば焦るほど**墓穴を掘る**ことになる。
지금 상황에서는 조바심을 내면 낼수록 자기 무덤을 파는 격이 된다.

☐ 08 **向きになる** | むきになる 정색하다

そんなに**向きになって**怒るから、かえって疑われてしまう。
그렇게 정색하면서 화를 내니까 오히려 의심을 받게 된다.

☐ 09 **虫唾が走る** | むしずがはしる 신물이 나다

年収で人を判断する風潮には**虫唾が走る**。
연봉으로 사람을 판단하는 풍조에는 신물이 난다.

☐ 10 **焼餅を焼く** | やきもちをやく 질투하다

彼女は彼氏が他の男に**焼餅を焼く**姿を楽しんでいるようだ。
그녀는 남자 친구가 다른 남자에게 질투하는 모습을 즐기는 것 같다.

1 다음 밑줄 친 히라가나에 해당하는 한자를 고르세요.

1. たいさくを立てる。 ① 対策 ② 大作
2. 身分をしょうめいする。 ① 照明 ② 証明
3. すめば都。 ① 済めば ② 住めば
4. ごうを煮やす。 ① 業 ② 僕
5. ぞくぞくと人が集まる。 ① 次々 ② 続々

2 다음 두 문장 중에서 올바른 문장을 고르세요.

1. ① 交通費は会社が加担してくれる。
   ② 交通費は会社が負担してくれる。

2. ① 親に頼んで金を貸してもらった。
   ② 親に挟んで金を貸してもらった。

3. ① 成績の悪かった学生を「次はがんばれ」と睨む。
   ② 成績の悪かった学生を「次はがんばれ」と励ます。

4. ① 私はのんびりとした田舎で育ちました。
   ② 私はぼんやりとした田舎で育ちました。

5. ① くたくたと文句を言う。
   ② ぶつぶつと文句を言う。

3 다음 일본어가 설명하고 있는 단어를 고르세요.

1. よい方に進んでいく。

① 進歩　② 散歩

2. はじめて聞くこと

① 初耳　② 早耳

3. とても疲れている。

① ざわざわ　② くたくた

4. 嫉妬をする。

① 焼き餅を焼く　② 世話を焼く

5. 他人に対して恥ずかしい。

① 往生際が悪い　② ばつが悪い

1 1.① 2.② 3.② 4.① 5.② **2** 1.② 2.① 3.② 4.① 5.② **3** 1.① 2.① 3.② 4.① 5.②

VOCA Check

나의 어휘 실력은 현재 어느 정도일까?
실전 어휘력 체크!

다음 어휘의 뜻을 써 보세요.

명사

□01 観察	□02 興奮	□03 作業
□04 解禁	□05 苦笑	□06 率先
□07 素人	□08 長持ち	□09 元払い

동사

□10 威張る	□11 おごる	□12 囲む
□13 叩く	□14 述べる	□15 当て付ける
□16 打ち出す	□17 切り抜く	□18 付け加える

형용사

□19 きつい	□20 気まずい	□21 眠い
□22 酷い	□23 丸い	□24 豊富
□25 真っ赤	□26 真っ青	□27 真っ白

부사·의성어·의태어

□28 しっかり	□29 ずいぶん	□30 再び
□31 ほっと	□32 めったに	□33 ころころ
□34 すらすら	□35 つるつる	□36 長々

속담·사자성어·관용어

□37 猫に小判	□38 三日坊主
□39 否でも応でも	□40 途方に暮れる

- **정답 개수 01~10개** ▶ **당신은 초급자!** 산 넘어 산이네요! 정독하여 반드시 어휘 정복합시다!
- **정답 개수 11~20개** ▶ **당신은 초중급자!** 이제 걸음마 뗀 수준? 좀 더 노력하여 수준급으로 Go!
- **정답 개수 21~30개** ▶ **당신은 중급자!** 조금만 더 열심히 하면, 상급자까지 얼마 안 남았어요!
- **정답 개수 31~40개** ▶ **당신은 거의 상급자 수준?!** 방심은 금물! 100% 완벽에 도전합시다!

DAY 04

명사

04-1.mp3

기본 한자어

- ☐ 01 安定 | あんてい 안정
- ☐ 02 確定 | かくてい 확정
- ☐ 03 観察 | かんさつ 관찰
- ☐ 04 感触 | かんしょく 감촉
- ☐ 05 強調 | きょうちょう 강조
- ☐ 06 警告 | けいこく 경고
- ☐ 07 減量 | げんりょう 감량
- ☐ 08 興奮 | こうふん 흥분
- ☐ 09 根拠 | こんきょ 근거
- ☐ 10 混乱 | こんらん 혼란
- ☐ 11 作業 | さぎょう 작업
- ☐ 12 純情 | じゅんじょう 순정
- ☐ 13 常識 | じょうしき 상식
- ☐ 14 責任 | せきにん 책임
- ☐ 15 前進 | ぜんしん 전진
- ☐ 16 測定 | そくてい 측정
- ☐ 17 続編 | ぞくへん 속편
- ☐ 18 存在 | そんざい 존재
- ☐ 19 低下 | ていか 저하
- ☐ 20 童顔 | どうがん 동안
- ☐ 21 特徴 | とくちょう 특징
- ☐ 22 反映 | はんえい 반영
- ☐ 23 被害 | ひがい 피해
- ☐ 24 報道 | ほうどう 보도
- ☐ 25 本気 | ほんき 진심
- ☐ 26 良心 | りょうしん 양심

읽기에 주의해야 할 음독 한자어

☐ 01 解禁 | かいきん 해금(금지령을 해제함)

毎年６月に**解禁**になる鮎漁は、釣り人にとって待ち遠しいばかりだ。
매년 6월에 해금되는 은어잡이는 낚시꾼들에게는 애타게 기다려질 뿐이다.

PLUS '금지령이 해제되었기 때문에 시작되었다'는 뜻으로 많이 쓰인다.

☐ 02 苦笑 | くしょう 쓴웃음

３年前に撮った自分の写真を見て、その体形に思わず**苦笑**した。
3년 전에 찍은 내 사진을 보고 그 체형에 나도 모르게 쓴웃음을 지었다.

동 苦笑い | にがわらい

☐ 03 口調 | くちょう 말투, 어조

彼は激しい**口調**で相手の批判に反論した。
그는 격한 어조로 상대방의 비판에 반론했다.

☐ 04 軽蔑 | けいべつ 경멸

あの人はいつも自分の自慢話ばかりするので、みんな**軽蔑**している。
저 사람은 항상 자기 자랑만 하기 때문에 모두 경멸하고 있다.

☐ 05 号泣 | ごうきゅう 소리내어 욺

初優勝まであと一歩のところで敗れて、みんな**号泣**した。
첫 우승까지 한 걸음 남겨 두고 패하여 모두 울음을 터뜨렸다.

☐ 06 鼓舞 | こぶ 고무(격려하여 기세를 북돋움)

緊張した選手たちの士気を**鼓舞**するのもコーチの大事な役割の一つだ。
긴장한 선수들의 사기를 고무하는 것도 코치의 중요한 역할 중 하나이다.

☐ 07 戦慄 | せんりつ 전율

生々しい事故の映像を見て**戦慄**が走った。
생생한 사고 영상을 보고 전율이 흘렀다.

★★ □ 08 率先 | そっせん　솔선

田中さんは町内の公園の清掃を**率先**して行っている。
다나카 씨는 동네 공원 청소를 솔선해서 하고 있다.

★★★ □ 09 辟易 | へきえき　지긋지긋함

親戚が集まるたびに「結婚はまだか」という話題に**辟易**する。
친척이 모일 때마다 듣게 되는 '결혼은 언제할 거야?'라는 화제는 지긋지긋하다.

★★★ □ 10 狼狽 | ろうばい　당황

まだ子供だと思っていた娘に恋人がいると知って、**狼狽**した。
아직 어린애라고 생각하고 있던 딸에게 애인이 있음을 알고 당황했다.

고유어

★★ □ 01 落し穴 | おとしあな　함정

カード社会の**落とし穴**に引っかかる若者が多いらしい。
카드 사회의 함정에 걸리는 젊은이들이 많다고 한다.

★★ □ 02 素人 | しろうと　어떤 분야에서 경험이 부족한 사람, 비전문가

この作品の出来はとても素晴らしく、**素人**が作ったものとは到底思えない。
이 작품의 완성도는 대단히 훌륭해서 비전문가가 만든 것이라고는 도저히 생각할 수 없다.

반 玄人 | くろうと 전문가

★ □ 03 魂 | たましい　영혼

肉体は滅びても、**魂**は生き続けると考える人たちもいる。
육체는 사라져도 영혼은 계속 살아간다고 생각하는 사람들도 있다.

★ □ 04 手遅れ | ておくれ　이미 늦음

テスト終了直前にマークシートの記入ミスに気づいたが、もう**手遅れ**だった。
테스트 종료 직전에 마크시트 기입 미스가 있음을 깨달았지만 이미 때는 늦었다.

★ □ 05 長持ち | ながもち 오래감

この乾電池(かんでんち)は値段(ねだん)が高(たか)いだけあって**長持ち**する。
이 건전지는 값이 비싼 만큼 오래간다.

★ □ 06 値打ち | ねうち 가격, 가치

このコインは古(ふる)いものだが、それほどの**値打ち**はなかった。
이 동전은 오래된 것이지만 그 만큼의 가치는 없었다.

★★ □ 07 延べ | のべ 합계

この博物館(はくぶつかん)は開館(かいかん)以来(いらい)、**延べ**500万人(まんにん)が入場(にゅうじょう)した。
이 박물관은 개관 이래 합계 500만 명이 입장했다.

PLUS 延べ는 같은 것이 여러 차례 포함되어 있더라도 그 각각을 하나로 계산한다는 개념으로, 만약 어떤 공사에서 5명의 인부가 10일 동안 일을 했다면 延べ人員(じんいん)은 50명이 된다.

★ □ 08 刃物 | はもの (칼이나 가위 등의) 날붙이

刃物を持(も)った男(おとこ)が銀行(ぎんこう)に押(お)し入(い)り、200万円(まんえん)を奪(うば)って逃(に)げた。
흉기를 소지한 남자가 은행에 들이닥쳐 200만 엔을 빼앗아 달아났다.

★ □ 09 人事 | ひとごと 남의 일

地震(じしん)は韓国(かんこく)の国民(こくみん)にとっても、もう**人事**ではない話(はなし)だ。
지진은 한국 국민에게 있어서도 이제 남의 이야기가 아니다.

★★ □ 10 真っ向 | まっこう 정면

彼(かれ)は手強(てごわ)い相手(あいて)だが、**真っ向**から勝負(しょうぶ)してみることにした。
그는 버거운 상대지만 정면으로 승부해 보기로 했다.

★ □ 11 水車 | すいしゃ・みずぐるま 물레방아

田舎(いなか)では今(いま)も**水車**を使(つか)って精米(せいまい)をするところがある。
시골에서는 지금도 물레방아를 이용하여 정미를 하는 곳이 있다.

1순위

☐ 12 目薬 | めぐすり 안약

眼科医から一日に６回ずつ**目薬**をさすように言われた。
안과 의사로부터 하루에 여섯 번씩 안약을 넣으라는 말을 들었다.

☐ 13 元払い | もとばらい 선불 배송료

郵便局の職員からEMSは**元払い**だと言われた。
우체국 직원에게서 EMS는 선불이라고 들었다.

반 着払い | ちゃくばらい 착불

☐ 14 雪掻き | ゆきかき 눈 치우기

豪雪地帯での**雪掻き**作業はかなりの重労働だ。
대설 지대에서의 제설 작업은 상당한 중노동이다.

☐ 15 雪だるま | ゆきだるま 눈사람

庭に積もるほど雪がたくさん降って、弟と**雪だるま**を作った。
마당에 쌓일 만큼 눈이 많이 내려서 동생과 눈사람을 만들었다.

동사

04-2.mp3

기본 동사

☐ 01 暴れる | あばれる 난동을 부리다

普段はいい人でも、お酒が入ると**暴れる**ような人とは飲み会に行きたくない。 평상시에는 좋은 사람이라도 술이 들어가면 난동을 부리는 사람과는 술자리에 가고 싶지 않다.

☐ 02 謝る | あやまる 사과하다

自分が悪かったと思っているなら、相手に**謝らなければ**ならない。
자기가 잘못했다고 생각한다면 상대방에게 사과해야 한다.

☐ 03 威張る | いばる 으스대다

先輩だからといって、あんなに**威張って**いるのを見ると腹が立つ。
선배라고 저렇게 으스대고 있는 것을 보면 화가 난다.

★ □ 04 写す | うつす (글, 그림 등을) 베끼다

インターネットに載(の)ったレポートをそのまま**写して**くる学生(がくせい)がいて困(こま)る。
인터넷에 올려진 리포트를 그대로 베껴서 오는 학생이 있어서 곤란하다.

★ □ 05 写る | うつる (사진 등에) 찍히다

この団体写真(だんたいしゃしん)には、私(わたし)の顔(かお)が半分(はんぶん)しか**写って**いない。
이 단체 사진에는 내 얼굴이 반밖에 찍혀 있지 않다.

★★ □ 06 驕る | おごる 자만하다, 거만하다

彼(かれ)は**驕った**態度(たいど)のせいで、周(まわ)りにいるたくさんの人(ひと)に嫌(きら)われている。
그는 거만한 태도 때문에 주위에 있는 많은 사람들에게 미움을 받고 있다.

★ □ 07 囲む | かこむ 에워싸다

この番組(ばんぐみ)はゲストを**囲んで**楽(たの)しいおしゃべりをする番組(ばんぐみ)だ。
이 방송은 게스트를 둘러싸고 즐거운 대화를 나누는 프로그램이다.

★ □ 08 勝つ | かつ 이기다

次(つぎ)の試合(しあい)ではどんなことがあっても必(かなら)ず彼(かれ)に**勝ちたい**。
다음 시합에서는 무슨 일이 있어도 반드시 그를 이기고 싶다.

★ □ 09 騒ぐ | さわぐ 떠들다

マスコミは今回(こんかい)の事件(じけん)について**騒ぎすぎて**いるようだ。
매스컴은 이번 사건에 대해서 지나치게 떠들어대는 것 같다.

★ □ 10 進める | すすめる 진행하다

質疑応答(しつぎおうとう)のあとに、次(つぎ)の議題(ぎだい)についての意見交換(いけんこうかん)を**進める**。
질의응답 후 다음 의제에 대한 의견 교환을 진행한다.

★ □ 11 戦う | たたかう 싸우다

正々堂々(せいせいどうどう)と**戦って**優勝(ゆうしょう)を勝(か)ち取(と)った。
정정당당히 싸워서 우승을 거머쥐었다.

☆ □ 12 叩く | たたく 때리다, 두드리다

ストレスがたまったときは、ドラムを**叩きながら**ストレスを解消する。
스트레스가 쌓였을 때는 드럼을 치면서 스트레스를 해소한다.

☆ □ 13 鳴らす | ならす (소리 등을) 울리다

彼は今年も除夜の鐘を**鳴らす**らしい。
그는 올해도 제야의 종을 울린다고 한다.

☆ □ 14 拭う | ぬぐう 닦다

父はポケットの中にあったハンカチで額の汗を**拭った**。
아버지는 주머니 속에 있던 손수건으로 이마의 땀을 닦았다.

☆ □ 15 述べる | のべる 진술하다

最近はSNSやブログを通して自分の意見を**述べる**人が多い。
요즘에는 SNS나 블로그를 통해서 자신의 의견을 말하는 사람이 많다.

복합동사

☆☆ □ 01 当て付ける | あてつける 비꼬다

彼は妻に**当て付ける**ように、隣の奥さんを褒めた。
그는 아내를 비꼬듯 옆집 부인을 칭찬했다.

☆ □ 02 歩き回る | あるきまわる 여기저기 돌아다니다

日本中を**歩き回りながら**写真を撮っている。
일본 전국을 돌아다니면서 사진을 찍고 있다.

☆☆ □ 03 打ち出す | うちだす (주장 등을) 내세우다, 제안하다

会議の時に、上司に新商品のアイデアを**打ち出した**。
회의 때 상사에게 신상품 아이디어를 제안했다.

☆☆ □ 04 書き込む | かきこむ 기입하다 / (인터넷 게시판 등에) 글을 써 올리다

ブログに今日の出来事を**書き込む**つもりだ。
블로그에 오늘 있었던 일을 써넣을 생각이다.

★★ □ 05 **切り抜く** | きりぬく　오려 내다

印象深い(いんしょうぶか)記事(きじ)は**切り抜いて**保存(ほぞん)している。
인상 깊은 기사는 오려 내어 보관하고 있다.

★★ □ 06 **付け加える** | つけくわえる　덧붙이다

この報告書(ほうこくしょ)にこれ以上(いじょう)**付け加える**内容(ないよう)はない。
이 보고서에 더 이상 덧붙일 내용은 없다.

★ □ 07 **取り消す** | とりけす　취소하다

旅行(りょこう)に行(い)くことができなくなって、ホテルの予約(よやく)を**取り消した**。
여행을 갈 수 없게 되어 호텔 예약을 취소했다.

★★ □ 08 **抜け出す** | ぬけだす　빠져나가다

授業(じゅぎょう)をこっそり**抜け出して**、友達(ともだち)と映画(えいが)を見(み)に行(い)った。
수업을 몰래 빠져나와서 친구와 영화를 보러 갔다.

★ □ 09 **持ち帰る** | もちかえる　가지고 돌아가다

キャンプで出(で)たゴミは残(のこ)さず全部(ぜんぶ)**持ち帰って**ください。
캠핑에서 나온 쓰레기는 남기지 말고 전부 가지고 돌아가세요.

★★ □ 10 **やってくる**　다가오다, 찾아오다

もうすぐ長雨(ながあめ)の季節(きせつ)が**やってくる**と思(おも)うと憂鬱(ゆううつ)になる。
이제 곧 장마철이 다가온다고 생각하니 우울해진다.

형용사

04-3.mp3

い 형용사

★ □ 01 **きつい**　꽉 끼다

このズボンは腰(こし)のところが**きつい**上(うえ)に、動(うご)きにくくて不便(ふべん)だ。
이 바지는 허리 부분이 꽉 끼기도 하고 움직이기 힘들어서 불편하다.

1순위

★★ □ 02 気まずい | きまずい 서먹서먹하다, 어색하다

あの二人(ふたり)はお互(たが)いに理解(りかい)できないまま、**気まずく**別(わか)れてしまった。
저 두 사람은 서로 이해하지 못한 채 서먹서먹하게 헤어져 버렸다.

★ □ 03 眠い | ねむい 졸리다

私(わたし)はつまらない国語(こくご)の授業(じゅぎょう)の時(とき)は**眠くて**たまらない。
나는 재미없는 국어 수업 때는 졸려서 참을 수가 없다.

㊍ 眠たい | ねむたい

★ □ 04 酷い | ひどい 심하다

酷い風邪(かぜ)をひいても休(やす)めないこの仕事(しごと)が本当(ほんとう)に嫌(いや)だ。
심한 감기에 걸려도 쉴 수 없는 이 일이 정말 싫다.

★ □ 05 丸い | まるい 둥글다, 원만하다

彼女(かのじょ)は性格(せいかく)が**丸くて**、いつも周(まわ)りに友達(ともだち)が多(おお)いらしい。
그녀는 성격이 원만해서 항상 주위에 친구가 많은 것 같다.

な 형용사

★ □ 01 豊富 | ほうふ 풍부함

豊富な資源(しげん)がこの国(くに)の経済(けいざい)を支(ささ)えている。
풍부한 자원이 이 나라의 경제를 지탱하고 있다.

★ □ 02 真っ赤 | まっか 새빨감

彼(かれ)が話(はな)したことは**真っ赤な**嘘(うそ)だと思(おも)う。
그가 한 이야기는 새빨간 거짓말이라고 생각한다.

★ □ 03 真っ青 | まっさお 새파람

かばんを置(お)き忘(わす)れたことに気付(きづ)いて、顔(かお)が**真っ青に**なった。
가방을 두고 왔다는 사실을 깨닫고 얼굴이 새파래졌다.

☐ 04 真っ白 | まっしろ 새하얌

面接官の厳しい質問に、頭の中が**真っ白に**なってしまった。

면접관의 까다로운 질문에 머릿속이 새하얘지고 말았다.

(반) 真っ黒 | まっくろ 새까맘

☐ 05 有利 | ゆうり 유리함

有利な条件で契約をするのは無理だ。

유리한 조건으로 계약을 하는 것은 무리이다.

(반) 不利 | ふり 불리함

1순위

부사

04-4.mp3

☐ 01 しっかり 꼭, 단단히

エスカレーターの手すりを**しっかり**と掴んでください。

에스컬레이터 손잡이를 꼭 잡으세요.

☐ 02 ずいぶん 상당히, 꽤

母は**ずいぶん**とたくさんの食料品を買い込んできた。

어머니는 상당히 많은 식료품을 사 가지고 왔다.

☐ 03 再び | ふたたび 재차, 다시

最初のテストには落ちたが、**再び**チャレンジして合格した。

첫 시험에는 떨어졌지만 다시 도전하여 합격했다.

☐ 04 ほっと 후유(안심하는 모양)

仕事を終えて、**ほっと**一息をついた。

일을 끝내고 후유 하고 크게 숨을 내쉬었다.

☐ 05 滅多に | めったに 좀처럼

滅多に怒らない鈴木さんがめずらしくかっかしている。

좀처럼 화를 안 내는 스즈키 씨가 웬일로 단단히 화가 나 있다.

의성어·의태어

★★ □ 01 ころころ　　작고 가벼운 것이 굴러오는 모양, 데굴데굴

歩いていたら、足元にボールが**ころころ**と転がってきた。
걸어가고 있는데 발밑으로 공이 데굴데굴 굴러 왔다.

★★ □ 02 すらすら　　막힘없이 순조롭게 진행되는 모양, 술술

幼稚園児が古典の文章を**すらすら**と暗唱している動画を見た。
유치원생이 고전에 나오는 문장을 술술 암송하는 동영상을 보았다.

★★ □ 03 つるつる　　표면이 매끄러운 모양, 매끈매끈

彼女は50代だとは思えないほど、肌が**つるつる**している。
그녀는 50대라고는 생각할 수 없을 만큼 피부가 매끈매끈하다.

★★ □ 04 長々 | ながなが　　장시간 이어지는 모양, 장황하게

校長先生の話はいつも**長々**と続いてつまらない。
교장 선생님의 이야기는 항상 장황하게 계속되어 지루하다.

★★ □ 05 ぺらぺら　　외국어를 유창하게 구사하는 모양, 술술

昔は片言だった英語が今は**ぺらぺら**に話せるようになった。
옛날에는 더듬더듬 말하던 영어를 이제는 유창하게 말할 수 있게 되었다.

속담·사자성어

★★ □ 01 泣き面に蜂 | なきつらにはち　　좋지 않은 일이 겹쳐서 일어남, 설상가상

朝からクレーム対応に追われた上、部長には怒鳴られて、**泣き面に蜂**とはまさにこのことだ。
아침부터 클레임 대응에 쫓기고 부장님한테는 혼나고, 설상가상이란 딱 이런 것이다.

ⓢ 弱り目に祟り目 | よわりめにたたりめ

□ 02 猫に小判 ｜ ねこにこばん　　　　　　　　　고양이에게 엽전

まだ初心者(しょしんしゃ)なのにそんな高(たか)いピアノを与(あた)えるなんて、**猫に小判**だよ。

아직 초보자인데 그렇게 비싼 피아노를 주다니 돼지 목에 진주다.

🐷 豚に真珠 ｜ ぶたにしんじゅ 돼지 목에 진주

[PLUS] 小判은 에도 시대 때 쓰이던 금화로 고양이에게는 아무 가치가 없다는 뜻에서 유래되어 사람에 따라서는 귀중한 물건도 쓸모가 없다는 뜻으로 쓰인다.

□ 03 意気投合 ｜ いきとうごう　　　　　　　　　의기투합

彼(かれ)と話(はなし)をしているうちに共通(きょうつう)の趣味(しゅみ)が話題(わだい)となり、**意気投合**してサークルを作(つく)った。

그와 이야기를 하다가 공통의 취미가 화제가 되어 의기투합하여 서클을 만들었다.

□ 04 三日坊主 ｜ みっかぼうず　　　　　　　　　작심삼일

何(なに)にでも興味(きょうみ)を持(も)つのはいいが、**三日坊主**なのが玉(たま)に瑕(きず)だ。

무엇에든 흥미를 가지는 것은 좋지만 작심삼일로 끝나는 것이 옥에 티다.

관용어

□ 01 一笑に付す ｜ いっしょうにふす　일소에 부치다, 대수롭지 않게 웃어넘기다

あの女優(じょゆう)はスキャンダルを**一笑に付**した。

그 여배우는 스캔들을 대수롭지 않게 웃어넘겼다.

□ 02 否でも応でも ｜ いやでもおうでも　　　　　　　좋든 싫든

否でも応でも、今回(こんかい)の出張(しゅっちょう)は行(い)かないわけにはいかない。

좋든 싫든 이번 출장은 가지 않을 수는 없다.

□ 03 思いを寄せる ｜ おもいをよせる　　　　　마음에 두다, 연정을 품다

彼女(かのじょ)はずっと前(まえ)からひそかに彼(かれ)に**思いを寄せ**ていたようだ。

그녀는 아주 예전부터 남몰래 그에게 연정을 품고 있었던 모양이다.

☆☆ □ 04 **途方に暮れる** │ とほうにくれる　　　　　　　　어쩔 줄 모르다

とつぜん かい こ しょぶん つうたつ
突然の解雇処分の通達に**途方に暮れて**しまった。
갑작스러운 해고 처분 통보에 어쩔 줄 몰라 당황하고 말았다.

☆☆ □ 05 **泣いても笑っても** │ ないてもわらっても　　　　　울어도 웃어도

こんかい たいかい さい ご
泣いても笑っても、今回の大会が最後になるだろう。
좋든 싫든 이번 대회가 마지막이 될 것이다.

PLUS 남은 시간이 없거나 이번이 마지막임을 나타내는 뜻으로 쓰인다.

☆☆ □ 06 **泣く子も黙る** │ なくこもだまる　　　　　　　　우는 아이도 그치다

かれ けい し ちょう
彼は**泣く子も黙る**警視庁のトップだ。
그는 우는 아이도 그칠 경시청의 수장이다.

PLUS 아이도 그 두려움을 알고 있을 만큼 강한 힘을 가지고 있거나 두려운 존재임을 표현하는 말.

☆☆ □ 07 **下手の横好き** │ へたのよこずき　　　　　서툴지만 그것을 무척 좋아함

ほんにん い うた な
本人は**下手の横好き**と言うものの、その歌のうまさはプロ並みだ。
본인은 서툰데 좋아할 뿐이라고 하지만 그 노래 실력은 프로급이다.

☆☆ □ 08 **満更でもない** │ まんざらでもない　　　　　　　싫지만은 않다

むすめ はなし こん ど み あ あい て
娘の話では、今度のお見合いの相手は**満更でもなかった**ようだ。
딸의 이야기로는 이번 맞선 상대는 싫지만은 않았던 모양이다.

☆☆ □ 09 **躍起になる** │ やっきになる　　　　　　　　　　기를 쓰다

い わけ ひつよう おも
そこまで**躍起になって**言い訳をする必要はないと思う。
그렇게까지 기를 쓰고 변명을 할 필요는 없다고 생각한다.

☆☆ □ 10 **埒が明かない** │ らちがあかない　　　　　　　　결론이 나지 않다

たが いけん あ いっこう あ まえ
お互いの意見をぶつけ合うだけでは、一向に**埒が明かない**のは当たり前だ。
서로의 의견만 내세워서는 전혀 결론이 나지 않는 것은 당연하다.

1 다음 밑줄 친 히라가나에 해당하는 한자를 고르세요.

1. 悔しさにごうきゅうする。 ① 号泣 ② 剛球
2. そんなことを言ったら、けいべつされる。 ① 蔑視 ② 軽蔑
3. 泣き面にはち。 ① 鉢 ② 蜂
4. とほうにくれる。 ① 途方 ② 徒歩
5. 自分の意見をのべる。 ① 延べる ② 述べる

2 다음 두 문장 중에서 올바른 문장을 고르세요.

1. ① 真っ白な嘘をつく。
   ② 真っ赤な嘘をつく。

2. ① 酒に酔って、家の中であばれる。
   ② 酒に酔って、家の中でおぼれる。

3. ① 安全のため、ちゃっかりと手すりにつかまる。
   ② 安全のため、しっかりと手すりにつかまる。

4. ① 仕事が終わってほっと一息つく。
   ② 仕事が終わってはっと一息つく。

5. ① 難しい英語の本をすらすら読む。
   ② 難しい英語の本をぺらぺら読む。

3 다음 일본어가 설명하고 있는 단어를 고르세요.

1. 体重を減らす。

① 減量　② 減退

2. 実際より若く見える顔

① 童顔　② 厚顔

3. 「ばかばかしい」とばかり問題にしない。

① 満更でもない　② 一笑に付す

4. メディアを通じてニュースを伝える。

① 報告　② 報道

5. 衣服や靴などのサイズが小さくて苦しい。

① きつい　② 厚い

1 1.① 2.② 3.② 4.① 5.② 2 1.② 2.① 3.② 4.① 5.① 3 1.① 2.① 3.② 4.② 5.①

DAY 05

VOCA Check

나의 어휘 실력은 현재 어느 정도일까?
실전 어휘력 체크!

다음 어휘의 뜻을 써 보세요.

명사

□01 右折 .... □02 口論 .... □03 誇張 ....
□04 誤謬 .... □05 随筆 .... □06 毒舌 ....
□07 獲物 .... □08 趣 .... □09 傘立て ....

동사

□10 争う .... □11 祈る .... □12 裏切る ....
□13 繋ぐ .... □14 含む .... □15 送り込む ....
□16 切り替える .... □17 立て掛ける .... □18 踏み込む ....

형용사

□19 青白い .... □20 手軽い .... □21 何気ない ....
□22 目覚しい .... □23 弱々しい .... □24 幸せ ....
□25 新鮮 .... □26 大胆 .... □27 柔らか ....

부사·의성어·의태어

□28 あっという間に .... □29 至急 .... □30 当分 ....
□31 とっくに .... □32 にっこり .... □33 ぎりぎり ....
□34 そろそろ .... □35 どんどん .... □36 ますます ....

속담·사자성어·관용어

□37 痘痕もえくぼ .... □38 奇想天外 ....
□39 有頂天になる .... □40 根も葉もない ....

- **정답 개수 01~10개** ▶ **당신은 초급자!** 산 넘어 산이네요! 정독하여 반드시 어휘 정복합시다!
- **정답 개수 11~20개** ▶ **당신은 초중급자!** 이제 걸음마 뗀 수준? 좀 더 노력하여 수준급으로 Go!
- **정답 개수 21~30개** ▶ **당신은 중급자!** 조금만 더 열심히 하면, 상급자까지 얼마 안 남았어요!
- **정답 개수 31~40개** ▶ **당신은 거의 상급자 수준?!** 방심은 금물! 100% 완벽에 도전합시다!

DAY 05

명사

05-1.mp3

기본 한자어

- □ 01 右折 | うせつ 우회전
- □ 02 応答 | おうとう 응답
- □ 03 会見 | かいけん 회견
- □ 04 核心 | かくしん 핵심
- □ 05 活気 | かっき 활기
- □ 06 気圧 | きあつ 기압
- □ 07 原理 | げんり 원리
- □ 08 講義 | こうぎ 강의
- □ 09 口頭 | こうとう 구두
- □ 10 口論 | こうろん 언쟁
- □ 11 誇張 | こちょう 과장
- □ 12 左折 | させつ 좌회전
- □ 13 示唆 | しさ 시사
- □ 14 助言 | じょげん 조언
- □ 15 素性 | すじょう 본성
- □ 16 大半 | たいはん 태반
- □ 17 断言 | だんげん 단언
- □ 18 忠告 | ちゅうこく 충고
- □ 19 返答 | へんとう 대답
- □ 20 方言 | ほうげん 방언
- □ 21 無言 | むごん 무언
- □ 22 矛盾 | むじゅん 모순
- □ 23 遺言 | ゆいごん 유언
- □ 24 用件 | ようけん 용건
- □ 25 類型 | るいけい 유형
- □ 26 連発 | れんぱつ 연발

읽기에 주의해야 할 음독 한자어

□ 01 **稽古** | けいこ — (무예나 예능 등의) 연습

伝統(でんとう)衣装(いしょう)を着(き)た女性(じょせい)が三味線(しゃみせん)の**稽古**をしている。
전통 의상을 입은 여자가 샤미센 연습을 하고 있다.

□ 02 **誤謬** | ごびゅう — 오류

彼(かれ)の主張(しゅちょう)には大(おお)きな**誤謬**があったことが明(あき)らかになった。
그의 주장에는 큰 오류가 있었다는 사실이 드러났다.

□ 03 **饒舌** | じょうぜつ — 말이 많음

普段(ふだん)は無口(むくち)な彼(かれ)もアルコールが入(はい)ると**饒舌**になる。
평상시에는 말이 없는 그도 알코올이 들어가면 말이 많아진다.

□ 04 **信憑性** | しんぴょうせい — 신빙성

その本(ほん)に書(か)かれている内容(ないよう)は何(なん)の**信憑性**もない。
그 책에 쓰여져 있는 내용은 아무런 신빙성도 없다.

□ 05 **随筆** | ずいひつ — 수필

あの作家(さっか)は小説(しょうせつ)を書(か)く合間(あいま)に**随筆**も書(か)いている。
그 작가는 소설을 쓰는 틈틈이 수필도 쓰고 있다.

□ 06 **赤裸々** | せきらら — 적나라

彼女(かのじょ)は自分(じぶん)の過去(かこ)を週刊誌(しゅうかんし)で**赤裸々**に告白(こくはく)した。
그녀는 자신의 과거를 주간지에 적나라하게 고백했다.

□ 07 **他言** | たごん・たげん — (비밀을) 타인에게 말함

この件(けん)についてはここだけの話(はなし)として、**他言**無用(むよう)でお願(ねが)いします。
이 건은 우리끼리 이야기로 하고 다른 사람에게는 발설하지 않도록 부탁드립니다.

✦✦
□ 08 毒舌 | どくぜつ 　　　　　　　　　　　　　　　　독설

あの人の**毒舌**はいつも核心をついているので、みんな納得する。
ひと　　　　　　　　かくしん　　　　　　　　　　　　　　　　なっとく

그 사람의 독설은 항상 핵심을 찌르기 때문에 모두 납득한다.

□ 09 罵声 | ばせい 　　　　　　　　　　　　　　　　거칠게 욕하는 소리

あまりの情けない負け方に、観客席から**罵声**が飛んだ。
なさ　　　　　　　ま　かた　　　かんきゃくせき　　　　　　と

너무나 한심하게 지는 모습에 관중석으로부터 거칠게 욕하는 소리가 터져 나왔다.

□ 10 悲願 | ひがん 　　　　　　　　　　　　　　비원(꼭 이루고픈 비장한 소원)

毎年一回戦敗退のチームが**悲願**の一勝をあげた。
まいとしいっかいせんはいたい　　　　　　　　　　いっしょう

매년 1회전 탈락을 하던 팀이 그토록 바라던 1승을 올렸다.

고유어

□ 01 錘・重り | おもり 　　　　　　　　　　　　추(무게를 달기 위해 사용함)

錘で正確に量って、袋詰めにして売る。
せいかく　はか　　　ふくろ づ　　　う

추로 정확하게 무게를 재어 봉투에 담아서 판다.

□ 02 植木鉢 | うえきばち 　　　　　　　　　　　　　　　화분

植木鉢に水をやっている母の姿を写真に収めた。
みず　　　　　　　はは　すがた　しゃしん　おさ

화분에 물을 주고 있는 어머니의 모습을 사진에 담았다.

□ 03 餌 | えさ 　　　　　　　　　　　　　　　　먹이

ペットの数が多くなると、その**餌**代も馬鹿にならない。
かず　おお　　　　　　　　　　　だい　ばか

애완동물 수가 많아지면 그 사료비도 무시할 수 없다.

□ 04 獲物 | えもの 　　　　　　　　　　　　　　　　사냥감

チーターは必死に**獲物**を追いかけたが、逃してしまった。
ひっし　　　　　お　　　　　　　のが

치타는 필사적으로 사냥감을 쫓아갔지만 놓치고 말았다.

□ 05 襟 | えり 깃

ワイシャツの**襟**についている汚れはきれいに洗濯しても落ちにくい。
와이셔츠 깃에 묻어 있는 때는 깨끗이 세탁해도 잘 안 진다.

□ 06 趣 | おもむき 운치, 정취, 멋

この庭園は日本ならではの**趣**を存分に味わえる場所の一つだ。
이 정원은 일본 고유의 정취를 한껏 느낄 수 있는 장소 중 하나이다.

□ 07 傘立て | かさたて 우산꽂이

傘立てに置傘をしてあるので、雨が降っても大丈夫だ。
우산꽂이에 우산을 놓아 두었기 때문에 비가 와도 괜찮다.

□ 08 染み | しみ 얼룩, 때

白いシャツについた油の**染み**がなかなかとれない。
하얀 셔츠에 묻은 기름때가 좀처럼 지지 않는다.

□ 09 隙間 | すきま 틈새

窓の**隙間**から風が入り込んで、部屋の中が寒い。
창문 틈새로 바람이 새어 들어와 방 안이 춥다.

□ 10 丈 | たけ 기장

スカートの**丈**が長すぎて、10センチくらい短くするように頼んだ。
치마 길이가 너무 길어서 10cm 정도 짧게 해 달라고 부탁했다.

□ 11 翼 | つばさ 날개

大きな鳥が**翼**を広げて空を飛んでいる。
큰 새가 날개를 펼치고 하늘을 날고 있다.

□ 12 泥 | どろ 진흙

外で遊んできた息子の運動靴が**泥**だらけになっていた。
밖에서 놀다 온 아들의 운동화가 진흙투성이가 되어 있었다.

★ □ 13 謎 | なぞ 수수께끼

ナスカの地上絵(ちじょうえ)は世界最大(せかいさいだい)の**謎**と言(い)われている。
나스카의 지상화는 세계 최대의 수수께끼로 불리고 있다.

★ □ 14 幅 | はば 폭

この川(かわ)は**幅**が広(ひろ)くて、とても泳(およ)いでは渡(わた)れない。
이 강은 폭이 넓어서 도저히 헤엄쳐서는 건너갈 수 없다.

★★ □ 15 最寄り | もより 가장 가까움

高校時代(こうこうじだい)は**最寄り**駅(えき)までバスで通(かよ)っていた。
고등학교 때는 가장 가까운 역까지 버스로 오고 갔다.

동사

05-2.mp3

기본 동사

★ □ 01 空く | あく 비다

バスに**空いて**いる席(せき)がなくて、目的地(もくてきち)に着(つ)くまで立(た)っていた。
버스에 빈자리가 없어서 목적지에 도착할 때까지 서 있었다.

★ □ 02 甘やかす | あまやかす 응석을 받아 주다

子供(こども)を**甘やかす**ことと愛(あい)することとは違(ちが)う。
아이의 응석을 받아 주는 것과 사랑하는 것은 다르다.

★ □ 03 争う | あらそう 다투다

両国(りょうこく)は領土問題(りょうどもんだい)を巡(めぐ)って**争って**いる。
양국은 영토 문제를 둘러싸고 다투고 있다.

★ □ 04 祈る | いのる 기도하다

兵士(へいし)たちは戦争(せんそう)が終(お)わって平和(へいわ)が訪(おとず)れるように**祈った**。
병사들은 전쟁이 끝나고 평화가 찾아오기를 기도했다.

☐ 05 動かす | うごかす 움직이게 하다, 움직이다

会議ができるように、机と椅子を**動かして**並べた。
회의를 할 수 있도록 책상과 의자를 옮겨서 배치했다.

☐ 06 動く | うごく 움직이다

電池が切れたのか、さっきから時計の針がちっとも**動かない**。
건전지가 다 된 것인지 아까부터 시곗바늘이 조금도 움직이지 않는다.

☐ 07 裏切る | うらぎる 배신하다

味方を**裏切って**敵に加担した人がいるそうだ。
동료를 배신하고 적에게 가담한 사람이 있다고 한다.

☐ 08 限る | かぎる 제한하다

この施設の利用者は高校生以上に**限られて**いる。
이 시설의 이용자는 고등학생 이상으로 제한되어 있다.

☐ 09 刺す | さす 찌르다, 꽂다

布に針を**刺して**縫い物をする。
옷감에 바늘을 꽂아 바느질을 하다.

☐ 10 触る | さわる 만지다, 건드리다

展示品には絶対に**触らないで**ください。
전시품에는 절대로 손대지 마세요.

☐ 11 頼る | たよる 의지하다

親戚を**頼って**一人でソウルに上京してきた。
친척을 의지하여 혼자서 서울로 상경해 왔다.

☐ 12 繋ぐ | つなぐ 연결하다

まず、最初にパソコンとプリンターをコードで**繋いで**ください。
우선, 처음에 컴퓨터와 프린터를 코드로 연결하세요.

★ □13 積む | つむ　쌓다 / (짐 등을) 싣다

3人(にん)の男(おとこ)の人(ひと)がトラックに引越(ひっこ)しの荷物(にもつ)を**積んで**いる。
세 남자가 트럭에 이삿짐을 싣고 있다.

★ □14 抜く | ぬく　뽑다, 빼내다

栓抜(せんぬ)きを使(つか)えば、簡単(かんたん)にコーラの栓(せん)を**抜く**ことができる。
병따개를 사용하면 쉽게 콜라 뚜껑을 딸 수 있다.

★ □15 含む | ふくむ　포함하다

発(はつ)ガン物質(ぶっしつ)が**含まれて**いる着色料(ちゃくしょくりょう)は使(つか)わない。
발암 물질이 함유되어 있는 착색료는 사용하지 않는다.

복합동사

★★ □01 入れ替える | いれかえる　바꿔 넣다, 교체하다

事務室(じむしつ)の中(なか)の空気(くうき)を**入れ替える**ために窓(まど)を開(あ)けた。
사무실 안을 환기시키기 위해 창문을 열었다.

★★ □02 送り込む | おくりこむ　파견하다

優秀(ゆうしゅう)な実績(じっせき)を上(あ)げた社員(しゃいん)は海外支店(かいがいしてん)に**送り込む**。
우수한 실적을 올린 사원은 해외 지점으로 파견한다.

★★ □03 切り替える | きりかえる　전환하다, 바꾸다

人件費(じんけんひ)を削減(さくげん)するために派遣社員(はけんしゃいん)に**切り替えた**。
인건비를 삭감하기 위해 파견 사원으로 바꿨다.

★★ □04 切り捨てる | きりすてる　잘라 내다, 잘라서 버리다

不況(ふきょう)で長年会社(ながねんかいしゃ)に貢献(こうけん)してきた人(ひと)も**切り捨てられた**。
불황 때문에 오랜 세월 회사에 공헌해 온 사람도 버려졌다.

★★ □ 05 立て掛ける | たてかける　　기대어 세워 놓다

みせ まえ あたら かんばん
店の前に新しい看板を**立て掛けた**。
가게 앞에 새로운 간판을 기대어 세워 놓았다.

★★ □ 06 取り寄せる | とりよせる　　주문해서 가져오게 하다

がいこく りょうり ざいりょう
外国から料理の材料を**取り寄せて**いる。
외국에서 요리 재료를 주문해서 가져오고 있다.

★★ □ 07 撥ね付ける | はねつける　　딱 잘라 거절하다

かいしゃがわ ろうどうくみあい ようきゅう だんこ
会社側は労働組合の要求を断固として**撥ね付けた**。
회사 측은 노동조합의 요구를 단호하게 딱 잘라 거절했다.

★★ □ 08 張り切る | はりきる　　의욕이 넘치다, 기합이 들어가다

しんにゅうしゃいん ころ しごと
新入社員の頃は**張り切って**仕事をしていた。
신입 사원이었을 때는 의욕적으로 일을 했었다.

★★ □ 09 引き受ける | ひきうける　　떠맡다

しかた しゃいんりょこう かんじ
仕方なく社員旅行の幹事を**引き受けて**しまった。
어쩔 수 없이 사원여행의 간사를 떠맡고 말았다.

★★ □ 10 踏み込む | ふみこむ　　발을 내딛다 / 깊이 파고들다

ばっぽんてき さいこうちく
システムの抜本的な再構築に**踏み込んだ**。
시스템의 발본적인 재구축에 파고들었다.

형용사

05-3.mp3

い형용사

★ □ 01 青白い | あおじろい　　창백하다

かれ べんきょう かお よわよわ たいかく
彼は勉強ばかりしたせいか、顔も**青白くて**弱々しい体格をしている。
그는 공부만 한 탓인지 얼굴도 창백하고 연약한 체격을 하고 있다.

★★ □ 02 手軽い | てがるい　손쉽다, 간편하다

株式で**手軽く**お金を儲けることができた。

주식으로 손쉽게 돈을 벌 수가 있었다.

㊐ 手軽 | てがる

★★ □ 03 何気ない | なにげない　무심한 듯하다, 아무렇지 않다

友達の**何気ない**優しさが胸に染みる。

친구의 무심한 듯한 다정함이 가슴에 사무친다.

★ □ 04 目覚しい | めざましい　눈부시다

我が国は今まで**目覚しい**発展を遂げてきた。

우리나라는 지금까지 눈부신 발전을 이루어왔다.

★★ □ 05 弱々しい | よわよわしい　비실비실하다, 힘이 없다

あのサッカー選手が子供の頃は**弱々しかった**なんて、信じられない。

그 축구 선수가 어렸을 때는 비실비실했었다니 믿을 수가 없다.

な 형용사

★ □ 01 かわいそう　가엾음, 불쌍함

最近の子供たちは思い切り遊べる時間がなくて、**かわいそうに**思われる。

요즘 아이들은 마음껏 놀 수 있는 시간이 없어서 가엾게 생각된다.

★ □ 02 幸せ | しあわせ　행복함

好きな人と結婚して**幸せに**暮らすのが私の夢だ。

좋아하는 사람과 결혼해서 행복하게 사는 것이 나의 꿈이다.

★ □ 03 新鮮 | しんせん　신선함

この市場では、いつも**新鮮な**魚だけを取り扱っている。

이 시장에서는 언제나 신선한 생선만을 취급하고 있다.

★ □ 04 大胆 | だいたん 대담함

今年はかなり**大胆な**スタイルの水着が流行るそうだ。
올해는 꽤 대담한 스타일의 수영복이 유행할 것이라 한다.

㉯ 小心 | しょうしん 소심함

★ □ 05 柔らか | やわらか 부드러움

柔軟剤を入れて洗うと**柔らかに**仕上がる。
유연제를 넣어서 씻으면 부드럽게 완성된다.

㉰ 柔らかい | やわらかい

1순위

부사

05-4.mp3

★★ □ 01 あっという間に | あっというまに 눈 깜짝할 사이에

あんなにたくさんの料理を**あっという間に**平らげてしまった。
그렇게 많은 음식을 눈 깜짝할 사이에 다 먹어 치워 버렸다.

★★ □ 02 至急 | しきゅう 급히, 서둘러

この書類を20部コピーして、**至急**会議室に持っていってください。
이 서류를 20부 복사해서 서둘러 회의실로 가져가세요.

★★ □ 03 当分 | とうぶん 당분간

生活費が足りなくて、**当分**外食は控えることにした。
생활비가 부족해서 당분간 외식은 하지 않기로 했다.

★★ □ 04 とっくに 이미, 벌써, 옛날에

授業は**とっくに**始まっていますよ。急いで教室に入りなさい。
수업은 이미 시작되었어요. 어서 교실로 들어가세요.

★★ □ 05 にっこり 활짝 웃는 모양, 방긋

受付嬢は**にっこり**と微笑んで「しばらくお待ちください」と言った。
접수처 아가씨는 방긋 미소 지으며 "잠시 기다려 주세요"라고 말했다.

의성어·의태어

★★ □ 01 **ぎりぎり** 아슬아슬

徹夜(てつや)までして、なんとかレポートの締切(しめきり)に**ぎりぎり**間(ま)に合(あ)った。

밤샘까지 하며 그럭저럭 리포트 마감에 아슬아슬하게 시간을 맞추었다.

★ □ 02 **ずんぐり** 키가 작고 뚱뚱한 모양

ずんぐりとした赤(あか)ちゃんパンダは動物園(どうぶつえん)の人気者(にんきもの)だ。

작고 포동포동한 아기 팬더는 동물원의 인기 스타이다.

★ □ 03 **そろそろ** 슬슬

今日(きょう)はこの辺(へん)で**そろそろ**失礼(しつれい)いたします。

오늘은 이쯤에서 슬슬 실례하겠습니다.

★★ □ 04 **どんどん** 일이 순조롭게 잘 진행되는 모양, 척척

任(まか)せられた仕事(しごと)を**どんどん**片付(かたづ)けないと、仕事(しごと)はたまる一方(いっぽう)だ。

맡겨진 일을 척척 끝내지 않으면 일은 쌓이기만 할 뿐이다.

★★ □ 05 **ますます** 점점

祖父(そふ)は年(とし)を取(と)るにつれて、**ますます**元気(げんき)になっていくような気(き)がする。

할아버지는 연세를 드실수록 점점 더 기운이 생기는 것 같다.

속담·사자성어

★★ □ 01 **痘痕もえくぼ** | あばたもえくぼ 제 눈에 안경

彼(かれ)は薄毛(うすげ)を気(き)にしているらしいが、彼女(かのじょ)の方(ほう)は**痘痕もえくぼ**らしい。

그는 옅어지는 머리숱을 신경 쓰는 듯하지만 그녀에게는 제 눈에 안경인 것 같다.

PLUS 누군가를 좋아하게 되면 마맛자국도 보조개로 보일 정도로 단점도 장점으로 보인다는 뜻.

★★ □ 02 花より団子 | はなよりだんご 금강산도 식후경, 풍류보다 실속

飛行機の中で窓からの景色より機内食に夢中な彼女は、まさに**花より団子**の人だ。

비행기 안에서 창밖 풍경보다 기내식에 빠져 있는 그녀는 그야말로 금강산도 식후경인 사람이다.

PLUS 꽃보다는 먹을 수 있는 경단을 챙긴다는 뜻에서 파생되어 풍류나 명분보다 실속을 추구한다는 뜻으로 쓰인다.

★★ □ 03 一心同体 | いっしんどうたい 일심동체

いつも献身的に看病する旦那さんの姿を見ると、あの夫婦は**一心同体**だと思える。

언제나 헌신적으로 간병하는 남편분의 모습을 보면 저 부부는 일심동체인 것 같다.

★★ □ 04 奇想天外 | きそうてんがい 기상천외

動物の中には**奇想天外**な方法で外敵から身を守る本能を持っているものがいる。

동물 중에는 기상천외한 방법으로 외적으로부터 몸을 지키는 본능을 지닌 동물이 있다.

관용어

★★ □ 01 愛想を尽かす | あいそをつかす 정나미가 뚝 떨어지다

夫の生活力の無さに**愛想を尽かした**彼女は家を出た。

생활력 제로인 남편에게 정나미가 뚝 떨어진 그녀는 집을 나갔다.

★★ □ 02 一か八か | いちかばちか 이판사판

こうなったら**一か八か**の勝負に出るしかないと思う。

이렇게 되면 이판사판의 승부를 보는 수밖에 없다고 생각한다.

★★ □ 03 有頂天になる | うちょうてんになる 날아갈 듯 기뻐하다

思わぬ大学合格のお知らせに**有頂天になった**。

생각지도 못한 대학교 합격 소식에 날아갈 듯 기뻤다.

★★ □ 04 糊口を凌ぐ | ここうをしのぐ　입에 풀칠하다

今は売れっ子のあの芸人も、デビュー前はバイトで**糊口を凌いで**いたそうだ。

지금은 잘나가는 그 개그맨도 데뷔 전에는 아르바이트로 입에 풀칠을 했었다고 한다.

★★★ □ 05 座が白ける | ざがしらける　흥이 깨지다

雰囲気を盛り上げようとしたが、かえって**座が白けて**しまった。

분위기를 북돋우려고 했는데 오히려 흥이 깨지고 말았다.

★★★ □ 06 根も葉もない | ねもはもない　근거 없다

そんな**根も葉もない**噂をそのまま信じる人は多分いないだろう。

그런 근거 없는 소문을 그대로 믿는 사람은 아마 없을 것이다.

★★ □ 07 水を打ったよう | みずをうったよう　물을 끼얹은 듯(조용함)

先生が怒鳴ると、教室はまるで**水を打ったように**静かになった。

선생님이 호통을 치자 교실은 마치 물을 끼얹은 듯이 조용해졌다.

★★ □ 08 水を差す | みずをさす　물을 끼얹다(좋은 분위기를 망치다)

せっかくやる気が出てきたのに、**水を差す**ようなことは言わないでほしい。

모처럼 의욕이 생겼는데 물을 끼얹는 듯한 말은 하지 않았으면 좋겠다.

★★★ □ 09 矢も盾もたまらない | やもたてもたまらない　(조조하여) 견딜 수가 없다

早く彼女に会いたくて、**矢も盾もたまらない**気持ちだ。

빨리 그녀를 만나고 싶어서 견딜 수 없는 기분이다.

★★★ □ 10 溜飲が下がる | りゅういんがさがる　(쌓인 불만이 사라져) 속이 후련하다

今まで言いたかったことを全部言ったら、**溜飲が下がった**。

지금까지 하고 싶었던 말을 전부 다 했더니 속이 후련했다.

1 다음 밑줄 친 히라가나에 해당하는 한자를 고르세요.

1. りゅういんが下がる。 ① 流飲 ② 溜飲
2. ねもはもない噂 ① 根も葉も ② 根も歯も
3. 何のしんぴょうせいもない。 ① 信評性 ② 信憑性
4. 次の角でうせつする。 ① 右折 ② 左折
5. ライオンがえものを狙う。 ① 得物 ② 獲物

2 다음 두 문장 중에서 올바른 문장을 고르세요.

1. ① 夫の性格に愛想を尽くす。
   ② 夫の性格に愛想を尽かす。

2. ① 車に荷物を積む。
   ② 車に荷物を積もる。

3. ① 世界平和を祈る。
   ② 世界平和を呪う。

4. ① 水をまいたように静かになった。
   ② 水を打ったように静かになった。

5. ① 友人の助言のおかげでプロジェクトは成功した。
   ② 友人のちょっかいのおかげでプロジェクトは成功した。

3 다음 일본어가 설명하고 있는 단어를 고르세요.

1. それとなく物事を示し教える。

① 示唆　② 指示

2. 一番重要なポイント

① 核心　② 安心

3. 実際よりも大げさに表現する。

① 拡張　② 誇張

4. うまくいっていることを邪魔するような行動をする。

① 水をさす　② 水入らず

5. もうそれ以上の余裕がない。

① つるつる　② ぎりぎり

1 1.② 2.① 3.② 4.① 5.② **2** 1.② 2.① 3.① 4.② 5.① **3** 1.① 2.① 3.② 4.① 5.②

DAY 06

VOCA Check

나의 어휘 실력은 현재 어느 정도일까?
실전 어휘력 체크!

다음 어휘의 뜻을 써 보세요.

명사

□01 疑問符 ....　□02 肯定 ....　□03 直筆 ....
□04 押印 ....　□05 真髄 ....　□06 由緒 ....
□07 下心 ....　□08 空耳 ....　□09 腹いせ ....

동사

□10 奪う ....　□11 かじかむ ....　□12 救う ....
□13 騙す ....　□14 並ぶ ....　□15 掻き回す ....
□16 取り掛かる ....　□17 引き継ぐ ....　□18 踏み付ける ....

형용사

□19 惜しい ....　□20 力強い ....　□21 果てしない ....
□22 勿体無い ....　□23 大柄 ....　□24 現金 ....
□25 無難 ....　□26 身軽 ....　□27 身近 ....

부사·의성어·의태어

□28 未だに ....　□29 凡そ ....　□30 偶然 ....
□31 一晩中 ....　□32 前もって ....　□33 がたがた ....
□34 きらきら ....　□35 ぐらぐら ....　□36 ぐるぐる ....

속담·사자성어·관용어

□37 糠に釘 ....　□38 一挙両得 ....
□39 察しが付く ....　□40 取り留めがない ....

- **정답 개수 01~10개** ▶ **당신은 초급자!** 산 넘어 산이네요! 정독하여 반드시 어휘 정복합시다!
- **정답 개수 11~20개** ▶ **당신은 초중급자!** 이제 걸음마 뗀 수준? 좀 더 노력하여 수준급으로 Go!
- **정답 개수 21~30개** ▶ **당신은 중급자!** 조금만 더 열심히 하면, 상급자까지 얼마 안 남았어요!
- **정답 개수 31~40개** ▶ **당신은 거의 상급자 수준?!** 방심은 금물! 100% 완벽에 도전합시다!

시험에 많이 나오는 어휘 **1순위**

DAY 06

명사

06-1.mp3

기본 한자어

- □ 01 解釈 | かいしゃく 해석
- □ 02 議題 | ぎだい 의제
- □ 03 疑問符 | ぎもんふ 물음표
- □ 04 凝縮 | ぎょうしゅく 응축
- □ 05 掲載 | けいさい 게재
- □ 06 結論 | けつろん 결론
- □ 07 原稿 | げんこう 원고
- □ 08 肯定 | こうてい 긍정
- □ 09 豪邸 | ごうてい 호화 저택
- □ 10 考慮 | こうりょ 고려
- □ 11 賛成 | さんせい 찬성
- □ 12 直筆 | じきひつ 직필
- □ 13 湿地 | しっち 습지
- □ 14 書籍 | しょせき 서적
- □ 15 著者 | ちょしゃ 저자
- □ 16 通訳 | つうやく 통역
- □ 17 投稿 | とうこう 투고
- □ 18 否定 | ひてい 부정
- □ 19 文脈 | ぶんみゃく 문맥
- □ 20 返事 | へんじ 대답
- □ 21 翻訳 | ほんやく 번역
- □ 22 翻弄 | ほんろう 농락
- □ 23 免職 | めんしょく 면직
- □ 24 略語 | りゃくご 줄임말
- □ 25 朗読 | ろうどく 낭독
- □ 26 論理 | ろんり 논리

읽기에 주의해야 할 음독 한자어

★★ □ 01 **押印** | おういん 날인, 도장을 찍음

アルバイトの契約書(けいやくしょ)に記名(きめい)**押印**をして送付(そうふ)した。

아르바이트 계약서에 기명 날인을 하여 송부했다.

★★★ □ 02 **愚弄** | ぐろう 우롱

弱者(じゃくしゃ)を**愚弄**するなんて、人格(じんかく)を疑(うたが)う。

약자를 우롱하다니 인격이 의심스럽다.

★★★ □ 03 **枯渇** | こかつ 고갈

避難所生活(ひなんじょせいかつ)も長(なが)くなり、救援物資(きゅうえんぶっし)も**枯渇**していった。

대피소 생활이 길어지면서 구호물자도 고갈되어 갔다.

★★★ □ 04 **三昧** | ざんまい (명사 뒤에 붙어) 그것에 푹 빠져 있음, 삼매경

休(やす)みを取(と)って温泉(おんせん)**三昧**の旅行(りょこう)を楽(たの)しんだ。

휴가를 얻어 온천 삼매경 여행을 즐겼다.

★★★ □ 05 **真髄** | しんずい 진수

この本(ほん)を読(よ)めば、武士道(ぶしどう)の**真髄**が分(わ)かるようになる。

이 책을 읽으면 무사도의 진수를 알 수 있게 된다.

★★ □ 06 **祝儀** | しゅうぎ 축의금

結婚式(けっこんしき)のご**祝儀**はいくらぐらい包(つつ)むのがいいですか。

결혼식 축의금은 얼마 정도 넣는 것이 좋은가요?

★★ □ 07 **退潮** | たいちょう 퇴조(기운이나 세력 등이 약해짐)

今回(こんかい)の選挙(せんきょ)で野党第一党(やとうだいいっとう)の**退潮**傾向(けいこう)が顕著(けんちょ)になった。

이번 선거에서 제1 야당의 퇴조 경향이 현저해졌다.

★★ □ 08 侮蔑 | ぶべつ　모멸

公(おおやけ)の場(ば)で相手(あいて)をあからさまに**侮蔑**するような態度(たいど)はあまりにも子供(こども)っぽい。 공적인 자리에서 상대를 노골적으로 모멸하는 듯한 태도는 너무나도 유치하다.

★★ □ 09 別状 | べつじょう　평소와 다른 상태

早期発見(そうきはっけん)だったおかげで、幸(さいわ)い命(いのち)に**別状**はないそうだ。
조기에 발견한 덕분에 다행히도 생명에 지장은 없다고 한다.

PLUS 주로 別状はない(이상 없다)의 형태로 쓰이는 경우가 많다.

★★ □ 10 由緒 | ゆいしょ　유서(옛날부터 전해 내려오는 내력)

由緒ある家柄(いえがら)のお嬢(じょう)さんと付(つ)き合(あ)うことになった。
유서 있는 집안의 아가씨와 사귀게 되었다.

고유어

★★ □ 01 げっぷ　트림

サイダーを一気飲(いっきの)みしたら、**げっぷ**が止(と)まらなくなった。
사이다를 단숨에 들이켰더니 트림이 멈추지 않게 되었다.

★★ □ 02 小手先 | こてさき　가벼운 손재주, 잔재주

小手先のテクニックを身(み)につけるより、まず基本(きほん)から練習(れんしゅう)しなさい。
잔재주나 다름없는 테크닉을 배우기보다는 우선 기본부터 연습하거라.

PLUS 별로 대단치 않은 재주라는 뜻으로 쓰이는 경우가 많다.

★★ □ 03 小物 | こもの　소품

きれいなお菓子(かし)の空(あ)き箱(ばこ)を**小物**入(い)れに使(つか)っている。
예쁜 과자의 빈 상자를 소품 상자로 사용하고 있다.

★★ □ 04 下心 | したごころ　흑심

玉(たま)の輿(こし)に乗(の)りたいという彼女(かのじょ)の**下心**が見(み)え見(み)えだ。
돈 많은 남자를 만나 신분 상승을 하겠다는 그녀의 흑심이 빤히 보인다.

☐ 05 裾 | すそ — 옷자락

ズボンの**裾**が長すぎるので、裾上げを頼もうと思う。
바지 자락이 너무 길어서 기장을 줄여 달라고 하려고 한다.

☐ 06 空耳 | そらみみ — 환청

誰かが私を呼んでいるような気がしたが、**空耳**だった。
누군가가 나를 부르고 있는 것 같았는데 환청이었다.

☐ 07 付け根 | つけね — (물건 등이 붙어 있는) 경계 부분

無理をしたせいか、昨日から腕の**付け根**がとても痛い。
무리를 한 탓인지 어제부터 어깻죽지가 너무 아프다.

☐ 08 手先 | てさき — 앞잡이

彼は独裁政権の**手先**となり、悪行の限りを尽くした。
그는 독재 정권의 앞잡이가 되어 온갖 악행을 저질렀다.

☐ 09 告げ口 | つげぐち — 고자질

妹はいつも母に**告げ口**ばかりして、姉との仲は悪くなる一方だ。
동생은 언제나 어머니께 고자질만 해서 언니와의 사이는 나빠지기만 한다.

☐ 10 狭間 | はざま — 사물 사이의 좁은 간극, 사이

彼は太平洋を漂流しながら生と死の**狭間**をさまよったが、奇跡的に生還した。 그는 태평양을 표류하면서 생과 사의 사이에서 헤매다 기적적으로 살아 돌아왔다.

☐ 11 腹いせ | はらいせ — 화풀이

あの人は受験に失敗した**腹いせ**に、校舎に放火した。
그 사람은 입시에 실패한 화풀이로 학교 건물에 불을 질렀다.

☐ 12 身だしなみ | みだしなみ — (용모, 복장, 말씨, 태도 등에 대한) 마음가짐, 몸가짐

おしゃれはあまり気にしないが、**身だしなみ**には特別に注意している。
멋 부리는 것에는 별로 신경 쓰지 않지만 단정하게 보이도록 특별히 주의하고 있다.

★ □ 13 源 | みなもと 원천

彼(かれ)のパワーの**源**はバランスのとれた食生活(しょくせいかつ)にあったそうだ。
그의 힘의 원천은 균형 잡힌 식생활에 있었다고 한다.

★★ □ 14 目盛り | めもり 눈금

体重計(たいじゅうけい)の**目盛り**は70キロを指(さ)していた。
체중계의 눈금은 70kg을 가리키고 있었다.

★★ □ 15 弱音 | よわね 약한 소리, 앓는 소리

ちょっとしたことで**弱音**を吐(は)くなんて、情(なさ)けない。
별것도 아닌 일로 앓는 소리를 하다니 한심하다.

동사

06-2.mp3

기본 동사

★★ □ 01 当てる | あてる 맞추다

その問題(もんだい)の答(こた)えを**当てた**のはなんと11歳(さい)の小学生(しょうがくせい)だった。
그 문제의 정답을 맞춘 사람은 놀랍게도 열한 살짜리 초등학생이었다.

★ □ 02 失う | うしなう 잃다

博打(ばくち)で全財産(ぜんざいさん)を**失う**なんて、本当(ほんとう)に情(なさ)けない。
도박으로 전 재산을 잃다니 정말 한심하다.

★ □ 03 奪う | うばう 빼앗다

犯人(はんにん)は銀行(ぎんこう)で現金(げんきん)500万円(まんえん)を**奪って**逃(に)げたそうだ。
범인은 은행에서 현금 500만 엔을 빼앗아 달아났다고 한다.

★ □ 04 追う | おう 쫓다

その刑事(けいじ)は３年前(ねんまえ)からずっと犯人(はんにん)の足取(あしど)りを**追って**いた。
그 형사는 3년 전부터 계속 범인의 행적을 쫓고 있었다.

☆ □ 05 重なる | かさなる 포개어지다, 겹치다

いくつもの偶然(ぐうぜん)が**重なって**、今(いま)の彼氏(かれし)に出会(であ)うことができた。
몇 가지의 우연이 겹쳐져 지금의 남자 친구를 만날 수 있었다.

☆☆ □ 06 悴む | かじかむ (추위로 손발이) 얼어붙다

ストーブをつけて、寒(さむ)さで**悴んだ**手足(てあし)を温(あたた)めた。
난로를 켜서 추위로 얼어붙은 손발을 데웠다.

☆ □ 07 傾く | かたむく 기울다

地震(じしん)の影響(えいきょう)で電信柱(でんしんばしら)も**傾いて**しまった。
지진의 영향으로 전신주도 기울어져 버렸다.

☆ □ 08 誘う | さそう (함께하자고) 권하다, 불러내다

彼女(かのじょ)に一緒(いっしょ)に映画(えいが)を見(み)ようと**誘った**が、きっぱり断(ことわ)られた。
그녀에게 같이 영화를 보자고 했는데 딱 잘라 거절당했다.

☆ □ 09 染みる | しみる (액체나 기체의 자극으로 인해) 따끔거리다, 스며들다

傷口(きずぐち)に消毒液(しょうどくえき)が**染みて**痛(いた)い。
상처 자리에 소독액이 스며들어서 아프다.

☆ □ 10 救う | すくう 구하다, 구조하다

彼(かれ)は川(かわ)に溺(おぼ)れかかった子供(こども)を**救って**町(まち)のヒーローになった。
그는 강에 빠져서 허우적대고 있던 아이를 구조하여 마을의 영웅이 되었다.

☆ □ 11 騙す | だます 속이다

詐欺師(さぎし)に**騙されて**100万円(まんえん)もの大金(たいきん)を取(と)られてしまった。
사기꾼에게 속아서 100만 엔이나 되는 큰돈을 빼앗겨 버렸다.

☆ □ 12 殴る | なぐる 때리다

ライオンは喧嘩(けんか)をする時(とき)、前足(まえあし)で相手(あいて)の顔面(がんめん)を**殴る**そうだ。
사자는 싸울 때 앞발로 상대의 안면을 때린다고 한다.

★ □ 13 並ぶ | ならぶ　　줄 서다 / 필적하다

生物学(せいぶつがく)の知識(ちしき)に関(かん)しては彼(かれ)に**並ぶ**ものはいない。

생물학 지식에 관해서는 그에게 필적할 상대는 없다.

★ □ 14 逃げる | にげる　　도망치다

犯人(はんにん)は警察官(けいさつかん)を見(み)たとたん、**逃げて**しまった。

범인은 경찰관을 보자마자 도망쳐 버렸다.

★ □ 15 延びる | のびる　　(시간 등이) 길어지다, 연장되다

会議(かいぎ)が**延びて**、約束(やくそく)の時間(じかん)に間(ま)に合(あ)いそうにない。

회의가 길어져서 약속 시간에 맞춰 갈 수 없을 것 같다.

복합동사

★★★ □ 01 打って変わる | うってかわる　　갑자기 바뀌다, 돌변하다

二次会(にじかい)は**打って変わって**賑(にぎ)やかな雰囲気(ふんいき)になったそうだ。

2차 모임은 갑자기 떠들썩한 분위기가 되었다고 한다.

★★ □ 02 押しつぶす | おしつぶす　　으깨다

じゃがいもを**押しつぶして**コロッケを作(つく)っている。

감자를 으깨서 크로켓을 만들고 있다.

★★ □ 03 掻き回す | かきまわす　　젓다, 휘젓다

コーヒーに砂糖(さとう)とミルクを入(い)れて**掻き回した**。

커피에 설탕과 우유를 넣고 휘저었다.

★ □ 04 出来上がる | できあがる　　완성되다

ケーキが**出来上がったら**、みんなで一緒(いっしょ)に食(た)べましょう。

케이크가 완성되면 모두 다 같이 먹읍시다.

☆☆ □ 05 取り掛かる ｜ とりかかる　　　　　　　　　　　　　착수하다

午後_{ご ご}からは作業_{さ ぎょう}に**取り掛かって**ください。

오후부터는 작업에 착수해 주세요.

☆☆ □ 06 取り除く ｜ とりのぞく　　　　　　　　　　　　없애다, 제거하다

まだ不純物_{ふ じゅんぶつ}を**取り除く**作業_{さ ぎょう}が待_まっている。

아직 불순물을 제거하는 작업이 기다리고 있다.

☆☆ □ 07 取り分ける ｜ とりわける　　　　　　　　　　　덜다, 나누어 담다

鍋料理_{なべりょう り}を小皿_{こ ざら}に**取り分けて**食_たべる。

전골 요리를 작은 접시에 덜어서 먹는다.

☆☆ □ 08 引き継ぐ ｜ ひきつぐ　　　　　　　　　　　　　　이어받다

退職_{たいしょく}した社員_{しゃいん}の仕事_{し ごと}を**引き継いで**やることになった。

퇴직한 직원의 일을 이어받아서 하게 되었다.

☆☆ □ 09 踏み付ける ｜ ふみつける　　　　　(발 등으로) 밟아서 짓누르다, 짓밟다

道端_{みちばた}に落_おちていたタバコに火_ひがついていたので、**踏み付けて**消_けした。

길바닥에 떨어져 있던 담배에 불이 붙어 있어서 발로 밟아서 껐다.

☆☆ □ 10 やり通す ｜ やりとおす　　　　　　　　　　　　끝까지 해내다

一度_{いち ど}決_きめたら、最後_{さい ご}まで**やり通す**ことが大事_{だい じ}だ。

한번 정했으면 끝까지 해내는 것이 중요하다.

형용사　　　　　　　　　　　　　　　　　🎧 06-3.mp3

い형용사

☆ □ 01 惜しい ｜ おしい　　　　　　　　　　　　　　　아깝다, 아쉽다

あともう少_{すこ}しで優勝_{ゆうしょう}を手_てに入_いれることができたのに、本当_{ほんとう}に**惜しい**。

앞으로 조금만 더 하면 우승을 손에 넣을 수 있었는데 정말 아깝다.

□ 02 口うるさい | くちうるさい 말이 많아 성가시다

この映画は**口うるさい**評論家たちからさんざん批判された。
이 영화는 말 많은 평론가들로부터 혹독하게 비판당했다.

□ 03 力強い | ちからづよい 마음 든든하다

私たちにとって**力強い**味方が現れてとても嬉しい。
우리에게 있어 마음 든든한 아군이 나타나서 무척 기쁘다.

□ 04 果てしない | はてしない 끝없다

果てしない地平線が目の前に広がっている。
끝없는 지평선이 눈앞에 펼쳐져 있다.

□ 05 勿体無い | もったいない 아깝다

せっかくの休日なのに家でごろごろしているなんて**勿体無い**。
모처럼의 휴일인데 집에서 빈둥거리고 있다니 아깝다.

な 형용사

□ 01 大柄 | おおがら 체격이 큼

あの家は祖父の代から**大柄な**家系で有名だ。
저 집은 할아버지 대부터 체격이 큰 집안으로 유명하다.

(반) 小柄 | こがら 체격이 작음

□ 02 現金 | げんきん 타산적임

一見人がよさそうな顔をしているが、意外と**現金な**ところがある。
얼핏 보면 사람이 좋아 보이는 얼굴을 하고 있지만 의외로 타산적인 데가 있다.

□ 03 無難 | ぶなん 무난함

韓国では結婚式に行くとき、スーツ姿で行くのが**無難だ**。
한국에서는 결혼식에 갈 때 정장 차림으로 가는 것이 무난하다.

★ □ 04 身軽 | みがる 몸이 가벼움

野外活動のときは、**身軽な**服装で参加した方がいい。

야외 활동을 할 때는 가벼운 복장으로 참가하는 것이 좋다.

★ □ 05 身近 | みぢか 주변에 가까움

犯人は被害者と**身近な**関係にある人物だそうだ。

범인은 피해자와 가까운 관계에 있는 인물이라고 한다.

1순위

부사

06-4.mp3

★ □ 01 未だに | いまだに 아직도, 여전히

ずっと待っているが、**未だに**彼女からは何の連絡もない。

계속 기다리고 있는데 아직도 그녀에게서는 아무런 연락도 없다.

★ □ 02 凡そ | およそ 약

アメリカに留学に行ってから**凡そ**1年ぶりに帰国することになった。

미국으로 유학간 지 약 1년 만에 귀국하게 되었다.

★ □ 03 偶然 | ぐうぜん 우연히

街を歩いていたら、**偶然**高校の同級生に会った。

길을 걷다가 우연히 고등학교 동창을 만났다.

★ □ 04 一晩中 | ひとばんじゅう 밤새도록

旅行先では**一晩中**友人と語り明かした。

여행지에서는 밤새도록 친구와 이야기하면서 날을 지샜다.

★ □ 05 前もって | まえもって 미리

人数の変更がある場合は**前もって**お知らせください。

인원수의 변경이 있을 경우에는 미리 알려 주십시오.

의성어·의태어

★★ □ 01 がたがた　딱딱한 것이 흔들리는 소리, 덜그럭덜그럭

地震(じしん)が起(お)きて、本棚(ほんだな)やテーブルが**がたがた**と揺(ゆ)れ始(はじ)めた。
지진이 일어나서 책장이랑 테이블이 덜그럭덜그럭 흔들리기 시작했다.

★ □ 02 きらきら　반짝반짝

大都会(だいとかい)では**きらきら**と輝(かがや)く夜空(よぞら)の星(ほし)をなかなか見(み)られない。
대도시에서는 반짝반짝 빛나는 밤하늘의 별을 좀처럼 볼 수 없다.

★★ □ 03 ぐらぐら　고정되어 있는 것이 불안하게 흔들리는 모양

前歯(まえば)が**ぐらぐら**して抜(ぬ)けそうなので、早(はや)く歯医者(はいしゃ)に行(い)こうと思(おも)う。
앞니가 흔들거리는 게 왠지 빠질 것 같아서 빨리 치과에 가려고 한다.

★★ □ 04 ぐるぐる　길쭉한 것을 겹겹이 감는 모양, 칭칭

怪我(けが)をした腕(うで)に包帯(ほうたい)を**ぐるぐる**と巻(ま)きつけた。
다친 팔에 붕대를 칭칭 둘러 감았다.

★ □ 05 さらさら　알맞게 건조되어 있어 부드러운 모양

さらさらの長(なが)い髪(かみ)は女性(じょせい)の憧(あこが)れだ。
찰랑거리는 긴 머리는 여성의 동경의 대상이다.

속담·사자성어

★★ □ 01 糠に釘 | ぬかにくぎ　겨에 못 박기

何度注意(なんどちゅうい)しても同(おな)じことを繰(く)り返(かえ)す子供(こども)には、母親(ははおや)の小言(こごと)は**糠に釘**でしかない。
몇 번을 주의해도 같은 짓을 반복하는 아이에게는 어머니의 잔소리는 아무 소용이 없다.

PLUS 겨에 못이 박히지 않는 것처럼 무언가를 해도 아무런 효과가 없다는 뜻.

★★ □ 02 **寝耳に水** | **ねみみにみず**　　　자는 사람 귀에 물 붓기, 뜻밖의 일에 깜짝 놀람

おとうと きょねん あき だいがく や しごと
弟が**去年**の**秋**に**大学**を**辞**めて**仕事**をしていたなんて、**寝耳に水**だった。

동생이 작년 가을에 대학교를 그만두고 일을 하고 있다니 아닌 밤 중에 홍두깨 같은 이야기였다.

★★ □ 03 **一挙両得** | **いっきょりょうとく**　　　　　　　　　일거양득

にんげんかんけい まな かね て はい
バイトをすれば**人間関係**も**学**べるし、お**金**も**手**に**入**るし、**一挙両得**だ。

아르바이트를 하면 인간관계도 배울 수 있고 돈도 생기고 일거양득이다.

★★ □ 04 **言語道断** | **ごんごどうだん**　　　　　　　　　　언어도단

ほう ばんにん きかん ふせい おこな
法の**番人**である**機関**で**不正**が**行**われるとは、**言語道断**だ。

법의 파수꾼인 기관에서 부정이 일어나다니 언어도단이다.

[PLUS] 어처구니가 없어 말문이 막힌다는 뜻.

관용어

★★ □ 01 **相槌を打つ** | **あいづちをうつ**　　　　　　　맞장구를 치다

あいて はなし きほん おも
相手の**話**に**相槌を打**つのはコミュニケーションの**基本**だと**思**う。

상대방 이야기에 맞장구를 치는 것은 커뮤니케이션의 기본이라고 생각한다.

★★ □ 02 **聞く耳を持たない** | **きくみみをもたない**

남의 말을 들으려고 하지 않다

かれ たにん はなし み
彼は**他人**の**話**に**聞く耳を持**たないように**見**える。

그는 다른 사람의 이야기를 들으려고 하지 않는 것 같다.

★★ □ 03 **察しが付く** | **さっしがつく**　　　　　　　　짐작이 가다

かれ くら ひょうじょう み こんかい しけん
彼の**暗**い**表情**を**見**ただけで、**今回**の**試験**もだめだったと**察しが付**いた。

그의 어두운 표정만으로 이번 시험도 잘 못 봤을 거라는 짐작이 갔다.

★★ □ 04 **是非もない** | **ぜひもない**　　　　　　　　어쩔 수 없다

いじょう わたし い
これ**以上**、**私**があれこれ**言**っても**是非もない**だろう。

더 이상 내가 이러쿵저러쿵 말해도 어쩔 수 없을 것이다.

★★ □ **05 通りがいい | とおりがいい** (소리 등이) 멀리까지 잘 들리다

彼女(かのじょ)の声(こえ)は**通りがいい**から、今回(こんかい)の司会(しかい)は彼女(かのじょ)に任(まか)せよう。

그녀의 목소리는 멀리까지 잘 들리니까 이번 사회는 그녀에게 맡기자.

★★ □ **06 取り留めがない | とりとめがない** 두서가 없다

講演会(こうえんかい)といっても、**取り留めがない**話(はなし)ばかりで役(やく)に立(た)たなかった。

강연회이기는 하지만 두서가 없는 이야기뿐이라서 도움이 되지 않았다.

★★ □ **07 二の句が継げない | にのくがつげない** (놀라거나 어이가 없어서) 다음 말을 잇지 못하다

私(わたし)の質問(しつもん)に彼(かれ)はあまりに呆(あき)れた答(こた)えをして、**二の句が継げなかった**。

내 질문에 그는 너무나 어이없는 대답을 해서 할 말을 잃어버렸다.

★★★ □ **08 顰蹙を買う | ひんしゅくをかう** 빈축을 사다

彼(かれ)は大勢(おおぜい)の前(まえ)で失言(しつげん)をして、みんなから**顰蹙を買った**。

그는 많은 사람들 앞에서 실언을 하여 모두로부터 빈축을 샀다.

★★ □ **09 真に受ける | まにうける** 진심으로 받아들이다

彼(かれ)が言(い)ったのは冗談(じょうだん)だから、絶対(ぜったい)に**真に受けては**いけない。

그가 한 말은 농담이니까 절대로 진심으로 받아들여서는 안 된다.

★★ □ **10 右から左 | みぎからひだり** 잠시도 자기 수중에 있지 않음, 곧바로

彼女(かのじょ)の小言(こごと)が聞(き)きたくなかったので、**右から左**へと聞(き)き流(なが)した。

그녀의 잔소리를 듣고 싶지 않았기 때문에 바로 흘려들었다.

1 다음 밑줄 친 히라가나에 해당하는 한자를 고르세요.

1. あきれて二の句がつげない。 ① 継げない ② 注げない
2. 仕事をひきつぐ。 ① 引き次ぐ ② 引き継ぐ
3. めんしょく処分を受ける。 ① 免職 ② 免識
4. 資源がこかつする。 ① 枯渇 ② 枯喝
5. 運命にほんろうされる。 ① 煩悩 ② 翻弄

2 다음 두 문장 중에서 올바른 문장을 고르세요.

1. ① 契約書に消印する。
   ② 契約書に押印する。
2. ① 冗談を真に受ける。
   ② 冗談を間に受ける。
3. ① 誰かが私を呼んだ気がしたが初耳だった。
   ② 誰かが私を呼んだ気がしたが空耳だった。
4. ① コーヒーに砂糖を入れて掻き回す。
   ② コーヒーに砂糖を入れて振り回す。
5. ① 地震で机ががりがりと揺れた。
   ② 地震で机ががたがたと揺れた。

3 다음 일본어가 설명하고 있는 단어를 고르세요.

1. 真っ直ぐだったものが斜めになる。

① 除く ② 傾く

2. クエスチョンマーク

① 疑問符 ② 句読点

3. 予定より時間が長くなったり、先送りになる。

① 延びる ② 縮まる

4. 何かと厳しい意見を言う。

① 口を酸っぱくする ② 口うるさい

5. 手ごたえや効き目がないこと

① 猫に小判 ② 糠に釘

1 1. ① 2. ② 3. ① 4. ① 5. ② 2 1. ② 2. ① 3. ② 4. ① 5. ② 3 1. ② 2. ① 3. ① 4. ② 5. ②

VOCA Check

나의 어휘 실력은 현재 어느 정도일까?
실전 어휘력 체크!

다음 어휘의 뜻을 써 보세요.

명사

□01 乾燥 ....
□02 多数決 ....
□03 不振 ....
□04 膠着 ....
□05 所作 ....
□06 無念 ....
□07 憂い ....
□08 しかめっ面 ....
□09 春雨 ....

동사

□10 疑う ....
□11 超える ....
□12 貯める ....
□13 包む ....
□14 投げる ....
□15 言い争う ....
□16 突き落とす ....
□17 張り裂ける ....
□18 見透かす ....

형용사

□19 恐ろしい ....
□20 心強い ....
□21 しつこい ....
□22 情けない ....
□23 ありきたり ....
□24 活発 ....
□25 極端 ....
□26 せっかち ....
□27 惨め ....

부사·의성어·의태어

□28 相変わらず ....
□29 うっかり ....
□30 さっぱり ....
□31 単に ....
□32 がぶがぶ ....
□33 ごくごく ....
□34 ずきずき ....
□35 たまたま ....
□36 なかなか ....

속담·사자성어·관용어

□37 海老で鯛を釣る ....
□38 興味津々 ....
□39 管を巻く ....
□40 当を得る ....

- **정답 개수 01~10개** ▶ **당신은 초급자!** 산 넘어 산이네요! 정독하여 반드시 어휘 정복합시다!
- **정답 개수 11~20개** ▶ **당신은 초중급자!** 이제 걸음마 뗀 수준? 좀 더 노력하여 수준급으로 Go!
- **정답 개수 21~30개** ▶ **당신은 중급자!** 조금만 더 열심히 하면, 상급자까지 얼마 안 남았어요!
- **정답 개수 31~40개** ▶ **당신은 거의 상급자 수준?!** 방심은 금물! 100% 완벽에 도전합시다!

DAY 07

명사

07-1.mp3

기본 한자어

- □ 01 圧勝 | あっしょう 압승
- □ 02 外見 | がいけん 외견
- □ 03 解説 | かいせつ 해설
- □ 04 乾燥 | かんそう 건조
- □ 05 競争 | きょうそう 경쟁
- □ 06 言及 | げんきゅう 언급
- □ 07 語弊 | ごへい 어폐
- □ 08 取材 | しゅざい 취재
- □ 09 勝負 | しょうぶ 승부
- □ 10 先頭 | せんとう 선두
- □ 11 戦力 | せんりょく 전력
- □ 12 多数決 | たすうけつ 다수결
- □ 13 定期 | ていき 정기
- □ 14 訂正 | ていせい 정정
- □ 15 討論 | とうろん 토론
- □ 16 納得 | なっとく 납득
- □ 17 敗戦 | はいせん 패전
- □ 18 反撃 | はんげき 반격
- □ 19 批評 | ひひょう 비평
- □ 20 疲労 | ひろう 피로
- □ 21 不振 | ふしん 부진
- □ 22 復活 | ふっかつ 부활
- □ 23 雰囲気 | ふんいき 분위기
- □ 24 変換 | へんかん 변환
- □ 25 要約 | ようやく 요약
- □ 26 連続 | れんぞく 연속

읽기에 주의해야 할 음독 한자어

★★ □ 01 **行脚** | あんぎゃ　순회, 순례

全国(ぜんこく)を**行脚**して薬(くすり)の行商(ぎょうしょう)をしている。
전국을 순회하며 약 행상을 하고 있다.

★★ □ 02 **寡占** | かせん　과점(몇몇 기업이 특정 상품 및 서비스 시장을 장악함)

どの業界(ぎょうかい)も大手(おおて)企業(きぎょう)の**寡占**で喘(あえ)いでいる。
어느 업계나 대기업의 과점으로 힘들어하고 있다.

★★★ □ 03 **膠着** | こうちゃく　교착

世界経済(せかいけいざい)は深刻(しんこく)な**膠着**状態(じょうたい)に陥(おちい)っている。
세계 경제는 심각한 교착 상태에 빠져 있다.

★★★ □ 04 **所作** | しょさ　행동, 몸짓

観客(かんきゃく)たちはバレエダンサーの優雅(ゆうが)な**所作**に見(み)とれていた。
관객들은 발레 댄서의 우아한 몸짓을 넋을 잃고 보고 있었다.

★★★ □ 05 **造詣** | ぞうけい　조예

あの先生(せんせい)は伝統文化(でんとうぶんか)に**造詣**が深(ふか)い。
저 선생님은 전통문화에 조예가 깊다.

★★★ □ 06 **醍醐味** | だいごみ　참맛, 묘미

海外旅行(かいがいりょこう)の**醍醐味**はやはり買(か)い物(もの)だ。
해외여행의 묘미는 역시 쇼핑이다.

★★ □ 07 **待望** | たいぼう・たいもう　대망

人気小説(にんきしょうせつ)の**待望**の続編(ぞくへん)が出版(しゅっぱん)された。
인기 소설의 대망의 속편이 출판되었다.

★★ □ 08 **発祥地** | はっしょうち　발상지

ラーメンの**発祥地**については様々(さまざま)な説(せつ)がある。
라면의 발상지에 대해서는 다양한 설이 있다.

1순위

☆☆ □ 09 邁進 | まいしん 매진(전력을 다해 일 등에 매달림)

今後(こんご)もご期待(きたい)に添(そ)えますよう、ますます業務(ぎょうむ)に**邁進**いたします。

앞으로도 기대에 보답할 수 있도록 더욱더 업무에 매진하겠습니다.

☆☆ □ 10 無念 | むねん 원통함

決勝戦(けっしょうせん)で1点差(てんさ)で負(ま)けるとは、**無念**でならない。

결승전에서 1점 차로 지다니 원통하기 그지없다.

고유어

☆☆ □ 01 憂い | うれい 근심

父(ちち)は**憂い**を秘(ひ)めた表情(ひょうじょう)で話(はなし)を始(はじ)めた。

아버지는 근심을 감춘 표정으로 이야기를 시작했다.

☆☆ □ 02 嬉し泣き | うれしなき 기뻐서 욺, 기쁨의 눈물을 흘림

賞(しょう)を受(う)け取(と)った彼女(かのじょ)はステージで**嬉し泣き**してしまった。

상을 받은 그녀는 무대에서 기쁨의 눈물을 흘리고 말았다.

☆☆ □ 03 崖っぷち | がけっぷち 벼랑 끝

巨人(きょじん)は日本(にっぽん)シリーズで３連敗(れんぱい)して**崖っぷち**に立(た)たされた。

자이언츠는 일본 시리즈에서 3연패하여 벼랑 끝에 몰렸다.

☆☆ □ 04 しかめっ面 | しかめっつら 찡그린 얼굴

嫌(いや)なことがあっても**しかめっ面**をするよりにこにこしている方(ほう)がいい。

싫은 일이 있어도 찡그린 얼굴을 하는 것보다 방긋 웃고 있는 것이 더 좋다.

☆☆ □ 05 舌なめずり | したなめずり (맛있는 것을 두고) 혀로 입술을 핥음

猫(ねこ)が餌(えさ)を目(め)の前(まえ)にして**舌なめずり**をしている。

고양이가 먹이를 눈앞에 두고 혀로 입술을 핥고 있다

☐ 06 そつ　　実수, 빈틈

彼女(かのじょ)は何(なに)をやらせても**そつ**がないので上司(じょうし)からの信用(しんよう)も厚(あつ)い。
그녀는 무엇을 시켜도 빈틈이 없기 때문에 상사로부터의 신용도 두텁다.

PLUS 주로 そつがない(빈틈이 없다)의 형태로 쓰이는 경우가 많다.

☐ 07 束の間 | つかのま　　아주 짧은 기간

やっと大学生活(だいがくせいかつ)に慣(な)れたと喜(よろこ)んでいたのも**束の間**、今度(こんど)は就活(しゅうかつ)に追(お)われている。
겨우 대학 생활에 적응했다고 좋아하던 것도 잠시, 이번에는 취직 활동에 쫓기고 있다.

☐ 08 作り笑い | つくりわらい　　억지웃음

面白(おもしろ)くもない冗談(じょうだん)にも無理(むり)やり**作り笑い**をした。
재미도 없는 농담에도 억지웃음을 지었다.

☐ 09 手取り | てどり　　(수입에서 세금 등을 제외한) 실수령액

税金(ぜいきん)を引(ひ)かれると**手取り**はいくらにもならない。
세금을 제하면 실수령액은 얼마 안 된다.

☐ 10 泥沼 | どろぬま　　헤어나기 힘든 나쁜 상황, 수렁

遺産相続(いさんそうぞく)を巡(めぐ)って兄弟同士(きょうだいどうし)で**泥沼**の争(あらそ)いをするという話(はなし)はよくあることだ。
유산 상속을 둘러싸고 형제끼리 진흙탕 싸움을 한다는 이야기는 곧잘 있는 일이다.

☐ 11 春雨 | はるさめ　　봄비

私(わたし)は一年(いちねん)の中(なか)で**春雨**が降(ふ)る時期(じき)が一番(いちばん)好(す)きだ。
나는 1년 중에서 봄비가 내리는 시기를 가장 좋아한다.

PLUS 秋雨 | あきさめ 가을비

☐ 12 前のめり | まえのめり　　고꾸라질 듯 몸이 앞으로 기욺

運転手(うんてんしゅ)が急(きゅう)ブレーキをかけたため、乗客(じょうきゃく)たちは**前のめり**になった。
운전기사가 급브레이크를 밟는 바람에 승객들은 몸이 앞으로 고꾸라졌다.

1순위

★★ □ 13 鼻っ柱 | はなっぱしら　콧대

いつも自慢ばかりする彼の**鼻っ柱**をへし折ってやりたい。
늘 자기 자랑만 하는 그의 콧대를 꺾어 주고 싶다.

PLUS 주로 鼻っ柱をへし折る(콧대를 꺾다)의 형태로 쓰이는 경우가 많다.

★★ □ 14 身の上 | みのうえ　신상

彼女の**身の上**話を聞いてみて、意外なことがわかった。
그녀의 신상에 관한 이야기를 듣고 의외의 사실을 알게 되었다.

★★ □ 15 山積み | やまづみ　산적(산더미처럼 쌓여 있음)

問題が**山積み**で、どれから手をつけていいのかわからない。
문제가 산적해 있어서 무엇부터 손을 대야 할지 모르겠다.

동사

07-2.mp3

기본 동사

★★ □ 01 疑う | うたがう　의심하다

みんな犯人は私に違いないと**疑って**いるようだ。
모두 범인은 내가 틀림없다고 의심하고 있는 모양이다.

★★ □ 02 生む | うむ　낳다

子供を**生んで**育てるのは大変なことだ。
아이를 낳아 키우는 것은 힘든 일이다.

★★ □ 03 熟れる | うれる　(과일 등이) 익다

この桃はよく**熟れて**いて食べごろだ。
이 복숭아는 잘 익어서 (지금이) 딱 먹기 좋을 때이다.

동 熟す | じゅくす

★ □ 04 飼う | かう　(동물 등을) 기르다

小さい頃、家で猫を**飼った**ことがあった。
어렸을 때 집에서 고양이를 기른 적이 있었다.

☐ 05 稼ぐ | かせぐ (돈 등을) 벌다

一生懸命(いっしょうけんめい)に**稼いだ**お金(かね)をたった一晩(ひとばん)で使(つか)ってしまった。
열심히 번 돈을 단 하룻밤 만에 써 버렸다.

☐ 06 超える | こえる (수량, 기준, 한도 등을) 넘다

新幹線(しんかんせん)は時速(じそく)300キロを**超える**スピードで走(はし)るそうだ。
신칸센은 시속 300km를 넘는 속도로 달린다고 한다.

☐ 07 覚める | さめる (잠에서) 깨다

夢(ゆめ)から**覚めて**現実(げんじつ)に戻(もど)った。
꿈에서 깨어나 현실로 돌아왔다.

☐ 08 貯める | ためる 모으다, 저축하다

将来(しょうらい)のために少(すこ)しずつでもお金(かね)を**貯めて**いる。
장래를 위해 조금씩이나마 돈을 저축하고 있다.

☐ 09 包む | つつむ 싸다, 포장하다

風呂敷(ふろしき)で荷物(にもつ)を**包んで**引(ひ)っ越(こ)しの準備(じゅんび)をした。
보자기로 짐을 싸서 이사 준비를 했다.

☐ 10 直す | なおす (물건 등을) 고치다, 수리하다

壊(こわ)れた時計(とけい)を**直す**ために時計屋(とけいや)に寄(よ)った。
고장 난 시계를 고치기 위해 시계방에 들렀다.

PLUS 直る | なおる 회복되다, 복구되다

☐ 11 無くす | なくす 잃어버리다, 분실하다

かばんを**無くした**と思(おも)ったが、幸(さいわ)いにもそのままそこに置(お)かれていた。
가방을 잃어버렸다고 생각했는데 다행히도 그대로 그곳에 놓여 있었다.

☐ 12 投げる | なげる 던지다

空(あ)き缶(かん)をゴミ箱(ばこ)に**投げた**が、中(なか)に入(はい)らなかった。
빈 깡통을 휴지통으로 던졌는데 안으로 들어가지 않았다.

1순위

★ □ 13 **鳴る** | なる (소리 등이) 나다, 울리다

いきなり携帯電話(けいたいでんわ)のベルが**鳴って**びっくりした。
갑자기 휴대 전화 벨소리가 울려서 깜짝 놀랐다.

★ □ 14 **眠る** | ねむる 잠들다

夕(ゆう)べは全然(ぜんぜん)**眠れなくて**明(あ)け方(がた)まで本(ほん)を読(よ)んでいた。
어젯밤에는 전혀 잠이 오지 않아 날이 밝을 때까지 책을 읽었다.

★★ □ 15 **惑わす** | まどわす 현혹시키다

消費者(しょうひしゃ)を**惑わす**ような誇大広告(こだいこうこく)には気(き)をつけるべきだ。
소비자를 현혹시키는 과대광고에는 조심해야 한다.

복합동사

★★ □ 01 **言い争う** | いいあらそう 말다툼하다

あの二人(ふたり)は相性(あいしょう)が合(あ)わないのか、いつもささいなことで**言い争って**いる。
저 두 사람은 성격이 안 맞는지 항상 사소한 일로 말다툼을 한다.

★★ □ 02 **静まり返る** | しずまりかえる 조용해지다

先生(せんせい)の一言(ひとこと)に、一瞬教室(いっしゅんきょうしつ)はしいんと**静まり返った**。
선생님의 한마디에 한순간에 교실이 쥐 죽은 듯 조용해졌다.

★★ □ 03 **突き落とす** | つきおとす 밀어서 떨어뜨리다 / 궁지에 빠뜨리다

奈落(ならく)の底(そこ)に**突き落とされた**ような気持(きも)ちになった。
나락의 끝으로 떨어진 것 같은 기분이 되었다.

★★ □ 04 **突き止める** | つきとめる (규명하여) 밝혀내다, 알아내다

実験(じっけん)を重(かさ)ねた結果(けっか)、ようやく失敗(しっぱい)の原因(げんいん)を**突き止める**ことができた。
실험을 거듭한 결과 겨우 실패의 원인을 규명할 수 있었다.

★★ □ 05 付け足す | つけたす　덧붙이다

説明をもう少し**付け足す**必要がありそうだ。
설명을 조금 더 덧붙일 필요가 있을 것 같다.

★ □ 06 問い合わせる | といあわせる　문의하다

入学願書の書き方について大学に**問い合わせた**。
입학 원서를 쓰는 방법에 대해 대학교에 문의했다.

★★ □ 07 張り裂ける | はりさける　찢어지다

あまりの惨たらしい事件に、胸が**張り裂ける**ような思いだった。
너무나 참혹한 사건에 가슴이 찢어지는 것 같은 심정이었다.

★★ □ 08 引き締める | ひきしめる　(마음 등을) 다잡다 / 단단히 죄다

大事な試合なので、気持ちを**引き締めて**試合に臨んだ。
중요한 시합이어서 마음을 다잡고 시합에 임했다.

★★ □ 09 奮い起こす | ふるいおこす　(기운이나 용기 등을) 내다, 불러일으키다

勇気を**奮い起こして**、あの日の出来事をすべて語った。
용기를 내서 그날 있었던 일을 모두 이야기했다.

★★ □ 10 見透かす | みすかす　간파하다

何気ない一言だったが、本心を**見透かされた**ようでどきりとした。
아무렇지 않게 던진 한마디였는데 본심을 간파당한 것 같아서 움찔했다.

형용사

07-3.mp3

い 형용사

★ □ 01 愛しい | いとおしい・いとしい　사랑스럽다

愛しい彼女の姿は決して忘れられない。
사랑스러운 그녀의 모습은 결코 잊을 수가 없다.

★ □ 02 恐ろしい ｜ おそろしい 무섭다

人間の仕業だとは思えない**恐ろしい**事件が発生した。
사람의 수행이라고는 생각할 수 없는 무서운 사건이 발생했다.

★ □ 03 心強い ｜ こころづよい 든든하다

君が一緒に来てくれたらどれほど**心強い**だろう。
네가 같이 와 준다면 얼마나 든든할까?

(반) 心細い ｜ こころぼそい 불안하다

★ □ 04 しつこい 끈질기다, 집요하다

しつこい要求にだんだん腹が立ち始めた。
끈질긴 요구에 점점 화가 치밀기 시작했다.

★ □ 05 情けない ｜ なさけない (기대나 예상과 달라) 실망스럽다, 한심하다

優勝候補とまで言われていたあのチームが、あんな**情けない**負け方をするとは想像もつかなかった。
우승 후보로까지 불리던 저 팀이 저렇게 어처구니 없이 질 줄은 상상도 하지 못했다.

な 형용사

★★ □ 01 在り来たり ｜ ありきたり 진부함

そんな**在り来たりの**料理では、お客様を満足させることはできない。
그런 진부한 요리로는 손님을 만족시킬 수 없다.

★ □ 02 活発 ｜ かっぱつ 활발함

今年に入って、火山の噴火が**活発に**なった。
올해 들어 화산 분화가 활발해졌다.

★★ □ 03 極端 ｜ きょくたん 극단적임

彼の考え方は**極端な**傾向があって、話にならない。
그의 사고방식은 극단적인 경향이 있어서 말이 통하지 않는다.

★★ □ 04 せっかち (성격, 성질 등이) 급함

あの客(きゃく)は**せっかちな**ので、ちょっとだけでも待(ま)たせるとすぐに怒(おこ)る。
저 손님은 성격이 급해서 조금이라도 기다리게 하면 금방 화를 낸다.

★★ □ 05 惨め | みじめ 비참함

彼女(かのじょ)に振(ふ)られて**惨めな**気持(きも)ちになったことがある。
여자 친구에게 차여서 비참한 기분을 느낀 적이 있다.

1순위

부사

07-4.mp3

★ □ 01 相変わらず | あいかわらず 여전히

彼(かれ)は**相変わらず**予備校(よびこう)で数学(すうがく)を教(おし)えているらしい。
그는 여전히 입시 학원에서 수학을 가르치고 있는 모양이다.

★ □ 02 うっかり 깜빡

財布(さいふ)を部屋(へや)の中(なか)に**うっかり**置(お)き忘(わす)れてきた。
지갑을 방 안에 깜빡하고 두고 왔다.

★ □ 03 必ず | かならず 반드시

浪人生活(ろうにんせいかつ)はうんざりだ。今度(こんど)こそ**必ず**合格(ごうかく)して見(み)せる。
재수 생활은 지긋지긋하다. 이번에야말로 반드시 합격해 보이겠다.

★ □ 04 さっぱり 전혀

この本(ほん)の作家(さっか)はいったい何(なに)が言(い)いたいのか、**さっぱり**わからない。
이 책의 작가는 도대체 무슨 말을 하고 싶은 것인지 전혀 모르겠다.

★ □ 05 単に | たんに 단순히

これは**単に**謝(あやま)ればそれで済(す)むという問題(もんだい)ではない。
이것은 단순히 사과하면 그것으로 끝날 문제가 아니다.

의성어·의태어

★★ □ 01 **がぶがぶ** 물이나 술 등을 기세 좋게 들이키는 모양

のどが渇(かわ)いて氷(こおり)を入(い)れた水(みず)を**がぶがぶ**と飲(の)んだ。
목이 말라서 얼음을 넣은 물을 벌컥벌컥 마셨다.

★★ □ 02 **ごくごく** 기세 좋게 음료 등을 들이킬 때 목에서 나는 소리

帰(かえ)ってきてすぐ冷蔵庫(れいぞうこ)から牛乳(ぎゅうにゅう)を出(だ)して**ごくごく**と飲(の)んだ。
집에 돌아오자마자 냉장고에서 우유를 꺼내 꿀꺽꿀꺽 마셨다.

★★ □ 03 **ずきずき** 쑤시듯 아픈 모양, 욱신욱신

二日酔(ふつかよ)いで一日中頭(いちにちじゅうあたま)が**ずきずき**する。
숙취 때문에 하루 종일 머리가 욱신거린다.

★ □ 04 **たまたま** 우연히

デパートに買(か)い物(もの)に行(い)って、**たまたま**部活(ぶかつ)の先輩(せんぱい)に会(あ)った。
백화점에 쇼핑을 하러 갔다가 우연히 동아리 선배를 만났다.

★ □ 05 **なかなか** 상당히 / 좀처럼(뒤에 부정 표현을 동반함)

彼女(かのじょ)の料理(りょうり)の腕(うで)は**なかなか**のものだった。
그녀의 요리 솜씨는 상당한 것이었다.

PLUS '좀처럼'이라는 뜻으로 쓰일 때는 주로 なかなか～ない(좀처럼 ~하지 않는다)의 형태로 쓰이는 경우가 많다.

속담·사자성어

★★ □ 01 **海老で鯛を釣る** | **えびでたいをつる** 새우로 도미를 낚는다

たまたま買(か)った株(かぶ)が急(きゅう)に値上(ねあ)がりして**海老で鯛を釣った**ような気持(きも)ちになった。
어쩌다 산 주식이 갑자기 올라서 새우로 도미를 낚은 듯한 기분이 되었다.

PLUS 작은 노력으로 큰 이익을 얻는다는 뜻.

☆★ □ 02 旅は道連れ世は情け | たびはみちづれよはなさけ 여행은 길동무, 세상은 정

青森行きの電車の中で隣の人から、**旅は道連れ世は情け**とりんごを一つもらった。
아오모리행 전철 안에서 옆에 앉은 사람에게서 사과를 하나 받아 여행은 길동무, 세상은 정이라는 말을 실감했다.

PLUS 세상살이에는 인정이 중요하다는 뜻.

☆★ □ 03 興味津々 | きょうみしんしん 흥미진진

子供たちはテーブルの上に置かれた色とりどりの和紙に**興味津々**の様子だった。
아이들은 테이블 위에 놓인 여러 색깔의 화지(일본 전통 종이)를 보고 흥미진진한 듯한 모습이었다.

☆★ □ 04 大同小異 | だいどうしょうい 대동소이

会社の規模にこそ差はあれ、業務内容は**大同小異**だ。
회사 규모야 차이가 있겠지만 업무 내용은 대동소이하다.

1순위

관용어

☆★ □ 01 至れり尽くせり | いたれりつくせり 정성이 극진함

ペット同伴のお客様への**至れり尽くせり**のサービスが話題を呼んでいる。
애완동물을 동반한 손님에게 제공하는 극진한 서비스가 화제가 되고 있다.

☆★ □ 02 管を巻く | くだをまく (술에 취해) 횡설수설하다

彼は浴びるように飲んで**管を巻いて**大声で叫んだりした。
그는 들이붓듯 술을 마시고 취해서 횡설수설하며 큰소리로 고함치기도 했다.

☆★ □ 03 愚にも付かぬ | ぐにもつかぬ 말도 안 되는

愚にも付かぬ言い訳をして、部長に余計に怒られた。
말도 안 되는 변명을 해서 부장님께 괜히 혼만 더 났다.

□04 筋が立つ | すじがたつ
(이야기 등의) 조리가 서다 / 도리에 맞다

彼(かれ)の話(はなし)は**筋が立って**いて、聞(き)いているうちに納得(なっとく)してしまった。
그의 이야기는 조리가 서 있어서 듣고 있는 동안 납득해 버렸다.

(동) 筋が通る | すじがとおる (이야기 등의) 조리가 서다

□05 空を使う | そらをつかう
적당히 둘러대다, 시치미를 떼다

あれこれ理由(りゆう)を聞(き)かれたが、**空を使って**とぼけた。
(상대가) 이것저것 이유를 물어봤지만 (나는) 적당히 둘러대며 모르는 척했다.

□06 当を得る | とうをえる
적절하다

担当者(たんとうしゃ)は**当を得た**言葉(ことば)で簡潔(かんけつ)に応(おう)じてくれた。
담당자는 적절한 말로 간결하게 응해 주었다.

□07 取ってつけたよう | とってつけたよう
억지스러움, 어색함

そんな**取ってつけたような**言(い)い訳(わけ)を誰(だれ)が信(しん)じるんですか。
그런 억지스러운 변명을 누가 믿겠습니까?

□08 弁が立つ | べんがたつ
말솜씨가 좋다

あの人(ひと)は政治家(せいじか)だけあって、さすがに**弁が立つ**。
저 사람은 정치가라서 그런지 역시 말솜씨가 좋다.

□09 元も子もない | もともこもない
본전도 못 찾다

頑張(がんば)るのはいいが、体(からだ)を壊(こわ)してしまっては**元も子もない**。
열심히 하는 것은 좋지만 몸이 망가지면 본전도 못 찾는다.

□10 横槍を入れる | よこやりをいれる
참견을 하다

彼女(かのじょ)に**横槍を入れられて**、話(はなし)の腰(こし)を折(お)られてしまった。
그녀가 옆에서 말참견하는 바람에 말허리가 꺾여 버렸다.

1 다음 밑줄 친 히라가나에 해당하는 한자를 고르세요.

1. ひらがなを漢字に<u>へんかん</u>する。　① 返還　② 変換
2. <u>きょくたん</u>な意見　① 極短　② 極端
3. <u>こうちゃく</u>状態に陥る。　① 膠着　② 後着
4. <u>ぐ</u>にも付かぬ言い訳をする。　① 具　② 愚
5. 興味<u>しんしん</u>　① 津々　② 進々

2 다음 두 문장 중에서 올바른 문장을 고르세요.

1. ① 成績不振でくびになる。
   ② 成績不信でくびになる。

2. ① せっかちなので、何でも早くしたがる。
   ② おっとりしているので、何でも早くしたがる。

3. ① お酒を飲んで弁が立つ。
   ② お酒を飲んで管を巻く。

4. ① しっかりして家に財布を置き忘れてしまった。
   ② うっかりして家に財布を置き忘れてしまった。

5. ① 言葉が難しくて、何を言っているのかあっさり分からない。
   ② 言葉が難しくて、何を言っているのかさっぱり分からない。

3 다음 일본어가 설명하고 있는 단어를 고르세요.

1. 水分がなくなる。

① 炎上　② 乾燥

2. 働いてお金をもらう。

① 稼ぐ　② 払う

3. 集団の一番前の位置

① 頭取　② 先頭

4. どれもそれほど違いがない。

① 大同小異　② 喜怒哀楽

5. 連絡して分からない点を尋ねる。

① 打ち合わせる　② 問い合わせる

1 1.② 2.② 3.① 4.② 5.① 2 1.① 2.① 3.② 4.② 5.② 3 1.② 2.① 3.② 4.① 5.②

DAY 08

VOCA Check

나의 어휘 실력은 현재 어느 정도일까? 실전 어휘력 체크!

다음 어휘의 뜻을 써 보세요.

명사

□01 演奏 .... □02 苦戦 .... □03 挽回 ....
□04 更迭 .... □05 排斥 .... □06 平生 ....
□07 要 .... □08 弛み .... □09 自棄 ....

동사

□10 預かる .... □11 補う .... □12 屈む ....
□13 咲く .... □14 反る .... □15 追い抜く ....
□16 食い違う .... □17 立ちすくむ .... □18 取り上げる ....

형용사

□19 苛立たしい .... □20 くすぐったい .... □21 恋しい ....
□22 冴えない .... □23 ひもじい .... □24 爽やか ....
□25 速やか .... □26 たくさん .... □27 微妙 ....

부사·의성어·의태어

□28 口々に .... □29 とっさに .... □30 ばったり ....
□31 万が一 .... □32 ねばねば .... □33 ふかふか ....
□34 ふらふら .... □35 ぺこぺこ .... □36 ほかほか ....

속담·사자성어·관용어

□37 良薬は口に苦し .... □38 八方美人 ....
□39 言わずもがな .... □40 意を尽くす ....

- **정답 개수 01~10개** ▶ **당신은 초급자!** 산 넘어 산이네요! 정독하여 반드시 어휘 정복합시다!
- **정답 개수 11~20개** ▶ **당신은 초중급자!** 이제 걸음마 뗀 수준? 좀 더 노력하여 수준급으로 Go!
- **정답 개수 21~30개** ▶ **당신은 중급자!** 조금만 더 열심히 하면, 상급자까지 얼마 안 남았어요!
- **정답 개수 31~40개** ▶ **당신은 거의 상급자 수준?!** 방심은 금물! 100% 완벽에 도전합시다!

DAY 08

명사

08-1.mp3

기본 한자어

- □ 01 演奏 | えんそう 연주
- □ 02 絵画 | かいが 회화
- □ 03 解散 | かいさん 해산
- □ 04 獲得 | かくとく 획득
- □ 05 加湿器 | かしつき 가습기
- □ 06 果汁 | かじゅう 과즙
- □ 07 感覚 | かんかく 감각
- □ 08 客席 | きゃくせき 객석
- □ 09 胸囲 | きょうい 가슴둘레
- □ 10 苦戦 | くせん 고전
- □ 11 原作 | げんさく 원작
- □ 12 座高 | ざこう 앉은키
- □ 13 失格 | しっかく 실격
- □ 14 収集 | しゅうしゅう 수집
- □ 15 審査 | しんさ 심사
- □ 16 対応 | たいおう 대응
- □ 17 展示 | てんじ 전시
- □ 18 展覧会 | てんらんかい 전람회
- □ 19 登場 | とうじょう 등장
- □ 20 童話 | どうわ 동화
- □ 21 背景 | はいけい 배경
- □ 22 挽回 | ばんかい 만회
- □ 23 匹敵 | ひってき 필적
- □ 24 編集 | へんしゅう 편집
- □ 25 命中 | めいちゅう 명중
- □ 26 模型 | もけい 모형

읽기에 주의해야 할 음독 한자어

★☆☆ □ 01 軋轢 | あつれき　　　　　　　　　　　　　　　알력

じょう し　　どうりょう
上司や同僚との**軋轢**はよくあることだ。

상사나 동료와의 알력은 자주 있는 일이다.

★☆☆ □ 02 隠蔽 | いんぺい　　　　　　　　　　　　　　　은폐

せいじ か　　ふ しょうじ　　せい ふ
この政治家の不祥事は、政府によって**隠蔽**された。

이 정치가의 불상사는 정부에 의해 은폐되었다.

★☆☆ □ 03 牽制 | けんせい　　　　　　　　　　　　　　　견제

や とう　よ とう　せいさく　つよ
野党は与党の政策を強く**牽制**した。

야당은 여당의 정책을 강하게 견제했다.

★☆☆ □ 04 更迭 | こうてつ　　　　　　　　　　　　　　　경질

もんだいはつげん　げんいん　だいじん
問題発言が原因で大臣が**更迭**された。

문제 발언이 원인이 되어 장관이 경질되었다.

★☆☆ □ 05 脱線 | だっせん　　　　　　　　　탈선 / 이야기가 옆길로 샘

た なかせんせい　　　　　じゅぎょうちゅう　　　　　　はなし　おもしろ　　　ていひょう
田中先生はいつも授業中に**脱線**してしまうが、話の面白さには定評が
ある。

다나카 선생님은 수업 중에 항상 이야기가 옆길로 새지만 이야기가 재미있기로는 정평이 나 있다.

★☆☆ □ 06 体裁 | ていさい　　　　　　　　　　　　　　체면, 외양

ほうこくしょ　　　　　とと　の　　　　　ないよう　とぼ
この報告書は**体裁**ばかり整っていて内容は乏しい。

이 보고서는 겉보기만 그럴싸하고 내용은 빈약하다.

★☆☆ □ 07 泥酔 | でいすい　　　　　　　　　　　곤드레만드레 취함, 만취

ゆう べ　　　　　　　　　　　　　　　　　　　　　　き おく
夕べは**泥酔**してしまったので、まったく記憶がない。

어젯밤에는 완전히 취해서 전혀 기억이 없다.

1
순위

☐ 08 排斥 | はいせき 배척

外国人(がいこくじん)**排斥**に反対(はんたい)するデモが行(おこな)われた。
외국인 배척에 반대하는 시위가 일어났다.

☐ 09 便乗 | びんじょう 편승

原油高(げんゆだか)に**便乗**して、いろいろなものが値上(ねあ)げされた。
유가 상승에 편승하여 여러 물품의 가격이 인상되었다.

☐ 10 平生 | へいぜい 평상시

平生の心掛(こころが)けが何(なに)よりも大事(だいじ)だと思(おも)う。
평상시의 마음가짐이 무엇보다도 중요하다고 생각한다.

고유어

☐ 01 浮き輪 | うきわ 원형 튜브

泳(およ)げないので、海(うみ)には必(かなら)ず**浮き輪**を持(も)っていく。
수영을 못 해서 바다에는 반드시 튜브를 가지고 간다.

PLUS 浮き袋 | うきぶくろ 부낭(안에 바람 등을 넣어 물에 잘 뜨게 만든 기구)

☐ 02 陰口 | かげぐち 험담, 뒷담화

部長(ぶちょう)は部下(ぶか)たちから**陰口**を叩(たた)かれている。
부장은 부하들로부터 뒷담화를 당하고 있다.

☐ 03 片言 | かたこと (말을 배우기 시작한 단계여서) 떠듬떠듬한 말씨, 서투른 말씨

片言の英語(えいご)で道(みち)を尋(たず)ねたことがある。
서투른 영어로 길을 물은 적이 있다.

☐ 04 勝ち目 | かちめ 승산

この試合(しあい)の**勝ち目**はほとんどないと思(おも)う。
이 시합의 승산은 거의 없다고 생각한다.

☆☆ □ 05 要 | かなめ 가장 중요한 요소

守備(しゅび)の**要**となる選手(せんしゅ)が怪我(けが)をして、試合(しあい)に出(で)られなくなった。

수비의 중심이 될 선수가 부상을 당하여 시합에 나갈 수 없게 되었다.

☆☆ □ 06 しこり 응어리

会議(かいぎ)で言(い)い争(あらそ)って以来(いらい)、二人(ふたり)の間(あいだ)には**しこり**が残(のこ)った。

회의에서 말다툼을 한 이후 두 사람 사이에는 응어리가 남았다.

☆☆ □ 07 弛み | たるみ 처짐, 탄력이 없어짐

最近(さいきん)、肌(はだ)の**弛み**が急(きゅう)に気(き)になり始(はじ)めた。

요즘 피부가 처지는 것이 갑자기 신경 쓰이기 시작했다.

☆☆ □ 08 出所 | でどころ 출처

この信(しん)じられない話(はなし)の**出所**は一体(いったい)どこですか。

이 믿을 수 없는 이야기의 출처는 도대체 어디입니까?

☆☆ □ 09 どん底 | どんぞこ 밑바닥

人生(じんせい)の**どん底**を味(あじ)わった人(ひと)にしか言(い)えない言葉(ことば)がある。

인생의 밑바닥을 경험해 본 사람밖에 하지 못하는 말이 있다.

☆☆ □ 10 抜かり | ぬかり 빠뜨림, 소홀함, 실수

重要(じゅうよう)な会議(かいぎ)だから、資料(しりょう)の準備(じゅんび)を**抜かり**なくしてください。

중요한 회의이니 자료 준비를 빠짐없이 하도록 하세요.

☆☆ □ 11 吹き出物 | ふきでもの (피부에 생기는) 부스럼, 뾰루지

吹き出物がひどくて、皮膚科(ひふか)の医者(いしゃ)に相談(そうだん)した。

부스럼이 심해서 피부과 의사에게 상담했다.

☆☆ □ 12 身振り手振り | みぶりてぶり 손짓 발짓

外国人(がいこくじん)に**身振り手振り**で道(みち)を説明(せつめい)した。

외국인에게 손짓 발짓으로 길을 설명했다.

★★ □ 13 **自棄** | やけ 자포자기

彼氏(かれし)にふられてから、**自棄**になって食(た)べまくった。
남자 친구에게 차이고 나서 될 대로 되라는 생각으로 마구 먹어댔다.

PLUS 自棄糞 | やけくそ 自棄의 힘줌말.

★★ □ 14 **やりとり** 서로 주고받음

この件(けん)に関(かん)しては両者(りょうしゃ)の間(あいだ)に次(つぎ)のような**やりとり**があった。
이 건에 관해서는 양자 사이에 다음과 같은 이야기가 오갔다.

★★ □ 15 **脇道** | わきみち 옆길

話(はなし)が**脇道**にそれたようなので、本題(ほんだい)に戻(もど)ります。
이야기가 옆길로 샌 것 같으니 본제로 다시 돌아가겠습니다.

동사

08-2.mp3

기본 동사

★ □ 01 **預かる** | あずかる 맡다, 보관하다

1日(にち)だけの約束(やくそく)で、犬(いぬ)を友人(ゆうじん)から**預かった**。
하루만 개를 친구로부터 맡아 주기로 했다.

★ □ 02 **余る** | あまる 남다

余ったお菓子(かし)は持(も)って帰(かえ)って食(た)べてもいいと言(い)われた。
남은 과자는 집으로 가져가서 먹어도 된다고 했다.

★ □ 03 **痛む** | いたむ 아프다

歯(は)がずきずきと**痛んで**、仕事(しごと)に集中(しゅうちゅう)することができなかった。
이가 쑤시듯 아파서 일에 집중할 수가 없었다.

★ □ 04 **浮く** | うく 뜨다

水面(すいめん)に**浮いて**いるのは枯葉(かれは)のようだ。
수면에 떠 있는 것은 마른 잎인 것 같다.

☐ 05 補う | おぎなう 보충하다

毎日(まいにち)ビタミンをサプリメントで**補って**いる。
매일 비타민을 건강 보조제로 보충하고 있다.

☐ 06 折れる | おれる 접히다, 부러지다

レントゲンを撮(と)ったら、指(ゆび)の骨(ほね)が**折れて**いることが分(わ)かった。
엑스레이를 찍었다가 손가락뼈가 부러졌다는 사실을 알게 되었다.

☐ 07 屈む | かがむ 웅크리다, 몸을 구부리다

陳列棚(ちんれつだな)の奥(おく)の商品(しょうひん)を手(て)に取(と)るために少(すこ)し**屈んだ**。
진열장 안쪽에 있는 상품을 집기 위해 살짝 몸을 구부렸다.

☐ 08 欠く | かく 필요한 것이 결여되다

常識(じょうしき)を**欠いた**行動(こうどう)で周囲(しゅうい)を呆(あき)れさせる。
상식이 결여된 행동으로 주변 사람들을 어이없게 만든다.

☐ 09 傾ける | かたむける 기울이다

たまには友達(ともだち)と杯(さかずき)を**傾けながら**話(はな)したい。
가끔은 친구와 술잔을 기울이며 이야기하고 싶다.

☐ 10 越す | こす 넘다, 건너다

父(ちち)の病気(びょうき)も峠(とうげ)を**越して**、ほっと胸(むね)をなでおろした。
아버지의 병도 고비를 넘겨 안심하여 가슴을 쓸어내렸다.

☐ 11 咲く | さく (꽃이) 피다

桜(さくら)の花(はな)が**咲いた**から、週末(しゅうまつ)は一緒(いっしょ)に花見(はなみ)に行(い)こう。
벚꽃이 피었으니까 주말에는 같이 꽃구경하러 가자.

☐ 12 冷める | さめる 식다

冷めないうちにどうぞ召(め)し上(あ)がってください。
식기 전에 어서 드세요.

★ □ **13** 沈む | しずむ　　가라앉다

太陽(たいよう)が西(にし)の海(うみ)に**沈む**のを眺(なが)めている。
태양이 서쪽 바다로 지는 것을 바라보고 있다.

★★ □ **14** 反る | そる　　(뒤로) 휘다

背中(せなか)を**反らせた**まま、両手(りょうて)を真横(まよこ)に広(ひろ)げてください。
등을 뒤로 젖힌 상태로 양팔을 옆으로 벌리세요.

★ □ **15** 治す | なおす　　(병 등을) 고치다, 낫게 하다

風邪(かぜ)を**治す**にはぐっすり寝(ね)るのが一番(いちばん)だ。
감기를 낫게 하려면 푹 자는 것이 가장 좋다.

PLUS 治る | なおる 낫다, 회복하다

복합동사

★★ □ **01** 追い抜く | おいぬく　　추월하다

無名(むめい)の選手(せんしゅ)が優勝候補(ゆうしょうこうほ)の選手(せんしゅ)を**追い抜いた**。
무명의 선수가 우승 후보 선수를 추월했다.

★★ □ **02** 聞き落とす | ききおとす　　빠뜨리고 못 듣다

おいしい料理(りょうり)だったが、その名前(なまえ)については**聞き落として**しまった。
맛있는 요리였는데 그 이름은 못 듣고 말았다.

★★ □ **03** 食い違う | くいちがう　　엇갈리다, 어긋나다

二人(ふたり)の意見(いけん)がずいぶん**食い違って**いるらしい。
두 사람의 의견이 상당히 엇갈리고 있는 것 같다.

★★ □ **04** しがみ付く | しがみつく　　매달리다

最近(さいきん)は別(わか)れの言葉(ことば)を聞(き)いて、相手(あいて)に**しがみ付く**人(ひと)は珍(めずら)しいそうだ。
요즘은 이별 통보를 듣고 상대에게 매달리는 사람은 드물다고 한다.

05 立ちすくむ | たちすくむ (충격 등으로) 선 채로 꼼짝 못하다, 가만히 서 있다

彼女(かのじょ)は事故(じこ)の話(はなし)を聞(き)いてショックの余(あま)り、その場(ば)に**立ちすくんで**しまった。
그녀는 사고 소식을 듣고 충격을 받은 나머지 그 자리에 서서 얼어붙고 말았다.

06 怒鳴り付ける | どなりつける (큰소리로) 호통을 치다

父(ちち)は嘘(うそ)をついた息子(むすこ)を呼(よ)んで**怒鳴り付けた**。
아버지는 거짓말을 한 아들을 불러서 호통을 쳤다.

07 取り上げる | とりあげる (문제나 안건 등을) 다루다

今回(こんかい)のセミナーで**取り上げた**テーマはいじめ問題(もんだい)だった。
이번 세미나에서 다룬 테마는 집단 괴롭힘 문제였다.

08 引き下がる | ひきさがる 물러나다

汚名(おめい)を着(き)せられてこのまま黙(だま)って**引き下がる**わけにはいかない。
오명을 뒤집어쓰고 이대로 가만히 물러날 수는 없다.

09 響き渡る | ひびきわたる 울려 퍼지다

バイオリンの美(うつく)しい音色(ねいろ)がコンサートホールに**響き渡る**。
바이올린의 아름다운 음색이 콘서트홀에 울려 퍼진다.

10 見違える | みちがえる 잘못 보다, 몰라보다

彼女(かのじょ)は**見違える**ほどの洗練(せんれん)された服装(ふくそう)で現(あらわ)れた。
그녀는 몰라볼 정도로 세련된 복장으로 나타났다.

형용사

08-3.mp3

い 형용사

01 苛立たしい | いらだたしい 조바심이 나다, 속 터지다

市役所(しやくしょ)の対応(たいおう)が遅(おそ)くて**苛立たしい**。
시청의 대응이 느려서 속이 터진다.

1순위

☆ □ 02 **くすぐったい**　　　　　　　　　　　간지럽다 / 낯간지럽다

ふだんほ
普段褒められたことがなかったので、彼の言葉がくすぐったかった。
かれ　ことば

평상시에 칭찬받은 적이 없었기 때문에 그의 말이 낯간지러웠다.

☆ □ 03 **恋しい**　|　**こいしい**　　　　　　(옆에 있었으면 하는 것이 없어서) 그립다

かのじょ　とお　はな　く
彼女と遠く離れて暮らしていると、恋しい気持ちが募るばかりだ。
きも　つの

그녀와 멀리 떨어져 지내고 있으니 그리운 마음이 더해만 간다.

☆
☆ □ 04 **冴えない**　|　**さえない**　　　　　　(안색 등이) 생기가 없다, 신통치 않다

さっきから冴えない顔をして、何か心配事でもあるんですか。
かお　なに　しんぱいごと

아까부터 표정이 안 좋은데 무슨 걱정거리라도 있으세요?

☆
☆☆ □ 05 **ひもじい**　　　　　　　　　　　　　배고프다, 굶주리다

せんじちゅう
戦時中はひもじい生活を余儀なくされた。
せいかつ　よぎ

전시 중에는 굶주린 생활을 해야 했다.

▌ な 형용사

☆
☆☆ □ 01 **爽やか**　|　**さわやか**　　　　　　　　　　상쾌함

こうげん
高原の爽やかな空気を胸いっぱいに吸い込んだ。
くうき　むね　す　こ

고원의 상쾌한 공기를 가슴 가득 들이마셨다.

☆
☆☆ □ 02 **速やか**　|　**すみやか**　　　　　　　　　　신속함

た　い　きんしくいき
立ち入り禁止区域にいる人たちは速やかに出てください。
ひと　で

출입 금지 구역에 있는 사람들은 신속히 나가 주세요.

☆
☆☆ □ 03 **たくさん**　　　　　　　　　　　　　　지긋지긋함

びんぼう　せいかつ
貧乏な生活はもうたくさんだから、必ず出世してみせる。
かなら　しゅっせ

가난한 생활은 이제 지긋지긋하니까 반드시 출세해 보이겠다.

★ □ 04 適当 | てきとう　적당함, 대충대충임

あんなふうに**適当に**仕事(しごと)をしていたら、いつか首(くび)になるだろう。
그런 식으로 대충대충 일을 하다가는 언젠가 해고될 거야.

★ □ 05 微妙 | びみょう　미묘함

その3人(にん)は**微妙な**三角関係(さんかくかんけい)を形成(けいせい)していた。
그 세 사람은 미묘한 삼각관계를 형성하고 있었다.

부사

08-4.mp3

1순위

★ □ 01 口々に | くちぐちに　많은 사람들이 각자 자기가 할 말을 하는 모양, 저마다

あの店(みせ)のラーメンはおいしいと友人(ゆうじん)たちは**口々に**言(い)った。
저 가게의 라면은 맛있다고 친구들은 저마다 말했다.

★★ □ 02 咄嗟に | とっさに　순간적으로

咄嗟にハンドルを反対側(はんたいがわ)に切(き)って衝突(しょうとつ)を免(まぬが)れた。
순간적으로 핸들을 반대쪽으로 꺾어서 충돌을 면했다.

★★ □ 03 ばったり　우연히 마주치는 모양, 딱

旅先(たびさき)で知人(ちじん)に**ばったり**会(あ)って驚(おどろ)いた。
여행지에서 아는 사람과 딱 마주쳐서 깜짝 놀랐다.

★★ □ 04 万が一 | まんがいち　만일

万が一の事態(じたい)に備(そな)えて非常食(ひじょうしょく)を用意(ようい)しておいた。
만일의 사태에 대비하여 비상식량을 준비해 놓았다.

동 万一 | まんいち

★ □ 05 もしかしたら　어쩌면

もしかしたら、あの二人(ふたり)はずっと前(まえ)から付(つ)き合(あ)っていたかもしれない。
어쩌면 저 두 사람은 훨씬 전부터 사귀고 있었을지도 모른다.

동 ひょっとしたら

의성어·의태어

☆☆ □ 01 **ねばねば** 끈적끈적

納豆(なっとう)の**ねばねば**する食感(しょっかん)が嫌(いや)で食(た)べられないという人(ひと)もいる。
낫토의 끈적거리는 식감이 싫어서 못 먹는다는 사람도 있다.

☆☆ □ 02 **ふかふか** 부드럽게 부푼 모양, 푹신푹신

休(やす)みの日(ひ)は**ふかふか**のソファーでお茶(ちゃ)を飲(の)んだりテレビを見(み)たりしながら寛(くつろ)ぐ。
쉬는 날에는 푹신푹신한 소파에서 차를 마시거나 TV를 보면서 편하게 쉰다.

☆☆ □ 03 **ふらふら** 기운이 없어 비틀거리는 모양, 휘청휘청

酔(よ)っ払(ぱら)って足(あし)が**ふらふら**して、一人(ひとり)ではちゃんと歩(ある)けなかった。
술에 취해 다리가 휘청거려서 혼자서는 제대로 걸을 수가 없었다.

☆ □ 04 **ぺこぺこ** 배가 고픈 모양

おなかが**ぺこぺこ**でとても勉強(べんきょう)する気(き)になれなかったので、夜食(やしょく)を食(た)べた。 배가 고파서 도저히 공부할 마음이 들지 않았기 때문에 야식을 먹었다.

☆☆ □ 05 **ほかほか** 따끈따끈

ほかほかの中華(ちゅうか)まんを見(み)たら食(た)べたくなって、手(て)にとってほおばった。
따끈따끈한 중화 만두를 보니 먹고 싶어져서 손에 들고 입안 가득 밀어넣었다.

속담·사자성어

☆☆ □ 01 **飼い犬に手を噛まれる** | かいいぬにてをかまれる
키우던 개에게 손을 물리다, 믿는 도끼에 발등 찍힌다

新人(しんじん)の頃(ころ)から面倒(めんどう)を見(み)てきた後輩(こうはい)に企画(きかく)のアイデアを盗(ぬす)まれて、**飼い犬に手を噛まれた**気分(きぶん)だった。
신입 때부터 보살펴 온 후배에게 기획 아이디어를 도둑맞아 믿는 도끼에 발등 찍힌 기분이었다.

☐ 02 良薬は口に苦し | りょうやくはくちににがし 좋은 약은 입에 쓰다

あの先生の忠告はいつも厳しいが、**良薬は口に苦し**というからありがたい気持ちで受け止めよう。

그 선생님의 충고는 항상 엄하지만 좋은 약은 입에 쓰다고 하니 고마운 마음으로 받아들이자.

☐ 03 津々浦々 | つつうらうら 방방곡곡

全国**津々浦々**をバスで旅する番組が人気だ。

전국 방방곡곡을 버스로 여행하는 방송이 인기이다.

☐ 04 八方美人 | はっぽうびじん 팔방미인(누구에게나 기분 좋게 대하는 사람)

八方美人の彼は上司からはかわいがられているが、同僚からは嫌われている。

누구에게나 살가운 그는 상사로부터는 예쁨받고 있지만 동료들은 싫어한다.

PLUS 한국에서와는 달리 일본에서는 '줏대 없는 사람'이라는 인상을 주기 때문에 나쁜 뜻으로 쓰이는 경우가 많다.

1순위

관용어

☐ 01 一言もない | いちごんもない 할 말이 없다

その件についてはすべて私の責任なので、**一言もありません**。

그 건에 대해서는 모두 저의 책임이기 때문에 할 말이 없습니다.

☐ 02 一も二もなく | いちもにもなく 두말 없이

上司の命令なので、**一も二もなく**しなければならない。

상사의 명령이기 때문에 두말 없이 해야만 한다.

☐ 03 言わずもがな | いわずもがな (너무 당연해서) 말할 필요도 없음

彼がその後どうなったかは、**言わずもがな**である。

그가 그 후에 어떻게 되었는지는 말할 것도 없다.

★★★ □ 04 **意を尽くす** | いをつくす　자신의 생각이나 의견 등을 충분히 이야기하다

時間(じかん)が限(かぎ)られていたため、充分(じゅうぶん)に**意を尽くす**ことができなかった。

시간이 한정되어 있었기 때문에 하고 싶은 말을 충분히 다 하지 못했다.

★★ □ 05 **大きな口を叩く** | おおきなくちをたたく　(대단한 사람인 것처럼) 큰소리치다, 잘난 체하다

ちょっとわかるからといって**大きな口を叩く**と、相手(あいて)にされなくなってしまう。

조금 안다고 해서 대단한 듯 큰소리치면 아무도 상대해 주지 않게 될 것이다.

㊐ 大きな口を利く | おおきなくちをきく

★★ □ 06 **肩身が狭い** | かたみがせまい　입지가 좁다, 떳떳한 입장이 아니다

最近(さいきん)は禁煙(きんえん)の場所(ばしょ)が増(ふ)えて、愛煙家(あいえんか)たちには**肩身が狭い**世(よ)の中(なか)になった。

요즘에는 금연 장소가 늘어나서 애연가들에게는 입지가 좁은 세상이 되었다.

★★ □ 07 **辻褄が合う** | つじつまがあう　앞뒤가 맞다

容疑者(ようぎしゃ)の陳述(ちんじゅつ)には何(なん)だか**辻褄が合わない**ところがある。

용의자의 진술에는 어쩐지 앞뒤가 맞지 않는 부분이 있다.

★★ □ 08 **取り付く島がない** | とりつくしまがない　(상대의 퉁명스러운 태도 등으로 인해) 말 붙일 엄두가 안 나다

彼(かれ)は何(なに)を言(い)ってもこちらの話(はなし)に耳(みみ)を傾(かたむ)けようとせず、**取り付く島がない**。

그는 무슨 말을 해도 이쪽 이야기에 귀를 기울이려고 하지 않아서 말 붙일 엄두가 안 난다.

★★ □ 09 **花を咲かせる** | はなをさかせる　꽃을 피우다

久(ひさ)しぶりに出(で)た同窓会(どうそうかい)で昔話(むかしばなし)に**花を咲かせた**。

오랜만에 나간 동창회에서 옛이야기에 꽃을 피웠다.

★★ □ 10 **ほらを吹く** | ほらをふく　허풍을 떨다

いまに芸能界(げいのうかい)にデビューして人気者(にんきもの)になると**ほらを吹いて**いる。

곧 연예계에 데뷔해서 인기 스타가 될 거라고 허풍을 떨고 있다.

1 다음 밑줄 친 히라가나에 해당하는 한자를 고르세요.

1. 趣味はコインの<u>しゅうしゅう</u>です。	① 収習	② 収集
2. <u>てんらんかい</u>の絵	① 展覧会	② 博覧会
3. ロックグループが<u>かいさん</u>した。	① 拡散	② 解散
4. 話が<u>わきみち</u>にそれる。	① 沸道	② 脇道
5. 賞金を<u>かくとく</u>する。	① 獲得	② 獲特

2 다음 두 문장 중에서 올바른 문장을 고르세요.

1. ① 言い訳はもうたくさんだ。聞きたくない。
   ② 言い訳はもういっぱいだ。聞きたくない。

2. ① ここは危険ですから、穏やかに避難してください。
   ② ここは危険ですから、速やかに避難してください。

3. ① 新入社員のくせに大きな口を開く。
   ② 新入社員のくせに大きな口を叩く。

4. ① 旅先で知人にぴったり会った。
   ② 旅先で知人にばったり会った。

5. ① お腹がへとへとで勉強できない。
   ② お腹がぺこぺこで勉強できない。

3 다음 일본어가 설명하고 있는 단어를 고르세요.

1. 瞬間的に

① とっさに　② いきなり

2. 意見や言っていることが相反する。

① 食い込む　② 食い違う

3. 外国語などの話し方が不完全で、たどたどしい。

① 片言　② たわ言

4. お酒にひどく酔っぱらう。

① 泥酔　② 更迭

5. 巧みに機を利用して自分の目的を果たす。

① 添乗　② 便乗

---

1 1.② 2.① 3.② 4.② 5.①　**2** 1.① 2.② 3.② 4.② 5.②　**3** 1.① 2.② 3.① 4.① 5.②

DAY 09

VOCA Check

나의 어휘 실력은 현재 어느 정도일까?
실전 어휘력 체크!

다음 어휘의 뜻을 써 보세요.

명사

□01 演劇 ....　□02 喫煙 ....　□03 彫刻 ....

□04 教唆 ....　□05 供養 ....　□06 勃発 ....

□07 宴 ....　□08 兆し ....　□09 虜 ....

동사

□10 俯く ....　□11 染める ....　□12 束ねる ....

□13 躓く ....　□14 捻る ....　□15 打ち切る ....

□16 込み合う ....　□17 取り止める ....　□18 踏み切る ....

형용사

□19 そそっかしい ....　□20 頼もしい ....　□21 鈍い ....

□22 粘り強い ....　□23 わけない ....　□24 勝手 ....

□25 誠実 ....　□26 不機嫌 ....　□27 不吉 ....

부사·의성어·의태어

□28 きちんと ....　□29 確か ....　□30 軒並み ....

□31 もともと ....　□32 ごろごろ ....　□33 すやすや ....

□34 ひょろひょろ ....　□35 ぶらぶら ....　□36 へとへと ....

속담·사자성어·관용어

□37 七転び八起き ....　□38 本末転倒 ....

□39 舌端火を吐く ....　□40 立て板に水 ....

- **정답 개수 01~10개** **당신은 초급자!** 산 넘어 산이네요! 정독하여 반드시 어휘 정복합시다!
- **정답 개수 11~20개** **당신은 초중급자!** 이제 걸음마 뗀 수준? 좀 더 노력하여 수준급으로 Go!
- **정답 개수 21~30개** **당신은 중급자!** 조금만 더 열심히 하면, 상급자까지 얼마 안 남았어요!
- **정답 개수 31~40개** **당신은 거의 상급자 수준?!** 방심은 금물! 100% 완벽에 도전합시다!

DAY 09

명사

09-1.mp3

기본 한자어

- □ 01 遺跡 | いせき 유적
- □ 02 演技 | えんぎ 연기
- □ 03 演劇 | えんげき 연극
- □ 04 活躍 | かつやく 활약
- □ 05 観衆 | かんしゅう 관중
- □ 06 喜劇 | きげき 희극
- □ 07 喫煙 | きつえん 흡연
- □ 08 脚本 | きゃくほん 각본
- □ 09 禁煙 | きんえん 금연
- □ 10 公演 | こうえん 공연
- □ 11 公衆 | こうしゅう 공중
- □ 12 交流 | こうりゅう 교류
- □ 13 再現 | さいげん 재현
- □ 14 彫刻 | ちょうこく 조각
- □ 15 提案 | ていあん 제안
- □ 16 庭園 | ていえん 정원
- □ 17 展開 | てんかい 전개
- □ 18 特集 | とくしゅう 특집
- □ 19 迫力 | はくりょく 박력
- □ 20 反響 | はんきょう 반향
- □ 21 悲劇 | ひげき 비극
- □ 22 品格 | ひんかく 품격
- □ 23 舞台 | ぶたい 무대
- □ 24 物品 | ぶっぴん 물품
- □ 25 誘致 | ゆうち 유치
- □ 26 離脱 | りだつ 이탈

읽기에 주의해야 할 음독 한자어

☆☆☆ □ 01 乖離 | **かいり** 괴리(큰 차이가 있음)

<ruby>内閣<rt>ないかく</rt></ruby>の<ruby>支持率<rt>し じ りつ</rt></ruby>は<ruby>新聞社<rt>しんぶんしゃ</rt></ruby>ごとに<ruby>大<rt>おお</rt></ruby>きく**乖離**している。

내각 지지율은 신문사마다 크게 차이가 나고 있다.

☆☆☆ □ 02 合点 | **がてん・がってん** 수긍

<ruby>彼<rt>かれ</rt></ruby>の<ruby>説明<rt>せつめい</rt></ruby>を<ruby>聞<rt>き</rt></ruby>いて、ようやく**合点**がいった。

그의 설명을 듣고 겨우 수긍이 갔다.

☆☆ □ 03 気質 | **きしつ** 기질

<ruby>彼<rt>かれ</rt></ruby>は<ruby>気候<rt>き こう</rt></ruby>がその<ruby>地域<rt>ち いき</rt></ruby>に<ruby>住<rt>す</rt></ruby>む<ruby>人々<rt>ひとびと</rt></ruby>の**気質**に<ruby>与<rt>あた</rt></ruby>える<ruby>影響<rt>えいきょう</rt></ruby>に<ruby>関<rt>かん</rt></ruby>する<ruby>論文<rt>ろんぶん</rt></ruby>を<ruby>発表<rt>はっぴょう</rt></ruby>した。 그는 기후가 그 지역에 사는 사람들의 기질에 주는 영향에 관한 논문을 발표했다.

⑤ 気性 | きしょう

☆☆☆ □ 04 教唆 | **きょうさ** 교사(남을 부추김)

<ruby>殺人<rt>さつじん</rt></ruby>を**教唆**した<ruby>疑<rt>うたが</rt></ruby>いで<ruby>逮捕<rt>たい ほ</rt></ruby>することになった。

살인을 교사한 혐의로 체포하게 되었다.

☆☆ □ 05 供養 | **くよう** 공양

<ruby>最近<rt>さいきん</rt></ruby>はペット**供養**をする<ruby>人<rt>ひと</rt></ruby>も<ruby>多<rt>おお</rt></ruby>いらしい。

요즘에는 애완동물 공양을 하는 사람도 많다고 한다.

☆☆☆ □ 06 頹廃 | **たいはい** 퇴폐

その<ruby>町<rt>まち</rt></ruby>は<ruby>長<rt>なが</rt></ruby>い<ruby>不況<rt>ふ きょう</rt></ruby>で**頹廃**して<ruby>犯罪率<rt>はんざいりつ</rt></ruby>が<ruby>高<rt>たか</rt></ruby>くなった。

그 동네는 오랜 불황으로 퇴폐하여 범죄율이 높아졌다.

☆☆☆ □ 07 怒涛 | **どとう** 노도(거세게 치는 파도)

<ruby>興奮<rt>こうふん</rt></ruby>した<ruby>群衆<rt>ぐんしゅう</rt></ruby>が**怒涛**のように<ruby>押<rt>お</rt></ruby>し<ruby>寄<rt>よ</rt></ruby>せてきた。

흥분한 군중이 성난 파도처럼 밀려왔다.

PLUS 주로 怒涛のように・怒涛のごとく(성난 파도처럼)의 형태로 쓰이는 경우가 많다.

★★★ □ 08 中座 | ちゅうざ 중간에 자리를 뜨거나 비움

会議中に何度も電話が鳴って、**中座**せざるを得なかった。
회의 중에 몇 번이고 전화가 울려 중간에 자리를 비울 수밖에 없었다.

★★★ □ 09 勃発 | ぼっぱつ 발발

ドイツに留学中、第１次世界大戦が**勃発**した。
독일에서 유학하고 있을 때 제1차 세계대전이 발발했다.

★★★ □ 10 未曾有 | みぞう 미증유(지금까지 한 번도 없었음)

この年、**未曾有**の大不況が起きてしまった。
이 해에 미증유의 대불황이 일어나고 말았다.

고유어

★★ □ 01 礎 | いしずえ 주춧돌, 토대

この社長が我が社の**礎**を築いた人だ。
이 사장이 우리 회사의 토대를 쌓은 사람이다.

★★ □ 02 宴 | うたげ 연회

たくさんのお客さんを招待して**宴**を催した。
많은 손님들을 초대하여 연회를 개최했다.

★ □ 03 裏表 | うらおもて 겉과 속 / 겉과 속이 다름

裏表がない人だと思っていたのに、陰では人の悪口ばかり言いふらすとんでもない人だった。
겉과 속이 같은 사람이라고 생각했었는데 뒤에서는 남의 험담만 퍼뜨리는 괘씸한 사람이었다.

PLUS 裏表がない라고 하면 '겉과 속이 같다'는 뜻이 된다.

★★ □ 04 売り | うり 세일즈 포인트

今回の新しい車は振動の少なさを**売り**にしている。
이번에 새로 나온 자동차는 진동이 적다는 점을 세일즈 포인트로 내세우고 있다.

☆☆ □ 05 お手上げ | おてあげ　속수무책

リーマン予想(よそう)は、数学者(すうがくしゃ)でも**お手上げ**の難問(なんもん)として知(し)られる。
리만 가설은 수학자도 두 손 든 난문으로 알려져 있다.

☆☆ □ 06 兆し | きざし　조짐

景気(けいき)が回復(かいふく)する**兆し**はまったく見(み)えない。
경기가 회복될 조짐은 전혀 보이지 않는다.

☆☆ □ 07 舌打ち | したうち　혀를 참

見積書(みつもりしょ)に目(め)を通(とお)していた部長(ぶちょう)は何(なに)か気(き)に入(い)らなかったのか、いきなり**舌打ち**をした。 견적서를 훑어보던 부장은 무엇인가 마음에 안 들었는지 갑자기 혀를 찼다.

☆☆ □ 08 芝居 | しばい　연극

祖母(そぼ)は友人(ゆうじん)と**芝居**見物(けんぶつ)に出(で)かけた。
할머니는 친구와 연극 관람을 하러 나갔다.

☆☆ □ 09 虜 | とりこ　포로

オカリナの生演奏(なまえんそう)を聴(き)いてから、その音色(ねいろ)の**虜**になった。
오카리나 라이브 연주를 듣고서 그 음색에 사로잡혔다.

☆☆ □ 10 生乾き | なまがわき　덜 마름, 덜 마른 것

生乾きの洗濯物(せんたくもの)から変(へん)なにおいがする。
덜 마른 빨래에서 이상한 냄새가 난다.

☆ □ 11 荷造り・荷作り | にづくり　짐 싸기, 포장

引(ひ)っ越(こ)しの**荷造り**はもうだいたい終(お)わった。
이삿짐 꾸리기는 이제 거의 끝났다.

☆☆ □ 12 日柄 | ひがら　그날의 길흉, 일진

いい**日柄**を選(えら)んで結婚式(けっこんしき)を挙(あ)げることにした。
길일을 골라서 결혼식을 올리기로 했다.

1순위

★★ □ 13 人並み | ひとなみ 남들과 같은 정도임

借金を全部返済して、ようやく**人並み**の生活ができるようになった。
빚을 모두 변제하여 겨우 남들과 같은 수준의 생활을 할 수 있게 되었다.

★★ □ 14 幻 | まぼろし 환상

長い連休も終わり、日常に戻ると楽しかった事が全部**幻**のように感じられる。 긴 연휴도 끝나고 일상으로 돌아오면 즐거웠던 일이 모두 환상이었던 것처럼 느껴진다.

★★ □ 15 見せ物 | みせもの 구경거리

今夜の**見せ物**は、サーカスに違いない。
오늘 밤의 구경거리는 서커스임에 틀림없다.

동사

09-2.mp3

기본 동사

★ □ 01 俯く | うつむく 고개를 숙이다

あの少年は何を聞いても**俯いた**ままで何も言わなかった。
그 소년은 무엇을 물어도 고개를 숙이고만 있을 뿐 아무 말도 하지 않았다.

★ □ 02 朽ちる | くちる (나무 등이) 썩다

その空き家は屋根が**朽ちて**、落ちそうになっていた。
그 빈집은 지붕이 썩어서 떨어질 것 같은 상태였다.

★★ □ 03 窪む・凹む | くぼむ 움푹 패다

恐竜の足跡は子供が一人入れるくらい深く**窪ん**でいる。
공룡 발자국은 아이가 한 명 들어갈 수 있을 만큼 깊게 움푹 패여 있다.

★ □ 04 削る | けずる 깎다

ナイフで鉛筆を**削る**のはあまり得意な方ではない。
칼로 연필을 깎는 것은 그다지 능숙한 편이 아니다.

☐ 05 **摩る** | さする　　부드럽게 문지르다, 어루만지다

背中(せなか)を軽(かる)く**摩って**あげたら、猫(ねこ)は気持(きも)ちよさそうに鳴(な)いた。
등을 가볍게 어루만져 주었더니 고양이는 기분 좋은 듯 울었다.

☐ 06 **染める** | そめる　　물들이다, 염색하다

若(わか)く見(み)せるために白髪(しらが)を黒(くろ)く**染めた**。
젊게 보이기 위해 흰머리를 까맣게 염색했다.

☐ 07 **反らす** | そらす　　(뒤로) 젖히다

毎日(まいにち)、背中(せなか)を**反らして**ストレッチングをしている。
매일 등을 뒤로 젖혀 스트레칭을 하고 있다.

☐ 08 **佇む** | たたずむ　　가만히 서다

潮風(しおかぜ)が気持(きも)ちいいので、しばらく浜辺(はまべ)に**佇んで**いた。
바닷바람이 기분 좋아서 한동안 해변에 가만히 서 있었다.

☐ 09 **束ねる** | たばねる　　(길쭉한 것을 한데) 묶다

彼女(かのじょ)は金髪(きんぱつ)の長(なが)い髪(かみ)を後(うし)ろで**束ねて**いた。
그녀는 금발의 긴 머리를 뒤로 묶고 있었다.

☐ 10 **つねる**　　꼬집다

信(しん)じられないことが起(お)きて、夢(ゆめ)じゃないかと頬(ほお)を**つねった**。
믿을 수 없는 일이 일어나서 꿈이 아닌가 하고 볼을 꼬집었다.

☐ 11 **躓く** | つまずく　　발이 걸려 넘어지다

急(きゅう)に走(はし)り出(だ)そうとしたら、バランスを崩(くず)して**躓いた**。
갑자기 달려 나가려고 하다가 균형을 잃으면서 넘어졌다.

☐ 12 **摘む** | つまむ　　(두 손가락이나 막대기 같은 것으로) 집다

悪臭(あくしゅう)が酷(ひど)くて鼻(はな)を**摘んだ**が、それでも臭(くさ)かった。
악취가 심해서 코를 쥐었지만 그래도 냄새가 지독했다.

★★ □ 13 手放す | てばなす　　넘겨주다, 손에서 놓다

不景気で、長年営んできた店を**手放す**ことになった。
불경기 때문에 오랫동안 꾸려 온 가게를 넘겨주게 되었다.

★ □ 14 撫でる | なでる　　쓰다듬다

かわいい子供が怖そうな犬の頭を**撫でて**いる。
귀여운 아이가 무섭게 생긴 개의 머리를 쓰다듬고 있다.

★★ □ 15 捩る・捻る | ねじる　　비틀다, 꼬다

石ころに躓いて足首を**捩じって**しまった。
돌에 발이 걸려서 발목을 삐었다.

복합동사

★★★ □ 01 打ち切る | うちきる　　중단하다

制作費が足りなくて、ドラマの撮影が**打ち切られる**はめになった。
제작비가 부족해서 드라마 촬영이 중단될 상황에 처했다.

★★ □ 02 追い回す | おいまわす　　쫓아다니다

人気歌手はいつも週刊誌の記者に**追い回される**。
인기 가수는 항상 주간지 기자에게 쫓겨다닌다.

★ □ 03 貸し出す | かしだす　　(공공 기관이나 은행이 물건이나 돈 등을) 빌려주다

図書館では新刊雑誌は**貸し出して**くれない。
도서관에서는 신간 잡지는 빌려주지 않는다.

★ □ 04 込み合う | こみあう　　붐비다

週末だから、きっと遊園地は**込み合って**いるだろう。
주말이니 분명 놀이공원은 붐비겠지.

☐ 05 通り掛かる | とおりかかる　마침 지나가다

道(みち)に迷(まよ)ってしまって、**通り掛かる**人(ひと)に道(みち)を尋(たず)ねた。
길을 잃어서 마침 지나가던 사람에게 길을 물었다.

☐ 06 取り止める | とりやめる　(예정된 일을) 중지하다

その歌手(かしゅ)は体調(たいちょう)不良(ふりょう)でコンサートツアーを**取り止めた**。
그 가수는 몸 상태가 좋지 않아서 콘서트 투어를 중지했다.

☐ 07 引き抜く | ひきぬく　(다른 곳에 소속된 인재를) 영입하다

他(ほか)の会社(かいしゃ)から優秀(ゆうしゅう)な人材(じんざい)を**引き抜いた**。
다른 회사로부터 우수한 인재를 영입했다.

☐ 08 吹き飛ばす | ふきとばす　떨쳐 내다

私(わたし)は冬(ふゆ)になると、運動(うんどう)をして寒(さむ)さを**吹き飛ばす**。
나는 겨울이 되면 운동을 해서 추위를 떨쳐 낸다.

☐ 09 踏み切る | ふみきる　큰맘 먹고 실행에 옮기다, 단행하다

一時(いちじ)取引(とりひき)を中断(ちゅうだん)する措置(そち)に初(はじ)めて**踏み切った**。
잠시 거래를 중단하는 조치를 처음 단행했다.

PLUS 주로 ～に踏み切る(~을 단행하다)의 형태로 쓰인다.

☐ 10 読み返す | よみかえす　되풀이하여 읽다

軍隊(ぐんたい)にいる彼(かれ)からの手紙(てがみ)を彼女(かのじょ)は何度(なんど)も**読み返した**。
군대에 있는 그에게서 온 편지를 그녀는 몇 번이고 반복해서 읽었다.

형용사

09-3.mp3

い 형용사

☐ 01 そそっかしい　덜렁대다

彼女(かのじょ)は**そそっかしい**ところがあって、よく忘(わす)れ物(もの)をする。
그녀는 덜렁대는 구석이 있어서 자주 물건을 잃어버린다.

★ □ 02 頼もしい | たのもしい　　듬직하다

英語が上手な君が同席してくれるなら、私としても**頼もしい**。

영어가 능통한 네가 동석해 준다면 나로서도 듬직하다.

★ □ 03 鈍い | にぶい　　둔하다

あいつは**鈍い**から、もっとはっきり言わないと気づかないよ。

저 녀석은 둔하니까 좀 더 확실히 말하지 않으면 알아채지 못할 거야.

★★ □ 04 粘り強い | ねばりづよい　　끈기 있다

経営者側と**粘り強く**交渉している。

경영자 측과 끈기 있게 교섭하고 있다.

★★★ □ 05 わけない　　손쉽다

この数学の問題は誰でも**わけなく**解くことができる。

이 수학 문제는 누구나 손쉽게 풀 수가 있다.

な 형용사

★ □ 01 勝手 | かって　　제멋대로임

修学旅行中は**勝手な**行動をしないように!

수학여행 중에는 제멋대로 행동하지 않도록!

★ □ 02 誠実 | せいじつ　　성실함

どんな仕事でも**誠実に**取り組む姿勢が大切だ。

어떤 일이라도 성실하게 임하는 자세가 중요하다.

★★ □ 03 非常識 | ひじょうしき　　비상식적임

テレビを見ると時々耳を疑うほどの**非常識な**発言をする人がいる。

TV를 보면 가끔 귀를 의심할 정도로 비상식적인 발언을 하는 사람이 있다.

☐ 04 不機嫌 | ふきげん 기분이 좋지 않음

どうしたことなのか、妻(つま)は朝(あさ)から**不機嫌だ**。
무슨 일인지 아내는 아침부터 기분이 좋지 않다.

☐ 05 不吉 | ふきつ 불길함

なぜか**不吉な**予感(よかん)がして、飛行機(ひこうき)に乗(の)るのをやめた。
왠지 불길한 예감이 들어서 비행기를 타는 것을 그만두었다.

부사

09-4.mp3

☐ 01 きちんと 말끔히

書斎(しょさい)に置(お)いてある本棚(ほんだな)は**きちんと**整理整頓(せいりせいとん)されている。
서재에 놓여 있는 책장은 말끔히 정리 정돈되어 있다.

☐ 02 確か | たしか (확실하지는 않으나 화자 생각으로는) 분명

確か、明日(あした)がお兄(にい)さんの誕生日(たんじょうび)ですよね。
분명 내일이 오빠 생일 맞죠?

☐ 03 軒並み | のきなみ 집집마다, 어디든 한결같이

自動車(じどうしゃ)メーカーの今期決算(こんきけっさん)は**軒並み**赤字(あかじ)だった。
자동차 제조사의 이번 분기 결산은 저마다 한결같이 적자였다.

☐ 04 もともと 원래, 본래

ここは**もともと**海(うみ)だったところを埋(う)め立(た)てて陸地(りくち)にしたところらしい。
여기는 원래 바다였던 곳을 매립하여 육지로 만든 곳이라고 한다.

☐ 05 ようやく 겨우

東京(とうきょう)から出発(しゅっぱつ)したバスは８時間(じかん)走(はし)り続(つづ)けて、**ようやく**大阪(おおさか)に着(つ)いた。
도쿄에서 출발한 버스는 8시간을 내리 달려 겨우 오사카에 도착했다.

의성어·의태어

☆☆ □ 01 **ごろごろ**　　　　　　　　　　하는 일 없이 빈둥거리는 모양, 빈둥빈둥

<ruby>休<rt>やす</rt></ruby>みの<ruby>日<rt>ひ</rt></ruby>はうちでテレビを<ruby>見<rt>み</rt></ruby>たり<ruby>本<rt>ほん</rt></ruby>を<ruby>読<rt>よ</rt></ruby>んだりしながら**ごろごろ**している。

쉬는 날에는 집에서 TV를 보거나 책을 읽으면서 빈둥거리고 있다.

☆☆ □ 02 **すやすや**　　　　　　　　　　　　　　편안하게 자는 모양

<ruby>女<rt>おんな</rt></ruby>の<ruby>人<rt>ひと</rt></ruby>は**すやすや**と<ruby>眠<rt>ねむ</rt></ruby>っている<ruby>赤<rt>あか</rt></ruby>ちゃんを<ruby>見<rt>み</rt></ruby>ながら<ruby>微笑<rt>ほほえ</rt></ruby>んでいた。

여자는 곤히 잠들어 있는 아기를 보면서 미소 짓고 있었다.

☆☆ □ 03 **ひょろひょろ**　　　　　　　　길쭉해서 안정감이 없어 보이는 모양

<ruby>彼女<rt>かのじょ</rt></ruby>はやせて**ひょろひょろ**していて、どこか<ruby>病気<rt>びょうき</rt></ruby>ではないかと<ruby>思<rt>おも</rt></ruby>った。

그녀는 살이 빠져 홀쭉해져서 어디 병이라도 난 게 아닌가 싶었다.

☆☆ □ 04 **ぶらぶら**　　　　　　　목적 없이 어슬렁거리는 모양, 어슬렁어슬렁

とくに<ruby>約束<rt>やくそく</rt></ruby>もなかったので、<ruby>一人<rt>ひとり</rt></ruby>で<ruby>暇<rt>ひま</rt></ruby>つぶしに<ruby>街<rt>まち</rt></ruby>を**ぶらぶら**した。

딱히 약속도 없어서 혼자서 심심풀이로 거리를 어슬렁거렸다.

☆☆ □ 05 **へとへと**　　　　　　　너무 지쳐서 기력이 없는 모양, 기진맥진

<ruby>社会人<rt>しゃかいじん</rt></ruby>になったら、**へとへと**になるまで<ruby>働<rt>はたら</rt></ruby>くのが<ruby>日常<rt>にちじょう</rt></ruby>になる。

사회인이 되면 기진맥진할 때까지 일하는 것이 일상이 된다.

속담·사자성어

☆☆ □ 01 **井の中の蛙** | **いのなかのかわず**　　　　　　　　우물 안 개구리

<ruby>留学<rt>りゅうがく</rt></ruby>に<ruby>行<rt>い</rt></ruby>ってはじめて、<ruby>自分<rt>じぶん</rt></ruby>は**井の中の蛙**だったということがよくわかった。

유학을 가서야 비로소 나는 우물 안 개구리였다는 사실을 확실하게 깨달았다.

(PLUS) 井の中の蛙<ruby>大海<rt>たいかい</rt></ruby>を<ruby>知<rt>し</rt></ruby>らず(우물 안 개구리 대해를 모른다)의 줄임말로, 넓은 세상을 몰라 식견이 좁은 사람을 이르는 표현.

☐ 02 七転び八起き | ななころびやおき 칠전팔기

事業家のほとんどが**七転び八起き**の精神で成功できたと言う。
사업가 대부분이 칠전팔기의 정신으로 성공할 수 있었다고 말한다.

☐ 03 前人未到 | ぜんじんみとう 전인미답

前人未到の記録を出した10代の選手に注目が集まっている。
전인미답의 기록을 낸 10대 선수에게 이목이 집중되고 있다.

PLUS 지금까지 아무도 도달하지 못했다는 뜻.

☐ 04 本末転倒 | ほんまつてんとう 본말전도

学生が勉強もせずにバイトばかりするなんて**本末転倒**だ。
학생이 공부도 안 하고 아르바이트만 하다니 본말전도이다.

PLUS 중요한 것이 사소한 것에 가려져 버린다는 뜻.

관용어

☐ 01 ぐうの音も出ない | ぐうのねもでない
(철저하게 추궁당하여) 변명도 못하다, 찍소리도 못하다

浮気がばれて、彼女に**ぐうの音も出なく**なった。
바람피우다 들켜서 여자 친구에게 찍소리도 못하게 되었다.

☐ 02 けちをつける 트집을 잡아 헐뜯다

そう何にでも**けちをつけたら**、みんなから相手にされなくなるかもしれないよ。
그렇게 무슨 일에든 트집을 잡다가는 아무도 상대해 주지 않게 될지도 몰라.

☐ 03 薄氷を踏む | はくひょうをふむ 살얼음판을 걷다

相手チームの猛反撃で**薄氷を踏む**ような試合となったが、なんとか逃げきった。
상대팀의 맹렬한 반격으로 살얼음판을 걷는 듯한 시합이 되었지만 겨우 따돌렸다.

PLUS 주로 대단히 위험하거나 아슬아슬한 상황을 묘사할 때 쓰이는 경우가 많다.

□ 04 **身も蓋もない** | みもふたもない 표현이 너무 직설적이어서 할 말이 없다

そんな**身も蓋もない**言い方をされたら、返す言葉もない。
그렇게 직설적으로 말한다면 더 할 말도 없다.

□ 05 **鎌をかける** | かまをかける 속마음을 넌지시 떠보다, 베거리하다

鎌をかけて本音を聞こうとしたが、相手に見破られた。
베거리를 해서 속내를 들어 보려 했지만 상대에게 간파당했다.

□ 06 **舌端火を吐く** | ぜったんひをはく (입에서 불이라도 뿜을 듯) 맹렬한 기세로 말하다

舌端火を吐くように、すさまじい勢いでまくしたてている。
입에서 불이라도 뿜을 것처럼 엄청난 기세로 떠들어대고 있다.

□ 07 **立て板に水** | たていたにみず 물 흐르듯 자연스럽게 말을 잘함, 청산유수

彼女の**立て板に水**のようなプレゼンテーションは好評だった。
그녀의 청산유수와 같은 프레젠테이션은 호평이었다.

□ 08 **鶴の一声** | つるのひとこえ 권력이나 권위가 있는 사람의 한마디

社長はワンマンで、何でも社長の「**鶴の一声**」で決めてしまう。
사장은 독단적이어서 무슨 일이든 사장의 '한마디'로 결정해 버린다.

□ 09 **針を含む** | はりをふくむ (말속에) 가시가 돋아 있다

彼女の**針を含んだ**ような言い方が喧嘩の引き金になった。
그녀의 가시 돋친 듯한 말투가 싸움의 불씨가 되었다.

□ 10 **与太を飛ばす** | よたをとばす 실없는 말을 하다

気分転換のために友達と酒を飲んで**与太を飛ばし**合った。
기분 전환을 위해 친구와 술을 마시며 서로 실없는 말을 주고받았다.

1 다음 밑줄 친 히라가나에 해당하는 한자를 고르세요.

1. えんぎのすばらしい俳優	① 縁起	② 演技
2. 現実とのかいりが大きい。	① 解離	② 乖離
3. どとうの如く押し寄せる。	① 怒涛	② 頽廃
4. 石につまずいて転びそうになる。	① 躓いて	② 妻ずいて
5. 戦争がぼっぱつする。	① 爆発	② 勃発

2 다음 두 문장 중에서 올바른 문장을 고르세요.

1. ① 景気回復の飾りが見える。
   ② 景気回復の兆しが見える。

2. ① 先生に叱られて跪いたままの子供
   ② 先生に叱られて俯いたままの子供

3. ① そんな問題、秀才の彼にはわけなく解ける。
   ② そんな問題、秀才の彼には理由なく解ける。

4. ① きちんと整理された机
   ② かちんと整理された机

5. ① 井の中のからす、大海を知らず。
   ② 井の中のかわず、大海を知らず。

3 다음 일본어가 설명하고 있는 단어를 고르세요.

1. 落ち着きがなくて、あわて者だ。

① ばかばかしい　　② そそっかしい

2. 思い切って実行する。

① 張り切る　　② 踏み切る

3. 演劇

① 芝居　　② 芝生

4. すらすらと流暢に話す。

① 焼け石に水　　② 立て板に水

5. 人のことは考えないで、自分の都合のいいように

① 勝手に　　② 身軽に

1 1. ② 2. ② 3. ① 4. ① 5. ② **2** 1. ② 2. ② 3. ① 4. ① 5. ② **3** 1. ② 2. ② 3. ① 4. ② 5. ①

DAY 10

VOCA Check

나의 어휘 실력은 현재 어느 정도일까?
실전 어휘력 체크!

다음 어휘의 뜻을 써 보세요.

명사

□01 開拓 ....
□02 承認 ....
□03 滞在 ....
□04 蛇足 ....
□05 風評 ....
□06 流布 ....
□07 踊り場 ....
□08 杯 ....
□09 手柄 ....

동사

□10 呆れる ....
□11 屈める ....
□12 擦る ....
□13 切羽詰る ....
□14 照れる ....
□15 言い漏らす ....
□16 打ち合わせる ....
□17 切り抜ける ....
□18 切り開く ....

형용사

□19 格好いい ....
□20 我慢強い ....
□21 くどい ....
□22 辛抱強い ....
□23 当たり前 ....
□24 そっくり ....
□25 多忙 ....
□26 手近 ....
□27 必死 ....

부사·의성어·의태어

□28 流石に ....
□29 なるべく ....
□30 ぴったり ....
□31 割に ....
□32 かさかさ ....
□33 がりがり ....
□34 がんがん ....
□35 つやつや ....
□36 とぼとぼ ....

속담·사자성어·관용어

□37 備えあれば憂いなし ....
□38 縦横無尽 ....
□39 堰を切る ....
□40 下手の長談義 ....

- **정답 개수 01~10개** ▶ **당신은 초급자!** 산 넘어 산이네요! 정독하여 반드시 어휘 정복합시다!
- **정답 개수 11~20개** ▶ **당신은 초중급자!** 이제 걸음마 뗀 수준? 좀 더 노력하여 수준급으로 Go!
- **정답 개수 21~30개** ▶ **당신은 중급자!** 조금만 더 열심히 하면, 상급자까지 얼마 안 남았어요!
- **정답 개수 31~40개** ▶ **당신은 거의 상급자 수준?!** 방심은 금물! 100% 완벽에 도전합시다!

DAY 10

명사

10-1.mp3

기본 한자어

- □ 01 一周 | いっしゅう 일주
- □ 02 医薬品 | いやくひん 의약품
- □ 03 運営 | うんえい 운영
- □ 04 改革 | かいかく 개혁
- □ 05 開拓 | かいたく 개척
- □ 06 規模 | きぼ 규모
- □ 07 許容 | きょよう 허용
- □ 08 継続 | けいぞく 계속
- □ 09 削減 | さくげん 삭감
- □ 10 資金 | しきん 자금
- □ 11 承認 | しょうにん 승인
- □ 12 申請 | しんせい 신청
- □ 13 推進 | すいしん 추진
- □ 14 損害 | そんがい 손해
- □ 15 滞在 | たいざい 체재
- □ 16 探検 | たんけん 탐험
- □ 17 着席 | ちゃくせき 착석
- □ 18 賃貸 | ちんたい 임대
- □ 19 提携 | ていけい 제휴
- □ 20 分配 | ぶんぱい 분배
- □ 21 冒険 | ぼうけん 모험
- □ 22 無効 | むこう 무효
- □ 23 由来 | ゆらい 유래
- □ 24 要素 | ようそ 요소
- □ 25 旅程 | りょてい 여정
- □ 26 連係 | れんけい 연계

읽기에 주의해야 할 음독 한자어

★★ □ 01 **愚痴** | **ぐち** 불만, 푸념

家族_{かぞく}にも言_いえない**愚痴**を親友_{しんゆう}に聞_きいてもらった。

가족에게도 말할 수 없는 푸념을 친구가 들어 주었다.

★★ □ 02 **蹂躙** | **じゅうりん** 유린

この国_{くに}では政府_{せいふ}権力_{けんりょく}による人権_{じんけん}**蹂躙**が続_{つづ}いている。

이 나라에서는 정부 권력에 의한 인권 유린이 계속되고 있다.

★★ □ 03 **施錠** | **せじょう** 열쇠를 채움

このボタンを押_おすと、倉庫_{そうこ}の鍵_{かぎ}が自動的_{じどうてき}に**施錠**される。

이 버튼을 누르면 창고 열쇠가 자동으로 잠긴다.

★★ □ 04 **蛇足** | **だそく** 사족(쓸데없이 덧붙이는 말)

蛇足ながら、一言説明_{ひとことせつめい}を加_{くわ}えさせていただきました。

사족이지만 한마디 설명을 덧붙이겠습니다.

[PLUS] 겸양어로 쓰이는 경우가 많다.

★★ □ 05 **豹変** | **ひょうへん** 돌변

付_つき合_あっていた頃_{ころ}はおとなしいと思_{おも}っていたのに、結婚_{けっこん}したとたんに**豹変**した。

사귀고 있을 때는 차분하다고 생각했는데 결혼하자마자 돌변했다.

★★ □ 06 **風評** | **ふうひょう** 풍문, 떠도는 소문

事故後_{じこご}に発生_{はっせい}した**風評**被害_{ひがい}の影響_{えいきょう}でだいぶ売_うり上_あげが伸_のび悩_{なや}んだ。

사고 후에 발생한 뜬소문으로 피해를 입어 그 영향으로 매출이 늘지 않는다.

★★ □ 07 **不朽** | **ふきゅう** 불후

ジャンル別_{べつ}に**不朽**の名作_{めいさく}に数_{かぞ}えられる映画_{えいが}を集_{あつ}めたサイトがある。

장르별로 불후의 명작으로 손꼽히는 영화를 모은 사이트가 있다.

★★ □ 08 分家 | ぶんけ 분가

昔(むかし)から本家(ほんけ)と**分家**の争(あらそ)いが絶(た)えない。
옛날부터 본가와 분가의 싸움이 끊이지 않는다.

★★ □ 09 粉塵 | ふんじん 분진

粉塵の吸入(きゅうにゅう)を防(ふせ)ぐため、マスクを着用(ちゃくよう)した。
분진 흡입을 방지하기 위해 마스크를 착용했다.

★★ □ 10 流布 | るふ 유포

ネットの普及(ふきゅう)により、個人情報(こじんじょうほう)の**流布**が問題(もんだい)になることが多(おお)い。
인터넷의 보급으로 인해 개인 정보의 유포가 문제되는 경우가 많다.

고유어

★★ □ 01 あらまし 사건이나 이야기 등의 대략적인 경과, 대강

年金制度(ねんきんせいど)の**あらまし**を漫画(まんが)で説明(せつめい)する。
연금 제도의 대강을 만화로 설명하다.

★★ □ 02 踊り場 | おどりば 층계참

階段(かいだん)の**踊り場**で立(た)ち話(ばなし)をしている。
계단의 층계참에 서서 이야기를 하고 있다.

★★ □ 03 買い溜め | かいだめ 사재기

セールで安(やす)かったので、トイレットペーパーを**買い溜め**しておいた。
세일을 해서 가격이 쌌기 때문에 화장실용 휴지를 사재기해 두었다.

★★ □ 04 くじ 제비

商店街(しょうてんがい)のイベントで**くじ**を引(ひ)いたら、海外旅行(かいがいりょこう)が当(あ)たった。
상점가 이벤트에서 제비를 뽑았더니 해외여행이 당첨되었다.

PLUS くじ引き | くじびき 제비뽑기

★★ □ 05 悔やみ | くやみ　후회 / 조의

この度(たび)は心(こころ)よりお**悔やみ**申(もう)し上(あ)げます。
이번 일은 진심으로 조의를 표합니다.

★★ □ 06 心当たり | こころあたり　짐작

カメラをどこに置(お)き忘(わす)れたか**心当たり**はないですか。
카메라를 어디에 두었는지 짐작 가는 곳은 없습니까?

★★ □ 07 杯・盃 | さかずき　술잔

久々(ひさびさ)に会(あ)った友人(ゆうじん)と**杯**を交(か)わした。
오랜만에 만난 친구와 술잔을 주고받았다.

★★ □ 08 艶 | つや　윤기, 생기

おいしいトマトを選(えら)ぶコツは、色(いろ)が濃(こ)くて**艶**のあるものを選(えら)ぶことだそうだ。
맛있는 토마토를 고르는 요령은 색이 진하고 윤기가 있는 것을 고르는 것이라고 한다.

★★ □ 09 手柄 | てがら　공, 실적

誰(だれ)もが**手柄**を立(た)てて出世(しゅっせ)することを望(のぞ)んでいる。
누구나 공을 세워 출세하는 것을 바라고 있다.

★★ □ 10 出がらし | でがらし　차를 여러 번 우려내어 맛과 향이 연해짐, 재탕

急須(きゅうす)の中(なか)にはすっかり**出がらし**になったお茶(ちゃ)の葉(は)が入(はい)っている。
찻주전자 안에는 완전히 재탕되어 맛이 연해진 찻잎이 들어 있다.

★★ □ 11 取って置き | とっておき　아껴 둠, 비장

明日(あした)はパーティーだから、**取って置き**の服(ふく)で出(で)かけよう。
내일은 파티가 열리니까 (그동안) 아끼느라 안 입던 옷을 입고 나가야지.

□ 12 蚤の市 ┃ のみのいち　　　　　　　　　　　　　　　　　벼룩시장

この市民センターでは月に1回蚤の市が開かれる。
<ruby>市民<rt>し みん</rt></ruby>　<ruby>月<rt>つき</rt></ruby>　<ruby>回<rt>かい</rt></ruby>　<ruby>開<rt>ひら</rt></ruby>
이 시민센터에서는 한 달에 한 번 벼룩시장이 열린다.

□ 13 物好き ┃ ものずき　　　　　　　　취향이 독특함, 취향이 독특한 사람

廃墟だけを好んで撮影するなんて、物好きもいるものだ。
<ruby>廃墟<rt>はいきょ</rt></ruby>　<ruby>好<rt>この</rt></ruby>　<ruby>撮影<rt>さつえい</rt></ruby>
폐허만 골라서 촬영을 하다니 참 별종이다.

□ 14 枠組み ┃ わくぐみ　　　　　　　　　　　　　　　　　틀을 짬

うちの部署はできたばかりで、まだ組織の枠組みができていない。
<ruby>部署<rt>ぶ しょ</rt></ruby>　<ruby>組織<rt>そ しき</rt></ruby>
우리 부서는 막 생겨난 부서라서 아직 조직 틀이 갖추어져 있지 않다.

□ 15 分かれ道 ┃ わかれみち　　　　　　　　　　　　　　　　갈림길

人生の分かれ道に立った時、どう決断するかによって、未来が変わっ
<ruby>人生<rt>じんせい</rt></ruby>　<ruby>立<rt>た</rt></ruby>　<ruby>時<rt>とき</rt></ruby>　<ruby>決断<rt>けつだん</rt></ruby>　<ruby>未来<rt>み らい</rt></ruby>　<ruby>変<rt>か</rt></ruby>
てくる。 인생의 갈림길에 섰을 때 어떻게 결단하느냐에 따라 미래가 달라진다.

동사
🎧 10-2.mp3

▌기본 동사

□ 01 飽きる ┃ あきる　　　　　　　　　　　　　　　　　질리다, 싫증나다

毎日食べても飽きない料理なんてあるんでしょうか。
<ruby>毎日<rt>まいにち</rt></ruby> <ruby>食<rt>た</rt></ruby>　<ruby>料理<rt>りょう り</rt></ruby>
매일 먹어도 질리지 않는 요리 같은 것이 있을까요?

□ 02 呆れる ┃ あきれる　　　　　　　　　　　　　　기가 막히다, 어이없다

彼の身勝手な行動に呆れてものが言えない。
<ruby>彼<rt>かれ</rt></ruby> <ruby>身勝手<rt>み が って</rt></ruby> <ruby>行動<rt>こうどう</rt></ruby>　<ruby>言<rt>い</rt></ruby>
그의 제멋대로인 행동에 기가 막혀서 말이 안 나온다.

□ 03 浮かべる ┃ うかべる　　　　　　　　　　　　　　　　　　띄우다

僕のプロポーズに彼女は微笑みを浮かべながら頷いた。
<ruby>僕<rt>ぼく</rt></ruby>　<ruby>彼女<rt>かのじょ</rt></ruby> <ruby>微笑<rt>ほほ え</rt></ruby>　<ruby>頷<rt>うなず</rt></ruby>
나의 프러포즈에 그녀는 미소를 띄우면서 고개를 끄덕였다.

★ □ 04 負う | おう — 짊어지다

肩(かた)に重(おも)い荷物(にもつ)を**負ったまま**歩(ある)いている。
어깨에 무거운 짐을 짊어진 채 걷고 있다.

★ □ 05 惜しむ | おしむ — 아까워하다, 아쉬워하다

本(ほん)の虫(むし)である彼(かれ)は本(ほん)を買(か)う時(とき)だけはお金(かね)を**惜しまない**。
책벌레인 그는 책을 살 때만큼은 돈을 아끼지 않는다.

★★ □ 06 屈める | かがめる — 굽히다

長時間腰(ちょうじかんこし)を**屈めて**作業(さぎょう)したら、腰(こし)が痛(いた)くなった。
장시간 허리를 굽히고 작업했더니 허리가 아파졌다.

★ □ 07 嗅ぐ | かぐ — (냄새 등을) 맡다

野原(のはら)に咲(さ)いた花(はな)の香(かお)りを**嗅ぎながら**散歩(さんぽ)をした。
들판에 핀 꽃향기를 맡으면서 산책을 했다.

★ □ 08 利く | きく — 기능을 발휘하다

犬(いぬ)は鼻(はな)が**利く**代表的(だいひょうてき)な動物(どうぶつ)だ。
개는 냄새를 잘 맡는 대표적인 동물이다.

★ □ 09 擦る | こする — 문지르다, 비비다

あまりにも寒(さむ)くて、両手(りょうて)を**擦って**暖(あたた)めた。
너무나도 추워서 양손을 비벼서 데웠다.

★★ □ 10 拘る | こだわる — 구애받다

小(ちい)さなことに**拘って**いては大(おお)きな仕事(しごと)ができない。
작은 일에 구애받아서는 큰일을 할 수가 없다.

★★★ □ 11 切羽詰る | せっぱつまる — 궁지에 몰리다

切羽詰った時(とき)ほど心(こころ)の余裕(よゆう)が必要(ひつよう)だ。
궁지에 몰렸을 때일수록 마음의 여유가 필요하다.

1순위

★ □ 12 剃る | そる (수염, 머리카락 등을) 밀다

髭(ひげ)を**剃る**のが面倒(めんどう)なので、除毛手術(じょもうしゅじゅつ)を受(う)けることにした。
수염을 깎는 것이 귀찮아서 제모 수술을 받기로 했다.

★★ □ 13 垂らす | たらす (액체 등을) 뚝뚝 떨어뜨리다

徹夜(てつや)して疲(つか)れたのか、昼間(ひるま)からよだれを**垂らして**寝(ね)ている。
밤샘을 해서 피곤했는지 대낮부터 침을 흘리며 자고 있다.

★★ □ 14 照れる | てれる 쑥스러워하다

新婚(しんこん)の山口(やまぐち)さんは周(まわ)りから冷(ひ)やかされて**照れて**いる。
신혼인 야마구치 씨는 주변 사람들로부터 놀림을 받아서 쑥스러워하고 있다.

★ □ 15 閉ざす | とざす 닫다

彼(かれ)は彼女(かのじょ)からの電話(でんわ)に出(で)てから、口(くち)を**閉ざした**まま一言(ひとこと)も口(くち)を利(き)かなかった。
그는 그녀로부터 걸려 온 전화를 받고 나서 입을 꾹 다문 채 한마디도 말을 하지 않았다.

복합동사

★★ □ 01 言い漏らす | いいもらす 할 말을 빠뜨리다

言(い)わなければならないことを**言い漏らした**。
말해야 할 것을 빠뜨리고 말하지 않았다.

★★ □ 02 受け入れる | うけいれる 받아들이다

銀行(ぎんこう)が提示(ていじ)したすべての条件(じょうけん)を**受け入れた**。
은행이 제시한 모든 조건을 받아들였다.

★★ □ 03 打ち合わせる | うちあわせる 사전에 협의하다

打ち合わせた通(とお)りに司会(しかい)を進行(しんこう)してもいいですか。
사전에 협의한 대로 사회를 진행해도 될까요?

☐ 04 気負い立つ | きおいたつ　의욕을 부리다

小説(しょうせつ)を書(か)こうと**気負い立った**が、なかなか思(おも)い通(どお)りには書(か)けなかった。
소설을 쓰려고 의욕을 부렸지만 좀처럼 생각했던 대로는 쓸 수 없었다.

☐ 05 聞き流す | ききながす　흘려듣다

上司(じょうし)の小言(こごと)は**聞き流す**のが一番(いちばん)だ。
상사의 잔소리는 흘려듣는 것이 제일이다.

☐ 06 切り抜ける | きりぬける　헤쳐나가다

今(いま)まで事業(じぎょう)をしながら数多(かずおお)くのピンチを**切り抜けて**きた。
지금까지 사업을 하면서 수많은 위기를 헤쳐 왔다.

☐ 07 切り開く | きりひらく　개척하다

社長(しゃちょう)は新(あたら)しい市場(しじょう)を**切り開く**ことができず、頭(あたま)を抱(かか)えている。
사장은 새로운 시장을 개척하지 못해 고민하고 있다.

☐ 08 取り交わす | とりかわす　주고받다

同好会(どうこうかい)ではお互(たが)いに役(やく)に立(た)つ情報(じょうほう)を**取り交わす**。
동호회에서는 서로 도움이 되는 정보를 주고받는다.

☐ 09 捻じ曲げる | ねじまげる　구부리다, 왜곡하다

絶対(ぜったい)に真実(しんじつ)を**捻じ曲げては**いけない。
절대로 진실을 왜곡해서는 안 된다.

☐ 10 持ち込む | もちこむ　반입하다

館内(かんない)に飲食物(いんしょくぶつ)を**持ち込む**ことは禁(きん)じられている。
관내에 음식물을 반입하는 것은 금지되어 있다.

1순위

형용사

10-3.mp3

い 형용사

★ □ 01 女らしい | おんならしい 여자답다, 여성스럽다

女らしい服装と言えば、ワンピースを思い浮かべる人が多いようだ。
여성스러운 차림새 하면 원피스를 떠올리는 사람이 많은 것 같다.

(반) 男らしい | おとこらしい 남자답다

★ □ 02 格好いい | かっこういい 멋있다

私も芸能人みたいな**格好いい**ヘアスタイルにしてみたい。
나도 연예인 같은 멋있는 헤어스타일로 해 보고 싶다.

(PLUS) 줄여서 かっこいい라고도 한다.

★★ □ 03 我慢強い | がまんづよい 인내심이 강하다

我慢強いところが彼の長所だと思う。
인내심이 강한 것이 그의 장점이라고 생각한다.

★★ □ 04 くどい 장황하다

部長の話はいつも**くどい**ので、部下から嫌がられている。
부장 이야기는 늘 장황해서 부하들이 싫어한다.

★★ □ 05 辛抱強い | しんぼうづよい 참을성이 많다

いい結果が出るまで**辛抱強く**待つつもりだ。
좋은 결과가 나올 때까지 참을성 있게 기다릴 작정이다.

な 형용사

★ □ 01 当たり前 | あたりまえ 당연함

自慢話ばかりすると嫌われてしまうのは**当たり前だ**。
자기 자랑만 늘어놓으면 미움을 받게 되는 것은 당연하다.

□ 02 そっくり　　꼭 닮음

あの男の子は顔といい、声といい、死んだ父親に**そっくりだ**。
저 남자아이는 얼굴도 그렇고 목소리도 그렇고 돌아가신 아버지와 꼭 닮았다.

□ 03 多忙 | たぼう　　다망함(몹시 바쁨)

仕事と結婚の準備で**多忙な**日々を過ごしている。
일과 결혼 준비로 다망한 나날을 보내고 있다.

□ 04 手近 | てぢか　　가까움

手近にある材料を使って人形を作った。
가까이 있는 재료를 써서 인형을 만들었다.

□ 05 必死 | ひっし　　필사적임

彼女は夢を叶えるために**必死に**努力した。
그녀는 꿈을 이루기 위해 필사적으로 노력했다.

부사

10-4.mp3

□ 01 結構 | けっこう　　꽤

山田さんは**結構**料理がうまいと知られている。
야마다 씨는 꽤 요리를 잘한다고 알려져 있다.

□ 02 流石に | さすがに　　역시, 아무리 그래도

焼肉は大好きだが、三日連続で食べると**流石に**飽きる。
고기구이는 대단히 좋아하지만 3일 연속으로 먹으면 역시 질린다.

□ 03 なるべく　　되도록, 가급적

夜遅い時間には**なるべく**食べないようにした方が体にいい。
밤늦은 시간에는 되도록 먹지 않도록 하는 것이 몸에 좋다.

☐ 04 ぴったり 딱, 꼭, 정확히

自分(じぶん)の勉強法(べんきょうほう)に**ぴったり**と合(あ)う教材(きょうざい)が見(み)つからない。

내 공부법과 딱 맞는 교재가 찾아지지 않는다.

☐ 05 割に | わりに ~에 비해, ~치고는

この料理(りょうり)は値段(ねだん)が高(たか)い**割に**おいしくない。

이 요리는 가격이 비싼 것치고는 맛없다.

PLUS 앞에는 동사 · 형용사 · 명사의 연체형(명사 수식형)이 온다.

의성어 · 의태어

☐ 01 かさかさ 수분기가 없이 건조한 모양, 바삭

冬(ふゆ)になると肌(はだ)が**かさかさ**するので、保湿剤(ほしつざい)を塗(ぬ)っている。

겨울이 되면 피부가 바삭 마르기 때문에 보습제를 바르고 있다.

☐ 02 がりがり 몸이 대단히 홀쭉한 모양, 삐쩍삐쩍

子供(こども)たちは栄養(えいよう)が足(た)りないのか、**がりがり**に痩(や)せている。

아이들은 영양이 부족한지 삐쩍 말랐다.

☐ 03 がんがん 큰 소리가 울려 퍼지는 모양

ちゃんとした報告書(ほうこくしょ)を出(だ)さないと、部長(ぶちょう)に**がんがん**怒鳴(どな)られる。

제대로 된 보고서를 내지 않으면 부장님의 불호령이 떨어진다.

☐ 04 つやつや 윤기가 흐르는 모양, 반들반들

彼女(かのじょ)は**つやつや**とした長(なが)い黒髪(くろかみ)をしている。

그녀는 반들반들 윤기가 흐르는 길고 검은 머리를 하고 있다.

☐ 05 とぼとぼ 힘 없이 걷는 모양, 터벅터벅

テストが終(お)わって、**とぼとぼ**歩(ある)いて家(いえ)に帰(かえ)ってきた。

시험이 끝나고 터벅터벅 걸어서 집으로 돌아왔다.

속담·사자성어

☆☆ □ 01 一寸先は闇 | いっすんさきはやみ　한 치 앞은 어둠

一寸先は闇の世(よ)の中(なか)だから、貯金(ちょきん)はしておかないといけない。
한 치 앞을 내다볼 수 없는 세상이니 저금은 해 두어야 한다.

PLUS 앞으로의 일은 내다볼 수 없다는 뜻.

☆☆ □ 02 備えあれば憂いなし | そなえあればうれいなし　유비무환

日本(にほん)は地震(じしん)が多(おお)いから、普段(ふだん)から**備えあれば憂いなし**と肝(きも)に銘(めい)じておいた方(ほう)がいい。 일본은 지진이 많아서 평상시에 유비무환의 정신을 잘 새겨 두는 것이 좋다.

PLUS 준비가 되어 있으면 걱정할 것이 없다는 뜻.

☆☆ □ 03 縦横無尽 | じゅうおうむじん　종횡무진

彼女(かのじょ)は歌手(かしゅ)としてだけではなく、女優(じょゆう)としても**縦横無尽**の活躍(かつやく)をしている。 그녀는 가수로서뿐만 아니라 배우로서도 종횡무진 활약을 하고 있다.

☆☆ □ 04 針小棒大 | しんしょうぼうだい　침소봉대

オーバーな表現(ひょうげん)が好(す)きな彼(かれ)は、いつも**針小棒大**に話(はなし)をする。
과장된 표현을 좋아하는 그는 언제나 침소봉대하여 이야기를 한다.

PLUS 사실을 과장하여 말한다는 뜻.

관용어

☆☆ □ 01 苦言を呈する | くげんをていする　쓴소리를 하다

社長(しゃちょう)は「優秀(ゆうしゅう)な人(ひと)も多(おお)いが、時間(じかん)の概念(がいねん)がない」という**苦言を呈した**。
사장님은 '우수한 사람도 많지만 시간 개념이 없다'는 쓴소리를 했다.

☆☆ □ 02 堰を切る | せきをきる　봇물이 터지다

彼(かれ)はマイクを向(む)けると**堰を切った**ように話(はな)し始(はじ)めた。
그는 마이크를 대자 봇물이 터진 것처럼 이야기하기 시작했다.

PLUS 쌓여 있던 것들이 한번에 쏟아져 나온다는 뜻으로 주로 堰を切ったように(봇물 터진 듯)의 형태로 많이 쓰인다.

□ 03 突拍子もない | とっぴょうしもない　엉뚱하다, 얼토당토않다

息子(むすこ)は歌手(かしゅ)になりたいと、**突拍子もない**ことを言(い)い出(だ)した。
아들은 가수가 되고 싶다며 얼토당토않은 말을 하기 시작했다.

□ 04 難色を示す | なんしょくをしめす　난색을 표하다

労働組合(ろうどうくみあい)のベースアップの要求(ようきゅう)に会社側(かいしゃがわ)は**難色を示した**。
노동조합의 임금 인상 요구에 회사 측은 난색을 표했다.

□ 05 下手の長談義 | へたのながだんぎ　이야기가 어설프고 장황함

課長(かちょう)の**下手の長談義**にはみんなうんざりしている。
과장의 어설프고 장황한 이야기에는 모두 질색하고 있다.

□ 06 的を射る | まとをいる　요점을 잘 포착하다

的を射た話(はなし)には耳(みみ)を傾(かたむ)けなければならない。
요점을 잘 포착한 이야기에는 귀를 기울여야만 한다.

□ 07 埒もない | らちもない　쓸데없다, 실없다

埒もないお世辞(せじ)はもうこれ以上(いじょう)やめてほしい。
쓸데없는 아부는 이제 더 이상 하지 않았으면 한다.

□ 08 喇叭を吹く | らっぱをふく　허풍을 떨다

彼(かれ)は**喇叭を吹く**のがくせだから、適当(てきとう)に聞(き)き流(なが)した方(ほう)がいい。
그는 허풍을 떠는 것이 버릇이라서 적당히 흘려듣는 것이 좋다.

□ 09 理屈を捏ねる | りくつをこねる　핑계를 대다

いつまでも**理屈を捏ねて**ばかりいないで、やることをやりなさい。
언제까지나 핑계만 대고 있지 말고 할 일을 하거라.

□ 10 話頭を転じる | わとうをてんじる　화두를 바꾸다

風向(かざむ)きが悪(わる)いと感(かん)じたのか、彼女(かのじょ)は**話頭を転じた**。
형세가 좋지 않다고 느낀 것인지 그녀는 화두를 바꾸었다.

1 다음 밑줄 친 히라가나에 해당하는 한자를 고르세요.

1. しんしょう棒大　① 針少　② 針小
2. ジャングルをたんけんする。　① 探剣　② 探検
3. 仕事のぐちをこぼす。　① 愚痴　② 愚弄
4. 人権をじゅうりんする。　① 従輪　② 蹂躙
5. しんぼう強い人　① 辛抱　② 辛棒

2 다음 두 문장 중에서 올바른 문장을 고르세요.

1. ① 別れを惜しむ。
   ② 別れを親しむ。
2. ① この靴は私の足にびっくりだ。
   ② この靴は私の足にぴったりだ。
3. ① 元気なく、とぼとぼ歩く。
   ② 元気なく、ぼたぼた歩く。
4. ① 手柄を立てて出世する。
   ② 人柄を立てて出世する。
5. ① 出任せのお茶はまずい。
   ② 出がらしのお茶はまずい。

3 다음 일본어가 설명하고 있는 단어를 고르세요.

1. 変わったものが好きな人

① 横好き　　② 物好き

2. 話が下手な人が長い話をする。

① 下手の長談義　　② 下手の横好き

3. 忍耐力がある。

① 飽きっぽい　　② 我慢強い

4. 相手の言葉を真剣には受け取らず、軽くかわす。

① 聞き流す　　② 聞き返す

5. できる限り

① あいかわらず　　② なるべく

---

1 1.② 2.② 3.① 4.② 5.① **2** 1.① 2.② 3.① 4.① 5.② **3** 1.② 2.① 3.② 4.① 5.②

시험에 많이 나오는

2 어휘 순위

정답률 70%에 도전한다!

튼튼한 기본기를 다지고 난이도가 다소 높은 어휘에서도 절반 정도의 정답률을 유지해야 합니다. 특히 함정 문제에 걸려들지 않도록 꼼꼼하게 어휘를 체크하는 것이 중요합니다.

DAY 11

VOCA Check

나의 어휘 실력은 현재 어느 정도일까?
실전 어휘력 체크!

다음 어휘의 뜻을 써 보세요.

명사

- □01 運輸
- □02 均一
- □03 候補
- □04 境内
- □05 断食
- □06 立腹
- □07 いとま
- □08 年子
- □09 分け隔て

동사

- □10 苛立つ
- □11 承る
- □12 陥る
- □13 どもる
- □14 悩ます
- □15 生み出す
- □16 追い上げる
- □17 ずれ込む
- □18 見送る

형용사

- □19 飽きっぽい
- □20 疎い
- □21 堅苦しい
- □22 詳しい
- □23 尊い
- □24 お洒落
- □25 地味
- □26 平ら
- □27 手頃

부사·의성어·의태어

- □28 がっかり
- □29 ぐっすり
- □30 近々
- □31 できるだけ
- □32 ゆったり
- □33 きょろきょろ
- □34 むずむず
- □35 よたよた
- □36 よろよろ

속담·사자성어·관용어

- □37 餅は餅屋
- □38 無病息災
- □39 お茶を濁す
- □40 体を成す

- **정답 개수 01~10개** **당신은 초급자!** 산 넘어 산이네요! 정독하여 반드시 어휘 정복합시다!
- **정답 개수 11~20개** **당신은 초중급자!** 이제 걸음마 뗀 수준? 좀 더 노력하여 수준급으로 Go!
- **정답 개수 21~30개** **당신은 중급자!** 조금만 더 열심히 하면, 상급자까지 얼마 안 남았어요!
- **정답 개수 31~40개** **당신은 거의 상급자 수준?!** 방심은 금물! 100% 완벽에 도전합시다!

DAY 11

명사

11_1.mp3

기본 한자어

□ 01	委託	いたく	위탁
□ 02	運輸	うんゆ	운수
□ 03	宴会	えんかい	연회
□ 04	開催	かいさい	개최
□ 05	各自	かくじ	각자
□ 06	各種	かくしゅ	각종
□ 07	幹部	かんぶ	간부
□ 08	均一	きんいつ	균일
□ 09	契機	けいき	계기
□ 10	厳守	げんしゅ	엄수
□ 11	原点	げんてん	원점
□ 12	交渉	こうしょう	교섭
□ 13	候補	こうほ	후보
□ 14	再建	さいけん	재건
□ 15	従事	じゅうじ	종사
□ 16	祝賀	しゅくが	축하
□ 17	縮小	しゅくしょう	축소
□ 18	趣旨	しゅし	취지
□ 19	狩猟	しゅりょう	수렵
□ 20	賞品	しょうひん	상품
□ 21	除名	じょめい	제명
□ 22	選考	せんこう	선고
□ 23	総合	そうごう	종합
□ 24	抽選	ちゅうせん	추첨
□ 25	沈滞	ちんたい	침체
□ 26	配布	はいふ	배포

읽기에 주의해야 할 음독 한자어

☐ 01 境内 | けいだい — 경내(절이나 신사 등의 부지 안)

子供の頃はお寺の**境内**でよく遊んだ。
어렸을 때는 절 경내에서 자주 놀았다.

☐ 02 最中 | さなか — 한창

これは第２次世界大戦の**最中**に建てられた教会だ。
이것은 제2차 세계대전이 한창일 때 세워진 교회이다.

☐ 03 餞別 | せんべつ — (멀리 떠나는 사람에게 보내는) 작별 선물

支店に転勤になった同僚に**餞別**を贈った。
지점으로 전근을 가게 된 동료에게 작별 선물을 보냈다.

☐ 04 拿捕 | だほ — 나포(자국의 영해를 침범한 선박을 붙잡아 두는 것)

中国船の乗組員がインドネシアに**拿捕**された。
중국 선박의 선원이 인도네시아에 나포되었다.

☐ 05 断食 | だんじき — 단식

一週間くらい**断食**をしようと決心したが、4日目で挫折してしまった。
일주일 정도 단식을 하려고 결심했지만 4일 차에 좌절하고 말았다.

☐ 06 通夜 | つや — 경야(초상집에서 밤을 새는 일)

友人のお母さんのお**通夜**に参列してきた。
친구 어머니의 경야에 참석하고 왔다.

☐ 07 恫喝 | どうかつ — 공갈, 협박

国会議員の**恫喝**発言が問題となって大騒ぎだ。
국회의원의 공갈 발언이 문제가 되어 난리이다.

☐ 08 腐心 | ふしん — 부심, 고심

10年前、父は工場の不況を乗り切るために日夜**腐心**していた。
10년 전 아버지는 공장의 불황을 극복하기 위해 밤낮없이 부심했다.

★★ □ 09 **満載** | まんさい　가득함

この島(しま)は小(ちい)さいながらも見所(みどころ)が**満載**の観光地(かんこうち)である。
이 섬은 작지만 볼거리가 가득한 관광지이다.

★★ □ 10 **立腹** | りっぷく　화를 냄

記者(きしゃ)の態度(たいど)に**立腹**した彼(かれ)は、質問(しつもん)にも答(こた)えずに退場(たいじょう)した。
기자의 태도에 화를 낸 그는 질문에도 답하지 않고 퇴장했다.

고유어

★ □ 01 **仇** | あだ　원수

恩(おん)を**仇**で返(かえ)すような態度(たいど)は絶対(ぜったい)に許(ゆる)せない。
은혜를 원수로 갚는 격의 태도는 절대로 용서할 수 없다.

★★ □ 02 **息抜き** | いきぬき　잠시 쉼, 기분 전환

たまには**息抜き**で旅行(りょこう)にでも行(い)きたくなる。
가끔은 기분 전환으로 여행이라도 가고 싶어진다.

★★ □ 03 **いとま**　틈

出張(しゅっちょう)から帰(かえ)ってきて、休(やす)む**いとま**もなく会議(かいぎ)に参加(さんか)した。
출장에서 돌아와서 쉴 틈도 없이 회의에 참가했다.

★ □ 04 **お人好し** | おひとよし　사람이 좋음

親(した)しくもない人(ひと)にお金(かね)を貸(か)すなんて、**お人好し**もいい加減(かげん)にしなさい。
친하지도 않은 사람에게 돈을 빌려주다니 사람이 좋아도 적당히 좋아야지.

PLUS 다른 사람의 말을 의심 없이 잘 받아들이거나 부탁을 잘 들어주는 사람에게 쓰는 경우가 많다.

★ □ 05 **怖がり屋** | こわがりや　겁이 많은 사람

彼(かれ)はとても**怖がり屋**で、ホラー映画(えいが)は絶対(ぜったい)に見(み)ない。
그는 매우 겁이 많은 사람이라서 공포 영화는 절대로 보지 않는다.

☐ 06 幸 | さち 행복, 행운 / 산이나 바다에서 나는 먹거리

ここは四季を通じて海の**幸**が楽しめる最高の観光地だ。
여기는 사계절 내내 바다에서 나는 먹거리를 즐길 수 있는 최고의 관광지이다.

☐ 07 滑り出し | すべりだし 첫출발, 시작

不安な気持ちで始めた事業だったが、思いの外、**滑り出し**は順調だ。
불안한 마음으로 시작한 사업이었지만 생각 외로 첫출발은 순조로웠다.

☐ 08 年子 | としご 연년생

姉と私は**年子**なので、母は育児に大忙しだったと言っていたことがある。
언니와 나는 연년생이어서 어머니는 육아 때문에 엄청나게 바빴다고 말한 적이 있다.

☐ 09 寝袋 | ねぶくろ 침낭

寝袋の中は思ったより温かくて気持ちよかった。
침낭 안은 생각했던 것보다 따뜻해서 기분이 좋았다.

☐ 10 根回し | ねまわし 일이 잘 진행되도록 관계자에게 미리 양해를 구함

根回しがうまい人ほど、仕事がよくできるという。
사전 조정을 잘하는 사람일수록 일을 잘한다고 한다.

☐ 11 弾み | はずみ 어떤 일을 추진할 때의 기세, 탄력

スピーチ大会で受賞したことが英語の勉強の**弾み**になった。
말하기 대회에서 상을 받은 것이 영어 공부에 기세를 더했다.

☐ 12 花輪 | はなわ 화환

友人の開店祝いに**花輪**を贈った。
친구의 개점을 축하하기 위해 화환을 보냈다.

☐ 13 一味 | ひとあじ 보통과는 다른 특이한 맛

この店のスパゲッティは、なにか**一味**違っておいしい。
이 가게의 스파게티는 어딘가 색다른 맛이 있어서 맛있다.

PLUS 주로 一味違う(색다르다, 독특하다)의 형태로 쓰인다.

2순위

☐ 14 ほとぼり　　고양되었던 감정의 여운

彼女(かのじょ)との喧嘩(けんか)の**ほとぼり**が冷(さ)めるまでしばらく連絡(れんらく)しないことにした。

그녀와의 싸움의 흥분이 가라앉을 때까지 당분간 연락하지 않기로 했다.

☐ 15 分け隔て | わけへだて　　사람에 따라 다르게 대함, 구별, 차별

誰(だれ)とでも**分け隔て**なく付(つ)き合(あ)うことは思(おも)ったより難(むずか)しい。

누구에게나 같은 태도로 대하며 사람을 사귀는 것은 생각보다 어렵다.

동사

11-2.mp3

기본 동사

☐ 01 憧れる | あこがれる　　동경하다

うちの姉(あね)は小(ちい)さい頃(ころ)からずっと看護師(かんごし)に**憧れて**きた。

우리 언니는 어렸을 때부터 줄곧 간호사를 동경해 왔다.

☐ 02 苛立つ | いらだつ　　초조해하다, 신경이 곤두서다

最近(さいきん)、会社(かいしゃ)での人事異動(じんじいどう)で何(なに)かと**苛立つ**ことが多(おお)くなってきた。

요즘 회사에서의 인사이동 때문에 매사에 신경이 곤두서는 일이 많아지게 되었다.

☐ 03 承る | うけたまわる　　듣다 / (일 등을) 맡다

例(れい)の契約(けいやく)の件(けん)でしたら、先日(せんじつ)**承って**おります。

이전 계약에 관한 건이라면 지난번에 들었습니다.

PLUS 「聞(き)く」「引(ひ)き受(う)ける」 등의 겸양 표현이다.

☐ 04 埋める | うずめる　　파묻다

彼女(かのじょ)は僕(ぼく)に抱(だ)かれたまま、顔(かお)を**埋めて**泣(な)いていた。

그녀는 나에게 안긴 채 얼굴을 파묻고 울고 있었다.

☐ 05 恐れる | おそれる　　두려워하다

最(もっと)も**恐れて**いた事態(じたい)が起(お)こってしまった。

가장 두려워하던 사태가 일어나고 말았다.

□ 06 陥る | おちいる 빠지다

自己嫌悪に**陥って**いるのはとても危険なことだ。
자기혐오에 빠져 있는 것은 매우 위험한 일이다.

□ 07 語る | かたる 말하다, 이야기하다

この頃、人生や恋愛について**語る**トーク番組が人気だ。
요즘 인생과 연애에 대해 이야기하는 토크 방송이 인기이다.

□ 08 濾す・漉す | こす 거르다

網目の細かいフィルターや濾紙で**濾して**コーヒーを淹れる。
틈이 촘촘한 필터나 여과지로 걸러서 커피를 내린다.

□ 09 囁く | ささやく 속삭이다

大きな声では言えないことなので、耳元で**囁いた**。
큰 소리로는 할 수 없는 말이어서 귓가에 속삭였다.

□ 10 静める | しずめる 진정시키다, 조용하게 하다

校長先生が朝礼でざわめく生徒たちを一喝して**静めた**。
교장 선생님이 조회에서 떠드는 학생들에게 크게 소리를 질러 조용하게 만들었다.

PLUS 静まる | しずまる 잠잠해지다, 조용해지다

□ 11 存じる | ぞんじる 알다(知るの 겸양어)

その方のお名前なら、私も以前から**存じて**おります。
그분의 성함이라면 저도 이전부터 알고 있습니다.

□ 12 どもる 말을 더듬다

スピーチのときに緊張のあまり、**どもって**しまった。
연설할 때 긴장한 나머지 말을 더듬고 말았다.

□ 13 慰める | なぐさめる 위로하다

婚約を解消された友達を**慰める**のは容易ではないことだ。
파혼을 당한 친구를 위로하는 것은 쉽지 않은 일이다.

★★ □ 14 **悩ます** | なやます 괴롭히다

こうじょう そうおん じゅうみん た あ
工場の騒音に**悩まされて**いた住民たちがとうとう立ち上がった。

공장 소음에 시달려 온 주민들이 드디어 들고일어났다.

★★ □ 15 **春めく** | はるめく 봄다워지다

がつ はい だんだんてんき
3月に入ってから、段々天気が**春めいて**きた。

3월에 들어서부터 점점 날씨가 봄다워졌다.

PLUS 春(はる) 뒤에 めく(~다워지다)가 결합한 동사로 春めく 외에도 夏(なつ)めく(여름다워지다), 秋(あき)めく(가을다워지다), 冬(ふゆ)めく(겨울다워지다) 등이 있다.

복합동사

★ □ 01 **言い換える** | いいかえる 바꿔 말하다

がいらいご じゅんすい にほんご
外来語を純粋な日本語に**言い換える**。

외래어를 순수한 일본어로 바꿔 말하다.

★ □ 02 **生み出す・産み出す** | うみだす 만들어 내다, 창출하다

しょうひん しょくにん わざ
この商品は職人の技が**生み出した**ものだ。

이 상품은 장인의 기술로 만들어 낸 것이다.

★★ □ 03 **売り込む** | うりこむ 판로를 넓히다, 물건을 팔다

わ しゃ かいがい しんせいひん せんりゃく た
我が社は海外に新製品を**売り込む**ための戦略を立てている。

우리 회사는 해외에 신제품을 팔기 위한 전략을 세우고 있다.

★★★ □ 04 **追い上げる** | おいあげる 바싹 뒤쫓다

ぎょうかい い かいしゃ い かいしゃ
業界2位の会社が1位の会社を**追い上げて**いる。

업계 2위인 회사가 1위인 회사를 바싹 뒤쫓고 있다.

★★★ □ 05 **ずれ込む** | ずれこむ 미루어지다, 늦추어지다

えんだか えいきょう しんしょうひんかいはつ じき
円高の影響で、新商品開発の時期が**ずれ込んだ**。

엔고의 영향으로 신상품 개발 시기가 늦추어졌다.

★★ □ 06 **注ぎ込む** | つぎこむ (돈이나 물자 등을) 투입하다

莫大(ばくだい)な予算(よさん)を**注ぎ込んで**新製品(しんせいひん)を開発(かいはつ)した。
막대한 예산을 쏟아부어 신제품을 개발했다.

★★ □ 07 **成り立つ** | なりたつ 성립하다 / (사업 등이) 유지되다

不況(ふきょう)で、会社(かいしゃ)の経営(けいえい)が**成り立たなく**なった。
불황으로 회사 경영이 유지되지 않게 되었다.

★★★ □ 08 **張り上げる** | はりあげる 소리를 크게 내다

候補者(こうほしゃ)たちは声(こえ)を**張り上げて**市民(しみん)に向(む)かって演説(えんぜつ)をした。
후보자들은 큰 소리로 시민들을 향해 연설을 했다.

PLUS 주로 声(こえ)を張り上げる(목소리를 높이다)의 형태로 쓰이는 경우가 많다.

2순위

★★ □ 09 **張り替える** | はりかえる (낡은 것을 떼어 내고 새것을) 붙이다, 바르다

ふすまを**張り替えたら**、部屋(へや)がすっかり明(あか)るくなった。
맹장지를 새로 발랐더니 방이 전체적으로 환해졌다.

★★ □ 10 **見送る** | みおくる 배웅하다 / 보류하다

故郷(こきょう)に帰(かえ)る両親(りょうしん)を駅(えき)まで**見送った**。
고향으로 가시는 부모님을 역까지 배웅했다.

형용사

11-3.mp3

い 형용사

★ □ 01 **飽きっぽい** | あきっぽい 곧잘 싫증을 내다

飽きっぽい性格(せいかく)の彼女(かのじょ)が彼(かれ)と1年(ねん)も付(つ)き合(あ)っているなんて、信(しん)じられない。
곧잘 싫증을 내는 성격의 그녀가 그와 1년이나 사귀고 있다니 믿을 수가 없다.

★★ □ 02 疎い | うとい (주로 앞에 に를 동반하여) ~에 어둡다

彼(かれ)は経済問題(けいざいもんだい)だけではなく、社会常識(しゃかいじょうしき)にも**疎い**。

그는 경제 문제뿐만 아니라 사회 상식에도 어둡다.

★★ □ 03 堅苦しい | かたくるしい 격식에 치우쳐 딱딱하다

堅苦しい挨拶(あいさつ)は抜(ぬ)きにしましょう。

딱딱한 인사는 빼기로 합시다.

★ □ 04 詳しい | くわしい 자세하다

詳しい情報(じょうほう)についてはホームページを見(み)てください。

자세한 정보는 홈페이지를 봐 주세요.

★★ □ 05 尊い | たっとい・とうとい 고귀하다

この学校(がっこう)は孔子(こうし)の**尊い**教(おし)えが教育理念(きょういくりねん)の基本(きほん)となっている。

이 학교는 공자의 고귀한 가르침이 교육 이념의 기본으로 되어 있다.

な 형용사

★★ □ 01 お洒落 | おしゃれ 세련됨 / 차려입음

今日(きょう)はデートの約束(やくそく)があるので、**お洒落な**服(ふく)を着(き)て出(で)かけた。

오늘은 데이트 약속이 있어서 옷을 예쁘게 차려입고 나갔다.

★★ □ 02 地味 | じみ 수수함

この服(ふく)はパーティーに着(き)ていくには、ちょっと**地味すぎる**。

이 옷은 파티에 입고 가기에는 너무 수수하다.

★ □ 03 平ら | たいら 평평함

川辺(かわべ)の道(みち)は**平らで**自転車(じてんしゃ)に乗(の)るには最適(さいてき)だ。

강변의 길은 평평해서 자전거를 타기에는 최적이다.

☐ 04 手頃 | てごろ 적당함, 딱 맞음

手頃な部屋が見つからなかったら、他の不動産屋に行けばいい。
딱 맞는 방을 못 구하면 다른 부동산 중개소로 가면 된다.

☐ 05 平凡 | へいぼん 평범함

平凡だが、毎日幸せに暮らしている。
평범하지만 매일 행복하게 지내고 있다.

부사

11-4.mp3

2 순위

☐ 01 がっかり 실망함

落選して**がっかり**した候補者の顔が印象的だった。
낙선하여 실망한 후보자의 얼굴이 인상적이었다.

☐ 02 ぐっすり 편히 쉬는 모양, 푹

ぐっすり眠るためのいろいろなグッズが売り出されている。
푹 잠들기 위한 여러 가지 상품이 판매되고 있다.

☐ 03 近々 | ちかぢか 머지않아, 조만간

近々、会社で重大な発表があるらしい。
조만간 회사에서 중대한 발표가 있다고 한다.

☐ 04 できるだけ 가급적, 가능한

できるだけ早くこの仕事を全部終えたい。
가능한 빨리 이 일을 모두 끝내고 싶다.

☐ 05 ゆったり 여유가 있는 모양, 넉넉히, 느긋이

この車は**ゆったり**とした空間が自慢の新型車だ。
이 차는 넉넉한 공간이 자랑거리인 신형 차이다.

의성어·의태어

★★★ □01 **きょろきょろ** 여기저기 두리번거리는 모양

初めての遊園地に息子は**きょろきょろ**とあたりを見回していた。

처음으로 유원지에 온 아들은 두리번거리며 주변을 둘러보고 있었다.

★★ □02 **すぱすぱ** 계속해서 담배를 피워대는 모양, 뻐끔뻐끔

彼は人前でも気にせずに、タバコを**すぱすぱ**吸っている。

그는 사람들 앞에서도 신경 쓰지 않고 담배를 뻐끔뻐끔 피우고 있다.

★★ □03 **むずむず** 피부나 점막 등이 간질거리는 느낌, 근질근질

春になると、花粉症のせいで目がかゆくなったり鼻が**むずむず**したりする。

봄이 되면 꽃가루 알레르기 때문에 눈이 가려워지기도 하고 코가 근질거리기도 한다.

★★ □04 **よたよた** 다리에 힘이 없어 걸음걸이가 불안한 모양, 비틀비틀

あの老人はよほど疲れているのか、足取りが**よたよた**している。

저 노인은 어지간히 지쳐 있는지 비틀비틀 걷고 있다.

★★ □05 **よろよろ** 몸의 균형을 잡지 못해 금방이라도 넘어질 듯 걷는 모양, 비틀비틀

深夜の駅前では酔っ払った人たちが**よろよろ**歩く姿が目につく。

심야의 역 앞에서는 술에 취한 사람들이 비틀비틀 걷는 모습이 눈에 띈다.

속담·사자성어

★ □01 **逃げるが勝ち | にげるがかち** 도망치는 것이 이기는 것이다

逃げるが勝ちというくらいだから、これ以上言い争いをするのはやめておこう。

참는 자가 이긴다는 말이 있으니 더 이상 말다툼하는 것은 그만하도록 하자.

동 負けるが勝ち | まけるがかち 지는 것이 이기는 것이다

PLUS 한국어의 '참는 자가 이긴다'에 해당한다.

☐ 02 餅は餅屋 | もちはもちや 떡은 떡집에 맡겨라

餅は餅屋だから、自分で直そうとしないで専門業者に頼んだ方がいいよ。
떡은 떡집에 맡기라는 말이 있듯이 네가 고치려고 하지 말고 전문업자에게 맡기는 게 좋을 거야.

PLUS 일은 그 분야의 전문가에게 맡기는 것이 좋다는 뜻.

☐ 03 電光石火 | でんこうせっか 전광석화

彼は試合開始直後、**電光石火**のごとくシュートを決めた。
그는 시합 개시 직후 전광석화처럼 골을 넣었다.

PLUS 번갯불이나 부싯돌의 불이 번쩍거리듯이 매우 빠르다는 뜻.

☐ 04 無病息災 | むびょうそくさい 병에 걸리지 않고 건강함

初詣で家族の**無病息災**を祈願した。
새해 첫 신사 참배에서 가족이 아프지 않고 건강하기를 기원했다.

2순위

관용어

☐ 01 悪態をつく | あくたいをつく 면전에 대고 욕을 하다

酔っ払いに**悪態をつかれて**、思わず喧嘩になるところだった。
술에 취한 사람이 욕을 해서 하마터면 싸움이 날 뻔했다.

☐ 02 お茶を濁す | おちゃをにごす 얼버무리다

詳しく説明してくれと言われたが、適当に**お茶を濁した**。
자세히 설명해 달라는 말을 들었지만 적당히 얼버무렸다.

☐ 03 簡にして要を得る | かんにしてようをえる 간단하지만 요점이 있다

体裁は見やすく、内容は**簡にして要を得て**いる。
형식은 보기 쉽고 내용은 간단하지만 요점이 있다.

★★★ □ 04 **行間を読む | ぎょうかんをよむ** 행간을 읽다, 속뜻을 파악하다

この作家(さっか)の長編(ちょうへん)には**行間を読む**醍醐味(だいごみ)がある。
이 작가의 장편에는 행간을 읽는 재미가 있다.

★★ □ 05 **虚を衝く | きょをつく** 허를 찌르다

予想(よそう)もしなかった質問(しつもん)に、**虚を衝かれた**思(おも)いだった。
예상치 못한 질문에 허를 찔린 기분이었다.

★★ □ 06 **地団太を踏む | じだんだをふむ** 화가 나거나 답답하여 발을 구르다

あと1点(てん)で決勝進出(けっしょうしんしゅつ)だったのに、と**地団太を踏んだ**。
1점만 더 냈으면 결승 진출이었는데 하며 (아쉬움에) 발을 굴렀다.

★★ □ 07 **隅に置けない | すみにおけない** 보통내기가 아니다

彼(かれ)は普段(ふだん)はおとなしいが、ここぞという時(とき)には本領(ほんりょう)を発揮(はっき)してくれるので**隅に置けない**。
그는 평상시에는 얌전한데 이때다 싶을 때는 본실력을 발휘해 주기 때문에 무시할 수 없다.

PLUS 의외로 실력이나 능력이 있어 무시할 수 없다는 뜻으로 쓰인다.

★★ □ 08 **体を成す | たいをなす** 형태를 이루다, 체계를 잡다

まったく**体を成して**いない論文(ろんぶん)は決(けっ)して認(みと)められない。
전혀 체계가 잡혀 있지 않은 논문은 결코 인정할 수 없다.

★★ □ 09 **盗人猛々しい | ぬすっとたけだけしい** 적반하장이다

悪徳商法(あくとくしょうほう)の首謀者(しゅぼうしゃ)は記者会見(きしゃかいけん)で、謝罪(しゃざい)するどころか激高(げきこう)した。**盗人猛々しい**にもほどがある。
악덕상법 주모자는 기자 회견에서 사죄는커녕 버럭 화를 냈다. 적반하장도 유분수다.

★★★ □ 10 **箔がつく | はくがつく** 가치가 올라가다

博士号(はくしごう)を取得(しゅとく)して少(すこ)しは**箔が付いた**と思(おも)いきや、やはり就職(しゅうしょく)は厳(きび)しかった。
박사 학위를 취득하여 조금은 몸값이 올라갔다고 생각했는데 역시 취직은 쉽지 않았다.

1 다음 밑줄 친 히라가나에 해당하는 한자를 고르세요.

1. コンテストのせんこう委員になった。 ① 先考 ② 選考
2. 会社の幹部こうほになる。 ① 後補 ② 候補
3. 販売を外部業者にいたくする。 ① 委託 ② 委宅
4. おしゃれをしてデートに出掛ける。 ① お洒落 ② お洒麗
5. でんこうせっかの早業 ① 電光石華 ② 電光石火

2 다음 두 문장 중에서 올바른 문장을 고르세요.

1. ① くやしい情報については、ホームページを見てください。
   ② くわしい情報については、ホームページを見てください。

2. ① 彼は経済問題にはとうとい。
   ② 彼は経済問題にはうとい。

3. ① 期待はずれの映画にがっかりした。
   ② 期待はずれの映画にうっかりした。

4. ① 酔っ払ってにょろにょろ歩く。
   ② 酔っ払ってよろよろ歩く。

5. ① 息抜きで日帰り旅行に行ってきた。
   ② 息切れで日帰り旅行に行ってきた。

3 다음 일본어가 설명하고 있는 단어를 고르세요.

1. 人々がいっしょに食事や酒、歌などを楽しむ集まり

① 宴会　　② 展覧会

2. くじ引きなどで人を選ぶ。

① 予選　　② 抽選

3. 指示や命令について、謹んで受ける。

① 致す　　② 承る

4. いいかげんなことを言ってその場をごまかす。

① お茶を濁す　　② お茶を入れる

5. 条件などが適当だ。

① 手品　　② 手頃

1 1.② 2.② 3.① 4.① 5.② **2** 1.② 2.② 3.① 4.② 5.① **3** 1.① 2.② 3.② 4.① 5.②

DAY 12

VOCA Check

나의 어휘 실력은 현재 어느 정도일까?
실전 어휘력 체크!

다음 어휘의 뜻을 써 보세요.

명사

□01 横領 ....
□02 権限 ....
□03 評判 ....
□04 下馬評 ....
□05 察知 ....
□06 手数 ....
□07 後釜 ....
□08 駆け出し ....
□09 皮切り ....

동사

□10 挑む ....
□11 逸らす ....
□12 保つ ....
□13 呟く ....
□14 とぼける ....
□15 買い替える ....
□16 貸し切る ....
□17 切り上げる ....
□18 つなぎ止める ....

형용사

□19 著しい ....
□20 仰々しい ....
□21 騒がしい ....
□22 度し難い ....
□23 名高い ....
□24 潤沢 ....
□25 強気 ....
□26 丁寧 ....
□27 滑らか ....

부사·의성어·의태어

□28 頭から ....
□29 強ち ....
□30 折り入って ....
□31 力一杯 ....
□32 さばさば ....
□33 ぱっちり ....
□34 はればれ ....
□35 むかむか ....
□36 もやもや ....

속담·사자성어·관용어

□37 窮鼠猫を噛む ....
□38 正真正銘 ....
□39 非の打ち所がない ....
□40 火花を散らす ....

- **정답 개수 01~10개** ▶ **당신은 초급자!** 산 넘어 산이네요! 정독하여 반드시 어휘 정복합시다!
- **정답 개수 11~20개** ▶ **당신은 초중급자!** 이제 걸음마 뗀 수준? 좀 더 노력하여 수준급으로 Go!
- **정답 개수 21~30개** ▶ **당신은 중급자!** 조금만 더 열심히 하면, 상급자까지 얼마 안 남았어요!
- **정답 개수 31~40개** ▶ **당신은 거의 상급자 수준?!** 방심은 금물! 100% 완벽에 도전합시다!

DAY 12

명사

12-1.mp3

기본 한자어

□ 01 安堵 | あんど	안도
□ 02 横領 | おうりょう	횡령
□ 03 改定 | かいてい	개정
□ 04 簡易 | かんい	간이
□ 05 間隔 | かんかく	간격
□ 06 規定 | きてい	규정
□ 07 景品 | けいひん	경품
□ 08 権限 | けんげん	권한
□ 09 研修 | けんしゅう	연수
□ 10 広報 | こうほう	홍보
□ 11 持参 | じさん	지참
□ 12 釈放 | しゃくほう	석방
□ 13 所得 | しょとく	소득
□ 14 促進 | そくしん	촉진
□ 15 段階 | だんかい	단계
□ 16 超過 | ちょうか	초과
□ 17 能率 | のうりつ	능률
□ 18 評判 | ひょうばん	평판
□ 19 保安 | ほあん	보안
□ 20 妨害 | ぼうがい	방해
□ 21 命令 | めいれい	명령
□ 22 役所 | やくしょ	관청
□ 23 養成 | ようせい	양성
□ 24 要望 | ようぼう	요망
□ 25 要領 | ようりょう	요령
□ 26 露出 | ろしゅつ	노출

읽기에 주의해야 할 음독 한자어

★★ □ 01 暗転 | あんてん 사태가 나쁜 쪽으로 기욺

急激(きゅうげき)な円高(えんだか)の影響(えいきょう)で、黒字化(くろじか)の計画(けいかく)は**暗転**した。
급격한 엔고의 영향으로 흑자화 계획에 먹구름이 끼었다.

(반) 好転 | こうてん 호전

★★ □ 02 横転 | おうてん 옆으로 넘어짐

強風(きょうふう)のためにトラックが**横転**するという事故(じこ)が起(お)きた。
강풍 때문에 트럭이 옆으로 쓰러지는 사고가 일어났다.

★★ □ 03 闊歩 | かっぽ 활보

中生代(ちゅうせいだい)には恐竜(きょうりゅう)たちが地球(ちきゅう)を**闊歩**していた。
중생대에는 공룡들이 지구를 활보하고 있었다.

★★★ □ 04 下馬評 | げばひょう (세간에 떠도는) 소문, 평가

下馬評通(どお)りなら、この大会(たいかい)の優勝(ゆうしょう)はあのチームだろう。
세간의 평가대로라면 이 대회의 우승은 저 팀일 것이다.

★★ □ 05 ご無沙汰 | ごぶさた 격조함 / 관심을 갖지 않음

あまりにも忙(いそが)しくて運動(うんどう)とはすっかり**ご無沙汰**している。
너무나도 바빠서 운동과는 완전히 담을 쌓고 있다.

★★ □ 06 錯綜 | さくそう 복잡하게 뒤얽힘

情報(じょうほう)が**錯綜**していて、邦人被害者(ほうじんひがいしゃ)の有無(うむ)を確認(かくにん)することができない。
정보가 복잡하게 뒤얽혀 있어 일본인 피해자의 유무를 확인할 수 없다.

★★ □ 07 察知 | さっち 알아차림

カメラマンは危険(きけん)を**察知**して一目散(いちもくさん)に逃(に)げた。
카메라맨은 위험을 알아차리고 쏜살같이 달아났다.

★★ □ 08 手数 | てすう 수고, 번거로움

お**手数**ですが、どうぞよろしくお願(ねが)いいたします。
번거로우시겠지만 아무쪼록 잘 부탁드립니다.

★ □ 09 別世界 | べっせかい 별천지, 신세계

転職(てんしょく)した先(さき)はまるで**別世界**のような仕事場(しごとば)だった。

이직한 곳은 마치 별천지와 같은 직장이었다.

★★ □ 10 遊説 | ゆうぜい 유세

政治家(せいじか)が全国各地(ぜんこくかくち)で**遊説**をしている。

정치가가 전국 각지에서 유세를 하고 있다.

고유어

★ □ 01 厚着 | あつぎ 옷을 두껍게 입음

寒(さむ)がりなので、冬(ふゆ)になるといつも**厚着**をする。

추위를 잘 타기 때문에 겨울이 되면 항상 옷을 두껍게 입는다.

반 薄着 | うすぎ 옷을 얇게 입음

★★ □ 02 後釜 | あとがま 후임

突然(とつぜん)、転職(てんしょく)した課長(かちょう)の**後釜**に座(すわ)ることになった。

갑자기 이직한 과장의 후임으로 앉게 되었다.

★ □ 03 薄手 | うすで 얇음

桜(さくら)が咲(さ)き始(はじ)めたとはいえ、**薄手**のカーディガンだけではまだ寒(さむ)い。

벚꽃이 피기 시작했다고는 하지만 얇은 카디건만으로는 아직 춥다.

반 厚手 | あつで 두툼함

★★★ □ 04 顔負け | かおまけ 무색하게 함, 뺨침

まだ小学生(しょうがくせい)なのに、プロ**顔負け**の歌唱力(かしょうりょく)で聴衆(ちょうしゅう)を魅了(みりょう)した。

아직 초등학생인데 프로 뺨치는 가창력으로 청중을 매료했다.

PLUS 주로 프로나 전문가를 나타내는 말 뒤에 붙어 그 사람들 못지않게 훌륭하다는 뜻으로 쓰인다.

★★★ □ 05 駆け出し | かけだし 신출내기

彼(かれ)も10年前(ねんまえ)はまだ**駆け出し**の新聞記者(しんぶんきしゃ)だった。

그도 10년 전에는 아직 신출내기 신문 기자였다.

□ 06 風通し | かぜとおし　조직 내의 의사소통

うちの会社(かいしゃ)は人(ひと)からは**風通し**のいい会社(かいしゃ)と言(い)われている。
우리 회사는 남들로부터는 사내 의사소통이 잘되는 회사라는 말을 듣고 있다.

□ 07 皮切り | かわきり　시작

人気(にんき)ロックグループが東京公演(とうきょうこうえん)を**皮切り**に全国(ぜんこく)ツアーを行(おこな)う。
인기 록 그룹이 도쿄 공연을 시작으로 전국 투어를 한다.

PLUS 주로 ～を皮切りに(~을 시작으로)의 형태로 쓰이는 경우가 많다.

□ 08 下取り | したどり　보상 판매

もう乗(の)らなくなったバイクを業者(ぎょうしゃ)に**下取り**してもらった。
이제 타지 않게 된 자전거를 업자가 보상 판매해 주었다.

□ 09 棚卸し | たなおろし　재고 조사

本日(ほんじつ)は**棚卸し**のため、休業(きゅうぎょう)いたします。
오늘은 재고 조사 때문에 휴업합니다.

□ 10 千鳥足 | ちどりあし　갈지자걸음

忘年会(ぼうねんかい)のシーズンになると**千鳥足**で家路(いえじ)につくサラリーマンたちが多(おお)くなる。 송년회 시즌이 되면 갈지자걸음으로 귀갓길에 오르는 샐러리맨들이 많아진다.

PLUS 千鳥는 '물떼새'라는 뜻으로 술에 취한 사람 등의 불안정한 걸음걸이를 물떼새의 걸음걸이에 비유한 표현.

□ 11 早い者勝ち | はやいものがち　먼저 갖는 사람이 임자

バーゲン売(う)り場(ば)は**早い者勝ち**の世界(せかい)だ。
할인 매장은 먼저 갖는 사람이 임자인 세계이다.

□ 12 引き付け | ひきつけ　경련

子供(こども)が**引き付け**を起(お)こす場合(ばあい)には、いろいろな原因(げんいん)が考(かんが)えられる。
아이가 경련을 일으킬 경우에는 여러 가지 원인을 생각해 볼 수 있다.

□ 13 振り出し | ふりだし　시작, 원점

振り出しに戻(もど)って、最初(さいしょ)からやり直(なお)しましょう。
원점으로 돌아가서 처음부터 다시 시작합시다.

2순위

□ 14 目白押し ｜ めじろおし　　　　　　　　　　　　　　빼곡하게 줄지어 있음

かいこう　しゅうねん き ねん　　　　　　　　　　　　　　ゆうめいじん　とくべつこう ぎ　　ぎ かく
開校60周年記念のイベントが**目白押し**で、有名人の特別講義も企画さ
れている。 개교 60주년 기념 이벤트가 준비되어 있고 유명인의 특별 강의도 기획되어 있다.

PLUS 일이나 물건, 사람 수가 많다는 뜻으로 쓰인다.

□ 15 以ての外 ｜ もってのほか　　　　　　　　　　　　　얼토당토않음

べんきょう　　　　　　　　　　　　　ごうかく　き たい
勉強もしていないのに、合格を期待するなんて**以ての外**だ。
공부도 안 했는데 합격을 기대하다니 얼토당토않다.

동사

🎧 12-2.mp3

📖 기본 동사

□ 01 挑む ｜ いどむ　　　　　　　　　　　　　　　　　　도전하다

こん ど　たいかい　　れん ぱ　せんしゅ　　い き ご
今度の大会では2連覇に**挑む**選手たちの意気込みがすごい。
이번 대회에서는 2연패에 도전하는 선수들의 패기가 굉장하다.

□ 02 及ぶ ｜ およぶ　　　　　　　　　　　　　(장소, 범위 등에) 달하다, 미치다

ちょうじ かん　　　　かい ぎ　　　　　　　　　　お　　　　うれ
長時間に**及ぶ**会議がもうすぐ終わりそうで嬉しい。
장시간에 걸친 회의가 이제 곧 끝날 것 같아서 기쁘다.

□ 03 漕ぐ ｜ こぐ　　　　　　　　　　　　　　　　　　(노를) 젓다

ちい　　　　　　　む　　　しま　　　　　　　　　　　　　　　　む ぼう
こんな小さいボートで向こうの島まで**漕いで**いくなんて、あまりに無謀だ。
이런 작은 보트로 건너편에 있는 섬까지 노를 저어 가겠다니 너무 무모하다.

□ 04 裂ける ｜ さける　　　　　　　　　　　　　　　　　찢어지다

はなし　　　　くち　　　　　　　　　ほか　ひと　　ぜったい い
この話だけは口が**裂けて**も他の人には絶対言えない。
이 이야기만은 입이 찢어져도 다른 사람에게는 절대 말할 수 없다.

□ 05 記す ｜ しるす　　　　　　　　　　　　　　　　　적다, 기록하다

いちにち　で き ごと　まいにち て ちょう
一日の出来事を毎日手帳に**記して**いる。
하루의 일을 매일 수첩에 기록하고 있다.

★★ □ 06 **逸らす** | そらす (다른 방향으로) 돌리다

彼は都合の悪いことを訊かれると、すぐに話を**逸らして**しまう。
그는 불리한 질문을 받으면 바로 이야기를 딴 데로 돌려 버린다.

★ □ 07 **倒す** | たおす 쓰러뜨리다

挑戦者がチャンピオンを**倒して**優勝した。
도전자가 챔피언을 쓰러뜨리고 우승했다.

PLUS 倒れる | たおれる 쓰러지다

★ □ 08 **正す** | ただす 바르게 고치다

学生が書いた作文の文法的な誤りを**正した**。
학생이 쓴 작문의 문법적인 오류를 바르게 고쳤다.

★ □ 09 **保つ** | たもつ 유지하다

50才近くになるまでそんな若さと美貌を**保つ**秘訣は何ですか。
오십 가까이 되기까지 그런 젊음과 미모를 유지하는 비결은 무엇입니까?

★ □ 10 **突く** | つく (막대처럼 길쭉한 것으로 세게) 밀어내다, 치다

ビリヤードの玉をうまく**突く**には、コツがあるらしい。
당구공을 잘 치려면 요령이 필요하다고 한다.

★ □ 11 **告げる** | つげる 고하다

初恋の人は別れを**告げて**去っていった。
첫사랑은 이별을 고하고 떠나갔다.

★★ □ 12 **呟く** | つぶやく 중얼거리다

大地震が起きた日、母と連絡が取れて「ああ、よかった」と**呟いた**。
대지진이 일어난 날 어머니와 연락이 되어 '아~, 다행이다' 하고 중얼거렸다.

★ □ 13 **問う** | とう 묻다

消費税率の引き上げについて総理大臣に**問う**。
소비세율 인상에 대해 총리에게 묻다.

2순위

★★ □ 14 **とぼける** 시치미떼다

これ以上(いじょう)**とぼけないで**、正直(しょうじき)に言(い)ってください。
더 이상 시치미떼지 말고 솔직하게 말해 주세요.

★★ □ 15 **載せる** | のせる (글 등을) 싣다

今月(こんげつ)の「月刊(げっかん)サイエンス」は様々(さまざま)な科学論文(かがくろんぶん)を**載せた**。
이달의 「월간 사이언스」는 다양한 과학 논문을 실었다.

복합동사

★★ □ 01 **あり得る** | ありうる 있을 수 있다

天候(てんこう)によって、大会(たいかい)が中止(ちゅうし)になることも**あり得る**。
날씨에 따라 대회가 취소되는 경우도 있을 수 있다.

★★ □ 02 **買い替える** | かいかえる 새로 사서 바꾸다

今年(ことし)、古(ふる)くなったエアコンを**買い替えた**。
올해 오래된 에어컨을 새로 사서 바꾸었다.

★★★ □ 03 **買い込む** | かいこむ (물건을 대량으로) 사들이다, 사재기하다

一週間分(いっしゅうかんぶん)の食料品(しょくりょうひん)を**買い込んだ**。
일주일치 식료품을 사재기했다.

★★ □ 04 **貸し切る** | かしきる 통째로 빌리다

レストランを**貸し切って**、結婚式(けっこんしき)の二次会(にじかい)をした。
레스토랑을 통째로 빌려서 결혼식 2차를 했다.

★★ □ 05 **切り上げる** | きりあげる 마무리하다

今日(きょう)はもう遅(おそ)くなったので、この辺(へん)で**切り上げましょう**。
오늘은 이미 늦었으니 이쯤에서 마무리합시다.

★★ □ 06 **立ち寄る** | たちよる　(도중에) 들르다

取引先(とりひきさき)に**立ち寄って**から出社(しゅっしゃ)するつもりだ。
거래처에 들른 후에 출근할 생각이다.

★★★ □ 07 **繋ぎ止める** | つなぎとめる　(떠나지 못하게) 붙잡다

辞(や)めようとする社員(しゃいん)を説得(せっとく)して**繋ぎ止めた**。
그만두려는 직원을 설득하여 붙잡았다.

★★ □ 08 **放り投げる** | ほうりなげる　도중에 그만두다, 내팽개치다

困難(こんなん)にぶつかるとすぐ**放り投げて**しまうのは悪(わる)い癖(くせ)だ。
곤란한 상황에 부딪히면 바로 그만둬 버리는 것은 나쁜 버릇이다.

★★ □ 09 **読み解く** | よみとく　해독하다

古文書(こもんじょ)を**読み解く**ためには相当(そうとう)な知識(ちしき)が必要(ひつよう)だ。
고문서를 해독하기 위해서는 상당한 지식이 필요하다.

★★★ □ 10 **割り引く** | わりびく　할인하다

半額(はんがく)だったのに、さらに300円(えん)も**割り引いて**もらった。
반값이었는데 거기에 더해서 300엔이나 더 할인해 주었다.

형용사

12-3.mp3

い 형용사

★★ □ 01 **著しい** | いちじるしい　현저하다, 두드러지다

最近(さいきん)、小学生(しょうがくせい)の学力低下(がくりょくていか)が**著しい**。
요즘 초등학생의 학력 저하가 두드러진다.

★★ □ 02 **仰々しい** | ぎょうぎょうしい　호들갑스럽다

あまりにも**仰々しい**態度(たいど)はかえって相手(あいて)に失礼(しつれい)になることもある。
너무 호들갑스러운 태도는 오히려 상대에게 실례가 되기도 한다.

★★ □ 03 騒がしい | さわがしい 소란스럽다

何か事故でもあったのか、普段は静かな通りが急に**騒がしく**なった。
무슨 사고라도 있었는지 평상시에는 조용하던 거리가 갑자기 소란스러워졌다.

★★★ □ 04 度し難い | どしがたい 구제불능이다

先輩の指示を無視するような**度し難い**人だとは思わなかった。
선배의 지시를 무시할 정도로 구제불능일 줄은 몰랐다.

★ □ 05 名高い | なだかい 유명하다, 이름나다

当時、彼は学会でかなり**名高い**学者だったそうだ。
당시 그는 학회에서 상당히 이름난 학자였다고 한다.

な 형용사

★★ □ 01 潤沢 | じゅんたく 윤택함

家族ぐるみのうちの会社は**潤沢な**資金を持つ大企業とは比較にならない。
온 가족이 함께 일하는 우리 회사는 윤택한 자금을 가진 대기업과는 비교가 되지 않는다.

★★ □ 02 強気 | つよき 강경함, 고자세임

いつもは自信なさそうにしている彼が、今日はなぜか**強気だ**。
평상시에는 자신 없는 듯 행동하는 그가 오늘은 어쩐 일인지 세게 나온다.

(반) 弱気 | よわき 무기력함, 저자세임

★★ □ 03 丁寧 | ていねい 정중함 / 정성스러움

あの先生は学生の質問に**丁寧に**答えてくれるので、学生たちに人気がある。 저 선생님은 학생의 질문에 정성스럽게 대답해 주기 때문에 학생들에게 인기가 있다.

★ □ 04 適切 | てきせつ 적절함

たびたび会社の同僚に**適切な**アドバイスをしてあげるのも大切だ。
종종 회사 동료에게 적절한 충고를 해 주는 것도 중요하다.

★★ □ 05 滑らか | なめらか 매끈매끈함, 유창함

10年(ねん)も勉強(べんきょう)したのに、まだ英語(えいご)が**滑らかでは**ない。
10년이나 공부했는데 아직 영어가 유창하지 않다.

부사

12-4.mp3

★★ □ 01 足繁く | あししげく (어떠한 장소로) 자주, 뻔질나게

この古本屋(ふるほんや)が立(た)ち並(なら)ぶ通(とお)りは、学生時代(がくせいじだい)に**足繁く**通(かよ)った場所(ばしょ)の一つである。
이 헌책방이 늘어서 있는 거리는 학창 시절에 자주 지나던 장소 중 하나이다.

★★ □ 02 頭から | あたまから (상대의 생각이나 입장은 전혀 고려치 않고) 덮어놓고, 처음부터

部長(ぶちょう)は私(わたし)の話(はなし)を**頭から**信用(しんよう)しなかったような気(き)がした。
부장님은 내 이야기를 애초부터 믿지 않았다는 생각이 들었다.

★★ □ 03 強ち | あながち (뒤에 부정형을 동반하여) 반드시, 꼭

彼(かれ)の言(い)うことも**強ち**間違(まちが)いではない。
그가 하는 말이 꼭 틀린 것만은 아니다.

★ □ 04 折り入って | おりいって 긴히

バイト先(さき)の先輩(せんぱい)から急(きゅう)に「**折り入って**話(はなし)がある」と言(い)われた。
아르바이트하는 곳의 선배가 갑자기 긴히 할 이야기가 있다고 말했다.

★ □ 05 力一杯 | ちからいっぱい 있는 힘을 다하는 모양, 힘껏

力一杯自転車(じてんしゃ)のペダルを漕(こ)いで坂道(さかみち)を上(のぼ)った。
힘껏 자전거 페달을 밟으며 언덕길을 올라갔다.

2순위

의성어·의태어

★★ □ 01 さばさば 걱정거리가 없어 후련한 모양

嫌だった会社を辞めた今は、本当に**さばさば**した気持ちだ。
싫었던 회사를 그만둔 지금은 정말 속이 후련한 기분이다.

★★ □ 02 ぱっちり 눈이 크고 예쁜 모양

彼女は目が**ぱっちり**してかわいらしく、男の子たちに人気がある。
그녀는 눈이 크고 예뻐서 남자 아이들에게 인기가 있다.

★★ □ 03 はればれ 불안이나 걱정이 없어 마음이 홀가분한 모양

彼は試験の結果がよかったのか、**はればれ**とした表情をしている。
그는 시험 결과가 좋았는지 밝은 표정을 하고 있다.

★★ □ 04 むかむか 화가 울컥 치밀어 오르는 모양

上司のご機嫌取りばかりする彼の名前があがる度に**むかむか**する。
상사의 비위만 맞추는 그의 이름이 오를 때마다 화가 울컥 치밀어 오른다.

★★ □ 05 もやもや 찜찜하여 개운치 않은 모양

聞きたくても聞けないことが多くて、**もやもや**している。
묻고 싶어도 물을 수 없는 것이 많아서 답답하다.

속담·사자성어

★★★ □ 01 窮鼠猫を噛む | きゅうそねこをかむ 쥐도 궁지에 몰리면 고양이를 문다

彼女はおとなしいからと言って、あまり追い詰めるといつか**窮鼠猫を噛む**ことにもなりかねない。
그녀가 얌전하다고는 해도 너무 몰아세우면 언젠가 궁지에 몰린 쥐가 고양이를 물듯 덤벼들지도 모른다.

PLUS 약한 자도 궁지에 몰리면 반격한다는 뜻.

★★ □ 02 郷に入っては郷に従え | ごうにいってはごうにしたがえ
로마에 가면 로마법을 따르라

最初は疑問だらけだったが、**郷に入っては郷に従え**というように今ではその土地の風習に合わせて生活している。
처음에는 의문투성이였지만 로마에 가면 로마법을 따르라는 말이 있듯이 지금은 그 지역의 풍습에 맞춰서 생활하고 있다.

PLUS 다른 지역에서는 그 지역의 풍습에 따르라는 뜻.

★★ □ 03 一目瞭然 | いちもくりょうぜん 일목요연

このブランドのロゴのスペルを見れば本物か偽物か、**一目瞭然**だ。
이 브랜드의 로고 철자를 보면 진짜인지 가짜인지 한눈에 알 수 있다.

PLUS 한눈에 확실하게 알 수 있다는 뜻.

★★ □ 04 正真正銘 | しょうしんしょうめい 거짓이 없음, 틀림없음

正真正銘の作品には個別に鑑定書が付属している。
진짜 작품에는 개별적으로 감정서가 딸려 있다.

관용어

★★ □ 01 決まりが悪い | きまりがわるい 머쓱하다

彼はやめたはずのタバコを吸っているところを見られて、**決まりが悪そうだった**。 그는 끊었다던 담배를 피우고 있는 모습을 들켜 머쓱한 듯했다.

★★ □ 02 雲を掴むよう | くもをつかむよう (막연하거나 허황되어) 뜬구름을 잡는 듯함

雲を掴むような話ではなく、もっと手掛かりになるような証拠が必要だ。
뜬구름 잡는 듯한 이야기가 아니라 좀 더 단서가 될 만한 증거가 필요하다.

★★★ □ 03 軍配が上がる | ぐんばいがあがる 이기다, 승리하다

今の段階では、まだどちらに**軍配が上がる**かわからないところだ。
지금 단계에서는 아직 어느 쪽이 이길지 모르는 상황이다.

2순위

☐ 04 **煙に巻く** | けむにまく　얼버무리다, 현혹시키다

わざと専門用語(せんもんようご)を並(なら)べ立(た)てて視聴者(しちょうしゃ)を**煙に巻く**。
일부러 전문 용어를 열거하며 시청자를 현혹시키다.

☐ 05 **是非を問う** | ぜひをとう　(어떻게 할지) 여부를 묻다

先月(せんげつ)、原発(げんぱつ)の**是非を問う**国民投票(こくみんとうひょう)が行(おこな)われた。
지난달에 원자력 발전을 어떻게 할지 여부를 묻는 국민 투표가 실시되었다.

☐ 06 **花も恥らう** | はなもはじらう　꽃도 부끄러워하다

彼女(かのじょ)の顔(かお)は**花も恥らう**くらいにとても美(うつく)しい。
그녀의 얼굴은 꽃도 부끄러워할 정도로 매우 아름답다.

PLUS 주로 젊은 여성의 미모를 칭찬하는 말로 쓰인다.

☐ 07 **非の打ち所がない** | ひのうちどころがない　나무랄 데가 없다

非の打ち所がない完璧(かんぺき)なプレゼンテーションに、みな拍手喝采(はくしゅかっさい)だった。
나무랄 데 없는 완벽한 프레젠테이션에 모두 박수갈채를 보냈다.

☐ 08 **火花を散らす** | ひばなをちらす　불꽃 튀다

決勝戦(けっしょうせん)は**火花を散らす**大接戦(だいせっせん)となった。
결승전은 불꽃 튀는 대접전이 되었다.

☐ 09 **平行線をたどる** | へいこうせんをたどる　평행선을 달리다

革新派(かくしんは)と保守派(ほしゅは)の論議(ろんぎ)は、結局(けっきょく)**平行線をたどった**。
혁신파와 보수파의 논의는 결국 결말이 나지 않았다.

PLUS 서로 타협하지 않아 대립 상태가 계속된다는 뜻.

☐ 10 **累が及ぶ** | るいがおよぶ　누가 되다

彼(かれ)の態度(たいど)は友達(ともだち)のことを心配(しんぱい)するというよりは、**累が及ぶ**のを避(さ)けているようだった。 그의 태도는 친구를 걱정한다기보다는 누가 되는 것을 피하고 있는 듯했다.

PLUS 累を及ぼす | るいをおよぼす 누를 끼치다

1 다음 밑줄 친 히라가나에 해당하는 한자를 고르세요.

1. 仕事のようりょうを覚える。 ① 要量 ② 要領
2. くじに当ってけいひんをもらった。 ① 景品 ② 軽品
3. 日本語教育の指導者をようせいする。 ① 養成 ② 要請
4. 新入社員のけんしゅう ① 研習 ② 研修
5. ぜひを問う。 ① 是日 ② 是非

2 다음 두 문장 중에서 올바른 문장을 고르세요.

1. ① これだけは口が裂けても言えない。
   ② これだけは口が溶けても言えない。

2. ① 話は水平線をたどった。
   ② 話は平行線をたどった。

3. ① ボートをこいで川を渡る。
   ② ボートをかいで川を渡る。

4. ① 危険を錯綜して逃げる。
   ② 危険を察知して逃げる。

5. ① 花も恥じらう大接戦を繰り広げる。
   ② 火花を散らす大接戦を繰り広げる。

3 다음 일본어가 설명하고 있는 단어를 고르세요.

1. ものごとが進行する途中の状態

① 階段　② 段階

2. ものごとが悪い方に転じる。

① 暗転　② 横転

3. 生活などの中で、予定に必要なものを準備する。

① 持参　② 支度

4. 小さい声でひとりごとを言う。

① ささやく　② つぶやく

5. 挑戦する

① 挑む　② 力む

1 1. ② 2. ① 3. ① 4. ② 5. ② 2 1. ① 2. ② 3. ① 4. ② 5. ② 3 1. ② 2. ① 3. ② 4. ② 5. ①

VOCA Check

나의 어휘 실력은 현재 어느 정도일까?
실전 어휘력 체크!

다음 어휘의 뜻을 써 보세요.

명사

□01 有無 ....
□02 出費 ....
□03 代替 ....
□04 寸前 ....
□05 童謡 ....
□06 類似 ....
□07 いざこざ ....
□08 塊 ....
□09 下っ端 ....

동사

□10 操る ....
□11 構える ....
□12 腰掛ける ....
□13 遠ざかる ....
□14 なぞる ....
□15 受け継ぐ ....
□16 吸い上げる ....
□17 踏ん張る ....
□18 割り当てる ....

형용사

□19 重々しい ....
□20 重苦しい ....
□21 世知辛い ....
□22 手ごわい ....
□23 肌寒い ....
□24 柔軟 ....
□25 神経質 ....
□26 乱暴 ....
□27 我がまま ....

부사·의성어·의태어

□28 こぞって ....
□29 総じて ....
□30 そっと ....
□31 着々 ....
□32 ぽかんと ....
□33 かんかん ....
□34 しくしく ....
□35 にやにや ....
□36 めそめそ ....

속담·사자성어·관용어

□37 氏より育ち ....
□38 一触即発 ....
□39 しのぎを削る ....
□40 花を持たせる ....

- 정답 개수 01~10개 ▶ **당신은 초급자!** 산 넘어 산이네요! 정독하여 반드시 어휘 정복합시다!
- 정답 개수 11~20개 ▶ **당신은 초중급자!** 이제 걸음마 뗀 수준? 좀 더 노력하여 수준급으로 Go!
- 정답 개수 21~30개 ▶ **당신은 중급자!** 조금만 더 열심히 하면, 상급자까지 얼마 안 남았어요!
- 정답 개수 31~40개 ▶ **당신은 거의 상급자 수준?!** 방심은 금물! 100% 완벽에 도전합시다!

DAY 13

명사

13-1.mp3

기본 한자어

- □ 01 有無 | うむ 유무
- □ 02 衛星 | えいせい 위성
- □ 03 遠距離 | えんきょり 원거리
- □ 04 学歴 | がくれき 학력
- □ 05 過剰 | かじょう 과잉
- □ 06 義絶 | ぎぜつ 의절
- □ 07 規約 | きやく 규약
- □ 08 急用 | きゅうよう 급한 용무
- □ 09 携帯 | けいたい 휴대
- □ 10 顕微鏡 | けんびきょう 현미경
- □ 11 出費 | しゅっぴ 지출
- □ 12 創作 | そうさく 창작
- □ 13 代替 | だいたい 대체
- □ 14 奪還 | だっかん 탈환
- □ 15 適性 | てきせい 적성
- □ 16 典型 | てんけい 전형
- □ 17 派遣 | はけん 파견
- □ 18 秘訣 | ひけつ 비결
- □ 19 物質 | ぶっしつ 물질
- □ 20 保留 | ほりゅう 보류
- □ 21 未定 | みてい 미정
- □ 22 明暗 | めいあん 명암
- □ 23 冥福 | めいふく 명복
- □ 24 名簿 | めいぼ 명부
- □ 25 猛威 | もうい 맹위
- □ 26 模倣 | もほう 모방

읽기에 주의해야 할 음독 한자어

★★ □ 01 格好 | かっこう 형국, 모양새

示談(じだん)が成立(せいりつ)して終結(しゅうけつ)した**格好**となった。

합의가 성립되어 종결된 형국이 되었다.

★★ □ 02 寸前 | すんぜん 직전

沸騰(ふっとう)**寸前**で火(ひ)を止(と)めるのがポイントだ。

물이 끓기 직전에 불을 끄는 것이 포인트이다.

★★ □ 03 正装 | せいそう (격식을 갖추어) 차려입음

神社(じんじゃ)にお参(まい)りするときは**正装**をしていくのが本来(ほんらい)のマナーだ。

신사에 참배하러 갈 때는 차려입고 가는 것이 본래의 매너이다.

★★★ □ 04 丹精 | たんせい 정성을 들임

これは**丹精**を込(こ)めて作(つく)った手作(てづく)りのバッグだ。

이것은 정성을 들여 만든 수제 가방이다.

★★ □ 05 童謡 | どうよう 동요

胎教(たいきょう)のために、世界各国(せかいかっこく)の**童謡**を集(あつ)めたCDを買(か)った。

태교를 위해 세계 각국의 동요를 모은 CD를 샀다.

★★★ □ 06 独擅場 | どくだんじょう 독무대

アニメの話(はなし)になると、山田君(やまだくん)の**独擅場**だ。

애니메이션이 화제가 되면 야마다의 독무대가 된다.

★★★ □ 07 刃傷沙汰 | にんじょうざた 칼부림 사태

口論(こうろん)の末(すえ)、兄弟間(きょうだいかん)で**刃傷沙汰**が起(お)こった。

말싸움 끝에 형제 사이에 칼부림 사태가 일어났다.

2순위

★★ □ 08 **変哲** | へんてつ　유별난 점

一見(いっけん)、何(なん)の**変哲**もない事務所(じむしょ)のような所(ところ)に案内(あんない)された。
언뜻 보기에 딱히 별다른 특징 없는 사무소 같은 곳으로 안내를 받았다.

PLUS 何(なん)の変哲もない(딱히 유별난 것이 없다)의 형태로 쓰이는 경우가 많다.

★★ □ 09 **発足** | ほっそく　발족

いよいよ来週(らいしゅう)、チーム**発足**パーティーが行(おこな)われる予定(よてい)だ。
드디어 다음 주에 팀 발족 파티가 열릴 예정이다.

★★ □ 10 **類似** | るいじ　유사

ヒット商品(しょうひん)に**類似**した商品(しょうひん)の廉価販売(れんかはんばい)が問題(もんだい)となった。
히트 상품과 유사한 상품의 염가 판매가 문제가 되었다.

고유어

★★ □ 01 **いざこざ**　분쟁

派閥同士(はばつどうし)の**いざこざ**に巻(ま)き込(こ)まれたくない。
파벌끼리의 분쟁에 말려들고 싶지 않다.

★ □ 02 **大目** | おおめ　관대함

今回(こんかい)だけは**大目**に見(み)てやるが、二度(にど)と同(おな)じ失敗(しっぱい)はするな。
이번만은 관대하게 봐 주겠지만 두 번 다시 똑같은 실수는 하지 마라.

PLUS 대개 大目に見(み)る(봐 주다, 문제 삼지 않고 넘어가다)의 형태로 쓰이는 경우가 많다.

★ □ 03 **敵** | かたき　원수

あの人(ひと)は親(おや)の**敵**を討(う)つためだけに生(い)きてきたような男(おとこ)だ。
저 사람은 부모의 원수를 갚기 위해서만 살아온 것이나 다름없는 남자이다.

★★ □ 04 **塊** | かたまり　덩어리

硬(かた)いコンクリートの**塊**をハンマーで叩(たた)き壊(こわ)す。
단단한 콘크리트 덩어리를 해머로 두들겨 부수다.

☐ 05 絆 | きずな 연대감, 유대감

この頃は自分のことだけを考えて、人との**絆**を軽視する傾向が強い。
요즘은 자기만 생각하고 남들과의 유대감을 경시하는 경향이 강하다.

☐ 06 舌足らず | したたらず 혀가 짧은 사람, 혀짤배기 / 설명이 충분하지 못함

舌足らずな説明だと相手に誤解されることもあるから注意したい。
설명이 부족하면 상대에게 오해를 받을 수도 있으니 주의할 필요가 있다.

☐ 07 下っ端 | したっぱ 말단

僕はまだ入社したての**下っ端**だから、言われたとおりにするしかない。
나는 아직 갓 입사한 말단이기 때문에 하라는 대로 할 수밖에 없다.

☐ 08 助っ人 | すけっと 도와주는 사람, 조력자

今日は開店セールで大忙しだったので、従兄弟も**助っ人**で来てくれた。
오늘은 개점 세일 때문에 매우 바빴기 때문에 사촌도 도와주기 위해 와 주었다.

☐ 09 座り | すわり 안정감

やっぱりこの花瓶は玄関に置くよりも床の間に置いた方が**座り**がいい。
역시 이 꽃병은 현관에 두는 것보다도 도코노마에 두는 편이 더 안정감이 있다.

☐ 10 梃子・梃 | てこ 지렛대

梃子の原理を応用して荷物を動かす。
지렛대의 원리를 응용해서 짐을 움직이다.

☐ 11 名残 | なごり 여운, 자취

京都は昔の**名残**が感じられる古都である。
교토는 옛날의 자취를 느낄 수 있는 고도이다.

☐ 12 生齧り | なまかじり 어설픔, 수박겉핥기

生齧りの知識をひけらかすほど恥ずかしいことはない。
어설픈 지식을 과시하는 것만큼 부끄러운 일은 없다.

★★ □ 13 **逃げ腰** | にげごし　금방이라도 도망칠 듯한 자세나 태도

弟はちょっとでも辛いことがあるといつも**逃げ腰**になる。
동생은 조금이라도 힘든 일이 있으면 항상 도망가려고 한다.

★★★ □ 14 **はったり**　허세

彼は政界にコネがあるなどと言っていたが、どうせ**はったり**に決まっている。 그는 정계에 아는 사람이 있다고 말했지만 어차피 허세일 것임이 분명하다.

★★ □ 15 **独り立ち** | ひとりだち　독립, 자립

母は今年大学を卒業した弟が就職も決まり、**独り立ち**したことを喜んでいる。 어머니는 올해 대학을 졸업한 동생의 취직이 결정되어 독립하게 된 것을 기뻐하고 있다.

동사

13-2.mp3

기본 동사

★★ □ 01 **操る** | あやつる　조종하다, 구사하다

マリオネットを上手に**操れば**、本物の人間のような動きに見える。
꼭두각시 인형을 능숙하게 조종하면 진짜 사람과 같은 움직임으로 보인다.

★ □ 02 **活かす** | いかす　(재능 등을) 살리다

生まれつきの芸術的なセンスを**活かして**デザイナーになった。
타고난 예술적인 센스를 살려서 디자이너가 되었다.

★ □ 03 **生ける** | いける　꽃꽂이하다

床の間に花をきれいに**生ける**ことも、お客様へのおもてなしの一つだ。
도코노마에 꽃을 예쁘게 꽃꽂이하는 것도 손님에 대한 정성 중의 하나이다.

★★ □ 04 **受ける** | うける　인기가 있다, 통하다

彼女の歯に衣着せぬトークが大衆に**受けて**いる。
그녀의 직설적인 토크가 대중에게 통하고 있다.

☐ 05 映す | うつす　비추다

鏡で自分の後ろ姿を**映して**髪のリボンが曲がっていないかどうか、確認した。 거울로 내 뒷모습을 비추며 머리의 리본이 비뚤어지지 않았는지 확인했다.

☐ 06 欠かす | かかす　빼놓다

この俳優はサスペンスドラマには**欠かす**ことができない。
이 배우는 서스펜스 드라마에는 빼놓을 수 없다.

☐ 07 構える | かまえる　자세를 취하다

選手たちは合図とともに走り出せるように**構えて**いる。
선수들은 신호와 함께 달려나갈 수 있도록 자세를 취하고 있다.

☐ 08 腰掛ける | こしかける　걸터앉다

ずいぶんあちこちを歩き回って疲れたので、ベンチに**腰掛けて**休んだ。
이곳저곳을 많이 돌아다니다 지쳐서 벤치에 걸터앉아 쉬었다.

☐ 09 敷く | しく　깔다

花見の時期になると、ござを**敷いて**場所取りをする人たちが増える。
꽃놀이 철이 되면 돗자리를 깔고 자리 잡기를 하는 사람들이 늘어난다.

☐ 10 攻める | せめる　공격하다

相手チームの弱点を見つけて**攻める**のが勝つための戦略だ。
상대 팀의 약점을 찾아내서 공격하는 것이 이기기 위한 전략이다.

☐ 11 遠ざかる | とおざかる　멀어지다

新幹線の車窓から、生まれ育った町がどんどん**遠ざかる**。
신칸센 창문 밖으로 태어나고 자란 마을이 점점 멀어진다.

☐ 12 溶く | とく　(액체 등을) 풀다

この絵の具は水に**溶いて**使ってください。
이 그림물감은 물에 풀어서 사용하세요.

2순위

★ □ 13 眺める | ながめる　바라보다, 응시하다

彼女(かのじょ)は美(うつく)しい夜景(やけい)を**眺めながら**ワインを飲(の)んでいた。

그녀는 아름다운 야경을 바라보면서 와인을 마시고 있었다.

★ □ 14 成す | なす　이루다, 달성하다

彼女(かのじょ)はメジャー大会(たいかい)の３連覇(れんぱ)という偉業(いぎょう)を**成した**。

그녀는 메이저대회 3연패라는 위업을 달성했다.

★ □ 15 なぞる　(그림이나 글씨 등을 대고) 그리다, 쓰다

教科書(きょうかしょ)のひらがなを鉛筆(えんぴつ)で**なぞる**。

교과서의 히라가나를 연필로 따라 쓰다.

복합동사

★ □ 01 当て嵌まる | あてはまる　(조건 등에) 들어맞다

この条件(じょうけん)に**当て嵌まる**人(ひと)はなかなか見(み)つからなかった。

이 조건에 딱 맞는 사람은 좀처럼 찾아지지 않았다.

★★ □ 02 受け継ぐ | うけつぐ　계승하다, 이어받다

息子(むすこ)に店(みせ)を**受け継いで**もらうために、いろいろな修行(しゅぎょう)をさせている。

아들이 가게를 이어받도록 하기 위해 여러 가지 수행을 시키고 있다.

★★ □ 03 押し付ける | おしつける　밀어붙이다, 떠맡기다

部長(ぶちょう)はいつも自分(じぶん)の仕事(しごと)を部下(ぶか)に**押し付ける**。

부장은 항상 자기 일을 부하에게 떠맡긴다.

★★ □ 04 染み込む | しみこむ　스며들다, 배어들다

ヘビースモーカーである父(ちち)の書斎(しょさい)は煙草(たばこ)の匂(にお)いが**染み込んで**いる。

골초인 그의 아버지의 서재는 담배 냄새가 배어 있다.

□ 05 吸い上げる | すいあげる　빨아올리다, 착취하다

時給(じきゅう)の5割(わり)を手数料(てすうりょう)で**吸い上げる**。
시급의 50%를 수수료로 착취하다.

□ 06 引き延ばす | ひきのばす　연기시키다

取引先(とりひきさき)に頼(たの)んで納期(のうき)を**引き延ばして**もらった。
거래처에 부탁하여 납기를 연기했다.

□ 07 踏ん張る | ふんばる　(힘을 내어) 버티다

疲(つか)れていると思(おも)うが、あと少(すこ)しで完成(かんせい)だから**踏ん張って**くれ。
지쳤겠지만 조금만 더 있으면 완성이니까 힘을 내어 버텨 주게.

□ 08 放り出す | ほうりだす　내팽개치다

映画(えいが)の主人公(しゅじんこう)みたいに、仕事(しごと)を**放り出して**旅(たび)に出(で)たい。
영화 주인공처럼 일을 내팽개치고 여행을 떠나고 싶다.

□ 09 やり遂げる | やりとげる　끝까지 해내다, 완수하다

与(あた)えられた仕事(しごと)はどんなことがあっても最後(さいご)まで**やり遂げる**べきだ。
주어진 일은 어떠한 일이 있어도 끝까지 해내야만 한다.

□ 10 割り当てる | わりあてる　할당하다

マネージャーは従業員(じゅうぎょういん)にそれぞれの仕事(しごと)を**割り当てて**管理(かんり)している。
매니저는 종업원에게 각각의 업무를 할당하여 관리하고 있다.

형용사

13-3.mp3

い형용사

□ 01 重々しい | おもおもしい　의젓하고 위엄이 있다, 묵직하다

会議室(かいぎしつ)には**重々しい**空気(くうき)が流(なが)れた。
회의실에는 엄숙한 공기가 감돌았다.

2순위

★★ □ 02 **重苦しい** | おもくるしい (분위기나 느낌 등이 무거운 느낌이 들어) 답답하다

何か**重苦しい**雰囲気が教室に漂う。
무언가 답답한 분위기가 교실에 감돈다.

★★ □ 03 **世知辛い** | せちがらい 살아가기 어렵다, 각박하다

世知辛いこの世の中を生きていくのは本当に大変だ。
각박한 이 세상을 살아가는 것은 정말 힘들다.

★★ □ 04 **手強い** | てごわい 버겁다

次の対戦相手は相当**手強い**が、頑張ろう。
다음 대전 상대는 상당히 버겁지만 힘내자.

★★ □ 05 **肌寒い** | はだざむい 쌀쌀하다

今日は**肌寒い**ので、出かける時はセーターを着た方がいい。
오늘은 쌀쌀하니까 외출할 때는 스웨터를 입는 것이 좋다.

な 형용사

★★ □ 01 **けち** 구두쇠임, 쪼잔함

けちな課長は一度も部下におごったことがない。
구두쇠인 과장은 한 번도 부하에게 한턱낸 적이 없다.

★ □ 02 **柔軟** | じゅうなん 유연함

バレエをすると体が**柔軟に**なると言われる。
발레를 하면 몸이 유연해진다고들 한다.

★ □ 03 **神経質** | しんけいしつ 신경질적임

彼は大らかに見えるが、実は**神経質な**ところがけっこうある。
그는 너글너글해 보이지만 사실은 신경질적인 부분이 꽤 있다.

☐ 04 **乱暴** | らんぼう　　난폭함, 거침

精密(せいみつ)機械(きかい)なので、**乱暴に**扱(あつか)わないでください。
정밀 기계이니 거칠게 다루지 마세요.

☐ 05 **我がまま** | わがまま　　제멋대로임

親(おや)の過保護(かほご)で、**我がままな**子供(こども)になってしまった。
부모의 과보호로 제멋대로인 아이가 되고 말았다.

부사

13-4.mp3

☐ 01 **こぞって**　　모조리

この村(むら)のお祭(まつ)りには、村人(むらびと)たちが**こぞって**参加(さんか)する。
이 마을 축제에는 마을 사람들이 한 명도 빠짐없이 참가한다.

PLUS 어떤 일의 관계자 모두가 같은 행동을 취할 때 쓰는 말이다.

☐ 02 **総じて** | そうじて　　대체로

温厚(おんこう)な天気(てんき)が続(つづ)いたこともあって、今年(ことし)は**総じて**豊作(ほうさく)であった。
온후한 날씨가 이어진 것도 있어서 올해는 대체로 풍작이었다.

☐ 03 **そっと**　　살그머니, 살짝

彼(かれ)はポケットから**そっと**ハンカチを出(だ)して私(わたし)の涙(なみだ)を拭(ふ)いてくれた。
그는 주머니에서 살그머니 손수건을 꺼내어 내 눈물을 닦아 주었다.

☐ 04 **着々** | ちゃくちゃく　　착착, 순조롭게

災害後(さいがいご)、復興(ふっこう)に向(む)けた準備(じゅんび)が**着々**と進(すす)んでいる。
재해 (발생) 후에 부흥을 위한 준비가 순조롭게 진행되고 있다.

☐ 05 **ぽかんと**　　멍하니

あの男(おとこ)の子(こ)は訳(わけ)が分(わ)からなくて、**ぽかんと**した表情(ひょうじょう)をしている。
그 남자아이는 영문을 몰라서 멍한 표정을 짓고 있다.

2순위

의성어·의태어

☐ 01 かんかん 격하게 화를 내는 모양, 노발대발

取引先が**かんかん**になって電話をかけてきた。
거래처가 노발대발하여 전화를 걸어 왔다.

☐ 02 しくしく 기운 없이 우는 모양, 훌쩍훌쩍

弟は親が喧嘩をしたのが自分のせいだと思ったのか、**しくしく**泣いていた。 동생은 부모님이 싸움을 한 것이 자기 탓이라고 생각했는지 훌쩍훌쩍 울고 있었다.

☐ 03 にやにや 무언가가 생각이 나서 또는 의미심장하게 웃는 모양, 히죽히죽

彼は何かを思い出したように、**にやにや**と笑っている。
그는 무언가를 생각해 냈는지 히죽히죽 웃고 있다.

☐ 04 ぷんぷん 화가 나 있는 모양, 뾰로통

デートの約束に30分も遅れたので、彼女は**ぷんぷん**していた。
데이트 약속에 30분이나 늦어서 그녀는 뾰로통해 있었다.

☐ 05 めそめそ 질질 짜듯이 우는 모양

仕事でちょっと注意しただけなのに、**めそめそ**泣かれて困った。
일로 주의를 조금 주었을 뿐인데 훌쩍거려서 곤란했다.

PLUS 주로 아이나 여자가 곧잘 우는 모습을 표현할 때 많이 쓰이는데 남자에게 쓰일 경우 '남자답지 못하다'는 느낌을 준다.

속담·사자성어

☐ 01 氏より育ち | うじよりそだち 가문보다는 자란 환경이 중요하다

彼は有名な家系の出身だそうだが、あまりに横柄な態度を見ると**氏より育ち**だと思ってしまう。
그는 유명한 집안 출신이라고 하는데, 너무나도 오만한 태도를 보면 가문보다는 자란 환경이 중요하다는 생각이 든다.

□ 02 時は金なり | ときはかねなり 시간은 금이다

時は金なりだから、時間(じかん)がある時(とき)は少(すこ)しでも本(ほん)を読(よ)むようにしている。
시간은 금이라고 하니 시간이 있을 때는 조금이라도 책을 읽도록 하고 있다.

□ 03 一触即発 | いっしょくそくはつ 일촉즉발

両国(りょうこく)の会談(かいだん)が物別(ものわか)れになり、軍事的緊張(ぐんじてききんちょう)が一層高(いっそうたか)まって**一触即発**の状況(じょうきょう)だ。
양국 회담이 결렬되면서 군사적 긴장이 한층 더 높아져 일촉즉발의 상황이다.

PLUS 아주 사소한 일이 큰 사건으로 이어질 것 같은 위험한 상태라는 뜻.

□ 04 半信半疑 | はんしんはんぎ 반신반의

この成績(せいせき)で希望校(きぼうこう)に合格(ごうかく)できるかどうかは、**半信半疑**だ。
이 성적으로 희망하는 학교에 합격할 수 있을지는 반신반의이다.

2순위

관용어

□ 01 一矢を報いる | いっしをむくいる 반격을 가하다

４番(よばん)バッターのホームランで**一矢を報いた**のが精一杯(せいいっぱい)だった。
4번 타자의 홈런으로 반격을 가한 것이 고작이었다.

□ 02 一敗地にまみれる | いっぱいちにまみれる 크게 패하다

相手(あいて)が強敵(きょうてき)だったので、**一敗地にまみれた**。
상대방이 강적이었기 때문에 크게 패했다.

□ 03 居ても立ってもいられない | いてもたってもいられない 안절부절못하다

面接(めんせつ)の結果(けっか)が気(き)になって、**居ても立ってもいられない**。
면접 결과가 신경 쓰여서 안절부절못하다.

☆☆☆ □ 04 憂き身を窶す | うきみをやつす 걱정 등으로 몸이 야위다

その画家は、酒と賭博に**憂き身を窶して**晩年を過ごした。
그 화가는 술과 도박에 빠져 만년을 보냈다

PLUS 변하여 몸이 야윌 정도로 무언가에 몰두한다는 뜻으로도 쓰인다.

☆☆ □ 05 甲乙をつける | こうおつをつける 우열을 가리다

二人の実力には差がないので、**甲乙をつける**ことが難しかった。
두 사람의 실력에는 차이가 없기 때문에 우열을 가리는 것이 어려웠다.

☆☆ □ 06 鎬を削る | しのぎをけずる 매우 격렬하게 싸우다

この地域では価格競争で**鎬を削っ**ている状況だ。
이 지역에서는 가격 경쟁으로 치열한 대결이 펼쳐지고 있는 상황이다.

☆☆ □ 07 花を持たせる | はなをもたせる 승리나 명예 등을 양보하다

今回は後輩たちが本気を出さないで、先輩に**花を持たせた**。
이번에는 후배들이 본실력을 발휘하지 않고 선배에게 영예를 돌렸다.

☆☆☆ □ 08 万事休す | ばんじきゅうす 더 이상 어찌해 볼 도리가 없다

8回に決定的な追加点を奪われて、**万事休した**。
8회에 결정적인 추가 점수를 빼앗겨서 더 이상 어찌해 볼 도리가 없었다.

☆☆ □ 09 勝るとも劣らない | まさるともおとらない 나으면 낫지 뒤지지 않다

彼はプロ選手に**勝るとも劣らない**実力の持ち主だ。
그는 프로 선수보다 나으면 낫지 뒤지지 않는 실력의 소유자이다.

☆☆ □ 10 物にする | ものにする 손에 넣다

度重なる怪我を克服し、やっとの思いで勝利を**物にした**。
거듭되는 부상을 극복하여 힘겹게 승리를 손에 넣었다.

1 다음 밑줄 친 히라가나에 해당하는 한자를 고르세요.

1. 自分のてきせいに合った仕事を選ぶ。 ① 適性 ② 敵性
2. 外国のデザインをもほうする。 ① 模放 ② 模倣
3. きゅうようができて家に帰った。 ① 急用 ② 急要
4. えんきょり恋愛 ① 遠去離 ② 遠距離
5. せいそうして出かける。 ① 正装 ② 政争

2 다음 두 문장 중에서 올바른 문장을 고르세요.

1. ① 手ぬるい相手なので、油断はできない。
   ② 手ごわい相手なので、油断はできない。

2. ① 故人の迷惑を祈る。
   ② 故人の冥福を祈る。

3. ① 韓国料理には欠かすことのできない材料
   ② 韓国料理には乾かすことのできない材料

4. ① かんかんになって怒る。
   ② がんがんになって怒る。

5. ① 彼はポケットからぼそっとハンカチを取り出して貸してくれた。
   ② 彼はポケットからそっとハンカチを取り出して貸してくれた。

3 다음 일본어가 설명하고 있는 단어를 고르세요.

1. ある目的で他の組織へ人を送り込む。

① 派遣　　② 輸送

2. 落ち着きや安定感

① 佇まい　　② 座り

3. まだ決まっていない。

① 予定　　② 未定

4. 景色などを見わたす。

① 眺める　　② 見つめる

5. 体がやわらかい。

① 柔軟　　② 軟骨

1 1.① 2.② 3.① 4.② 5.① **2** 1.② 2.② 3.① 4.① 5.② **3** 1.① 2.② 3.② 4.① 5.①

DAY 14

VOCA Check

나의 어휘 실력은 현재 어느 정도일까?
실전 어휘력 체크!

다음 어휘의 뜻을 써 보세요.

명사

□01 逆効果 .... □02 従来 .... □03 打撃 ....
□04 転嫁 .... □05 廃絶 .... □06 奮発 ....
□07 表向き .... □08 食べ残し .... □09 値上がり ....

동사

□10 営む .... □11 寛ぐ .... □12 退く ....
□13 飛ばされる .... □14 捗る .... □15 追い返す ....
□16 突っ張る .... □17 引き込む .... □18 分かち合う ....

형용사

□19 賢い .... □20 気難しい .... □21 素早い ....
□22 ずるい .... □23 格別 .... □24 病弱 ....
□25 前向き .... □26 猛烈 .... □27 有害 ....

부사·의성어·의태어

□28 うっとり .... □29 しょんぼり .... □30 ぞっと ....
□31 淡々 .... □32 ぽっかり .... □33 おちおち ....
□34 がみがみ .... □35 くすくす .... □36 げらげら ....

속담·사자성어·관용어

□37 二階から目薬 .... □38 四面楚歌 ....
□39 無きにしも非ず .... □40 水際立つ ....

- 정답 개수 01~10개 ▸ **당신은 초급자!** 산 넘어 산이네요! 정독하여 반드시 어휘 정복합시다!
- 정답 개수 11~20개 ▸ **당신은 초중급자!** 이제 걸음마 뗀 수준? 좀 더 노력하여 수준급으로 Go!
- 정답 개수 21~30개 ▸ **당신은 중급자!** 조금만 더 열심히 하면, 상급자까지 얼마 안 남았어요!
- 정답 개수 31~40개 ▸ **당신은 거의 상급자 수준?!** 방심은 금물! 100% 완벽에 도전합시다!

시험에 많이 나오는 어휘 **2순위**

DAY 14

명사

14-1.mp3

기본 한자어

□ 01	隕石	いんせき	운석
□ 02	映像	えいぞう	영상
□ 03	乾電池	かんでんち	건전지
□ 04	気絶	きぜつ	기절
□ 05	逆効果	ぎゃくこうか ぎゃっこうか	역효과
□ 06	協力	きょうりょく	협력
□ 07	欠陥	けっかん	결함
□ 08	雑貨	ざっか	잡화
□ 09	姿勢	しせい	자세
□ 10	従来	じゅうらい	종래
□ 11	出品	しゅっぴん	출품
□ 12	消耗	しょうもう	소모
□ 13	性能	せいのう	성능
□ 14	接続	せつぞく	접속
□ 15	設置	せっち	설치
□ 16	装置	そうち	장치
□ 17	打撃	だげき	타격
□ 18	電卓	でんたく	전자계산기
□ 19	動向	どうこう	동향
□ 20	導入	どうにゅう	도입
□ 21	廃棄	はいき	폐기
□ 22	繁栄	はんえい	번영
□ 23	必然	ひつぜん	필연
□ 24	返信	へんしん	답신
□ 25	変動	へんどう	변동
□ 26	無条件	むじょうけん	무조건

읽기에 주의해야 할 음독 한자어

★★
☆☆ □ 01 **慰留** | いりゅう　　　　　　　　　　　　　　　　만류

きのう じしょくねがい だ ぶか
昨日、辞職願を出そうとした部下を**慰留**した。
어제 사직서를 내려던 부하를 만류했다.

★★
☆☆ □ 02 **敬遠** | けいえん　　　　　　　　　　　　　　　　기피

い でん し く か しょくひん けいこう
遺伝子組み換え食品は**敬遠**される傾向がある。
유전자 조작 식품은 기피하는 경향이 있다.

★★
☆☆ □ 03 **芸当** | げいとう　　　　　　　도저히 흉내 낼 수 없는 기술이나 재주

あのタレントは、ラーメン10杯を20分で食べるという**芸当**をやって
のけた。 그 연예인은 라면 열 그릇을 20분만에 먹는 개인기를 해냈다.

★★
☆☆ □ 04 **転嫁** | てんか　　　　　　　　　　　전가(책임 등을 떠넘김)

たが せきにん なん かいけつ
お互いに責任**転嫁**ばかりしていては何の解決にもならない。
서로 책임 전가만 해서는 아무런 해결이 되지 않는다.

★★
☆☆ □ 05 **内職** | ないしょく　　　　　　　　　　　　　　　부업

きゅうりょう せいかつ はじ
給料だけでは生活できないので**内職**を始めた。
급여만으로는 생활이 되지 않아서 부업을 시작했다.

★★
☆☆ □ 06 **納涼** | のうりょう　　　　　　　納涼(더위를 피해 시원함을 즐김)

ことし こうえん はな び たいかい ひら
今年も公園で**納涼**花火大会が開かれる。
올해도 공원에서 납량 불꽃 축제가 열린다.

★★
☆☆ □ 07 **廃絶** | はいぜつ　　　　　　불필요한 제도나 물건 등을 없애 버림, 폐기

かく うった ぜんこくしゅうかい さん か
核**廃絶**を訴える全国集会に参加した。
핵 폐기를 호소하는 전국 집회에 참가했다.

★★
☆☆ □ 08 **奮発** | ふんぱつ　　　　　　　　　　　　큰맘 먹고 돈을 씀

はい きょう た い
ボーナスも入ったから、今日は**奮発**してステーキでも食べに行こう。
보너스도 들어왔으니까 오늘은 큰맘 먹고 스테이크라도 먹으러 가자.

2
순
위

★★ □ 09 無造作 | むぞうさ 손쉬움, 정성을 들이지 않음

あの店(みせ)はいつも**無造作**に商品(しょうひん)が陳列(ちんれつ)されている。
저 가게는 항상 아무렇게나 상품이 진열되어 있다.

★★ □ 10 離職 | りしょく 이직(직장을 그만둠)

最近(さいきん)の若者(わかもの)は3年以内(ねんいない)に**離職**する人(ひと)が多(おお)いそうだ。
요즘 젊은이는 3년 이내에 직장을 그만두는 사람이 많다고 한다.

고유어

★ □ 01 お見合い | おみあい 맞선

来週(らいしゅう)の土曜日(どようび)、母(はは)のすすめで**お見合い**をすることになった。
다음 주 토요일에 어머니의 주선으로 맞선을 보게 되었다.

★ □ 02 表向き | おもてむき 표면상

表向きは普通(ふつう)の主婦(しゅふ)だったが、その裏(うら)の顔(かお)は詐欺師(さぎし)だった。
표면상으로는 보통의 주부였지만 그 뒤에 감춰진 얼굴은 사기꾼이었다.

★ □ 03 顔立ち | かおだち 얼굴(생김새), 용모

何(なん)だか見覚(みおぼ)えのある**顔立ち**だと思(おも)ったら、なんと芸能人(げいのうじん)だった。
왠지 본 적이 있는 얼굴이라고 생각했더니 놀랍게도 연예인이었다.

★ □ 04 顔つき | かおつき 표정

セミナーの参加者(さんかしゃ)たちは真剣(しんけん)な**顔つき**で話(はなし)を聞(き)いていた。
세미나 참가자들은 진지한 표정으로 이야기를 듣고 있었다.

★ □ 05 品物 | しなもの 물건

あまりにも高額(こうがく)な**品物**を贈(おく)ることは相手(あいて)に負担(ふたん)をかけてしまうので避(さ)けるべきだ。
너무 비싼 물건을 보내는 것은 상대에게 부담을 주기 때문에 피해야 한다.

☐ 06 食べ残し | たべのこし 잔반(남은 음식)

学食では、毎日かなりの**食べ残し**が出ているようだ。
학생 식당에서는 매일 상당한 양의 잔반이 나오고 있는 모양이다.

☐ 07 勤め先 | つとめさき 근무처

母が交通事故に遭い、急いで姉の**勤め先**に電話をかけた。
어머니가 교통사고를 당하여 급히 언니의 근무처로 전화를 걸었다.

☐ 08 長話 | ながばなし 긴 이야기

あの人と一緒にいると楽しいので、いつも**長話**をしてしまう。
저 사람과 함께 있으면 즐거워서 항상 긴 이야기를 하게 된다.

☐ 09 値上がり | ねあがり 가격이 오름

この地域は他の地域に比べて、土地の**値上がり**が酷い。
이 지역은 다른 지역과 비교해서 토지의 가격 상승이 심하다.

☐ 10 歯軋り | はぎしり 이갈이

歯軋りがひどい場合には、歯が摩耗して折れることもある。
이갈이가 심한 경우에는 이가 마모되어 부러지는 경우도 있다.

☐ 11 働き者 | はたらきもの 일벌레

母は若い頃から**働き者**だったと、母の友人から聞いた。
어머니는 젊었을 때부터 일벌레였다고 어머니 친구분께 들었다.

☐ 12 引き潮 | ひきしお 간조

引き潮になったので、砂浜に潮干狩りに出たい。
간조가 되었기 때문에 모래사장에 조개를 잡으러 나가고 싶다.

반 満ち潮 | みちしお 만조

☐ 13 故 | ゆえ 이유

彼女がそのようなおかしい行動をしたのも**故**あってのことだった。
그녀가 그러한 이상한 행동을 한 것도 이유가 있어서였다.

2순위

★ □ 14 由 | よし 이유, 까닭, 방법

まさかあの子が養子だったなんて、そんなことは知る**由**もなかった。
설마 저 아이가 양자였다니 그런 일은 알 방법도 없었다.

★ □ 15 酔っ払い | よっぱらい 술 취한 사람

道で**酔っ払い**が大声で歌っている。
길에서 술 취한 사람이 큰 소리로 노래를 부르고 있다.

동사

14-2.mp3

기본 동사

★ □ 01 甘える | あまえる 응석을 부리다, (상대방의 호의 등을) 받아들이다

娘は祖母に**甘えて**、そばから離れようとしない。
딸은 할머니에게 응석을 부리며 곁에서 떨어지려고 하지 않는다.

★★ □ 02 営む | いとなむ 경영하다, 운영하다

両親は10年間小さな雑貨店を**営んで**きた。
부모님은 10년 동안 작은 잡화점을 운영해 왔다.

★ □ 03 祝う | いわう 축하하다

家族みんなで、弟の3歳の誕生日を**祝った**。
가족이 다 함께 동생의 세 살 생일을 축하했다.

★ □ 04 終える | おえる 끝내다, 마치다

イギリスでの1年間の海外研修を無事に**終えた**。
영국에서의 1년 간의 해외 연수를 무사히 마쳤다.

★★ □ 05 赴く | おもむく 향하다

部長と一緒に本社のある東京に**赴いた**。
부장님과 함께 본사가 있는 도쿄로 향했다.

★ □ 06 寛ぐ | くつろぐ 편안히 쉬다

徹夜して疲れたから、ソファーでちょっと**寛ぎたい**。
밤샘을 해서 피곤하니까 소파에서 잠깐 편안히 쉬고 싶다.

★★ □ 07 狂う | くるう 차질이 생기다

参加者が予想以上に多かったので計算が**狂った**。
참가자가 예상했던 것 이상으로 많았기 때문에 계산에 차질이 생겼다.

★★ □ 08 退く | しりぞく 물러나다

社長が経営の第一線から**退く**そうだ。
사장이 경영 제1선에서 물러난다고 한다.

★ □ 09 損する | そんする 손해 보다

前売り券まで買ったのに、つまらなくて時間とお金を**損した**。
예매권까지 샀는데 재미가 없어서 시간과 돈을 손해 보았다.

★ □ 10 勤める | つとめる 근무하다

兄は今年の春から郵便局に**勤めて**いる。
형은 올봄부터 우체국에 근무하고 있다.

★ □ 11 整う | ととのう 정리되다

海外旅行の準備はもうすっかり**整って**いる。
해외여행 준비는 이미 완전히 정리되어 있다.

PLUS 整える | ととのえる 정리하다

★★★ □ 12 飛ばされる | とばされる 좌천당하다

社長の逆鱗に触れて地方に**飛ばされて**しまった。
사장의 노여움을 사서 지방으로 좌천당하고 말았다.

★★ □ 13 嘆く | なげく 한탄하다

自分の不幸を**嘆いて**泣いてばかりいても、何も始まらない。
자신의 불행을 한탄하며 울고만 있어서는 아무것도 해결되지 않는다.

2순위

☐ 14 捗る | はかどる 진척되다

雑用が多くて、企画書作りがちっとも**捗らない**。

잡일이 많아서 기획서 작성이 조금도 진척되지 않는다.

☐ 15 計る | はかる (무게나 길이 등을) 측정하다

選手たちの100メートル走のタイムをストップウォッチで**計った**。

선수들의 100m 달리기 시간을 스톱워치로 쟀다.

복합동사

☐ 01 言いそびれる | いいそびれる 말할 기회를 놓치다

今日こそ言おうと思ったが、また**言いそびれて**しまった。

오늘이야말로 말하려고 생각했는데 또 말할 기회를 놓쳐 버렸다.

☐ 02 追い返す | おいかえす 돌려보내다

夫は娘の彼氏を玄関先で**追い返した**。

남편은 딸의 남자 친구를 현관 앞에서 돌려보냈다.

☐ 03 思い上がる | おもいあがる 자만하다

いくら成績優秀だからといって**思い上がっては**いけない。

아무리 성적이 우수하다고 해도 자만해서는 안 된다.

☐ 04 突っ張る | つっぱる (자기 주장 등을 타협하지 않고) 밀어붙이다, 우기다

突っ張っていないで、さっさと謝ったらどうですか。

우기지 말고 지금 당장 사과하는 게 어때요?

☐ 05 出直す | でなおす 다시 나오다, 다시 하다

今日はお宅にいらっしゃらないようなので、今度また**出直します**。

오늘은 댁에 안 계시는 듯하니 다음에 다시 찾아오겠습니다.

★★ □ 06 引き込む | ひきこむ 끌어들이다

ごく普通(ふつう)の高校生(こうこうせい)だった彼(かれ)は悪(あく)の道(みち)に**引き込まれた**。
지극히 평범한 고등학생이었던 그는 악의 길로 빠져들었다.

★★ □ 07 引き付ける | ひきつける 끌어당기다, 매혹하다

あのアナウンサーの声(こえ)と話(はな)し方(かた)には人(ひと)を**引き付ける**魅力(みりょく)がある。
저 아나운서의 목소리와 말투에는 사람을 끌어당기는 매력이 있다.

★★ □ 08 引き離す | ひきはなす 떼어 놓다

生(う)まれたばかりの赤(あか)ちゃんを親(おや)と**引き離す**なんて酷(ひど)い。
막 태어난 갓난아기를 부모와 떼어 놓다니 너무하다.

★ □ 09 待ちくたびれる | まちくたびれる 기다리다 지치다

約束(やくそく)の時間(じかん)は過(す)ぎているのにいっこうに来(こ)ないので、もう**待ちくたびれた**。 약속 시간은 지났는데 도통 오지 않아서 이제 기다리다 지쳤다.

★ □ 10 分かち合う | わかちあう 서로 나누어 가지다

優勝(ゆうしょう)の喜(よろこ)びをメンバーみんなで**分かち合った**。
우승의 기쁨을 멤버 모두와 함께 서로 나누었다.

형용사

14-3.mp3

い형용사

★ □ 01 賢い | かしこい 현명하다, 똑똑하다

彼女(かのじょ)は家計(かけい)の無駄(むだ)を省(はぶ)く工夫(くふう)をしている**賢い**主婦(しゅふ)だ。
그녀는 가계의 낭비를 줄이기 위해 애쓰는 현명한 주부이다.

★★ □ 02 気難しい | きむずかしい 성미가 깐깐하다, 신경질적이다

あの先生(せんせい)は**気難しい**ので、質問(しつもん)をする時(とき)にも勇気(ゆうき)が要(い)る。
저 선생님은 성미가 깐깐해서 질문을 할 때에도 용기가 필요하다.

2순위

★ □ 03 素早い | すばやい　재빠르다, 민첩하다

被災者(ひさいしゃ)に対(たい)する**素早い**政府(せいふ)の対応(たいおう)が望(のぞ)まれる。
재난을 당한 사람에 대한 재빠른 정부의 대응이 요구된다.

★ □ 04 ずるい　약다

自分(じぶん)で責任(せきにん)を取(と)りたくないから会議(かいぎ)に出(で)ないなんて、本当(ほんとう)に**ずるい**。
자기가 책임을 지기 싫으니까 회의에 안 나오다니 정말 약았다.

★ □ 05 人懐こい | ひとなつこい　붙임성이 있다, 사람을 잘 따르다

うちの犬(いぬ)は**人懐こくて**、吠(ほ)えることもあまりない。
우리 집 개는 사람을 잘 따라서 짖는 일도 별로 없다.

な 형용사

★ □ 01 格別 | かくべつ　각별함

やはり老舗(しにせ)のフランス料理店(りょうりてん)の味(あじ)は**格別だ**。
역시 전통 있는 프랑스 요리점의 맛은 각별하다.

★ □ 02 病弱 | びょうじゃく　병약함

幼(おさな)い頃(ころ)は**病弱で**、入退院(にゅうたいいん)を繰(く)り返(かえ)していた。
어렸을 때는 병약해서 입원과 퇴원을 반복했었다.

★ □ 03 前向き | まえむき　긍정적임

今回(こんかい)の提案(ていあん)は**前向きに**検討(けんとう)してもらえそうだ。
이번 제안은 긍정적으로 검토해 줄 것 같다.

★★ □ 04 猛烈 | もうれつ　맹렬함

猛烈な勢力(せいりょく)の台風(たいふう)に襲(おそ)われた。
맹렬한 세력의 태풍이 덮쳤다.

★ □ 05 有害 | ゆうがい　　유해함

人体(じんたい)に**有害な**物質(ぶっしつ)が検出(けんしゅつ)された。
인체에 유해한 물질이 검출되었다.

부사

14-4.mp3

★★ □ 01 うっとり　　넋 없이, 넋을 잃고(황홀한 모양)

ウェディングドレスのディスプレイを見(み)て、思(おも)わず**うっとり**した。
웨딩드레스의 디스플레이를 보고 나도 모르게 넋을 잃었다.

★★ □ 02 しょんぼり　　쓸쓸히, 축

仲(なか)のよかったクラスメートが転校(てんこう)して、息子(むすこ)は**しょんぼり**している。
사이가 좋았던 반 친구가 전학을 가서 아들은 축 늘어져 있다.

★ □ 03 ぞっと　　오싹

その泥棒(どろぼう)の顔(かお)を思(おも)い浮(う)かべるだけでも**ぞっと**する。
그 도둑의 얼굴을 떠올리는 것만으로도 오싹하다.

★★ □ 04 淡々 | たんたん　　담담함

その人(ひと)は5年前(ねんまえ)の事件(じけん)について**淡々**と語(かた)り始(はじ)めた。
그 사람은 5년 전 사건에 대해 담담하게 이야기하기 시작했다.

★★ □ 05 ぽっかり　　빼끔히(입을 쩍 벌린 모양)

その子(こ)はさっきから**ぽっかり**と口(くち)を開(あ)けたまま立(た)っていた。
그 아이는 아까부터 빼끔히 입을 쩍 벌린 채 서 있었다.

의성어·의태어

★★ □ 01 **恐る恐る** | **おそるおそる** 조심조심

同僚に会社を辞める理由を**恐る恐る**訊いた。
동료에게 회사를 그만두는 이유를 조심조심 물었다.

★★★ □ 02 **おちおち** 마음 놓고

泥棒が入ってこないか心配で、**おちおち**夜も眠れない。
도둑이 들어오지 않을까 걱정되어 마음 놓고 밤에도 잠이 들 수가 없다.

PLUS 주로 おちおち～できない(마음 놓고 ～을 못하다)의 형태로 쓰이는 경우가 많다.

★★★ □ 03 **がみがみ** 호되게 야단치는 모양

寝坊をして、朝っぱらから母に**がみがみ**と怒られてしまった。
늦잠을 자서 아침부터 어머니에게 호되게 야단을 맞고 말았다.

★ □ 04 **くすくす** 소리 죽여 웃는 모양, 키득키득, 킥킥

その女性は手で口を抑えて**くすくす**と笑っていた。
그 여자는 손으로 입을 막고 키득키득 웃고 있었다.

★ □ 05 **げらげら** 소리 내어 크게 웃는 모양, 껄껄

コメディー映画がとても面白くて、**げらげら**と笑った。
코미디 영화가 너무 재미있어서 껄껄 소리 내어 웃었다.

속담·사자성어

★★ □ 01 **虻蜂取らず** | **あぶはちとらず** 등에와 벌을 잡으려다 둘 다 놓친다

あれもこれもと欲張ったせいで、結局**虻蜂取らず**で終わってしまった。
이것저것 욕심을 부린 탓에 결국 두 마리 토끼를 다 놓쳐 버렸다.

PLUS 여러 가지를 동시에 하려다 결국 한 가지도 제대로 해내지 못한다는 뜻.

★★ □ 02 二階から目薬 | にかいからめぐすり 2층에서 안약 넣기

赤字経営を挽回しようと有名タレントを広告に起用しても**二階から目薬**のようなものだ。
적자 경영을 만회하려고 유명 연예인을 광고에 기용해도 별로 효과가 없었다.

PLUS 일이 뜻대로 풀리지 않는다는 뜻.

★★ □ 03 四面楚歌 | しめんそか 사면초가

四面楚歌の状況を脱するには、信頼関係の回復を図ることが先決だ。
사면초가 상황에서 벗어나기 위해서는 신뢰 관계 회복을 도모하는 것이 우선이다.

PLUS 아무런 도움을 받을 수 없는 곤란한 상황이라는 뜻.

★★ □ 04 大器晩成 | たいきばんせい 대기만성

幼い頃、母に「お前は**大器晩成**型だ」と言われたことを今でも覚えている。
어렸을 때 어머니께서 '너는 대기만성형이야'라는 말씀을 하셨던 것을 지금도 기억하고 있다.

PLUS 큰 그릇은 늦게 만들어진다는 뜻에서 유래하여 크게 될 사람은 늦게 성공한다는 뜻.

관용어

★★ □ 01 脚光を浴びる | きゃっこうをあびる 각광을 받다

最近になって、電気自動車が**脚光を浴びて**いる。
요즘 들어 전기 자동차가 각광을 받고 있다.

★★ □ 02 機を逃す | きをのがす 기회를 놓치다

楽な展開でも**機を逃す**と一気に難しい試合になる。
편한 전개라도 기회를 놓치면 단번에 힘든 시합이 된다.

★★ □ 03 尻尾を巻く | しっぽをまく 항복하다, 포기하다

彼はもう勝ち目がないと思ったのか、**尻尾を巻いた**ように見える。
그는 이제 승산이 없다고 생각했는지 포기한 것처럼 보인다.

☐ 04 太刀打ちできない | たちうちできない 대적할 수 없다

彼はあまりにも強すぎて、誰も**太刀打ちできない**ようだ。
그는 너무나도 강해서 아무도 대적하지 못하는 듯하다.

☐ 05 鳴かず飛ばず | なかずとばず 이렇다 할 활약이 없음

今は人気のあるあの俳優もデビューしてしばらくは**鳴かず飛ばず**だった。
지금은 인기 있는 저 배우도 데뷔하고 한참 동안은 이렇다 할 활약이 없었다.

☐ 06 無きにしも非ず | なきにしもあらず 없지만은 않다

勝ち目が**無きにしも非ず**だから、諦めないで頑張ろう。
승산이 없지만은 않으니까 포기하지 말고 열심히 하자.

☐ 07 万雷の拍手 | ばんらいのはくしゅ 우레와 같은 박수

天使のような歌声に**万雷の拍手**が巻き起こった。
천사와 같은 노랫소리에 우레와 같은 박수가 터져 나왔다.

☐ 08 水際立つ | みずぎわだつ 특히 뛰어나다, 돋보이다

主人公の演技が**水際立った**テレビドラマだった。
주인공의 연기가 돋보인 TV 드라마였다.

☐ 09 有終の美を飾る | ゆうしゅうのびをかざる 유종의 미를 거두다

引退試合で勝利を収めて、**有終の美を飾った**。
은퇴 시합에서 승리를 거두어 유종의 미를 거두었다.

☐ 10 竜虎相打つ | りゅうこあいうつ 용호상박이다(우열을 가리기 어렵다)

今日の対決は、まさに**竜虎相打つ**戦いだった。
오늘 대결은 정말 우열을 가리기 힘든 용호상박의 대결이었다.

1 다음 밑줄 친 히라가나에 해당하는 한자를 고르세요.

1. でんたくで計算する。 ① 電宅 ② 電卓
2. かんでんち ① 乾電地 ② 乾電池
3. 工場に機械をせっちする。 ① 設置 ② 接置
4. ゆうしゅうの美を飾る。 ① 優終 ② 有終
5. すばやい対応をする。 ① 素早い ② 巣早い

2 다음 두 문장 중에서 올바른 문장을 고르세요.

1. ① お見舞いをしたが、気に入らない相手だった。
   ② お見合いをしたが、気に入らない相手だった。

2. ① 他人に責任を転嫁する。
   ② 他人に責任を廃絶する。

3. ① 彼女の声は人を引きつける魅力がある。
   ② 彼女の声は人を引き離す魅力がある。

4. ① 新しい技術を挿入する。
   ② 新しい技術を導入する。

5. ① 体の調子がいいので仕事も手間取る。
   ② 体の調子がいいので仕事も捗る。

3 다음 일본어가 설명하고 있는 단어를 고르세요.

1. 使った結果、なくなる。

① 消毒　　② 消耗

2. ないこともない。

① ないがごとし　　② なきにしもあらず

3. リラックスした気分で休む。

① 寛ぐ　　② 防ぐ

4. 勢いが激しい。

① 猛烈　　② 亀裂

5. 元気のない様子

① うっとり　　② しょんぼり

---

1 1. ② 2. ② 3. ① 4. ② 5. ① **2** 1. ② 2. ① 3. ① 4. ② 5. ② **3** 1. ② 2. ② 3. ① 4. ① 5. ②

DAY 15

VOCA Check

나의 어휘 실력은 현재 어느 정도일까?
실전 어휘력 체크!

다음 어휘의 뜻을 써 보세요.

명사

□01 煙突 ……… □02 是正 ……… □03 操作 ………
□04 頓挫 ……… □05 褒美 ……… □06 役不足 ………
□07 合言葉 ……… □08 掟 ……… □09 引き金 ………

동사

□10 頷く ……… □11 拝む ……… □12 砕く ………
□13 悟る ……… □14 ひっくり返る ……… □15 駆り立てる ………
□16 組み立てる ……… □17 引き止める ……… □18 振りかざす ………

형용사

□19 慌しい ……… □20 規則正しい ……… □21 険しい ………
□22 心地よい ……… □23 蒸し暑い ……… □24 明らか ………
□25 気がかり ……… □26 豪華 ……… □27 盛ん ………

부사·의성어·의태어

□28 至って ……… □29 得てして ……… □30 ぎょっと ………
□31 じいんと ……… □32 むっと ……… □33 おどおど ………
□34 こりごり ……… □35 こわごわ ……… □36 たじたじ ………

속담·사자성어·관용어

□37 朝飯前 ……… □38 危機一髪 ………
□39 堂に入る ……… □40 槍玉に上がる ………

- **정답 개수 01~10개** ▶ **당신은 초급자!** 산 넘어 산이네요! 정독하여 반드시 어휘 정복합시다!
- **정답 개수 11~20개** ▶ **당신은 초중급자!** 이제 걸음마 뗀 수준? 좀 더 노력하여 수준급으로 Go!
- **정답 개수 21~30개** ▶ **당신은 중급자!** 조금만 더 열심히 하면, 상급자까지 얼마 안 남았어요!
- **정답 개수 31~40개** ▶ **당신은 거의 상급자 수준?!** 방심은 금물! 100% 완벽에 도전합시다!

DAY 15

명사

15-1.mp3

기본 한자어

□ 01 煙突 | えんとつ 굴뚝
□ 02 改良 | かいりょう 개량
□ 03 原則 | げんそく 원칙
□ 04 後退 | こうたい 후퇴
□ 05 栽培 | さいばい 재배
□ 06 産出 | さんしゅつ 산출
□ 07 収穫 | しゅうかく 수확
□ 08 主張 | しゅちょう 주장
□ 09 樹木 | じゅもく 수목
□ 10 承諾 | しょうだく 승낙
□ 11 是正 | ぜせい 시정
□ 12 設計 | せっけい 설계
□ 13 設備 | せつび 설비
□ 14 絶滅 | ぜつめつ 절멸, 멸종
□ 15 先端 | せんたん 첨단
□ 16 操作 | そうさ 조작
□ 17 退去 | たいきょ 퇴거
□ 18 直送 | ちょくそう 직송
□ 19 独占 | どくせん 독점
□ 20 農耕 | のうこう 농경
□ 21 波及 | はきゅう 파급
□ 22 閉鎖 | へいさ 폐쇄
□ 23 無断 | むだん 무단
□ 24 優位 | ゆうい 우위
□ 25 輸送 | ゆそう 수송
□ 26 良質 | りょうしつ 양질

읽기에 주의해야 할 음독 한자어

□ 01 会心 | かいしん　회심(뜻대로 되어 만족스러움)

この絵(え)は**会心**の出来(でき)だと自負(じふ)している。
이 그림은 회심의 작품이라고 자부하고 있다.

□ 02 形骸化 | けいがいか　빈껍데기만 남음, 유명무실함

古(ふる)すぎて**形骸化**した法律(ほうりつ)は改定(かいてい)されるべきだ。
너무 오래되어 유명무실한 법률은 개정되어야만 한다.

□ 03 恒久 | こうきゅう　항구

恒久的(てき)な平和(へいわ)を祈(いの)るイベントが開催(かいさい)された。
항구적인 평화를 기원하는 이벤트가 개최되었다.

PLUS 주로 恒久的(てき)(항구적)의 형태로 쓰이는 경우가 많다.

□ 04 糊塗 | こと　호도(적당히 얼렁뚱땅 넘어감)

一部官僚(いちぶかんりょう)のこれまで**糊塗**してきたことが明(あか)るみに出(で)た。
일부 관료가 지금까지 호도해 온 일이 드러났다.

□ 05 頓挫 | とんざ　실패, 좌절

長期間(ちょうきかん)に亘(わた)る不況(ふきょう)で事業(じぎょう)が**頓挫**した。
장기간에 걸친 불황으로 사업이 실패했다.

□ 06 捻出 | ねんしゅつ　생각을 짜냄 / 비용 등을 억지로 마련함

大学進学(だいがくしんがく)のための費用(ひよう)を**捻出**するのに一苦労(ひとくろう)した。
대학 진학을 위한 비용을 마련하는 데에 꽤나 고생했다.

□ 07 白昼夢 | はくちゅうむ　백일몽

白昼夢でも見(み)ているかのような不思議(ふしぎ)な体験(たいけん)をした。
백일몽이라도 꾸고 있는 것 같은 신기한 체험을 했다.

㊂ 白日夢 | はくじつむ

2순위

☐ 08 **萌芽** | ほうが　맹아(시작되려는 조짐이 나타남)

奈良時代の後期にはすでに平安時代につながる和風文化の**萌芽**が見られた。
나라 시대 후기에는 이미 헤이안 시대로 이어지는 일본풍 문화의 싹이 보였다.

☐ 09 **褒美** | ほうび　(무언가에 대한) 포상

頑張った自分へのご**褒美**としてネックレスを買った。
열심히 일한 나 자신에게 주는 포상으로 목걸이를 샀다.

☐ 10 **役不足** | やくぶそく　일이 너무 쉬움

海外経験もある彼にとって、こんな仕事は**役不足**らしい。
해외 경험도 있는 그에게 있어 이런 일은 너무 쉬운 것 같다.

반 力不足 | ちからぶそく 역부족

고유어

☐ 01 **相合傘** | あいあいがさ　남녀가 우산 하나를 같이 씀

恋人同士が**相合傘**で歩いている。
연인끼리 우산 하나를 같이 쓰고 걷고 있다.

☐ 02 **合言葉** | あいことば　슬로건, 모토 / (서로 주고받는) 암호

私たちはいつも「必勝」を**合言葉**に勉強してきた。
우리들은 언제나 '필승'을 모토로 공부해 왔다.

☐ 03 **在り処** | ありか　있는 곳, 소재

宝物の**在り処**を知っている者は、あの人しかいない。
보물이 있는 곳을 아는 자는 저 사람밖에 없다.

☐ 04 **いんちき**　속임수, 가짜, 사기

占いなんて、大体**いんちき**だと思う。
점 같은 것은 대개 속임수라고 생각한다.

★★ □ 05 **掟** | おきて　　규칙, 규정

この組織(そしき)には絶対(ぜったい)に破(やぶ)ってはいけない恐(おそ)ろしい**掟**がある。

이 조직에는 절대 어겨서는 안 되는 무시무시한 규칙이 있다.

★★★ □ 06 **お手盛り** | おてもり　　지위 등을 이용하여 사리사욕을 취함

この件(けん)に関(かん)しては、監督官庁(かんとくかんちょう)の**お手盛り**で予算(よさん)が決(き)められた。

이 건에 관해서는 감독관청이 자기에게 유리하도록 예산을 편성했다.

★★ □ 07 **ぐる**　　한패거리

みんなが**ぐる**になって悪(わる)いことばかりしていて心配(しんぱい)だ。

모두가 한패거리가 되어 나쁜 짓만 하고 있어서 걱정이다.

★ □ 08 **盾** | たて　　방패

人質(ひとじち)を**盾**にして犯人(はんにん)が立(た)てこもった。

인질을 방패 삼아 범인이 농성했다.

★★ □ 09 **乳飲み子** | ちのみご　　젖먹이

乳飲み子に温(あたた)かいミルクを飲(の)ませている。

젖먹이에게 따뜻한 우유를 먹이고 있다.

★★ □ 10 **堤** | つつみ　　제방

堤を築(きず)いて水害(すいがい)に備(そな)える。

제방을 쌓아서 수해에 대비하다.

★★ □ 11 **引き金** | ひきがね　　방아쇠

この事件(じけん)が**引き金**となって、両国(りょうこく)は戦争(せんそう)を始(はじ)めた。

이 사건이 방아쇠가 되어 양국은 전쟁을 시작했다.

★★ □ 12 **二股** | ふたまた　　양다리

何(なに)かおかしいと思(おも)ったら、やはり**二股**をかけていたことが発覚(はっかく)した。

무언가 이상하다고 생각했더니 역시 양다리를 걸치고 있었던 것이 발각되었다.

☐ 13 船積み | ふなづみ 선적(배에 짐을 실음)

海外(かいがい)への荷物(にもつ)はすでに**船積み**されているようだ。

해외로 보내는 짐은 이미 선적되어 있는 모양이다.

☐ 14 減らず口 | へらずぐち 억지를 부림

もういい年(とし)になったにも関(かか)わらず、兄(あに)は**減らず口**を叩(たた)く癖(くせ)がある。

이제 나이도 먹을 만큼 먹었는데 형은 억지를 부리는 습관이 있다.

PLUS 減らず口を叩(たた)く(억지를 부리다)의 형태로 쓰이는 경우가 많다.

☐ 15 轍 | わだち 바퀴 자국

去年(きょねん)の冬(ふゆ)、雪道(ゆきみち)でタイヤが**轍**にはまってしまったことがある。

작년 겨울에 눈길에서 타이어가 바퀴 자국에 빠져 버린 적이 있다.

동사

15-2.mp3

기본 동사

☐ 01 明かす | あかす 밝히다

これまで秘密(ひみつ)にしていたが、ついに真相(しんそう)を**明かす**時(とき)が来(き)た。

지금까지 비밀로 하고 있었지만 드디어 진상을 밝힐 때가 왔다.

☐ 02 頷く | うなずく 수긍하다, 고개를 끄덕이다

相手(あいて)の意見(いけん)があまりに正論(せいろん)なので、ただ**頷く**ばかりだった。

상대의 의견이 너무나 정론이라서 그저 고개를 끄덕일 뿐이었다.

☐ 03 応じる | おうじる 응하다

警察(けいさつ)は誘拐犯人(ゆうかいはんにん)の要求(ようきゅう)に**応じ**なかった。

경찰은 유괴범의 요구에 응하지 않았다.

☐ 04 拝む | おがむ 절하다, 배례하다

京都(きょうと)で一番有名(いちばんゆうめい)なお寺(てら)を訪(たず)ねて仏像(ぶつぞう)を**拝む**。

교토에서 가장 유명한 절을 찾아가서 불상에 절하다.

★★ □ 05 治める | おさめる 다스리다, 통치하다

国を**治める**立場の人は、当然世界情勢についての広い見識が求められる。
나라를 다스리는 입장에 있는 사람은 당연히 세계정세에 대한 넓은 식견이 요구된다.

★★ □ 06 襲う | おそう 덮치다

日本列島を大型の台風が**襲う**気配だ。
일본 열도를 대형 태풍이 덮칠 기세이다.

★★ □ 07 脅かす | おびやかす 위협하다

暴力団は平和を**脅かす**危険な存在だ。
폭력 조직은 평화를 위협하는 위험한 존재이다.

★ □ 08 崩れる | くずれる 무너지다

地震でビルの壁が**崩れたり**、ガラスが割れる被害が出た。
지진으로 건물 벽이 무너지거나 유리가 깨지는 피해가 발생했다.

★ □ 09 砕く | くだく 부수다

ハンマーで石を**砕いて**、適当な大きさにしてから使う。
망치로 돌을 부수어 적당한 크기로 만든 후에 사용하다.

★ □ 10 避ける | さける 피하다

渋滞を**避ける**ために朝早く家を出るつもりだ。
정체를 피하기 위해 아침 일찍 집을 나갈 생각이다.

★★ □ 11 悟る | さとる 깨닫다, 눈치채다

他人に心の中を**悟られない**ように行動している。
다른 사람이 내 마음을 알아채지 못하도록 행동하고 있다.

★ □ 12 占める | しめる 차지하다

スイスではドイツ語を使う人口が約7割を**占める**そうだ。
스위스에서는 독일어를 사용하는 인구가 약 70%를 차지한다고 한다.

★ □ 13 背負う | せおう (등에) 지다, 업다

ずいぶん重(おも)そうな荷物(にもつ)を**背負って**歩(ある)いている。
상당히 무거워 보이는 짐을 등에 지고 걷고 있다.

★ □ 14 逃れる | のがれる 벗어나다, 피하다

やっとの思(おも)いで危険(きけん)から**逃れた**と思(おも)いきや、ピンチはまたすぐ襲(おそ)ってきた。 간신히 위험에서 벗어났나 싶었는데 위기가 또다시 덮쳐 왔다.

★★ □ 15 引っ繰り返る | ひっくりかえる 뒤집히다

天地(てんち)が**引っ繰り返る**ような大騒動(おおそうどう)が起(お)こった。
천지가 뒤집힐 것 같은 대소동이 일어났다.

PLUS ひっくり返す | ひっくりかえす 뒤집다

복합동사

★★ □ 01 入れ替わる | いれかわる 바뀌다, 교체되다

いつからか、お互(たが)いの立場(たちば)が**入れ替わる**ようになった。
언제부터인지 서로의 입장이 바뀌게 되었다.

★★★ □ 02 駆り立てる | かりたてる 내몰다, 부추기다

購買欲(こうばいよく)を**駆り立てる**マーケティング戦略(せんりゃく)を練(ね)る。
구매욕을 부추기는 마케팅 전략을 짜다.

★★ □ 03 聞き入れる | ききいれる (부탁을) 들어주다, 승낙하다

両親(りょうしん)は私(わたし)の願(ねが)いを**聞き入れて**留学(りゅうがく)させてくれた。
부모님은 내 부탁을 들어주어 유학시켜 주었다.

★ □ 04 組み立てる | くみたてる 조립하다

新学期(しんがっき)に備(そな)えて本棚(ほんだな)を**組み立てて**いる。
새 학기에 대비하여 책장을 조립하고 있다.

★ □ 05 取り組む | とりくむ 임하다, 몰두하다

経営陣(けいえいじん)は新(あたら)しい市場開拓(しじょうかいたく)に**取り組んで**いる。
경영진은 새로운 시장 개척에 몰두하고 있다.

★★ □ 06 引き止める | ひきとめる 붙잡다

明日(あした)は朝(あさ)から会議(かいぎ)があるから、今日(きょう)は**引き止めないで**ください。
내일은 아침부터 회의가 있으니까 오늘은 붙잡지 마세요.

★★★ □ 07 振りかざす | ふりかざす (주의, 주장 등을) 내세우다

権力(けんりょく)を**振りかざす**ような彼(かれ)の態度(たいど)は目(め)に余(あま)る。
권력을 내세우는 듯한 그의 태도는 눈에 거슬린다.

★★★ □ 08 見返す | みかえす 보란 듯이 보여 주다

いつか私(わたし)を馬鹿(ばか)にした人(ひと)たちを必(かなら)ず**見返して**やるつもりだ。
언젠가 나를 바보 취급한 사람들에게 반드시 성공한 모습을 보여 줄 테다.

★★ □ 09 行き過ぎる | ゆきすぎる 지나치다, 과도하다

何(なん)でも程度(ていど)が**行き過ぎる**と問題(もんだい)が発生(はっせい)するものだ。
무엇이든 정도가 지나치면 문제가 발생하는 법이다.

★★ □ 10 読み上げる | よみあげる 낭독하다

ついに裁判官(さいばんかん)が判決文(はんけつぶん)を**読み上げた**。
드디어 판사가 판결문을 낭독했다.

형용사

15-3.mp3

い 형용사

★ □ 01 慌しい | あわただしい 분주하다

仕事(しごと)で**慌しい**毎日(まいにち)を送(おく)っている。
일로 분주한 하루하루를 보내고 있다.

★★ □ 02 規則正しい | きそくただしい　　규칙적이다

なつやす　　　　　　　　　　　せいかつ　おく
夏休みになっても**規則正しい**生活を送ってほしい。
여름 방학이 되어도 규칙적인 생활을 보냈으면 좋겠다.

★ □ 03 険しい | けわしい　　가파르다, 험하다

ひとり　　　　　やまみち　のぼ　　　あぶ
一人で**険しい**山道を登るのは危ない。
혼자서 험한 산길을 올라가는 것은 위험하다.

★★ □ 04 心地よい | ここちよい　　기분 좋다, 상쾌하다

へ　や　　まど　　あ　　　　　　　　　　かぜ　ふ
部屋の窓を開けたら、**心地よい**風が吹いてきた。
방의 창문을 열었더니 상쾌한 바람이 불어 왔다.

★ □ 05 蒸し暑い | むしあつい　　무덥다

　　　　　　　　　ひたい　　あせ　　　　　　　なが
あまりにも**蒸し暑くて**、額から汗がだらだらと流れる。
너무나도 무더워서 이마에서 땀이 줄줄 흐른다.

な 형용사

★ □ 01 明らか | あきらか　　명백함

しんぱん　はんてい　　　　　　ごしん
審判の判定は**明らかな**誤審だった。
심판의 판정은 명백한 오심이었다.

★★ □ 02 気掛かり | きがかり　　마음에 걸림

びょうき　　　はは　　　　　　　べんきょう　み　はい
病気がちの母が**気掛かりで**、勉強にも身が入らない。
자주 아프신 어머니가 마음에 걸려서 공부에도 집중이 되지 않는다.

★ □ 03 豪華 | ごうか　　호화로움

わたし　　　　　　　　　　　　　　　　　す
私もいつかはこんな**豪華な**マンションに住んでみたい。
나도 언젠가는 이런 호화로운 맨션에 살아 보고 싶다.

☆ □ 04 **盛ん** | さかん 번성함, 성행함

日本(にほん)に比(くら)べて、ヨーロッパではサッカーが**盛んだ**そうだ。
일본에 비해 유럽에서는 축구가 성행한다고 한다.

☆ □ 05 **独特** | どくとく 독특함

夕(ゆう)べ、**独特な**歌声(うたごえ)で人気(にんき)のあった歌手(かしゅ)が亡(な)くなった。
어젯밤 독특한 음색으로 인기가 있었던 가수가 죽었다.

부사

15-4.mp3

☆☆☆ □ 01 **至って** | いたって 대단히, 몹시

この洗剤(せんざい)を使(つか)えば、油汚(あぶらよご)れも**至って**簡単(かんたん)に落(お)とすことができる。
이 세제를 쓰면 기름때도 아주 간단하게 제거할 수 있다.

☆☆☆ □ 02 **得てして** | えてして 자칫, 곧잘

母親(ははおや)というものは**得てして**子供(こども)のことを心配(しんぱい)しすぎる。
보통 어머니들은 흔히 아이를 지나치게 걱정한다.

PLUS 어떤 결과나 성향이 나타나기 쉽다는 뜻으로 쓰인다.

☆ □ 03 **ぎょっと** 순간적으로 깜짝 놀라는 모양, 흠칫

財布(さいふ)を忘(わす)れてきたのではないかと思(おも)って、一瞬(いっしゅん)**ぎょっと**した。
지갑을 놓고 온 것이 아닌가 해서 순간 흠칫 놀랐다.

☆☆ □ 04 **じいんと** 감동하여 찡한 모양

胸(むね)に**じいんと**くる名言(めいげん)を教科書(きょうかしょ)で見(み)つけた。
가슴에 찡 하게 와닿는 명언을 교과서에서 찾아냈다.

☆☆ □ 05 **むっと** 울컥하고 화가 치밀어 오르는 모양

テレビ局(きょく)の失礼(しつれい)な質問(しつもん)に**むっと**してしまった。
방송국의 무례한 질문에 울컥 화가 치밀어 버렸다.

의성어·의태어

□ 01 おどおど　　주눅이 든 모양

人前(ひとまえ)で緊張(きんちょう)して、**おどおど**した態度(たいど)をとってしまった。
사람들 앞에서 긴장하여 머뭇머뭇 주눅이 든 태도를 취해 버렸다.

□ 02 こりごり　　지긋지긋

株(かぶ)で大損(おおぞん)をしたことがあるから、もう株(かぶ)は**こりごり**だ。
주식으로 큰 손해를 본 적이 있어서 이제 주식은 지긋지긋하다.

□ 03 こわごわ　　무서워서 조심스럽게 행동하는 모양

窓(まど)の隙間(すきま)から**こわごわ**と事務室(じむしつ)の中(なか)を覗(のぞ)いてみた。
창문 틈으로 조심조심 사무실 안을 슬쩍 들여다보았다.

□ 04 たじたじ　　상대에게 압도되어 쩔쩔매는 모양

学生(がくせい)の鋭(するど)い質問(しつもん)に先生(せんせい)が**たじたじ**になっている。
학생의 예리한 질문에 선생님이 쩔쩔매고 있다.

□ 05 山々 | やまやま　　굴뚝같음

旅行(りょこう)に行(い)きたいのは**山々**だが、仕事(しごと)が忙(いそが)しくて無理(むり)だ。
여행을 가고 싶은 마음은 굴뚝같지만 일이 바빠서 무리이다.

속담·사자성어

□ 01 朝飯前 | あさめしまえ
아침 먹기 전에 끝낼 수 있을 만큼 쉬운 일이다, 식은 죽 먹기

このくらいのビジネス文書(ぶんしょ)を翻訳(ほんやく)するのは**朝飯前**だ。
이 정도의 비즈니스 문서를 번역하는 것은 식은 죽 먹기이다.

☐ 02 捕らぬ狸の皮算用 | とらぬたぬきのかわざんよう

잡지도 않은 너구리 가죽 값을 매기다, 김칫국부터 마신다

捕らぬ狸の皮算用にならないように、手元に現金が入るまでは信じてはいけない。

김칫국부터 마시는 일이 없도록 손에 현금이 들어오기 전까지는 믿어서는 안 된다.

☐ 03 阿鼻叫喚 | あびきょうかん 아비규환

戦場の最前線は**阿鼻叫喚**の光景が広がっていた。

전장의 최전선은 아비규환의 광경이 펼쳐져 있었다.

PLUS 많은 사람들이 비참한 지경에 빠져 울부짖음

☐ 04 危機一髪 | ききいっぱつ 위기일발

急いで高台に避難し、**危機一髪**のところで津波から逃れた。

서둘러 높은 평지로 피난하여 위기일발의 상황에서 쓰나미로부터 벗어났다.

2순위

관용어

☐ 01 押しも押されもしない | おしもおされもしない

확고부동하게 자리 잡다

彼女も今は**押しも押されもしない**一流のスターとなった。

그녀도 지금은 확고부동하게 자리 잡은 일류 스타가 되었다.

☐ 02 他の追随を許さない | たのついずいをゆるさない

타의 추종을 불허하다

彼の作る芸術作品は**他の追随を許さない**くらいに素晴らしい。

그가 만드는 예술 작품은 타의 추종을 불허할 정도로 훌륭하다.

☐ 03 血道を上げる | ちみちをあげる 이성이나 도락 등에 푹 빠지다

数年前から骨董品収集に**血道を上げて**いる。

몇 년 전부터 골동품 수집에 푹 빠져 있다.

□ 04 付けが回ってくる | つけがまわってくる　대가가 돌아오다

最近、運動をさぼっていた**付けが回ってきて**、また太ってしまった。
요즘 운동을 게을리한 대가가 돌아와서 다시 살쪄 버렸다.

□ 05 堂に入る | どうにいる　수준이 높다

彼女の**堂に入った**演技にベテラン共演者たちもたじたじだった。
그녀의 수준 높은 연기에 베테랑 공연자들도 압도당했다.

□ 06 飛ぶように売れる | とぶようにうれる　날개 돋친 듯이 팔리다

有名作家の小説が**飛ぶように売れて**いる。
유명 작가의 소설이 날개 돋친 듯이 팔리고 있다.

□ 07 雪崩を打つ | なだれをうつ　눈사태처럼 한꺼번에 밀려오다

アイドルのコンサートを見るために、たくさんの人々が**雪崩を打って**押し寄せてきた。
아이돌 콘서트를 보기 위해 많은 사람들이 눈사태처럼 한꺼번에 밀려왔다.

□ 08 股にかける | またにかける　넓은 무대를 누비다

世界を**股にかけて**活躍している写真家に会った。
세계를 누비며 활약하고 있는 사진가를 만났다.

□ 09 勿怪の幸い | もっけのさいわい　뜻밖의 행운

車の購入を考えていたところ、兄から譲ってもらえることになり**勿怪の幸い**だった。
차를 구입할까 생각하고 있었는데 형이 물려주기로 해서 뜻밖의 횡재를 얻었다.

□ 10 槍玉に上がる | やりだまにあがる　(비난, 비판 등의) 공격 대상이 되다

凶悪犯罪の原因としてゲームやアニメが**槍玉に上がる**こともある。
흉악 범죄의 원인으로 게임과 애니메이션이 비난의 대상이 되기도 한다.

1 다음 밑줄 친 히라가나에 해당하는 한자를 고르세요.

1. 景気がこうたいしている。　① 後退　② 後代
2. 無罪をしゅちょうする。　① 主長　② 主張
3. 工場のえんとつ　① 燃突　② 煙突
4. せんたん技術を応用した製品　① 先端　② 先単
5. 重い荷物をせおう。　① 背負う　② 背追う

2 다음 두 문장 중에서 올바른 문장을 고르세요.

1. ① 賃金格差の訂正を求める。
   ② 賃金格差の是正を求める。

2. ① 本が飛ぶように売れる。
   ② 本が湯水のように売れる。

3. ① 病気で寝ている母が気がかりだ。
   ② 病気で寝ている母がお気に入りだ。

4. ① 恐竜が絶交する。
   ② 恐竜が絶滅する。

5. ① 旅行に行きたいのはたまたまだが、忙しくて無理だ。
   ② 旅行に行きたいのはやまやまだが、忙しくて無理だ。

3 다음 일본어가 설명하고 있는 단어를 고르세요.

1. 許可を得ないでする。

① 承諾　　② 無断

2. 機械を仕事のために動かす。

① 操作　　② 製作

3. 畑の農産物を取り込む。

① 収集　　② 収穫

4. ひとりじめする

① 独占　　② 寡占

5. 硬いものを壊して細かくする。

① 砕く　　② 裂く

1 1.① 2.② 3.② 4.① 5.① **2** 1.② 2.① 3.① 4.② 5.② **3** 1.② 2.① 3.② 4.① 5.①

DAY 16

VOCA Check

나의 어휘 실력은 현재 어느 정도일까?
실전 어휘력 체크!

다음 어휘의 뜻을 써 보세요.

명사

□01 威力 ....
□02 漁船 ....
□03 潜入 ....
□04 固辞 ....
□05 都度 ....
□06 拍子 ....
□07 雨ざらし ....
□08 蚊帳 ....
□09 類 ....

동사

□10 預ける ....
□11 悔やむ ....
□12 支える ....
□13 冷ます ....
□14 腫れる ....
□15 打ち付ける ....
□16 突き刺す ....
□17 引き寄せる ....
□18 開き直る ....

형용사

□19 脂っこい ....
□20 幼い ....
□21 思い掛けない ....
□22 限りない ....
□23 だるい ....
□24 鮮やか ....
□25 裏腹 ....
□26 窮屈 ....
□27 深刻 ....

부사·의성어·의태어

□28 がらりと ....
□29 しんと ....
□30 引き続き ....
□31 ひっそり ....
□32 こちこち ....
□33 だらだら ....
□34 びくびく ....
□35 ひそひそ ....
□36 わいわい ....

속담·사자성어·관용어

□37 後の祭り ....
□38 一長一短 ....
□39 舵を取る ....
□40 底を突く ....

- **정답 개수 01~10개** ▸ **당신은 초급자!** 산 넘어 산이네요! 정독하여 반드시 어휘 정복합시다!
- **정답 개수 11~20개** ▸ **당신은 초중급자!** 이제 걸음마 뗀 수준? 좀 더 노력하여 수준급으로 Go!
- **정답 개수 21~30개** ▸ **당신은 중급자!** 조금만 더 열심히 하면, 상급자까지 얼마 안 남았어요!
- **정답 개수 31~40개** ▸ **당신은 거의 상급자 수준?!** 방심은 금물! 100% 완벽에 도전합시다!

시험에 많이 나오는 어휘 **2순위**

DAY 16

명사

16-1.mp3

기본 한자어

- □ 01 威力 | いりょく 위력
- □ 02 欧米 | おうべい 구미(서양)
- □ 03 確立 | かくりつ 확립
- □ 04 規格 | きかく 규격
- □ 05 旧式 | きゅうしき 구식
- □ 06 休戦 | きゅうせん 휴전
- □ 07 協定 | きょうてい 협정
- □ 08 漁船 | ぎょせん 어선
- □ 09 原油 | げんゆ 원유
- □ 10 視察 | しさつ 시찰
- □ 11 生産 | せいさん 생산
- □ 12 征服 | せいふく 정복
- □ 13 宣言 | せんげん 선언
- □ 14 潜水艦 | せんすいかん 잠수함
- □ 15 戦闘 | せんとう 전투
- □ 16 潜入 | せんにゅう 잠입
- □ 17 体系 | たいけい 체계
- □ 18 統制 | とうせい 통제
- □ 19 貪欲 | どんよく 탐욕
- □ 20 批判 | ひはん 비판
- □ 21 肥料 | ひりょう 비료
- □ 22 武力 | ぶりょく 무력
- □ 23 保障 | ほしょう 보장
- □ 24 補償 | ほしょう 보상
- □ 25 摩擦 | まさつ 마찰
- □ 26 優先 | ゆうせん 우선

📖 읽기에 주의해야 할 음독 한자어

★★ □ 01 謳歌 | おうか 　　　　　　　　　　　　　　　　　　　구가

かれ しぼうこう ごうかく だいがくせいかつ
彼は志望校に合格し、大学生活を謳歌している。

그는 지망한 학교에 합격하여 대학 생활을 구가하고 있다.

★★ □ 02 固辞 | こじ 　　　　　　　　　　　　　　　　고사(굳이 사양함)

ぜんしゅしょう しゅつ ば ようせい たい
前首相は出馬要請に対し、あらためて固辞した。

전 수상은 출마 요청에 대해 재차 고사했다.

★★ □ 03 上戸 | じょうご 　　　　　술꾼 / (접미어로 쓰여) 그러한 술버릇을 가진 사람

かのじょ さけ の わら
彼女はお酒を飲むと笑い上戸になる。

그녀는 술을 마시면 웃는 버릇이 있다.

　　(반) 下戸 | げこ 술을 못 마시는 사람

　　PLUS 笑い上戸(술에 취하면 웃는 버릇이 있는 사람)나 泣き上戸(술에 취하면 우는 버릇이 있는 사람)와 같이 쓰인다.

★★ □ 04 他人行儀 | たにんぎょうぎ 　　　　　　　　모르는 사람인 척 행동함

かれ わたし した あいだがら い
彼は私と親しい間柄なのに、ときどき他人行儀なことを言う。

그는 나와 친한 사이인데도 가끔 모르는 사람에게 하는 듯한 말을 한다.

★★ □ 05 都度 | つど 　　　　　　　　　　　　　　　　　～할 때마다

こ ども い き
子供がいたずらをするその都度に言い聞かせている。

아이가 장난을 칠 때마다 타이르고 있다.

★★ □ 06 軟化 | なんか 　　　　　　　　　　　　　　　연화(누그러짐)

ふんそう かい ひ きょうこう し せい
紛争を回避するため、これまでの強硬姿勢を軟化させた。

분쟁을 회피하기 위해 지금까지의 강경한 자세를 누그러뜨렸다.

★★ □ 07 拍子 | ひょうし 　　　　　　　　　박자, 장단 / ～하는 바람에

ころ さい ふ と だ
転んだ拍子にポケットから財布が飛び出した。

넘어지는 바람에 주머니에서 지갑이 튀어나왔다.

　　PLUS ～た拍子に의 형태로 쓰이면 '～하는 바람에, 순간에'라는 뜻이 된다.

☐08 平素 | へいそ 평소

平素は格別(かくべつ)なご愛顧(あいこ)をいただき、ありがとうございます。
평소에 각별히 아껴 주셔서 감사합니다.

☐09 無駄 | むだ 낭비, 소용없음

貯金(ちょきん)を増(ふ)やすために**無駄**を省(はぶ)いて節約(せつやく)する。
저금을 늘리기 위해 낭비를 줄이고 절약하다.

☐10 目下 | もっか 현재

爆発(ばくはつ)した原因(げんいん)については**目下**調査中(ちょうさちゅう)です。
폭발한 원인에 대해서는 현재 조사 중입니다.

고유어

☐01 雨曝し・雨晒し | あまざらし 비에 젖게 함

自転車(じてんしゃ)を**雨曝し**にしておくと、すぐに錆(さ)びる。
자전거를 비에 젖게 놔 두면 금방 녹슨다.

☐02 檻 | おり 감방, 우리

檻の中(なか)にいた虎(とら)が脱走(だっそう)して大騒(おおさわ)ぎになった。
우리 안에 있던 호랑이가 탈주하여 큰 소동이 벌어졌다.

☐03 頂 | いただき 정상

山(やま)の**頂**に登(のぼ)って周囲(しゅうい)を見渡(みわた)す気分(きぶん)は最高(さいこう)だ。
산 정상에 올라가서 주변을 둘러보는 기분은 최고이다.

☐04 井戸 | いど 우물

田舎(いなか)にある祖母(そぼ)の家(いえ)の**井戸**水(みず)は冷(つめ)たくておいしい。
시골에 있는 할머니 집의 우물물은 시원하고 맛있다.

★★ □ 05 瓜二つ | うりふたつ　꼭 닮음, 붕어빵임

私と双子の姉は**瓜二つ**だとよく言われる。
쌍둥이인 언니는 나랑 붕어빵이라는 말을 많이 듣는다.

★★★ □ 06 書き入れ時 | かきいれどき　대목(장사가 잘되는 시기)

年末年始は商店街にとって一番の**書き入れ時**だ。
연말연시는 상점가에 있어 가장 대목이다.

★★ □ 07 蚊帳 | かや　모기장

父は**蚊帳**の中で寝るのが夏の楽しみだとよく言っていた。
아버지는 모기장 안에서 자는 것이 여름의 즐거움이라고 자주 말했었다.

★★ □ 08 切り札 | きりふだ　비장의 카드

9回裏のピンチで監督は最後の**切り札**として代打を送った。
9회 말 위기에서 감독은 최후의 카드로 대타를 내보냈다.

★★ □ 09 類 | たぐい　종류

ゴリラとチンパンジーは同じ**類**の動物だ。
고릴라와 침팬지는 같은 종류의 동물이다.

★★ □ 10 花盛り | はなざかり　한창때, 황금기

10代、20代は人生の**花盛り**だ。
10대, 20대는 인생의 황금기이다.

★★ □ 11 どろんこ　진흙탕

子供たちが水溜りに入って、**どろんこ**になって遊んでいる。
아이들이 물웅덩이에 들어가 진흙투성이가 되어 놀고 있다.

★★ □ 12 渚 | なぎさ　물가(물결이 밀려오는 곳)

渚に臨む小さな民宿に家族みんなで泊まった。
물가에 접한 작은 민박집에 가족 모두 함께 묵었다.

㊞ 波打ち際 | なみうちぎわ

2순위

★★ □ 13 **夏場** | なつば 여름철

夏場はビールの売(う)り上(あ)げが一番(いちばん)伸(の)びる時期(じき)だ。
여름철은 맥주의 판매량이 가장 늘어나는 시기이다.

★★ □ 14 **形振り** | なりふり 겉모습, 옷차림

興奮(こうふん)のあまり、**形振り**も構(かま)わずに家(いえ)を飛(と)び出(だ)した。
흥분한 나머지 옷차림도 신경 쓰지 않고 집을 뛰쳐나왔다.

PLUS 形振り構(かま)わず(겉모습은 개의치 않고)의 형태로 쓰이는 경우가 많다.

★★ □ 15 **ほったらかし** 방치

子供(こども)を**ほったらかし**にして飲(の)み歩(ある)くなんて、無責任(むせきにん)すぎる行動(こうどう)だ。
아이를 방치하고 술을 마시러 돌아다니다니 너무 무책임한 행동이다.

동사

16-2.mp3

기본 동사

★ □ 01 **預ける** | あずける 맡기다

もらったバイト代(だい)は全部(ぜんぶ)銀行(ぎんこう)に**預ける**つもりだ。
받은 아르바이트비는 전부 은행에 맡길 생각이다.

★ □ 02 **飢える** | うえる 굶다, 굶주리다

海外旅行(かいがいりょこう)から帰(かえ)ったばかりなので、韓国料理(かんこくりょうり)に**飢えて**いる。
해외여행에서 막 돌아왔기 때문에 한식에 굶주려 있다.

★ □ 03 **老いる** | おいる 늙다

一匹(いっぴき)の**老いた**犬(いぬ)が道端(みちばた)で吠(ほ)えていた。
한 마리의 늙은 개가 길바닥에서 짖고 있었다.

★ □ 04 **贈る** | おくる 선물하다

初月給(はつげっきゅう)で、母(はは)が欲(ほ)しがっていたハンドバッグを**贈った**。
첫 월급으로 어머니께서 갖고 싶어 하시던 핸드백을 선물했다.

☐ 05 悔やむ | くやむ 후회하다

決して過去を**悔やまないで**生きることが大事だ。

결코 과거를 후회하지 않으며 사는 것이 중요하다.

☐ 06 曇る | くもる 흐리다

今日の関東地方は午前は晴れ、午後からは**曇る**でしょう。

오늘 간토 지방은 오전에는 맑고 오후부터는 흐리겠습니다.

☐ 07 焦げる | こげる 눋다, 타다

温度調節がうまくできなかったので、パンが**焦げて**しまった。

온도 조절이 잘되지 않아서 빵이 타 버렸다.

☐ 08 溢す | こぼす 흘리다, 엎지르다

コップを倒して床に牛乳を**溢して**しまった。

컵을 넘어뜨려서 바닥에 우유를 엎지르고 말았다.

☐ 09 支える | ささえる 지탱하다, 떠받치다

高校生がアルバイトをして家計を**支えて**いる。

고등학생이 아르바이트를 해서 가계를 떠받치고 있다.

☐ 10 冷ます | さます 식히다

猫舌の息子は、いつも味噌汁を**冷まして**から飲んでいる。

뜨거운 것을 못 먹는 아들은 항상 된장국을 식힌 후에 마시고 있다.

☐ 11 去る | さる 떠나다, 죽다

あんなに元気だった祖父も、今年80歳でこの世を**去った**。

그렇게 건강하시던 할아버지도 올해 80세로 이 세상을 떠났다.

☐ 12 連れる | つれる 데려가다, 동반하다

来年のゴールデンウィークは子供を**連れて**海外旅行に行きたい。

내년 골든위크에는 아이를 데리고 해외여행을 가고 싶다.

2순위

★ □ 13 乗せる | のせる　태우다, 싣다

主人(しゅじん)は毎日(まいにち)子供(こども)を車(くるま)に**乗せて**学校(がっこう)まで送(おく)っている。

남편은 매일 아이를 차에 태워 학교까지 보내고 있다

★ □ 14 育む | はぐくむ　키우다

高校(こうこう)3年間(ねんかん)の部活動(ぶかつどう)では、かけがえのない友情(ゆうじょう)を**育んだ**。

고등학교 3년 간의 동아리 활동을 통해 소중한 우정을 키웠다.

★★ □ 15 腫れる | はれる　붓다

夕(ゆう)べから歯茎(はぐき)が**腫れて**痛(いた)いから、明日(あした)は歯医者(はいしゃ)に行(い)こう。

어젯밤부터 잇몸이 부어 아프니까 내일은 치과에 가야겠다.

복합동사

★★★ □ 01 打ち付ける | うちつける　박아서 고정시키다, 부딪히다

壁(かべ)に釘(くぎ)を**打ち付ける**音(おと)がうるさくて、昼寝(ひるね)ができない。

벽에 못을 박는 소리가 시끄러워서 낮잠을 잘 수가 없다.

★★ □ 02 売り切れる | うりきれる　매진되다

発売(はつばい)からわずか2時間(じかん)で、指定席(していせき)は**売り切れて**しまった。

발매한 지 겨우 2시간 만에 지정석은 매진되어 버렸다.

★ □ 03 置き換える | おきかえる　바꿔 놓다, 옮겨 놓다

ひらがなを漢字(かんじ)に**置き換える**のは簡単(かんたん)だ。

히라가나를 한자로 바꿔 놓는 것은 간단하다.

★★ □ 04 立ち去る | たちさる　떠나가다, 물러나다

彼(かれ)は一言(ひとこと)のお礼(れい)も言(い)わずに、そそくさと**立ち去った**。

그는 한마디 감사의 말도 하지 않고 서둘러 떠나갔다.

☐ 05 使いこなす | つかいこなす　충분히 활용하다, 능숙하게 다루다

兄は最新式の携帯電話を**使いこなす**。
형은 최신식 휴대 전화를 능숙하게 다룬다.

☐ 06 突き刺す | つきさす　찌르다

錐で**突き刺して**壁に小さな穴を開ける。
송곳으로 찔러 벽에 작은 구멍을 내다.

☐ 07 詰め込む | つめこむ　가득 채워 넣다

無理矢理かばんに服を**詰め込んだら**、チャックが壊れてしまった。
억지로 가방에 옷을 가득 채워 넣었더니 지퍼가 망가져 버렸다.

☐ 08 煮詰める | につめる　충분히 협의하여 결론을 도출하다

最終決定を下すには、まだ**煮詰めなければ**ならないことがある。
최종 결정을 내리려면 아직 협의해서 정해야 할 것이 있다.

☐ 09 引き寄せる | ひきよせる　(바로 앞으로) 끌어당기다

彼女は僕の前に置いてあった椅子を**引き寄せて**座った。
그녀는 내 앞에 놓여 있던 의자를 끌어당겨서 앉았다.

☐ 10 開き直る | ひらきなおる　갑자기 태도를 바꾸다, 돌변하다

彼は注意された途端、「それのどこがいけない?」と**開き直った**。
그는 주의를 받자마자 "그게 뭐가 잘못된 거야?"라고 갑자기 돌변했다.

2순위

형용사

16-3.mp3

い 형용사

☐ 01 脂っこい・油っこい | あぶらっこい　느끼하다, 기름지다

最近、どちらかというと**脂っこい**料理は苦手になった。
요즘 왠지 느끼한 음식이 싫어졌다.

★ □ 02 幼い | おさない 어리다

弟(おとうと)は**幼い**頃(ころ)から運動(うんどう)が得意(とくい)だった。

동생은 어렸을 때부터 운동을 잘했다.

★ □ 03 思い掛けない | おもいがけない 뜻밖이다

誕生日(たんじょうび)に**思い掛けない**人(ひと)から電話(でんわ)があって驚(おどろ)いた。

생일에 생각지도 못한 사람에게서 전화가 걸려 와서 놀랐다.

★ □ 04 限りない | かぎりない 한없다, 끝없다

彼(かれ)の音楽(おんがく)に懸(か)ける情熱(じょうねつ)は**限りない**。

그가 음악에 거는 정열은 끝이 없다.

★ □ 05 だるい 나른하다

ここ2、3日(にち)無理(むり)をしたせいか、今日(きょう)は朝(あさ)から熱(ねつ)があって体(からだ)が**だるい**。

최근 이삼일 무리를 한 탓인지 오늘은 아침부터 열이 나고 몸이 나른하다.

な 형용사

★ □ 01 鮮やか | あざやか 선명함

秋(あき)になると、紅葉(もみじ)は**鮮やかな**赤色(あかいろ)に染(そ)まる。

가을이 되면 단풍은 선명한 붉은색으로 물든다.

★ □ 02 裏腹 | うらはら 상반됨, 반대됨

友人(ゆうじん)の前(まえ)で、思(おも)わず心(こころ)とは**裏腹な**ことを口走(くちばし)ってしまった。

친구 앞에서 나도 모르게 마음과는 반대되는 말을 무심결에 내뱉어 버렸다.

★★ □ 03 窮屈 | きゅうくつ (공간 등이 좁아서) 답답함, 거북함

このインターネットカフェはブースが狭(せま)くて**窮屈**すぎる。

이 PC방은 부스가 좁아서 너무 답답하다.

□ 04 深刻　　しんこく　　　　　　　　　　　　　심각함

かんきょうもんだい　　　　だんかい　　　はってん
環境問題は**深刻な**段階にまで発展している。
환경 문제는 심각한 단계로까지 발전했다.

□ 05 適度　　てきど　　　　　　　　　　　　알맞음, 적당함

けんこう　　まも　　　　　　　　　うんどう　ひつよう
健康を守るためには**適度な**運動が必要だ。
건강을 지키기 위해서는 적당한 운동이 필요하다.

부사

🎧 16-4.mp3

□ 01 お言葉に甘えて ｜ おことばにあまえて　　　　염치없지만

きょう
それでは**お言葉に甘えて**、今日はごちそうになります。
그럼 염치없지만 오늘은 얻어먹겠습니다.

□ 02 がらりと　　　　　　　　　　　갑자기 변하는 모양, 확

じんじ いどう　　ぶ　ふんいき　　　　　　　か
人事異動で部の雰囲気が**がらりと**変わった。
인사이동으로 부서 분위기가 확 바뀌었다.

□ 03 しんと　　　　　　　　　　　　　쥐 죽은 듯이 조용히

しず　　かえ　　よ ふ　　　　とつぜんじょせい　ひめい　き
しんと静まり返った夜更けに突然女性の悲鳴が聞こえた。
쥐 죽은 듯 조용한 새벽에 갑자기 여자의 비명이 들렸다.

□ 04 引き続き ｜ ひきつづき　　　　　　뒤이어, 계속해서

こうくうき じ こ　　　　　　おく
では**引き続き**、航空機事故のニュースをお送りします。
그럼 계속해서 항공기 사고 뉴스를 보내 드리겠습니다.

□ 05 ひっそり　　　　　　　　　　　쥐 죽은 듯이(조용함)

ひる ま　　　　　　　　　　と お　　しん や
昼間はにぎやかなこの通りも深夜になると**ひっそり**とする。
대낮엔 떠들썩한 이 거리도 심야가 되면 쥐 죽은 듯이 조용하다.

2순위

의성어·의태어

★★ □ 01 こちこち　　긴장하여 경직된 모양

初(はじ)めてのプレゼンテーションで、緊張(きんちょう)して**こちこち**になった。
처음 하는 프레젠테이션이라 긴장해서 경직되었다.

★★ □ 02 だらだら　　지루하게 계속되는 모양

だらだらと続(つづ)く校長先生(こうちょうせんせい)の話(はなし)に学生(がくせい)も飽(あ)き飽(あ)きしている。
장황하게 이어지는 교장 선생님의 이야기에 학생도 질려 있다.

★★ □ 03 びくびく　　당장이라도 좋지 않은 일이 일어날 것 같아 불안해하는 모양

嘘(うそ)がばれるのではないかと、**びくびく**していた。
거짓말이 들통나는 것이 아닐까 하고 노심초사하고 있었다.

★★ □ 04 ひそひそ　　다른 사람에게 안 들리도록 소곤소곤 이야기하는 모양

人前(ひとまえ)で**ひそひそ**話(はなし)をされるのはとても不愉快(ふゆかい)だ。
면전에서 소근대는 이야기를 듣는 것은 매우 불쾌하다.

★★ □ 05 わいわい　　많은 사람들이 각자 떠드는 모양, 왁자지껄

今夜(こんや)はなぜか隣(となり)の部屋(へや)が**わいわい**がやがやと騒(さわ)がしい。
오늘 밤은 무슨 일인지 옆방이 왁자지껄 소란스럽다.

속담·사자성어

★★ □ 01 後の祭り | あとのまつり　　축제 후의 축제 수레

今更(いまさら)もっと真面目(まじめ)に勉強(べんきょう)しておけばよかったと言(い)っても、**後の祭り**だ。
이제 와서 더 열심히 공부해 둘걸 하고 후회해 봤자 이미 버스는 떠나갔다.

PLUS 축제가 끝난 다음에 축제용 수레가 도착한다는 말에서 유래하여 '이미 시기를 놓쳤다'는 뜻으로 쓰인다.

☆☆ □ 02 一難去ってまた一難 | いちなんさってまたいちなん

계속해서 어려움이 닥침, 산 넘어 산

苦労の末に新店舗をオープンさせたのに店長が緊急入院してしまい、**一難去ってまた一難**だ。

고생 끝에 새 점포를 오픈했는데 점장이 긴급 입원해 버려 (그야말로) 산 넘어 산이다.

☆☆ □ 03 一長一短 | いっちょういったん

일장일단(장점과 단점)

どんな人でも**一長一短**があるので、どこに誰を配置するかは人事も頭が痛いところだ。

누구나 일장일단이 있으니 어디에 누구를 배치할지에 대해서는 인사팀도 머리가 아플 것이다.

☆☆ □ 04 紆余曲折 | うよきょくせつ

우여곡절

人生には**紆余曲折**がつきものだが、彼ほど苦労した者はいないだろう。

인생에는 우여곡절이 생기는 법이지만 그만큼 고생한 사람은 없을 것이다.

2순위

관용어

☆☆☆ □ 01 舵を取る | かじをとる

이끌다

今回は山田さんがこのプロジェクトの**舵を取る**ことになった。

이번에는 야마다 씨가 이 프로젝트를 이끌게 되었다.

☆☆☆ □ 02 刀折れ矢尽きる | かたなおれやつきる

방책이 없다, 속수무책이다

とうとう**刀折れ矢尽きて**倒産に追い込まれることになった。

드디어 속수무책으로 도산에 몰리게 되었다.

☆☆☆ □ 03 芸が細かい | げいがこまかい

작은 부분까지 세심하다

老舗の料亭だけあって、一つ一つの料理の**芸が細かい**。

전통 있는 요릿집이라 그런지 하나하나 요리의 작은 부분까지 세심하다.

★★ □ 04 桁が違う | けたがちがう　차원이 다르다

T社の会社規模は我が社とは**桁が違う**。

T사의 회사 규모는 우리 회사와는 차원이 다르다.

★★ □ 05 底を突く | そこをつく　바닥나다

とうとう食糧が**底を突いて**、飢え死にを覚悟した。

결국 식량이 바닥나서 굶어 죽을 각오를 했다.

★★ □ 06 止めを刺す | とどめをさす　마지막 숨통을 끊다, 결정타를 날리다

融資が止められて**止めを刺された**から倒産は避けられない。

융자가 막히면서 결정타를 맞았기 때문에 도산은 피할 수가 없다.

★★★ □ 07 二進も三進も | にっちもさっちも　이러지도 저러지도

融資がストップして、経営が**二進も三進も**いかなくなった。

융자가 멈추어 경영을 이러지도 저러지도 못하게 되었다.

PLUS 뒤에 부정 표현을 동반하여 '이러지도 저러지도 못한다'는 뜻으로 쓰인다.

★★ □ 08 引きも切らない | ひきもきらない　끝이 없다, 끝없이 이어지다

不景気で倒産の憂き目を見た例は**引きも切らない**。

불경기로 도산의 쓰라림을 겪은 예는 끝이 없다.

★★ □ 09 余勢を駆る | よせいをかる　여세를 몰다

株式上場の**余勢を駆って**、海外進出を果たした。

주식 상장의 여세를 몰아 해외 진출을 달성했다.

★★ □ 10 我に返る | われにかえる　정신을 차리다

ふと**我に返る**と、列車はもう駅に着いていた。

문득 정신을 차리고 보니 열차는 이미 역에 도착해 있었다.

1 다음 밑줄 친 히라가나에 해당하는 한자를 고르세요.

1. ナポレオンはヨーロッパをせいふくした。 ① 征複 ② 征服
2. 部屋が狭くてきゅうくつだ。 ① 窮窟 ② 窮屈
3. しんこくな問題 ① 深刻 ② 深酷
4. 出馬要請をこじする。 ① 固辞 ② 誇示
5. どちらもいっちょういったんがある。 ① 一所一段 ② 一長一短

2 다음 두 문장 중에서 올바른 문장을 고르세요.

1. ① 給料の半分は、毎月銀行に任せます。
   ② 給料の半分は、毎月銀行に預けます。

2. ① 食料が底を突いた。
   ② 食料が床を突いた。

3. ① 熱いスープを吹いて冷ます。
   ② 熱いスープを吹いて冷やす。

4. ① 海外から帰ったばかりなので、韓国料理に飽きている。
   ② 海外から帰ったばかりなので、韓国料理に飢えている。

5. ① 嘘がばれるのではないかとびくびくしていた。
   ② 嘘がばれるのではないかとわくわくしていた。

3 다음 일본어가 설명하고 있는 단어를 고르세요.

1. 後悔する

① なじむ ② くやむ

2. とても固くなっている。

① ごしごし ② こちこち

3. 他人に分からないよう、とても小さい声で話す様子

① ひそひそ ② おどおど

4. もうけが多い時期

① 花盛り ② 書き入れ時

5. 十分に議論する。

① 引き詰める ② 煮詰める

---

1 1.② 2.② 3.① 4.① 5.② 2 1.② 2.① 3.① 4.② 5.① 3 1.② 2.② 3.① 4.② 5.②

VOCA Check

나의 어휘 실력은 현재 어느 정도일까?
실전 어휘력 체크!

다음 어휘의 뜻을 써 보세요.

명사

□01 屈折 ....
□02 極秘 ....
□03 混合 ....
□04 使途 ....
□05 常連 ....
□06 漏洩 ....
□07 仰向け ....
□08 しゃっくり ....
□09 縄張り ....

동사

□10 焦る ....
□11 うずくまる ....
□12 偏る ....
□13 司る ....
□14 紛らす ....
□15 打ち上げる ....
□16 詰め替える ....
□17 投げ込む ....
□18 成し遂げる ....

형용사

□19 奥深い ....
□20 香ばしい ....
□21 渋い ....
□22 差ない ....
□23 気長 ....
□24 巨大 ....
□25 順調 ....
□26 忠実 ....
□27 陽気 ....

부사·의성어·의태어

□28 ありのまま ....
□29 一概に ....
□30 それとなく ....
□31 根掘り葉掘り ....
□32 いちいち ....
□33 こまごま ....
□34 ねちねち ....
□35 はきはき ....
□36 べらべら ....

속담·사자성어·관용어

□37 帯に短し襷に長し ....
□38 起死回生 ....
□39 花を添える ....
□40 分がある ....

- **정답 개수 01~10개** ▶ **당신은 초급자!** 산 넘어 산이네요! 정독하여 반드시 어휘 정복합시다!
- **정답 개수 11~20개** ▶ **당신은 초중급자!** 이제 걸음마 뗀 수준? 좀 더 노력하여 수준급으로 Go!
- **정답 개수 21~30개** ▶ **당신은 중급자!** 조금만 더 열심히 하면, 상급자까지 얼마 안 남았어요!
- **정답 개수 31~40개** ▶ **당신은 거의 상급자 수준?!** 방심은 금물! 100% 완벽에 도전합시다!

DAY 17

명사

17-1.mp3

기본 한자어

□ 01 監禁 | かんきん	감금	
□ 02 観測 | かんそく	관측	
□ 03 屈折 | くっせつ	굴절	
□ 04 原子 | げんし	원자	
□ 05 現象 | げんしょう	현상	
□ 06 元素 | げんそ	원소	
□ 07 合意 | ごうい	합의	
□ 08 告示 | こくじ	고지	
□ 09 極秘 | ごくひ	극비	
□ 10 誤差 | ごさ	오차	
□ 11 根源 | こんげん	근원	
□ 12 混合 | こんごう	혼합	
□ 13 使命 | しめい	사명	
□ 14 終結 | しゅうけつ	종결	
□ 15 重力 | じゅうりょく	중력	
□ 16 推移 | すいい	추이	
□ 17 増減 | ぞうげん	증감	
□ 18 伝達 | でんたつ	전달	
□ 19 統計 | とうけい	통계	
□ 20 突出 | とっしゅつ	돌출	
□ 21 反射 | はんしゃ	반사	
□ 22 不文律 | ふぶんりつ	불문율	
□ 23 分裂 | ぶんれつ	분열	
□ 24 未明 | みめい	새벽	
□ 25 利点 | りてん	이점	
□ 26 朗報 | ろうほう	낭보	

읽기에 주의해야 할 음독 한자어

☆☆ □ 01 快方 | かいほう 회복

母の病状がやっと**快方**に向かって安心した。

어머니의 병세가 겨우 회복세로 돌아서 안심했다.

㊍ 回復 | かいふく

☆☆ □ 02 確執 | かくしつ 의견 충돌로 인한 갈등

彼女は夫の実家との**確執**に悩んでいる。

그녀는 시댁과의 갈등으로 고민하고 있다.

☆☆ □ 03 滑落 | かつらく (등산하다가) 미끄러져 떨어짐

最近、この山では**滑落**事故が相次いでいて危険だ。

요즘 이 산에서는 추락 사고가 잇따르고 있어서 위험하다.

☆☆ □ 04 搾取 | さくしゅ 착취

その国では資本家が労働者を**搾取**する時代が長く続いた。

그 나라에서는 자본가가 노동자를 착취하는 시대가 오래 이어졌다.

☆☆ □ 05 四捨五入 | ししゃごにゅう 반올림

端数は**四捨五入**して計算しなければならない。

우수리는 반올림해서 계산해야만 한다.

☆☆ □ 06 使途 | しと 돈의 사용처

企業の**使途**不明金は課税対象となる。

기업의 용처 불명의 돈은 과세 대상이 된다.

☆☆ □ 07 常連 | じょうれん 단골

この店はいつも**常連**客で一杯で、顔なじみが多い。

이 가게는 항상 단골손님으로 가득해서 익숙한 얼굴이 많다.

2순위

★★ □ 08 **亭主関白** | **ていしゅかんぱく** 가부장적인 남편

課長(かちょう)は**亭主関白**のようでいて、実(じつ)は恐妻家(きょうさいか)だ。

과장님은 가부장적일 것 같지만 사실은 공처가이다

★★ □ 09 **頓知** | **とんち** 지혜

彼女(かのじょ)は**頓知**を働(はたら)かせて、難局(なんきょく)を凌(しの)いだ。

그녀는 지혜를 발휘하여 난국을 헤쳐나갔다.

★★ □ 10 **漏洩** | **ろうえい** 누설

機密文書(きみつぶんしょ)が**漏洩**して問題(もんだい)になった。

기밀문서가 누설되어 문제가 되었다.

고유어

★★ □ 01 **仰向け** | **あおむけ** 드러누움(배가 위를 향한 모양)

兄(あに)はさっきから**仰向け**になってぼうっとしている。

형은 아까부터 드러누워 멍하게 있다.

★★ □ 02 **受け太刀** | **うけだち** 수세에 몰림

相手(あいて)の鋭(するど)い反論(はんろん)に**受け太刀**となる。

상대의 예리한 반론에 수세에 몰리다.

★★ □ 03 **腕前** | **うでまえ** 기술, 솜씨

結婚前(けっこんまえ)と比(くら)べて、妻(つま)の料理(りょうり)の**腕前**が上(あ)がったようだ。

결혼 전과 비교해서 아내의 요리 솜씨가 좋아진 것 같다.

★★ □ 04 **えくぼ** 보조개

彼女(かのじょ)のチャームポイントは、ぱっちりした目(め)と**えくぼ**だ。

그녀의 매력 포인트는 또렷또렷한 눈과 보조개이다.

★★ □ 05 肩車 | かたぐるま 목마

うちの息子は父親の**肩車**が大好きだ。
우리 아들은 아빠의 목마를 아주 좋아한다.

★ □ 06 体つき | からだつき 몸매, 몸집

彼はまるでスポーツ選手のような**体つき**をしている。
그는 마치 스포츠 선수와 같은 몸을 하고 있다.

★★ □ 07 草分け | くさわけ 개척자, 선구자

この小説は韓国文学の**草分け**的な作品として注目を浴びた。
이 소설은 한국 문학의 선구적인 작품으로서 주목을 받았다.

★ □ 08 しゃっくり 딸꾹질

しゃっくりが止まらなくて水を飲んでみたが、やはり効果がなかった。
딸꾹질이 멈추지 않아서 물을 마셔 보았지만 역시 효과가 없었다.

★★ □ 09 そっちのけ 신경 쓰지 않고 제쳐 둠

来週からテストだというのに、勉強も**そっちのけ**でテレビばかりを見ている。 다음 주부터 시험인데 공부도 제쳐 두고 텔레비전만 보고 있다.

★★ □ 10 情け | なさけ 정, 인정

一人旅に出て、人の**情け**に触れる機会にたくさん出会った。
홀로 여행을 하며 사람들의 인정을 느낄 기회를 많이 접했다.

★★ □ 11 縄張り | なわばり 영역

犬の**縄張り**意識についての調査をすることにした。
개의 영역 의식에 대한 조사를 하기로 했다.

★★ □ 12 ぬかるみ 진창, 수렁

ぬかるみに足をとられて転んでしまって、ズボンが泥だらけになった。
진창에 발을 빠뜨려 넘어져 바지가 진흙투성이가 되었다.

★★ □ 13 ほとり 근처

静(しず)かな川(かわ)の**ほとり**を散歩(さんぽ)するのが祖父(そふ)の日課(にっか)だ。
조용한 강 근처를 산책하는 것이 할아버지의 일과이다.

★★ □ 14 身内 | みうち 집안, 일가

この件(けん)は**身内**の恥(はじ)なので、絶対(ぜったい)に口外(こうがい)しないでほしい。
이번 일은 집안의 수치이니 절대 입 밖으로 내지 않았으면 좋겠다.

★★ □ 15 右利き | みぎきき 오른손잡이

兄(あに)は生(う)まれつき**右利き**だが、左手(ひだりて)の方(ほう)が力(ちから)が強(つよ)い。
형은 태어날 때부터 오른손잡이였지만 왼손이 더 힘이 세다.

반 左利き | ひだりきき 왼손잡이

동사

17-2.mp3

기본 동사

★ □ 01 揚げる | あげる 튀기다

てんぷらは自宅(じたく)で**揚げる**より、お店(みせ)で**揚げた**ものの方(ほう)が断然(だんぜん)おいしい。
튀김은 집에서 튀긴 것보다 가게에서 튀긴 것이 훨씬 맛있다.

★ □ 02 味わう | あじわう 맛보다

初戦敗退(しょせんはいたい)という苦(にが)い経験(けいけん)を**味わった**。
1회전 탈락이라는 쓰라린 경험을 맛보았다.

★★ □ 03 焦る | あせる 초조해하다

そんなに**焦らなくても**まだ時間(じかん)は十分残(じゅうぶんのこ)っている。
그렇게 초조해하지 않아도 아직 시간은 충분히 남아 있다.

★ □ 04 温める | あたためる 데우다

コンビニで買(か)ってきたお弁当(べんとう)を電子(でんし)レンジで**温めて**食(た)べた。
편의점에서 사 온 도시락을 전자레인지로 데워서 먹었다.

☐ 05 うずくまる　웅크리다, 쪼그리다

かれ　わか　あと　かのじょ　へ や　すみ　な
彼と別れた後、彼女は部屋の隅に**うずくまって**泣いていた。
그와 헤어진 후 그녀는 방구석에 웅크리고 앉아서 울고 있었다.

☐ 06 薄める | うすめる　(농도 등을) 묽게 하다

ゆ　い　み そ しる　あじ
お湯を入れて味噌汁の味を**薄める**。
뜨거운 물을 넣어서 된장국 맛을 묽게 하다.

PLUS 薄まる | うすまる (농도 등이) 묽어지다, 연해지다

☐ 07 奢る | おごる　한턱내다

きょう　わたし　はら
いつも**奢って**もらってばかりいるので、今日は私が払いたい。
항상 얻어먹기만 했으니까 오늘은 내가 내고 싶어.

☐ 08 偏る | かたよる　기울다, 치우치다 / 한쪽으로 쏠리다

えいよう　しょくせいかつ　き
栄養が**偏らない**ように食生活に気をつけている。
영양이 균형을 잃지 않도록 식생활에 신경 쓰고 있다.

☐ 09 懲りる | こりる　질리다

なん ど しっぱい　じっけん　つづ
何度失敗しても**懲りず**に、実験を続けている。
몇 번을 실패해도 질리지 않고 실험을 계속하고 있다.

☐ 10 痺れる | しびれる　마비되다, 저리다

ぷん　せい ざ　あし
30分も正座をしていたら、足が**痺れて**しまった。
30분이나 정좌를 하고 있었더니 다리가 저렸다.

☐ 11 支える | つかえる　막히다

た　もの　のど　かん　びょういん　い　けん さ　う
食べ物が喉に**支える**感じがして、病院に行って検査を受けてみた。
음식이 목에 걸리는 느낌이 들어 병원에 가서 검사를 받아 보았다.

☐ 12 司る | つかさどる　담당하다, 지배하다

し しょう か ぶ　じ りつしんけい　き かん
視床下部は自律神経を**司る**器官でもある。
시상 하부는 자율 신경을 담당하는 기관이기도 하다.

☐ 13 手間取る | てまどる 시간이 걸리다, 품이 들다

初めての海外旅行だったので、準備に**手間取った**。
첫 해외여행이었기 때문에 준비하는 데 시간이 걸렸다.

☐ 14 溶かす | とかす (고체를) 녹이다 / (가루 등을) 풀다

てんぷらを作るために小麦粉を水で**溶かした**。
튀김을 만들기 위해 밀가루를 물에 풀었다.

☐ 15 紛らす | まぎらす (다른 것으로) 마음을 달래다

食べるものが何もなかったので、水で空腹を**紛らした**。
먹을 것이 아무것도 없어서 물로 허기를 달랬다.

복합동사

☐ 01 打ち上げる | うちあげる (하늘 높이) 쏘아 올리다

2年ぶりに気象観測用のロケットが**打ち上げられた**。
2년 만에 기상 관측용 로켓이 쏘아 올려졌다.

☐ 02 押し込む | おしこむ 밀어 넣다

洋服をすべて洋服ダンスの中に**押し込んだ**。
옷을 전부 옷장 속에 밀어 넣었다.

☐ 03 折れ曲がる | おれまがる 구부러지다

安物の傘は強風にすぐ**折れ曲がる**。
싸구려 우산은 강풍에 금방 구부러진다.

☐ 04 吸い込む | すいこむ 빨아들이다

部屋の埃が掃除機に**吸い込まれて**いく。
방의 먼지가 청소기에 빨려들어간다.

★★ □ 05 使い古す | つかいふるす　오래 사용하다

使い古してぼろぼろになったラケットを捨(す)てた。
오래 사용해서 너덜너덜해진 라켓을 버렸다.

★★ □ 06 詰め替える | つめかえる　다시 채워 넣다

プリンターの活字(かつじ)が薄(うす)くなったので、インクを**詰め替えた**。
프린터 활자가 연해져서 잉크를 다시 채워 넣었다.

★ □ 07 取り出す | とりだす　꺼내다

筆箱(ふでばこ)の中(なか)から消(け)しゴムを**取り出して**机(つくえ)の上(うえ)に置(お)いた。
필통 안에서 지우개를 꺼내어 책상 위에 놓았다.

★ □ 08 投げ込む | なげこむ　던져 넣다

汗(あせ)にまみれたシャツを洗濯(せんたく)かごの中(なか)に**投げ込んだ**。
땀범벅이 된 셔츠를 빨래 바구니 안에 던져 넣었다.

★★ □ 09 成し遂げる | なしとげる　해내다, 완수하다

どんな仕事(しごと)でも最後(さいご)まで**成し遂げる**ことが重要(じゅうよう)だ。
어떤 일이라도 끝까지 해내는 것이 중요하다.

★★ □ 10 持ち替える | もちかえる　(다른 손으로) 바꿔 들다

腕(うで)が疲(つか)れた場合(ばあい)は荷物(にもつ)を**持ち替えて**みるのもいい。
팔이 지친 경우에는 짐을 다른 손으로 바꿔 들어 보는 것도 좋다.

형용사

17-3.mp3

い 형용사

★★ □ 01 奥深い | おくぶかい　깊숙하다

原住民(げんじゅうみん)は森(もり)の**奥深い**ところで生活(せいかつ)している。
원주민은 숲의 깊숙한 곳에서 생활하고 있다.

★★ ☐ 02 香ばしい | こうばしい 향기롭다

コーヒー豆(まめ)の**香ばしい**香(かお)りが部屋(へや)に広(ひろ)がる。
커피 원두의 향기로운 향이 방에 퍼지다.

★★ ☐ 03 渋い | しぶい (맛이) 떫다 / 중후한 멋이 있다

この柿(かき)は見(み)た目(め)はおいしそうだが、**渋くて**とても食(た)べられない。
이 감은 겉보기에는 맛있어 보이는데 (막상 먹어 보니) 떫어서 도저히 못 먹겠다.

★★★ ☐ 04 造作ない・雑作ない | ぞうさない 손쉽다

部品(ぶひん)の交換(こうかん)をするだけなら**造作ない**が、全体(ぜんたい)の整備(せいび)をするのは難(むずか)しい。
부품 교환을 하기만 하는 것이라면 간단하지만 전체 정비를 하는 것은 어렵다.

★★★ ☐ 05 恙ない | つつがない 무사하다, 탈 없다

おかげさまで**恙なく**新年(しんねん)を迎(むか)えることができました。
덕분에 무사히 새해를 맞이할 수 있었습니다.

な 형용사

★★★ ☐ 01 気長 | きなが 느긋함

手紙(てがみ)の返事(へんじ)が遅(おそ)くなっても、**気長に**待(ま)ってみるつもりだ。
편지의 답장이 늦어져도 느긋하게 기다려 볼 작정이다.

★ ☐ 02 巨大 | きょだい 거대함

マンモスの**巨大な**足跡(あしあと)が発見(はっけん)されたというニュースを見(み)た。
매머드의 거대한 발자국이 발견되었다는 뉴스를 보았다.

★ ☐ 03 順調 | じゅんちょう 순조로움

この仕事(しごと)は**順調に**行(い)けば、来月(らいげつ)の上旬(じょうじゅん)には終(お)わる予定(よてい)だ。
이 일은 순조롭게 간다면 다음 달 초순에는 끝날 예정이다.

☐ 04 忠実 | ちゅうじつ 충실함

上司(じょうし)の命令(めいれい)に**忠実に**従(したが)う社員(しゃいん)が好(この)まれる。
상사의 명령에 충실히 따르는 직원이 선호된다.

☐ 05 陽気 | ようき 명랑함, 쾌활함

彼女(かのじょ)は辛(つら)くてもいつも**陽気な**ふりをして、平気(へいき)だと答(こた)える。
그녀는 괴로워도 항상 명랑한 척을 하며 괜찮다고 대답한다.

부사

17-4.mp3

☐ 01 ありのまま 있는 그대로

秘密(ひみつ)は絶対(ぜったい)に守(まも)りますから、事実(じじつ)を**ありのまま**話(はな)してください。
비밀은 반드시 지킬 테니까 사실을 있는 그대로 이야기해 주세요.

☐ 02 一概に | いちがいに 한마디로

その考(かんが)えが**一概に**誤(あやま)りだと決(き)め付(つ)けることはできない。
그 생각이 한마디로 잘못되었다고 단정지을 수는 없다.

☐ 03 それとなく 넌지시

この春(はる)、私(わたし)の転勤(てんきん)があるのかを**それとなく**部長(ぶちょう)に訊(き)いてみた。
이번 봄에 내가 전근을 가는지를 넌지시 부장님께 물어보았다.

☐ 04 何だかんだ言っても | なんだかんだいっても 이러니저러니 해도

何だかんだ言っても、結局(けっきょく)は資金繰(しきんぐ)りの話(はなし)になってしまう。
이러니저러니 해도 결국은 자금 조달에 관한 이야기가 되고 만다.

☐ 05 根掘り葉掘り | ねほりはほり 꼬치꼬치, 미주알고주알

他人(たにん)のことを**根掘り葉掘り**聞(き)くのはマナー違反(いはん)だ。
다른 사람에 관한 것을 꼬치꼬치 묻는 것은 매너 위반이다.

2순위

의성어·의태어

★ □ 01 いちいち　　하나하나, 일일이

いちいち説明(せつめい)するのは面倒(めんどう)くさくて嫌(いや)だ。
일일이 설명하는 것은 귀찮아서 싫다.

★★ □ 02 こまごま　　자세함, 자질구레함

こまごました内容(ないよう)については、別(べつ)の機会(きかい)に説明(せつめい)します。
자세한 내용에 관해서는 다른 기회에 설명하겠습니다.

★★★ □ 03 ねちねち　　성가시게 구는 모양, 치근치근 / 끈적끈적

いつも上司(じょうし)に**ねちねち**と小言(こごと)を言(い)われてストレスがたまる。
항상 상사에게 치근치근 잔소리를 들어서 스트레스가 쌓인다.

★★★ □ 04 はきはき　　동작, 태도, 말투 등이 확실한 모양

先生(せんせい)の質問(しつもん)に生徒(せいと)たちは**はきはき**と答(こた)えた。
선생님의 질문에 학생들은 또박또박 대답했다.

★★ □ 05 べらべら　　쉴 새 없이 이야기하는 모양

余計(よけい)なことを**べらべら**しゃべるのはもうやめてほしい。
쓸데없는 말을 종알종알 늘어놓는 것은 이제 그만두었으면 좋겠다.

속담·사자성어

★★★ □ 01 帯に短し襷に長し | おびにみじかしたすきにながし
띠로 쓰자니 짧고 어깨띠로 쓰자니 길다

この衣装(いしょう)ケースはサイズが微妙(びみょう)で**帯に短し襷に長し**で、なかなか置(お)き場所(ばしょ)が決(き)まらない。
이 의상 케이스는 사이즈가 애매해서 어디에 두어야 할지 좀처럼 모르겠다.

PLUS 어중간하다는 뜻.

★★ □ 02 溺れる者は藁をも掴む | おぼれるものはわらをもつかむ

물에 빠지면 지푸라기라도 잡는다

彼女(かのじょ)はあまりにも不幸(ふこう)が続(つづ)き、**溺れる者は藁をも掴む**思(おも)いで占(うらな)い師(し)を訪(たず)ねたそうだ。

그녀는 너무나도 불행이 계속되어 지푸라기라도 잡는 심정으로 점쟁이를 찾아갔다고 한다.

★★ □ 03 起死回生 | きしかいせい

기사회생

会社(かいしゃ)は2年連続赤字経営(ねんれんぞくあかじけいえい)だったが、大幅(おおはば)なコストダウンで**起死回生**を果(は)たした。 회사는 2년 연속 적자 경영이었지만 대폭적인 비용 절감을 통해 기사회생에 성공했다.

PLUS 절체절명의 위기에서 다시 살아났다는 뜻.

★★★ □ 04 旧態依然 | きゅうたいいぜん

구태의연

こんな**旧態依然**とした体質(たいしつ)でこの先(さき)やっていけるのか、心配(しんぱい)だ。

이런 구태의연한 체질로 앞으로 잘해 나갈 수 있을지 걱정이다.

PLUS 조금도 변하거나 발전이 없다는 뜻.

2순위

관용어

★★ □ 01 風向きが悪い | かざむきがわるい

형세가 불리하다

何(なん)とか交渉(こうしょう)を有利(ゆうり)に進(すす)めたいが、今(いま)のところ**風向きが悪い**。

어떻게든 교섭을 유리하게 진행하고 싶지만 지금 상황은 형세가 불리하다.

★★★ □ 02 かぶりを振る | かぶりをふる

고개를 가로젓다

彼女(かのじょ)は少(すこ)し困(こま)ったように笑(わら)いながら**かぶりを振った**。

그녀는 난처하다는 듯이 웃으며 고개를 가로저었다.

PLUS 거절하거나 부정한다는 뜻으로 쓰인다.

★★ □ 03 苦汁をなめる | くじゅうをなめる

쓰라린 경험을 하다

ビジネスでは取引先(とりひきさき)との関係(かんけい)で**苦汁をなめる**ことが多(おお)い。

회사에서는 거래처와의 관계 때문에 쓰라린 경험을 하는 경우가 많다.

□ **04 駄目を押す | だめをおす** 재차 확인하다

部長(ぶちょう)は「これで間違(まちが)いないのか」と**駄目を押した**。

부장님은 "이거 맞아?" 하고 재차 확인했다.

□ **05 袂を連ねる | たもとをつらねる** 같이 행동하다, 함께하다

結局(けっきょく)はライバル会社(がいしゃ)と**袂を連ねる**ことになった。

결국은 경쟁사와 함께하게 되었다.

□ **06 花を添える | はなをそえる** 좋은 것에 좋은 것을 더하다

人気歌手(にんきかしゅ)がゲストに参加(さんか)してイベントに**花を添えた**。

인기 가수가 게스트로 참가해서 이벤트에 여흥을 더했다.

□ **07 分がある | ぶがある** 가능성이 있다

販売戦略(はんばいせんりゃく)によっては、我(わ)が社(しゃ)にも**分がある**と思(おも)う。

판매 전략에 따라서는 우리 회사에도 가능성이 있다고 생각한다.

□ **08 不徳の致す所 | ふとくのいたすところ** 부덕의 소치

今回(こんかい)の事態(じたい)は私(わたくし)の**不徳の致す所**ですので、私(わたくし)がすべての責任(せきにん)を取(と)ります。

이번 사태는 제 부덕의 소치이므로 제가 모든 책임을 지겠습니다.

□ **09 店を畳む | みせをたたむ** 가게를 접다

不景気(ふけいき)で、近所(きんじょ)の商店街(しょうてんがい)でも**店を畳む**ところが多(おお)い。

불경기 때문에 근처 상점가에서도 가게를 접는 곳이 많다.

□ **10 渡りをつける | わたりをつける** 교섭을 트다

彼(かれ)は若(わか)いながらも他人(たにん)と**渡りをつける**ノウハウを身(み)につけている。

그는 젊지만 다른 사람과 교섭을 트는 노하우를 가지고 있다.

1 다음 밑줄 친 히라가나에 해당하는 한자를 고르세요.

1. ししゃごにゅうして計算する。　① 四捨五入　② 四舍五入
2. 人口についてのとうけい資料　① 統計　② 通計
3. 光をはんしゃする。　① 反写　② 反射
4. じゅんちょうに仕事が進んでいる。　① 順調　② 純調
5. その考えはいちがいに間違いだとも言えない。　① 一外　② 一概

2 다음 두 문장 중에서 올바른 문장을 고르세요.

1. ① 女性タレントがイベントに花を植えた。
   ② 女性タレントがイベントに花を添えた。
2. ① このことは外部の人間にべらべらしゃべらないでくれ。
   ② このことは外部の人間にべろべろしゃべらないでくれ。
3. ① 上司に小言をねちねちと言われてストレスがたまる。
   ② 上司に小言をむちむちと言われてストレスがたまる。
4. ① 労働奪取による被害
   ② 労働搾取による被害
5. ① 社長のゴルフの腕前はプロ並みです。
   ② 社長のゴルフの腕利きはプロ並みです。

3 다음 일본어가 설명하고 있는 단어를 고르세요.

1. 家族・親類

① 身の上　　② 身内

2. 海、湖、川などの水際

① ほとり　　② いただき

3. 暴力団や動物などの勢力範囲

① 蚊帳　　② 縄張り

4. 形勢が不利だ。

① 風向きが悪い　　② 歯並びが悪い

5. 夜明け

① 深夜　　② 未明

---

1 1.① 2.① 3.② 4.① 5.② **2** 1.② 2.① 3.① 4.② 5.① **3** 1.② 2.① 3.② 4.① 5.②

DAY 18

VOCA Check

나의 어휘 실력은 현재 어느 정도일까?
실전 어휘력 체크!

다음 어휘의 뜻을 써 보세요.

명사

□01 脅威 .... □02 構築 .... □03 前提 ....
□04 新米 .... □05 世間体 .... □06 度胸 ....
□07 転寝 .... □08 寝言 .... □09 晴れ着 ....

동사

□10 貶す .... □11 鎮める .... □12 募る ....
□13 尖る .... □14 妬む .... □15 組み込む ....
□16 取り入れる .... □17 引き下げる .... □18 見直す ....

형용사

□19 気高い .... □20 気だるい .... □21 手厚い ....
□22 手っ取り早い .... □23 目ぼしい .... □24 勝気 ....
□25 気丈 .... □26 華奢 .... □27 健在 ....

부사·의성어·의태어

□28 あっさり .... □29 強いて .... □30 どっしり ....
□31 びっしょり .... □32 文字通り .... □33 延々 ....
□34 ちくちく .... □35 ぱらぱら .... □36 ひりひり ....

속담·사자성어·관용어

□37 鬼に金棒 .... □38 絶体絶命 ....
□39 端を発する .... □40 ぬるま湯につかる ....

- 정답 개수 01~10개 ▶ **당신은 초급자!** 산 넘어 산이네요! 정독하여 반드시 어휘 정복합시다!
- 정답 개수 11~20개 ▶ **당신은 초중급자!** 이제 걸음마 뗀 수준? 좀 더 노력하여 수준급으로 Go!
- 정답 개수 21~30개 ▶ **당신은 중급자!** 조금만 더 열심히 하면, 상급자까지 얼마 안 남았어요!
- 정답 개수 31~40개 ▶ **당신은 거의 상급자 수준?!** 방심은 금물! 100% 완벽에 도전합시다!

DAY 18

명사

18-1.mp3

기본 한자어

- □ 01 演出 | えんしゅつ 연출
- □ 02 殴打 | おうだ 구타
- □ 03 格差 | かくさ 격차
- □ 04 慣例 | かんれい 관례
- □ 05 脅威 | きょうい 위협
- □ 06 系統 | けいとう 계통
- □ 07 構築 | こうちく 구축
- □ 08 参照 | さんしょう 참조
- □ 09 時事 | じじ 시사
- □ 10 収容 | しゅうよう 수용
- □ 11 水位 | すいい 수위
- □ 12 世紀 | せいき 세기
- □ 13 前提 | ぜんてい 전제
- □ 14 定義 | ていぎ 정의
- □ 15 特権 | とっけん 특권
- □ 16 復興 | ふっこう 부흥
- □ 17 弁解 | べんかい 변명
- □ 18 返済 | へんさい 변제
- □ 19 埋没 | まいぼつ 매몰
- □ 20 未知 | みち 미지
- □ 21 密度 | みつど 밀도
- □ 22 無論 | むろん 물론
- □ 23 名誉 | めいよ 명예
- □ 24 余地 | よち 여지
- □ 25 予兆 | よちょう 전조
- □ 26 連鎖 | れんさ 연쇄

읽기에 주의해야 할 음독 한자어

☆☆ □ 01 お節介 | おせっかい (공연한, 쓸데없는) 참견

山田さんは何かと人の**お節介**を焼くのが好きだ。
야마다 씨는 여러모로 남 일에 참견하는 것을 좋아한다.

☆☆☆ □ 02 下世話 | げせわ 속설, 속된 말

彼とは高尚な話から**下世話**な話まで何でも話し合う。
그와는 고상한 이야기부터 속된 이야기까지 무엇이든 서로 이야기한다.

☆☆ □ 03 新米 | しんまい 신참

彼は今年記者になったばかりの**新米**だ。
그는 올해 갓 기자가 된 신참이다.

☆☆ □ 04 盛装 | せいそう (화려하게) 차려입음

成人式には晴れ着に**盛装**して出かける二十歳が多い。
성인식에는 외출복으로 (화려하게) 차려입고 나가는 스무 살 젊은이들이 많다.

☆☆ □ 05 世間体 | せけんてい 세간의 이목

世間体を気にして結婚を急ぐ必要はまったくない。
세간의 이목을 신경 써서 결혼을 서두를 필요는 전혀 없다.

☆☆ □ 06 蛇行 | だこう 구불구불 나아감

蛇行運転は飲酒運転に疑われる。
갈지자 운전은 음주 운전으로 의심받는다.

☆☆ □ 07 度胸 | どきょう 배짱

かなりの**度胸**がなければスカイダイビングなんてできないだろう。
상당한 배짱이 없다면 스카이다이빙 같은 것은 할 수 없을 것이다.

2순위

★★ □ 08 **二人三脚** | にんさんきゃく 이인삼각 / 서로 협력함

幼(おさな)なじみと**二人三脚**で事業(じぎょう)を展開(てんかい)してきた。
소꿉친구와 힘을 합쳐 사업을 전개해 왔다.

★★ □ 09 **秘匿** | ひとく 남들이 모르게 감춤

彼(かれ)はある理由(りゆう)のために自分(じぶん)の本名(ほんみょう)を**秘匿**している。
그는 어떤 이유 때문에 자신의 본명을 숨기고 있다.

★★ □ 10 **摩天楼** | まてんろう 마천루(매우 높은 건물)

ヘリコプターに乗(の)ってニューヨークの**摩天楼**を見下(みお)ろした。
헬리콥터를 타고 뉴욕의 마천루를 내려다보았다.

고유어

★★★ □ 01 **転寝** | うたたね 선잠

ソファーでしばらく休(やす)むつもりだったが、つい**転寝**してしまった。
소파에서 잠시 쉴 생각이었는데 그만 선잠을 자고 말았다.

★ □ 02 **売り物** | うりもの 파는 물건

すみませんが、こちらにあるものは**売り物**ではありません。
죄송합니다만, 이쪽에 있는 것은 파는 물건이 아닙니다.

★★★ □ 03 **切れ者** | きれもの 수완가

彼(かれ)は、普段(ふだん)はあまり目立(めだ)たないものの、かなりの**切れ者**だという噂(うわさ)だ。
그는 평상시에는 별로 돋보이지 않지만 상당한 수완가라는 소문이다.

★★ □ 04 **首っ丈** | くびったけ (이성에게) 홀딱 반함

最近(さいきん)、彼女(かのじょ)は映画(えいが)俳優(はいゆう)にそっくりな留学生(りゅうがくせい)に**首っ丈**だ。
요즘 그녀는 영화배우를 쏙 빼닮은 유학생에게 홀딱 반해 있다.

□ 05 **底力** | そこぢから 저력

最初、先取点を取られていたチームが最後に**底力**を見せたいい試合だった。 처음에 선취점을 빼앗긴 팀이 마지막에 저력을 보여 준 멋진 시합이었다.

□ 06 **仲良し** | なかよし 절친, 사이 좋은 친구

幼なじみの川口君とは今も**仲良し**だ。
소꿉친구인 가와구치와는 지금도 사이 좋은 친구이다.

□ 07 **にきび** 여드름

夏になると汗をかくので、**にきび**が増える。
여름이 되면 땀이 나서 여드름이 늘어난다.

□ 08 **寝言** | ねごと 잠꼬대

夫が夜中にわけのわからない**寝言**を言ってびっくりした。
남편이 밤중에 영문을 알 수 없는 잠꼬대를 해서 깜짝 놀랐다.

□ 09 **寝床** | ねどこ 잠자리

夕べは疲れたが、**寝床**に入ったのは結局2時頃だった。
어젯밤에는 피곤했지만 잠자리에 든 것은 결국 2시경이었다.

□ 10 **晴れ着** | はれぎ 경사스러운 자리에 입고 나가는 옷

お正月は**晴れ着**姿の女性たちをよく見かける。
설에는 곱게 차려입은 여성들이 자주 눈에 띈다.

□ 11 **人柄** | ひとがら 인품

あの人は温和な**人柄**で、めったに腹を立てたりしない。
저 사람은 온화한 인품이라서 좀처럼 화를 내지 않는다.

□ 12 **日焼け** | ひやけ 햇빛에 그을림

日焼けは肌の老化を早める原因となるらしい。
햇빛에 그을리는 것은 피부 노화를 앞당기는 원인이 된다고 한다.

★★ □ 13 踏み場 | ふみば 발 디딜 곳

息子(むすこ)の部屋(へや)は足(あし)の**踏み場**もないほど散(ち)らかっている。
아들 방은 발 디딜 곳도 없을 만큼 어질러져 있다.

★★ □ 14 やりがい 일하는 보람

最近(さいきん)になって、仕事(しごと)に**やりがい**を感(かん)じるようになった。
요즘 들어 일에서 보람을 느끼게 되었다.

★★ □ 15 よだれ (질질 흘리는) 침

机(つくえ)にうつぶせになって、**よだれ**を垂(た)らして寝(ね)ている。
책상에 엎드려 침을 질질 흘리며 자고 있다.

동사

18-2.mp3

기본 동사

★★ □ 01 潤む | うるむ 축축해지다, 촉촉해지다

素晴(すば)らしい映画(えいが)を見(み)て、感動(かんどう)に目(め)が**潤ん**できた。
멋진 영화를 보고 감동하여 눈가가 촉촉해졌다.

★★ □ 02 怯える | おびえる 무서워하다, 겁먹다

国民(こくみん)たちは戦争(せんそう)の恐怖(きょうふ)に**怯えながら**暮(く)らしていた。
국민들은 전쟁 공포에 떨면서 지내고 있었다.

★★★ □ 03 貶す | けなす 혹평하다

自分(じぶん)なりに一生懸命(いっしょうけんめい)にやったが、先輩(せんぱい)にぼろくそに**貶された**。
내 나름대로 열심히 했는데 선배에게 형편없이 혹평을 당했다.

★★ □ 04 焦がす | こがす (까맣게) 태우다 / 애태우다

大学生(だいがくせい)の時(とき)は、好(す)きな人(ひと)を思(おも)いながら胸(むね)を**焦がした**ものだ。
대학생 때는 좋아하는 사람을 생각하며 애를 태우곤 했었다.

05 ざわつく 술렁이다

会場(かいじょう)が**ざわついて**いてどうしたのかと思(おも)ったら、有名人(ゆうめいじん)が来(き)ていた。
행사장이 술렁이고 있어서 무슨 일인가 했더니 유명인이 와 있었다.

06 鎮める | しずめる 가라앉히다, 진정시키다

この湿布(しっぷ)は炎症(えんしょう)を**鎮める**効果(こうか)があると知(し)られている。
이 파스는 염증을 가라앉히는 효과가 있다고 알려져 있다.

07 縮れる | ちぢれる (머리카락이) 곱슬곱슬하다

息子(むすこ)は天然(てんねん)パーマで髪(かみ)が**縮れて**いることを悩(なや)んでいるようだ。
아들은 곱슬머리라서 머리카락이 곱슬곱슬한 것을 고민하고 있는 모양이다.

08 募る | つのる 심해지다 / 모으다

彼(かれ)の恋人(こいびと)への思(おも)いはますます**募る**一方(いっぽう)だった。
그의 애인을 향한 마음은 점점 더 심해지기만 했다.

09 手こずる | てこずる 애를 먹다

宿泊先(しゅくはくさき)のホテルがなかなか見(み)つからなくて**手こずって**いる。
숙박할 호텔이 좀처럼 찾아지지 않아서 애를 먹고 있다.

10 尖る | とがる 뾰족하다 / (성격이) 날카롭다, 예민하다

先(さき)の**尖った**ものを見(み)ると、大(おお)きな恐怖(きょうふ)を感(かん)じる「先端恐怖症(せんたんきょうふしょう)」というものがある。 끝이 뾰족한 것을 보면 엄청난 공포를 느끼는 '선단 공포증'이라는 것이 있다.

11 戸惑う | とまどう 당황하다

思(おも)いもよらぬ人(ひと)からの突然(とつぜん)のプロポーズに**戸惑って**しまった。
생각지도 못한 사람으로부터의 갑작스러운 프러포즈에 당황해 버렸다.

12 どよめく 술렁이다

意外(いがい)な発言(はつげん)で、会場(かいじょう)が一瞬(いっしゅん)**どよめいた**。
의외의 발언으로 행사장이 순간 술렁였다.

□ 13 涙ぐむ | なみだぐむ　　눈물을 글썽이다

いつも冷静(れいせい)な彼女(かのじょ)もこの映画(えいが)を見(み)た時(とき)は**涙ぐんで**いた。

항상 냉정한 그녀도 이 영화를 보았을 때는 눈물을 글썽이고 있었다.

□ 14 妬む | ねたむ　　질투하다

人(ひと)の成功(せいこう)を**妬んで**ばかりいる人(ひと)を見(み)ると、思(おも)わず腹(はら)が立(た)つ。

다른 사람의 성공을 질투만 하는 사람을 보면 나도 모르게 화가 난다.

□ 15 禿げる | はげる　　머리가 벗겨지다

父(ちち)もだいぶ歳(とし)をとって頭(あたま)が**禿げて**きた。

아버지도 꽤 나이가 들어 머리가 벗겨지게 되었다.

복합동사

□ 01 当て嵌める | あてはめる　　적용하다

昔(むかし)の事件(じけん)を現代(げんだい)の法律(ほうりつ)に**当て嵌めて**考(かんが)える。

옛날 사건을 현대 법률에 적용하여 생각하다.

□ 02 追い込む | おいこむ　　몰아넣다

新社長(しんしゃちょう)はわずか1年(ねん)足(た)らずで退陣(たいじん)に**追い込まれた**。

새로운 사장은 불과 1년이 안 되어 퇴진에 몰렸다.

□ 03 追い付く | おいつく　　따라잡다

この国(くに)の技術水準(ぎじゅつすいじゅん)は先進国(せんしんこく)に**追い付いた**。

이 나라의 기술 수준은 선진국을 따라잡았다.

□ 04 組み込む | くみこむ　　(예산이나 계획 등을) 짜 넣다 / 장착하다

この機械(きかい)には安全装置(あんぜんそうち)が**組み込まれて**いる。

이 기계에는 안전 장치가 장착되어 있다.

☆☆ □ 05 突き放す | つきはなす　내치다, 뿌리치다

後輩(こうはい)の将来(しょうらい)のために、わざと**突き放した**言(い)い方(かた)をして距離(きょり)を置(お)くようにした。 후배의 장래를 위해서 일부러 차가운 말투로 말하며 거리를 두도록 했다.

☆☆ □ 06 取り入れる | とりいれる　받아들이다, 도입하다

外国(がいこく)から最新(さいしん)の技術(ぎじゅつ)を**取り入れる**。
외국으로부터 최신 기술을 도입하다.

☆☆ □ 07 引き上げる・引き揚げる | ひきあげる　(금액을) 인상하다 / 회수하다

来月(らいげつ)からバスの運賃(うんちん)が**引き上げられる**ことになった。
다음 달부터 버스 운임이 오르게 되었다.

☆☆ □ 08 引き下げる | ひきさげる　(금액을) 인하하다

日本銀行(にっぽんぎんこう)が金利(きんり)を**引き下げる**と発表(はっぴょう)した。
일본 은행이 금리를 내린다고 발표했다.

☆☆ □ 09 掘り出す | ほりだす　파내다

その会社(かいしゃ)は地下(ちか)から石油(せきゆ)を**掘り出して**輸出(ゆしゅつ)することで利益(りえき)を得(え)ている。
그 회사는 지하에서 석유를 파내어 수출하는 것으로 이익을 얻고 있다.

☆☆☆ □ 10 見直す | みなおす　다시 보다, 좋아지다

提出(ていしゅつ)する前(まえ)に答案用紙(とうあんようし)を**見直す**。
제출하기 전에 답안지를 다시 보다.

2순위

형용사

18-3.mp3

い형용사

☆☆ □ 01 気高い | けだかい　기품이 있다, 고상하다

彼(かれ)は祖先(そせん)が貴族(きぞく)の出(で)だからか、どこか**気高い**雰囲気(ふんいき)がある。
그는 조상이 귀족 출신이라 그런지 어딘가 고상한 분위기가 있다.

★★ □02 気だるい | けだるい 나른하다

長い会議が終わったあとは、いつも**気だるい**。
긴 회의가 끝난 후에는 항상 나른하다.

★★ □03 手厚い | てあつい 극진하다

会社の功労者を**手厚く**処遇する。
회사의 공로자를 극진하게 대우하다.

★★ □04 手っ取り早い | てっとりばやい 손쉽다, 재빠르다

この件は**手っ取り早い**対応が求められる。
이 건은 재빠른 대응이 요구된다.

★★★ □05 目ぼしい | めぼしい 두드러지다

いくら検索しても**目ぼしい**情報は見つからなかった。
아무리 검색해도 두드러지는 정보는 눈에 띄지 않았다.

な 형용사

★★★ □01 勝気 | かちき 오기가 있음

子供の頃から負けず嫌いで**勝気な**性格だった。
어렸을 때부터 지기 싫어하고 오기가 있는 성격이었다.

★★★ □02 気丈 | きじょう 당참

父を亡くしたばかりの彼女だが、インタビューに**気丈に**答えた。
아버지를 잃은 지 얼마 안 되는 그녀이지만 인터뷰에 당차게 대답했다.

★★★ □03 華奢 | きゃしゃ 가냘픔

そのウェディングドレスは彼女の**華奢な**体つきにぴったりだった。
그 웨딩드레스는 그녀의 호리호리한 몸매와 잘 어울렸다.

☐ 04 健在 | けんざい 건재함

私の曽祖父は農業を営んでいて、今も**健在だ**。
우리 증조할아버지는 농업에 종사하고 계시고 지금도 건재하시다.

☐ 05 小粒 | こつぶ (체격이) 작음

たとえ体は**小粒でも**、彼女の声にはパワーがある。
비록 몸은 작아도 그녀의 목소리에는 파워가 있다.

부사

18-4.mp3

☐ 01 あっさり 깨끗이

負けず嫌いの彼が、なぜか今回は**あっさり**と負けを認めた。
지기 싫어하는 그가 웬일인지 이번에는 깨끗이 패배를 인정했다.

☐ 02 強いて | しいて 굳이

クラシック音楽はあまり聴かないが、**強いて**言えばベートーベンが好きだ。
클래식 음악은 별로 듣지 않지만 굳이 말하자면 베토벤을 좋아한다.

☐ 03 どっしり 묵직하게

エースは正念場にその存在感が**どっしり**と現れるものだ。
에이스는 중요한 국면에 그 존재감이 묵직하게 나타나는 법이다.

☐ 04 びっしょり 흠뻑

炎天下のもと、マラソン選手たちは汗**びっしょり**になって走った。
불볕더위 속에서 마라톤 선수들은 땀에 흠뻑 젖은 채 달렸다.

☐ 05 文字通り | もじどおり 글자 그대로

空腹とは、**文字通り**お腹が空いていることを意味する。
공복이란 글자 그대로 배가 비어 있다는 것을 의미한다.

2순위

의성어·의태어

☐ 01 延々 | えんえん　　일이나 이야기 등이 오랫동안 계속되는 모양

会議(かいぎ)は途中(とちゅう)で休憩(きゅうけい)も挟(はさ)まずに**延々**と続(つづ)いた。

회의는 도중에 쉬는 시간도 없이 장황하게 이어졌다.

☐ 02 ちくちく　　바늘이나 가시 같은 것에 찔리듯 따끔따끔한 모양

私(わたし)は肌(はだ)が敏感(びんかん)なので、**ちくちく**するセーターは着(き)られない。

나는 피부가 민감해서 따끔거리는 스웨터는 못 입는다.

☐ 03 ぱらぱら　　종이 등을 넘기는 모양

ぱらぱらとページをめくりながら、本(ほん)の内容(ないよう)を確(たし)かめる。

훌훌 페이지를 넘기면서 책 내용을 확인하다.

☐ 04 ひりひり　　피부나 점막 등이 자극으로 인해 따끔따끔한 모양

日焼(ひや)けをして首筋(くびすじ)が**ひりひり**と痛(いた)い。

햇볕에 그을려서 목덜미가 따끔따끔 아프다.

☐ 05 べたべた　　끈적끈적

夏場(なつば)は一日中(いちにちじゅう)汗(あせ)で**べたべた**して不快(ふかい)だ。

여름철은 하루 종일 땀 때문에 끈적거려서 불쾌하다.

속담·사자성어

☐ 01 青菜に塩 | あおなにしお　　푸성귀에 소금

弟(おとうと)は彼女(かのじょ)に振(ふ)られて「**青菜に塩**」のように元気(げんき)がない。

동생은 여자 친구에게 차여서 푸성귀에 소금친 듯 기운이 없다.

PLUS 푸성귀에 소금을 뿌리면 시들어 버리는 것에서 유래하여 기력이 없다는 뜻으로 쓰인다.

☐ 02 鬼に金棒 | おにに かなぼう　도깨비에게 쇠방망이

今年は特に語学力に優れた新入社員が多いから、うちの部署にとってまさに**鬼に金棒**だ。
올해는 특히 어학 실력이 뛰어난 신입 사원이 많아서 우리 부서에게 있어서는 그야말로 호랑이 등에 날개 단 격이다.

PLUS 그렇지 않아도 강한데 더욱더 강해진다는 뜻.

☐ 03 絶体絶命 | ぜったいぜつめい　절체절명

一発逆転の**絶体絶命**のピンチをどう乗り切るかがピッチャーの腕の見せ所だ。 한방에 역전당할 절체절명의 위기를 어떻게 넘기는지가 투수의 실력이 발휘되는 순간이다.

☐ 04 八面六臂 | はちめんろっぴ　팔면육비

八面六臂の活躍でチームを優勝に導いた。
팔면육비의 활약으로 팀을 우승으로 이끌었다.

PLUS 여러 방면에서 눈부신 활약을 한다는 뜻.

관용어

☐ 01 事と次第によっては | ことと しだいによっては　경우에 따라서는

事と次第によっては、解雇も免れないだろう。
경우에 따라서는 해고도 면할 수 없을 것이다.

☐ 02 端を発する | たんをはっする　발단이 되다

突然の解雇は金融危機に**端を発して**いるようだ。
갑작스러운 해고는 금융 위기가 발단이 되고 있는 것 같다.

☐ 03 掉尾を飾る | とうびをかざる　대미를 장식하다

イベントの**掉尾を飾る**ハイテク・ショーが行われた。
이벤트의 대미를 장식하는 하이테크 쇼가 열렸다.

★ □ 04 情け容赦もない | なさけようしゃもない 인정사정없다

20年間働いてきた社員を**情け容赦もなく**首にした。
20년 동안 일해 온 직원을 인정사정없이 해고했다.

★ □ 05 名を揚げる | なをあげる 이름을 날리다

彼は文芸雑誌の編集者としても**名を揚げた**。
그는 문예 잡지 편집자로서도 이름을 날렸다.

★★ □ 06 ぬるま湯につかる | ぬるまゆにつかる 현실에 안주하다

ぬるま湯につかる生活なんて、あまりにもつまらな過ぎる。
현실에 안주하는 생활 같은 것은 너무나도 재미없다.

★ □ 07 不問に付す | ふもんにふす 불문에 부치다

新入社員のミスなので、今回は**不問に付す**ことにした。
신입 사원의 실수이니 이번에는 불문에 부치기로 했다.

★★★ □ 08 御輿を上げる | みこしをあげる 자리에서 일어나다, 개시하다

そろそろ話題も尽きたし、**御輿を上げる**ことにしましょう。
슬슬 화제도 다 떨어졌고 하니 자리에서 일어나기로 합시다.

★ □ 09 物になる | ものになる 의도한 대로 성장하다, 대단한 무언가가 되다

彼が職人として**物になる**には、あと３年は必要だろう。
그가 장인으로 크려면 앞으로 3년은 필요할 것이다.

★ □ 10 輪になる | わになる 원을 이루다

みんなで手を繋いで、**輪になって**歌いましょう。
모두 함께 손을 잡고 원을 이루어 노래를 부릅시다.

1 다음 밑줄 친 히라가나에 해당하는 한자를 고르세요.

1. <u>みち</u>の世界に足を入れる。　① 未地　② 未知
2. 地域<u>かくさ</u>が問題になっている。　① 格差　② 各差
3. 政治家の<u>とっけん</u>　① 特券　② 特権
4. 情け<u>ようしゃ</u>もない。　① 容謝　② 容赦
5. 結婚を<u>ぜんてい</u>に付き合う。　① 前提　② 全提

2 다음 두 문장 중에서 올바른 문장을 고르세요.

1. ① 新しい社会制度を建築する。
   ② 新しい社会制度を構築する。

2. ① ぬるま湯につかった生活
   ② 産湯につかった生活

3. ① 戦死者を分厚く葬る。
   ② 戦死者を手厚く葬る。

4. ① 彼女は豪華な体つきの割には力が強い。
   ② 彼女は華奢な体つきの割には力が強い。

5. ① 職人として物になる。
   ② 職人として輪になる。

3 다음 일본어가 설명하고 있는 단어를 고르세요.

1. とても濡れている様子

   ① ぐったり　② びっしょり

2. 異性に夢中になる。

   ① 首っ引き　② 首ったけ

3. とても高い建物

   ① 摩天楼　② 関の山

4. 仕事などをする心の張り合い

   ① やりくり　② やりがい

5. 眠るつもりはなかったが、横になっている間についうとうと眠ってしまう。

   ① うたた寝　② ごろ寝

---

1 1.② 2.① 3.② 4.② 5.① **2** 1.② 2.① 3.② 4.② 5.① **3** 1.② 2.② 3.① 4.② 5.①

DAY 19

VOCA Check

나의 어휘 실력은 현재 어느 정도일까?
실전 어휘력 체크!

다음 어휘의 뜻을 써 보세요.

명사

□01 実態 ....
□02 所持 ....
□03 背後 ....
□04 一身上 ....
□05 試行錯誤 ....
□06 門限 ....
□07 枯葉 ....
□08 靴擦れ ....
□09 流れ星 ....

동사

□10 憤る ....
□11 脅かす ....
□12 区切る ....
□13 唱える ....
□14 富む ....
□15 押し寄せる ....
□16 食い止める ....
□17 飛び交う ....
□18 乗り出す ....

형용사

□19 いかつい ....
□20 面映い ....
□21 口喧しい ....
□22 生臭い ....
□23 歯がゆい ....
□24 気の毒 ....
□25 艶やか ....
□26 太っ腹 ....
□27 良好 ....

부사·의성어·의태어

□28 ぐっしょり ....
□29 せいぜい ....
□30 大概 ....
□31 どっさり ....
□32 程々に ....
□33 かしゃかしゃ ....
□34 ぐずぐず ....
□35 くるくる ....
□36 ばたばた ....

속담·사자성어·관용어

□37 絵に描いた餅 ....
□38 自業自得 ....
□39 黒子に徹する ....
□40 物は試し ....

- **정답 개수 01~10개** ▸ **당신은 초급자!** 산 넘어 산이네요! 정독하여 반드시 어휘 정복합시다!
- **정답 개수 11~20개** ▸ **당신은 초중급자!** 이제 걸음마 뗀 수준? 좀 더 노력하여 수준급으로 Go!
- **정답 개수 21~30개** ▸ **당신은 중급자!** 조금만 더 열심히 하면, 상급자까지 얼마 안 남았어요!
- **정답 개수 31~40개** ▸ **당신은 거의 상급자 수준?!** 방심은 금물! 100% 완벽에 도전합시다!

DAY 19

명사

19-1.mp3

기본 한자어

- □ 01 恩師 | おんし 은사
- □ 02 革命 | かくめい 혁명
- □ 03 救援 | きゅうえん 구원
- □ 04 救済 | きゅうさい 구제
- □ 05 拒否 | きょひ 거부
- □ 06 緊急 | きんきゅう 긴급
- □ 07 渓谷 | けいこく 계곡
- □ 08 形跡 | けいせき 흔적, 자취
- □ 09 実態 | じったい 실태
- □ 10 指紋 | しもん 지문
- □ 11 車輪 | しゃりん 바퀴
- □ 12 収拾 | しゅうしゅう 수습
- □ 13 消火器 | しょうかき 소화기
- □ 14 所持 | しょじ 소지
- □ 15 舌戦 | ぜっせん 설전
- □ 16 葬式 | そうしき 장례식
- □ 17 対象 | たいしょう 대상
- □ 18 断定 | だんてい 단정
- □ 19 抵抗 | ていこう 저항
- □ 20 突進 | とっしん 돌진
- □ 21 突入 | とつにゅう 돌입
- □ 22 燃料 | ねんりょう 연료
- □ 23 背後 | はいご 배후
- □ 24 破片 | はへん 파편
- □ 25 放置 | ほうち 방치
- □ 26 用心 | ようじん 조심

읽기에 주의해야 할 음독 한자어

★★ □ 01 一身上 | いっしんじょう 일신상

一身上の都合(つごう)により、今月一杯(こんげついっぱい)で辞職(じしょく)します。
일신상의 사정으로 이달 말을 끝으로 사직하겠습니다.

★★ □ 02 一辺倒 | いっぺんとう 일변도(한쪽으로만 치우침)

最近(さいきん)はどの国(くに)でも英語教育(えいごきょういく)**一辺倒**だ。
요즘은 어느 나라에서나 영어 교육에 관심이 쏠려 있다.

★★ □ 03 喧伝 | けんでん 떠들썩하게 세상에 이야기를 퍼뜨림

事実(じじつ)とは異(こと)なる噂(うわさ)が広(ひろ)く**喧伝**され、投資家(とうしか)たちの混乱(こんらん)を招(まね)いた。
사실과는 다른 소문이 널리 퍼져서 투자가들의 혼란을 초래했다.

★★ □ 04 酷似 | こくじ 대단히 닮음

この商品(しょうひん)のロゴは他社(たしゃ)のロゴと**酷似**していたため、デザイン変更(へんこう)を強(し)いられた。
이 상품의 로고는 타사 로고와 아주 많이 비슷해서 디자인 변경을 해야만 했다.

★★ □ 05 試行錯誤 | しこうさくご 시행착오

試行錯誤の末(すえ)、新製品(しんせいひん)の開発(かいはつ)に成功(せいこう)した。
시행착오 끝에 신제품 개발에 성공했다.

★★ □ 06 低迷 | ていめい 저조

国内需要(こくないじゅよう)の**低迷**により、マイナス成長(せいちょう)が続(つづ)いている。
국내 수요의 저조로 인해 마이너스 성장이 계속되고 있다.

★★ □ 07 白状 | はくじょう 자백

確実(かくじつ)な証拠(しょうこ)があるんだから、さっさと**白状**した方(ほう)がいいぞ。
확실한 증거가 있으니까 얼른 자백하는 것이 좋을 거야.

★★ □ 08 本数 | ほんすう　운행하는 교통편 수

バスの**本数**が1時間に２台しかなくて、とても不便だ。
운행하는 버스가 한 시간에 두 대밖에 없어서 대단히 불편하다.

★★ □ 09 門限 | もんげん　통금, 통금 시간

寮の**門限**は12時なので、そろそろ帰らなければいけない。
기숙사 통금 시간이 12시라서 이제 슬슬 돌아가야만 한다.

★★ □ 10 歴訪 | れきほう　여러 곳을 차례로 돌아다님, 순방

首相が来月の中旬にヨーロッパ各国を**歴訪**すると発表した。
수상은 다음 달 중순에 유럽 각 나라를 순방한다고 발표했다.

고유어

★ □ 01 請け合い | うけあい　틀림없다고 보증함

この掃除代行のシステムは一人暮らしの若者や主婦に重宝すること**請け合い**だ。
이 청소 대행 시스템은 혼자 사는 젊은이와 주부에게 틀림없이 유용할 것이다.

★ □ 02 裏道 | うらみち　뒷길, 샛길

国道が渋滞しているので、**裏道**を通って行くことにした。
국도가 정체되어 있어서 뒷길로 가기로 했다.

★ □ 03 沖 | おき　육지에서 멀리 떨어진 바다나 호수

太平洋**沖**で大型漁船が転覆した。
태평양 먼바다에서 대형 어선이 전복되었다.

★★ □ 04 面影 | おもかげ　기억 속에 남아 있는 옛날 모습, (닮은) 용모

その子の笑った顔にはどことなく母親の**面影**があった。
그 아이의 웃는 얼굴은 어딘지 모르게 어머니를 떠오르게 한다.

★ □ **05 枯葉** | かれは　고엽(마른 잎)

枯葉が庭(にわ)にたくさん積(つ)もったので、ほうきで掃(は)いた。
마른 잎이 마당에 잔뜩 쌓여서 빗자루로 쓸었다.

★★ □ **06 靴擦れ** | くつずれ　신발에 발이 쓸림

買(か)ったばかりの革靴(かわぐつ)が足(あし)に馴染(なじ)まなくて、**靴擦れ**してしまった。
산 지 얼마 안 되는 가죽 신발이 발에 안 맞아서 신발에 발이 쓸려 버렸다.

★★ □ **07 鮨詰め** | すしづめ　(용기에 가득찬 초밥처럼) 꽉 들어참

鮨詰め状態(じょうたい)の電車(でんしゃ)で毎朝通勤(まいあさつうきん)するのは、それだけでストレスだ。
꽉 들어찬 전철에서 매일 아침 통근하는 것은 그것만으로 스트레스이다.

★ □ **08 流れ星** | ながれぼし　유성, 별똥별

流れ星に願(ねが)いをかけると願(ねが)いが叶(かな)うという話(はなし)がある。
별똥별에 소원을 빌면 소원이 이루어진다는 이야기가 있다.

동 流星 | りゅうせい

★ □ **09 並木** | なみき　가로수

この**並木**道(みち)はドラマの撮影場所(さつえいばしょ)として有名(ゆうめい)になったところだ。
이 가로수길은 드라마 촬영지로 유명해진 곳이다.

★★ □ **10 習わし** | ならわし　관례, 풍습

この祭(まつ)りは村(むら)に古(ふる)くから伝(つた)わる**習わし**が今(いま)に続(つづ)いているものだ。
이 축제는 마을에 옛부터 전해지는 풍습이 지금까지 이어지고 있는 것이다.

★★ □ **11 初詣** | はつもうで　새해 첫 참배

我(わ)が家(や)では毎年元旦(まいとしがんたん)に**初詣**に行(い)くことにしている。
우리 집에서는 매년 설날에 새해 첫 참배를 하러 가게 되어 있다.

★★★ □ **12 へそくり**　비상금

へそくりを貯(た)めて、来年(らいねん)は海外旅行(かいがいりょこう)に行(い)くつもりだ。
비상금을 저축해서 내년에는 해외여행을 갈 작정이다.

2순위

□ 13 双子 | ふたご　쌍둥이

双子と間違(まちが)えられるほど、弟(おとうと)は私(わたし)にそっくりだ。
쌍둥이라고 오해할 만큼 동생은 나와 꼭 닮았다.

㊐ 双生児 | そうせいじ

□ 14 小火 | ぼや　크게 번지기 전에 진압된 작은 화재

近所(きんじょ)で**小火**騒(さわ)ぎがあって、大勢(おおぜい)の野次馬(やじうま)でごった返(がえ)していた。
근처에서 작은 화재 소동이 일어나 많은 구경꾼들로 혼잡을 이루었다.

□ 15 身なり | みなり　옷차림

婚約者(こんやくしゃ)の両親(りょうしん)に会(あ)う時(とき)は、**身なり**を整(ととの)えて行(い)くのが当然(とうぜん)だ。
약혼자의 부모님을 만날 때는 옷차림을 말끔히 해서 가는 것이 당연하다.

동사

19-2.mp3

기본 동사

□ 01 煽る | あおる　부추기다

CMには消費者(しょうひしゃ)の購買意欲(こうばいいよく)を**煽る**宣伝効果(せんでんこうか)がある。
광고에는 소비자의 구매 의욕을 부추기는 선전 효과가 있다.

□ 02 憤る | いきどおる　분개하다

社長(しゃちょう)の理不尽(りふじん)な扱(あつか)いに**憤る**社員(しゃいん)たちがとうとう訴(うった)えた。
사장의 부당한 대우에 분개한 사원들이 드디어 소송을 걸었다.

□ 03 収める | おさめる　(이익이 되는 것을) 얻다, 거두다

決勝戦(けっしょうせん)で痛快(つうかい)な勝利(しょうり)を**収めて**優勝(ゆうしょう)した。
결승전에서 통쾌한 승리를 거두며 우승했다.

PLUS 勝利(しょうり)を収める(승리를 거두다), 成果(せいか)を収める(성과를 거두다)와 같이 쓴다.

2순위

□ 04 **脅かす** | **おどかす**　　　　　　　　　　위협하다, 놀래키다

<ruby>今<rt>いま</rt></ruby>の<ruby>話<rt>はなし</rt></ruby>は<ruby>冗談<rt>じょうだん</rt></ruby>だったんですか。**脅かさ**ないでください。

지금 한 이야기는 농담이었습니까? 놀래키지 마세요.

□ 05 **区切る** | **くぎる**　　　　　　　　　　　　구분하다

<ruby>長<rt>なが</rt></ruby>めの<ruby>文章<rt>ぶんしょう</rt></ruby>を<ruby>段落<rt>だんらく</rt></ruby>ごとに**区切**って<ruby>要約<rt>ようやく</rt></ruby>する。

약간 긴 문장을 단락마다 구분해서 요약하다.

□ 06 **愚痴る** | **ぐちる**　　　　　　　　　　푸념하다, 투덜대다

<ruby>彼<rt>かれ</rt></ruby>はいつも<ruby>会社<rt>かいしゃ</rt></ruby>の<ruby>上司<rt>じょうし</rt></ruby>のことを**愚痴**っている。

그는 언제나 회사 상사에 대한 불만을 투덜대고 있다.

□ 07 **凝る** | **こる**　　　　　　　　열중하다, 빠지다, 몰두하다

もともと<ruby>趣味<rt>しゅみ</rt></ruby>が<ruby>多<rt>おお</rt></ruby>い<ruby>妻<rt>つま</rt></ruby>だが、<ruby>最近<rt>さいきん</rt></ruby>はお<ruby>菓子<rt>かし</rt></ruby><ruby>作<rt>づく</rt></ruby>りに**凝**っている。

원래 취미가 많은 아내이지만 요즘에는 과자 만들기에 빠져 있다.

□ 08 **そそる**　　　　　　　　　　　　　　돋우다, 자아내다

グルメ<ruby>番組<rt>ばんぐみ</rt></ruby>でおいしそうに<ruby>食<rt>た</rt></ruby>べるタレントの<ruby>姿<rt>すがた</rt></ruby>を<ruby>見<rt>み</rt></ruby>ると、<ruby>思<rt>おも</rt></ruby>わず<ruby>食欲<rt>しょくよく</rt></ruby>を

そそられる。 먹방에서 맛있게 음식을 먹는 연예인의 모습을 보면 나도 모르게 식욕이 돋는다.

□ 09 **絶える** | **たえる**　　　　　　　　　　　　끊어지다

<ruby>彼<rt>かれ</rt></ruby>と<ruby>連絡<rt>れんらく</rt></ruby>が**絶え**てからもう3<ruby>日<rt>みっか</rt></ruby>が<ruby>経<rt>た</rt></ruby>った。

그와 연락이 끊어지고 나서 벌써 3일이 지났다.

□ 10 **溜まる** | **たまる**　　　　　　　　　　　　쌓이다

ストレスが**溜まっ**た<ruby>時<rt>とき</rt></ruby>はカラオケで<ruby>歌<rt>うた</rt></ruby>うのが<ruby>一番<rt>いちばん</rt></ruby>だ。

스트레스가 쌓였을 때는 노래방에서 노래하는 것이 가장 좋다.

□ 11 **尽くす** | **つくす**　　　　　　　　　　　　　다하다

<ruby>優勝<rt>ゆうしょう</rt></ruby>はできなかったが、ベストを**尽くし**たから<ruby>悔<rt>く</rt></ruby>いはない。

우승은 못 했지만 최선을 다했기 때문에 후회는 없다.

☐ 12 唱える | となえる 외다, 외치다

魔女(まじょ)が呪文(じゅもん)を**唱える**と、人魚(にんぎょ)は美(うつく)しい娘(むすめ)になった。
마녀가 주문을 외우자 인어는 아름다운 아가씨가 되었다

☐ 13 富む | とむ 풍부하다

このドライブコースは景観(けいかん)の変化(へんか)に**富んで**いて、デートスポットになっている。
이 드라이브 코스는 경관이 다채로워서 데이트 명소가 되었다.

☐ 14 逃がす | にがす 놓치다, 놓다

その兄弟(きょうだい)は釣(つ)った魚(さかな)を川(かわ)へ**逃がして**やった。
그 형제는 낚은 물고기를 강으로 놓아주었다.

☐ 15 載る | のる (신문 등에) 실리다, 게재되다

私(わたし)の投書(とうしょ)が新聞(しんぶん)に**載った**から、記念(きねん)に切(き)り抜(ぬ)いておいた。
내가 쓴 투서가 신문에 실려서 기념으로 오려 두었다.

복합동사

☐ 01 押さえ付ける | おさえつける 억압하다, 억누르다

彼女(かのじょ)は自分(じぶん)の感情(かんじょう)を**押さえ付けて**、業務命令(ぎょうむめいれい)に従(したが)った。
그녀는 자신의 감정을 억누르고 업무 명령에 따랐다.

☐ 02 押し寄せる | おしよせる 밀려들다

津波(つなみ)が海岸(かいがん)に**押し寄せた**ため、付近(ふきん)の住民(じゅうみん)は避難(ひなん)した。
쓰나미가 해안에 밀려들었기 때문에 부근의 주민들은 대피했다.

☐ 03 食い止める | くいとめる 막다, 저지하다

早急(そうきゅう)な対応(たいおう)で二次災害(にじさいがい)を**食い止める**ことができた。
재빠른 대응으로 2차 재해를 막을 수가 있었다.

□ 04 **備え付ける** | そなえつける　　비치하다

このアパートでは各階(かくかい)に消火器(しょうかき)を**備え付けて**いる。
이 아파트에서는 각 층에 소화기를 비치하고 있다.

□ 05 **取っ付く** | とっつく　　(일에) 착수하다, 시작하다

この本(ほん)は難(むずか)しい言葉(ことば)がたくさん出(で)てくるので、**取っ付きにくい**。
이 책은 어려운 단어가 많이 나오기 때문에 책을 열어 볼 엄두가 안 난다.

□ 06 **飛び交う** | とびかう　　어지럽게 날아다니다, 난무하다

彼女(かのじょ)がもうすぐ結婚(けっこん)するという噂(うわさ)が**飛び交って**いる。
그녀가 곧 결혼한다는 소문이 여기저기 난무하고 있다.

□ 07 **乗り出す** | のりだす　　(어떤 일에) 나서다, 착수하다

ついに政府(せいふ)が改革(かいかく)に**乗り出した**そうだ。
드디어 정부가 개혁에 나섰다고 한다.

□ 08 **結び付く** | むすびつく　　맺어지다, 연결되다

この国(くに)では政治(せいじ)と宗教(しゅうきょう)が深(ふか)く**結び付いて**いる。
이 나라에서는 정치와 종교가 깊이 연결되어 있다.

□ 09 **巡り会う** | めぐりあう　　(오랫동안 기다려 온 것을) 만나다

自分(じぶん)の人生(じんせい)を左右(さゆう)する人(ひと)に**巡り会う**。
자신의 인생을 좌우하는 사람을 만나다.

□ 10 **持ち上がる** | もちあがる　　(예기치 않던 일이) 일어나다, 불거지다

また新(あら)たな疑惑(ぎわく)が政界(せいかい)に**持ち上がった**。
또 새로운 의혹이 정계에 불거졌다.

형용사

19-3.mp3

い 형용사

★★★ □ 01 いかつい — 억세다, 우락부락하다

その酒場(さかば)には、**いかつい**顔(かお)をした男(おとこ)たちが集(あつ)まっていた。
그 술집에는 우락부락하게 생긴 남자들이 모여 있었다.

★★★ □ 02 面映い | おもはゆい — 낯간지럽다, 쑥스럽다

たくさんの人(ひと)に褒(ほ)められて、とても**面映かった**。
많은 사람들에게 칭찬을 받아서 대단히 낯간지러웠다.

★★ □ 03 口喧しい | くちやかましい — 까다롭다

この映画(えいが)は**口喧しい**評論家(ひょうろんか)からも評価(ひょうか)された。
이 영화는 까다로운 평론가한테서도 좋은 평가를 받았다.

★★ □ 04 生臭い | なまぐさい — 비린내가 나다

ゴミ袋(ぶくろ)から**生臭い**臭(にお)いがして、吐(は)き気(け)がした。
쓰레기봉투에서 비린내가 나서 구역질이 났다.

★★ □ 05 歯がゆい | はがゆい — 답답하다

一生懸命勉強(いっしょうけんめいべんきょう)しているのに成績(せいせき)が上(あ)がらず**歯がゆい**。
열심히 공부하고 있는데 성적이 오르지 않아서 답답하다.

な 형용사

★ □ 01 気の毒 | きのどく — 불쌍함, 가엾음

事故(じこ)で両親(りょうしん)を亡(な)くした子供(こども)を**気の毒に**思(おも)う。
사고로 부모님을 잃은 아이를 불쌍하게 여기다.

★★ □ 02 真摯 | しんし 진지함

この件については、**真摯に**対応していきたいと考えている。
이 건에 대해서는 진지하게 대응해 갈 생각이다.

★★★ □ 03 艶やか | つややか 윤기가 있음, 반들반들함

このリンスを使うと、髪を**艶やかに**保つことができる。
이 린스를 사용하면 머리카락을 반들반들하게 유지할 수가 있다.

★ □ 04 太っ腹 | ふとっぱら 통이 큼

彼は大企業の役員だけあって**太っ腹な**ところがある。
그는 대기업의 임원답게 통이 큰 데가 있다.

★ □ 05 良好 | りょうこう 양호함

取引先と**良好な**関係を維持する。
거래처와 양호한 관계를 유지하다.

2순위

부사

19-4.mp3

★★★ □ 01 ぐっしょり 흠뻑

選手たちのユニホームは汗で**ぐっしょり**と濡れていた。
선수들의 유니폼은 땀으로 흠뻑 젖어 있었다.

★★ □ 02 せいぜい 기껏해야, 고작

大会でどんなに頑張っても**せいぜい**ベスト16に残れるくらいだろう。
대회에서 아무리 열심히 해도 기껏해야 16강에 남을 수 있는 정도일 것이다.

★ □ 03 大概 | たいがい 대개

この作家の小説は**大概**主人公が病気がちだ。
이 작가의 소설은 대개 주인공이 병에 잘 걸린다.

★★★ □ **04** どっさり 잔뜩

新婚旅行(しんこんりょこう)でヨーロッパに行(い)ってお土産(みやげ)を**どっさり**買(か)ってきた。
신혼여행으로 유럽에 가서 선물을 잔뜩 사 왔다.

★★ □ **05** 程々に | ほどほどに 적당히

自分(じぶん)の健康(けんこう)のために、タバコとお酒(さけ)は**程々に**した方(ほう)がいい。
자신의 건강을 위해 담배와 술은 적당히 하는 것이 좋다.

의성어·의태어

★★ □ **01** かしゃかしゃ 가볍고 단단한 것이 부딪혀서 내는 소리

彼女(かのじょ)にポーズをとらせて、**かしゃかしゃ**とカメラのシャッターを押(お)している。 그녀에게 포즈를 취하게 하고 찰칵찰칵 카메라 셔터를 누르고 있다.

★ □ **02** ぐずぐず 꾸물대는 모양

何(なに)を**ぐずぐず**しているんですか。もうすぐ出発(しゅっぱつ)する時間(じかん)ですよ。
왜 이렇게 꾸물대요? 이제 곧 출발할 시간이에요.

★ □ **03** くるくる 빙글빙글 도는 모양

たくさんの独楽(こま)が**くるくる**回(まわ)っている写真(しゃしん)を見(み)た。
많은 팽이가 빙글빙글 돌고 있는 사진을 보았다.

★★ □ **04** ばたばた 바빠서 정신을 못 차리는 모양

午前中(ごぜんちゅう)は来客(らいきゃく)や電話(でんわ)が多(おお)くて、**ばたばた**と慌(あわただ)しい。
오전 중에는 손님 내방과 전화가 많아서 정신이 없다.

★★ □ **05** ぼろぼろ 엉망진창인 모양

休(やす)みもなく何日(なんにち)も徹夜(てつや)続(つづ)きで、身(み)も心(こころ)も**ぼろぼろ**になった。
휴일도 없이 며칠이고 밤샘이 계속되어 몸도 마음도 엉망진창이 되었다.

속담·사자성어

☆☆ □ 01 嘘つきは泥棒の始まり | うそつきはどろぼうのはじまり

거짓말은 도둑질의 시작

嘘つきは泥棒の始まりということわざのとおり、小(ちい)さな嘘(うそ)でもつかない方(ほう)が身(み)のためだ。

거짓말은 도둑질의 시작이라는 속담이 있듯이 작은 거짓말이라도 하지 않는 것이 자신을 위한 길이다.

PLUS 아무렇지 않게 거짓말을 하는 사람은 나중에는 도둑질도 할 수 있으니 절대 거짓말을 해서는 안 된다는 뜻.

☆☆ □ 02 絵に描いた餅 | えにかいたもち　　그림의 떡

具体性(ぐたいせい)のない夢(ゆめ)や理想(りそう)は所詮(しょせん)**絵に描いた餅**でしかない。

구체성이 없는 꿈이나 이상은 어차피 그림의 떡일 뿐이다.

☆☆☆ □ 03 一日千秋 | いちじつせんしゅう　　일일천추

息子(むすこ)の里帰(さとがえ)りを**一日千秋**の思(おも)いで待(ま)った。

아들의 귀성을 일일천추의 마음으로 기다렸다.

PLUS 하루가 천 년처럼 느껴진다는 뜻으로 몹시 애태우며 기다린다는 뜻.

☆☆ □ 04 自業自得 | じごうじとく　　자업자득

試験前(しけんまえ)に全然勉強(ぜんぜんべんきょう)しなかったんだから、単位(たんい)を落(お)としたのは**自業自得**だ。

시험 전에 전혀 공부를 하지 않았으니 학점을 못 따는 것은 자업자득이다.

관용어

☆☆ □ 01 油を売る | あぶらをうる　　농땡이치다, 땡땡이치다

こんな時間(じかん)まで、一体(いったい)どこで**油を売って**いたんですか。

이런 시간까지 도대체 어디서 농땡이를 부린 거예요?

☆☆ □ 02 一枚噛む | いちまいかむ　　어떤 일의 일원으로 끼다, 한몫 끼다

そのプロジェクトには私(わたし)も**一枚噛んで**いるんですよ。

그 프로젝트에는 나도 한몫 끼어 있어요.

★★★ □ 03 **閑古鳥が鳴く** | **かんこどりがなく**

파리 날리다(장사가 안 되어 손님이 없다)

練習試合だからか、観覧席は**閑古鳥が鳴い**ている。

연습 시합이라서 그런지 관람석은 파리 날리고 있다.

★★★ □ 04 **黒子に徹する** | **くろこにてっする** 전면에 나오지 않고 뒤에서 역할을 다하다

通訳を担当している人は**黒子に徹する**べきだ。

통역을 담당하고 있는 사람은 뒤에서 자기 역할을 다해야만 한다.

★★ □ 05 **言葉を尽くす** | **ことばをつくす** (상대가 납득하도록) 온갖 말을 동원하여 말하다

言葉を尽くして彼女を慰めたが、一向に泣き止む気配がない。

온갖 말로 그녀를 위로했지만 전혀 그칠 기미가 보이지 않는다.

★ □ 06 **先を争う** | **さきをあらそう** (먼저 하려고) 앞을 다투다

初売りの福袋を**先を争う**ように買い求めた。

신년 첫 복주머니를 먼저 사려고 앞을 다투었다.

★★ □ 07 **玉に瑕** | **たまにきず** 옥에 티

彼女の明るい性格はいいが、口が軽いのが**玉に瑕**だ。

그녀의 밝은 성격은 좋지만 입이 가벼운 것이 옥에 티이다.

PLUS きず의 한자를 傷로 쓰지 않도록 주의해야 한다.

★★★ □ 08 **難癖をつける** | **なんくせをつける** 트집을 잡다

彼はどんな商品にも**難癖をつけたがる**ので困る。

그는 어떤 상품에도 트집을 잡고 싶어 하기 때문에 곤란하다.

★★ □ 09 **腑に落ちない** | **ふにおちない** 납득이 가지 않다

彼の説明は**腑に落ちない**ところが多い。

그의 설명은 납득이 가지 않는 부분이 많다.

★★ □ 10 **物は試し** | **ものはためし** 뭐든지 해 봐야 안다

物は試し、と新製品を買って使ってみることにした。

뭐든지 해 봐야 안다고 신제품을 사서 사용해 보기로 했다.

1 다음 밑줄 친 히라가나에 해당하는 한자를 고르세요.

1. ガラスのはへんが落ちている。 ① 破片 ② 破編
2. きゅうえん物資の到着を待つ。 ① 救援 ② 求援
3. 事態をしゅうしゅうする。 ① 収集 ② 収拾
4. 提案をきょひする。 ① 去否 ② 拒否
5. この作家の本はたいがい持っている。 ① 大概 ② 大該

2 다음 두 문장 중에서 올바른 문장을 고르세요.

1. ① 消火器を部屋に置く。
② 消化器を部屋に置く。

2. ① 仕事をサボって、他の部署で薬を売っていた。
② 仕事をサボって、他の部署で油を売っていた。

3. ① 敵愾心をそそる。
② 敵愾心をあおる。

4. ① つややかな髪
② ひややかな髪

5. ① 早くしろ。うずうずしていると電車に乗り遅れるぞ。
② 早くしろ。ぐずぐずしていると電車に乗り遅れるぞ。

3 다음 일본어가 설명하고 있는 단어를 고르세요.

1. とてもよく似ている。

① 酷似　　② 相違

2. 回転する様

① くるくる　　② ずるずる

3. 帰らなければならない刻限

① 遅刻　　② 門限

4. 風習

① 習わし　　② 習得

5. 街路樹

① 並木　　② 枯れ木

1 1. ① 2. ① 3. ② 4. ② 5. ① **2** 1. ① 2. ② 3. ② 4. ① 5. ② **3** 1. ① 2. ① 3. ② 4. ① 5. ①

VOCA Check

나의 어휘 실력은 현재 어느 정도일까?
실전 어휘력 체크!

다음 어휘의 뜻을 써 보세요.

명사

□01 解除 ....
□02 騒音 ....
□03 免除 ....
□04 会得 ....
□05 享受 ....
□06 面子 ....
□07 生きがい ....
□08 空回り ....
□09 宝探し ....

동사

□10 癒す ....
□11 草臥れる ....
□12 仕入れる ....
□13 費やす ....
□14 除く ....
□15 押し切る ....
□16 冷え切る ....
□17 待ち構える ....
□18 呼び掛ける ....

형용사

□19 疎ましい ....
□20 大人しい ....
□21 かぐわしい ....
□22 痒い ....
□23 もどかしい ....
□24 一本気 ....
□25 画期的 ....
□26 高らか ....
□27 手荒 ....

부사·의성어·의태어

□28 思い思い ....
□29 ずらり ....
□30 ちゃっかり ....
□31 所狭しと ....
□32 一息に ....
□33 うろうろ ....
□34 くねくね ....
□35 すいすい ....
□36 てきぱき ....

속담·사자성어·관용어

□37 いざ鎌倉 ....
□38 首尾一貫 ....
□39 一丸となる ....
□40 示しがつかない ....

- **정답 개수 01~10개** ▸ **당신은 초급자!** 산 넘어 산이네요! 정독하여 반드시 어휘 정복합시다!
- **정답 개수 11~20개** ▸ **당신은 초중급자!** 이제 걸음마 뗀 수준? 좀 더 노력하여 수준급으로 Go!
- **정답 개수 21~30개** ▸ **당신은 중급자!** 조금만 더 열심히 하면, 상급자까지 얼마 안 남았어요!
- **정답 개수 31~40개** ▸ **당신은 거의 상급자 수준?!** 방심은 금물! 100% 완벽에 도전합시다!

DAY 20

명사

20-1.mp3

기본 한자어

- □ 01 解除 | かいじょ 해제
- □ 02 鑑定 | かんてい 감정
- □ 03 陥没 | かんぼつ 함몰
- □ 04 貴金属 | ききんぞく 귀금속
- □ 05 傾斜 | けいしゃ 경사
- □ 06 献金 | けんきん 헌금
- □ 07 顧客 | こきゃく 고객
- □ 08 催促 | さいそく 재촉
- □ 09 実存 | じつぞん 실존
- □ 10 収納 | しゅうのう 수납
- □ 11 徐行 | じょこう 서행
- □ 12 振動 | しんどう 진동
- □ 13 設定 | せってい 설정
- □ 14 節約 | せつやく 절약
- □ 15 騒音 | そうおん 소음
- □ 16 増大 | ぞうだい 증대
- □ 17 疎通 | そつう 소통
- □ 18 体制 | たいせい 체제
- □ 19 調節 | ちょうせつ 조절
- □ 20 停滞 | ていたい 정체
- □ 21 点滅 | てんめつ 점멸
- □ 22 廃止 | はいし 폐지
- □ 23 標語 | ひょうご 표어
- □ 24 宝石 | ほうせき 보석
- □ 25 保証 | ほしょう 보증
- □ 26 免除 | めんじょ 면제

📖 읽기에 주의해야 할 음독 한자어

□ 01 一掃 │ いっそう 일소(모조리 쓸어버림)

けいさつ　ぼうりょくだん　　　　　　　　　　うご　だ
警察は暴力団を**一掃**するべく動き出した。

경찰은 폭력 조직을 소탕하기 위해 움직이기 시작했다.

□ 02 会得 │ えとく 터득

しょどう　はじ　　　　　　　　　　ねんちか　　　　　　　　　　ぶぶん　たた
書道を始めてかれこれ10年近くになるが、**会得**できない部分が多々

ある。 서예를 시작한 지 어느덧 10년 가까이 되지만 터득하지 못한 부분이 많이 있다.

□ 03 間一髪 │ かんいっぱつ 간발의 차

ねぼう　　　　　　ちこく　　　　　　　　　　　　　　　　　　ま　あ
寝坊をして遅刻しそうになったが、**間一髪**で間に合った。

늦잠을 자서 지각할 뻔했지만 간발의 차로 제시간에 도착했다.

□ 04 享受 │ きょうじゅ 향유(누림)

くに　けいざいせいちょう　　　　　　　　はんえい
あの国は経済成長による繁栄を**享受**している。

그 나라는 경제 성장으로 인한 번영을 누리고 있다.

□ 05 再燃 │ さいねん 재연(다시 불거짐)

にちべい　ぼうえきもんだい　　ことし　はじ
日米の貿易問題が今年の初めから**再燃**した。

미일 무역 문제가 올해 초부터 재연되었다.

□ 06 退散 │ たいさん 흩어져 돌아감 / 도망침

いじょう　　　　　　　　　しかた
これ以上ここにいても仕方がないから、**退散**することにした。

더 이상 여기에 있어도 별 수 없어서 돌아가기로 했다.

□ 07 薄利多売 │ はくりたばい 박리다매(이익을 적게 하는 대신 물건을 많이 팖)

しょうばい　きほん　　　　　　　　　ぎゃく
薄利多売が商売の基本だが、その逆のケースもある。

박리다매가 장사의 기본이지만 그와 반대인 경우도 있다.

□ 08 閉口 │ へいこう 어쩔 줄 몰라 곤란한 지경임

ぶちょう　なが　せっきょう　ぶしょ　しゃいん
部長の長い説教に部署の社員たちは**閉口**している。

부장의 오랜 설교에 부서 직원들은 두 손 두 발 다 들었다.

★★ □09 放浪癖 | ほうろうへき 역마살

この作家(さっか)の**放浪癖**は友人(ゆうじん)の間(あいだ)でも有名(ゆうめい)だったそうだ。
이 작가의 역마살은 친구들 사이에서도 유명했다고 한다.

★★ □10 面子 | メンツ 면목, 체면

今回(こんかい)の事件(じけん)のせいで、社長(しゃちょう)の**面子**は丸潰(まるつぶ)れだ。
이번 사건으로 사장의 체면은 완전히 구겨졌다.

고유어

★★ □01 生きがい | いきがい 삶의 보람

娘(むすめ)の成長(せいちょう)する姿(すがた)を見守(みまも)ることが彼(かれ)の**生きがい**だった。
딸이 성장하는 모습을 지켜보는 것이 그의 삶의 보람이었다.

★★ □02 奥行き | おくゆき (지식이나 생각 등의) 깊이

校長先生(こうちょうせんせい)は子供(こども)たちのために、いつも**奥行き**のあるお話(はなし)をしてくださる。
교장 선생님은 아이들을 위해 항상 깊이가 있는 이야기를 해 주신다.

★ □03 思いやり | おもいやり 배려

昨日(きのう)のことは彼(かれ)に何(なに)も言(い)わず、そっとしてあげるのが**思いやり**だと思(おも)う。
어제 일은 그에게 아무 말도 하지 말고 그냥 가만히 내버려 두는 것이 배려라고 생각한다.

★★ □04 門出 | かどで 새로운 생활 등을 시작함

お二人(ふたり)の**門出**を祝(いわ)って乾杯(かんぱい)しましょう。
두 사람의 새 출발을 축하하며 건배합시다.

★ □05 空回り | からまわり 생각이나 행동 등에 더 이상 진전이 없음, 공전

一生懸命(いっしょうけんめい)なのはわかるが、どこか**空回り**しているような気(き)がする。
열심히 하는 것은 알겠지만 왠지 겉돌고 있다는 생각이 든다.

☐ 06 苦し紛れ | くるしまぎれ 괴로운 나머지, 궁지에 빠진 나머지

窮地(きゅうち)から逃(のが)れるために、**苦し紛れ**の嘘(うそ)をついてしまった。
궁지에서 벗어나기 위해 그만 거짓말을 하고 말았다.

PLUS 괴롭거나 어려운 상황에 처한 나머지 어쩔 수 없이 하게 되는 행동에 쓰이는데, 苦し紛れに嘘(うそ)を付(つ)く(수세에 몰린 나머지 거짓말을 하다)나 苦し紛れに叫(さけ)ぶ(괴로운 나머지 소리를 지르다)와 같이 쓰인다.

☐ 07 虱潰し | しらみつぶし 이 잡듯이 샅샅이 뒤짐

警察(けいさつ)は被害者(ひがいしゃ)の交友関係(こうゆうかんけい)を**虱潰し**に当(あ)たったが、確(かく)たる証拠(しょうこ)は得(え)られなかった。
경찰은 피해자의 교우 관계를 이 잡듯이 샅샅이 조사했지만 확실한 증거는 얻지 못했다.

☐ 08 宝探し | たからさがし 보물찾기

子供(こども)の頃(ころ)は近所(きんじょ)の仲間(なかま)たちと**宝探し**に出(で)かけたものだ。
어렸을 때는 근처에 사는 친구들과 보물찾기를 하러 나가곤 했었다.

☐ 09 田畑 | たはた 논밭

農業(のうぎょう)をやめて**田畑**を売(う)る人(ひと)たちが増(ふ)えているそうだ。
농사를 그만두고 논밭을 파는 사람들이 늘고 있다고 한다.

☐ 10 馴れ初め | なれそめ 남녀 관계로 발전하게 된 계기

部長(ぶちょう)と奥(おく)さんの**馴れ初め**を聞(き)いた部下(ぶか)たちは、みんな驚(おどろ)きを隠(かく)せなかった。 부장님과 사모님의 만남에 관한 이야기를 들은 부하들은 모두 놀라움을 감추지 못했다.

☐ 11 場当たり | ばあたり 즉흥적임

場当たり的(てき)な行動(こうどう)は時(とき)に大(おお)きな失敗(しっぱい)を招(まね)くこともある。
즉흥적인 행동은 때로 큰 실패를 초래하기도 한다.

☐ 12 冷や汗 | ひやあせ 식은땀

嘘(うそ)がばれそうになって、一瞬(いっしゅん)**冷や汗**をかいた。
거짓말이 들통날 것 같아서 순간 식은땀이 났다.

★★ □ **13 ふけ** 비듬

その男は何日も髪を洗っていないのか、**ふけ**だらけの髪をしていた。
그 남자는 며칠이나 머리를 감지 않았는지 비듬투성이 머리를 하고 있었다.

★★★ □ **14 宵の口** | よいのくち 초저녁

まだ**宵の口**なのに、もう帰っちゃうんですか。
아직 초저녁인데 벌써 집에 가시게요?

★★ □ **15 若白髪** | わかしらが・わかじらが 새치

俗に、**若白髪**があるとお金持ちになるという話がある。
속설에 새치가 있으면 부자가 된다는 이야기가 있다.

동사

20-2.mp3

기본 동사

★★ □ **01 著す** | あらわす 저술하다

多くの作品を**著した**小説家の博物館がある。
많은 작품을 저술한 소설가의 박물관이 있다.

★★ □ **02 癒す** | いやす 치유하다

疲れた心と体を自然に囲まれた温泉で**癒す**。
지친 몸과 마음을 자연에 둘러싸인 온천에서 치유하다.

★ □ **03 移す** | うつす 옮기다

来年の秋、本社を大阪に**移す**ことに決まったらしい。
내년 가을에 본사를 오사카로 옮기기로 정해졌다고 한다.

★ □ **04 売れる** | うれる 잘 팔리다, 인기가 있다

新学期になると、キャラクター商品が飛ぶように**売れる**。
새 학기가 되면 캐릭터 상품이 날개 돋친 듯이 잘 팔린다.

★ □ 05 禁じる | きんじる 금하다, 금지하다

しつない　さつえい　しゃしん　と
室内では撮影が**禁じられて**いて、写真が撮れない。
실내에서는 촬영이 금지되어 있어서 사진을 찍을 수가 없다.

★★ □ 06 草臥れる | くたびれる 지치다, 피곤하다

いちにちじゅうある　まわ　たお
一日中歩き回ったら、倒れるほど**草臥れた**。
하루 종일 여기저기 돌아다녔더니 쓰러질 듯 피곤했다.

★★★ □ 07 彷徨う | さまよう 헤매다, 떠돌다

みち　まよ　し　まち　じかん
道に迷ってしまって、知らない街を3時間も**彷徨った**。
길을 잃어버려서 모르는 거리를 3시간 동안 헤매었다.

★★ □ 08 仕入れる | しいれる 매입하다

けしょうひん　かいがい　げんりょう　つく
この化粧品は海外から原料を**仕入れて**作られている。
이 화장품은 해외로부터 원료를 매입해서 만들어지고 있다.

★★ □ 09 堪える | たえる ~할 만하다

えいが　かんしょう　ばめん　おお
あの映画は鑑賞に**堪えない**場面が多かった。
저 영화는 감상할 게 못 되는 장면이 많았다.

PLUS 앞에 に를 동반하여 ～に堪える의 형태로 쓰이며, 부정형으로 쓰이면 '～할 게 못 된다'는 뜻이 된다.

★ □ 10 旅立つ | たびだつ 여행을 떠나다

あした　わたし　ながねん　ゆめ
いよいよ明日、私の長年の夢だったヨーロッパに**旅立つ**。
드디어 내일 나의 오랜 꿈이었던 유럽으로 여행을 떠난다.

★★ □ 11 費やす | ついやす 써서 없애다, 소비하다

しょうひんかいはつ　きょがく　しきん
商品開発に巨額の資金を**費やした**。
상품 개발에 거액의 자금을 소비했다.

★★ □ 12 潰れる | つぶれる 찌부러지다 / 도산하다

かいしゃ　しつぎょうしゃ
会社が**潰れて**失業者になってしまった。
회사가 도산하여 실업자가 되고 말았다.

★★ □ 13 止まる | とどまる　그치다, 멈추다

あのタレントの人気は**止まる**ことを知らない。

저 연예인의 인기는 멈출 줄을 모른다.

★ □ 14 除く | のぞく　제외하다

このホテルは夏休みシーズンを**除いては**予約する必要がない。

이 호텔은 여름휴가 시즌을 제외하면 예약할 필요가 없다.

★ □ 15 広げる | ひろげる　펼치다

地図を**広げて**現在位置がどこなのかを調べる。

지도를 펼쳐서 현재 위치가 어디인지를 조사하다.

복합동사

★★ □ 01 押し切る | おしきる　무릅쓰고 밀고 나가다

二人は親の反対を**押し切って**、やっとの思いで結婚した。

두 사람은 부모님 반대를 무릅쓰고 힘들게 결혼했다.

★★ □ 02 取り押さえる | とりおさえる　(저항하거나 도망치는 사람을) 붙잡다

事件発生６時間後にようやく犯人を**取り押さえた**。

사건 발생 6시간 후에 겨우 범인을 붙잡았다.

★★ □ 03 取り囲む | とりかこむ　둘러싸다

群集はあっという間に警官隊に**取り囲まれた**。

군중들은 눈 깜짝할 사이에 경찰 부대에 둘러싸였다.

★ □ 04 乗り込む | のりこむ　뛰어들어 타다

急いでバスに**乗り込んで**きた女の人は、僕の初恋の人だった。

서둘러 버스에 뛰어들어 탄 여자는 내 첫사랑이었다.

☐ 05 冷え切る | ひえきる　(열정이나 애정 등이) 식다

二人(ふたり)の関係(かんけい)はもうすっかり**冷え切って**しまったように見(み)える。
두 사람의 관계는 이미 완전히 식어 버린 것처럼 보인다.

☐ 06 引き裂く | ひきさく　갈라놓다

古典(こてん)では親(おや)が愛(あい)する二人(ふたり)を**引き裂く**場面(ばめん)がよく出(で)る。
고전에서는 부모가 사랑하는 두 사람을 갈라놓는 장면이 자주 나온다.

☐ 07 巻き起こる | まきおこる　(갑자기 어떤 일이 왕성하게) 일어나다

今年(ことし)は日本中(にほんじゅう)にペットブームが**巻き起こった**。
올해는 일본 전국에 애완동물 붐이 갑자기 일어났다.

☐ 08 待ち構える | まちかまえる　(만반의 준비를 하고) 기다리다, 대기하다

家(いえ)の前(まえ)にはマスコミの記者(きしゃ)たちが**待ち構えて**いた。
집 앞에는 매스컴 기자들이 기다리고 있었다.

☐ 09 向き合う | むきあう　마주하다

テーブルを挟(はさ)んでお見合(みあ)いの相手(あいて)と**向き合って**いる。
테이블을 사이에 두고 맞선 상대와 마주하고 있다.

☐ 10 呼び掛ける | よびかける　호소하다

被災地(ひさいち)の災害(さいがい)ボランティアへの参加(さんか)を**呼び掛けて**いる。
피해지의 재해 자원봉사 참여를 호소하고 있다.

형용사

20-3.mp3

い 형용사

☐ 01 疎ましい | うとましい　너무 싫다

もう彼(かれ)の顔(かお)は見(み)るのも**疎ましい**。
이제 그의 얼굴은 보는 것도 싫다.

2순위

★ □02 大人しい | おとなしい 얌전하다

普段(ふだん)は**大人しい**のに、アルコールが入(はい)ったら人(ひと)が変(か)わってしまう。
평상시에는 얌전한데 알코올이 들어가면 사람이 변해 버린다.

★★★ □03 かぐわしい 향기롭다

この浴槽(よくそう)は**かぐわしい**檜(ひのき)の香(かお)りがして気持(きも)ちいい。
이 욕조는 향기로운 노송나무 향기가 나서 기분이 좋다.

★ □04 痒い | かゆい 가렵다

蚊(か)に刺(さ)されたところが赤(あか)くなってすごく**痒い**。
모기한테 물린 자리가 빨갛게 부어서 엄청 가렵다.

★★ □05 もどかしい 답답하다

あの人(ひと)、顔(かお)は覚(おぼ)えているのに名前(なまえ)が思(おも)い浮(う)かばなくて**もどかしい**。
저 사람, 얼굴은 생각나는데 이름이 떠오르지 않아서 답답하다.

な 형용사

★★★ □01 一本気 | いっぽんぎ 올곧음, 한결같음

彼(かれ)は正義感(せいぎかん)があって**一本気な**性格(せいかく)だ。
그는 정의감이 있고 올곧은 성격이다.

★★★ □02 大仰 | おおぎょう (몸짓 등이) 과장스러움

彼女(かのじょ)は些細(ささい)なことを**大仰に**言(い)う癖(くせ)がある。
그녀는 사소한 것을 과장되게 말하는 버릇이 있다.

★★ □03 画期的 | かっきてき 획기적임

画期的なエコ商品(しょうひん)の開発(かいはつ)に力(ちから)を入(い)れている。
획기적인 친환경 상품 개발에 힘을 쏟고 있다.

□ 04 高らか ┃ たからか　　　　　　　　　　　　　　(자랑스러워) 목소리를 높임

体育館で全校生徒が校歌を高らかに歌う。
たいいくかん　　　ぜんこうせいと　　こうか　　　　　　　　うた

체육관에서 전교생이 교가를 소리 높여 부르다.

□ 05 手荒 ┃ てあら　　　　　　　　　　　　　　　　　난폭함, 거칠게 굶

父が大切にしている物だから、手荒に扱わないでください。
ちち　たいせつ　　　　　　もの　　　　　　　　　あつか

아버지께서 아끼시는 물건이니 거칠게 다루지 마세요.

부사

20-4.mp3

□ 01 思い思い ┃ おもいおもい　　　　　　　　　　　각자의 생각에 따라

みんな思い思いの服装でコンサート会場に集まった。
ふくそう　　　　　　　かいじょう　あつ

모두 저마다의 옷을 입고 콘서트장에 모였다.

□ 02 ずらり　　　　　　　　　　　　　　　　　　　　　줄줄이, 쭉

居間には高級ウイスキーがずらりと並べられた棚がある。
いま　　こうきゅう　　　　　　　　　　　なら　　　たな

거실에는 고급 위스키가 줄줄이 진열된 선반이 있다.

□ 03 ちゃっかり　　　　　　　　　　　　　　　　　　알뜰히

彼はみんなが食べ残したお菓子をちゃっかり持って帰った。
かれ　　　　　　た　のこ　　　かし　　　　　　　　も　　かえ

그는 모두가 먹다 남긴 과자를 알뜰히 집으로 가지고 돌아왔다.

□ 04 所狭しと ┃ ところせましと　　　　　　　　　　　빽빽하게

研究室の本棚には本が所狭しと並べられている。
けんきゅうしつ　ほんだな　　　ほん　　　　　　　　なら

연구실 책장에는 책이 빽빽하게 꽂혀 있다.

□ 05 一息に ┃ ひといきに　　　　　　　　　　　　　　단숨에

誕生日ケーキのろうそくを一息に吹き消す。
たんじょうび　　　　　　　　　　　　　ふ　け

생일 케이크의 초를 단숨에 불어서 끄다.

2순위

의성어·의태어

★ □01 うろうろ 목적 없이 길을 헤매는 모양, 갈팡질팡

事務所(じむしょ)の位置(いち)がわからず、ビルの周辺(しゅうへん)を**うろうろ**してしまった。
사무실 위치를 몰라서 빌딩 주변을 갈팡질팡 헤매고 말았다.

★★ □02 くねくね 구불구불

道(みち)が**くねくね**と曲(ま)がっているので、ゆっくり運転(うんてん)してください。
길이 구불구불 구부러져 있으니 천천히 운전하세요.

★★ □03 すいすい 일이 지체 없이 술술 진행되는 모양

思(おも)ったよりも事(こと)が**すいすい**と運(はこ)んで驚(おどろ)いている。
생각했던 것보다도 일이 술술 잘 풀려서 깜짝 놀라고 있다.

★★ □04 てきぱき 솜씨 좋게 일을 처리하는 모양, 척척

彼女(かのじょ)は複雑(ふくざつ)な業務(ぎょうむ)をいつも**てきぱき**と処理(しょり)する。
그녀는 복잡한 업무를 항상 척척 처리한다.

★★ □05 もくもく 묵묵히

食事(しょくじ)の時間(じかん)以外(いがい)は**もくもく**と作業(さぎょう)に没頭(ぼっとう)した。
식사하는 시간 이외에는 묵묵히 작업에 몰두했다.

속담·사자성어

★★★ □01 いざ鎌倉 | いざかまくら 유사시, 만약의 사태

彼(かれ)は目立(めだ)たないが、**いざ鎌倉**、という時(とき)には力(ちから)になる頼(たの)もしい部下(ぶか)だ。
그는 눈에 띄지 않지만 큰일이 터졌을 때는 힘이 되는 듬직한 부하이다.

PLUS 가마쿠라 막부에 큰일이 벌어지면 무사들이 가마쿠라로 달려간다는 뜻에서 파생된 말이다.

☐ 02 壁に耳あり障子に目あり | かべにみみありしょうじにめあり
벽에는 귀가 있고 장지에는 눈이 있다

誰(だれ)かに聞(き)かれるとまずい話(はなし)は**壁に耳あり障子に目あり**だから、職場(しょくば)で話(はな)すのはやめよう。 누군가가 들으면 안 되는 이야기는 벽에는 귀가 있고 장지에는 눈이 있는 법이니까 직장에서는 하지 않도록 하자.

PLUS 한국어의 '낮말은 새가 듣고 밤말은 쥐가 듣는다'에 해당하는 속담으로 어디서든 말을 조심해야 한다는 뜻.

☐ 03 首尾一貫 | しゅびいっかん　수미일관

リーダーというものは他(ほか)の人(ひと)に対(たい)して**首尾一貫**した態度(たいど)で接(せっ)することが必要(ひつよう)だ。 리더란 다른 사람에 대해 수미일관한 태도로 접할 필요가 있다.

PLUS 처음부터 끝까지 한결같다는 뜻.

☐ 04 東奔西走 | とうほんせいそう　동분서주

子供(こども)の治療(ちりょう)のために、母親(ははおや)は**東奔西走**して専門医(せんもんい)を探(さが)し回(まわ)った。
아이의 치료를 위해 어머니는 동분서주하며 전문의를 찾아다녔다.

PLUS 사방으로 이리저리 바쁘게 돌아다닌다는 뜻.

관용어

☐ 01 一丸となる | いちがんとなる　하나로 똘똘 뭉치다

チームが**一丸となって**戦(たたか)ったことが勝利(しょうり)を導(みちび)いた。
팀이 하나가 되어 똘똘 뭉쳐서 싸운 것이 (원동력이 되어) 승리를 이끌었다.

☐ 02 嫌気が差す | いやけがさす　싫증이 나다

あまりにも単純(たんじゅん)な労働(ろうどう)に**嫌気が差して**、もうしたくない。
너무나도 단순한 노동에 싫증이 나서 이제 하고 싶지 않다.

☐ 03 櫛の歯を挽くよう | くしのはをひくよう　끊임없이, 잇달아

同僚(どうりょう)たちは**櫛の歯を挽くように**次々(つぎつぎ)と会社(かいしゃ)を辞(や)めていった。
동료들은 잇달아 계속해서 회사를 그만두고 나갔다.

□ 04 けりをつける
결판을 내다, 마무리 짓다

どうしても今日中にこの仕事にけりをつけなければならない。
きょうじゅう　しごと

어떻게 해서든 오늘 중으로 이 일을 마무리 지어야만 한다.

□ 05 示しがつかない | しめしがつかない
본보기가 되지 못하다

あんなことをしていては先輩としての示しがつかないだろう。
せんぱい

그런 짓을 해서는 선배로서의 본보기가 되지 못할 것이다.

□ 06 順風に帆を揚げる | じゅんぷうにほをあげる
순풍에 돛을 달다(순조롭다)

初め、この計画は順風に帆を揚げたように進行していた。
はじ　けいかく　しんこう

처음 이 계획은 순풍에 돛을 단 것처럼 진행되고 있었다.

□ 07 性に合う | しょうにあう
성격이나 취향 등에 잘 맞다

私はデスクワークより営業の仕事の方が性に合うと思う。
わたし　えいぎょう　しごと　ほう　おも

나는 데스크 업무보다 영업 업무 쪽이 적성에 맞는다고 생각한다.

□ 08 太鼓判を押す | たいこばんをおす
(틀림없다고) 보증하다

この企画はうまくいくだろうと、社長も太鼓判を押してくれた。
きかく　しゃちょう

이 기획은 잘될 것이라고 사장도 보증해 주었다.

□ 09 猫の手も借りたい | ねこのてもかりたい
(고양이 도움이라도 받고 싶을 만큼) 대단히 바쁘다

年末は注文が殺到して、猫の手も借りたいほど忙しい。
ねんまつ　ちゅうもん　さっとう　いそが

연말에는 주문이 쇄도하기 때문에 고양이 도움이라도 받고 싶을 만큼 대단히 바쁘다.

□ 10 水を得た魚のよう | みずをえたうおのよう
물 만난 물고기처럼

彼は部長になってから、水を得た魚のように張り切っている。
かれ　ぶちょう　は き

그는 부장이 된 이후로 물 만난 물고기처럼 의욕이 넘치고 있다.

1 다음 밑줄 친 히라가나에 해당하는 한자를 고르세요.

1. 交通安全のひょうご ① 表語 ② 標語
2. 借金のさいそくをする。 ① 催促 ② 再促
3. けいしゃのきつい坂道 ① 傾斜 ② 経斜
4. 多くの小説をあらわした作家 ① 現した ② 著した
5. しらみつぶしに調べる。 ① 虱潰し ② 白身潰し

2 다음 두 문장 중에서 올바른 문장을 고르세요.

1. ① 机の上には文学全集がずらりと並べられている。
   ② 机の上には文学全集がずしんと並べられている。
2. ① 店の中には商品が所狭しと並べられている。
   ② 店の中には商品がせわしなく並べられている。
3. ① はきはきと仕事を片付ける。
   ② てきぱきと仕事を片付ける。
4. ① 何日も頭を洗っていないのか、その男の頭はふけだらけだった。
   ② 何日も頭を洗っていないのか、その男の頭は垢だらけだった。
5. ① まな板の鯉のように生き生きと仕事をしている。
   ② 水を得た魚のように生き生きと仕事をしている。

3 다음 일본어가 설명하고 있는 단어를 고르세요.

1. 骨董品や貴金属などの価値を判断する。

① 鑑定　② 測定

2. 表面が落ち込んで穴があく。

① 埋没　② 陥没

3. 人々が同じ目的を持ってひとつにまとまる。

① 一斉　② 一丸

4. 疲れや傷、痛みなどを取り除いたり直す。

① 癒す　② 寛ぐ

5. 迷って歩き回る。

① ただよう　② さまよう

1 1.② 2.① 3.① 4.② 5.①　2 1.① 2.① 3.② 4.① 5.②　3 1.① 2.② 3.② 4.① 5.②

시험에 많이 나오는

3순위 어휘

정답률 80%에 도전한다!

80%대부터는 상당한 응용력과 이해력을 필요로 합니다. 어휘의 의미뿐만 아니라 문맥을 잘 파악할 수 있도록 긴 문장에서 키워드가 되는 어휘들도 잘 찾아낼 수 있어야 합니다.

DAY 21

VOCA Check

나의 어휘 실력은 현재 어느 정도일까?
실전 어휘력 체크!

다음 어휘의 뜻을 써 보세요.

명사

□01 郷土 .... □02 虚空 .... □03 水槽 ....
□04 炎上 .... □05 忖度 .... □06 油断 ....
□07 押し売り .... □08 品揃え .... □09 種明かし ....

동사

□10 上向く .... □11 強いる .... □12 資する ....
□13 途切れる .... □14 諮る .... □15 追い詰める ....
□16 据え付ける .... □17 詰め掛ける .... □18 巻き込む ....

형용사

□19 呆気ない .... □20 鬱陶しい .... □21 心許ない ....
□22 快い .... □23 手痛い .... □24 億劫 ....
□25 気楽 .... □26 慎重 .... □27 生意気 ....

부사·의성어·의태어

□28 あいにく .... □29 頻りに .... □30 断然 ....
□31 誠に .... □32 自ら .... □33 がらがら ....
□34 けちけち .... □35 じろじろ .... □36 ずるずる ....

속담·사자성어·관용어

□37 頭隠して尻隠さず .... □38 虚心坦懐 ....
□39 手綱を締める .... □40 荷が勝つ ....

- **정답 개수 01~10개** ▶ **당신은 초급자!** 산 넘어 산이네요! 정독하여 반드시 어휘 정복합시다!
- **정답 개수 11~20개** ▶ **당신은 초중급자!** 이제 걸음마 뗀 수준? 좀 더 노력하여 수준급으로 Go!
- **정답 개수 21~30개** ▶ **당신은 중급자!** 조금만 더 열심히 하면, 상급자까지 얼마 안 남았어요!
- **정답 개수 31~40개** ▶ **당신은 거의 상급자 수준?!** 방심은 금물! 100% 완벽에 도전합시다!

시험에 많이 나오는 어휘 **3순위**

DAY 21

명사

21_1.mp3

기본 한자어

- □ 01 回収 | かいしゅう 회수
- □ 02 郷土 | きょうど 향토
- □ 03 撃墜 | げきつい 격추
- □ 04 貢献 | こうけん 공헌
- □ 05 構造 | こうぞう 구조
- □ 06 虚空 | こくう 허공
- □ 07 裁縫 | さいほう 재봉
- □ 08 削除 | さくじょ 삭제
- □ 09 炸裂 | さくれつ 작렬
- □ 10 循環 | じゅんかん 순환
- □ 11 水槽 | すいそう 수조
- □ 12 制服 | せいふく 제복
- □ 13 洗剤 | せんざい 세제
- □ 14 装飾 | そうしょく 장식
- □ 15 聴取 | ちょうしゅ 청취
- □ 16 調和 | ちょうわ 조화
- □ 17 特有 | とくゆう 특유
- □ 18 配置 | はいち 배치
- □ 19 剽窃 | ひょうせつ 표절
- □ 20 服装 | ふくそう 복장
- □ 21 付属 | ふぞく 부속
- □ 22 分離 | ぶんり 분리
- □ 23 崩壊 | ほうかい 붕괴
- □ 24 牧場 | ぼくじょう 목장
- □ 25 様式 | ようしき 양식
- □ 26 礼賛 | らいさん 예찬

읽기에 주의해야 할 음독 한자어

★★ □ 01 **一巡** | いちじゅん — 한 바퀴 돎

札幌市内を**一巡**して東京に戻ってきた。
샷포로 시내를 한 바퀴 돌고 도쿄로 돌아왔다.

★★ □ 02 **炎上** | えんじょう — 불에 탐

タバコの火の不始末で、ビルが**炎上**した。
담뱃불을 제대로 끄지 않아서 빌딩이 불에 탔다.

★★★ □ 03 **忖度** | そんたく — 남의 의중을 파악함

上司の話から**忖度**して、今回の改修工事の委託業者はB社に決定した。
상사의 의중을 파악해서 이번 개수 공사 위탁 업체는 B사로 결정했다.

★★ □ 04 **仰天** | ぎょうてん — 크게 놀람

信じられないようなことが起こって、びっくり**仰天**した。
믿을 수 없을 것 같은 일이 일어나서 깜짝 놀랐다.

★★ □ 05 **動転** | どうてん — 몹시 놀라서 평정심을 잃음

今朝母から父が急に倒れたという連絡が来て、気が**動転**してしまった。
오늘 아침 어머니로부터 아버지께서 갑자기 쓰러지셨다는 연락이 와서 머릿속이 하얘졌다.

PLUS 주로 気が動転する(제정신이 아니다)의 형태로 쓰인다.

★★ □ 06 **拝見** | はいけん — 봄

パスポートを**拝見**します。
여권을 보겠습니다.

PLUS 見る(보다)의 겸양어이다.

★★ □ 07 **白熱** | はくねつ — (토론이나 시합 등이) 뜨겁게 달아오름

消費税率の引き上げについての議論が**白熱**した。
소비세율 인상에 대한 논의가 뜨겁게 달아올랐다.

★★ □ 08 **忙殺** | ぼうさつ　매우 바쁨

月末(げつまつ)はいつも事務処理(じむしょり)で**忙殺**される。

월말은 항상 사무 처리로 정신없이 바빠진다.

★★ □ 09 **油断** | ゆだん　방심

試合(しあい)が終(お)わるまで決(けっ)して**油断**してはいけない。

시합이 끝날 때까지 결코 방심해서는 안 된다.

★★ □ 10 **露見** | ろけん　(겉으로) 드러남

役員(やくいん)の悪事(あくじ)が次(つぎ)から次(つぎ)へと**露見**することになった。

임원의 악행이 꼬리를 물듯 계속해서 드러나게 되었다.

고유어

★★ □ 01 **押し売り** | おしうり　강매

お客(きゃく)さんが「買(か)う」と言(い)うまで帰(かえ)らないなんて、**押し売り**そのものだ。

손님이 '사겠다'고 말할 때까지 돌아가지 않다니, 강매 그 자체이다.

★★ □ 02 **首っ引き** | くびっぴき　그것만 붙들고 있음, 씨름함

初(はじ)めて外国語(がいこくご)を勉強(べんきょう)する時(とき)には、辞書(じしょ)と**首っ引き**になって勉強(べんきょう)する姿勢(しせい)が大切(たいせつ)だ。

처음 외국어를 공부할 때는 사전과 씨름하며 공부하는 자세가 중요하다.

★ □ 03 **心得** | こころえ　소양

新入社員(しんにゅうしゃいん)の**心得**についてのセミナーが開(ひら)かれた。

신입 사원의 소양에 대한 세미나가 열렸다.

★★ □ 04 **腰砕け** | こしくだけ　중간에 힘이 빠져 흐지부지됨

転職(てんしょく)を試(こころ)みたが、妻(つま)の猛反対(もうはんたい)で**腰砕け**になった。

이직을 하려 했지만 아내의 맹렬한 반대로 흐지부지되었다.

□ 05 品定め | しなさだめ 품평

呉服店を回りながら、どんな着物がいいか**品定め**をする。
포목점을 돌면서 어떤 기모노가 좋은지 품평을 하다.

□ 06 品揃え | しなぞろえ 준비된 상품의 종류

この店は**品揃え**が豊富で、主婦たちに人気があるらしい。
이 가게는 상품 종류가 풍부해서 주부들에게 인기가 있다고 한다.

□ 07 種明かし | たねあかし (마술에서) 속임수를 밝힘

あの手品師は絶対にマジックの**種明かし**をしてくれない。
저 마술사는 절대로 마술의 트릭을 가르쳐 주지 않는다.

□ 08 綱渡り | つなわたり 줄타기

最近の若者たちは**綱渡り**のようなリスクが高い仕事はしたがらない。
요즘 젊은이들은 줄타기와 같은 위험도가 높은 일은 하고 싶어 하지 않는다.

□ 09 隣り合わせ | となりあわせ 이웃, 바로 옆

旅行の途中、たまたま**隣り合わせ**になった人と仲良くなった。
여행하는 도중에 우연히 옆에 앉게 된 사람과 친해졌다.

□ 10 ばら売り | ばらうり 낱개 판매

すみません、そちらにある鉛筆は**ばら売り**ができません。
죄송합니다만, 그쪽에 있는 연필은 낱개 판매를 할 수 없습니다.

□ 11 人集り | ひとだかり 군중

バーゲン会場には黒山の**人集り**ができた。
바겐세일 행사장에는 구름처럼 많은 군중이 생겼다.

□ 12 日雇い | ひやとい 일용직

日雇い労働者を工事現場に集める。
일용직 노동자를 공사 현장에 모으다.

★★ □ 13 **見習い** | みならい 수습, 수습생

看護師(かんごし)といってもまだ**見習い**だから、未熟(みじゅく)なところがたくさんある。
간호사라고 해도 아직 수습생이라서 미숙한 부분이 많이 있다.

★ □ 14 **持ち出し** | もちだし 외부로 가지고 나감, 반출

こちらにある新刊(しんかん)の雑誌(ざっし)は**持ち出し**禁止(きんし)です。
이쪽에 있는 신간 잡지는 반출 금지입니다.

★★ □ 15 **行き掛かり** | ゆきがかり (일단 시작된 일의) 기세, 흐름

本来(ほんらい)の担当業務(たんとうぎょうむ)ではなかったが、**行き掛かり**上(じょう)、引(ひ)き続(つづ)き私(わたし)が対応(たいおう)することにした。 본래의 담당 업무가 아니었지만 일의 흐름상 계속해서 내가 맡게 되었다.

동사

21-2.mp3

기본 동사

★★ □ 01 **上向く** | うわむく (상태, 상황 등이) 좋아지다, 상향되다

少(すこ)しずつだが、景気(けいき)が**上向いて**きているのが実感(じっかん)できる。
조금씩이긴 하지만 경기가 좋아지고 있음을 실감할 수 있다.

★★ □ 02 **切らす** | きらす 바닥나다, 다 떨어지다

申(もう)し訳(わけ)ございませんが、只今在庫(ただいまざいこ)を**切らして**おります。
죄송합니다만, 지금 재고가 다 떨어졌습니다.

★ □ 03 **配る** | くばる 나누어 주다, 배부하다

今年(ことし)の夏休(なつやす)みはチラシを**配る**アルバイトをしてみることにした。
올 여름 방학에는 전단지를 배부하는 아르바이트를 해 보기로 했다.

★ □ 04 **強いる** | しいる 강요하다

給料(きゅうりょう)は少(すく)ないのに、毎日残業(まいにちざんぎょう)を**強いられて**いる。
급여는 적은데 매일 잔업을 강요당하고 있다.

□ 05 **資する** │ **しする** 도움이 되다

^{だいがく} ^{えいごきょういく} ^{がくもんけんきゅう}
大学での英語教育は学問研究に**資する**ものでなくてはならない。

대학에서의 영어 교육은 학문 연구에 도움이 되는 것이어야만 한다.

□ 06 **刷る** │ **する** 인쇄하다

^{あした} ^{べんろんたいかい} ^ぶ
明日の弁論大会のパンフレットを50部くらい**刷って**おいた。

내일 있을 웅변대회 팸플릿을 50부 정도 인쇄해 놓았다.

□ 07 **就く** │ **つく** 취직하다

^{さいきん} ^{ざんぎょう} ^{しょく} ^{わかもの} ^ふ
最近は残業がない職に**就き**たがる若者が増えている。

요즘은 야근이 없는 직장에 취직하고 싶어 하는 젊은이들이 늘어나고 있다.

□ 08 **途切れる** │ **とぎれる** (계속되던 것이) 끊어지다

^ま ^し ^{きのう} ^{れんしょうきろく}
負け知らずだったあのチームも昨日で連勝記録が**途切れた**。

패배를 모르던 저 팀도 어제로 연승 기록이 끊어졌다.

□ 09 **採る** │ **とる** 뽑다, 채용하다

^{ふきょう} ^{ことし} ^{しんにゅうしゃいん} ^{よてい}
不況で、今年は新入社員を**採る**予定はない。

불황으로 올해는 신입 사원을 채용할 예정이 없다.

□ 10 **諮る** │ **はかる** 자문하다

^{じゅうよう} ^{ことがら} ^{ほんしゃ} ^{かいぎ}
重要な事柄は本社の会議に**諮る**。

중요한 사항은 본사 회의에 자문한다.

□ 11 **弾く** │ **ひく** (악기를) 연주하다

^{かのじょ} ^{すてき} ^{すがた} ^{ちょうしゅう}
バイオリンを**弾く**彼女の素敵な姿に聴衆はうっとりした。

바이올린을 연주하는 그녀의 멋진 모습에 청중들은 넋을 잃었다.

□ 12 **膨らむ** │ **ふくらむ** 부풀다

^{はじ} ^{りゅうがくせいかつ} ^{きたい} ^{むね}
初めての留学生活への期待で胸が**膨らん**でいる。

첫 유학 생활에 대한 기대 때문에 마음이 부풀어 있다.

3
순
위

☆ □ 13 **太る** | ふとる 살찌다

1ヶ月の間に3キロも**太って**しまった。
한 달 사이에 3kg이나 살쪄 버렸다.

☆ □ 14 **痩せる** | やせる 마르다, 살이 빠지다

いつもあんなにたくさん食べるのに、**痩せて**いるのは不思議なことだ。
항상 저렇게 많이 먹는데 마른 것은 신기한 일이다.

☆ □ 15 **辞める** | やめる 그만두다

仕事が多すぎることに我慢できなくて、会社を**辞める**ことにした。
일이 너무 많은 것을 참을 수가 없어서 회사를 그만두기로 했다.

복합동사

☆☆ □ 01 **追い詰める** | おいつめる 궁지에 몰아넣다

刑事が犯人を**追い詰める**場面が印象的なドラマだった。
형사가 범인을 궁지에 몰아넣는 장면이 인상적인 드라마였다.

☆☆ □ 02 **押し掛ける** | おしかける (초대받지 않았음에도) 찾아가다 / 많은 사람이 몰려들다

事故現場には多くの野次馬が**押し掛けて**きた。
사고 현장에는 많은 구경꾼들이 몰려들었다.

☆☆ □ 03 **駆け付ける** | かけつける (급하게 목적지로) 향하다, 달려가다

救急車が火事現場に**駆け付けて**いる。
구급차가 화재 현장으로 급하게 달려가고 있다.

☆☆ □ 04 **据え付ける** | すえつける 설치하다, 고정시켜 놓다

防犯のため、天井にカメラを**据え付けて**おいた。
방범을 위해 천장에 카메라를 설치해 놓았다.

★★ □ 05 詰め掛ける | つめかける　(많은 사람들이 그 장소를) 가득 채우다, 몰려들다

会見場(かいけんじょう)には朝(あさ)から多(おお)くの報道陣(ほうどうじん)が**詰め掛けて**いる。
회견장에는 아침부터 많은 보도진이 자리를 가득 채우고 있었다.

★ □ 06 飛び込む | とびこむ　뛰어들다

準備運動(じゅんびうんどう)もしないでプールに**飛び込む**のは危(あぶ)ない。
준비 운동도 하지 않고 수영장에 뛰어드는 것은 위험하다.

★ □ 07 飛び出す | とびだす　뛰쳐나오다

運転中(うんてんちゅう)に子供(こども)が道路(どうろ)に**飛び出して**きて、ひやりとした。
운전 중에 아이가 도로로 뛰쳐나와서 가슴이 철렁했다.

★★★ □ 08 乗っ取る | のっとる　탈취하다

大型旅客機(おおがたりょかくき)がテロリストに**乗っ取られる**事件(じけん)が発生(はっせい)した。
대형 여객기가 테러리스트에게 탈취당하는 사건이 발생했다.

★★ □ 09 巻き起こす | まきおこす　(사건, 소동 등을) 일으키다

有名人(ゆうめいじん)が逮捕(たいほ)されて大騒動(おおそうどう)を**巻き起こした**。
유명인이 체포되어 큰 소동을 일으켰다.

★★ □ 10 巻き込む | まきこむ　끌어들이다, 연루시키다

思(おも)いもよらなかった厄介(やっかい)な事件(じけん)に**巻き込まれて**しまった。
생각지도 못한 골치 아픈 사건에 연루되고 말았다.

형용사

21-3.mp3

い 형용사

★★ □ 01 呆気ない | あっけない　어이없다

熱戦(ねっせん)を期待(きたい)したが、試合(しあい)は**呆気なく**終(お)わってしまった。
열전을 기대했지만 시합은 어이없게 끝나 버렸다.

★★ □ 02 鬱陶しい | うっとうしい 우울하다, 울적하다, 귀찮다

先週(せんしゅう)からずっと**鬱陶しい**梅雨空(つゆぞら)が続(つづ)いている。
지난주부터 계속 우울한 장마철의 흐린 하늘이 계속되고 있다.

★★★ □ 03 心許ない | こころもとない 염려스럽다, 왠지 불안하다

地図(ちず)もなしに目的地(もくてきち)までたどり着(つ)けるか、**心許ない**。
지도도 없이 목적지까지 도달할 수 있을지 염려스럽다.

★ □ 04 快い | こころよい 기분 좋다

私(わたし)のお願(ねが)いを**快く**承知(しょうち)してくれて、ありがとう。
내 부탁을 흔쾌히 들어줘서 고마워.

★★ □ 05 手痛い | ていたい 뼈아프다

9回表(かいおもて)の**手痛い**エラーで、逆転負(ぎゃくてんま)けをしてしまった。
9회 초의 뼈아픈 실책으로 역전패를 당해 버렸다.

な 형용사

★★★ □ 01 億劫 | おっくう 귀찮음, 내키지 않음

最近(さいきん)、会社(かいしゃ)での人間関係(にんげんかんけい)を**億劫に**感(かん)じている。
요즘 회사에서의 인간관계를 귀찮게 느끼고 있다.

★ □ 02 気楽 | きらく 홀가분함, 마음이 편함

上司(じょうし)がいなければ、出張(しゅっちょう)も**気楽な**気持(きも)ちで行(い)ける。
상사가 없다면 출장도 홀가분한 마음으로 갈 수 있다.

★ □ 03 慎重 | しんちょう 신중함

もう少(すこ)し**慎重に**考(かんが)えてから結論(けつろん)を出(だ)しても遅(おそ)くない。
조금 더 신중하게 생각한 후에 결론을 내도 늦지 않다.

□ 04 生意気 | なまいき 건방짐

生意気な子供(こども)を見(み)るたびに、子供(こども)を生(う)みたい気持(きも)ちがなくなる。
건방진 아이를 볼 때마다 아이를 낳고 싶은 마음이 없어진다.

□ 05 卑怯 | ひきょう 비겁함

大勢(おおぜい)で一人(ひとり)を責(せ)めるのはとても**卑怯な**ことだと思(おも)う。
여럿이서 한 사람을 공격하는 것은 매우 비겁한 일이라고 생각한다.

부사

21-4.mp3

□ 01 あいにく 공교롭게도

あいにく、この商品(しょうひん)は只今在庫(ただいまざいこ)切(ぎ)れでございます。
공교롭게도 이 상품은 지금 재고가 없습니다.

□ 02 頻りに | しきりに 계속해서

友人(ゆうじん)が**頻りに**勧(すす)めたから、とりあえず買(か)ってみることにした。
친구가 계속해서 권해서 일단 사 보기로 했다.

□ 03 断然 | だんぜん 단연

本(ほん)を買(か)うなら、インターネットで買(か)った方(ほう)が**断然**便利(べんり)だ。
책을 산다면 인터넷에서 사는 것이 단연 편리하다.

□ 04 誠に | まことに 대단히, 진심으로

誠に恐(おそ)れ入(い)りますが、本日(ほんじつ)は閉店(へいてん)とさせていただきます。
대단히 죄송합니다만, 오늘은 폐점입니다.

□ 05 自ら | みずから 스스로

社長(しゃちょう)**自ら**営業(えいぎょう)に出(で)かけるなんて、大(たい)したものだ。
사장 스스로 영업을 하러 나가다니 대단하다.

3순위

의성어·의태어

☐ 01 **うじゃうじゃ** 작은 벌레 등이 잔뜩 모여 있는 모양, 버글버글, 우글우글

石(いし)の下(した)に蟻(あり)が**うじゃうじゃ**いた。
돌 밑에 개미가 우글우글했다.

☐ 02 **がらがら** 속이 텅텅 비어 있는 모양

平日(へいじつ)の昼(ひる)ということもあって、映画館(えいがかん)は**がらがら**だった。
평일 낮인 것도 있어서 그런지 영화관은 텅텅 비어 있었다.

☐ 03 **けちけち** 인색하게 구는 모양

旅行(りょこう)の時(とき)ぐらいは、**けちけち**しないでいいホテルに泊(と)まりたい。
여행할 때 정도는 인색하게 굴지 말고 좋은 호텔에 묵고 싶다.

☐ 04 **じろじろ** 실례가 될 정도로 뚫어져라 쳐다보는 모양

そんなふうに人(ひと)を**じろじろ**見(み)るのは失礼(しつれい)だ。
그렇게 사람을 빤히 쳐다보는 것은 실례이다.

☐ 05 **ずるずる** 질질 끌거나 끌리는 모양

彼女(かのじょ)はプロポーズの返事(へんじ)を2週間(しゅうかん)も**ずるずる**と引(ひ)き延(の)ばした。
그녀는 프러포즈에 대한 대답을 2주일이나 질질 끌었다.

속담·사자성어

☐ 01 **頭隠して尻隠さず** | あたまかくしてしりかくさず
머리는 감추면서 엉덩이는 못 감춘다

彼(かれ)は禁煙中(きんえんちゅう)だから部屋(へや)に灰皿(はいざら)はなかったが、吸(す)い殻(がら)がごみ箱(ばこ)に捨(す)ててあったのを見(み)て**頭隠して尻隠さず**だと思(おも)った。
그는 금연 중이라 방에 재떨이는 없었지만 담배꽁초가 쓰레기통에 버려져 있는 것을 보고 머리는 감추고 꼬리를 감추지 못한다는 생각을 했다.

PLUS 나쁜 짓 또는 결점의 일부만 감추고 전부를 감추었다고 생각하는 어리석음을 이르는 말.

☐ 02 嘘も方便 | うそもほうべん　거짓말도 방편이다

相手によっては**嘘も方便**で、上手な嘘は人間関係を円滑にすることもできる。상대에 따라서는 거짓말도 방편이 될 수 있는데 적절한 거짓말이 인간관계를 원활하게 하기도 한다.

PLUS 원만하게 일을 처리하기 위해 때로는 거짓말도 필요하다는 뜻.

☐ 03 無礼千万 | ぶれいせんばん　무례하기 짝이 없음, 대단히 무례함

ノックもせずに人の部屋に入ってくるとは**無礼千万**だ。
노크도 하지 않고 남의 방에 들어오다니 무례하기 짝이 없다.

☐ 04 虚心坦懐 | きょしんたんかい　허심탄회

難解な書物だが、**虚心坦懐**な気持ちで読めば何となく理解できそうだ。
난해한 서적이지만 허심탄회한 마음으로 읽으면 그럭저럭 이해할 수 있을 것 같다.

PLUS 마음을 열고 솔직하게 이야기를 한다는 뜻이지만 마음을 비우고 어떤 일에 임한다는 뜻으로도 쓰인다.

관용어

☐ 01 手綱を締める | たづなをしめる　고삐를 조이다

自主性に任せるのもいいが、たまには**手綱を締める**ことも大切だ。
자주성에 맡기는 것도 좋지만 가끔은 고삐를 조이는 것도 중요하다.

PLUS 제멋대로 행동하거나 느슨해지지 않도록 타인의 행동을 제어한다는 뜻으로 쓰인다.

☐ 02 駄目を出す | だめをだす　잘못을 지적하고 수정하게 하다

課長は彼の提案した企画書に**駄目を出した**。
과장은 그가 제안한 기획서의 잘못된 점을 지적하고 수정하도록 지시했다.

PLUS 駄目出し | だめだし 남의 잘못을 지적함

☐ 03 宙に浮く | ちゅうにうく　흐지부지되다

資金繰りが捗らず、あの話は途中で**宙に浮いた**ままだ。
자금 조달이 진척되지 않아서 그 이야기는 도중에 흐지부지된 상태이다.

☐ 04 荷が勝つ | にがかつ　(일 등이) 버겁다

その仕事(しごと)は経験(けいけん)の浅(あさ)い彼(かれ)には**荷が勝った**任務(にんむ)だった。

그 일은 경험이 적은 그에게는 버거운 임무였다.

☐ 05 ねじが緩む | ねじがゆるむ　나사가 풀리다(긴장감이 사라지다)

期末(きまつ)テストが終(お)わったとたん、生徒(せいと)たちは**ねじが緩んで**しまったようだ。

기말시험이 끝난 순간, 학생들은 나사가 풀려 버린 것 같다.

☐ 06 一花咲かせる | ひとはなさかせる　꽃을 피우다(전성기를 보내다)

彼(かれ)は引退(いんたい)する前(まえ)に**一花咲かせたい**と思(おも)っているようだ。

그는 은퇴하기 전에 꽃을 피워 보고 싶다고 생각하는 모양이다.

☐ 07 踏んだり蹴ったり | ふんだりけったり　이리 치이고 저리 치임

今日(きょう)は一日中(いちにちじゅう)**踏んだり蹴ったり**の大変(たいへん)な一日(いちにち)だった。

오늘은 하루 종일 이리 치이고 저리 치이는 힘든 하루였다.

☐ 08 歩を進める | ほをすすめる　앞으로 나아가다, 일을 진행시키다

彼女(かのじょ)は音楽家(おんがくか)になるために着実(ちゃくじつ)に**歩を進めて**いった。

그녀는 음악가가 되기 위해 착실하게 앞으로 나아갔다.

☐ 09 水が合う | みずがあう　(환경, 상황 등이) 잘 맞다

今度(こんど)の職場(しょくば)は和気藹々(わきあいあい)としていて、私(わたし)と**水が合う**。

이번 직장은 화기애애해서 나와 잘 맞는다.

☐ 10 焼きが回る | やきがまわる　(실력, 감각 등이 나이가 들어) 무뎌지다

新入(しんい)りでもないのにこんなミスをするなんて、僕(ぼく)もずいぶん**焼きが回った**ものだ。

신입도 아닌데 이런 실수를 하다니 나도 꽤 감이 무뎌졌군.

1 다음 밑줄 친 히라가나에 해당하는 한자를 고르세요.

1. 水を<u>じゅんかん</u>させる。 ① 順環 ② 循環
2. 気が<u>どうてん</u>する。 ① 動殿 ② 動転
3. 中学、高校ともに<u>せいふく</u>で学校へ通った。 ① 制服 ② 製服
4. 建物が<u>ほうかい</u>する。 ① 崩壊 ② 崩快
5. 最近、人間関係を<u>おっくう</u>に感じる。 ① 億空 ② 億劫

2 다음 두 문장 중에서 올바른 문장을 고르세요.

1. ① 平日ということもあり、客席はがらがらだった。
   ② 平日ということもあり、客席はがたがただった。

2. ① ぐるぐると返事を引き延ばす。
   ② ずるずると返事を引き延ばす。

3. ① あいにく明日は雨が降りそうです。
   ② せっかく明日は雨が降りそうです。

4. ① 防犯カメラを天井に擦り付ける。
   ② 防犯カメラを天井に据え付ける。

5. ① ばら売りしている鉛筆を1本だけ買う。
   ② はかり売りしている鉛筆を1本だけ買う。

3 다음 일본어가 설명하고 있는 단어를 고르세요.

1. 針と糸を使って服を作ったり、直したりする。

① 裁縫　② 刺しゅう

2. 他人の気持ちを推し量る。

① 仰天　② 忖度

3. 心細くて不安だ。

① 心ない　② 心許ない

4. 期待や予想に反して、内容や結果が物足りない。

① 呆気ない　② さりげない

5. 強引に売りつける。

① 受け売り　② 押し売り

---

1 1. ② 2. ② 3. ① 4. ① 5. ②　2 1. ① 2. ② 3. ① 4. ② 5. ①　3 1. ① 2. ② 3. ② 4. ① 5. ②

DAY 22

VOCA Check

나의 어휘 실력은 현재 어느 정도일까?
실전 어휘력 체크!

다음 어휘의 뜻을 써 보세요.

명사

□01 感無量 ....
□02 懸念 ....
□03 建立 ....
□04 堪能 ....
□05 土下座 ....
□06 容赦 ....
□07 駆け落ち ....
□08 差し金 ....
□09 矢先 ....

동사

□10 暮れる ....
□11 運ぶ ....
□12 晴れる ....
□13 更ける ....
□14 よろける ....
□15 奪い取る ....
□16 乗り越す ....
□17 引っ掛かる ....
□18 待ち伏せる ....

형용사

□19 潔い ....
□20 分厚い ....
□21 満たない ....
□22 醜い ....
□23 若々しい ....
□24 艶やか ....
□25 気まま ....
□26 不気味 ....
□27 不届き ....

부사·의성어·의태어

□28 予め ....
□29 依然として ....
□30 がくんと ....
□31 ざっと ....
□32 ろくに ....
□33 ぎしぎし ....
□34 ぐしゃぐしゃ ....
□35 じわじわ ....
□36 もたもた ....

속담·사자성어·관용어

□37 大は小を兼ねる ....
□38 満場一致 ....
□39 色をつける ....
□40 区切りをつける ....

- **정답 개수 01~10개** ▸ **당신은 초급자!** 산 넘어 산이네요! 정독하여 반드시 어휘 정복합시다!
- **정답 개수 11~20개** ▸ **당신은 초중급자!** 이제 걸음마 뗀 수준? 좀 더 노력하여 수준급으로 Go!
- **정답 개수 21~30개** ▸ **당신은 중급자!** 조금만 더 열심히 하면, 상급자까지 얼마 안 남았어요!
- **정답 개수 31~40개** ▸ **당신은 거의 상급자 수준?!** 방심은 금물! 100% 완벽에 도전합시다!

시험에 많이 나오는 어휘 **3순위**

DAY 22

명사

22-1.mp3

기본 한자어

□ 01 液体 | えきたい 액체

□ 02 汚水 | おすい 오수

□ 03 拡散 | かくさん 확산

□ 04 感受性 | かんじゅせい 감수성

□ 05 感無量 | かんむりょう 감개무량

□ 06 偽造 | ぎぞう 위조

□ 07 軍隊 | ぐんたい 군대

□ 08 結合 | けつごう 결합

□ 09 懸念 | けねん 걱정

□ 10 幻想 | げんそう 환상

□ 11 口述 | こうじゅつ 구술

□ 12 鼓動 | こどう 고동

□ 13 建立 | こんりゅう 건립

□ 14 飼育 | しいく 사육

□ 15 推定 | すいてい 추정

□ 16 戦場 | せんじょう 전장

□ 17 脱却 | だっきゃく 탈각

□ 18 嘲笑 | ちょうしょう 조소

□ 19 天然 | てんねん 천연

□ 20 動揺 | どうよう 동요

□ 21 日没 | にちぼつ 일몰

□ 22 粉末 | ふんまつ 분말

□ 23 保養 | ほよう 보양

□ 24 滅亡 | めつぼう 멸망

□ 25 憂慮 | ゆうりょ 우려

□ 26 落胆 | らくたん 낙담

읽기에 주의해야 할 음독 한자어

★★ □ **01** 子細 | しさい 　자초지종 / 자세함

彼女(かのじょ)はあの日(ひ)の事件(じけん)の**子細**を語(かた)り始(はじ)めた。

그녀는 그날 사건의 자초지종을 이야기하기 시작했다.

★★ □ **02** 巣窟 | そうくつ 　소굴

あの古(ふる)い廃工場(はいこうじょう)は今(いま)や暴力団(ぼうりょくだん)の**巣窟**になっている。

저 오래된 폐공장은 이제 폭력 조직의 소굴이 되어 있다.

★★ □ **03** 達観 | たっかん 　달관(내다봄)

昔(むかし)から人生(じんせい)を**達観**していた彼(かれ)だったが、仏門(ぶつもん)に入(はい)るとは思(おも)わなかった。

예전부터 인생을 달관한 그였지만 불문에 들어가리라고는 생각하지 않았다.

★★ □ **04** 堪能 | たんのう 　실컷 ~함, 만족함

有名(ゆうめい)なシェフのいるレストランでおいしいフランス料理(りょうり)を**堪能**する。

유명한 쉐프가 있는 레스토랑에서 맛있는 프랑스 요리를 실컷 맛보았다.

PLUS な형용사로도 쓰이는데 그때는 '능수능란함'이라는 뜻이 된다.

★★ □ **05** 茶番劇 | ちゃばんげき 　속이 빤히 들여다보이는 연극

政治家(せいじか)の国民(こくみん)を欺(あざむ)くような**茶番劇**には、もううんざりだ。

국민을 우롱하는 듯한 정치가의 속이 빤히 들여다보이는 연극은 이제 지긋지긋하다.

★★ □ **06** 土下座 | どげざ 　엎드려 절함

彼(かれ)が**土下座**をして謝(あやま)っても、絶対(ぜったい)に許(ゆる)せない。

그가 엎드려 빌며 사과해도 절대로 용서할 수 없다.

PLUS 보통 잘못을 빌거나 사죄하는 장면에서 많이 쓰인다.

★★ □ **07** 二束三文 | にそくさんもん 　수량은 많지만 가격이 쌈, 싸구려, 헐값

丹精込(たんせいこ)めて作(つく)った野菜(やさい)も、結局(けっきょく)は**二束三文**にしかならなかった。

정성 들여 재배한 채소도 결국 푼돈벌이밖에 되지 않았다.

★★ □ 08 破天荒 | はてんこう 파천황(이제껏 아무도 하지 않은 일을 함)

彼は15歳で世界一となった**破天荒**な選手として注目を浴びている。
그는 15세에 세계 제일이 된 전무후무한 선수로서 주목을 받고 있다.

★★ □ 09 酩酊 | めいてい 술에 잔뜩 취함

酩酊状態での入浴は大変危険である。
술에 잔뜩 취한 상태로 입욕하는 것은 대단히 위험하다.

★★ □ 10 容赦 | ようしゃ 용서

今度だけは決して彼の行動を**容赦**しない。
이번만큼은 결코 그의 행동을 용서하지 않겠다.

고유어

★★ □ 01 生け捕り | いけどり 생포

動物園から脱走した猿を**生け捕り**にした。
동물원에서 탈주한 원숭이를 생포했다.

★★★ □ 02 お門違い | おかどちがい 번짓수를 잘못 찾음, 헛다리 짚음

成績が悪いのを先生のせいにするなんて、**お門違い**も甚だしい。
성적이 나쁜 것을 선생님 탓으로 돌리다니 번짓수를 잘못 짚어도 한참 잘못 짚었다.

★★★ □ 03 駆け落ち | かけおち 사랑하는 남녀가 부모의 반대를 피해 함께 도망감

うちの両親は親に反対されて、**駆け落ち**して結婚したそうだ。
우리 부모님은 부모님이 반대해서 같이 도망쳐 결혼했다고 한다.

★★ □ 04 勝ち組 | かちぐみ 어떤 분야에서 성공한 그룹

職業だけを見て、**勝ち組**とか負け組と呼ぶのはおかしい。
직업만을 보고 승자나 패자라고 부르는 것은 이상하다.

반 負け組 | まけぐみ 어떤 분야에서 실패한 그룹

□ 05 切り盛り | きりもり (가계나 경리 등의 일을) 균형 있게 적절히 꾸려 나감

この宿は、長年家族だけで**切り盛り**しているそうだ。

이 여관은 오랫동안 가족만으로 꾸려 가고 있다고 한다.

□ 06 極め付き | きわめつき 정평이 남 / 정도가 절정임

彼女の今日の衣装も奇抜だったが、**極め付き**はそのヘアスタイルだった。

그녀의 오늘 의상도 기발했지만 기발함의 절정은 그 헤어스타일이었다.

□ 07 差し金 | さしがね 뒤에서 조종함, 사주

彼女がいきなりあんなことを言うなんて、きっと誰かの**差し金**だろう。

그녀가 갑자기 그런 말을 하다니 분명히 누군가가 사주한 걸 거야.

□ 08 どんでん返し | どんでんがえし 갑자기 상황이 역전됨

この推理小説のラストシーンの**どんでん返し**は想像を超えた。

이 추리 소설의 라스트 신의 반전은 상상을 초월했다.

□ 09 仲立ち | なかだち 주선, 중매

結婚において、両者の**仲立ち**をする人を「仲人」という。

결혼에서 두 사람의 중매를 하는 사람을 '주선자'라고 한다.

□ 10 引きこもり | ひきこもり 은둔형 외톨이

引きこもりになる原因を調べたら、思ったより複雑だった。

은둔형 외톨이가 되는 원인을 알아봤더니 생각했던 것보다 복잡했다.

□ 11 独りよがり | ひとりよがり 독선적임

独りよがりの考えは誰にも受け入れられないものだ。

독선적인 생각은 누구에게도 받아들여질 수 없는 것이다.

□ 12 ポイ捨て | ポイすて 쓰레기 무단 투기

たばこの吸殻の**ポイ捨て**を禁ずるポスターを製作した。

담배꽁초 무단 투기를 금지하는 포스터를 제작했다.

★★ ☐ 13 **骨休め** | ほねやすめ 휴식

毎年、年末年始には**骨休め**に温泉旅行をするのが楽しみだ。
매년 연말연시에는 휴양으로 온천여행을 하는 것이 낙이다.

★ ☐ 14 **身じろぎ** | みじろぎ 몸을 살짝 움직임, 미동

彼は**身じろぎ**一つせず、彼女の言葉に耳を傾けていた。
그는 미동도 않고 그녀의 말에 귀를 기울이고 있었다.

★★★ ☐ 15 **矢先** | やさき (예정된 일을 하려던) 그 순간

旅行に行こうとした**矢先**に、父が倒れてそれどころではなくなった。
여행을 가려고 한 그 순간에 아버지가 쓰러져서 그럴 상황이 아니었다.

동사

22-2.mp3

기본 동사

★ ☐ 01 **明ける** | あける (날이) 밝다, 새다

夕べから徹夜で仕事をしていたら、東の空が**明けて**きた。
어젯밤부터 철야로 일을 하고 있었더니 동쪽 하늘이 밝아 왔다.

★★★ ☐ 02 **窘める** | たしなめる 가볍게 주의를 주다, 타이르다

言葉遣いの悪さを兄に**窘められた**。
형에게 나쁜 언어 습관에 대해 주의를 받았다.

★ ☐ 03 **暮れる** | くれる (해가) 지다, (날이) 저물다

もうすぐ日が**暮れる**から、早めにライトを点灯しよう。
이제 곧 날이 저물 테니 일찌감치 라이트를 켜자.

★ ☐ 04 **経つ** | たつ (시간, 날짜 등이) 지나다, 경과하다

時が**経つ**のは早いもので、卒業してからもう5年が**経った**。
세월이란 참 빠른 법이라 졸업한 지 벌써 5년이 지났다.

★ □ 05 塗る | ぬる 칠하다, 바르다

古(ふる)くなった家(いえ)の壁(かべ)に茶色(ちゃいろ)いペンキを**塗ってい**る。
오래된 집 벽에 갈색 페인트를 칠하고 있다.

★ □ 06 運ぶ | はこぶ 나르다, 운반하다

従業員(じゅうぎょういん)二人(ふたり)で、アパートの4階(かい)まで冷蔵庫(れいぞうこ)を**運んだ**。
종업원 둘이서 아파트 4층까지 냉장고를 운반했다.

★ □ 07 早まる | はやまる 빨라지다, 앞당겨지다

社員旅行(しゃいんりょこう)の予定(よてい)が1週間(しゅうかん)くらい**早まった**。
사원여행 예정이 일주일 정도 앞당겨졌다.

PLUS 早める | はやめる 서두르다, 앞당기다

★ □ 08 晴れる | はれる (날씨 등이) 맑다, 개다

明日(あした)は待(ま)ちに待(ま)った遠足(えんそく)なので、何(なん)としても**晴れて**ほしい。
내일은 기다리고 기다리던 소풍이니까 꼭 날씨가 맑았으면 좋겠다.

★ □ 09 光る | ひかる (빛, 불 등이) 빛나다

夜空(よぞら)を見上(みあ)げたら、たくさんの星(ほし)がきらきらと**光ってい**た。
밤하늘을 올려다보았더니 많은 별들이 반짝반짝 빛나고 있었다.

★ □ 10 含める | ふくめる 포함하다

募集(ぼしゅう)をかけたが、結局参加者(けっきょくさんかしゃ)は私(わたし)を**含めて**5人(にん)だけだった。
모집을 실시했는데 결국 참가자는 나를 포함하여 다섯 명뿐이었다.

★★ □ 11 更ける | ふける (밤이) 깊어지다

夜(よ)も段々(だんだん)**更けて**きて、気温(きおん)も下(さ)がってきた。
밤이 깊어지면서 기온도 내려갔다.

★★ □ 12 もったいぶる (중요한 이야기 등을 빨리 말하지 않고) 질질 끌다

そんなに**もったいぶって**いないで、早(はや)く教(おし)えてください。
그렇게 질질 끌지 말고 빨리 가르쳐 주세요.

3순위

★ □ 13 求める | もとめる 구하다, 요청하다, 갈망하다

いいアイデアが浮(う)かばない時(とき)は同僚(どうりょう)に助(たす)けを**求める**こともある。
좋은 아이디어가 떠오르지 않은 때는 동료에게 도움을 구하기도 한다.

★ □ 14 破れる | やぶれる 찢어지다

昨日(きのう)買(か)ったばかりのコートなのにポケットが**破れて**、穴(あな)が開(あ)いている。
어제 막 구입한 코트인데 주머니가 찢어져서 구멍이 났다.

★★ □ 15 よろける 비틀거리다

友達(ともだち)と並(なら)んで歩(ある)いていた時(とき)、道端(みちばた)の石(いし)に躓(つまず)いて一瞬(いっしゅん)**よろけた**。
친구와 나란히 걷고 있었을 때, 길바닥의 돌에 발이 걸려서 순간 비틀거렸다.

복합동사

★★ □ 01 奪い取る | うばいとる 빼앗다

バス停(てい)で後(うし)ろに立(た)っていた引(ひ)ったくりにハンドバッグを**奪い取られて**しまった。
버스 정류장에서 뒤에 서 있던 날치기에게 핸드백을 빼앗겨 버렸다.

★ □ 02 追い越す | おいこす 추월하다

スポーツカーが軽自動車(けいじどうしゃ)を素早(すばや)く**追い越して**いった。
스포츠카가 경차를 쏜살같이 추월해 갔다.

★★ □ 03 消え去る | きえさる 사라지다, 없어지다

さっきまでテーブルの上(うえ)にあった宝石(ほうせき)が突如(とつじょ)**消え去った**。
조금 전까지 탁자 위에 있던 보석이 갑자기 없어졌다.

★★ □ 04 飛び降りる | とびおりる (높은 곳에서) 뛰어내리다

いじめで苦(くる)しんでいた学生(がくせい)が屋上(おくじょう)から**飛び降りて**自殺(じさつ)した。
집단 괴롭힘에 시달리던 학생이 옥상에서 뛰어내려 자살했다.

★ □ 05 取り締まる | とりしまる　　단속하다

けいさつ ちゅうしゃ いはん くるま
警察が駐車違反をした車を**取り締まる**。
경찰이 주차 위반을 한 차를 단속하다.

★★ □ 06 乗り遅れる | のりおくれる　　(버스, 전철 등을) 놓치다

ねぼう いそ てい はし
寝坊をして、急いでバス停まで走ったが、バスに**乗り遅れた**。
늦잠을 자서 서둘러 버스 정류장까지 뛰어갔지만 버스를 놓쳤다.

★★ □ 07 乗り越す | のりこす　　(버스, 전철 등의) 내릴 곳을 지나치다

しんじゅくえき お とうきょうえき い
新宿駅で降りるつもりだったが、**乗り越して**東京駅まで行くことにした。
신주쿠역에서 내릴 생각이었는데 내릴 곳을 지나쳐서 도쿄역까지 가기로 했다.

★★ □ 08 はみ出す | はみだす　　튀어나오다, 비어져 나오다

じょうようしゃ じこ げんいん
乗用車がセンターラインを**はみ出した**のが事故の原因だ。
승용차가 중앙선을 넘은 것이 사고의 원인이다.

★★ □ 09 引っ掛かる | ひっかかる　　걸려들다

さぎ かね ぜんぶだま と
詐欺に**引っ掛かって**、お金を全部騙し取られてしまった。
사기에 걸려들어서 돈을 전부 빼앗기고 말았다.

★★ □ 10 待ち伏せる | まちぶせる　　숨어서 기다리다

みちばた ふりょう ふくろだた
道端で**待ち伏せて**いた不良グループに袋叩きにされた。
길거리에서 숨어서 기다리고 있던 불량 그룹에게 뭇매질을 당했다.

형용사

22-3.mp3

い 형용사

★★ □ 01 潔い | いさぎよい　　(양심에 걸리거나 미련이 없어) 떳떳하다

ま みと せんしゅ すがた ほんとう
潔く負けを認めたあの選手の姿は本当にかっこよかった。
떳떳하게 패배를 인정한 저 선수의 모습은 정말 멋있었다.

★★ □ 02 分厚い | ぶあつい　두툼하다

分厚い世界名作全集を最後まで読み切った。
두툼한 세계 명작 전집을 끝까지 다 읽었다.

★★ □ 03 満たない | みたない　다 차지 않다, 미치지 않다

賛成が過半数に**満たなく**て、議案は否決された。
찬성이 과반수에 미치지 않아서 의안은 부결되었다.

★★ □ 04 醜い | みにくい　추하다, 못생기다

親の遺産を巡って**醜い**争いが始まった。
부모의 유산을 둘러싸고 추한 다툼이 시작되었다.

★★ □ 05 若々しい | わかわかしい　젊어 보이다

いつまでも健康で**若々しい**秘訣は何ですか。
언제까지나 건강하고 젊어 보이는 비결은 무엇입니까?

な 형용사

★★ □ 01 艶やか | あでやか　(여성이) 화려하고 아름다움

成人式では、**艶やかな**着物を着た女性たちを見ることができる。
성인식에서는 화려한 기모노를 입은 여성들을 볼 수 있다.

★ □ 02 外向的 | がいこうてき　외향적임

組織は**外向的な**人材を好む傾向がある。
조직은 외향적인 인재를 선호하는 경향이 있다.

반 内向的 | ないこうてき 내향적임

★★ □ 03 気まま | きまま　마음대로 함

特にスケジュールを決めない**気ままな**旅行が好きだ。
특별히 스케줄을 정하지 않고 마음대로 놀아다니는 여행을 좋아한다.

☐ 04 不気味 | ぶきみ (분위기 등이) 으스스함, 기분 나쁨

夜になると、あの墓地は一層**不気味な**静けさが漂う。
밤이 되면 그 묘지는 한층 더 으스스한 적막함이 떠돈다.

☐ 05 不届き | ふとどき 괘씸함

毎回当然のように宿題をやってこないなんて、**不届きな**やつだ。
매번 당연한 듯이 숙제를 안 해 오다니 괘씸한 녀석이다.

부사

22-4.mp3

☐ 01 予め | あらかじめ 미리

そういう話は**予め**本人にしておくべきではないでしょうか。
그런 이야기는 미리 본인에게 해 두어야 하지 않을까요?

☐ 02 依然として | いぜんとして 여전히

依然として古い体質の組織に嫌気がさしてきた。
여전히 낡은 체질의 조직에 싫증이 나게 되었다.

☐ 03 がくんと 급격히

今月に入って、注文が**がくんと**落ち込むようになった。
이달에 들어서 주문이 급격히 떨어지게 되었다.

☐ 04 ざっと 대충

部下が提出した書類に**ざっと**目を通した。
부하가 제출한 서류를 대충 훑어봤다.

☐ 05 ろくに 제대로, 변변히(뒤에 부정 표현이 옴)

今日は朝からとても忙しくて、**ろくに**食事もとっていない。
오늘은 아침부터 대단히 바빠서 제대로 식사도 못했다.

3순위

의성어·의태어

★★ □ 01 ぎしぎし　삐걱거리는 모양, 삐걱삐걱

この吊(つ)り橋(ばし)は歩(ある)くたびに**ぎしぎし**する。
이 현수교는 걸을 때마다 삐걱거린다.

★★ □ 02 ぐしゃぐしゃ　구겨져 있는 모양, 꾸깃꾸깃

せっかく描(か)いた絵(え)を**ぐしゃぐしゃ**に丸(まる)めてゴミ箱(ばこ)に放(ほう)り投(な)げた。
모처럼 그린 그림을 꾸깃꾸깃 구겨서 휴지통에 던져 버렸다.

★★ □ 03 じわじわ　서서히 진행되는 모양

今(いま)から**じわじわ**と相手(あいて)の陣地(じんち)に接近(せっきん)した方(ほう)がいい。
지금부터 서서히 상대방의 진지로 접근하는 것이 좋다.

★★ □ 04 ちやほや　떠받들며 애지중지하는 모양

人(ひと)というものは、**ちやほや**されると思(おも)わずその気(き)になってしまうものだ。
사람은 다른 사람들이 띄워 주면 자기도 모르게 우쭐해지는 법이다.

★★ □ 05 もたもた　꾸물거리는 모양

何(なに)を**もたもた**しているんだ。早(はや)く出発(しゅっぱつ)しろ。
무엇을 꾸물대고 있는 거야? 빨리 출발해!

속담·사자성어

★★ □ 01 大は小を兼ねる | だいはしょうをかねる　큰 것은 작은 것을 겸한다

新(あたら)しい冷蔵庫(れいぞうこ)は**大は小を兼ねる**ということで、大(おお)きい方(ほう)を買(か)った。
새 냉장고는 큰 것은 작은 것을 겸한다는 말대로 큰 것을 샀다.

PLUS 큰 물건은 작은 것의 기능도 포함한다는 뜻.

★★ □ 02 逃がした魚は大きい | にがしたさかなはおおきい 놓친 물고기는 크다

別れた彼女が今では有名人になって活躍している。**逃がした魚は大きい**とはこのことだ。
헤어진 여자 친구가 지금은 유명인이 되어 활약하고 있다. 놓친 물고기가 크다는 말이 딱 들어맞는다.

PLUS 손에 넣을 수 있었는데 놓친 것은 실제보다 훌륭해 보인다는 뜻.

★★ □ 03 暗中模索 | あんちゅうもさく 암중모색

暗中模索の状況があまり長引くのは、解決の道を探すのに障害となり得る。 암중모색의 상황이 너무 오래 지속되면 해결 방안을 찾는 데에 장애가 될 수 있다.

PLUS 확실한 방법을 모른 채 일의 실마리를 찾으려 한다는 뜻.

★★ □ 04 満場一致 | まんじょういっち 만장일치

毎年いろいろともめる予算会議だが、今日は珍しく**満場一致**ですんなり可決した。 매년 여러모로 다투게 되는 예산 회의이지만 오늘은 웬일로 만장일치로 수월하게 가결되었다.

3순위

관용어

★★ □ 01 色をつける | いろをつける 덤으로 더 주다

社長が少し**色をつけて**アルバイト料を支払ってくれた。
사장님이 조금 인심을 써서 아르바이트비를 지불해 주었다.

★★★ □ 02 落とし前をつける | おとしまえをつける 뒷일을 처리하다, 뒤처리를 하다

部下のミスの**落とし前をつける**のも上司の仕事の一つだ。
부하가 저지른 실수의 뒤처리를 하는 것도 상사가 하는 일 중의 하나이다.

★★★ □ 03 勝手が違う | かってがちがう (환경이나 사정 등이 달라) 편치 않다, 불리하다

他人のパソコンで作業をするのはいつもと**勝手が違って**楽ではない。
남의 컴퓨터로 작업을 하는 것은 평상시의 환경과 달라 편하지 않다.

□ 04 **曲が無い** | きょくがない (너무 틀에 박혀 있어) 재미가 없다

毎日(まいにち)が単調(たんちょう)で**曲が無い**職場(しょくば)生活(せいかつ)を送(おく)っている。

하루하루가 단조롭고 재미가 없는 직장 생활을 보내고 있다.

□ 05 **区切りをつける** | くぎりをつける 어떤 한 단락을 끝내다, 매듭을 짓다

今(いま)の仕事(しごと)にちゃんと**区切りをつけて**から転職(てんしょく)を考(かんが)えるつもりだ。

지금 하고 있는 일을 제대로 매듭지은 후에 이직을 생각할 작정이다.

□ 06 **職に就く** | しょくにつく 직장에 들어가다, 일을 하다

大学(だいがく)で化学(かがく)を専攻(せんこう)したから、その方面(ほうめん)の**職に就きたい**。

대학교에서 화학을 전공했기 때문에 그 방면의 직장에 들어가고 싶다.

□ 07 **たがが緩む** | たががゆるむ (긴장이 풀리거나 나이를 먹어 기력이나 능력 등이) 둔해지다

いくら慣(な)れている仕事(しごと)だからといっても何事(なにごと)も**たがが緩んでは**いけない。

아무리 익숙한 업무라고 해도 무슨 일이든 느슨해져서는 안 된다.

□ 08 **取り返しがつかない** | とりかえしがつかない 돌이킬 수 없다

彼(かれ)は自分(じぶん)の人生(じんせい)において**取り返しのつかない**大(おお)きな失敗(しっぱい)をした。

그는 자신의 인생에서 돌이킬 수 없는 큰 실패를 했다.

□ 09 **梯子を外される** | はしごをはずされる (고립 또는 배신을 당하여) 궁지에 몰리다

予算(よさん)を削減(さくげん)するという方針(ほうしん)が決(き)まって、**梯子を外された**思(おも)いだ。

예산을 삭감하겠다는 방침이 결정되어 궁지에 몰린 기분이다.

□ 10 **割に合わない** | わりにあわない 상응하는 이익이 없다, 수지가 맞지 않다

この仕事(しごと)は他(ほか)の仕事(しごと)より賃金(ちんぎん)が低(ひく)くて**割に合わない**。

이 일은 다른 일보다 임금이 낮아서 수지가 맞지 않는다.

1 다음 밑줄 친 히라가나에 해당하는 한자를 고르세요.

1. 見え透いたちゃばんげきだ。　① 茶番劇　② 茶番檄
2. 熱帯魚をしいくする。　① 使育　② 飼育
3. 嘘の情報がかくさんしている。　① 拡産　② 拡散
4. 胸のこどうが聞こえる。　① 鼓動　② 呼動
5. どげざして謝る。　① 土下座　② 土下座

2 다음 두 문장 중에서 올바른 문장을 고르세요.

1. ① 私を含めて家族は4人です。
   ② 私を絡めて家族は4人です。

2. ① 環境問題を解決しなければ、やがて人類は滅失するだろう。
   ② 環境問題を解決しなければ、やがて人類は滅亡するだろう。

3. ① ちやほやされて育った子供
   ② ちらほらされて育った子供

4. ① 車はがくんとスピードを落として止まった。
   ② 車はどかんとスピードを落として止まった。

5. ① 道路のセンターラインをあみ出したのが事故の原因だ。
   ② 道路のセンターラインをはみ出したのが事故の原因だ。

3 다음 일본어가 설명하고 있는 단어를 고르세요.

1. 相変わらず

① 断然　② 依然

2. 前もって

① 予め　② 早急に

3. 手間取って時間がかかる様子

① もたもた　② てきぱき

4. 雲がなくなっていい天気になる。

① 曇る　② 晴れる

5. 人の手が加えられていない、自然そのまま

① 天然　② 漠然

---

1 1.① 2.② 3.② 4.① 5.②　**2** 1.① 2.② 3.① 4.① 5.②　**3** 1.② 2.① 3.① 4.② 5.①

DAY 23

VOCA Check

나의 어휘 실력은 현재 어느 정도일까?
실전 어휘력 체크!

다음 어휘의 뜻을 써 보세요.

명사

□01 当惑 ……
□02 憤慨 ……
□03 抑圧 ……
□04 形相 ……
□05 収賄 ……
□06 無念 ……
□07 跡継ぎ ……
□08 染み抜き ……
□09 ずぶ濡れ ……

동사

□10 敬う ……
□11 庇う ……
□12 背く ……
□13 値切る ……
□14 歪む ……
□15 買い入れる ……
□16 貸し付ける ……
□17 切り離す ……
□18 立て替える ……

형용사

□19 色濃い ……
□20 騒々しい ……
□21 ほろ苦い ……
□22 未練がましい ……
□23 空しい ……
□24 気障 ……
□25 生半可 ……
□26 卑劣 ……
□27 無頓着 ……

부사·의성어·의태어

□28 一段と ……
□29 一向に ……
□30 堂々と ……
□31 どっと ……
□32 とやかく ……
□33 くしゃくしゃ ……
□34 ぐちゃぐちゃ ……
□35 ごちゃごちゃ ……
□36 粉々 ……

속담·사자성어·관용어

□37 血は水よりも濃い ……
□38 大義名分 ……
□39 下駄を預ける ……
□40 場数を踏む ……

- **정답 개수 01~10개** ▶ **당신은 초급자!** 산 넘어 산이네요! 정독하여 반드시 어휘 정복합시다!
- **정답 개수 11~20개** ▶ **당신은 초중급자!** 이제 걸음마 뗀 수준? 좀 더 노력하여 수준급으로 Go!
- **정답 개수 21~30개** ▶ **당신은 중급자!** 조금만 더 열심히 하면, 상급자까지 얼마 안 남았어요!
- **정답 개수 31~40개** ▶ **당신은 거의 상급자 수준?!** 방심은 금물! 100% 완벽에 도전합시다!

시험에 많이 나오는 어휘 **3순위**

DAY 23

명사

23-1.mp3

기본 한자어

□ 01	愛憎 │ あいぞう	애증	
□ 02	幹事 │ かんじ	간사	
□ 03	郷愁 │ きょうしゅう	향수	
□ 04	虚栄 │ きょえい	허영	
□ 05	岐路 │ きろ	기로	
□ 06	苦心 │ くしん	고심	
□ 07	激怒 │ げきど	격노	
□ 08	倦怠感 │ けんたいかん	권태감	
□ 09	厚意 │ こうい	후의	
□ 10	呼応 │ こおう	호응	
□ 11	士気 │ しき	사기	
□ 12	親睦 │ しんぼく	친목	
□ 13	憎悪 │ ぞうお	증오	
□ 14	沈痛 │ ちんつう	침통	
□ 15	電柱 │ でんちゅう	전신주	
□ 16	同窓会 │ どうそうかい	동창회	
□ 17	当惑 │ とうわく	당혹감	
□ 18	爆笑 │ ばくしょう	폭소	
□ 19	微笑 │ びしょう	미소	
□ 20	侮辱 │ ぶじょく	모욕	
□ 21	憤慨 │ ふんがい	분개	
□ 22	免責 │ めんせき	면책	
□ 23	抑圧 │ よくあつ	억압	
□ 24	欲望 │ よくぼう	욕망	
□ 25	抑揚 │ よくよう	억양	
□ 26	抑留 │ よくりゅう	억류	

읽기에 주의해야 할 음독 한자어

★★ □ 01 **会釈** | えしゃく　머리를 살짝 숙이며 하는 가벼운 인사

社内の人とすれ違う時には軽く**会釈**をする。
사내의 사람과 스쳐 지나갈 때는 가볍게 목례를 한다.

★★ □ 02 **形相** | ぎょうそう　격한 감정이 드러난 얼굴

ちょっと注意しただけなのに、ものすごい**形相**で睨み返してきた。
살짝 주의를 주었을 뿐인데 대단히 화가 난 얼굴로 노려보기 시작했다.

★★ □ 03 **紅一点** | こういってん　홍일점(많은 남자들 가운데 유일한 여성)

私は親戚の従兄弟たちの中で**紅一点**だったので、祖母にかわいがられた。
나는 사촌들 중에서 홍일점이었기 때문에 할머니께 예쁨받았다.

★★ □ 04 **試金石** | しきんせき　시금석(가치나 능력 등을 평가하는 기준이 되는 것)

この曲は奏者のミスがすぐに露顕するので、ピアニストの**試金石**と言われる。
이 곡은 연주자의 실수가 바로 드러나기 때문에 피아니스트의 시금석이라고 불린다.

★★ □ 05 **性分** | しょうぶん　타고난 성품, 천성

お世辞を言えない**性分**なので、ずいぶんと損をしてきた。
아부를 못하는 성격이어서 꽤나 손해를 보고 살아왔다.

★★ □ 06 **収賄** | しゅうわい　뇌물을 받음

市の職員が**収賄**容疑で次々と逮捕された。
시청 직원이 뇌물 수수 혐의로 연달아 체포되었다.

(반) 贈賄 | ぞうわい 뇌물을 줌

★★ □ 07 **弊害** | へいがい　병폐

パソコン普及の**弊害**で、漢字を書くのが苦手な人が増えた。
컴퓨터 보급의 병폐로 한자 쓰는 것을 어려워하는 사람이 늘어났다.

3순위

★★ □ 08 宝庫 | ほうこ | 보고(귀중한 것이 많이 나거나 간직되어 있는 곳)

歌謡曲(かようきょく)の歌詞(かし)はよく見(み)ると、使(つか)える文法表現(ぶんぽうひょうげん)の**宝庫**である。

대중가요의 가사는 잘 보면 유용한 문법 표현의 보고이다.

★★★ □ 09 無心 | むしん | 거리낌 없이 금품 등을 요구함

彼(かれ)は大学(だいがく)を卒業(そつぎょう)してもう3年(ねん)も経(た)つのに、就職(しゅうしょく)もせずに親(おや)に金(かね)を**無心**している。

그는 대학을 졸업하고 벌써 3년이나 지났는데 취직도 하지 않고 부모님께 용돈을 요구하고 있다.

★★ □ 10 露呈 | ろてい | (감추고 있던 것이) 드러남

調査(ちょうさ)を進(すす)めれば進(すす)めるほど、この事件(じけん)の闇(やみ)の深(ふか)さが**露呈**していく。

조사를 진행하면 할수록 이 사건의 깊은 어둠이 드러난다.

고유어

★★ □ 01 跡継ぎ | あとつぎ | 대를 이음, 후계자

子供(こども)が生(う)まれなかったので、養子(ようし)をもらって**跡継ぎ**にした。

아이가 태어나지 않아서 양자를 얻어 대를 잇게 하였다.

★★ □ 02 仮払い | かりばらい | 가불

出張旅費(しゅっちょうりょひ)を経理部(けいりぶ)に**仮払い**してもらう。

출장 여비를 경리부에 가불해 받다.

★★ □ 03 心構え | こころがまえ | 마음가짐, 마음의 준비

大地震(おおじしん)に備(そな)えるには、まず日頃(ひごろ)の**心構え**が大事(だいじ)だ。

대지진에 대비하려면 우선 평상시의 마음가짐이 중요하다.

★★★ □ 04 先細り | さきぼそり | 뒤로 갈수록 기세가 약해짐

この店(みせ)は、最近(さいきん)の売(う)り上(あ)げからすると、**先細り**が目(め)に見(み)えている。

이 가게는 최근 매출만 보자면 하락세가 역력하다.

□ 05 染み抜き | しみぬき 얼룩 제거

ワイシャツにソースがついてしまったので、早(はや)く**染み抜き**をしなければならない。 와이셔츠에 소스가 묻어 버려서 빨리 얼룩 제거를 해야 한다.

□ 06 ずぶ濡れ | ずぶぬれ 흠뻑 젖음

大雨(おおあめ)の中(なか)を傘(かさ)もささずに歩(ある)いてきたら、**ずぶ濡れ**になった。
폭우 속을 우산도 쓰지 않고 걸어왔더니 흠뻑 젖었다.

(유) びしょ濡れ | びしょぬれ 물이 뚝뚝 떨어질 정도로 젖음

□ 07 手出し | てだし 참견 / 손찌검

これ以上(いじょう)余計(よけい)なことに**手出し**をしないでください。
더 이상 쓸데없는 일에 참견을 하지 말아 주세요.

□ 08 済し崩し | なしくずし 야금야금 일을 처리함

会議(かいぎ)の結果(けっか)、海外(かいがい)向(む)けの事業計画(じぎょうけいかく)は**済し崩し**に進(すす)めていくことに決(き)まった。
회의 결과, 해외 사업 계획은 서서히 진행해 가기로 정해졌다.

PLUS 정식 절차를 거쳐서 일을 처리하는 것이 아니라 조금씩 전례를 만들어감으로써 기정사실화할 때 쓰인다.

□ 09 日帰り | ひがえり 당일치기

気分転換(きぶんてんかん)に小学校(しょうがっこう)の時(とき)の友達(ともだち)と**日帰り**旅行(りょこう)をした。
기분 전환으로 초등학교 때 친구와 당일치기 여행을 했다.

□ 10 引き分け | ひきわけ 무승부

結局(けっきょく)、昨日(きのう)の試合(しあい)は**引き分け**に終(お)わってしまった。
결국 어제 시합은 무승부로 끝나고 말았다.

(동) 相子 | あいこ

□ 11 二手 | ふたて 양쪽

この登山道(とざんどう)は途中(とちゅう)から**二手**に分(わ)かれている。
이 등산로는 도중에 두 갈래로 갈린다.

☐ 12 冬籠り | ふゆごもり 겨울잠

もうすぐ動物(どうぶつ)たちが**冬籠り**の仕度(したく)をする季節(きせつ)が訪(おとず)れる。
이제 곧 동물들이 겨울잠 준비를 하는 계절이 찾아온다.

☐ 13 ほつれ 흐트러진 곳, (실밥 등이) 풀린 곳

スカートの裾(すそ)の**ほつれ**を直(なお)したら、ハンガーにかけてください。
치맛자락의 실밥이 풀린 곳을 수선하면 옷걸이에 걸어 주세요.

☐ 14 見聞き | みきき 보고 들음

旅先(たびさき)で**見聞き**したことをブログに載(の)せている。
여행지에서 보고 들은 것을 블로그에 올리고 있다.

☐ 15 遣り繰り | やりくり (살림 등을) 꾸려 감

物価(ぶっか)が上昇(じょうしょう)し、**遣り繰り**に悪戦苦闘(あくせんくとう)している。
물가가 올라서 살림을 꾸려 가기에 악전고투하고 있다.

동사

23-2.mp3

기본 동사

☐ 01 欺く | あざむく 속이다, 기만하다

敵(てき)を**欺く**作戦(さくせん)を練(ね)りに練(ね)って考(かんが)え出(だ)した。
적을 속일 작전을 계속 궁리한 끝에 생각해 냈다.

☐ 02 改まる | あらたまる 고쳐지다, 개선되다 / 격식을 갖추다

改まった席(せき)では丁寧(ていねい)な話(はな)し方(かた)が必要(ひつよう)だ。
격식을 갖춘 자리에서는 정중한 말씨가 필요하다.

☐ 03 敬う | うやまう 공경하다

子供(こども)が両親(りょうしん)を**敬う**のは当然(とうぜん)のことだ。
아이가 부모님을 공경하는 것은 당연한 일이다.

★★ □ 04 煽てる | おだてる　(무언가를 하게 할 목적으로) 치켜세우다

うちの子(こ)をもう少(すこ)し**煽てたら**勉強(べんきょう)するかしら。
우리 아이를 좀 더 치켜세우면 공부하려나?

★★ □ 05 庇う | かばう　감싸다, 두둔하다

今回(こんかい)のことは彼(かれ)が絶対(ぜったい)に悪(わる)いから、そんなに**庇う**必要(ひつよう)はない。
이번 일은 그가 절대적으로 나쁘니까 그렇게 두둔할 필요는 없다.

★ □ 06 指す | さす　가리키다, 지칭하다

話(はなし)に夢中(むちゅう)になっていたら、いつの間(ま)にか時計(とけい)の針(はり)は12時(じ)を**指して**いた。
이야기에 정신이 팔려 있었더니 어느새 시곗바늘은 12시를 가리키고 있었다.

★ □ 07 ずらす　(시간, 위치 등을) 변경하다

取引先(とりひきさき)の都合(つごう)で出張(しゅっちょう)の日程(にってい)を**ずらす**。
거래처 사정으로 출장 일정을 변경하다.

★ □ 08 迫る | せまる　다가오다, 가까이 오다, 임박하다

卒論(そつろん)の締(し)め切(き)りがいよいよ来週(らいしゅう)に**迫って**いる。
졸업 논문 마감일이 드디어 다음 주로 임박했다.

★★ □ 09 背く | そむく　등을 돌리다, 어기다

彼(かれ)は法律(ほうりつ)に**背く**ようなことは決(けっ)してしない人(ひと)だ。
그는 법을 어기는 것과 같은 일은 결코 하지 않는 사람이다.

★★ □ 10 ダブる　겹치다

来週(らいしゅう)の土曜日(どようび)は友達(ともだち)の結婚式(けっこんしき)と出張(しゅっちょう)が**ダブって**しまった。
다음 주 토요일은 친구 결혼식과 출장이 겹쳐 버렸다.

★★ □ 11 値切る | ねぎる　(값, 가격 등을) 깎다

市場(いちば)で刺身(さしみ)を**値切って**みたら、半額(はんがく)にしてくれた。
시장에서 생선회 가격을 흥정했더니 반값으로 깎아 주었다.

★★ □ 12 **紛れる** | まぎれる　　헷갈리다, 섞여 있다

財布(さいふ)の中(なか)に500ウォン硬貨(こうか)が**紛れて**入(はい)っていた。
지갑 안에 500원짜리 동전이 섞여서 들어 있었다.

★ □ 13 **交じる** | まじる　　섞이다

大人(おとな)も子供(こども)たちに**交じって**公園(こうえん)で遊(あそ)んでいる。
어른도 아이들과 섞여서 공원에서 놀고 있다.

★ □ 14 **丸める** | まるめる　　둥글게 만들다, 뭉치다

紙(かみ)を**丸めて**ゴミ箱(ばこ)の中(なか)に投(な)げ入(い)れる遊(あそ)びをしている。
종이를 둥글게 뭉쳐서 휴지통 안으로 던져 넣는 놀이를 하고 있다.

★★ □ 15 **歪む** | ゆがむ　　비뚤어지다

歪んだ性格(せいかく)の人(ひと)は何事(なにごと)にも**歪んだ**解釈(かいしゃく)をする。
성격이 비뚤어진 사람은 무엇이든 비뚤어진 해석을 한다.

복합동사

★★ □ 01 **買い入れる** | かいいれる　　사들이다, 매입하다

研究(けんきゅう)に必要(ひつよう)な本(ほん)を外国(がいこく)から**買い入れる**。
연구에 필요한 책을 외국에서 사들이다.

★★★ □ 02 **貸し付ける** | かしつける　　(돈 등을) 꿔 주다, 빌려주다

銀行(ぎんこう)が企業(きぎょう)に資金(しきん)を**貸し付けて**いる。
은행이 기업에 자금을 빌려주고 있다.

★★ □ 03 **切り離す** | きりはなす　　따로 떼다, 분리하다

ほとんどの人(ひと)は結婚(けっこん)とお金(かね)は切(き)っても**切り離せない**問題(もんだい)だと思(おも)っている。
대부분의 사람들은 결혼과 돈은 떼래야 뗄 수 없는 문제라고 생각하고 있다.

★★ □ 04 **組み合わせる** | くみあわせる　　조합하다

この宝(たから)くじは好(す)きな数字(すうじ)を自分(じぶん)が直接(ちょくせつ)**組み合わせて**選(えら)べる。
이 복권은 좋아하는 숫자를 자기가 직접 조합해서 고를 수 있다.

★★★ □ 05 立て替える | たてかえる (돈 등을) 대신 내다

いま こま かね わる
今は細かいお金がないから、悪いけど**立て替えて**おいてくれる?
지금은 잔돈이 없어서 그런데 미안하지만 돈 좀 대신 내 줄래?

★★ □ 06 跳ね上がる | はねあがる 뛰어오르다 / (가격이) 급등하다

やさい かかく つき ばい
野菜の価格がたったのひと月で2倍も**跳ね上がった**。
채소 가격이 단 한 달 만에 두 배나 급등했다.

★★ □ 07 払い込む | はらいこむ (세금이나 요금 등을 창구나 상대 계좌에) 납부하다, 입금하다

ぎんこう い だいがく じゅぎょうりょう
銀行に行って大学の授業料を**払い込む**。
은행에 가서 대학 수업료를 납부하다.

★ □ 08 晴れ上がる | はれあがる 날씨가 맑다, 맑게 개다

くもひと あき そら なが
雲一つない**晴れ上がった**秋の空を眺めていた。
구름 한 점 없는 맑게 갠 가을 하늘을 바라보고 있었다.

★ □ 09 振り込む | ふりこむ (계좌에 돈을) 입금하다

あいて ぎんこうこうざ だいきん
相手の銀行口座に代金を**振り込む**。
상대방의 은행 계좌에 대금을 입금하다.

★★ □ 10 割り込む | わりこむ 끼어들다, 새치기하다

くるま まえ すこ じこ
車がいきなり前に**割り込んで**きて、もう少しで事故になるところだった。
차가 갑자기 앞으로 끼어들어 와서 하마터면 사고가 날 뻔했다.

형용사

23-3.mp3

い 형용사

★★ □ 01 色濃い | いろこい 색이 짙다 / (어떤 성향이) 두드러지다, 농후하다

じょうかまち ふぜい ばしょ
ここは城下町の風情が**色濃い**場所だ。
여기는 성하 마을의 정취가 농후한 장소이다.

3순위

☆☆ □ 02 騒々しい | そうぞうしい　시끄럽다, 소란스럽다

外(そと)が**騒々しくて**出(で)てみたら、交通事故(こうつうじこ)があったみたいだ。
밖이 시끄러워서 나가 보았더니 교통사고가 있었던 모양이다.

☆☆ □ 03 ほろ苦い | ほろにがい　(맛이나 느낌 등이) 씁쓰레하다, 씁쓸하다

バレンタインデーが来(く)るたびに、昔(むかし)の**ほろ苦い**思(おも)い出(で)がよみがえる。
밸런타인데이가 올 때마다 옛날의 씁쓸한 추억이 되살아난다.

☆☆ □ 04 未練がましい | みれんがましい　미련이 있어서 아쉽다

その言葉(ことば)からは何(なん)だか**未練がましさ**が感(かん)じられた。
그 말에서는 왠지 미련이 있는 듯한 아쉬움이 느껴졌다.

☆ □ 05 空しい・虚しい | むなしい　허무하다

金持(かねも)ちの話(はなし)を聞(き)くと、ときどき働(はたら)くことが**空しく**感(かん)じられる時(とき)もある。
부자들 이야기를 들으면 가끔 일하는 것이 허무하게 느껴질 때도 있다.

な 형용사

☆☆☆ □ 01 気障 | きざ　(멋있는 척하는 것 같아) 거슬림

あの人(ひと)の**気障な**態度(たいど)が鼻(はな)につく。
저 사람의 멋있는 척하는 태도에 진력이 난다.

☆☆ □ 02 生半可 | なまはんか　어중간함

そんな**生半可な**気持(きも)ちでやっても、うまくいくはずがない。
그런 어중간한 기분으로 해서 잘될 리가 없다.

☆☆ □ 03 暢気・呑気 | のんき　태평스러움

就職(しゅうしょく)も決(き)まっていないのに、旅行(りょこう)の計画(けいかく)を立(た)てるなんて**暢気な**ものだ。
취직도 결정되지 않았는데 여행 계획을 세우다니 태평스럽기도 하다.

☐04 卑劣 | ひれつ — 비열함

卑劣な手段(しゅだん)でお金(かね)を騙(だま)し取(と)られた。
비열한 수단으로 돈을 빼앗겼다.

☐05 無頓着 | むとんちゃく — 무심함, 개의치 않음

いくら人(ひと)の気持(きも)ちに**無頓着な**人(ひと)だと言(い)っても、あんなことを言(い)うなんて酷(ひど)すぎる。 아무리 남의 기분에 무심한 사람이라고 해도 그런 말을 하다니 해도 해도 너무하다.

부사

23-4.mp3

☐01 一段と | いちだんと — 한층 더

秋(あき)も**一段と**深(ふか)まり、朝晩(あさばん)冷(ひ)え込(こ)むようになった。
가을도 한층 깊어지면서 아침저녁으로 쌀쌀해졌다.

☐02 一向に | いっこうに — 조금도, 전혀(뒤에 부정 표현이 옴)

取引先(とりひきさき)からの連絡(れんらく)がなくて、仕事(しごと)が**一向に**捗(はかど)らない。
거래처로부터 연락이 없어서 일이 조금도 진척되지 않는다.

☐03 堂々と | どうどうと — 당당히

優勝(ゆうしょう)した彼女(かのじょ)は**堂々と**したポーズでカメラに収(おさ)まった。
우승한 그녀의 당당한 모습이 카메라에 담겼다.

☐04 どっと — 사람이나 물건 등이 한꺼번에 밀려오는 모양, 우르르

人々(ひとびと)がコンサートホールに**どっと**押(お)し寄(よ)せる。
사람들이 콘서트홀로 우르르 몰려온다.

☐05 とやかく — 비판 조로 이러쿵저러쿵 말하는 모양

とやかく言(い)わないで、さっさと宿題(しゅくだい)を片付(かたづ)けてしまいなさい。
구시렁대지 말고 빨리빨리 숙제를 끝내 버리거라.

의성어·의태어

★ □01 かりかり　원래는 부드러웠던 것이 건조되어 딱딱해진 모양, 아삭아삭, 바삭바삭

沢庵(たくあん)を**かりかり**と齧(かじ)る。

단무지를 아삭아삭하고 베어 물다.

★ □02 くしゃくしゃ　구깃구깃

紙(かみ)を**くしゃくしゃ**に丸(まる)めてゴミ箱(ばこ)に入(い)れた。

종이를 구깃구깃 뭉쳐서 휴지통에 넣었다.

★★ □03 ぐちゃぐちゃ　수분을 머금은 것의 형태가 변형되거나 못 쓰게 되는 모양

赤(あか)ちゃんが手(て)づかみで食(た)べたので、ご飯(はん)が**ぐちゃぐちゃ**になった。

아기가 손으로 움켜쥐며 먹어서 밥이 엉망진창이 되었다.

★★ □04 ごちゃごちゃ　많은 물건이 한곳에 모여 있어 무질서한 모양

せっかく掃除(そうじ)をしたばかりなのに、もう机(つくえ)の上(うえ)が**ごちゃごちゃ**している。

모처럼 청소를 끝냈는데 벌써 책상 위가 너저분해져 있다.

★★ □05 粉々 | こなごな　잘게 부서지거나 깨지는 모양, 산산이

花瓶(かびん)を床(ゆか)に落(お)として**粉々**になってしまった。

꽃병을 바닥에 떨어뜨려 산산이 부서져 버렸다.

속담·사자성어

★★★ □01 棚から牡丹餅 | たなからぼたもち　선반에서 떨어진 경단, 호박이 넝쿨째 굴러들어 오다

先日応募(せんじつおうぼ)したアンケートの抽選(ちゅうせん)が当選(とうせん)してジュース一箱(ひとはこ)が送(おく)られてきた。なんだか**棚から牡丹餅**の気分(きぶん)だった。

요전에 응모한 설문조사 추첨에 당첨되어 주스 한 상자가 보내졌다. 왠지 호박이 넝쿨째 굴러들어 온 느낌이었다.

PLUS 뜻밖의 행운이 찾아들었다는 뜻.

☐ 02 血は水よりも濃い | ちはみずよりもこい　피는 물보다 진하다

血は水よりも濃いと言うが、うちの親戚は皆いざという時はいろいろと助けてくれる。

피는 물보다 진하다는 말이 있는데 우리 친척들은 모두 무슨 일이 생기면 여러모로 도와준다.

PLUS 혈연관계에 있는 사람의 정이 깊다는 뜻.

☐ 03 前後不覚 | ぜんごふかく　의식을 잃어 앞뒤 상황을 알 수 없게 됨, 인사불성

彼は**前後不覚**になるまで酔うことが多く、お酒の席で失敗したことは一度や二度ではない。

그는 인사불성이 될 때까지 마시는 일이 많아서 술자리에서 한 실수가 한두 번이 아니다.

☐ 04 大義名分 | たいぎめいぶん　대의명분

世界平和という**大義名分**であっても、戦争が起きれば多くの命が犠牲になる。

세계 평화라는 대의명분이라 하더라도 전쟁이 일어나면 많은 목숨이 희생된다.

3순위

관용어

☐ 01 一翼を担う | いちよくをになう　일익을 담당하다(하나의 역할을 맡다)

うちの会社はグループの**一翼を担う**子会社に位置づけられている。

우리 회사는 그룹의 일익을 담당하는 자회사로 평가받고 있다.

☐ 02 親のすねをかじる | おやのすねをかじる　독립할 나이가 된 자식이 부모에게 얹혀살다

内定が決まって、もう**親のすねをかじらなくても**いいようになった。

취직이 결정되어 이제 부모님 신세를 지지 않아도 되게 되었다.

☐ 03 下駄を預ける | げたをあずける　상대에게 일처리를 맡기다

自分のことなのに、相手に**下駄を預ける**進め方をしてはいけない。

자기 일인데도 상대방에게 모두 다 떠넘기는 식으로 추진해서는 안 된다.

★★ □ **04 白黒をつける | しろくろをつける** 흑백을 가리다(옳고 그름 등을 가리다)

一日(いちにち)でも早(はや)く彼(かれ)に責任(せきにん)があったのかなかったのか、**白黒をつけたい**。

하루라도 빨리 그에게 책임이 있었는지 없었는지 흑백을 가리고 싶다.

★★★ □ **05 潰しが効く | つぶしがきく** (현재 일을 그만두어도) 다른 분야의 일을 할 충분한 능력이 있다

数学(すうがく)が使(つか)われる分野(ぶんや)は数多(かずおお)く、意外(いがい)と**潰しが効く**。

수학이 쓰이는 분야는 수없이 많아서 의외로 다른 분야에서도 유용하다.

★★★ □ **06 場数を踏む | ばかずをふむ** 경험을 쌓다

場数を踏むことによって、面接(めんせつ)のコツが段々(だんだん)わかってきた。

경험이 쌓이면서 면접 요령을 점점 알게 되었다.

★★★ □ **07 引く手あまた | ひくてあまた** 오라고 손을 잡아끎(인기가 많음)

不況(ふきょう)でもやはり語学力(ごがくりょく)がある人(ひと)は**引く手あまた**のようだ。

불황에도 역시 어학 능력이 있는 사람은 오라고 하는 곳이 많은 것 같다.

★★ □ **08 ふいになる** 허사가 되다

風邪(かぜ)を引(ひ)いて、せっかくの旅行(りょこう)の計画(けいかく)が**ふいになって**しまった。

감기에 걸려서 모처럼의 여행 계획이 허사가 되고 말았다.

★★ □ **09 蓋を開ける | ふたをあける** 뚜껑을 열다(실제 상황을 확인하다)

彼(かれ)を信(しん)じて任(まか)せていたのに、**蓋を開けて**みたらとんでもないことになっていた。

그를 믿고 맡겼는데, 뚜껑을 열어 보니 어처구니없는 일이 벌어지고 있었다.

★★★ □ **10 割が悪い | わりがわるい** 들인 수고에 비해 이익이 좋지 않다

勤務時間(きんむじかん)の割(わり)には給料(きゅうりょう)が少(すく)なくて、**割が悪い**。

근무 시간에 비해서는 급여가 적어서 조건이 좋지 않다.

1 다음 밑줄 친 히라가나에 해당하는 한자를 고르세요.

1. グループのいちよくを担う子会社　① 一翼　② 一欲
2. ちんつうな表情　① 鎮痛　② 沈痛
3. きょうしゅうを誘うメロディー　① 郷愁　② 饗愁
4. 体にけんたいかんがあって、動きたくない。　① 倦態感　② 倦怠感
5. おしゃれにはむとんちゃくな人　① 無頓着　② 無豚着

2 다음 두 문장 중에서 올바른 문장을 고르세요.

1. ① 野菜の価格が急に二倍に飛び上がった。
   ② 野菜の価格が急に二倍に跳ね上がった。

2. ① 相手の銀行口座に代金を振り込む。
   ② 相手の銀行口座に代金を張り込む。

3. ① どちらが勝つかは、栓を開けてみないとわからない。
   ② どちらが勝つかは、蓋を開けてみないとわからない。

4. ① いつまでも親のひざをかじっている訳にはいかない。
   ② いつまでも親のすねをかじっている訳にはいかない。

5. ① 時計の針は8時半を指しています。
   ② 時計の針は8時半を指示しています。

3 다음 일본어가 설명하고 있는 단어를 고르세요.

1. その場の唯一な女性

① 紅一点　　② 独活の大木

2. 何かに対処する心の準備

① 心残り　　② 心構え

3. 判断や責任を一切相手に任せる。

① 下駄を預ける　　② 鍵を預ける

4. 値段が安くなるよう交渉する。

① ねばる　　② ねぎる

5. どうしたらいいか分からなくて、とまどう。

① 魅惑　　② 当惑

1 1.① 2.② 3.① 4.② 5.①　2 1.② 2.① 3.② 4.② 5.①　3 1.① 2.② 3.① 4.② 5.②

DAY 24

VOCA Check

나의 어휘 실력은 현재 어느 정도일까?
실전 어휘력 체크!

다음 어휘의 뜻을 써 보세요.

명사

□01 閲覧 ____ □02 監修 ____ □03 序論 ____
□04 査収 ____ □05 随所 ____ □06 猶予 ____
□07 卸売 ____ □08 品切れ ____ □09 呼び水 ____

동사

□10 慕う ____ □11 吊るす ____ □12 混ぜる ____
□13 磨く ____ □14 詫びる ____ □15 居着く ____
□16 生い茂る ____ □17 住み着く ____ □18 塗り替える ____

형용사

□19 飽き足りない ____ □20 照れ臭い ____ □21 名残惜しい ____
□22 やりきれない ____ □23 喜ばしい ____ □24 生真面目 ____
□25 勤勉 ____ □26 軽率 ____ □27 甚大 ____

부사·의성어·의태어

□28 いきなり ____ □29 がっちり ____ □30 自分で ____
□31 にやりと ____ □32 ばっさり ____ □33 ぎゅうぎゅう ____
□34 こそこそ ____ □35 しとしと ____ □36 のろのろ ____

속담·사자성어·관용어

□37 安物買いの銭失い ____ □38 事実無根 ____
□39 様になる ____ □40 そっぽを向く ____

- 정답 개수 01~10개 ▶ **당신은 초급자!** 산 넘어 산이네요! 정독하여 반드시 어휘 정복합시다!
- 정답 개수 11~20개 ▶ **당신은 초중급자!** 이제 걸음마 뗀 수준? 좀 더 노력하여 수준급으로 Go!
- 정답 개수 21~30개 ▶ **당신은 중급자!** 조금만 더 열심히 하면, 상급자까지 얼마 안 남았어요!
- 정답 개수 31~40개 ▶ **당신은 거의 상급자 수준?!** 방심은 금물! 100% 완벽에 도전합시다!

시험에 많이 나오는 어휘 **3순위**

DAY 24

명사

24-1.mp3

기본 한자어

□ 01 圧縮 | あっしゅく 압축
□ 02 異議 | いぎ 이의
□ 03 閲覧 | えつらん 열람
□ 04 漢語 | かんご 한자어
□ 05 刊行 | かんこう 간행
□ 06 監修 | かんしゅう 감수
□ 07 記載 | きさい 기재
□ 08 擬声語 | ぎせいご 의성어
□ 09 擬態語 | ぎたいご 의태어
□ 10 混同 | こんどう 혼동
□ 11 執筆 | しっぴつ 집필
□ 12 賞賛 | しょうさん 칭찬
□ 13 商売 | しょうばい 장사
□ 14 所管 | しょかん 소관
□ 15 序論 | じょろん 서론
□ 16 談話 | だんわ 담화
□ 17 特派員 | とくはいん 특파원
□ 18 匿名 | とくめい 익명
□ 19 吐露 | とろ 토로
□ 20 人情 | にんじょう 인정
□ 21 抜粋 | ばっすい 발췌
□ 22 凡例 | はんれい 일러두기
□ 23 補足 | ほそく 보충
□ 24 妄言 | もうげん 망언
□ 25 羅列 | られつ 나열
□ 26 力点 | りきてん 역점

읽기에 주의해야 할 음독 한자어

☐ 01 **査収** | さしゅう 사수(물건이나 서류 등을 조사하여 거두어들임)

ご依頼(いらい)の計算書(けいさんしょ)をお送(おく)りしますので、ご**査収**のほどよろしくお願(ねが)い申(もう)し上(あ)げます。

의뢰하신 계산서를 보내 드리오니 잘 사수해 주시기를 부탁드립니다.

☐ 02 **座礁** | ざしょう 좌초(배가 암초에 걸림)

貨物船(かもつせん)が**座礁**して、救助隊(きゅうじょたい)が出動(しゅつどう)した。

화물선이 좌초하여 구조대가 출동했다.

☐ 03 **茶飯事** | さはんじ 다반사

経理部(けいりぶ)の仕事(しごと)は残業(ざんぎょう)が多(おお)く、終電帰(しゅうでんがえ)りは日常(にちじょう)**茶飯事**だ。

경리부 일은 잔업이 많아서 막차 타고 집에 가는 일은 일상다반사이다.

PLUS 주로 日常(にちじょう)茶飯事(일상다반사)의 형태로 쓰이는 경우가 많다.

☐ 04 **精進** | しょうじん 정진

あの先生(せんせい)からは「学生(がくせい)は勉強(べんきょう)に**精進**すべきだ」とよく言(い)われた。

그 선생님에게서는 '학생은 공부에 정진해야 한다'는 말을 자주 들었다.

☐ 05 **諸般** | しょはん 제반(여러 가지)

諸般の事情(じじょう)により、花火大会(はなびたいかい)は中止(ちゅうし)になった。

제반 사정으로 인해 불꽃 축제는 중지되었다.

☐ 06 **随所** | ずいしょ 도처, 여기저기

この映画(えいが)の台詞(せりふ)には、有名(ゆうめい)な文学作品(ぶんがくさくひん)の一節(いっせつ)が**随所**に使(つか)われている。

이 영화의 대사에는 유명한 문학 작품의 구절들이 도처에 사용되었다.

☐ 07 **殺生** | せっしょう 살생

この宗教(しゅうきょう)にはどんな場合(ばあい)でも**殺生**してはいけないという戒律(かいりつ)がある。

이 종교에는 어떤 경우라도 살생을 해서는 안 된다는 계율이 있다.

3순위

□ 08 **登頂** | とうちょう・とちょう 등정

田部井淳子氏は、女性として世界で初めてエベレスト**登頂**に成功した登山家である。 다베이 준코 씨는 여성으로는 세계 최초로 에베레스트 등정에 성공한 등산가이다.

□ 09 **悶着** | もんちゃく 분규, 분쟁, 다툼

金銭上のトラブルで兄弟間にひと**悶着**があった。
금전상의 문제로 형제 간에 다툼이 있었다.

□ 10 **猶予** | ゆうよ 유예

場合によっては債権者が債務者の支払いを**猶予**することもある。
경우에 따라서는 채권자가 채무자의 채무를 유예하는 경우도 있다.

고유어

□ 01 **売り上げ** | うりあげ 매상

去年よりも**売り上げ**が落ち込んで悩んでいる。
작년보다도 매상이 떨어져서 고민하고 있다.

□ 02 **お買い上げ** | おかいあげ 구입(높임말)

毎度**お買い上げ**、誠にありがとうございます。
매번 구입해 주셔서 진심으로 감사합니다.

□ 03 **卸売** | おろしうり 도매

この**卸売**市場では一般客でも魚が買える。
이 도매 시장에서는 일반 손님이라도 생선을 살 수 있다.

(반) 小売 | こうり 소매

□ 04 **片思い** | かたおもい 짝사랑

片思いだった彼に思い切って告白することにした。
짝사랑이었던 그에게 과감히 고백하기로 했다.

(반) 両思い | りょうおもい 서로 좋아함

☆☆ □ 05 品切れ | しなぎれ 품절

この製品(せいひん)は人気商品(にんきしょうひん)なので、すぐ**品切れ**になる。
이 제품은 인기 상품이라서 금방 품절이 된다.

☆☆ □ 06 筋金入り | すじがねいり 신념이 확고함

彼女(かのじょ)は**筋金入り**のベジタリアンだ。
그녀는 확고한 채식주의자이다.

☆☆ □ 07 遠回り | とおまわり 멀리 돌아서 감

今日(きょう)は時間(じかん)もあるし、ドライブがてら**遠回り**して帰(かえ)った。
오늘은 시간도 있고 해서 드라이브 겸 멀리 돌아서 집에 갔다.

☆☆ □ 08 仲間外れ | なかまはずれ 왕따

このゲームについて知(し)らないと、学校(がっこう)で**仲間外れ**になるかもしれない。
이 게임에 대해 모르면 학교에서 왕따가 될지도 모른다.

☆☆ □ 09 泣き寝入り | なきねいり 불만스럽지만 어쩔 수 없이 단념함, 울며 겨자 먹기

このまま**泣き寝入り**しないためにも、法的措置(ほうてきそち)を取(と)ることに決(き)めた。
이대로 억울한 일을 당하지 않기 위해서라도 법적 조치를 취하기로 했다.

☆☆ □ 10 値引き | ねびき 값을 깎아 줌, 할인

お土産(みやげ)にキーホルダーを五(いつ)つ買(か)ったら、**値引き**してくれた。
선물로 열쇠고리를 다섯 개 샀더니 값을 깎아 주었다.

☆☆ □ 11 払い戻し | はらいもどし 환불

払い戻しには必(かなら)ずレシートが必要(ひつよう)だ。
환불을 받으려면 반드시 영수증이 필요하다.

☆☆ □ 12 一目ぼれ | ひとめぼれ 첫눈에 반함

彼女(かのじょ)に**一目ぼれ**して、その場(ば)で告白(こくはく)してしまった。
그녀에게 첫눈에 반해서 그 자리에서 고백해 버렸다.

★★ □ 13 水浸し | みずびたし 물에 잠김, 침수

洪水で家の中のものが**水浸し**になってしまった。
홍수로 집 안의 물건이 물에 잠겨 버렸다.

★★ □ 14 矢継ぎ早 | やつぎばや 숨 돌릴 틈도 없음

お見合いが終わって家に帰ったら、母に**矢継ぎ早**に相手のことを聞かれた。 맞선이 끝나고 집에 돌아갔더니 어머니가 숨 돌릴 틈도 없이 상대가 어땠냐고 물었다.

PLUS 주로 矢継ぎ早に(숨 돌릴 틈도 없이)의 형태로 쓰이는 경우가 많다.

★★ □ 15 呼び水 | よびみず 어떤 일을 촉발시킨 계기

ある健康番組が**呼び水**となってサプリメントの売り上げが急増した。
한 건강 프로그램이 계기가 되어 건강 보조제 매상이 급증했다.

동사

24-2.mp3

기본 동사

★★ □ 01 砕ける | くだける 부서지다 / 스스럼없다

社会に出てからは**砕けた**話ができる友達ができなかった。
사회에 나오고 나서는 스스럼없는 이야기를 할 수 있는 친구가 생기지 않았다.

★★ □ 02 逆らう | さからう 거역하다

親の意見に**逆らって**文学部に進学した。
부모님의 의견을 거역하고 문학부에 진학했다.

★★★ □ 03 蔑む | さげすむ 업신여기다, 멸시하다

職業や家柄で人を**蔑む**ようなことがあってはならない。
직업이나 집안 성분으로 사람을 멸시하는 일이 있어서는 안 된다.

★★ □ 04 慕う | したう 사모하다, 따르다

あの先生は教え方が上手で、生徒たちから**慕われて**いる。
저 선생님은 잘 가르치기 때문에 학생들이 잘 따른다.

★ □ 05 耐える | たえる 참다, 견디다

どれだけの重(おも)さに**耐えられる**かを実験(じっけん)してみることにした。
어느 정도의 무게를 견딜 수 있는지를 실험해 보기로 했다.

★★ □ 06 漬ける | つける 담그다, 절이다

玉(たま)ねぎを酢(す)に**漬けて**食(た)べるとさっぱりしておいしい。
양파를 식초에 절여서 먹으면 담백하고 맛있다.

★ □ 07 詰まる | つまる 가득 차다, 막히다

箱一杯(はこいっぱい)にカップラーメンやチョコレートなどが**詰まって**いた。
상자 가득 컵라면과 초콜릿 등이 가득 들어 있었다.

★ □ 08 吊るす | つるす 매달다

その家(いえ)の軒先(のきさき)には風鈴(ふうりん)が**吊るされて**いた。
그 집 처마 끝에는 풍경이 매달려 있었다.

★★ □ 09 粘る | ねばる 끈질기게 버티다

途中(とちゅう)で何度(なんど)も諦(あきら)めようと思(おも)ったが、最後(さいご)まで**粘った**甲斐(かい)あって何(なん)とか成功(せいこう)した。 도중에 몇 번이고 포기하려고 했지만 마지막까지 버틴 보람이 있어서 간신히 성공했다.

★ □ 10 混ぜる | まぜる 섞다

ブラックコーヒーは苦(にが)いので、ミルクと砂糖(さとう)を**混ぜて**飲(の)む。
블랙커피는 맛이 써서 우유와 설탕을 섞어서 마신다.

★ □ 11 磨く | みがく 닦다

食後(しょくご)3分以内(ぷんいない)に歯(は)を**磨く**のが虫歯予防(むしばよぼう)になるそうだ。
식후 3분 이내로 이를 닦는 것이 충치 예방이 된다고 한다.

★ □ 12 焼く | やく 굽다, 태우다

炭火(すみび)で**焼いた**魚(さかな)は生臭(なまぐさ)くなくて、香(こう)ばしい。
숯불로 구운 생선은 비린내가 나지 않고 향이 좋다.

★ □ 13 喜ぶ | よろこぶ　　기뻐하다

家族(かぞく)の**喜ぶ**顔(かお)が目(め)に浮(う)かんでとても嬉(うれ)しかった。

가족의 기뻐하는 얼굴이 눈에 선해 정말 기뻤다

★ □ 14 詫びる | わびる　　사죄하다, 사과하다

大学時代(だいがくじだい)の先生(せんせい)にご無沙汰(ぶさた)を**詫びた**。

대학 시절의 선생님께 그 동안의 격조를 사과했다.

★ □ 15 割れる | われる　　깨지다

卵(たまご)の殻(から)が**割れて**、中(なか)からかわいいひよこが生(う)まれた。

달걀 껍질이 깨지면서 안에서 귀여운 병아리가 태어났다.

복합동사

★★ □ 01 居着く | いつく　　눌러앉다

野良猫(のらねこ)がいつの間(ま)にか我(わ)が家(や)に**居着く**ようになった。

들고양이가 어느샌가 우리 집에 눌러앉게 되었다.

★★ □ 02 埋め立てる | うめたてる　　매립하다

この埠頭(ふとう)は、東京湾(とうきょうわん)を**埋め立てて**作(つく)られた。

이 부두는 도쿄만을 매립하여 만들어졌다.

★★ □ 03 生い茂る | おいしげる　　(초목이) 우거지다

この空(あ)き家(や)の庭(にわ)は、ずいぶん前(まえ)から草木(くさき)が**生い茂って**いる。

이 빈집의 마당은 훨씬 예전부터 초목이 우거져 있다.

★★ □ 04 切りつける | きりつける　　(흉기를) 휘두르다

会場(かいじょう)にいた観客(かんきゃく)の一人(ひとり)がいきなり檀上(だんじょう)で発表(はっぴょう)していた会長(かいちょう)を**切りつけた**。

행사장에 있던 관객 중 한 사람이 갑자기 단상에서 발표하던 회장에게 흉기를 휘둘렀다.

□ 05 崩れ落ちる ｜ くずれおちる 무너져 내리다

ばく は かいたい　　すうびょう　こうそう
爆破解体で、数秒で高層ビルが**崩れ落ちた**。
폭파 해체로 몇 초 만에 고층 빌딩이 무너져 내렸다.

□ 06 住み着く ｜ すみつく 정착하다

たび　で　　　　き　い　　　と　ち
旅に出て、気に入った土地に**住み着く**ようになった。
여행을 떠나 마음에 든 땅에 정착하게 되었다.

□ 07 住み慣れる ｜ すみなれる 오래 살아 정들다

いえ　　　こうがい　　　　　　　　　ひ　こ
住み慣れた家から郊外のアパートに引っ越すことになった。
오래 살아 정든 집에서 교외에 있는 아파트로 이사하게 되었다.

□ 08 立ち並ぶ ｜ たちならぶ 늘어서다

したまち　　ふる　もくぞうじゅうたく
この下町は古い木造住宅が**立ち並ん**でいる。
이 아랫동네는 오래된 목조 주택이 늘어서 있다.

□ 09 塗り替える ｜ ぬりかえる (기록 등을) 갱신하다

かれ　せ かい き ろく　　　　　だい い ぎょう　な　と
彼は世界記録を**塗り替える**大偉業を成し遂げた。
그는 세계 기록을 갱신하는 대위업을 이루었다.

□ 10 冷え込む ｜ ひえこむ (기온, 온도 등이 내려가서) 몹시 춥다

あす　　あさ　　けさ
明日の朝は今朝よりも**冷え込む**でしょう。
내일 아침은 오늘 아침보다도 쌀쌀해질 것으로 보입니다.

형용사

🎧 24-3.mp3

い형용사

□ 01 飽き足りない ｜ あきたりない 만족스럽지 않다, 성에 차지 않다

じゅうぶんゆた　　　せいかつ
十分豊かに生活しているのに、まったく**飽き足りない**。
충분히 풍족하게 생활하고 있는데도 전혀 성에 차지 않는다.

★ □ 02 照れ臭い | てれくさい　멋쩍다, 겸연쩍다

そんなに人前で褒められると、とても**照れ臭い**。
그렇게 사람들 앞에서 칭찬을 받으면 대단히 쑥스럽다.

★★ □ 03 名残惜しい | なごりおしい　(헤어지는 것이) 아쉽다, 섭섭하다

名残惜しいですが、もうそろそろ出発する時間になりました。
아쉽습니다만, 이제 슬슬 출발할 시간이 되었습니다.

★★ □ 04 やりきれない　견딜 수가 없다, 참을 수가 없다

当分、残業しなければならないと思うと**やりきれない**。
당분간 야근해야만 한다고 생각하니 견딜 수가 없다.

★★ □ 05 喜ばしい | よろこばしい　경사스럽다

それは我が社にとって実に**喜ばしい**知らせだ。
그것은 우리 회사에 있어 실로 경사스러운 소식이다.

な 형용사

★★ □ 01 生真面目 | きまじめ　고지식함

彼はとても**生真面目で**ありながらも、たまには冗談を言うこともある。
그는 아주 고지식하면서도 가끔은 농담을 할 때도 있다.

★ □ 02 勤勉 | きんべん　근면함

勤勉な国民性がこの国を豊かにした。
근면한 국민성이 이 나라를 풍족하게 만들었다.

★ □ 03 軽率 | けいそつ　경솔함

今度のことは私が**軽率でした**。これからもっと気をつけます。
이번 일은 제가 경솔했습니다. 앞으로 더욱 조심하겠습니다.

★ □ 04 賢明 | けんめい 현명함

今は投資をするよりはこのままもう少し待った方が**賢明だ**。
지금은 투자를 하기보다는 이대로 좀 더 기다리는 편이 현명하다.

★★★ □ 05 甚大 | じんだい 심대함

大型で強い台風による豪雨で、**甚大な**被害に見舞われた。
크고 강한 태풍으로 인한 호우로 심대한 피해를 입었다.

부사 24-4.mp3

★ □ 01 いきなり 갑자기

せっかく仕事を覚えたのに、こんな風に**いきなり**やめられたら困る。
애써 일을 배웠는데 이런 식으로 갑자기 그만두면 곤란하다.

★★ □ 02 がっちり (체격이) 다부짐

鈴木さんは**がっちり**とした男らしい体格をしている。
스즈키 씨는 다부진 남자다운 체격을 하고 있다.

★ □ 03 自分で | じぶんで 스스로

幼い頃から自分のことは**自分で**するようにしつけられた。
어렸을 때부터 자기 일은 자기 스스로 하도록 교육받았다.

★★ □ 04 にやりと 소리 없이 의미심장하게 웃는 모양

ライバルが失敗したのを見て、彼女は**にやりと**笑った。
라이벌의 실패를 보고 그녀는 의미심장하게 웃었다.

★★ □ 05 ばっさり 크게 잘라 내는 모양

何かあったのか、彼女は突然長かった髪を**ばっさり**切った。
무슨 일이 있었는지 그녀는 갑자기 길었던 머리를 싹둑 잘랐다.

의성어·의태어

☆☆ □ 01 **ぎゅうぎゅう** 틈이 없을 정도로 가득 채워진 모양

朝(あさ)の上(のぼ)り電車(でんしゃ)は通勤(つうきん)のサラリーマンたちで**ぎゅうぎゅう**詰(づ)めだ。

아침의 상행선 전철은 통근하는 회사원들로 가득 차 있다.

☆☆ □ 02 **こそこそ** 어떤 일을 몰래 하는 모양

こそこそと相手(あいて)の様子(ようす)を探(さぐ)るような真似(まね)は男(おとこ)らしくない。

살금살금 상대방의 눈치를 보는 행동은 남자답지 못하다.

☆☆ □ 03 **しとしと** 비가 조용히 내리는 모양

今日(きょう)は寒(さむ)い上(うえ)に、雨(あめ)も**しとしと**降(ふ)って嫌(いや)な天気(てんき)だ。

오늘은 추운 데다가 비도 부슬부슬 내려서 짜증 나는 날씨이다.

☆☆ □ 04 **のろのろ** 동작이 굼뜬 모양, 느릿느릿

道(みち)が渋滞(じゅうたい)して、車(くるま)が**のろのろ**としか進(すす)まない。

길이 정체되어 차가 느릿느릿하게만 나아간다.

☆☆ □ 05 **びりびり** 종이 등을 찢는 소리 / 전기에 감전되는 모양

濡(ぬ)れた手(て)でコンセントを触(さわ)ったら、**びりびり**と感電(かんでん)した。

젖은 손으로 콘센트를 만졌다가 찌릿찌릿 감전되었다.

속담·사자성어

☆☆ □ 01 **ちりも積もれば山となる** | ちりもつもればやまとなる 티끌 모아 태산

毎月(まいつき)5000円(えん)ずつの貯金(ちょきん)が**ちりも積もれば山となる**で、とうとう100万(まん)円(えん)になった。

매달 5천 엔씩 모은 저금이 티끌 모아 태산이라고 드디어 100만 엔이 되었다.

★★ □ 02 **安物買いの銭失い** | やすものかいのぜにうしない　싼 게 비지떡

半額(はんがく)以下(いか)で買(か)ったセーターがたった1回(かい)の洗濯(せんたく)で、縮(ちぢ)んで着(き)られなくなってしまった。結局(けっきょく)**安物買いの銭失い**だった。

반값도 안 되는 가격으로 산 스웨터가 겨우 한 번 세탁했는데 오그라들어 못 입게 되었다. 결국 싼 게 비지떡이었다.

PLUS 싼 물건은 품질이 나빠서 결과적으로 손해라는 뜻.

★★ □ 03 **事実無根** | じじつむこん　사실무근

週刊誌(しゅうかんし)の記事(きじ)は**事実無根**であるとして、出版社(しゅっぱんしゃ)を訴(うった)えた。

주간지 기사는 사실무근이라며 출판사를 고소했다.

★★ □ 04 **取捨選択** | しゅしゃせんたく　취사선택

要(い)るものと要(い)らないものを**取捨選択**して荷物(にもつ)をまとめる。

필요한 것과 불필요한 것을 취사선택하여 짐을 정리하다.

관용어

★★★ □ 01 **檄を飛ばす** | げきをとばす　(자신의) 생각을 말하다

社長(しゃちょう)は人材育成(じんざいいくせい)の重要性(じゅうようせい)について**檄を飛ばした**。

사장은 인재 육성의 중요성에 대해 의견을 피력했다.

PLUS 자신의 주장이나 생각을 많은 사람들에게 알려 동의를 구한다는 뜻으로 쓰인다.

★★ □ 02 **酒に浸る** | さけにひたる　술독에 빠지다

あのことがあって以来(いらい)、毎日(まいにち)**酒に浸って**ばかりいる。

그 일이 있은 이후 매일 술독에만 빠져 있다.

★★ □ 03 **様になる** | さまになる　그럴싸하다, 잘 어울리다

就職(しゅうしょく)して1年(ねん)もすれば、スーツ姿(すがた)が**様になって**くる。

취직해서 1년 정도 지나면 정장 차림이 잘 어울리게 된다.

★★
□ 04 **白を切る** | **しらをきる** 시치미를 떼다

^{しょう こ しゃしん} ^み ^{かれ さいご}
証拠写真を見せられても彼は最後まで白を切った。
증거 사진을 보여 주어도 그는 끝까지 시치미를 뗐다.

★★
□ 05 **真に迫る** | **しんにせまる** 박진감 넘치다

^{かのじょ} ^{えん ぎ} ^{ちゅうもく} ^あ
彼女は真に迫る演技で注目を浴びた。
그녀는 박진감 넘치는 연기로 주목을 받았다.

★★
□ 06 **そっぽを向く** | **そっぽをむく** 외면하다

^{かんが} ^{しょう ひ しゃ}
デザインのことまで考えないと、消費者にそっぽを向かれる。
디자인까지 고려하지 않으면 소비자에게 외면당한다.

★★
□ 07 **羽目になる** | **はめになる** 곤란한 처지가 되다

^お ^{ぷんおそ} ^{がっこう} ^い
起きるのが10分遅かったばかりに、タクシーで学校へ行く羽目になった。
일어나는 것이 10분 늦었을 뿐인데 택시로 학교에 가는 신세가 되었다.

★★
□ 08 **まな板の鯉** | **まないたのこい** 도마에 오른 생선

^{しゅじゅつだい} ^の ^{じょうたい}
手術台に乗ったら、もうまな板の鯉の状態だった。
수술대에 오르니 완전히 도마에 오른 잉어 신세였다.

PLUS 다른 사람이 나에게 하는 대로 당할 수밖에 없는 상황을 나타낼 때 쓰인다.

★★
□ 09 **山を越える** | **やまをこえる** 고비를 넘기다

^{し きんちょうたつ} ^{め ど} ^た ^{ひと}
資金調達の目処が立ち、一つの山を越えることができた。
자금 조달 가능성이 생겨서 한 고비를 넘을 수가 있었다.

★★★
□ 10 **割を食う** | **わりをくう** 손해를 보다

^{かい ぎ} ^{やす} ^{いや} ^{し ごと} ^{たんとう}
会議を休んだら、嫌な仕事の担当にされて割を食った。
회의를 빠졌더니 싫어하는 일의 담당이 되어 손해를 보았다.

1 다음 밑줄 친 히라가나에 해당하는 한자를 고르세요.

1. 監督は選手にげきを飛ばした。　① 激　② 檄
2. しょはんの事情によりイベントを中止する。　① 諸般　② 諸班
3. 船がざしょうする。　① 座礁　② 挫傷
4. 会社の方針にいぎを唱える。　① 意義　② 異議
5. 勉強にしょうじんする。　① 精進　② 正進

2 다음 두 문장 중에서 올바른 문장을 고르세요.

1. ① 消費者にしっぽを向かれた商品
   ② 消費者にそっぽを向かれた商品
2. ① あの先生は人間的にすばらしく、学生たちから疎まれている。
   ② あの先生は人間的にすばらしく、学生たちから慕われている。
3. ① 部長に見つからないように、こそこそと退社する。
   ② 部長に見つからないように、ひそひそと退社する。
4. ① 世界記録を立て替える。
   ② 世界記録を塗り替える。
5. ① 時間があるので遠回りして帰る。
   ② 時間があるので遠回しして帰る。

3 다음 일본어가 설명하고 있는 단어를 고르세요.

1. 突然

① いきなり ② あいにく

2. かしこい

① 懸命 ② 賢明

3. 真面目すぎて融通が利かない。

① 不真面目 ② 生真面目

4. 酒ばかり飲んでいる。

① 酒に浸る ② 酒に飲まれる

5. それらしく格好がつく。

① やけになる ② 様になる

1 1.② 2.① 3.① 4.② 5.① 2 1.② 2.② 3.① 4.② 5.① 3 1.① 2.② 3.② 4.① 5.②

DAY 25

VOCA Check

나의 어휘 실력은 현재 어느 정도일까?
실전 어휘력 체크!

다음 어휘의 뜻을 써 보세요.

명사

□01 割愛 ……………… □02 語彙 ……………… □03 質疑 ………………
□04 強情 ……………… □05 根底 ……………… □06 皮肉 ………………
□07 雨宿り ……………… □08 立ち食い ……………… □09 付き添い ………………

동사

□10 零れる ……………… □11 察する ……………… □12 挟まる ………………
□13 交わる ……………… □14 招く ……………… □15 言い張る ………………
□16 擦り付ける ……………… □17 通り抜ける ……………… □18 飛び掛かる ………………

형용사

□19 浅ましい ……………… □20 危なっかしい ……………… □21 危うい ………………
□22 息苦しい ……………… □23 おっかない ……………… □24 厳か ………………
□25 上品 ……………… □26 崇高 ……………… □27 不適 ………………

부사·의성어·의태어

□28 いつの間にか ……………… □29 早速 ……………… □30 しばらく ………………
□31 頗る ……………… □32 やがて ……………… □33 びしょびしょ ………………
□34 広々 ……………… □35 ぶるぶる ……………… □36 ぽかぽか ………………

속담·사자성어·관용어

□37 覆水盆に返らず ……………… □38 海千山千 ………………
□39 押さえが利く ……………… □40 金に糸目をつけない ………………

- **정답 개수 01~10개** ▶ **당신은 초급자!** 산 넘어 산이네요! 정독하여 반드시 어휘 정복합시다!
- **정답 개수 11~20개** ▶ **당신은 초중급자!** 이제 걸음마 뗀 수준? 좀 더 노력하여 수준급으로 Go!
- **정답 개수 21~30개** ▶ **당신은 중급자!** 조금만 더 열심히 하면, 상급자까지 얼마 안 남았어요!
- **정답 개수 31~40개** ▶ **당신은 거의 상급자 수준?!** 방심은 금물! 100% 완벽에 도전합시다!

DAY 25

명사

25-1.mp3

기본 한자어

- □ 01 改訂版 | かいていばん 개정판
- □ 02 割愛 | かつあい 할애
- □ 03 議案 | ぎあん 의안
- □ 04 議決 | ぎけつ 의결
- □ 05 棄権 | きけん 기권
- □ 06 紀行文 | きこうぶん 기행문
- □ 07 屈辱 | くつじょく 굴욕
- □ 08 啓発 | けいはつ 계발
- □ 09 欠場 | けつじょう 결장
- □ 10 言論 | げんろん 언론
- □ 11 語彙 | ごい 어휘
- □ 12 冊子 | さっし 책자
- □ 13 質疑 | しつぎ 질의
- □ 14 焦点 | しょうてん 초점
- □ 15 席巻 | せっけん 석권
- □ 16 相違 | そうい 차이
- □ 17 弾力 | だんりょく 탄력
- □ 18 朝刊 | ちょうかん 조간
- □ 19 敗北 | はいぼく 패배
- □ 20 魅了 | みりょう 매료
- □ 21 輸血 | ゆけつ 수혈
- □ 22 力説 | りきせつ 역설
- □ 23 略字 | りゃくじ 약자
- □ 24 礼拝 | れいはい 예배
- □ 25 論外 | ろんがい 논외
- □ 26 論議 | ろんぎ 논의

읽기에 주의해야 할 음독 한자어

★★★ □ 01 **嚥下** | えんか・えんげ　　음식물 등을 삼킴

嚥下障害に苦しむ高齢者の面倒を見ることも介護士の仕事の一つだ。
삼킴곤란으로 고통받는 고령자를 돌보는 것도 간호사의 일 중 하나이다.

★★ □ 02 **勘当** | かんどう　　의절

彼は画家になるのなら**勘当**すると父親に言われたらしい。
그는 화가가 되겠다면 의절하겠다는 말을 아버지에게서 들었다고 한다.

★★ □ 03 **強情** | ごうじょう　　고집

彼は**強情**を張って、最後まで自分の考えを変えようとしなかった。
그는 고집을 부리며 끝까지 자신의 생각을 바꾸려고 하지 않았다.

PLUS 強情を張る(고집을 부리다)의 형태로 쓰이는 경우가 많다.

★ □ 04 **故郷** | こきょう・ふるさと　　고향

退職したら、**故郷**で農業を営みながらゆったりと暮らしたい。
퇴직하면 고향에서 농사를 지으며 여유 있게 지내고 싶다.

★★ □ 05 **根底** | こんてい　　밑바탕, 근간

彼女の研究発表はこれまでの常識を**根底**から覆す内容だった。
그녀의 연구 발표는 지금까지의 상식을 근본부터 뒤엎는 내용이었다.

★★ □ 06 **失念** | しつねん　　깜빡 잊어버림

報告書の提出日を**失念**することのないよう、カレンダーにメモしておいた。
보고서 제출일을 잊어버리지 않도록 달력에 메모해 두었다.

★★ □ 07 **周遊** | しゅうゆう　　주유(이곳저곳을 여행하며 돌아다님)

今年の夏休みは、1ヶ月間ヨーロッパを**周遊**する旅をした。
올 여름 방학에는 한 달간 유럽을 돌며 여행을 했다.

☐ 08 招致 | しょうち (행사 등을 하기 위해) 불러들임

オリンピック**招致**のために尽力(じんりょく)した多(おお)くの関係者(かんけいしゃ)がいる。
올림픽 유치를 위해 힘을 써 준 관계자가 있다.

☐ 09 皮肉 | ひにく 비꼬는 말, 짓궂은 말

人(ひと)に対(たい)して不信感(ふしんかん)を持(も)つと、何気(なにげ)ない一言(ひとこと)も**皮肉**に聞(き)こえてしまうことがある。
사람에 대해 불신감을 가지면 별것 아닌 한마디도 비꼬는 듯이 들리는 일이 있다.

☐ 10 奔走 | ほんそう 분주(어떤 일을 해결하기 위해서 바쁘게 뛰어다님)

彼(かれ)は新事業(しんじぎょう)を始(はじ)めるために、その開業資金(かいぎょうしきん)の調達(ちょうたつ)に**奔走**しているそうだ。
그는 새 사업을 시작하기 전에 그 개업 자금 조달을 위해 뛰어다니고 있다고 한다.

고유어

☐ 01 後片付け | あとかたづけ 뒷정리, 설거지

料理(りょうり)はあまり得意(とくい)ではないから、食後(しょくご)の**後片付け**は私(わたし)がしたい。
요리는 별로 자신이 없어서 식후 뒷정리는 내가 하고 싶다.

☐ 02 雨宿り | あまやどり 비를 피함

にわか雨(あめ)が降(ふ)ってきたので、とりあえず軒下(のきした)で**雨宿り**をすることにした。
소나기가 내려서 우선 처마 밑에서 비를 피하기로 했다.

☐ 03 大盛り | おおもり 곱빼기

とても腹(はら)が減(へ)っていたので、ラーメンを**大盛り**で注文(ちゅうもん)した。
너무 배가 고파서 라면을 곱빼기로 주문했다.

☐ 04 子供扱い | こどもあつかい 어린애 취급

私(わたし)ももう大人(おとな)になったのに、母(はは)は未(いま)だに私(わたし)のことを**子供扱い**している。
나도 이제 어른이 되었는데 어머니는 여전히 나를 어린애 취급한다.

★★ □ 05 立ち食い | たちぐい 서서 먹는 것

時間(じかん)がなくて、**立ち食い**そば屋(や)で昼食(ちゅうしょく)を済(す)ませた。
시간이 없어서 서서 먹는 메밀국수 가게에서 점심을 때웠다.

★★ □ 06 付き添い | つきそい 옆에 붙어서 돌봄

看護師(かんごし)は夜(よる)も寝(ね)ないで患者(かんじゃ)たちの**付き添い**看護(かんご)をする。
간호사는 밤에도 자지 않고 환자들을 돌보며 간호를 한다.

★★★ □ 07 付け焼き刃 | つけやきば 벼락치기로 익힌 기술이나 지식

そんな**付け焼き刃**な知識(ちしき)では太刀打(たちう)ちできるはずがない。
그런 고식지계의 지식으로는 대적할 수 있을 리가 없다.

★★ □ 08 戸締り | とじまり 문단속

泥棒(どろぼう)に入(はい)られてから、寝(ね)る前(まえ)に必(かなら)ず**戸締り**を確認(かくにん)するようになった。
도둑이 든 다음부터 자기 전에 반드시 문단속을 확인하게 되었다.

★★ □ 09 仲直り | なかなおり 화해

年(とし)を取(と)ると、喧嘩(けんか)した友達(ともだち)と**仲直り**をするのが段々難(だんだんむずか)しくなる。
나이를 먹으면 싸운 친구와 화해를 하는 것이 점점 어려워진다.

★★ □ 10 日当たり | ひあたり 볕이 듦

このアパートは駅(えき)から近(ちか)くて便利(べんり)だが、**日当たり**はよくない。
이 아파트는 역에서 가까워서 편리하지만 햇볕이 잘 들지 않는다.

★ □ 11 一休み | ひとやすみ 잠깐의 휴식

この辺(へん)で**一休み**して、ゆっくりコーヒーでも飲(の)みませんか。
이쯤에서 잠깐 쉬며 천천히 커피라도 마시지 않을래요?

★★ □ 12 水溜り | みずたまり 물웅덩이

雨(あめ)は上(あ)がったが、道路(どうろ)のあちこちに**水溜り**が出来(でき)ていた。
비는 그쳤지만 도로 여기저기에 물웅덩이가 생겼다.

★★ □ 13 水漏れ | みずもれ 물이 샘, 누수

蛇口から**水漏れ**がして、業者を呼んで修理をした。
수도꼭지에서 물이 새어 업자를 불러 수리를 했다.

★★ □ 14 物入り | ものいり 비용, 비용이 많이 드는 일

今年から家を出て自炊をすることになったので、いろいろと**物入り**だ。
올해부터 집을 나와서 자취를 하게 되었기 때문에 여러모로 돈이 든다.

★★★ □ 15 横倒し | よこだおし 옆으로 쓰러짐

高速道路でトラックが**横倒し**になる事故が発生した。
고속도로에서 트럭이 옆으로 쓰러지는 사고가 발생했다.

동사

25-2.mp3

기본 동사

★ □ 01 重ねる | かさねる 포개다, 겹치다

お客様が帰った後は部屋の隅に座布団を**重ねて**置いておく。
손님이 돌아간 후에는 방 한쪽 구석에 방석을 겹쳐서 놓아 둔다.

★ □ 02 担ぐ | かつぐ (등에) 짊어지다

空港では大きなかばんを**担いで**歩いている人が多い。
공항에서는 큰 가방을 짊어지고 걷는 사람이 많다.

★ □ 03 零れる | こぼれる 흘러넘치다

辛いいじめの体験談を聞いて、思わず涙が**零れた**。
괴로운 집단 괴롭힘 체험담을 듣고 나도 모르게 눈물이 흘러넘쳤다.

★ □ 04 裂く | さく 찢다

1枚の大きな布を**裂いて**、2枚の小さい布にした。
한 장의 커다란 천을 찢어서 두 장의 작은 천으로 만들었다.

★★ □ 05 察する | さっする (마음, 심정 등을) 헤아리다, 살피다

あの男(おとこ)の人(ひと)は、人(ひと)の気持(きも)ちを**察する**ことができなくて周(まわ)りの人(ひと)に嫌(きら)われている。 저 남자는 남의 기분을 헤아릴 줄 몰라서 주위 사람에게 미움을 받고 있다.

★★★ □ 06 しける (바다가) 거칠어지다

今日(きょう)から明日(あす)までは波(なみ)が高(たか)く、**しける**所(ところ)があるでしょう。
오늘부터 내일까지는 파도가 높아서 바다가 거칠어지는 곳이 있겠습니다.

★ □ 07 剥がす | はがす 벗기다, 떼다

壁(かべ)に貼(は)ってあったシールを跡(あと)が残(のこ)らないようにきれいに**剥がした**。
벽에 붙어 있던 스티커를 자국이 남지 않도록 깨끗하게 떼었다.

★ □ 08 挟まる | はさまる (사이에) 끼다

本棚(ほんだな)と机(つくえ)の間(あいだ)に雑誌(ざっし)が1冊(さつ)**挟まって**いた。
책장과 책상 사이에 잡지가 한 권 끼어 있었다.

★ □ 09 張る | はる 덮다, 깔다, 펴다

夏休(なつやす)みは友達(ともだち)と一緒(いっしょ)に川原(かわら)にテントを**張って**キャンプをした。
여름 방학에는 친구와 함께 강변에 텐트를 치고 캠핑을 했다.

★ □ 10 ぶつける 부딪히다

夕(ゆう)べ、酔(よ)っ払(ぱら)って電信柱(でんしんばしら)に頭(あたま)を**ぶつけて**しまった。
어젯밤에 술에 취해서 전신주에 머리를 부딪히고 말았다.

★★ □ 11 迸る | ほとばしる 용솟음치다, 샘솟다

彼(かれ)の態度(たいど)からは**迸る**熱意(ねつい)を感(かん)じる。
그의 태도에서는 용솟음치는 열의를 느낀다.

★ □ 12 交わる | まじわる 선이 교차하다 / 교제하다

いろいろな人(ひと)と**交わって**人脈(じんみゃく)を広(ひろ)げることも必要(ひつよう)だと思(おも)う。
여러 사람과 교제하며 인맥을 넓히는 것도 필요하다고 생각한다.

★ □ 13 招く | まねく 초대하다 / 초래하다

放射能漏れという最悪の事態を**招いて**しまった。
방사능 누출이라는 최악의 사태를 초래하고 말았다.

★ □ 14 結ぶ | むすぶ 잇다, 연결하다, 묶다

簡単に解けないように、靴の紐をしっかりと**結んで**ください。
쉽게 풀리지 않도록 신발 끈을 꽉 묶어 주세요.

★★ □ 15 目立つ | めだつ 눈에 띄다

最近、この選手はちっとも**目立った**活躍をしていない。
요즘 이 선수는 조금도 눈에 띄는 활약을 하고 있지 않다.

복합동사

★★ □ 01 言い張る | いいはる 우기다

その学生は最後まで絶対にカンニングなんかしていないと**言い張った**。
그 학생은 끝까지 절대로 커닝 같은 것은 하지 않았다고 주장했다.

★★ □ 02 擦り付ける | こすりつける 문지르다

たわしを強く**擦り付けて**フライパンについていた汚れを落としている。
수세미를 세게 문질러서 프라이팬에 묻어 있던 때를 제거하고 있다.

★★ □ 03 透き通る | すきとおる 투명하다, 속이 비치다

今年の夏休みには南国の**透き通る**ような海で泳ぎたい。
올 여름 방학에는 남국의 투명한 바다에서 물놀이를 하고 싶다.

★★ □ 04 通り抜ける | とおりぬける 빠져나가다, (통과하여) 지나가다

この細い道を**通り抜ける**と、すぐ大通りが見える。
이 좁은 길을 빠져나가면 바로 큰 도로가 보인다.

☐ 05 寝転ぶ | ねころぶ 드러눕다

あまりにも疲れて、着替えもせずに床の上に**寝転んで**しまった。
너무나도 피곤해서 옷도 갈아입지 않고 마루 위에 드러누워 버렸다.

☐ 06 飛び掛かる | とびかかる 덤벼들다

大人しかったライオンが、突然飼育係りに**飛び掛かった**。
얌전하던 사자가 갑자기 사육사에게 덤벼들었다.

☐ 07 飛び回る | とびまわる 이리저리 날아다니다, 분주하게 돌아다니다

たくさんの蜂が花の周りを**飛び回りながら**蜜を集めている。
많은 벌들이 꽃 주위를 분주하게 날아다니면서 꿀을 모으고 있다.

☐ 08 振舞う | ふるまう 행동하다 / 대접하다

わがままに**振舞う**人は、誰からも嫌われてしまうのは当たり前だ。
제멋대로 행동하는 사람은 누구한테나 미움을 받게 되는 것이 당연하다.

☐ 09 行き掛かる | ゆきかかる 어딘가에 나가려고 하다 / (어떤 장소를) 지나가다

犬と散歩に**行き掛かった**時、いきなり叔父がやってきてびっくりした。
개와 산책하러 막 나가려던 때에 갑자기 작은아버지가 찾아와서 깜짝 놀랐다.

☐ 10 寄り掛かる | よりかかる 기대다 / 의지하다

数人の高校生が駅の壁に**寄り掛かって**電車を待っている。
여러 명의 고등학생이 역의 벽에 기대어 전철을 기다리고 있다.

형용사

25-3.mp3

い 형용사

☐ 01 浅ましい | あさましい 한심스럽다

人の物を盗むなんて、彼がそんな**浅ましい**ことをする訳がない。
남의 물건을 훔치다니, 그가 그런 한심스러운 짓을 할 리가 없다.

★★ □ 02 危なっかしい | あぶなっかしい (보기에) 위험한 느낌을 준다

免許(めんきょ)をとったばかりで、まだ運転(うんてん)するのが**危なっかしい**。
면허를 딴 지 얼마 되지 않아서 아직 운전하는 것이 위태위태하다.

★★ □ 03 危うい | あやうい (위기에 처해) 위태롭다

危うく財布(さいふ)を下水溝(げすいこう)に落(お)とすところだった。
아슬아슬하게 지갑을 하수구에 빠뜨릴 뻔했다.

★ □ 04 息苦しい | いきぐるしい 숨막히다, 답답하다

弟(おとうと)の下宿(げしゅく)に行(い)ってみたら、日当(ひあ)たりも悪(わる)い狭(せま)くて**息苦しい**部屋(へや)だった。
동생 하숙집에 가 보았더니 햇볕도 잘 들지 않는 좁고 숨막히는 방이었다.

★★★ □ 05 おっかない 무시무시하다

あの家(いえ)の裏(うら)には**おっかない**犬(いぬ)がいるから、気(き)をつけてください。
저 집 뒤에는 무시무시한 개가 있으니까 조심하세요.

な 형용사

★★ □ 01 厳か | おごそか 엄숙함

教会(きょうかい)の礼拝堂(れいはいどう)は**厳かな**雰囲気(ふんいき)に包(つつ)まれていた。
교회 예배당은 엄숙한 분위기가 감돌고 있었다.

★ □ 02 上品 | じょうひん 고상함, 품위 있음

名門家(めいもんけ)の娘(むすめ)だけあって、振(ふ)る舞(ま)いがとても**上品だ**。
명문가의 딸답게 행동거지가 매우 품위 있다.

반 下品 | げひん 천박함, 품위 없음

★ □ 03 崇高 | すうこう 숭고함

崇高な理想(りそう)を持(も)っている人(ひと)でも誘惑(ゆうわく)に勝(か)てない場合(ばあい)もある。
숭고한 이상을 가지고 있는 사람이라도 유혹을 이기지 못하는 경우도 있다.

☐ 04 不敵 | ふてき　　대담하고 두려움을 모름

彼女は知らない男たちに絡まれても**不敵な**顔をしていた。
그녀는 모르는 남자들이 시비를 걸어도 대담무쌍한 얼굴을 하고 있었다.

☐ 05 憂鬱 | ゆううつ　　우울함

雨の日や曇りの日は**憂鬱に**なって、めまいや頭痛がするという人もいるらしい。 비가 오는 날이나 흐린 날에는 우울해져서 어지럼증이나 두통이 생긴다는 사람도 있다고 한다.

부사

25-4.mp3

☐ 01 いつの間にか | いつのまにか　　어느새

かわいい子犬だったのに、**いつの間にか**こんなに大きい番犬になった。
귀여운 강아지였는데 어느새 이렇게 큰 번견이 되었다.

☐ 02 早速 | さっそく　　즉시, 당장

友達にレシピを教えてもらったので、**早速**料理をしてみよう。
친구에게 요리법을 전수받았으니까 당장 요리를 해 보자.

☐ 03 しばらく　　당분간, 한동안

関東地方ではこの暑さが**しばらく**続く見込みだ。
간토 지방에서는 이 더위가 당분간 계속될 전망이다.

☐ 04 頗る | すこぶる　　대단히

今年の売り上げは**頗る**好調で、生産が追い付かないほどだ。
올해 매출은 대단히 좋아서 생산이 쫓아가지 못할 정도이다.

☐ 05 やがて　　이윽고, 머지않아

森に棲む動物たちは、**やがて**やって来る厳しい冬の寒さに備える。
숲에 사는 동물들은 머지않아 찾아올 혹독한 겨울 추위에 대비한다.

의성어·의태어

★★ □ **01 びしょびしょ** 흠뻑 젖은 모양

急に雨に降られて、靴の中まで**びしょびしょ**になった。
갑자기 비가 내려서 신발 속까지 흠뻑 젖었다.

★ □ **02 広々 | ひろびろ** 공간이 널찍한 모양

郊外にある住宅地には**広々**とした庭付きの家が多い。
교외에 있는 주택지에는 널찍널찍한 마당이 딸린 집이 많다.

★ □ **03 ぶるぶる** 추위나 두려움 등으로 몸이 떨리는 모양

熱が39度を超えたら、体が**ぶるぶる**と震え始めた。
열이 39도를 넘더니 몸이 부들부들 떨리기 시작했다.

★★ □ **04 ぽかぽか** 따뜻해서 포근함이 느껴지는 모양

ぽかぽかした陽気が続けば、直に桜も咲くだろう。
포근한 날씨가 계속되면 곧 벚꽃도 필 것이다.

★★ □ **05 むしむし** 푹푹 찌는 듯이 더운 모양

毎晩熱帯夜で、**むしむし**して寝苦しい日が続いている。
매일 밤 열대야로 푹푹 찌는 듯이 더워서 잠을 이루지 못하는 날이 계속되고 있다.

속담·사자성어

★★ □ **01 口は災いのもと | くちはわざわいのもと** 입은 화의 근원

口は災いのもとだから、相手が誰であろうと発言には十分に注意するべきだ。
입은 화의 근원이라는 말도 있으니 상대가 누구든 발언에는 충분히 주의해야 한다.

★★★ □ 02 覆水盆に返らず | ふくすいぼんにかえらず 엎질러진 물은 주워 담을 수 없다

いくら後悔(こうかい)しても**覆水盆に返らず**で、この件(けん)に関(かん)してはやり直(なお)しはきかない。 아무리 후회해도 이미 엎질러진 물이어서 이 건은 돌이킬 수 없다.

★★ □ 03 一切合切 | いっさいがっさい 일체, 모두

借金(しゃっきん)を返済(へんさい)するために、家(いえ)にあった家財道具(かざいどうぐ)や宝石(ほうせき)など**一切合切**売(う)り払(はら)った。 빚을 갚기 위해 집에 있던 가재도구와 보석 등을 모두 팔아 버렸다.

★★ □ 04 海千山千 | うみせんやません 산전수전

本社(ほんしゃ)からやってきた木村(きむら)さんは**海千山千**のベテランだから、みんな緊張(きんちょう)している。 본사에서 온 기무라 씨는 산전수전 다 겪은 베테랑이어서 모두 긴장하고 있다.

3순위

관용어

★★ □ 01 当てが外れる | あてがはずれる 믿었던 것에서 원하던 것을 얻지 못하다

友達(ともだち)からお金(かね)を借(か)りようとしたが、お金(かね)がないと言(い)われて**当てが外れた**。
친구에게 돈을 빌리려고 했는데 돈이 없다고 해서 기대가 빗나갔다.

★★ □ 02 大きな顔をする | おおきなかおをする 잘난 체하다

彼(かれ)は別(べつ)に大(たい)したこともしていないのに、**大きな顔をして**いる。
그는 특별히 대단한 일도 하지 않았는데 잘난 체하고 있다.

★★ □ 03 押さえが利く | おさえがきく 통솔력이 있다

彼(かれ)は人望(じんぼう)も厚(あつ)く、**押さえが利く**からリーダーとして適格(てきかく)だ。
그는 인망도 두텁고 통솔력이 있어서 리더로 적격이다.

□ 04 お里が知れる | おさとがしれる

말씨나 태도 등으로 성장 배경을 알게 되다

どんなに見(み)た目(め)がよくても、マナーの悪(わる)さで**お里が知れる**場合(ばあい)もある。

아무리 겉모습이 좋아도 매너가 나쁘면 어떻게 자랐는지 들통나는 경우도 있다.

PLUS 주로 부정적인 뜻으로 쓰이는 경우가 많다.

□ 05 押しが利く | おしがきく

(남을) 따르게 만들다

不思議(ふしぎ)なことに、彼(かれ)は先輩(せんぱい)たちにも**押しが利く**人物(じんぶつ)だそうだ。

신기하게도 그는 선배들도 따르게 만드는 인물이라고 한다.

□ 06 金に糸目をつけない | かねにいとめをつけない

어떤 일에 돈을 아끼지 않다

僕(ぼく)は本(ほん)に関(かん)しては**金に糸目をつけない**ので、高価(こうか)な本(ほん)もよく買(か)っている。

나는 책에 관해서는 돈을 아끼지 않아서 값비싼 책도 자주 사고 있다.

□ 07 地金が出る | じがねがでる

숨겨진 본성이 드러나다

インタビューを繰(く)り返(かえ)すうちに、その人(ひと)の**地金が出る**場合(ばあい)もある。

인터뷰를 반복하는 동안 그 사람의 숨겨진 본성이 드러나는 경우도 있다.

□ 08 情が強い | じょうがこわい

고집이 세다

彼女(かのじょ)は**情が強い**人(ひと)だから、仕事(しごと)でもなにかとぶつかることが多(おお)いようだ。

그녀는 고집이 센 사람이라서 일에서도 이런저런 일로 부딪히는 일이 많은 듯하다.

□ 09 筋がいい | すじがいい

소질이 있다

彼(かれ)は小学生(しょうがくせい)の頃(ころ)から囲碁(いご)の**筋がいい**子供(こども)で有名(ゆうめい)だった。

그는 초등학생 때부터 바둑에 소질이 있는 어린이로 유명했다.

□ 10 世故に長ける | せこにたける

세상 물정을 잘 알고 있다

世故に長ける部長(ぶちょう)に悩(なや)みを相談(そうだん)してみることにした。

세상 물정에 밝은 부장님께 고민을 상담해 보기로 했다.

1 다음 밑줄 친 히라가나에 해당하는 한자를 고르세요.

1.	ひにくを言う。	① 非肉	② 皮肉
2.	しつぎ応答	① 質疑	② 質議
3.	レシピがあって、さっそく料理を作った。	① 早即	② 早速
4.	すうこうな理想を持つ人	① 崇考	② 崇高
5.	オリンピックをしょうちする。	① 招致	② 承知

2 다음 두 문장 중에서 올바른 문장을 고르세요.

1. ① 予算もないというのに、こんな計画は論外だ。
   ② 予算もないというのに、こんな計画は案外だ。

2. ① 時間の関係で、解説は割愛させていただきます。
   ② 時間の関係で、解説は割譲させていただきます。

3. ① 寒さにぶらぶら震える。
   ② 寒さにぶるぶる震える。

4. ① 喧嘩した友達と仲間外れする。
   ② 喧嘩した友達と仲直りする。

5. ① 軒下で雨宿りをする。
   ② 軒下で雨漏りをする。

3 다음 일본어가 설명하고 있는 단어를 고르세요.

1. 目的のためなら金を惜しまない。

① 金に糸目をつけない　　② 金に目がくらむ

2. 恐ろしい

① そっけない　　② おっかない

3. 食物を飲み下す。

① 嚥下　　② 皮肉

4. 蒸し暑い様

① むしむし　　② むかむか

5. 家のドアや窓を閉めて鍵をかける。

① 取り締まり　　② 戸締り

---

1 1.② 2.① 3.② 4.② 5.①　**2** 1.① 2.① 3.② 4.② 5.①　**3** 1.① 2.② 3.① 4.① 5.②

VOCA Check

나의 어휘 실력은 현재 어느 정도일까?
실전 어휘력 체크!

다음 어휘의 뜻을 써 보세요.

명사

- □01 怪獣 ....
- □02 玩具 ....
- □03 攻守 ....
- □04 一本槍 ....
- □05 駄目元 ....
- □06 段取り ....
- □07 有り合わせ ....
- □08 品持ち ....
- □09 出来合い ....

동사

- □10 裏返す ....
- □11 くっつく ....
- □12 栄える ....
- □13 耕す ....
- □14 蒔く ....
- □15 絡み付く ....
- □16 切り落とす ....
- □17 煮込む ....
- □18 酔っ払う ....

형용사

- □19 痛々しい ....
- □20 痛ましい ....
- □21 後ろめたい ....
- □22 夥しい ....
- □23 湿っぽい ....
- □24 大童 ....
- □25 穏やか ....
- □26 素直 ....
- □27 朗らか ....

부사·의성어·의태어

- □28 かつて ....
- □29 次第に ....
- □30 その内 ....
- □31 たっぷり ....
- □32 優に ....
- □33 飽き飽き ....
- □34 ごしごし ....
- □35 さわさわ ....
- □36 ぶかぶか ....

속담·사자성어·관용어

- □37 雨降って地固まる ....
- □38 自縄自縛 ....
- □39 締まりがない ....
- □40 度胸が据わる ....

- **정답 개수 01~10개** ▶ **당신은 초급자!** 산 넘어 산이네요! 정독하여 반드시 어휘 정복합시다!
- **정답 개수 11~20개** ▶ **당신은 초중급자!** 이제 걸음마 뗀 수준? 좀 더 노력하여 수준급으로 Go!
- **정답 개수 21~30개** ▶ **당신은 중급자!** 조금만 더 열심히 하면, 상급자까지 얼마 안 남았어요!
- **정답 개수 31~40개** ▶ **당신은 거의 상급자 수준?!** 방심은 금물! 100% 완벽에 도전합시다!

DAY 26

명사

26-1.mp3

기본 한자어

- □ 01 暗算 | あんざん 암산
- □ 02 萎縮 | いしゅく 위축
- □ 03 押収 | おうしゅう 압수
- □ 04 汚名 | おめい 오명
- □ 05 怪獣 | かいじゅう 괴수
- □ 06 架空 | かくう 가공
- □ 07 禍根 | かこん 화근
- □ 08 玩具 | がんぐ 완구
- □ 09 寄与 | きよ 기여
- □ 10 去就 | きょしゅう 거취
- □ 11 苦杯 | くはい 고배(쓴잔)
- □ 12 健闘 | けんとう 건투
- □ 13 攻守 | こうしゅ 공수
- □ 14 攻防 | こうぼう 공방
- □ 15 互角 | ごかく 호각
- □ 16 紫外線 | しがいせん 자외선
- □ 17 進退 | しんたい 진퇴
- □ 18 斉唱 | せいしょう 제창
- □ 19 赤外線 | せきがいせん 적외선
- □ 20 奪回 | だっかい 탈회, 탈환
- □ 21 頭角 | とうかく 두각
- □ 22 舞踏会 | ぶとうかい 무도회
- □ 23 奮闘 | ふんとう 분투
- □ 24 防御 | ぼうぎょ 방어
- □ 25 役者 | やくしゃ 배우
- □ 26 余暇 | よか 여가

읽기에 주의해야 할 음훈 결합 명사

★★★ □ 01 一本槍 | いっぽんやり — 일관함

彼(かれ)は仕事一筋(しごとひとすじ)で、真面目(まじめ)**一本槍**な生活(せいかつ)を送(おく)ってきた。

그는 한결같이 일에만 몰두하여 성실함 하나로 생활해 왔다.

★★★ □ 02 肝心要 | かんじんかなめ — 매우 중요함

肝心要のパスポートを忘(わす)れてしまって、海外旅行(かいがいりょこう)に行(い)けなかった。

정작 중요한 여권을 잃어버려서 해외여행을 갈 수 없었다.

★★★ □ 03 指図 | さしず — 지시

あまり細(こま)かいことにまで**指図**をすれば嫌(いや)がられてしまう。

너무 자잘한 것까지 지시하면 싫어한다.

★★★ □ 04 札束 | さつたば — 지폐 다발

かばんの中(なか)にはぎっしりと**札束**が詰(つ)まっていた。

가방 안에는 빼곡하게 지폐 다발이 채워져 있었다.

★★ □ 05 駄目元 | だめもと — 밑져야 본전

駄目元でお願(ねが)いしてみたが、快(こころよ)く引(ひ)き受(う)けてくれた。

밑져야 본전이라는 생각으로 부탁해 봤는데 흔쾌히 맡아 주었다.

★★ □ 06 段取り | だんどり — 순서, 단계

先輩(せんぱい)たちと一緒(いっしょ)に謝恩会(しゃおんかい)の式(しき)の**段取り**を決(き)めた。

선배들과 함께 사은회 식순을 정했다.

★★ □ 07 手一杯 | ていっぱい — 힘에 겨움, 벅참

宿題(しゅくだい)だけでも**手一杯**で、とても塾(じゅく)に行(い)ける状態(じょうたい)ではない。

숙제만으로도 벅차서 도저히 학원에 갈 수 있는 상태가 아니다.

★★ □08 取り分 | とりぶん 몫

仲間の間で、**取り分**はそれぞれ3分の1ずつ分けることに決めた。
동료들끼리 몫은 각각 3분의 1씩 나누기로 정했다.

★★ □09 一区切り | ひとくぎり 일단락

仕事が**一区切り**したので、みんな休憩をとってもいい。
일이 일단락되었으니 모두 휴식을 취해도 된다.

★★ □10 不得手 | ふえて 서투름

人にはそれぞれ得手と**不得手**というものがあるに違いない。
사람에게는 각각 잘하는 것과 잘 못하는 것이 있음에 틀림없다.

고유어

★★ □01 足場 | あしば 발판, 입지

大手メーカーに就職して、生活の**足場**を固めた。
대기업에 취직해서 생활의 입지를 굳혔다.

★★★ □02 有り合わせ | ありあわせ 마침 가지고 있음

有り合わせの材料で夕食を作った。
마침 가지고 있던 재료로 저녁을 만들었다.

★★★ □03 憂さ晴らし | うさばらし 기분 전환

上司に怒られた**憂さ晴らし**に、同僚を誘って飲みに行った。
상사에게 혼난 기분 전환으로 동료를 불러서 한잔하러 갔다.

★★ □04 がぶ飲み | がぶのみ (마실 것을) 벌컥벌컥 들이킴

喉が渇いていたので、牛乳を**がぶ飲み**した。
목이 말라서 우유를 벌컥벌컥 들이켰다.

★★ □ 05 下ごしらえ | したごしらえ 요리 재료를 미리 손질해 둠

ちょっとした**下ごしらえ**をするだけでも、料理(りょうり)の味(あじ)がぐっとよくなる。
간단히 재료 손질만 해 두어도 요리의 맛이 훨씬 좋아진다.

★★★ □ 06 品持ち | しなもち 신선한 상태를 유지함

和菓子(わがし)は**品持ち**がいいので、冷蔵庫(れいぞうこ)に入(い)れておけば2週間(しゅうかん)は食(た)べられる。
화과자는 신선함이 오래가기 때문에 냉장고에 넣어 두면 2주일은 먹을 수 있다.

★★ □ 07 巣立ち | すだち 보금자리를 떠남, 집이나 학교를 떠나 사회로 나감

新卒者(しんそつしゃ)にとって3月(がつ)は**巣立ち**の季節(きせつ)だと言(い)われる。
대학을 막 졸업한 사람들에게 3월은 홀로서기의 계절이라고 한다.

★★ □ 08 詰め | つめ 마무리

確(たし)かに仕事(しごと)の速(はや)さは認(みと)めるが、**詰め**が甘(あま)いのが難点(なんてん)だ。
분명 일하는 속도는 인정하지만 마무리가 허술한 것이 흠이다.

★★★ □ 09 出来合い | できあい 이미 만들어져 있는 물건, 기성품

いつもはスーパーで**出来合い**のおかずを買(か)ってきて食(た)べることが多(おお)い。
평상시에는 슈퍼에서 만들어져 있는 반찬을 사 와서 집에서 먹는 경우가 많다.

★★ □ 10 張り込み | はりこみ 잠복

犯人(はんにん)を捕(つか)まえるために、私服(しふく)の刑事(けいじ)が**張り込み**をしている。
범인을 잡기 위해서 사복형사가 잠복을 하고 있다.

★★ □ 11 一握り | ひとにぎり 극소수

どんな業界(ぎょうかい)でも成功(せいこう)する人(ひと)はほんの**一握り**にすぎない。
어떤 업계에서든 성공하는 사람은 아주 극소수에 지나지 않는다.

★★ □ 12 水の泡 | みずのあわ 수포, 물거품

企画(きかく)が中止(ちゅうし)になって、今(いま)までの苦労(くろう)が**水の泡**になった。
기획이 취소되어 지금까지의 고생이 물거품이 되었다.

3순위

☆☆☆ □ 13 店構え | みせがまえ 가게의 규모, 구조

ここはまるでおとぎ話に出てくるお城のような**店構え**をしている。
여기는 마치 옛날이야기에 나오는 성과 같은 구조로 되어 있다.

☆☆ □ 14 持ち味 | もちあじ 특유의 개성

自分の**持ち味**をどれだけうまく表現できるかが大切だ。
자신의 특별한 개성을 얼마만큼 잘 표현할 수 있는가가 중요하다.

☆☆☆ □ 15 訳あり | わけあり 사연이 있음

彼女は何か**訳あり**の様子で、自分の生い立ちについて多くを語ろうとはしなかった。 그녀는 무슨 사연이 있는지 자신의 성장 배경에 대해서는 그다지 말하려고 하지 않았다.

동사

26-2.mp3

기본 동사

☆☆ □ 01 裏返す | うらがえす 뒤집다

問題用紙を**裏返して**、そこにある問題も解いてください。
문제지를 뒤집어서 거기에 있는 문제도 푸세요.

☆☆ □ 02 潤う | うるおう 윤택해지다, 습기를 띠다

この国は石油開発のおかげで生活が**潤った**に違いない。
이 나라는 석유 개발 덕분에 생활이 윤택해졌음에 틀림없다.

☆☆ □ 03 陥れる | おとしいれる (곤란한 상황에) 빠뜨리다

時には、法律が善良な人たちを法律の罠に**陥れる**こともある。
때로는 법률이 선량한 사람들을 법률의 함정에 빠뜨리는 경우도 있다.

☆☆ □ 04 くっつく 달라붙다

強力な磁石なので、**くっつく**と簡単には離れない。
강력한 자석이라서 달라붙으면 쉽게 떨어지지 않는다.

PLUS くっつける 딱 붙이다

★★
★ □ 05 拗れる ｜ こじれる　　　　　　　　　(이야기나 관계 등이) 꼬이다

<ruby>一<rt>いち</rt></ruby><ruby>度<rt>ど</rt></ruby>**拗れた**<ruby>人間関係<rt>にんげんかんけい</rt></ruby>を<ruby>修復<rt>しゅうふく</rt></ruby>させるのは<ruby>難<rt>むずか</rt></ruby>しい。
한번 꼬인 인간관계를 회복시키는 것은 어렵다.

★ □ 06 栄える ｜ さかえる　　　　　　　　　　　　번창하다, 번영하다

この<ruby>都市<rt>とし</rt></ruby>は<ruby>昔<rt>むかし</rt></ruby>、<ruby>貿易<rt>ぼうえき</rt></ruby>の<ruby>中継<rt>ちゅうけい</rt></ruby><ruby>都市<rt>とし</rt></ruby>として**栄えた**。
이 도시는 옛날에 무역 중계 도시로 번창했다.

★ □ 07 刺さる ｜ ささる　　　　　　　　　(끝이 날카로운 것에) 박히다, 찔리다

<ruby>落<rt>お</rt></ruby>ちている<ruby>釘<rt>くぎ</rt></ruby>を<ruby>踏<rt>ふ</rt></ruby>んだら、<ruby>靴<rt>くつ</rt></ruby>に**刺さって**しまった。
떨어진 못을 밟았다가 신발에 박히고 말았다.

★ □ 08 定める ｜ さだめる　　　　　　　　　　　　　　　정하나

<ruby>法律<rt>ほうりつ</rt></ruby>によって**定められた**<ruby>規則<rt>きそく</rt></ruby>は<ruby>必<rt>かなら</rt></ruby>ず<ruby>守<rt>まも</rt></ruby>らなければならない。
법률로 정해진 규칙은 반드시 지켜야만 한다.

★★
★ □ 09 裁く ｜ さばく　　　　　　　　　　　　　　재판하다, 심판하다

<ruby>犯罪<rt>はんざい</rt></ruby>を<ruby>犯<rt>おか</rt></ruby>した<ruby>者<rt>もの</rt></ruby>は<ruby>法律<rt>ほうりつ</rt></ruby>で**裁かれる**。
범죄를 저지른 자는 법률로 심판받는다.

★ □ 10 錆びる ｜ さびる　　　　　　　　　　　　　　　　녹슬다

りんごの<ruby>皮<rt>かわ</rt></ruby>を<ruby>剥<rt>む</rt></ruby>こうとしたら、ナイフがぼろぼろに**錆びて**いて<ruby>使<rt>つか</rt></ruby>えな

かった。 사과 껍질을 벗기려고 했더니 칼이 형편없이 녹슬어 있어서 사용할 수 없었다.

★ □ 11 耕す ｜ たがやす　　　　　　　　　　　　　　갈다, 경작하다

<ruby>家族<rt>かぞく</rt></ruby>みんなで<ruby>力<rt>ちから</rt></ruby>を<ruby>合<rt>あ</rt></ruby>わせて<ruby>畑<rt>はたけ</rt></ruby>を**耕して**、<ruby>農業<rt>のうぎょう</rt></ruby>を<ruby>始<rt>はじ</rt></ruby>めた。
가족 모두 함께 힘을 합쳐서 밭을 경작하여 농사를 시작했다.

★ □ 12 縮まる ｜ ちぢまる　　　　　　　　　　　　　　　줄어들다

<ruby>両国<rt>りょうこく</rt></ruby>の<ruby>経済力<rt>けいざいりょく</rt></ruby>の<ruby>差<rt>さ</rt></ruby>は<ruby>年々<rt>ねんねん</rt></ruby>**縮まって**きている。
양국의 경제력 차이는 해마다 줄어들고 있다.

☐ 13 なぞらえる　비하다, 견주다

人生(じんせい)は時(とき)として旅(たび)に**なぞらえられる**。
인생은 가끔 여행에 비유된다.

☐ 14 蒔く | まく　(씨앗 등을) 심다, 뿌리다

庭(にわ)で孫(まご)と一緒(いっしょ)に朝顔(あさがお)の種(たね)を**蒔いて**いる。
마당에서 손자와 함께 나팔꽃 씨앗을 뿌리고 있다.

☐ 15 用いる | もちいる　사용하다

このアルコールは工業用(こうぎょうよう)に**用いられて**いるので、とても危険(きけん)だ。
이 알코올은 공업용으로 사용되고 있는 것이라서 매우 위험하다.

복합동사

☐ 01 絡み付く | からみつく　시비를 걸다

居酒屋(いざかや)で隣(となり)のテーブルにいた酔(よ)っ払(ぱら)いに**絡み付かれて**大変(たいへん)だった。
술집에서 옆 테이블에 있던 취객이 시비를 걸어와 고생했다.

☐ 02 切り落とす | きりおとす　잘라 내다

伸(の)び放題(ほうだい)の木(き)の枝(えだ)は早速(さっそく)**切り落として**ください。
자랄 대로 자란 나뭇가지는 당장 잘라 내세요.

☐ 03 切り返す | きりかえす　(말을) 되받아치다, 반론하다

相手(あいて)があまりにも口(くち)が達者(たっしゃ)で、**切り返す**タイミングがつかめない。
상대가 너무 말을 잘해서 반론할 타이밍을 잡지 못했다.

☐ 04 削ぎ落とす | そぎおとす　(불필요한 부분을) 없애다, 제거하다

コレステロールが気(き)になるので、肉(にく)の脂身(あぶらみ)を**削ぎ落として**から食(た)べる。
콜레스테롤이 신경 쓰여서 고기의 비계를 없애고 먹는다.

★★ □ 05 取り戻す | とりもどす 되찾다

娘は3日間も意識がなかったが、今日ようやく意識を**取り戻した**。
딸은 3일 동안이나 의식이 없었지만 오늘 겨우 의식을 되찾았다.

★★ □ 06 流れ込む | ながれこむ 흘러서 들어가다

ここは川の水が海に**流れ込む**場所で、釣りをするのにいい所だ。
여기는 강물이 바다로 흘러드는 장소라서 낚시를 하기에 좋은 곳이다.

★★ □ 07 煮込む | にこむ 푹 삶다

この魚は焼くより**煮込んで**食べた方がもっとおいしいそうだ。
이 생선은 굽는 것보다 푹 삶아서 먹는 편이 더 맛있다고 한다.

★★ □ 08 這いつくばう | はいつくばう 납작 엎드리다

教授に**這いつくばって**お願いしてみたが、全然だめだった。
교수님께 납작 엎드려 부탁해 보았지만 전혀 소용이 없었다.

★★ □ 09 盛り付ける | もりつける 보기 좋게 담다

ステーキの付け合わせにする野菜サラダを皿に**盛り付けた**。
스테이크 옆에 곁들이는 야채샐러드를 접시에 보기 좋게 담았다.

★★ □ 10 酔っ払う | よっぱらう 술에 취하다

彼は**酔っ払う**と酒癖が出るので、これ以上飲ませないでください。
그는 술에 취하면 술버릇이 나오기 때문에 더 이상 마시게 하지 마세요.

형용사

26-3.mp3

い 형용사

★★ □ 01 痛々しい | いたいたしい 애처롭다, 불쌍하다

包帯が巻かれた体は見ているだけでも**痛々しかった**。
붕대가 감겨진 몸은 보고 있는 것만으로도 애처로웠다.

★★ □ 02 痛ましい | いたましい　가엾다, 참혹하다

田舎(いなか)の村(むら)で**痛ましい**一家心中事件(いっかしんじゅうじけん)が発生(はっせい)した。

시골 마을에서 참혹한 일가족 동반 자살 사건이 발생했다.

★★ □ 03 後ろめたい | うしろめたい　찜찜하다

親(おや)に嘘(うそ)をついてこっそりと彼氏(かれし)と旅行(りょこう)に行(い)くのは**後ろめたい**。

부모님께 거짓말을 하고 몰래 남자 친구와 여행을 가는 것은 찜찜하다.

★★ □ 04 夥しい | おびただしい　엄청나다

夥しい数(かず)の国旗(こっき)が会場(かいじょう)に飾(かざ)られている。

엄청난 개수의 국기가 행사장에 장식되어 있다.

★ □ 05 湿っぽい | しめっぽい　습하다 / 우울하다

リストラされるかもしれないという**湿っぽい**話(はなし)はもう辞(や)めて、楽(たの)しく飲(の)もう。

해고될지도 모른다는 우울한 이야기는 이제 그만하고 즐겁게 마시자.

な 형용사

★★ □ 01 大童 | おおわらわ　정신이 없음

もうすぐ開店(かいてん)なので、この頃(ごろ)はその準備(じゅんび)で**大童だ**。

이제 곧 개점이라서 요즘은 그 준비 때문에 정신이 없다.

★ □ 02 穏やか | おだやか　평온함, 온화함

自分勝手(じぶんかって)ではなく人(ひと)の気持(きも)ちが分(わ)かる**穏やかで**優(やさ)しい彼氏(かれし)がほしい。

자기중심적이지 않고 남의 기분을 이해하는 온화하고 자상한 남자 친구가 있었으면 좋겠다.

★ □ 03 素直 | すなお　솔직함, 순순함

彼(かれ)は決(けっ)して自分(じぶん)の間違(まちが)いを**素直に**認(みと)める性格(せいかく)ではない。

그는 결코 자신의 잘못을 순순히 인정하는 성격이 아니다.

★ □ 04 **鈍感** | どんかん 둔감함

鈍感な私は、それが愛の告白だったとは全然気付かなかった。
둔감한 나는 그것이 사랑 고백인 줄은 전혀 알아채지 못했다.

★ □ 05 **朗らか** | ほがらか 명랑함, 쾌활함

普段は**朗らかな**田中さんが、今日は機嫌が悪そうで少し気になる。
평상시에는 명랑한 다나카 씨가 오늘은 기분이 안 좋은 것 같아서 조금 걱정이 된다.

부사

26-4.mp3

★ □ 01 **かつて** 일찍이, 예전에

かつて、ここは有数の文化遺産があった場所だそうだ。
예전에 이곳은 유수한 문화유산이 있었던 장소라고 한다.

★ □ 02 **次第に** | しだいに 점점

日が昇ると、東の空が**次第に**明るくなってくる。
해가 뜨면 동쪽 하늘이 점점 밝아 온다.

★ □ 03 **その内** | そのうち 조만간

今はまだ若くて何も分からないだろうが、**その内**、分かる日が来るだろう。
지금은 아직 젊어서 아무것도 모르겠지만 조만간 알게 될 날이 올 것이다.

★ □ 04 **たっぷり** 듬뿍

世界の環境問題について、**たっぷり**時間をかけて調べてみたい。
세계의 환경 문제에 대해 듬뿍 시간을 들여서 조사해 보고 싶다.

★★ □ 05 **優に** | ゆうに 족히, 넉넉히

この博物館の来場者数は、年間５万人を**優に**超えるらしい。
이 박물관을 찾는 사람 수는 연간 5만 명을 가볍게 넘긴다고 한다.

의성어·의태어

★★ □ **01** 飽き飽き | あきあき 　지긋지긋함

毎日(まいにち)単調(たんちょう)に過(す)ごす生活(せいかつ)に**飽き飽き**している。

매일 단조롭게 지내는 생활에 지긋지긋해져 있다.

★★ □ **02** ごしごし 　문지르거나 비비는 모양, 박박, 북북

食事(しょくじ)の後(あと)、焦(こ)げ付(つ)いた鍋(なべ)をたわしで**ごしごし**と洗(あら)った。

식사 후에 눌어붙은 냄비를 수세미로 박박 문질러서 씻었다.

★★ □ **03** さわさわ 　시원하게 바람이 부는 모양, 산들산들

緑(みどり)の草原(そうげん)を風(かぜ)が**さわさわ**と吹(ふ)き抜(ぬ)ける。

푸른 초원을 바람이 산들산들 불면서 지나간다.

★★ □ **04** ぶかぶか 　옷이나 신발 등이 헐렁헐렁한 모양

サイズが合(あ)わない**ぶかぶか**の靴(くつ)を履(は)いているので歩(ある)きにくい。

크기가 맞지 않는 헐렁헐렁한 신발을 신고 있어서 걷기 힘들다.

★ □ **05** ふわふわ 　부드럽고 포근한 모양

柔軟剤(じゅうなんざい)を使(つか)えば、もっと**ふわふわ**とした感(かん)じが味(あじ)わえる。

유연제를 사용하면 더욱 포근한 느낌을 맛볼 수 있다.

속담·사자성어

★★ □ **01** 雨降って地固まる | あめふってじかたまる 　비 온 뒤에 땅이 굳는다

雨降って地固まるという言葉通(ことばどお)り、大喧嘩(おおげんか)を繰(く)り返(かえ)していた二人(ふたり)が、今(いま)では大親友(だいしんゆう)だ。

비 온 뒤에 땅이 굳는다는 말대로 큰 싸움을 반복했던 두 사람이 지금은 절친이다.

PLUS 어려운 일을 겪은 다음에는 이전보다 더 좋은 상태가 된다는 뜻.

★★ □ 02 能ある鷹は爪を隠す | のうあるたかはつめをかくす
능력 있는 매는 발톱을 감춘다

能ある鷹は爪を隠すと言(い)うように、あまり自慢(じまん)するのはよくないよ。
능력 있는 매는 발톱을 감춘다는 말이 있듯이 너무 자랑하는 것은 좋지 않다.

PLUS 능력 있는 사람은 자신의 능력을 숨긴다는 뜻.

★★★ □ 03 自縄自縛 | じじょうじばく 자승자박

健康(けんこう)のためと思(おも)って始(はじ)めた生活習慣(せいかつしゅうかん)に**自縄自縛**となり、ストレスが溜(た)まった。 건강을 위해 시작한 생활 습관이 자승자박이 되어 스트레스가 쌓였다.

PLUS 자신이 했던 말 때문에 자신이 어려운 처지에 놓인다는 뜻.

★★★ □ 04 切磋琢磨 | せっさたくま 절차탁마

切磋琢磨しながら自分(じぶん)を成長(せいちょう)させてくれるライバルがほしい。
절차탁마하며 나를 성장시켜 줄 라이벌이 있었으면 좋겠다.

PLUS 서로의 결점이나 잘못을 고쳐가며 학문 등을 향상시켜 간다는 뜻.

3순위

관용어

★★ □ 01 きらいがある 경향이 있다

彼(かれ)は確(たし)かにいい人(ひと)だが、すぐ感情的(かんじょうてき)になる**きらいがある**。
그는 분명 좋은 사람이지만 금방 감정적으로 변하는 경향이 있다.

★★ □ 02 締まりがない | しまりがない 긴장감이 없다

あの人(ひと)は**締まりがない**性格(せいかく)だから遅刻(ちこく)や無断欠勤(むだんけっきん)が続(つづ)いて会社(かいしゃ)を首(くび)になった。 그 사람은 긴장감이 없는 성격이라 지각과 무단결근을 반복하다 회사에서 해고되었다.

★★ □ 03 世事に疎い | せじにうとい 세상 물정에 어둡다

僕(ぼく)は普段(ふだん)ニュースなんかはあまり見(み)ないから、**世事に疎い**。
나는 평상시에 뉴스 같은 것은 별로 보지 않기 때문에 세상 물정에 어둡다.

□ 04 度胸が据わる | どきょうがすわる　배짱이 두둑하다

親よりも、かえって娘の方が**度胸が据わって**いるような感じがする。

부모보다도 오히려 딸이 더 배짱이 두둑한 느낌이 든다.

□ 05 馬車馬のよう | ばしゃうまのよう　일심으로, 한결같이

父は一生**馬車馬のように**働いて、子供たちを立派に育てた。

아버지는 평생 올곧게 일하여 자식들을 훌륭하게 키웠다.

PLUS 마차를 이끄는 말은 눈가리개를 하기 때문에 한눈을 팔지 않는다는 뜻에서 유래된 표현이다.

□ 06 懐が深い | ふところがふかい　도량이 깊다

彼は見かけによらず、なかなか**懐が深い**人物だという噂がある。

그는 보기와는 달리 상당히 도량이 깊은 인물이라는 소문이 있다.

□ 07 虫がいい | むしがいい　염치가 없다

友達から借りたお金はいつ返してもいいなんて、それはあまりに**虫がいい**。

친구에게서 빌린 돈은 언제 갚아도 좋다니 그것은 너무 염치가 없다.

□ 08 面倒見がいい | めんどうみがいい　잘 챙기다, 잘 보살피다

あの先輩は**面倒見がいい**ので、後輩たちから慕われている。

그 선배는 잘 챙기는 성격이라서 후배들이 잘 따른다.

□ 09 山が見える | やまがみえる　일이 완성될 기미가 보이다

3年間のプロジェクトもようやく**山が見えて**一安心だ。

3년간의 프로젝트도 이제야 겨우 완성될 기미가 보여서 한시름 놓았다.

□ 10 横車を押す | よこぐるまをおす　억지를 쓰다

部長が**横車を押して**、この無理なプロジェクトは始まってしまった。

부장이 억지를 써서 이 무리한 프로젝트는 시작되고 말았다.

1 다음 밑줄 친 히라가나에 해당하는 한자를 고르세요.

1. 最近ニュースを見ないので<u>せじ</u>に疎い。 ① 世事 ② 世時
2. 度胸が<u>すわった</u>人 ① 座った ② 据わった
3. 頑張ってくれ。<u>けんとう</u>を祈っているぞ。 ① 健闘 ② 拳闘
4. <u>よか</u>を楽しむ。 ① 余過 ② 余暇
5. <u>ぶとうかい</u>でダンスを踊る。 ① 舞踏会 ② 舞倒会

2 다음 두 문장 중에서 올바른 문장을 고르세요.

1. ① 虫がよくて後輩たちに慕われる。
   ② 面倒見がよくて後輩たちに慕われる。
2. ① 架空の請求書を送る詐欺事件が増えている。
   ② 真空の請求書を送る詐欺事件が増えている。
3. ① 野菜をじっくり使ったサラダ
   ② 野菜をたっぷり使ったサラダ
4. ① サイズが大きすぎてぶかぶかのズボン
   ② サイズが大きすぎてじゃぶじゃぶのズボン
5. ① 結婚式の陣取りを決める。
   ② 結婚式の段取りを決める。

3 다음 일본어가 설명하고 있는 단어를 고르세요.

1. 他人のことを考えず、自分の都合のいいように勝手に考える。

① 虫がいい　　② 筋がいい

2. 使う

① もちいる　　② もちこむ

3. 土地を畑にして農産物がとれるようにする。

① 植える　　② 耕す

4. 繁栄する

① さかえる　　② つかえる

5. 長さや距離が減少する。

① 痩せる　　② 縮まる

1 1.① 2.② 3.① 4.② 5.①　2 1.② 2.① 3.② 4.① 5.②　3 1.① 2.① 3.② 4.① 5.②

DAY 27

VOCA Check

나의 어휘 실력은 현재 어느 정도일까?
실전 어휘력 체크!

다음 어휘의 뜻을 써 보세요.

명사

□01 楽譜 ....
□02 傑作 ....
□03 酷評 ....
□04 一点張り ....
□05 願掛け ....
□06 土俵際 ....
□07 お裾分け ....
□08 帰りしな ....
□09 取り込み ....

동사

□10 裏付ける ....
□11 拒む ....
□12 携わる ....
□13 踏まえる ....
□14 隔たる ....
□15 当たり散らす ....
□16 繰り延べる ....
□17 取り付かれる ....
□18 むせ返る ....

형용사

□19 労しい ....
□20 忌まわしい ....
□21 卑しい ....
□22 覚束無い ....
□23 しがない ....
□24 臆病 ....
□25 おっちょこちょい ....
□26 繊細 ....
□27 非凡 ....

부사·의성어·의태어

□28 折々 ....
□29 四六時中 ....
□30 にわかに ....
□31 一つとして ....
□32 まっしぐらに ....
□33 しわしわ ....
□34 ぬるぬる ....
□35 ぴょんぴょん ....
□36 ぽたぽた ....

속담·사자성어·관용어

□37 好事魔多し ....
□38 有名無実 ....
□39 間髪を容れず ....
□40 間を置く ....

- **정답 개수 01~10개** ▸ **당신은 초급자!** 산 넘어 산이네요! 정독하여 반드시 어휘 정복합시다!
- **정답 개수 11~20개** ▸ **당신은 초중급자!** 이제 걸음마 뗀 수준? 좀 더 노력하여 수준급으로 Go!
- **정답 개수 21~30개** ▸ **당신은 중급자!** 조금만 더 열심히 하면, 상급자까지 얼마 안 남았어요!
- **정답 개수 31~40개** ▸ **당신은 거의 상급자 수준?!** 방심은 금물! 100% 완벽에 도전합시다!

명사

27-1.mp3

기본 한자어

- □ 01 概念 | がいねん 개념
- □ 02 楽譜 | がくふ 악보
- □ 03 加勢 | かせい 가세
- □ 04 滑車 | かっしゃ 도르래
- □ 05 歓声 | かんせい 환성
- □ 06 観覧 | かんらん 관람
- □ 07 戯曲 | ぎきょく 희곡
- □ 08 寄贈 | きぞう 기증
- □ 09 傑作 | けっさく 걸작
- □ 10 権威 | けんい 권위
- □ 11 購読 | こうどく 구독
- □ 12 高揚 | こうよう 고양
- □ 13 酷評 | こくひょう 혹평
- □ 14 相応 | そうおう 상응
- □ 15 対処 | たいしょ 대처
- □ 16 都会 | とかい 도시
- □ 17 剥製 | はくせい 박제
- □ 18 描写 | びょうしゃ 묘사
- □ 19 標榜 | ひょうぼう 표방
- □ 20 伏線 | ふくせん 복선
- □ 21 武勇伝 | ぶゆうでん 무용담
- □ 22 舞踊 | ぶよう 무용
- □ 23 躍動 | やくどう 약동
- □ 24 融合 | ゆうごう 융합
- □ 25 立体 | りったい 입체
- □ 26 隣国 | りんごく 이웃나라

읽기에 주의해야 할 음훈 결합 명사

□ 01 一点張り | いってんばり　　　　　　　　　　오직 하나로 일관함

彼に何を訊いても「知らない」の**一点張り**だった。
_{かれ}　_{なに}　_き　　　　　　　_し

그에게 무엇을 물어도 '모른다'는 답변으로만 일관했다.

□ 02 格付け | かくづけ　　　　　　　　　　　등급을 매김

今の社会は学歴や職業で人の**格付け**をしている。
_{いま}　_{しゃかい}　_{がくれき}　_{しょくぎょう}　_{ひと}

지금의 사회는 학력이나 직업으로 사람의 등급을 매기고 있다.

□ 03 願掛け | がんかけ　(특정 음식을 먹지 않거나 백일기도 등을 하며) 소원을 빎

子供の病気が治るように、お酒を断って**願掛け**をした。
_{こども}　_{びょうき}　_{なお}　　　　　_{さけ}　_た

아이의 병이 낫도록 술을 끊고 소원을 빌었다.

□ 04 手配 | てはい　　　　　　　　　　　　수배

近日中になんとか**手配**して、お届けできるようにいたします。
_{きんじつちゅう}　　　　　　　　　_{とど}

가까운 시일 내로 어떻게든 수배해서 전해 드릴 수 있도록 하겠습니다.

□ 05 土俵際 | どひょうぎわ　　　　　　　　　막판

再契約の更新が**土俵際**で見送りとなった。
_{さいけいやく}　_{こうしん}　　　　_{みおく}

재계약 갱신이 막판에 보류되었다.

□ 06 長丁場 | ながちょうば　(하나의 일이 일단락되기까지) 오랜 시간이 걸림

どうやらこの仕事は思ったより**長丁場**になりそうだ。
_{しごと}　_{おも}

아무래도 이 일은 생각했던 것보다 오랜 시간이 걸리게 될 것 같다.

□ 07 人気取り | にんきとり　　　　　　　　인기 몰이

政治家が減税政策を掲げて**人気取り**に出る。
_{せいじか}　_{げんぜいせいさく}　_{かか}　　　　　　_で

정치가가 감세 정책을 내걸고 인기몰이에 나서다.

□ 08 番付 | ばんづけ　　　　　　　　　　　순위

世界の大学**番付**トップ100にうちの大学の名前が載ったそうだ。
_{せかい}　_{だいがく}　　　　　　　　　_{だいがく}　_{なまえ}　_の

세계 대학 순위 톱 100에 우리 대학교 이름이 실렸다고 한다.

★★★ □ 09 幕開け | まくあけ 막이 열림(시작됨)

日本では年号が変わり、新しい時代の**幕開け**となった。
일본에서는 연호가 바뀌어 새로운 시대의 막이 열렸다.

★★ □ 10 役割 | やくわり 역할

それぞれの**役割**を果たすことが家庭円満の秘訣だ。
각자의 역할을 다하는 것이 원만한 가정의 비결이다.

고유어

★★ □ 01 後押し | あとおし 후원

経済的な**後押し**なしで、この研究で成果を上げた。
경제적인 후원 없이 이 연구에서 성과를 올렸다.

★★ □ 02 お裾分け | おすそわけ (받은 것을) 나누어 줌

田舎からみかんがたくさん送られてきて、お隣に**お裾分け**した。
시골에서 귤을 많이 보내 와서 이웃집에 나눠 주었다.

★★★ □ 03 帰りしな | かえりしな 집으로 가는 길

帰りしなに課長に呼び止められて残業をさせられた。
집으로 가는 길에 과장님에게 호출을 받아 야근을 하게 되었다.

★★ □ 04 暮らし向き | くらしむき 생활 수준

どの国でも庶民の**暮らし向き**はなかなかよくならないようだ。
어느 나라든 서민의 생활 수준은 좀처럼 좋아지지 않는 것 같다.

★★★ □ 05 月極め | つきぎめ 월정액

初めて**月極め**の駐車場の契約をすることになった。
처음으로 월정액 주차장 계약을 하게 되었다.

★★ □ 06 遠出 | とおで 멀리 나감

新車(しんしゃ)を購入(こうにゅう)したので、運転(うんてん)の練習(れんしゅう)がてら**遠出**してみた。
새 차를 구입해서 운전 연습도 할 겸 멀리까지 나가 보았다.

★★ □ 07 取り込み | とりこみ 혼잡한 때

お**取り込み**中(ちゅう)、すみませんでした。また来(き)ます。
혼잡한 때에 실례했습니다. 또 오겠습니다.

★★ □ 08 抜け穴 | ぬけあな (빠져나갈) 구멍, 맹점

法(ほう)の**抜け穴**を探(さが)してビジネスをしようとする人(ひと)たちもいるそうだ。
법의 맹점을 찾아서 비즈니스를 하려는 사람들도 있다고 한다.

★★ □ 09 抜け道 | ぬけみち 탈출구, 빠져나갈 길

法律(ほうりつ)に**抜け道**があれば色々(いろいろ)な問題(もんだい)が出(で)てくる。
법률에 빠져나갈 길이 있으면 여러 가지 문제가 생겨난다.

★★★ □ 10 ばら付き | ばらつき 차이

このチェーン店(てん)のハンバーガーは店(みせ)によって味(あじ)に**ばら付き**がある。
이 체인점의 햄버거는 가게에 따라 맛에 차이가 있다.

★★ □ 11 張り合い | はりあい 보람

せっかく料理(りょうり)を作(つく)ったのに、何(なに)も言(い)ってくれないと**張り合い**がない。
애써 요리를 만들었는데 아무 말도 해 주지 않으면 보람이 없다.

★★★ □ 12 一癖 | ひとくせ 성깔

このバンドのメンバーたちは**一癖**ありそうな個性的(こせいてき)な人(ひと)たちばかりだ。
이 밴드의 멤버들은 성깔 있어 보이는 개성적인 사람들뿐이다.

★★ □ 13 節目 | ふしめ 전환기

人生(じんせい)の**節目**に家族写真(かぞくしゃしん)を撮(と)りに行(い)くことにした。
인생의 전환기에 가족사진을 찍으러 가기로 했다.

3순위

★★★ □ 14 **前倒し** | まえだおし (예정, 예산 등을) 앞당겨 사용함

景気対策として公共投資の**前倒し**を行う。

경기 대책으로 공공 투자 예산을 앞당겨 사용하다.

★★★ □ 15 **持ち前** | もちまえ 천성, (타고난) 성질, 성격

彼女は**持ち前**の明るさで、クラスの雰囲気を変えてしまった。

그녀는 타고난 밝은 성격으로 학급 분위기를 바꾸어 버렸다.

동사

27-2.mp3

기본 동사

★ □ 01 **抗う** | あらがう 저항하다

彼女は**抗う**ことができない運命に翻弄された。

그녀는 저항할 수 없는 운명에 농락당했다.

★★ □ 02 **裏付ける** | うらづける 뒷받침하다

彼の証言を**裏付ける**証拠が発見された。

그의 증언을 뒷받침하는 증거가 발견되었다.

★★ □ 03 **推す** | おす 추진시키다, 추측하다

その協議の結果は聞かなくても**推して**知るべしだ。

그 협의의 결과는 듣지 않아도 미루어 짐작할 수 있다.

PLUS 推して知るべし(미루어 짐작할 수 있다)의 형태로 쓰이기도 한다.

★★ □ 04 **及ぼす** | およぼす (영향 등을) 미치다, 끼치다

彼は財界に多大な影響を**及ぼした**人物だ。

그는 재계에 엄청난 영향을 끼친 인물이다.

★ □ 05 **心得る** | こころえる 이해하다

彼女はすでに茶道のマナーについて十分**心得て**いるようだ。

그녀는 이미 다도의 매너에 대해 충분히 이해하고 있는 모양이다.

06 拒む | こばむ — 거부하다, 거절하다

敵国(てきこく)に伝(つた)えた休戦(きゅうせん)の申(もう)し入(い)れは**拒まれた**。

적국에 전달한 휴전 제의는 거절당했다.

07 捧げる | ささげる — 바치다

彼女(かのじょ)は自分(じぶん)の一生(いっしょう)を病気(びょうき)に苦(くる)しむ人(ひと)たちのために**捧げた**。

그녀는 자신의 일생을 병 때문에 고통받는 사람들을 위해 바쳤다.

08 沈める | しずめる — (물속에) 잠기게 하다

敵(てき)の船(ふね)を四方(しほう)から攻撃(こうげき)して、あっという間(ま)に**沈めた**。

적의 배를 사방에서 공격하여 눈 깜짝할 사이에 잠기게 했다.

09 携わる | たずさわる — 종사하다

農業(のうぎょう)に**携わる**人口(じんこう)が年々(ねんねん)減(へ)っているそうだ。

농업에 종사하는 인구가 해마다 줄고 있다고 한다.

10 繋がる | つながる — 이어지다, 연결되다

多忙(たぼう)な社長(しゃちょう)なので、3度目(どめ)の電話(でんわ)でようやく**繋がった**。

몹시 바쁜 사장이라서 세 번 전화를 걸어 겨우 연결되었다.

11 生やす | はやす — (수염이나 초목 등을) 기르다

ひげを剃(そ)るのが面倒(めんどう)でひげを**生やして**みたが、今度(こんど)は手入(てい)れが大変(たいへん)だ。

면도를 하는 것이 귀찮아서 수염을 길러 봤는데 이번에는 손질하는 것이 일이다.

12 踏まえる | ふまえる — 근거로 하다, 입각하다

僕(ぼく)は自分(じぶん)の経験(けいけん)も**踏まえて**意見(いけん)を言(い)おうとした。

나는 자신의 경험도 근거로 하여 의견을 말하려고 했다.

13 触れる | ふれる — (손 등으로 직접) 대다, 만지다

このボタンに軽(かる)く**触れる**だけでドアが自動(じどう)で開(あ)く。

이 버튼에 살짝 손대기만 해도 문이 자동으로 열린다.

★★ □ 14 隔たる | へだたる　(차이, 격차 등이) 생기다, 보이다

各国(かっこく)の意見(いけん)があまりにも**隔たっていて**、結論(けつろん)が出(で)ない。
각국의 의견이 너무나도 차이를 보이고 있어서 결론이 나지 않는다.

★ □ 15 基づく | もとづく　바탕으로 하다, 근거로 하다

プレゼンの時(とき)は、正確(せいかく)なデータに**基づいた**分析(ぶんせき)が大事(だいじ)だ。
프레젠테이션을 할 때는 정확한 데이터를 바탕으로 한 분석이 중요하다.

복합동사

★★★ □ 01 当たり散らす | あたりちらす　(다른 사람에게) 화풀이하다

不愉快(ふゆかい)な目(め)にあって、周(まわ)りの人(ひと)たちに**当たり散らした**。
기분 나쁜 일을 당하여 주변 사람들에게 화풀이했다.

★★★ □ 02 恐れ入る | おそれいる　(실력이 너무 대단하여) 탄복하다, 두 손 들다

見違(みちが)えるほど実力(じつりょく)が伸(の)びて**恐れ入って**しまった。
몰라볼 만큼 실력이 늘어서 두 손 들어 버렸다.

★★★ □ 03 買い被る | かいかぶる　과대평가하다

両親(りょうしん)は兄(あに)のことを少(すこ)し**買い被りすぎて**いるように感(かん)じる。
부모님은 형을 약간 너무 과대평가하고 있는 것 같다.

★★ □ 04 繰り延べる | くりのべる　(정해진 일시를 나중으로) 미루다, 연기하다

銀行(ぎんこう)に債務(さいむ)返済(へんさい)のスケジュールを**繰り延べて**もらった。
은행이 채무 변제 스케줄을 연기해 주었다.

★★ □ 05 すすり泣く | すすりなく　코를 훌쩍거리며 울다

その女(おんな)の子(こ)は**すすり泣きながら**「ごめんなさい」と謝(あやま)った。
그 여자아이는 코를 훌쩍거리며 울면서 "죄송해요"라고 사과했다.

□ 06 詰め寄る | つめよる　　　　　　　　다가서다 / 따지다, 다그치다

<ruby>昨日<rt>きのう</rt></ruby>の<ruby>試合<rt>しあい</rt></ruby>では、<ruby>監督<rt>かんとく</rt></ruby>が<ruby>審判員<rt>しんぱんいん</rt></ruby>に**詰め寄る**<ruby>場面<rt>ばめん</rt></ruby>もあった。

어제 시합에서는 감독이 심판에게 따지는 장면도 있었다.

□ 07 取り付かれる | とりつかれる　　(귀신 등에) 홀리다 / (망상 등에) 사로잡히다

<ruby>被害妄想<rt>ひがいもうそう</rt></ruby>に**取り付かれた**<ruby>男<rt>おとこ</rt></ruby>は<ruby>幻聴<rt>げんちょう</rt></ruby>に<ruby>悩<rt>なや</rt></ruby>まされた。

피해 망상에 사로잡힌 남자는 환청으로 괴로워했다.

□ 08 吹っ切れる | ふっきれる　　　　(불안이나 응어리 등을) 떨쳐내다

<ruby>進学問題<rt>しんがくもんだい</rt></ruby>でいろいろと<ruby>悩<rt>なや</rt></ruby>んでいたが、<ruby>今<rt>いま</rt></ruby>は**吹っ切れた**。

진학 문제로 여러모로 고민했지만 지금은 다 떨쳐냈다.

□ 09 むせ返る | むせかえる　　　　　숨이 콱콱 막히다, 목메다

<ruby>狭<rt>せま</rt></ruby>い<ruby>部屋<rt>へや</rt></ruby>の<ruby>中<rt>なか</rt></ruby>でタバコを<ruby>吸<rt>す</rt></ruby>われると、<ruby>煙<rt>けむり</rt></ruby>で**むせ返って**しまう。

좁은 방 안에서 담배를 피우게 되면 연기 때문에 숨이 콱콱 막혀 버린다.

□ 10 笑いこける | わらいこける　　　　　배꼽 빠지게 웃다

<ruby>彼女<rt>かのじょ</rt></ruby>のあまりにもおかしい<ruby>冗談<rt>じょうだん</rt></ruby>を<ruby>聞<rt>き</rt></ruby>いて、**笑いこけて**しまった。

그녀의 너무나도 우스운 농담을 듣고 배꼽 빠지게 웃어 버렸다.

⑤ 笑い転げる | わらいころげる

형용사

🎧 27-3.mp3

い 형용사

□ 01 労しい | いたわしい　　　　　　　애처롭다, 딱하다

ご<ruby>主人<rt>しゅじん</rt></ruby>が<ruby>亡<rt>な</rt></ruby>くなられるなんて、<ruby>本当<rt>ほんとう</rt></ruby>に**労しい**ことだ。

부군께서 돌아가시다니 정말 딱한 일이다.

□ 02 忌まわしい | いまわしい　　　　　　꺼림칙하다

あの**忌まわしい**<ruby>事件<rt>じけん</rt></ruby>も<ruby>今<rt>いま</rt></ruby>となっては<ruby>記憶<rt>きおく</rt></ruby>が<ruby>薄<rt>うす</rt></ruby>れてきている。

그 꺼림칙한 사건도 지금 와서는 기억이 가물가물해져 있다.

3순위

★ □ 03 卑しい | いやしい　　천하다 / 탐욕스럽다

彼(かれ)は普段(ふだん)は穏(おだ)やかな人柄(ひとがら)だが、金(かね)には**卑しい**男(おとこ)だ。

그는 평소에는 온화한 성격이지만 돈에는 탐욕스러운 남자이다.

★★★ □ 04 覚束無い | おぼつかない　　장담할 수 없다, 불안하다

今(いま)の成績(せいせき)では到底大学(とうていだいがく)の合格(ごうかく)は**覚束無い**。

지금 성적으로는 도저히 대학교 합격은 장담할 수 없다.

★★★ □ 05 しがない　　보잘것없다

今(いま)は有名(ゆうめい)なギタリストの彼(かれ)も、前(まえ)は**しがない**会社員(かいしゃいん)だった。

지금은 유명한 기타리스트인 그도 예전에는 보잘것없는 회사원이었다.

な 형용사

★ □ 01 臆病 | おくびょう　　겁이 많음, 겁쟁이

子供(こども)の頃(ころ)に手(て)を噛(か)まれて以来(いらい)、犬(いぬ)に対(たい)して**臆病に**なった。

어렸을 때 손을 물린 다음부터 개에 대해 겁이 많아졌다.

★★★ □ 02 おっちょこちょい　　촐랑댐, 경박함

彼女(かのじょ)は**おっちょこちょいな**性格(せいかく)で、すぐ早(はや)とちりをする。

그녀는 촐랑대는 성격이라서 바로 넘겨짚는다.

★★ □ 03 繊細 | せんさい　　섬세함

彼(かれ)は非常(ひじょう)に**繊細な**神経(しんけい)の持(も)ち主(ぬし)だそうだ。

그는 매우 섬세한 신경의 소유자라고 한다.

★★ □ 04 非凡 | ひぼん　　비범함

その科学者(かがくしゃ)は若(わか)い時(とき)から**非凡な**才能(さいのう)を発揮(はっき)した。

그 과학자는 젊었을 때부터 비범한 재능을 발휘했다.

☐ 05 勇敢 | ゆうかん 용감함

兵士(へいし)たちは**勇敢に**敵軍(てきぐん)に立(た)ち向(む)かって戦(たたか)った。

병사들은 용감하게 적군과 맞서 싸웠다.

부사

27-4.mp3

☐ 01 折々 | おりおり 그때그때

四季(しき)**折々**に表情(ひょうじょう)を変(か)える山(やま)の風景(ふうけい)が美(うつく)しい。

사계절마다 표정을 바꾸는 산의 풍경이 아름답다.

☐ 02 四六時中 | しろくじちゅう 하루 종일

四六時中、入院中(にゅういんちゅう)の彼女(かのじょ)に付(つ)き添(そ)って看病(かんびょう)した。

하루 종일 입원 중인 여자 친구 옆에 붙어서 간병했다.

☐ 03 にわかに 갑자기, 별안간

いくらなんでも、そんな夢(ゆめ)のような話(はなし)を**にわかに**は信(しん)じられなかった。

아무리 그래도 그런 꿈 같은 이야기를 갑자기는 믿을 수가 없었다.

☐ 04 一つとして | ひとつとして 하나도

彼(かれ)は数回転職(すうかいてんしょく)をはかったが、**一つとして**うまくいかなかった。

그는 여러 차례 이직을 꾀했지만 하나도 잘되지 않았다.

☐ 05 まっしぐらに 목표를 향해 앞만 보고

暗闇(くらやみ)の中(なか)で、ただ一(ひと)つ灯(とも)る光(ひかり)に向(む)かって**まっしぐらに**進(すす)んだ。

어둠 속에서 홀로 빛나는 빛을 향해 똑바로 나아갔다.

3순위

의성어·의태어

★★ □ 01 しわしわ　구깃구깃 주름이 진 모양

洗濯(せんたく)をして**しわしわ**になったハンカチにアイロンをかけている。
빨래를 하여 구깃구깃해진 손수건에 다림질을 하고 있다.

★★ □ 02 ぬるぬる　물기가 있어 미끈미끈한 모양

岩(いわ)に苔(こけ)が生(は)えて**ぬるぬる**しているから滑(すべ)りやすい。
바위에 이끼가 끼어 미끈미끈해서 미끄러지기 쉽다.

★★ □ 03 ぴょんぴょん　가볍게 뛰어오르는 모양, 깡충깡충

田(た)んぼの近(ちか)くで蛙(かえる)が**ぴょんぴょん**と飛(と)び跳(は)ねるのを見(み)た。
논 근처에서 개구리가 폴짝폴짝 뛰어오르는 것을 보았다.

★★ □ 04 ぽたぽた　액체가 뚝뚝 떨어지는 모양

雨(あめ)の日(ひ)は、天井(てんじょう)から**ぽたぽた**と雨水(あまみず)が落(お)ちてくる。
비가 오는 날에는 천장에서 뚝뚝 빗물이 떨어진다.

★★ □ 05 ゆるゆる　느슨한 모양

5キロも痩(や)せたので、ダイエットの前(まえ)に履(は)いていたズボンが**ゆるゆる**だ。
5kg이나 살을 뺐기 때문에 다이어트하기 전에 입었던 바지가 헐렁헐렁하다.

속담·사자성어

★★ □ 01 好事魔多し | こうじまおおし　호사다마

好事魔多しだから、いくら順調(じゅんちょう)でも油断(ゆだん)してはいけない。
호사다마라고 하니 아무리 순조롭더라도 방심해서는 안 된다.

PLUS 좋은 일에는 방해되는 일이 많다는 뜻.

★★ □ 02 百害あって一利なし | ひゃくがいあっていちりなし 백해무익

過度(かど)な飲酒(いんしゅ)は**百害あって一利なし**だ。
과도한 음주는 백해무익하다.

★★★ □ 03 千載一遇 | せんざいいちぐう 천재일우

勇気(ゆうき)がないせいで、**千載一遇**のチャンスを逃(のが)してしまった。
용기가 없는 탓에 천재일우의 기회를 놓쳐 버렸다.

PLUS 천 년에 한 번 만난다는 뜻으로 좀처럼 오지 않는 기회를 이르는 표현.

★★ □ 04 有名無実 | ゆうめいむじつ 유명무실

有名無実なインセンティブ制度(せいど)は、労働意欲(ろうどういよく)を削(そ)ぐだけだ。
유명무실한 인센티브 제도는 노동 의욕을 떨어뜨릴 뿐이다.

PLUS 이름만 그럴싸하고 실속이 없다는 뜻.

3순위

관용어

★★ □ 01 往生際が悪い | おうじょうぎわがわるい 깨끗이 단념할 때를 모른다

ここまで嘘(うそ)がばれているのに、まだ言(い)い訳(わけ)をするなんて**往生際が悪い**。
여기까지 거짓말이 들통났는데도 아직 변명을 하다니, 깨끗이 단념할 때를 모른다.

★★ □ 02 間髪を容れず | かんはつをいれず 조금도 여유를 두지 않고

一杯飲(いっぱいの)んだら、**間髪を容れず**二杯目(にはいめ)も飲(の)まされて辛(つら)かった。
술을 한 잔 마셨더니 쉴 틈도 없이 두 잔째도 권해 와서 괴로웠다.

★★ □ 03 竹を割ったよう | たけをわったよう (성격이) 대쪽 같음

彼女(かのじょ)は**竹を割ったような**性格(せいかく)で、いつまでもくよくよしたりしない。
그녀는 대쪽 같은 성격이라서 언제까지나 끙끙 앓거나 하지 않는다.

□ 04 間が持てない | まがもてない　끊어지는 대화를 주체할 수 없다

無口な彼は、どうしてもデートの間、**間が持てなかった**。
말수가 없는 그는 도저히 데이트하는 동안 끊어지는 대화를 주체할 수 없었다.

□ 05 間に合う | まにあう　시간에 늦지 않게 맞추다

締め切りは来週だから、そんなに焦らなくてもまだ**間に合う**よ。
마감은 다음 주니까 그렇게 초조해하지 않아도 아직 시간에 맞출 수 있어.

□ 06 間を置く | まをおく　시간을 두다

彼女は少し**間を置いて**ゆっくりと思い出すようにして答えた。
그녀는 조금 시간을 두고서 천천히 기억을 떠올리듯 대답했다.

□ 07 間を持たせる | まをもたせる　시간을 때우다

話下手なので、2時間も**間を持たせる**のは大変だった。
말하는 것이 서툴러서 두 시간이나 시간을 때우는 것은 힘들었다.

□ 08 藪から棒 | やぶからぼう　갑자기, 별안간

娘から**藪から棒**に留学したいと言われて、びっくりした。
딸에게서 갑자기 유학을 가고 싶다는 말을 듣고 깜짝 놀랐다.

□ 09 世に合う | よにあう　때를 잘 타고나다

彼女は**世に合わない**不遇の一生を送ったそうだ。
그녀는 때를 잘못 타고나서 불우한 일생을 보냈다고 한다.

□ 10 夜の目も寝ずに | よのめもねずに　밤새도록 자지 않고

教授は**夜の目も寝ずに**、日々研究に打ち込んだ。
교수는 밤새도록 자지 않고 날마다 연구에 몰두했다.

1 다음 밑줄 친 히라가나에 해당하는 한자를 고르세요.

1. がくふがないので演奏できない。 ① 楽負 ② 楽譜
2. けんいあるピアノコンクールで優勝した。 ① 権威 ② 権位
3. テレビの公開番組をかんらんする。 ① 館覧 ② 観覧
4. 雑誌を定期こうどくする。 ① 構読 ② 購読
5. りんごくとの関係改善を図る。 ① 隣国 ② 憐国

2 다음 두 문장 중에서 올바른 문장을 고르세요.

1. ① ゴールが決まって観客たちは歓声を上げた。
   ② ゴールが決まって観客たちは声音を上げた。

2. ① 思い出したくもない芳しい出来事
   ② 思い出したくもない忌まわしい出来事

3. ① 私は中小企業に勤めるはかないサラリーマンです。
   ② 私は中小企業に勤めるしがないサラリーマンです。

4. ① 評論家から酷評される。
   ② 評論家から酷似される。

5. ① ウサギがぴくぴく飛び跳ねる。
   ② ウサギがぴょんぴょん飛び跳ねる。

3 다음 일본어가 설명하고 있는 단어를 고르세요.

1. 突然・唐突

① 藪から棒　　② 二階から目薬

2. 自分の過ちを潔く認めない。

① 往生際が悪い　　② きまりが悪い

3. 一瞬の時間の余裕も無く

① 有無を言わさず　　② 間髪を容れず

4. 非常に優れた作品

① 傑作　　② 駄作

5. 仕事などが長引く。

① 長丁場　　② 土俵際

1 1. ② 2. ① 3. ② 4. ② 5. ①　2 1. ① 2. ② 3. ② 4. ① 5. ②　3 1. ① 2. ① 3. ② 4. ① 5. ①

DAY 28

VOCA Check

나의 어휘 실력은 현재 어느 정도일까?
실전 어휘력 체크!

다음 어휘의 뜻을 써 보세요.

명사

□01 行楽 .... □02 殺到 .... □03 捏造 ....
□04 凝り性 .... □05 茶目っ気 .... □06 魔除け ....
□07 折り合い .... □08 しわ寄せ .... □09 泣き所 ....

동사

□10 偽る .... □11 犯す .... □12 被る ....
□13 償う .... □14 潜む .... □15 掻き乱す ....
□16 ささくれ立つ .... □17 研ぎ澄ます .... □18 むせび泣く ....

형용사

□19 いじらしい .... □20 焦れったい .... □21 清々しい ....
□22 儚い .... □23 晴れがましい .... □24 意地悪 ....
□25 聡明 .... □26 排他的 .... □27 不真面目 ....

부사·의성어·의태어

□28 きっかり .... □29 差し当たり .... □30 知らず知らず ....
□31 常に .... □32 長らく .... □33 ぎらぎら ....
□34 ひらひら .... □35 みえみえ .... □36 もてもて ....

속담·사자성어·관용어

□37 百聞は一見にしかず .... □38 徒手空拳 ....
□39 お預けを食う .... □40 頃合を見計らう ....

- **정답 개수 01~10개** ▸ **당신은 초급자!** 산 넘어 산이네요! 정독하여 반드시 어휘 정복합시다!
- **정답 개수 11~20개** ▸ **당신은 초중급자!** 이제 걸음마 뗀 수준? 좀 더 노력하여 수준급으로 Go!
- **정답 개수 21~30개** ▸ **당신은 중급자!** 조금만 더 열심히 하면, 상급자까지 얼마 안 남았어요!
- **정답 개수 31~40개** ▸ **당신은 거의 상급자 수준?!** 방심은 금물! 100% 완벽에 도전합시다!

DAY 28

명사

28-1.mp3

기본 한자어

- □ 01 仮眠 | かみん 짧은 수면
- □ 02 慣行 | かんこう 관행
- □ 03 寄託 | きたく 기탁
- □ 04 形態 | けいたい 형태
- □ 05 傾聴 | けいちょう 경청
- □ 06 構想 | こうそう 구상
- □ 07 効能 | こうのう 효능
- □ 08 行楽 | こうらく 행락
- □ 09 細工 | さいく 세공
- □ 10 殺到 | さっとう 쇄도
- □ 11 殺風景 | さっぷうけい 살풍경
- □ 12 実践 | じっせん 실천
- □ 13 疾走 | しっそう 질주
- □ 14 折半 | せっぱん 절반
- □ 15 選抜 | せんばつ 선발
- □ 16 遭遇 | そうぐう 조우
- □ 17 遭難 | そうなん 조난
- □ 18 疎外 | そがい 소외
- □ 19 打診 | だしん 타진
- □ 20 達人 | たつじん 달인
- □ 21 注力 | ちゅうりょく 주력
- □ 22 灯台 | とうだい 등대
- □ 23 捏造 | ねつぞう 날조
- □ 24 破綻 | はたん 파탄
- □ 25 風刺 | ふうし 풍자
- □ 26 放牧 | ほうぼく 방목

읽기에 주의해야 할 음훈 결합 명사

☐ 01 **凝り性** | こりしょう — 곧잘 몰입하는 성격

研究というのは**凝り性**でないとなかなかうまくやっていけないものだ。
연구라는 것은 곧잘 몰입하는 성격이 아니면 좀처럼 잘해 낼 수 없는 일이다.

☐ 02 **質入** | しちいれ — 전당 잡힘

生活に困って、仕方なく婚約指輪を**質入**した。
생활이 어려워서 어쩔 수 없이 약혼반지를 전당 잡혔다.

☐ 03 **将棋倒し** | しょうぎだおし — 도미노처럼 쓰러짐

歩道橋の上で花火を見に来た人々が**将棋倒し**になってしまった。
육교 위에서 불꽃놀이를 보러 온 사람들이 도미노처럼 차례차례로 넘어졌다.

☐ 04 **税込み** | ぜいこみ — 세금이 포함됨

こちらの商品はすべて**税込み**価格で表示しております。
여기 있는 상품들은 모두 세금이 포함된 가격으로 표시되어 있습니다.

☐ 05 **大黒柱** | だいこくばしら — 어떤 집단의 중심이 되는 존재, 대들보

彼は一家の**大黒柱**としての責任感がないような行動をする。
그는 일가족의 대들보로서의 책임감이 없는 듯한 행동을 한다.

☐ 06 **茶目っ気** | ちゃめっけ — 애교 있고 장난을 좋아하는 기질

脇役だが、**茶目っ気**たっぷりな女の子に人気が集まっている。
조연이지만 애교 있고 장난기 가득한 여자아이에게 인기가 모이고 있다.

☐ 07 **天引き** | てんびき — 받을 금액에서 세금이나 보험료 등을 공제함

給料から保険料と税金を7万円も**天引き**された。
급여에서 보험료와 세금이 7만 엔이나 공제되었다.

☐ 08 **土壇場** | どたんば — 막판

土壇場で逆転されて、うちのチームが負けた。
막판에 역전당해 우리 팀이 졌다.

★★★ □ 09 能書き | のうがき 자기 자랑

能書きばかり垂れていないで、さっさと動け。
자랑질만 하지 말고 얼른 움직여.

★★ □ 10 魔除け | まよけ 부적

このペンダントは**魔除け**の効果があると言われている。
이 펜던트는 부적 효과가 있다고 한다.

고유어

★★★ □ 01 折り合い | おりあい 사이, 관계

姑との**折り合い**が悪くなった嫁は、とうとう実家に戻った。
시어머니와의 사이가 나빠진 며느리는 결국 친정으로 돌아갔다.

★★★ □ 02 駆け引き | かけひき 밀고 당기기

ビジネスだけではなく恋愛も**駆け引き**が大事だと思う。
비즈니스뿐만 아니라 연애도 밀고 당기기가 중요하다고 생각한다.

★★★ □ 03 印ばかり | しるしばかり 약소함

ピアノ教室の先生に、**印ばかり**のお歳暮を贈った。
피아노 학원 선생님께 약소한 연말 선물을 보냈다.

★★★ □ 04 しわ寄せ | しわよせ 여파

注文を多く取りすぎた**しわ寄せ**で、工場は大忙しだ。
주문을 너무 많이 받은 여파로 공장은 대단히 바쁘다.

★★ □ 05 その場限り | そのばかぎり 그 자리에서만 통함, 임시변통

彼は**その場限り**の嘘をついたが、彼女はもうすべてのことを見抜いていた。
그는 그 자리를 얼버무리려는 거짓말을 했지만 그녀는 이미 모든 것을 꿰뚫어보고 있었다.

□ 06 立ち振る舞い | たちふるまい 행동거지

人の第一印象は**立ち振る舞い**で決まってしまうという。
사람의 첫인상은 행동거지로 결정되어 버린다고 한다.

□ 07 出方 | でかた 나오는 태도

相手の**出方**次第で、こちらにも考えていることがある。
상대방이 어떻게 나오느냐에 따라 이쪽에도 생각하고 있는 것이 있다.

□ 08 手筈 | てはず (미리 정해 두는 어떤 일의) 순서, 준비

飛行機に乗る**手筈**は全部整っている。
비행기를 탈 준비는 전부 갖추어져 있다.

□ 09 泣き所 | なきどころ 단점

仕事もうまくできるいい人だが、酒癖が悪いのがたった一つの**泣き所**だ。
일도 잘하는 좋은 사람인데 술버릇이 나쁜 것이 유일한 단점이다.

□ 10 日和見 | ひよりみ (형세, 상황 등이) 유리한 쪽에 붙음

日和見主義では、いつかそのとばっちりを受けるに決まっている。
기회주의자는 언젠가 분명히 그 대가를 치르게 될 것이다.

□ 11 見返り | みかえり 대가

後でがっかりしないように、**見返り**を求める心は捨てた方がいい。
나중에 실망하지 않도록 대가를 바라는 마음은 버리는 편이 좋다.

□ 12 行き違い | ゆきちがい 엇갈림, 착오

二人の間に生じたちょっとした**行き違い**が誤解を招いたようだ。
두 사람 사이에 생긴 약간의 착오가 오해를 초래한 것 같다.

□ 13 横並び | よこならび 차이를 두지 않고 동등하게 대함, 인간관계가 횡적임

欧米では**横並び**の人間関係が一般化されている会社も多い。
서양에서는 횡적인 인간관계가 일반화되어 있는 회사도 많다.

3순위

□ 14 呼び捨て ｜ よびすて 존칭을 생략하고 부름

友達_{ともだち}でもないのに、気軽_{きがる}に**呼び捨て**しないでください。

친구도 아닌데 가볍게 막 부르지 마세요.

PLUS 예를 들면 山田_{やまだ}さん이라고 하지 않고 山田_{やまだ}라고 부르는 경우를 말한다.

★★
□ 15 拠り所 ｜ よりどころ 의지할 곳, 근거

人間_{にんげん}というものは、どこかに心_{こころ}の**拠り所**を求_{もと}めるものだ。

사람이란 어딘가에 마음을 의지할 곳을 찾는 법이다.

동사 🎧 28-2.mp3

▌기본 동사

★
□ 01 遭う ｜ あう (재난 등을) 당하다

交通事故_{こうつうじこ}に**遭**って入院_{にゅういん}した友達_{ともだち}のお見舞_{みま}いに行_いった。

교통사고를 당해서 입원한 친구의 병문안에 갔다.

★★
□ 02 偽る ｜ いつわる 속이다

高校生_{こうこうせい}が年齢_{ねんれい}を**偽**って居酒屋_{いざかや}でアルバイトをしていた。

고등학생이 나이를 속이고 선술집에서 아르바이트를 하고 있었다.

★
□ 03 訴える ｜ うったえる 고소하다 / 호소하다

多_{おお}くの人_{ひと}たちが地球環境_{ちきゅうかんきょう}の保護_{ほご}を**訴え**ている。

많은 사람들이 지구 환경 보호를 호소하고 있다.

★
□ 04 犯す ｜ おかす (잘못, 죄 등을) 범하다, (법률 등을) 어기다

法律_{ほうりつ}を**犯**した者_{もの}は罰_{ばっ}せられなければならない。

법률을 어긴 자는 벌을 받아야만 한다.

★★
□ 05 脅す ｜ おどす 위협하다, 협박하다

ナイフで**脅**されて現金_{げんきん}を奪_{うば}われる事件_{じけん}がまた発生_{はっせい}した。

칼로 위협당하여 현금을 빼앗기는 사건이 또 발생했다.

□ 06 関わる | かかわる 관련되다, 관여하다

事件に**関わった**情報があれば連絡してください。
사건과 관련된 정보가 있으면 연락해 주세요.

□ 07 絡む | からむ 얽히다, 연관되다

複雑な事情が**絡んだ**話なので、そう簡単に解決できない。
복잡한 사정이 얽힌 이야기라서 그렇게 쉽게 해결할 수 없다.

□ 08 被る | こうむる (피해 등을) 입다

取引先の倒産で、大きな損失を**被った**会社が多い。
거래처 도산으로 큰 손실을 입은 회사가 많다.

□ 09 試す | ためす 해 보다, 시험하다

この部署には新製品の性能を**試す**ための実験室がある。
이 부서에는 신제품의 성능을 시험하기 위한 실험실이 있다.

□ 10 償う | つぐなう 갚다, 보상하다

彼は罪を**償う**ためにいろいろな慈善活動を行っている。
그는 속죄하기 위해 여러 가지 자선 활동을 하고 있다.

□ 11 繕う | つくろう 수선하다

祖母は「昔、物がなかった時代には穴が開いた靴下も**繕って**履いた」と話した。 할머니는 "옛날에 물건이 없던 시절에는 구멍 난 양말도 꿰매서 신었다"고 말씀하셨다.

□ 12 嫁ぐ | とつぐ 시집가다

都会暮らしに見切りをつけた妹は農家に**嫁いだ**。
도시 생활에 정이 떨어진 동생은 농가로 시집갔다.

□ 13 轢く | ひく (차 등으로) 치다

夜中にトラックに**轢かれて**病院に運ばれた。
한밤중에 트럭에 치여서 병원으로 옮겨졌다.

★★ □ 14 潜む | ひそむ　숨다, 잠재되다

工事現場（こうじげんば）にはあちこちにたくさんの危険（きけん）が**潜ん**でいる。
공사 현장에는 이곳저곳에 많은 위험이 숨어 있다

★★ □ 15 もたらす　가져다주다, 초래하다

東北地方（とうほくちほう）を襲（おそ）った津波（つなみ）は、大（おお）きな被害（ひがい）を**もたらした**。
도호쿠 지방을 덮친 쓰나미는 큰 피해를 초래했다.

복합동사

★★★ □ 01 掻き乱す | かきみだす　흐트러뜨리다, 혼란시키다

どんなに追（お）い詰（つ）められても、平常心（へいじょうしん）を**掻き乱しては**いけない。
아무리 궁지에 몰려도 평상심을 흐트러뜨려서는 안 된다.

★★★ □ 02 噛み締める | かみしめる　음미하다

表彰台（ひょうしょうだい）の上（うえ）でメダルを手（て）に取（と）りながら、彼（かれ）は喜（よろこ）びを**噛み締めて**いるようだった。
시상대 위에서 메달을 손에 들며 그는 기쁨을 음미하고 있는 것 같았다.

★★★ □ 03 消え入る | きえいる　사라지다

恥（は）ずかしがり屋（や）の彼（かれ）は、いつも**消え入る**ような小（ち）さい声（こえ）で話（はな）す。
수줍음을 많이 타는 그는 항상 기어들어갈 듯한 작은 소리로 말한다.

★★ □ 04 込み上げる | こみあげる　(감정이) 솟아오르다, 북받치다

合格通知（ごうかくつうち）を手（て）にして、嬉（うれ）しさが**込み上げて**きた。
합격 통지를 받게 되어 기쁨이 북받쳤다.

★★ □ 05 込み入る | こみいる　복잡하다, 정교하다

話（はなし）が**込み入って**いるので、じっくり時間（じかん）をかけて聞（き）かなければならない。
이야기가 복잡해서 전전히 시간을 들여서 들어야만 한다.

□ 06 **ささくれ立つ** ｜ ささくれだつ (신경 등이) 예민해지다

ささくれ立つように焦る気持ちをどうにか鎮めようと努力した。
あせ　きも　　　　　　　　　　　しず　　　　どりょく

신경이 예민해져서 초조한 마음을 어떻게든 가라앉히려고 노력했다.

□ 07 **研ぎ澄ます** ｜ とぎすます 잘 갈다, 잘 다듬다

小説家の**研ぎ澄まされた**感性が行間に表れている。
しょうせつか　　　　　　　　　かんせい　ぎょうかん　あらわ

소설가의 잘 다듬어진 감성이 행간에 나타나 있다.

□ 08 **待ち侘びる** ｜ まちわびる 애타게 기다리다

夏休みを**待ち侘びる**子供たちは、今からそわそわしている。
なつやす　　　　　　　こども　　　　いま

여름 방학을 애타게 기다리는 아이들은 지금부터 안절부절못하고 있다.

□ 09 **むせび泣く** ｜ むせびなく 목메어 울다, 우는 듯한 소리를 내다

会場にサックスの音が**むせび泣いて**いて、とてもよかった。
かいじょう　　　　　　おと

행사장에 색소폰 소리가 애절한 소리를 내고 있어서 아주 좋았다.

□ 10 **もてなす** 대접하다

外国からのお客様を**もてなす**ために、赤ワインを準備した。
がいこく　　　きゃくさま　　　　　　　　あか　　　　じゅんび

외국에서 온 손님을 대접하기 위해 레드와인을 준비했다.

3
순
위

형용사

🎧 28-3.mp3

い형용사

□ 01 **いじらしい** 애처롭다, 불쌍하다

あの映画は子役の演技が**いじらしくて**涙が出た。
えいが　こやく　えんぎ　　　　　　　　なみだ　で

저 영화는 아역의 연기가 애처로워서 눈물이 났다.

□ 02 **焦れったい** ｜ じれったい 애가 타다, 속이 타다

彼に本当の気持ちが伝えられなくて、とても**焦れったい**。
かれ　ほんとう　きも　　　つた

그에게 진심을 전할 수가 없어서 매우 속이 탄다.

□ 03 清々しい | すがすがしい　　상쾌하다

清々しい朝の空気を胸いっぱい吸い込むと気持ちいい。

상쾌한 아침 공기를 가슴 가득 들이마시면 기분이 좋다.

□ 04 儚い | はかない　　덧없다

その青年画家は事故で23歳の**儚い**生涯を閉じてしまった。

그 청년 화가는 사고로 스물셋의 덧없는 생애를 마치고 말았다.

□ 05 晴れがましい | はれがましい　　자랑스럽다, 쑥스럽다

卒業式での娘は**晴れがましい**表情で写真に写っている。

졸업식에서의 딸은 자랑스러운 표정으로 사진에 찍혀 있다.

な 형용사

□ 01 意地悪 | いじわる　　심술궂음

同級生に**意地悪な**いたずらをして先生に叱られたことがある。

동급생에게 심술궂은 장난을 쳐서 선생님께 혼난 적이 있다.

□ 02 聡明 | そうめい　　총명함

知的で**聡明な**人は魅力的に見える。

지적이고 총명한 사람은 매력적으로 보인다.

□ 03 排他的 | はいたてき　　배타적임

自分とちょっとでも違うと**排他的に**なるのが人間の性だ。

자신과 조금이라도 다르면 배타적으로 변하는 것이 인간의 본성이다.

□ 04 不真面目 | ふまじめ　　불성실함

勤務態度が**不真面目だった**ので、アルバイトを首にした。

근무 태도가 불성실했기 때문에 아르바이트생을 해고했다.

★ □ 05 冷徹 | れいてつ 냉철함

パイロットは**冷徹な**判断力を持っていなければならない。
파일럿은 냉철한 판단력을 가지고 있어야만 한다.

부사

28-4.mp3

★★ □ 01 きっかり 딱 맞춰서, 정확히

毎日、約束の時間**きっかり**に玄関のチャイムを鳴らした。
매일 약속 시간에 딱 맞춰서 현관 초인종을 울렸다.

★★ □ 02 差し当たり | さしあたり 당분간

今月程度の売り上げが確保できれば、**差し当たり**経営には問題ないだろう。
이달만큼의 매출을 확보할 수 있다면 당분간 경영에는 문제없을 것이다.

★ □ 03 知らず知らず | しらずしらず 모르는 사이에, 어느새

自分も**知らず知らず**のうちに、料理の腕がぐんと上がったようだ。
자신도 모르는 사이에 요리 실력이 쑥 오른 것 같다.

★ □ 04 常に | つねに 늘, 항상, 언제나

人に会ったら、**常に**挨拶をするように心がけている。
사람을 만나면 항상 인사를 하도록 유념하고 있다.

★ □ 05 長らく | ながらく 오랫동안

長らくスケートをしたことがなかったので、リンクで転んでばかりだった。
오랫동안 스케이트를 탄 적이 없어서 링크에서 넘어지기만 했다.

의성어·의태어

★★ □01 **ぎらぎら** 강렬하게 빛나는 모양

真夏(まなつ)の太陽(たいよう)が**ぎらぎら**していて、とても眩(まぶ)しかった。
한여름의 태양이 이글거리고 있어서 대단히 눈이 부셨다.

★★ □02 **しめしめ** 뜻대로 되어 기뻐할 때 쓰는 말

しめしめ、うまくいったぞ。
옳거니, 잘됐어.

★★ □03 **ひらひら** 종이나 나뭇잎과 같이 얇고 가벼운 것이 팔랑거리는 모양

満開(まんかい)の桜(さくら)の花(はな)びらが**ひらひら**と風(かぜ)に舞(ま)う景色(けしき)が美(うつく)しい。
활짝 핀 벚꽃 잎이 팔랑거리며 바람에 흩날리는 경치가 아름답다.

★★ □04 **みえみえ** 의도가 빤히 보임

息子(むすこ)は**みえみえ**の嘘(うそ)をついてでも、その場(ば)を取(と)り繕(つくろ)おうとしていた。
아들은 속이 빤히 보이는 거짓말을 해서라도 그 상황을 모면하려 하고 있었다.

★★ □05 **もてもて** (이성에게) 인기가 많음

高校時代(こうこうじだい)は**もてもて**で、ラブレターをたくさんもらったものだ。
고등학교 시절에는 인기가 많아서 러브레터를 많이 받곤 했다.

속담·사자성어

★★ □01 **腹が減っては戦ができぬ** | はらがへってはいくさができぬ
배가 고프면 싸울 수 없다

腹が減っては戦ができぬと残業(ざんぎょう)の前(まえ)に出前(でまえ)を取(と)って腹(はら)ごしらえをした。
배가 고프면 아무것도 할 수 없으니 잔업 전에 배달 음식을 주문해서 허기를 채웠다.

PLUS 배가 고프면 아무것도 할 수 없다는 뜻.

□ 02 百聞は一見にしかず | ひゃくぶんはいっけんにしかず
백문이 불여일견

百聞は一見にしかずだから、とりあえず実際(じっさい)に現場(げんば)に行(い)って見(み)て来(こ)よう。
백문이 불여일견이라는 말처럼 일단 실제로 현장에 가서 보고 오자.

□ 03 徒手空拳 | としゅくうけん
도수공권

徒手空拳の身(み)から事業(じぎょう)を起(お)こし、立派(りっぱ)な経営者(けいえいしゃ)となった。
도수공권의 몸으로 사업을 일으켜 훌륭한 경영자가 되었다.

PLUS '맨손'을 강조하여 이르는 말.

□ 04 艱難辛苦 | かんなんしんく
간난신고

主人公(しゅじんこう)は**艱難辛苦**を乗(の)り越(こ)えて、ついに幸(しあわ)せをつかんだ。
주인공은 간난신고를 극복하고 결국 행복을 손에 넣었다.

PLUS 몹시 고생스럽다는 뜻.

3 순위

관용어

□ 01 意地を張る | いじをはる
고집을 부리다

彼女(かのじょ)は「私(わたし)は絶対悪(ぜったいわる)くない。悪(わる)いのは相手(あいて)の方(ほう)だ」と**意地を張って**いる。
그녀는 "나는 절대 잘못하지 않았어. 잘못한 것은 상대방이야"라고 고집을 부리고 있다.

□ 02 お預けを食う | おあずけをくう
(기대하고 있던 것이) 연기되다

楽(たの)しみにしていた海外出張(かいがいしゅっちょう)だったが、**お預けを食って**しまった。
기대했던 해외 출장이었는데 연기되고 말았다.

□ 03 胡麻をする | ごまをする
아부를 하다

上司(じょうし)に**胡麻をする**のもサラリーマンの仕事(しごと)のうちだといわれる。
상사에게 아부를 하는 것도 직장인의 업무 중 하나라고 한다.

□ 04 頃合を見計らう | ころあいをみはからう
(적당한) 때를 보다, 시기를 고르다

頃合を見計らって、先生(せんせい)に進学(しんがく)に関(かん)する相談(そうだん)をしてみるつもりだ。
적당한 시기를 봐서 선생님께 진학에 관한 상담을 해 볼 생각이다.

□ 05 波風を立てる | なみかぜをたてる　풍파를 일으키다

ここで**波風を立てる**よりは大人(おとな)しくしている方(ほう)が賢明(けんめい)だと思(おも)う。
여기서 풍파를 일으키는 것보다는 얌전히 있는 편이 현명하다고 생각한다.

□ 06 忙中閑あり | ぼうちゅうかんあり　바쁜 와중에 짬이 있음

ここ3ヶ月間(かげつかん)徹夜(てつや)続(つづ)きだったが、**忙中閑あり**で何(なに)よりだ。
최근 3개월 동안 계속 야근이었는데 바쁜 와중에 짬이 있어서 다행이다.

□ 07 反故にする | ほごにする　없었던 것으로 하다, 백지화하다

半年前(はんとしまえ)からの約束(やくそく)を**反故にされて**、本当(ほんとう)にがっかりした。
반 년 전부터 한 약속이 없던 것이 되어 정말 실망했다.

□ 08 持ちつ持たれつ | もちつもたれつ　서로 도와줌, 상부상조

世(よ)の人間関係(にんげんかんけい)は**持ちつ持たれつ**で成(な)り立(た)っている。
세상의 인간관계는 상부상조의 관계로 이루어져 있다.

□ 09 夜を徹する | よをてっする　밤을 새우다, 철야하다

行方不明者(ゆくえふめいしゃ)の捜索(そうさく)が**夜を徹して**続(つづ)けられているらしい。
행방불명자의 수색이 밤새도록 계속되고 있다고 한다.

□ 10 渡りに船 | わたりにふね　적절한 타이밍에 필요한 것이 있음

英語(えいご)が得意(とくい)な友達(ともだち)が同行(どうこう)することになって、**渡りに船**だった。
영어를 잘하는 친구가 동행하게 되어 마침 잘됐다.

1 다음 밑줄 친 히라가나에 해당하는 한자를 고르세요.

1. 約束をほごにする。 ① 反去 ② 反故
2. 全力でしっそうする。 ① 疾走 ② 失踪
3. 注文がさっとうして大変だ。 ① 殺倒 ② 殺到
4. 新しい職場でそがい感を味わった。 ① 疎外 ② 組外
5. 経済がはたんする。 ① 波綻 ② 破綻

2 다음 두 문장 중에서 올바른 문장을 고르세요.

1. ① 本社の移転計画について、組合側に打診する。
   ② 本社の移転計画について、組合側に往診する。

2. ① 上司に胡麻をふる。
   ② 上司に胡麻をする。

3. ① 刑務所で罪を償う。
   ② 刑務所で罪を補う。

4. ① 去年、妹は金持ちの家に嫁いで行った。
   ② 去年、妹は金持ちの家に稼いで行った。

5. ① 約束の時間きっぱりと彼女はやってきた。
   ② 約束の時間きっかりに彼女はやってきた。

3 다음 일본어가 설명하고 있는 단어를 고르세요.

1. 思うとおりにいかなくて、もどかしい。

① じれったい　　② そそっかしい

2. ちょうど好都合だ。

① 渡りに船　　② 横車を押す

3. 隠れている。

① 潜る　　② 潜む

4. エネルギーを傾ける。

① 注力　　② 引力

5. 家族や組織を支える中心

① 電信柱　　② 大黒柱

1 1. ② 2. ① 3. ② 4. ① 5. ②　2 1. ① 2. ② 3. ① 4. ① 5. ②　3 1. ① 2. ① 3. ② 4. ① 5. ②

DAY 29

VOCA Check

나의 어휘 실력은 현재 어느 정도일까?
실전 어휘력 체크!

다음 어휘의 뜻을 써 보세요.

명사

- □01 苦境
- □02 裁量
- □03 拍車
- □04 気心
- □05 寿退社
- □06 仕入れ
- □07 内輪もめ
- □08 落し子
- □09 思わせ振り

동사

- □10 過つ
- □11 溺れる
- □12 くぐる
- □13 ほったらかす
- □14 装う
- □15 打ち解ける
- □16 差し出る
- □17 まくし立てる
- □18 持ち掛ける

형용사

- □19 あどけない
- □20 下らない
- □21 切ない
- □22 嘆かわしい
- □23 妬ましい
- □24 頑固
- □25 辛辣
- □26 疎遠
- □27 有意義

부사·의성어·의태어

- □28 挙句の果てに
- □29 いけしゃあしゃあと
- □30 くれぐれも
- □31 きっぱり
- □32 ひとりでに
- □33 ざくざく
- □34 じゃんじゃん
- □35 ぶくぶく
- □36 ほやほや

속담·사자성어·관용어

- □37 噂をすれば影がさす
- □38 多芸多才
- □39 恩を売る
- □40 釘を刺す

- 정답 개수 01~10개 ▸ **당신은 초급자!** 산 넘어 산이네요! 정독하여 반드시 어휘 정복합시다!
- 정답 개수 11~20개 ▸ **당신은 초중급자!** 이제 걸음마 뗀 수준? 좀 더 노력하여 수준급으로 Go!
- 정답 개수 21~30개 ▸ **당신은 중급자!** 조금만 더 열심히 하면, 상급자까지 얼마 안 남았어요!
- 정답 개수 31~40개 ▸ **당신은 거의 상급자 수준?!** 방심은 금물! 100% 완벽에 도전합시다!

시험에 많이 나오는 어휘 **3순위**

DAY 29

명사

29-1.mp3

기본 한자어

- □ 01 縁談 | えんだん 혼담
- □ 02 黄金 | おうごん 황금
- □ 03 悪寒 | おかん 오한
- □ 04 喚起 | かんき 환기
- □ 05 貫禄 | かんろく 관록
- □ 06 緩和 | かんわ 완화
- □ 07 給与 | きゅうよ 급여
- □ 08 競売 | きょうばい 경매
- □ 09 曲芸 | きょくげい 곡예
- □ 10 苦境 | くきょう 곤경
- □ 11 経緯 | けいい 경위
- □ 12 形勢 | けいせい 형세
- □ 13 顧問 | こもん 고문
- □ 14 裁量 | さいりょう 재량
- □ 15 傘下 | さんか 산하
- □ 16 弛緩 | しかん 이완
- □ 17 自炊 | じすい 자취
- □ 18 祝杯 | しゅくはい 축배
- □ 19 受託 | じゅたく 수탁
- □ 20 精算 | せいさん 정산
- □ 21 制覇 | せいは 제패
- □ 22 双方 | そうほう 쌍방
- □ 23 撤退 | てったい 철수
- □ 24 拍車 | はくしゃ 박차
- □ 25 癒着 | ゆちゃく 유착
- □ 26 抑制 | よくせい 억제

읽기에 주의해야 할 음훈 결합 명사

★ □ 01 一人前 | いちにんまえ 어엿한 한 사람

一人前の大工(だいく)になるにはかなりの努力(どりょく)と時間(じかん)が必要(ひつよう)だ。
어엿한 한 사람의 목수가 되려면 상당한 노력과 시간이 필요하다.

★★★ □ 02 気心 | きごころ 속마음

気心の知(し)れた同僚(どうりょう)とは一緒(いっしょ)に仕事(しごと)しやすい。
속마음이 통하는 동료와는 함께 일하기 편하다.

★ □ 03 仕送り | しおくり (집에서 보내 주는) 생활비

東京(とうきょう)で下宿(げしゅく)している大学生(だいがくせい)の息子(むすこ)に**仕送り**をしている。
도쿄에서 하숙하고 있는 대학생 아들에게 생활비를 보내고 있다.

★★★ □ 04 寿退社 | ことぶきたいしゃ 결혼 퇴직

田中(たなか)さんは、来月(らいげつ)**寿退社**をすることになった。
다나카 씨는 다음 달에 결혼 퇴직을 하게 되었다.

㊂ 寿退職 | ことぶきたいしょく

3순위

★★ □ 05 更地 | さらち 맨땅, 빈터

古(ふる)くなった建物(たてもの)を壊(こわ)して、**更地**にしている。
오래된 건물을 부숴서 빈터로 만들고 있다.

★★ □ 06 仕入れ | しいれ 매입, 구입

作業(さぎょう)に必要(ひつよう)な部品(ぶひん)の**仕入れ**をお願(ねが)いします。
작업에 필요한 부품 구입을 부탁합니다.

★★ □ 07 借金漬け | しゃっきんづけ 빚더미

クレジットカードの使(つか)いすぎで、**借金漬け**になってしまった。
신용카드의 무분별한 사용으로 빚더미에 앉고 말았다.

★★★ □ 08 数珠繋ぎ | じゅずつなぎ　줄줄이 늘어섬

渋滞で、朝から車が**数珠繋ぎ**状態になっている。

정체로 인해 아침부터 차가 줄줄이 늘어선 상태가 되어 있다.

★★★ □ 09 帳消し | ちょうけし　탕감

彼は今までの借金を**帳消し**にしてもらった。

그는 지금까지의 빚을 탕감받았다.

★★ □ 10 念入り | ねんいり　공을 들임, 꼼꼼함

税務署の**念入り**な調査を受けることになった。

세무서의 꼼꼼한 조사를 받게 되었다.

고유어

★★★ □ 01 痛み分け | いたみわけ　(서로 손해를 본 채) 비김

両派閥の抗争は結局**痛み分け**に終わった。

양 파벌의 항쟁은 결국 서로에게 상처만 남긴 채 끝났다.

★★★ □ 02 いわれ　내력, 이유

真面目に仕事をしていたのに、何の**いわれ**もなく解雇された。

성실하게 일을 하고 있었는데 아무런 이유도 없이 해고당했다.

★★★ □ 03 内輪もめ | うちわもめ　집안 싸움, 내부 알력

こんな大事な時に**内輪もめ**なんてしている場合ではない。

이런 중요한 때에 집안 싸움 따위 하고 있을 상황이 아니다.

★★★ □ 04 落し子 | おとしご　(달갑지 않은) 부산물

学歴至上主義は就職難の**落し子**だ。

학력 지상주의는 취업난의 부산물이다.

□ 05 お目見え | おめみえ　　첫선, 첫 만남

新幹線(しんかんせん)の新型車両(しんがたしゃりょう)が来月(らいげつ)から**お目見え**する。
신칸센의 신형 차량이 다음 달부터 첫선을 보인다.

□ 06 思いの丈 | おもいのたけ　　(남녀 관계에서) 마음속에 있는 모든 것

好(す)きな人(ひと)に**思いの丈**を打(う)ち明(あ)けるには勇気(ゆうき)が要(い)る。
좋아하는 사람에게 마음속에 있는 모든 것을 털어놓으려면 용기가 필요하다.

□ 07 思わせ振り | おもわせぶり　　기대를 가지게 함

付(つ)き合(あ)う気(き)がないなら、**思わせ振り**な行動(こうどう)はしないでください。
사귈 마음이 없다면 기대를 갖게 하는 행동은 하지 마세요.

□ 08 爪痕 | つめあと　　(자연재해, 전쟁 등이 남긴) 피해, 흔적

台風(たいふう)の**爪痕**があちこち生々(なまなま)しく残(のこ)っている。
태풍이 남긴 피해가 여기저기 생생하게 남아 있다.

□ 09 凸凹 | でこぼこ　　울퉁불퉁

この山道(やまみち)は**凸凹**していて運転(うんてん)しにくいだけでなく、歩行者(ほこうしゃ)にとっても危(あぶ)ない。 이 산길은 울퉁불퉁해서 운전하기 어려울 뿐만 아니라 보행자에게도 위험하다.

□ 10 でっち上げ | でっちあげ　　날조, 조작

そんな話(はなし)は彼女(かのじょ)を妬(ねた)む一部(いちぶ)の人(ひと)たちの**でっち上げ**に違(ちが)いない。
그런 이야기는 그녀를 시기하는 일부 사람들의 조작임에 틀림없다.

□ 11 旗印 | はたじるし　　기치(어떤 목적을 위해 내세우는 주장)

その首長連合(しゅちょうれんごう)は減税(げんぜい)を**旗印**に結成(けっせい)された。
그 수장 연합은 감세를 기치로 결성되었다.

□ 12 火の回り | ひのまわり　　불길

全焼(ぜんしょう)したのを見(み)ると、思(おも)ったより**火の回り**が早(はや)かったらしい。
전소된 것을 보면 생각했던 것보다 불길이 빨랐던 것 같다.

3순위

☐ 13 一括り | ひとくくり 한데 묶음

いろいろな商品が出回っているが、**一括り**に健康食品だと認識するのには問題がある。 여러 상품들이 유통되고 있지만 모두 다 건강식품이라고 인식하는 것에는 문제가 있다.

PLUS 주로 一括りにする(하나로 엮다, 일반화하다)의 형태로 쓰이는 경우가 많다.

☐ 14 前触れ | まえぶれ 전조

地震の**前触れ**なのか、うちで飼っている犬の様子がおかしい。
지진의 전조인지 집에서 기르고 있는 개의 상태가 이상하다.

☐ 15 横ばい | よこばい 보합(변동이 없음)

受験者数は、ここ数年**横ばい**傾向にある。
수험자 수는 최근 몇 년간 변동이 없는 경향이 있다.

동사

29-2.mp3

기본 동사

☐ 01 過つ | あやまつ 실수하다, 잘못하다

運転を**過って**交通事故を起こしてしまった。
운전을 잘못하여 교통사고를 일으키고 말았다.

☐ 02 改める | あらためる 고치다, 바꾸다, 개선하다

4月1日から列車の運行スケジュールを**改める**ことにした。
4월 1일부터 열차의 운행 스케줄을 바꾸기로 했다.

☐ 03 収まる | おさまる (어떤 범위 안에) 들어가다

こんな大きなベッドが私の部屋の中にきちんと**収まる**かが心配だ。
이런 커다란 침대가 내 방 안에 제대로 들어갈지가 걱정이다.

☐ 04 溺れる | おぼれる 물에 빠지다

子供の頃、川で**溺れて**死にそうになったことがある。
어렸을 때 강에서 빠져 죽을 뻔한 적이 있다.

★★ □ 05 架かる | かかる 가설되다

この橋が**架かって**から、島まで車で行けるようになった。
이 다리가 가설되고 나서 섬까지 차로 갈 수 있게 되었다.

★★ □ 06 係る | かかる 관계되다

鉄道建設に**係る**様々な問題を解決する。
철도 건설에 관계되는 여러 문제를 해결하다.

★★ □ 07 絡まる | からまる 휘감기다, 얽히다

スクリューに網が**絡まって**、モーターが止まってしまった。
스크류에 그물이 얽혀서 모터가 멈춰 버렸다.

★★ □ 08 くぐる 빠져나가다, 빠져나오다

さっきまで雪だったが、トンネルを**くぐる**と反対側は晴れていた。
아까까지 눈이 왔었는데 터널을 빠져나가자 반대쪽은 날씨가 개어 있었다.

★ □ 09 捕まる | つかまる 붙잡히다

確固とした証拠もあるし、犯人が**捕まる**のは時間の問題だ。
확고한 증거도 있으니 범인이 붙잡히는 것은 시간 문제이다.

★ □ 10 釣る | つる (물고기 등을) 낚다 / (속임수를 써서) 말려들게 하다

うまい話に**釣られて**、つい契約書に判を押してしまった。
교묘한 이야기에 말려들어서 그만 계약서에 도장을 찍어 버렸다.

★ □ 11 振るう | ふるう 휘두르다

どんなことがあっても暴力を**振るう**ことは許されないことだ。
어떠한 일이 있어도 폭력을 휘두르는 것은 용서받지 못할 일이다.

★★ □ 12 ほったらかす 내버려두다, 방치하다

宿題を**ほったらかして**ゲームばかりしている息子を叱った。
숙제를 내팽개치고 게임만 하고 있는 아들을 야단쳤다.

★★ □ 13 免れる | まぬかれる・まぬがれる　피하다, 벗어나다

警察沙汰(けいさつざた)を起(お)こした生徒(せいと)は停学(ていがく)を**免れない**。

경찰 소동을 일으킨 학생은 정학 처분을 피할 수 없다.

★ □ 14 養う | やしなう　기르다, 양육하다, 부양하다

結婚(けっこん)したら家族(かぞく)を**養う**義務(ぎむ)があるのは当然(とうぜん)だ。

결혼하면 가족을 부양할 의무가 있는 것은 당연하다.

★★ □ 15 装う | よそおう　꾸미다, 치장하다, 가장하다

弁護士(べんごし)を**装った**詐欺事件(さぎじけん)が世間(せけん)を騒(さわ)がせている。

변호사를 가장한 사기 사건이 세상을 떠들썩하게 하고 있다.

복합동사

★★★ □ 01 言い包める | いいくるめる　구슬리다, 설득하다

借金(しゃっきん)を返(かえ)してもらおうと電話(でんわ)をかけたが、うまく**言い包められて**しまった。

빌려준 돈을 받으려고 전화를 걸었지만 교묘하게 설득당해 버렸다.

★★★ □ 02 言い渡す | いいわたす　(판결 등을) 선고하다

被告人(ひこくにん)に無期懲役(むきちょうえき)の刑(けい)を**言い渡した**。

피고인에게 무기 징역형을 선고했다.

★★ □ 03 打ち解ける | うちとける　(비밀 등을) 터놓다, 털어놓다

彼(かれ)と**打ち解けて**何(なん)でも話(はな)せる間柄(あいだがら)になった。

그와 터놓고 무엇이든 말할 수 있는 사이가 되었다.

★★★ □ 04 差し出る | さしでる　주제넘다

私(わたし)がここでこんなことを言(い)うのは**差し出た**行動(こうどう)かもしれない。

내가 여기에서 이런 말을 하는 것은 주제넘은 행동일지도 모른다.

★★ □ 05 差し控える | さしひかえる　삼가다

まだ事件(じけん)が解明(かいめい)されていないので、コメントは**差し控える**。
아직 사건이 해명되지 않았기 때문에 코멘트는 삼가겠다.

★★ □ 06 取り次ぐ | とりつぐ　(말 등을) 전하다, (호출 등을) 연결하다

この件(けん)は課長(かちょう)に**取り次いで**おきますので、お待(ま)ちください。
이 건은 과장님께 전달해 놓을 테니까 기다려 주십시오.

★★★ □ 07 まくし立てる | まくしたてる　숨 쉴 틈 없이 계속 떠들다

外国人(がいこくじん)が何事(なにごと)か、大声(おおごえ)で**まくし立てて**いる。
외국인이 무슨 일인지 큰 소리로 숨 쉴 틈 없이 계속 떠들고 있다.

★★★ □ 08 混ぜ返す | まぜかえす　(농담이나 참견을 하여) 말허리를 꺾다

当事者(とうじしゃ)でもないのに、横槍(よこやり)を入(い)れて話(はなし)を**混ぜ返す**な。
당사자도 아닌데 중간에 끼어들어 이야기의 말허리를 꺾지 마.

★★ □ 09 持ち掛ける | もちかける　이야기를 꺼내다

高校時代(こうこうじだい)の同級生(どうきゅうせい)に投資(とうし)の話(はなし)を**持ち掛けた**。
고등학교 시절의 동급생에게 투자 이야기를 꺼냈다.

★★★ □ 10 割り切る | わりきる　(어떠한 원칙을 토대로) 명쾌하게 결론짓다

これは仕事(しごと)だと**割り切って**考(かんが)えないと、毎日(まいにち)が辛(つら)くなるだけだ。
이것은 (어디까지나) 일이라고 확실하게 선을 그어 생각하지 않으면 매일이 괴로워질 뿐이다.

형용사

29-3.mp3

い 형용사

★★ □ 01 あどけない　천진난만하다

彼女(かのじょ)はもう二十歳(はたち)を過(す)ぎたのに、**あどけない**笑顔(えがお)が印象的(いんしょうてき)だ。
그녀는 이미 스무 살을 넘겼는데도 천진난만한 웃는 얼굴이 인상적이다.

3 순위

★ □ 02 下らない | くだらない 시시하다, 하찮다

君には**下らない**かもしれないが、私にはすごく深刻な問題だ。
너에게는 하찮을지 모르지만 나에게는 굉장히 심각한 문제이다.

★ □ 03 切ない | せつない 애달프다, 서글프다

切ないラブストーリーかと思ったら、結局ハッピーエンドだった。
서글픈 러브스토리일 거라고 생각했더니 결국 해피엔딩이었다.

★★ □ 04 嘆かわしい | なげかわしい 한탄스럽다

何の根拠もないのに、ネットの噂だけを信じるなんて**嘆かわしい**。
아무런 근거도 없는데 인터넷의 소문만을 믿다니 한탄스럽다.

★★ □ 05 妬ましい | ねたましい 샘나다, 질투 나다

同期の中で一番早く出世した彼を**妬ましく**思っている人も多い。
동기 중에서 가장 일찍 출세한 그를 질투하는 사람도 많다.

な 형용사

★ □ 01 頑固 | がんこ 완고함

父は年を取ってますます**頑固に**なって、母の言うことをまったく聞かない。
아버지는 나이를 먹고 점점 더 완고해져서 어머니가 하는 말을 전혀 듣지 않는다.

★★ □ 02 辛辣 | しんらつ 신랄함

彼女は彼の意見をみんなの前で**辛辣に**批判した。
그녀는 그의 의견을 모두가 보는 앞에서 신랄하게 비판했다.

★★ □ 03 疎遠 | そえん 소원함, (사이 등이) 멂

遠くに引っ越してからは仲のよかった友達とも**疎遠に**なった。
먼 곳으로 이사하고 나서는 사이가 좋았던 친구와도 멀어지게 되었다.

★★ □ 04 有意義 | ゆういぎ 의미 있음, 가치 있음

短期留学(たんきりゅうがく)に行(い)って、**有意義な**夏休(なつやす)みを過(す)ごしたい。
단기 유학을 가서 의미 있는 여름 방학을 보내고 싶다.

★ □ 05 僅か | わずか 아주 적음

全国模擬試験(ぜんこくもぎしけん)の日(ひ)まで、残(のこ)り**僅か**3日(みっか)となった。
전국 모의고사 날까지 앞으로 겨우 3일 남았다.

부사

29-4.mp3

★★ □ 01 挙句の果てに | あげくのはてに 결국에는

彼(かれ)は言(い)いたい放題(ほうだい)に文句(もんく)をつけて、**挙句の果てに**家(いえ)に帰(かえ)ってしまった。
그는 하고 싶은 대로 불만을 늘어놓고 결국에는 집으로 돌아가 버렸다.

PLUS 이것저것 하다가 결국에는 좋지 않은 결말로 이어질 때 쓰이는 경우가 많다.

★★★ □ 02 いけしゃあしゃあと 얄미울 정도로 뻔뻔스럽게, 유들유들

上司(じょうし)の前(まえ)でよくもあんなに**いけしゃあしゃあと**言(い)い訳(わけ)を並(なら)べられるものだ。 상사 앞에서 잘도 그렇게 유들유들하게 핑계를 늘어놓는구나.

★ □ 03 くれぐれも 부디, 아무쪼록

くれぐれも皆(みな)さんによろしくお伝(つた)えください。
아무쪼록 다른 분들께 안부 전해 주십시오.

★ □ 04 きっぱり 딱 잘라

試験勉強(しけんべんきょう)のため、友達(ともだち)の誘(さそ)いを**きっぱり**と断(ことわ)った。
시험 공부를 위해 친구의 초대를 딱 잘라 거절했다.

★ □ 05 ひとりでに 저절로

風(かぜ)も吹(ふ)いていないのに、ドアが**ひとりでに**閉(し)まったのはなぜだろう。
바람도 안 부는데 문이 저절로 닫힌 것은 왜일까?

3순위

의성어·의태어

★★ ☐ **01** ざくざく　돈이나 보석 등이 많은 모양

秘密(ひみつ)の宝箱(たからばこ)から金銀宝石(きんぎんほうせき)が**ざくざく**出(で)てきた。

비밀스러운 보석 상자에서 금은보석이 가득 나왔다.

★★ ☐ **02** じゃんじゃん　같은 것을 계속해서 기세 좋게 하는 모양

今日(きょう)は俺(おれ)がおごるから、みんな**じゃんじゃん**飲(の)んでくれ。

오늘은 내가 살 테니까 다들 실컷 마셔.

★★ ☐ **03** ぴりぴり　불안이나 공포 등으로 신경이 곤두선 모양

合格発表(ごうかくはっぴょう)の前(まえ)は、神経(しんけい)が**ぴりぴり**する。

합격 발표 전에는 신경이 곤두선다.

★★ ☐ **04** ぶくぶく　계속해서 거품이 이는 모양

小(ち)さい鍋(なべ)がさっきから**ぶくぶく**音(おと)を立(た)てて煮立(にた)っている。

작은 냄비가 아까부터 부글부글 소리를 내며 끓고 있다.

★★ ☐ **05** ほやほや　갓 만들어져 따끈따끈한 모양

先月結婚(せんげつけっこん)したばかりのあの二人(ふたり)は新婚(しんこん)**ほやほや**だ。

지난달에 막 결혼한 저 두 사람은 따끈따끈한 신혼이다.

속담·사자성어

★★ ☐ **01** 噂をすれば影がさす | うわさをすればかげがさす

남 이야기를 하고 있으면 그 사람 그림자가 비친다

こんなところで悪口(わるぐち)を言(い)ったりして、本人(ほんにん)が来(き)たらどうするの?

噂をすれば影がさすっていう言葉(ことば)があるでしょ。

이런 곳에서 험담을 하다가 본인이 오면 어쩌려고. 호랑이도 제 말하면 온다는 말이 있잖아.

PLUS 남의 이야기를 하고 있으면 본인이 나타난다는 뜻으로 한국어의 '호랑이도 제 말하면 온다'에 해당한다.

☆☆ □ 02 目の上のたんこぶ ｜ めのうえのたんこぶ　　눈 위에 혹, 보기에 거슬림

ここまでうまくやってきたが、最終決定_{さいしゅうけってい}をするのは上層部_{じょうそうぶ}だからな。
まったく**目の上のたんこぶ**だ。

여기까지 잘해 왔지만 최종 결정을 하는 것은 윗선이란 말이야. 정말이지 눈엣가시야.

☆☆ □ 03 多芸多才 ｜ たげいたさい　　다재다능

彼女_{かのじょ}は子供_{こども}の頃_{ころ}から習_{なら}い事_{ごと}に通_{かよ}い、趣味_{しゅみ}も多_{おお}く、**多芸多才**である。

그녀는 어렸을 때부터 이것저것 배워서 취미도 많고 다재다능하다.

☆☆ □ 04 美辞麗句 ｜ びじれいく　　미사여구

美辞麗句を並_{なら}べただけの誉_ほめ言葉_{ことば}なんて、空々_{そらぞら}しいだけだ。

미사여구만 나열한 칭찬 같은 것은 아무 뜻 없이 한 빈말일 뿐이다.

PLUS 듣기 좋게 꾸민 말이라는 뜻.

관용어

☆☆ □ 01 恩を売る ｜ おんをうる　　(보답을 기대하고) 은혜를 베풀다

あいつはきっと大物_{おおもの}になるやつだから、今_{いま}のうちに**恩を売って**おいた
方_{ほう}がいい。　저 녀석은 분명히 크게 될 녀석이니까 지금 잘해 주는 것이 좋다.

☆ □ 02 歓心を買う ｜ かんしんをかう　　환심을 사다

その老人_{ろうじん}は宝石_{ほうせき}で若_{わか}い女性_{じょせい}の**歓心を買った**。

그 노인은 보석으로 젊은 여자들의 환심을 샀다.

☆☆ □ 03 切りがない ｜ きりがない　　끝이 없다

いくら言_いっても**切りがない**から、これ以上_{いじょう}言_いうのはもうやめよう。

아무리 말해도 끝이 없으니까 더 이상 말하는 것은 이제 그만두자.

☆☆ □ 04 釘を刺す ｜ くぎをさす　　못을 박다(확실하게 해 두다)

このことは絶対_{ぜったい}に人_{ひと}に言_いってはいけないと、**釘を刺して**おいた。

이 일은 절대로 남에게 말해서는 안 된다고 못을 박아 놓았다.

★★ □ 05 媚を売る | こびをうる 아양을 떨다

顧客の前で必要以上に**媚を売る**ような態度や口調は避けた方が賢明だ。
고객 앞에서 필요 이상으로 아양을 떠는 듯한 태도나 말투는 피하는 것이 현명하다.

★★★ □ 06 下にも置かない | したにもおかない 극진하다, 정성을 다하다

大企業の名刺を見せれば、**下にも置かない**扱いをされる。
대기업 명함을 보여 주면 극진한 대우를 받는다.

★★★ □ 07 矯めつ眇めつ | ためつすがめつ 이리 보고 저리 보고, 이리저리

彫刻を**矯めつ眇めつ**眺めたが、何をモチーフにしているかまったく分からなかった。
조각을 이리 보고 저리 봐도 무엇을 모티브로 했는지 전혀 알 수 없었다.

★★★ □ 08 煮え湯を飲まされる | にえゆをのまされる (배신당하여) 힘든 일을 겪다

腹心の部下に**煮え湯を飲まされた**。
심복인 부하에게 배신당했다.

★★ □ 09 猫をかぶる | ねこをかぶる 내숭을 떨다

普段は**猫をかぶって**大人しい振りをしていたのに、とうとう本性をあらわした。
평소에는 내숭을 떨며 얌전한 척을 하더니 드디어 본성을 드러냈다.

★★★ □ 10 話の腰を折る | はなしのこしをおる 말허리를 끊다

真面目な話をしていたのに、つまらない冗談で**話の腰を折られて**しまった。
진지한 이야기를 하고 있었는데 시덥지도 않은 농담으로 말허리를 끊어 버렸다.

1 다음 밑줄 친 히라가나에 해당하는 한자를 고르세요.

1. 業務を<u>じゅたく</u>する。 ① 受託 ② 受宅
2. 消費者の需要を<u>かんき</u>する。 ① 換気 ② 喚起
3. 社長の<u>かんろく</u>が出てきた。 ① 貫禄 ② 貫録
4. 親戚から姉に<u>えんだん</u>が持ち込まれた。 ① 宴談 ② 縁談
5. <u>たげいたさい</u> ① 他芸他才 ② 多芸多才

2 다음 두 문장 중에서 올바른 문장을 고르세요.

1. ① 下にも置かない扱いをする。
   ② 風上にも置けない扱いする。

2. ① お面をかぶっておとなしい振りをする。
   ② 猫をかぶっておとなしい振りをする。

3. ① 警察官を装った詐欺事件
   ② 警察官を飾った詐欺事件

4. ① あじけない顔の子供はかわいい。
   ② あどけない顔の子供はかわいい。

5. ① 彼女のことはきっぱりとあきらめました。
   ② 彼女のことはきっちりとあきらめました。

3 다음 일본어가 설명하고 있는 단어를 고르세요.

1. 人の意見を聞かず、自分の考えを改めようとしない。

① 頑固　　② 凝固

2. 非常に少ない。

① わずか　　② たっぷり

3. 仲間同士で争いを起こす。

① 謀反　　② 内輪もめ

4. 双方が痛手を負ったまま勝負がつかないこと

① 痛み分け　　② 引き分け

5. 火の伝わり

① 火の元　　② 火の回り

1 1. ① 2. ② 3. ① 4. ② 5. ②　2 1. ① 2. ② 3. ① 4. ② 5. ①　3 1. ① 2. ① 3. ② 4. ① 5. ②

DAY 30

VOCA Check

나의 어휘 실력은 현재 어느 정도일까?
실전 어휘력 체크!

다음 어휘의 뜻을 써 보세요.

명사

□01 斡旋 ....
□02 終止符 ....
□03 親善 ....
□04 辛党 ....
□05 衝動買い ....
□06 取り沙汰 ....
□07 穴埋め ....
□08 助太刀 ....
□09 出戻り ....

동사

□10 納める ....
□11 蓄える ....
□12 尽きる ....
□13 儲かる ....
□14 緩む ....
□15 言い付ける ....
□16 取り繕う ....
□17 抜き出す ....
□18 蒸し返す ....

형용사

□19 淡い ....
□20 疑わしい ....
□21 瑞々しい ....
□22 毛頭ない ....
□23 やるせない ....
□24 顕著 ....
□25 強か ....
□26 必至 ....
□27 明快 ....

부사·의성어·의태어

□28 すなわち ....
□29 度々 ....
□30 漠然と ....
□31 不承不承 ....
□32 ほぼ ....
□33 あつあつ ....
□34 がやがや ....
□35 ごとごと ....
□36 もぐもぐ ....

속담·사자성어·관용어

□37 短気は損気 ....
□38 沈思黙考 ....
□39 立つ瀬がない ....
□40 付かず離れず ....

- **정답 개수 01~10개** ▶ **당신은 초급자!** 산 넘어 산이네요! 정독하여 반드시 어휘 정복합시다!
- **정답 개수 11~20개** ▶ **당신은 초중급자!** 이제 걸음마 뗀 수준? 좀 더 노력하여 수준급으로 Go!
- **정답 개수 21~30개** ▶ **당신은 중급자!** 조금만 더 열심히 하면, 상급자까지 얼마 안 남았어요!
- **정답 개수 31~40개** ▶ **당신은 거의 상급자 수준?!** 방심은 금물! 100% 완벽에 도전합시다!

DAY 30

명사

30-1.mp3

기본 한자어

□ 01 斡旋 | あっせん 알선

□ 02 縁故 | えんこ 연고

□ 03 間隙 | かんげき 간극

□ 04 還元 | かんげん 환원

□ 05 稀少 | きしょう 희소

□ 06 協賛 | きょうさん 협찬

□ 07 矜持 | きょうじ 긍지

□ 08 虚飾 | きょしょく 허식

□ 09 欽慕 | きんぼ 흠모

□ 10 終止符 | しゅうしふ 종지부

□ 11 祝辞 | しゅくじ 축사

□ 12 手腕 | しゅわん 수완

□ 13 憧憬 | しょうけい 동경

□ 14 成就 | じょうじゅ 성취

□ 15 処世術 | しょせいじゅつ 처세술

□ 16 親善 | しんぜん 친선

□ 17 正規 | せいき 정규

□ 18 盛況 | せいきょう 성황

□ 19 先着順 | せんちゃくじゅん 선착순

□ 20 挿入 | そうにゅう 삽입

□ 21 懲戒 | ちょうかい 징계

□ 22 適役 | てきやく 적격

□ 23 繁盛 | はんじょう 번성

□ 24 赴任 | ふにん 부임

□ 25 補完 | ほかん 보완

□ 26 余興 | よきょう 여흥

읽기에 주의해야 할 음훈 결합 명사

□ 01 甘えん坊 | あまえんぼう　　응석받이

子供(こども)に欲(ほ)しがる物(もの)を何(なん)でも買(か)ってあげたら、**甘えん坊**に育(そだ)ってしまった。

아이에게 갖고 싶어 하는 것을 무엇이든 사 주었더니 응석받이로 자라고 말았다.

□ 02 甘党 | あまとう　　술보다는 단것을 좋아하는 사람

母(はは)は大(だい)の**甘党**で、とくに羊羹(ようかん)などの和菓子(わがし)に目(め)がない。

어머니는 단것을 아주 좋아하셔서 특히 양갱 같은 화과자를 무척 좋아한다.

□ 03 辛党 | からとう　　술을 좋아하는 사람

辛党の部長(ぶちょう)には本場(ほんば)の焼酎(しょうちゅう)をお土産(みやげ)に買(か)った。

술을 좋아하시는 부장님께는 본고장의 소주를 선물로 샀다.

□ 04 先取り | さきどり　　선점

時代(じだい)を**先取り**した経営戦略(けいえいせんりゃく)が功(こう)を奏(そう)した。

시대를 선점한 경영 전략이 주효했다.

□ 05 衝動買い | しょうどうがい　　충동구매

昨日(きのう)、安(やす)さに釣(つ)られて**衝動買い**した物(もの)は品質(ひんしつ)が最低(さいてい)だった。

어제 저렴함에 낚여서 충동구매한 물건은 품질이 최악이었다.

□ 06 素肌 | すはだ　　맨살

彼(かれ)は肌着(はだぎ)が嫌(きら)いで、**素肌**に直接(ちょくせつ)ワイシャツを着(き)る。

그는 속옷을 싫어해서 맨살에 직접 와이셔츠를 입는다.

□ 07 取り沙汰 | とりざた　　대두

世界的(せかいてき)に環境問題(かんきょうもんだい)が**取り沙汰**されている。

세계적으로 환경 문제가 대두되고 있다.

3순위

□ 08 仕返し | しかえし 앙갚음

加害者の**仕返し**が怖くて、警察に通報しない人も多い。

가해자의 앙갚음이 두려워서 경찰에 신고하지 않는 사람도 많다.

□ 09 無駄口 | むだぐち 쓸데없는 잡담

無駄口を叩いている暇があったら、はやく仕事を始めなさい。

쓸데없는 잡담을 하고 있을 여유가 있거든 빨리 일이나 시작해라.

□ 10 横丁・横町 | よこちょう 골목

安くて本当においしい店は**横丁**にある場合が多い。

값싸고 정말 맛있는 가게는 골목에 있는 경우가 많다.

고유어

□ 01 穴埋め | あなうめ 구멍 메우기 / 손실 보충

彼は借金の**穴埋め**のために詐欺事件を起こしたそうだ。

그는 빚으로 인한 손실을 메우기 위해 사기 사건을 일으켰다고 한다.

PLUS 穴を埋める | あなをうめる 구멍을 메우다, 손실을 메우다

□ 02 浮き世離れ | うきよばなれ 세속에서 벗어남

あの人の人生はどこか**浮き世離れ**しているような感じがする。

저 사람의 인생은 어딘가 세속에서 벗어나 있는 것 같은 느낌이 든다.

□ 03 裏書き | うらがき 뒷받침

目撃者の証言を**裏書き**するような事実が見つかった。

목격자의 증언을 뒷받침할 만한 사실이 발견되었다.

□ 04 神隠し | かみかくし (요괴, 신령의 소행으로 믿는) 행방불명

失踪した子供について、村人たちは**神隠し**に遭ったと信じている。

실종된 아이에 대해 마을 사람들은 요괴의 소행이라고 믿고 있다.

☐ 05 助太刀 | すけだち 남의 복수에 조력함

敵討ちの**助太刀**をしようとしたが、失敗に終わってしまった。
원수를 갚는 데 조력하려고 했지만 실패로 끝나고 말았다.

☐ 06 座り込み | すわりこみ 농성

大使館の前では農民たちの**座り込み**の抗議が続いている。
대사관 앞에서는 농민들의 농성 항의가 계속되고 있다.

☐ 07 背中合わせ | せなかあわせ 서로 등을 맞댐 / (위험 등이) 가까이 있음

消防士や警察官の仕事はいつも危険と**背中合わせ**だ。
소방관과 경찰관의 일은 항상 위험과 등을 맞대고 있다.

☐ 08 高飛び | たかとび 멀리 도망침

外国に**高飛び**した強盗団が警察に逮捕された。
외국으로 달아난 강도단이 경찰에 체포되었다.

☐ 09 出戻り | でもどり (이혼하고) 친정으로 돌아옴 / 복직함

彼女は**出戻り**だが、離婚した夫との間に子供はいない。
그녀는 이혼하고 친정으로 돌아왔는데 이혼한 남편과의 사이에 아이는 없다.

☐ 10 成り行き | なりゆき 경과

事件の今後の**成り行き**がマスコミに注目されている。
사건의 앞으로의 경과가 매스컴에 주목받고 있다.

☐ 11 抜き打ち | ぬきうち 불시(예고 없이 갑자기 실시함)

食品工場での**抜き打ち**検査が強化された。
식품 공장의 불시 검사가 강화되었다.

☐ 12 船出 | ふなで 출발

夫婦の人生の新たな**船出**を祝って乾杯する。
부부 인생의 새 출발을 축하하며 건배하다.

3순위

★★★ □ 13 **見納め** | みおさめ — 마지막 만남

明日(あした)本社(ほんしゃ)に戻(もど)るので、札幌(さっぽろ)の風景(ふうけい)も今日(きょう)が**見納め**だ。

내일 본사로 돌아가기 때문에 삿포로의 풍경도 오늘이 마지막이다

★★★ □ 14 **申し子** | もうしご — (특별한 사회적 배경의) 부산물

プロゲーマーやユーチューバーはIT時代(じだい)の**申し子**だ。

프로 게이머나 유튜버는 IT 시대의 부산물이다.

★★★ □ 15 **山分け** | やまわけ — 똑같이 나눔

友達(ともだち)と一緒(いっしょ)に出店(しゅってん)したフリマの儲(もう)けをみんなで**山分け**した。

친구들과 함께 출점한 플리마켓 수입을 모두 똑같이 나누었다.

동사

30-2.mp3

기본 동사

★ □ 01 **溢れる** | あふれる — 넘치다

突然(とつぜん)、彼女(かのじょ)の目(め)から大粒(おおつぶ)の涙(なみだ)が**溢れて**きた。

갑자기 그녀의 눈에서 굵은 눈물이 흘러넘쳤다.

★ □ 02 **荒れる** | あれる — (날씨, 분위기 등이) 거칠어지다

台風(たいふう)の影響(えいきょう)で、海(うみ)は朝(あさ)から**荒れて**いる。

태풍의 영향으로 바다는 아침부터 거칠다.

★ □ 03 **納める** | おさめる — 납부하다

税金(ぜいきん)を期限(きげん)までに**納めない**と、延滞金(えんたいきん)が発生(はっせい)する。

세금을 기한까지 납부하지 않으면 연체금이 발생한다.

★ □ 04 **湿る** | しめる — 축축하다, 습하다, 우울해지다

部屋(へや)の空気(くうき)が**湿って**いたので、窓(まど)を開(あ)けておいた。

방 공기가 습해서 창문을 열어 두었다.

☐ 05 蓄える | たくわえる　모아 두다, 비축하다

お金(かね)を**蓄えて**おくことが大事(だいじ)だとわかっていても、なかなかできない。
돈을 모아 두는 것이 중요하다는 것을 알고 있어도 좀처럼 잘 안 된다.

☐ 06 掴む | つかむ　붙들다, 붙잡다

みなさん、危(あぶ)ないですからしっかりと吊(つ)り革(かわ)を**掴んで**ください。
여러분, 위험하니 손잡이를 단단히 붙잡아 주세요.

☐ 07 尽きる | つきる　바닥나다

資金(しきん)が**尽きて**、これからのすべての活動(かつどう)が中止(ちゅうし)されることになった。
자금이 바닥나서 앞으로의 모든 활동이 중지되게 되었다.

☐ 08 途絶える | とだえる　두절되다, 끊기다

最後(さいご)のデートの日(ひ)を境(さかい)に、いきなり相手(あいて)からの連絡(れんらく)がぷっつりと**途絶えた**。마지막 데이트를 한 날부터 갑자기 상대로부터의 연락이 뚝 끊어졌다.

☐ 09 濡れる | ぬれる　젖다

いきなり蛇口(じゃぐち)からホースが外(はず)れて、シャツが**濡れて**しまった。
갑자기 수도꼭지에서 호스가 빠져서 셔츠가 젖어 버렸다.

☐ 10 増やす | ふやす　늘리다

姉(あね)は財(ざい)テクで資金(しきん)を**増やして**、会社(かいしゃ)を興(おこ)そうとしている。
언니는 재테크로 자금을 늘려서 회사를 세우려 하고 있다.

☐ 11 震える | ふるえる　떨다

建物(たてもの)の外(そと)で2時間(じかん)も待(ま)たされて、あまりの寒(さむ)さにがたがた**震えた**。
건물 밖에서 두 시간이나 기다리다 너무 추워서 덜덜 떨었다.

☐ 12 儲かる | もうかる　돈이 벌리다, 돈벌이가 되다 / 득을 보다

クーポンを利用(りよう)して購入(こうにゅう)したので、定価(ていか)より1000円(えん)も**儲かった**。
쿠폰을 이용해서 구입했기 때문에 정가보다 천 엔이나 득을 봤다.

3순위

★ □ 13 儲ける | もうける　돈을 벌다

思いがけず株で**儲けた**お金で、新車を購入した。
뜻하지 않게 주식에서 번 돈으로 새 차를 구입했다.

★ □ 14 催す | もよおす　어떤 기분이나 상태가 되도록 하다

長時間、船に乗っていたら吐き気を**催した**。
장시간 배를 탔더니 속이 메스꺼워졌다.

★ □ 15 緩む | ゆるむ　느슨해지다, 사그라들다

昨日までの寒さが**緩んで**、積もっていた雪も溶け出した。
어제까지의 추위가 풀려서 쌓여 있던 눈도 녹기 시작했다.

복합동사

★ □ 01 言い付ける | いいつける　고자질하다, 일러바치다

妹は泣きながら、お兄ちゃんが苛めたと母に**言い付けた**。
동생은 울면서 오빠가 괴롭혔다고 엄마에게 일러바쳤다.

★★ □ 02 言い紛らす | いいまぎらす　얼버무려 말하다

あの人はいつも自分の都合が悪くなると巧みに**言い紛らす**。
그 사람은 항상 자신의 상황이 안 좋아지면 교묘하게 얼버무린다.

★★★ □ 03 かみ合う | かみあう　(의견, 논점 등이) 일치하다

監督とは演出に関してはまったく意見が**かみ合わない**。
감독과는 연출에 관해서는 전혀 의견이 일치하지 않는다.

★★★ □ 04 たたみかける　(여유를 주지 않고) 몰아붙이다

授業の後、**たたみかける**ように質問してくる学生がいる。
수업 후에 쉴 틈을 주지 않고 질문해 오는 학생이 있다.

PLUS 상대에게 생각할 틈이나 반격할 틈을 주지 않고 쉴 새 없이 떠들어대거나 공격한다는 뜻으로 쓰인다.

☐ 05 取り繕う | とりつくろう　적당히 얼버무리다

本当は変な質問に困ってしまったが、笑顔でその場を**取り繕った**。
사실은 이상한 질문 때문에 난처한 상황이었지만 웃는 얼굴로 그 상황을 적당히 얼버무렸다.

☐ 06 にじみ出る | にじみでる　스며 나오다

父の顔に刻まれた深いしわは、これまでの苦労が**にじみ出て**いる。
아버지 얼굴에 새겨진 깊은 주름은 지금까지의 노고가 스며 나와 있다.

☐ 07 抜き出す | ぬきだす　뽑아내다

文章の中から重要だと思われるキーワードを**抜き出して**ください。
문장 안에서 중요하다고 생각되는 키워드를 뽑아내 주세요.

☐ 08 練り上げる | ねりあげる　다듬어 완성하다

作家が小説の構想を**練り上げて**いる。
작가가 소설의 구상을 다듬어 완성하고 있다.

☐ 09 見失う | みうしなう　(지금까지 보이던 것을) 놓치다, 잃어버리다

お祭りの人混みの中で、一緒に来た友人を**見失って**しまった。
축제 인파 속에서 같이 온 친구를 놓쳐 버렸다.

☐ 10 蒸し返す | むしかえす　(결말이 난 일을) 다시 문제 삼다

話を**蒸し返す**ようで悪いが、どうしてもあの点は納得がいかない。
이야기를 다시 문제 삼는 것 같아서 미안하지만 도저히 그 점은 납득이 가지 않는다.

형용사

30-3.mp3

い 형용사

☐ 01 淡い | あわい　희미하다, 아련하다

勇気を出して告白したが、彼の**淡い**初恋は終わってしまった。
용기를 내서 고백했지만 그의 아련한 첫사랑은 끝나 버렸다.

3순위

□ 02 疑わしい | うたがわしい　　의심스럽다

彼が本当に自分の間違いを反省しているかは**疑わしい**。
그가 정말 자신의 잘못을 반성하고 있는지는 의심스럽다.

□ 03 瑞々しい | みずみずしい　　싱싱하다

畑で摘んできたばかりのいちごは、色もきれいで**瑞々しくて**おいしかった。
밭에서 갓 따 온 딸기는 색깔도 예쁘고 싱싱해서 맛있었다.

□ 04 毛頭ない | もうとうない　　털끝만큼도 없다

僕はあの人の発言について批判するつもりは**毛頭なかった**。
나는 저 사람의 발언에 대해 비판할 생각은 털끝만큼도 없었다.

□ 05 やるせない　　안타깝다

彼に言いたくても言えない、**やるせない**気持ちを詩に書いてみた。
그에게 말하고 싶어도 말할 수 없는 안타까운 마음을 시로 적어 보았다.

な 형용사

□ 01 顕著 | けんちょ　　현저함

こうした傾向は大都市圏であるほど**顕著に**表れている。
이러한 경향은 대도시권일수록 현저하게 나타나고 있다.

□ 02 強か | したたか　　만만치 않음

彼は**強かな**相手なので、議論してもなかなか勝てないと思う。
그는 만만치 않은 상대라서 토론해도 쉽사리 이길 수 없을 것 같다.

□ 03 必至 | ひっし　　불가피함

このままだと、戦争が起こるのは**必至だ**と予見されている。
이대로라면 전쟁이 일어나는 것은 불가피하다고 예견되고 있다.

明快 | めいかい

명쾌함

<ruby>彼<rt>かのじょ</rt></ruby>女の**明快**で<ruby>歯<rt>は</rt></ruby>に<ruby>衣着<rt>きぬき</rt></ruby>せぬトークが<ruby>好評<rt>こうひょう</rt></ruby>だそうだ。
그녀의 명쾌하고 직설적인 토크가 호평이라고 한다.

□ 05 豊か | ゆたか

풍부함, 풍족함

<ruby>北海道<rt>ほっかいどう</rt></ruby>には**豊か**な<ruby>自然<rt>しぜん</rt></ruby>に<ruby>恵<rt>めぐ</rt></ruby>まれた<ruby>国立公園<rt>こくりつこうえん</rt></ruby>が<ruby>多<rt>おお</rt></ruby>い。
홋카이도에는 풍부한 자연에 둘러싸인 국립공원이 많다.

부사

🎧 30-4.mp3

□ 01 すなわち

즉

<ruby>日本<rt>にほん</rt></ruby>で<ruby>雇用<rt>こよう</rt></ruby>の<ruby>安定<rt>あんてい</rt></ruby>とは、**すなわち**<ruby>終身雇用<rt>しゅうしんこよう</rt></ruby>だと<ruby>思<rt>おも</rt></ruby>われている。
일본에서 고용 안정이란 즉, 종신 고용으로 여겨진다.

🔁 つまり

□ 02 度々 | たびたび

자주, 빈번히

<ruby>札幌<rt>さっぽろ</rt></ruby>には**度々**<ruby>出張<rt>しゅっちょう</rt></ruby>に<ruby>行<rt>い</rt></ruby>っているので<ruby>道<rt>みち</rt></ruby>はだいたい<ruby>分<rt>わ</rt></ruby>かっている。
삿포로에는 자주 출장을 가고 있어서 길은 대강 알고 있다.

□ 03 漠然と | ばくぜんと

막연히

<ruby>質問<rt>しつもん</rt></ruby>の<ruby>内容<rt>ないよう</rt></ruby>があまりにも**漠然**としていて、うまく<ruby>答<rt>こた</rt></ruby>えられなかった。
질문 내용이 너무나도 막연해서 제대로 대답할 수 없었다.

□ 04 不承不承 | ふしょうぶしょう

마지못해

<ruby>事務局<rt>じむきょく</rt></ruby>の<ruby>要請<rt>ようせい</rt></ruby>で、**不承不承**<ruby>会議<rt>かいぎ</rt></ruby>に<ruby>参加<rt>さんか</rt></ruby>した。
사무국의 요청으로 마지못해 회의에 참가했다.

□ 05 ほぼ

거의

<ruby>野党候補<rt>やとうこうほ</rt></ruby>の<ruby>当選<rt>とうせん</rt></ruby>は**ほぼ**<ruby>確実<rt>かくじつ</rt></ruby>になったそうだ。
야당 후보의 당선은 거의 확실해졌다고 한다.

3순위

의성어·의태어

★ □ **01 あつあつ** 요리가 대단히 뜨거운 모양

あつあつの湯豆腐(ゆどうふ)がおいしく感(かん)じられる季節(きせつ)になった。
뜨끈뜨끈한 물두부가 맛있게 느껴지는 계절이 되었다.

★★ □ **02 がやがや** 많은 사람들이 시끄럽게 떠드는 모양

忘年会(ぼうねんかい)のシーズンだけあって、居酒屋(いざかや)は**がやがや**とうるさかった。
송년회 시즌이라 그런지 선술집은 와글와글 시끄러웠다.

★★ □ **03 ごとごと** 부글부글 끓는 모양

鍋(なべ)が**ごとごと**言(い)い出(だ)したら、火(ひ)を止(と)めてください。
냄비가 부글부글 소리를 내기 시작하면 불을 꺼 주세요.

★★ □ **04 もぐもぐ** 입안 가득 음식을 넣고 씹는 모양

弟(おとうと)は口(くち)の中(なか)で**もぐもぐ**と、頬(ほお)を膨(ふく)らませながら食(た)べていた。
동생은 입안에서 우물우물하며 볼이 튀어나오도록 음식을 먹고 있었다.

★★ □ **05 もりもり** 왕성하게 먹는 모양

育(そだ)ち盛(ざか)りの子供(こども)が**もりもり**とご飯(はん)を食(た)べている姿(すがた)がかわいかった。
한창 자랄 나이의 아이가 왕성하게 밥을 먹고 있는 모습이 귀여웠다.

속담·사자성어

★★ □ **01 医者の不養生 | いしゃのふようじょう** 의사가 제 몸 못 챙긴다

医者の不養生にならないように、先生(せんせい)も日頃(ひごろ)から健康管理(けんこうかんり)にはお気(き)を付(つ)けくださいね。
의사가 제 몸 못 챙긴다는 말이 있듯이 선생님도 평소에 건강 관리에는 신경을 쓰세요.

PLUS 그것에 대해 잘 알고 있는 사람이 오히려 실행에 옮기지 못한다는 뜻

□ 02 **短気は損気** | たんきはそんき 성질이 급하면 손해를 본다

短気は損気だから、いつもイライラしないように気(き)を付(つ)けている。
성질이 급하면 손해를 본다는 말이 있으니 항상 짜증을 내지 않도록 조심하고 있다.

□ 03 **孤軍奮闘** | こぐんふんとう 고군분투

孤軍奮闘を続(つづ)けるのにも限界(げんかい)がある。
고군분투를 계속하는 것에도 한계가 있다.

PLUS 홀로 외로이 싸운다는 뜻.

□ 04 **沈思黙考** | ちんしもっこう 심사숙고

新(あたら)しいアイデアについて**沈思黙考**している。
새로운 아이디어에 대해 심사숙고하고 있다.

관용어

□ 01 **くさびを打ち込む** | くさびをうちこむ (친한 사람을) 갈라놓다

去年(きょねん)の秋頃(あきごろ)、二人(ふたり)の間(あいだ)に**くさびを打ち込む**トラブルが発生(はっせい)した。
작년 가을쯤 두 사람의 관계를 갈라놓는 트러블이 발생했다.

□ 02 **敷居が高い** | しきいがたかい 문턱이 높다(들어가거나 접근하기가 어렵다)

あまりご無沙汰(ぶさた)したので、お宅(たく)の**敷居が高く**なりました。
너무 격조해서 댁으로 찾아가기가 쉽지 않았습니다.

□ 03 **立つ瀬がない** | たつせがない 입장이 난처하다

その件(けん)について勝手(かって)に話(はなし)を進(すす)められたら、**立つ瀬がない**。
그 건에 대해서 마음대로 이야기를 진행하게 된다면 입장이 난처하다.

□ 04 **袂を分かつ** | たもとをわかつ 인연이 끊기다

ある事件(じけん)が引(ひ)き金(がね)となって**袂を分かつ**ことになった。
어떤 사건이 방아쇠가 되어 인연이 끊기게 되었다.

★★ □ **05 付かず離れず | つかずはなれず** 적당한 거리를 유지함

姑(しゅうとめ)とは**付かず離れず**の関係(かんけい)が一番(いちばん)いいと言(い)われた。

시어머니와는 적당한 거리를 유지하는 관계가 가장 좋다는 말을 들었다.

★ □ **06 共にする | ともにする** 함께하다

労苦(ろうく)を**共にした**仲間(なかま)は、一生(いっしょう)の友人(ゆうじん)だ。

노고를 함께한 동료는 평생을 함께할 친구이다.

★★ □ **07 ともに天をいただかず | ともにてんをいただかず** 같은 하늘 아래 있을 수 없을 정도로 사이가 나쁘다

彼(かれ)と彼女(かのじょ)は**ともに天をいただかず**という感(かん)じで毎日喧嘩(まいにちけんか)ばかりしている。

그와 그녀는 철천지원수인 듯 매일 싸움만 하고 있다.

★★ □ **08 にべもない** 쌀쌀맞다

いくら犬猿(けんえん)の仲(なか)だからと言(い)って、人前(ひとまえ)で**にべもない**態度(たいど)をとるのはよくない。

아무리 견원지간이라지만 사람들 앞에서 쌀쌀맞은 태도로 구는 것은 좋지 않다.

★★★ □ **09 非を鳴らす | ひをならす** 잘못을 탓하다

人(ひと)の**非を鳴らす**前(まえ)に、まず自分(じぶん)のことを省(かえり)みなければならない。

남의 잘못을 탓하기 전에 먼저 자신을 돌아봐야만 한다.

★★ □ **10 溝が埋まらない | みぞがうまらない** 사이가 나빠진 사람의 사이가 좀처럼 다시 좋아지지 않다, 간극이 좁혀지지 않다

一度(いちど)ひびが入(はい)った二人(ふたり)の関係(かんけい)は未(いま)だに**溝が埋まらない**ままだ。

한번 금이 간 두 사람의 관계는 여전히 골이 깊은 상태이다.

1 다음 밑줄 친 히라가나에 해당하는 한자를 고르세요.

1. 仕事をあっせんする。 ① 斡線 ② 斡旋
2. 商売がはんじょうする。 ① 繁上 ② 繁盛
3. 結婚して独身生活にしゅうしふを打つ。 ① 終止符 ② 終始符
4. たんきは損気 ① 短気 ② 短期
5. この仕事は田中さんが一番てきやくだ。 ① 敵役 ② 適役

2 다음 두 문장 중에서 올바른 문장을 고르세요.

1. ① 税金を治める。
   ② 税金を納める。
2. ① 今更話を蒸し返さないでくれ。
   ② 今更話を蒸し直さないでくれ。
3. ① 文章の中から重要なキーワードを抜け出す。
   ② 文章の中から重要なキーワードを抜き出す。
4. ① 所持品の抜き打ち検査をする。
   ② 所持品の仇討ち検査をする。
5. ① 総理大臣の去就がご無沙汰している。
   ② 総理大臣の去就が取り沙汰されている。

3 다음 일본어가 설명하고 있는 단어를 고르세요.

1. 表通りから横に入った細い道

① 横槍　② 横丁

2. 酒好きの人

① 甘党　② 辛党

3. 色彩や味などが薄くて、ぼんやりしている。

① 淡い　② 鮮やかだ

4. つまり

① すなわち　② 強いて

5. 離婚した女性が実家に帰る。

① 里帰り　② 出戻り

1 1.② 2.② 3.① 4.① 5.②　2 1.② 2.① 3.② 4.① 5.②　3 1.② 2.② 3.① 4.① 5.②

시험에 많이 나오는

4 어휘 순위

정답률 90%에 도전한다!

90%의 수준에 도전하기 위해서는 어휘나 독해 문제에서의 어휘는 거의 완벽하게 숙지하고 있어야 하며, 훈련을 통해 청해에서의 실수를 줄이는 것이 관건입니다.

DAY 31

VOCA Check

나의 어휘 실력은 현재 어느 정도일까?
실전 어휘력 체크!

다음 어휘의 뜻을 써 보세요.

명사

□01 逸材 ....
□02 金一封 ....
□03 潤滑油 ....
□04 一本道 ....
□05 玉突き追突 ....
□06 土砂降り ....
□07 金づる ....
□08 狸寝入り ....
□09 安上がり ....

동사

□10 飾る ....
□11 凍える ....
□12 滞る ....
□13 掘る ....
□14 漏れる ....
□15 覆い尽くす ....
□16 差し引く ....
□17 取り崩す ....
□18 振り向ける ....

형용사

□19 厳しい ....
□20 さりげない ....
□21 白々しい ....
□22 はしたない ....
□23 滅相もない ....
□24 あやふや ....
□25 疎か ....
□26 ちぐはぐ ....
□27 まばら ....

부사·의성어·의태어

□28 いずれ ....
□29 がらんと ....
□30 事前に ....
□31 如実に ....
□32 未然に ....
□33 うとうと ....
□34 ぐうぐう ....
□35 どろどろ ....
□36 ぺろぺろ ....

속담·사자성어·관용어

□37 一を聞いて十を知る ....
□38 用意周到 ....
□39 追い討ちをかける ....
□40 けんもほろろ ....

- **정답 개수 01~10개** ▶ **당신은 초급자!** 산 넘어 산이네요! 정독하여 반드시 어휘 정복합시다!
- **정답 개수 11~20개** ▶ **당신은 초중급자!** 이제 걸음마 뗀 수준? 좀 더 노력하여 수준급으로 Go!
- **정답 개수 21~30개** ▶ **당신은 중급자!** 조금만 더 열심히 하면, 상급자까지 얼마 안 남았어요!
- **정답 개수 31~40개** ▶ **당신은 거의 상급자 수준?!** 방심은 금물! 100% 완벽에 도전합시다!

DAY 31

명사

31-1.mp3

기본 한자어

□ 01 哀悼 | あいとう 애도
□ 02 逸材 | いつざい 뛰어난 인재
□ 03 一蹴 | いっしゅう 일축
□ 04 隔週 | かくしゅう 격주
□ 05 感慨 | かんがい 감개, 감회
□ 06 金一封 | きんいっぷう 금일봉
□ 07 潤滑油 | じゅんかつゆ 윤활유
□ 08 定石 | じょうせき 정석
□ 09 職務 | しょくむ 직무
□ 10 心酔 | しんすい 심취
□ 11 寝台 | しんだい 침대
□ 12 遂行 | すいこう 수행
□ 13 水筒 | すいとう 물통
□ 14 制御 | せいぎょ 제어
□ 15 静寂 | せいじゃく 정적
□ 16 折衝 | せっしょう 절충
□ 17 速達 | そくたつ 속달
□ 18 待遇 | たいぐう 대우
□ 19 蓄積 | ちくせき 축적
□ 20 日較差 | にちかくさ 일교차
□ 21 覇権 | はけん 패권
□ 22 不祥事 | ふしょうじ 불상사
□ 23 物色 | ぶっしょく 물색
□ 24 報酬 | ほうしゅう 보수
□ 25 補佐 | ほさ 보좌
□ 26 目録 | もくろく 목록

읽기에 주의해야 할 음훈 결합 명사

01 合服・間服 | あいふく 춘추복

もうすぐ11月(がつ)だから、そろそろ**合服**のスーツをクリーニングに出(だ)さなくてはならない。 이제 곧 11월이니까 슬슬 춘추복 수트를 세탁소에 맡겨야 한다.

02 一本道 | いっぽんみち (하나로 이어진) 외길

はるか続(つづ)く**一本道**を一人(ひとり)でひたすら歩(ある)き続(つづ)けた。
저 멀리 이어진 외길을 혼자서 하염없이 계속 걸었다.

03 玉突き追突 | たまつきついとつ 연쇄 추돌

トンネル内(ない)で**玉突き追突**事故(じこ)が起(お)きて、二人(ふたり)の怪我人(けがにん)が出(で)た。
터널 안에서 연쇄 추돌 사고가 일어나서 두 명의 부상자가 나왔다.

04 出不精・出無精 | でぶしょう 외출을 싫어하는 사람

もともと**出不精**だが、冬(ふゆ)になるとなおさら外出(がいしゅつ)が嫌(いや)になる。
원래 밖에 잘 안 나가지만 겨울이 되면 더욱 외출이 싫어진다.

05 店屋物 | てんやもの 배달 음식

食事(しょくじ)を作(つく)る気力(きりょく)もなかったので、**店屋物**で済(す)ませた。
식사를 만들 기력도 없었기 때문에 배달 음식으로 때웠다.

06 頭取 | とうどり 은행장

実(じつ)は、あの新入社員(しんにゅうしゃいん)の父(ちち)は大手銀行(おおてぎんこう)の**頭取**だそうだ。
사실은 저 신입 사원의 아버지는 대형 은행의 은행장이라고 한다.

07 土砂降り | どしゃぶり 퍼붓듯이 내리는 비

土砂降りのため、試合(しあい)は一時中断(いちじちゅうだん)した。
폭우로 인해 시합은 잠시 중단되었다.

08 空き時間 | あきじかん 비는 시간

授業(じゅぎょう)の**空き時間**にコピーをとったり、次(つぎ)の授業(じゅぎょう)の準備(じゅんび)をしたりする。
빈 수업 시간에 복사를 하거나 다음 수업 준비를 하거나 한다.

☐ 09 棒引き | ぼうびき 탕감

あのあくどい金貸しが借金を**棒引き**にしてくれるとは思えない。
그 악덕한 사채업자가 빚을 탕감해 줄 거라고는 생각되지 않는다.

☐ 10 見切り発車 | みきりはっしゃ 충분히 준비되지 않은 채 진행됨

見切り発車で始まった企画は、やはり途中で中止になった。
충분히 준비되지 않은 채 시작된 기획은 역시 도중에 중지되었다.

고유어

☐ 01 曙 | あけぼの 새벽 / 여명기(새로운 시대가 열리려고 하는 시기)

文明の**曙**は古代メソポタミアに始まると言われている。
문명의 여명기는 고대 메소포타미아에서 시작된다고 한다.

☐ 02 打って付け | うってつけ 안성맞춤

この空き家は、倉庫として使うのに**打って付け**だ。
이 빈집은 창고로 쓰기에 안성맞춤이다.

동 持って来い | もってこい

☐ 03 奥手 | おくて 심신의 성숙이 늦는 사람

奥手な男性の愛情表現はわかりにくい。
연애가 서투른 남자의 애정 표현은 알기 어렵다.

PLUS 이성 관계에 늦게 눈을 떠 연애가 서투른 사람을 일컫는 경우가 많다.

☐ 04 折り紙付き | おりがみつき 보증됨, 정평이 남

あの人の英会話の実力は部長の**折り紙付き**だから、来週の通訳は心配ない。 그 사람의 영어 실력은 부장이 보증하고 있으니 다음 주 통역은 걱정 없다.

☐ 05 金づる | かねづる 돈줄

あの弁護士は我が社をただの**金づる**としか思っていない。
그 변호사는 우리 회사를 그저 돈줄로 밖에 생각하고 있지 않다.

★★ □ 06 切り上げ | きりあげ [수학] 올림

10円以下の金額をすべて**切り上げ**にして表示した。
10엔 이하의 금액을 모두 올림해서 표시했다.

반 切り捨て | きりすて [수학] 내림

PLUS 예를 들어 983을 올림(切り上げ)하면 990이 되고 내림(切り捨て)하면 980이 된다.

★★★ □ 07 狸寝入り | たぬきねいり 자고 있는 척함

電車の中で**狸寝入り**をしてお年寄りに席を譲らなかったことがある。
전철 안에서 일부러 자는 척을 해서 어르신에게 자리를 양보하지 않은 적이 있다.

★★★ □ 08 飛び火 | とびひ 불똥, (엉뚱한 곳으로) 번짐

国内での疑惑問題が海外にまで**飛び火**した。
국내에서의 의혹 문제가 해외로까지 불똥이 튀었다.

★★★ □ 09 なけなし 그나마 없음, 거의 없음

就職活動をするために、**なけなし**のお金をはたいてスーツを買った。
취직 활동을 하기 위해서 없는 거나 다름없는 돈을 털어서 양복을 샀다.

★★★ □ 10 猫ばば | ねこばば 떨어진 물건을 주워서 가져감

たとえ1000円札1枚でも**猫ばば**をしたら、それも立派な犯罪だ。
설령 천 엔짜리 지폐 한 장이라도 마음대로 주워서 가져간다면 그것도 엄연한 범죄이다.

★★★ □ 11 値踏み | ねぶみ 감정

専門家に**値踏み**をしてもらったが、あまり価値はないそうだ。
전문가에게 감정을 받았는데 별로 가치는 없다고 한다.

★★ □ 12 紛い物 | まがいもの 가짜, 모조품

母は昔、詐欺師に**紛い物**の宝石を買わされて大損した。
어머니는 옛날에 사기꾼에게서 가짜 보석을 사서 큰 손해를 봤다.

4순위

☆☆ □ 13 安上がり ｜ やすあがり　　　　　　　　　　　싸게 먹힘

がいしょく　　　　ざいりょう　 か　　　　　　つく　 ほう
外食するより、材料を買ってきて作った方が**安上がり**だ。
외식하는 것보다 재료를 사 와서 만드는 편이 싸게 먹힌다.

☆☆ □ 14 よそ見 ｜ よそみ　　　　　　　　　　　한눈을 팖, 딴곳을 봄

うんてん　　　　　　　　 とき　　　　 けっ
運転をしている時は、決して**よそ見**をしてはいけない。
운전을 하고 있을 때는 결코 한눈을 팔아서는 안 된다.

☆☆ □ 15 分け前 ｜ わけまえ　　　　　　　　　　　각자의 몫, 배당

　　 はんざい そ しき　　　　　　　　　 めぐ　　 なか ま わ
その犯罪組織は**分け前**を巡って仲間割れした。
그 범죄 조직은 배당을 둘러싸고 내부 분열이 일어났다.

동사

🎧 31-2.mp3

🔖 기본 동사

☆ □ 01 飾る ｜ かざる　　　　　　　　　　　꾸미다, 장식하다

かのじょ　　 へ や　　　　　　　　　　 に ほんにんぎょう
彼女の部屋にはきれいな日本人形がたくさん**飾って**ある。
그녀의 방에는 예쁜 일본 인형이 많이 장식되어 있다.

☆ □ 02 築く ｜ きずく　　　　　　　　　　　쌓다

せんごく じ だい　　 とくがわいえやす　　　　　　と ち　 しろ
戦国時代、徳川家康はこの土地に城を**築いた**。
전국 시대 때 도쿠가와 이에야스는 이 지역에 성을 쌓았다.

☆ □ 03 崩す ｜ くずす　　　　　　　　　　　무너뜨리다

かいしゃ　 さんりん　　　　　　　　じょう　 かいはつ　 はじ
その会社は山林を**崩して**ゴルフ場の開発を始めた。
그 회사는 산림을 무너뜨리고 골프장 개발을 시작했다.

☆ □ 04 凍える ｜ こごえる　　　　　　　　　추위로 감각이 둔해지다

ま ふゆ　　　　　　　　 そと　 し ごと　　　　　　　 からだ
真冬だというのに外で仕事をしていたら、体が**凍えて**しまった。
한겨울인데도 밖에서 일을 했더니 몸이 얼어붙어 버렸다.

* □ 05 壊す ｜ こわす 부수다, 고장 내다

<ruby>大切<rt>たいせつ</rt></ruby>にしていた<ruby>卒業<rt>そつぎょう</rt></ruby><ruby>記念<rt>きねん</rt></ruby>の<ruby>置<rt>お</rt></ruby>き<ruby>時計<rt>どけい</rt></ruby>を<ruby>弟<rt>おとうと</rt></ruby>に**壊された**。

소중히 간직했던 졸업 기념 탁상시계를 동생이 고장 내서 망가졌다.

** □ 06 備わる ｜ そなわる 갖추어지다

<ruby>冷暖房<rt>れいだんぼう</rt></ruby>の**備わった**<ruby>部屋<rt>へや</rt></ruby>は<ruby>予想通<rt>よそうどお</rt></ruby>り、<ruby>家賃<rt>やちん</rt></ruby>が<ruby>高<rt>たか</rt></ruby>かった。

냉난방이 갖추어진 방은 예상대로 방세가 비쌌다.

** □ 07 滞る ｜ とどこおる 밀리다, 막히다

<ruby>家賃<rt>やちん</rt></ruby>の<ruby>支払<rt>しはら</rt></ruby>いがもう3ヶ<ruby>月<rt>かげつ</rt></ruby>も**滞って**、すごく<ruby>困<rt>こま</rt></ruby>っている。

방세 지불이 벌써 3개월이나 밀려서 몹시 난처한 상황이다.

* □ 08 伴う ｜ ともなう 동반하다

<ruby>明日<rt>あす</rt></ruby>は<ruby>寒気<rt>かんき</rt></ruby>を**伴った**<ruby>前線<rt>ぜんせん</rt></ruby>が<ruby>南下<rt>なんか</rt></ruby>するでしょう。

내일은 추위를 동반한 전선이 남하하겠습니다.

* □ 09 掃く ｜ はく 쓸다

<ruby>朝起<rt>あさお</rt></ruby>きて、ほうきで<ruby>庭<rt>にわ</rt></ruby>を**掃く**のが<ruby>祖父<rt>そふ</rt></ruby>の<ruby>日課<rt>にっか</rt></ruby>だ。

아침에 일어나서 빗자루로 마당을 쓰는 것이 할아버지의 일과이다.

4 순위

* □ 10 干す ｜ ほす 말리다, 널다

<ruby>寒<rt>さむ</rt></ruby>い<ruby>日<rt>ひ</rt></ruby>は<ruby>洗濯物<rt>せんたくもの</rt></ruby>をベランダに**干す**のも<ruby>大変<rt>たいへん</rt></ruby>だ。

추운 날에는 빨래를 베란다에 너는 것도 큰일이다.

* □ 11 掘る ｜ ほる 파다

<ruby>珍<rt>めずら</rt></ruby>しいことに、この<ruby>村<rt>むら</rt></ruby>では<ruby>未<rt>いま</rt></ruby>だに<ruby>井戸<rt>いど</rt></ruby>を**掘って**<ruby>水<rt>みず</rt></ruby>を<ruby>得<rt>え</rt></ruby>ている。

보기 드물게도 이 마을에서는 여전히 우물을 파서 물을 얻고 있다.

* □ 12 真似る ｜ まねる 흉내 내다

<ruby>建築家<rt>けんちくか</rt></ruby>の<ruby>彼<rt>かれ</rt></ruby>はヨーロッパの<ruby>様式<rt>ようしき</rt></ruby>を**真似て**<ruby>家<rt>いえ</rt></ruby>を<ruby>建<rt>た</rt></ruby>てたいと<ruby>言<rt>い</rt></ruby>った。

건축가인 그는 유럽의 양식을 본떠 집을 짓고 싶다고 말했다.

★ □ 13 **漏れる** | もれる　　새다

タンクに穴(あな)が開(あ)いているのか、少(すこ)しずつ水(みず)が**漏れて**いる。
탱크에 구멍이 뚫렸는지 조금씩 물이 새고 있다.

★ □ 14 **酔う** | よう　　(술, 분위기 등에) 취하다

あの人(ひと)は普段(ふだん)はいい人(ひと)だが、酒(さけ)に**酔う**と別人(べつじん)になる。
저 사람은 평상시에는 좋은 사람이지만 술에 취하면 딴사람이 된다.

★★ □ 15 **淀む** | よどむ　　탁하다

この部屋(へや)は空気(くうき)が**淀んで**いるので、窓(まど)を開(あ)けた方(ほう)がいい。
이 방은 공기가 탁해져 있어서 창문을 여는 것이 좋겠다.

복합동사

★★ □ 01 **覆い尽くす** | おおいつくす　　완전히 뒤덮다

一晩(ひとばん)で白(しろ)い雪(ゆき)が辺(あた)り一面(いちめん)を**覆い尽くした**。
하룻밤 사이에 하얀 눈이 주변 일대를 완전히 뒤덮었다.

★★ □ 02 **掛け渡す** | かけわたす　　(다리 등을) 놓다

川(かわ)のこちらからあちらへ橋(はし)を**掛け渡す**工事(こうじ)が始(はじ)まるそうだ。
강의 여기저기에 다리를 놓는 공사가 시작된다고 한다.

★★ □ 03 **差し押さえる** | さしおさえる　　압류하다, 억제하다

そのタレントは税金(ぜいきん)の滞納(たいのう)で自宅(じたく)を**差し押さえられた**。
그 연예인은 세금 체납으로 자택을 압류당했다.

★★ □ 04 **差し引く** | さしひく　　공제하다

収入(しゅうにゅう)から費用(ひよう)を**差し引いて**利益(りえき)を計算(けいさん)した。
수입에서 비용을 공제해서 이익을 계산했다.

□ 05 澄み渡る | すみわたる 구름 한 점 없이 맑다

青く**澄み渡った**空の下で運動会が行われた。
푸르고 구름 한 점 없이 맑은 하늘 아래에서 운동회가 열렸다.

□ 06 取り崩す | とりくずす 무너뜨리다, 깨다

貯金を**取り崩して**生活費に使いたかったが、我慢した。
저금을 깨서 생활비로 쓰고 싶었지만 참았다.

□ 07 晴れ渡る | はれわたる 활짝 개다

ピクニックの当日は**晴れ渡る**青空が広がっていた。
소풍 당일에는 활짝 개인 푸른 하늘이 펼쳐져 있었다.

□ 08 振り向ける | ふりむける 충당하다

営業用の予算の一部を広告用に**振り向ける**。
영업용 예산의 일부를 광고용으로 충당하다.

□ 09 待ち兼ねる | まちかねる 애타게 기다리다

彼は**待ち兼ねた**ようにいそいそと彼女とのデートに出かけてしまった。
그는 애타게 기다렸다는 듯 서둘러 여자 친구와 데이트하러 나가 버렸다.

□ 10 寄り集まる | よりあつまる 모이다

アパートの住人たちが**寄り集まって**何か深刻な話をしている。
아파트 주민들이 모여서 무언가 심각한 이야기를 하고 있다.

4순위

형용사

31-3.mp3

い 형용사

□ 01 厳しい | いかめしい 위엄 있다, 근엄하다

厳しい顔つきの木像を見たら、少し怖い感じがした。
위엄 있는 얼굴을 하고 있는 나무 조각품을 보니 조금 무서운 느낌이 들었다.

PLUS 무서워서 가까이 다가가기 힘들다는 느낌을 주는 표현이다.

★★ □02 さりげない 아무렇지도 않다

さりげない日常を描いたこの小説は、多くの読者に感動を与えた。
아무렇지 않은 일상을 그린 이 소설은 많은 독자들에게 감동을 주었다.

★★ □03 白々しい | しらじらしい 속이 뻔히 들여다보이다

そんな**白々しい**嘘はもう誰にも通用しなくなるだろう。
그런 속이 뻔히 들여다보이는 거짓말은 이제 누구에게도 통용되지 않게 될 것이다.

PLUS 주로 嘘나 お世辞와 같은 말과 함께 쓰이는 경우가 많다.

★★ □04 はしたない 상스럽다, 품위 없다

そんな**はしたない**言い方をしたら、みんなに嫌われるよ。
그런 상스러운 말투를 쓰면 모두한테 미움을 받아.

★★ □05 滅相もない | めっそうもない 터무니없다, 당치도 않다

新入社員の私が社長と一緒にゴルフをするなんて、**滅相もない**。
신입 사원인 내가 사장님과 함께 골프를 치다니 당치도 않다.

な 형용사

★★ □01 あやふや 애매모호함

何を訊いても彼の答えはいつも**あやふやで**はっきりしない。
무엇을 물어도 그의 대답은 항상 애매모호하고 불분명하다.

★★ □02 疎か | おろそか 소홀함

バイトばかりして勉強が**疎かに**なっては元も子もない。
아르바이트만 하고 공부를 소홀히 해서는 아무것도 남는 게 없다.

★ □03 軽快 | けいかい 경쾌함

軽快なマーチに合わせて参加チームの入場行進が始まった。
경쾌한 행진곡에 맞춰서 참가 팀의 입장 행진이 시작되었다.

★★ □ 04 ちぐはぐ　　짝짝이임, 조화가 되어 있지 않고 뒤죽박죽임

あのアパート団地(だんち)は建物(たてもの)の色使(いろづか)いが**ちぐはぐで**統一感(とういつかん)がない。
저 아파트 단지는 건물 배색이 뒤죽박죽이어서 통일감이 없다.

★★ □ 05 まばら　　드문드문함

平日(へいじつ)の美術館(びじゅつかん)は静(しず)かで人影(ひとかげ)も**まばらだった**。
평일 미술관은 조용하고 인적도 드문드문했다.

부사

31-4.mp3

★ □ 01 いずれ　　어차피

そんな嘘(うそ)をついても**いずれ**ばれるんだから、正直(しょうじき)に言(い)った方(ほう)がいい。
그런 거짓말을 해도 어차피 들킬 테니까 정직하게 말하는 편이 좋다.

★★ □ 02 がらんと　　텅 비어 있는 모양

できたばかりの倉庫(そうこ)はまだ中(なか)に何(なに)もなく、**がらんと**している。
생긴 지 얼마 안 되는 창고는 아직 안에 아무것도 없이 텅 비어 있다.

★★ □ 03 事前に ｜ じぜんに　　사전에, 미리

プロジェクトを始(はじ)めようとするなら、**事前に**社長(しゃちょう)の許可(きょか)が要(い)る。
프로젝트를 시작하려고 한다면 사전에 사장의 허가가 필요하다.

★★ □ 04 如実に ｜ にょじつに　　여실히

この統計(とうけい)の結果(けっか)は景気(けいき)の悪化(あっか)を**如実に**物語(ものがた)っている。
이 통계 결과는 경기의 악화를 여실히 말해 주고 있다.

★★ □ 05 未然に ｜ みぜんに　　미연에

最新(さいしん)のハイテク技術(ぎじゅつ)を駆使(くし)して災害(さいがい)を**未然に**防(ふせ)ぐ。
최신 하이테크 기술을 구사하여 재해를 미연에 방지하다.

4순위

의성어·의태어

☐ 01 うとうと 잠시 얕은 잠을 자는 모양, 꾸벅꾸벅

生徒が授業中に**うとうと**居眠りをするのを見つけた。
학생이 수업 중에 꾸벅꾸벅 조는 모습을 발견했다.

☐ 02 ぐうぐう 코를 골며 자는 모양, 쿨쿨

父はとても疲れたらしく、ソファーで**ぐうぐう**いびきを立てて寝ている。
아버지는 대단히 피곤하셨는지 소파에서 쿨쿨 코를 골며 주무시고 있다.

☐ 03 どろどろ 액체가 걸쭉한 모양

アイスクリームを床の上に置いていたら、溶けて**どろどろ**になってしまった。
아이스크림을 바닥 위에 놓아 두었더니 녹아서 걸쭉해져 버렸다.

☐ 04 ぺろぺろ 혀로 몇 번이고 핥는 모양, 할짝할짝

子供が両手に飴を持って、おいしそうに**ぺろぺろ**舐めている。
아이가 양손에 엿을 들고 맛있다는 듯이 할짝할짝 핥고 있다.

☐ 05 むしゃむしゃ 게걸스럽게 먹는 모양

お腹がぺこぺこで、テーブルの上にあったパンを**むしゃむしゃ**食べた。
배가 고파서 테이블 위에 있던 빵을 게걸스럽게 먹었다.

속담·사자성어

☐ 01 一を聞いて十を知る | いちをきいてじゅうをしる 하나를 들으면 열을 안다

彼は小さい時から**一を聞いて十を知る**ような子供だったそうだ。
그는 어렸을 때부터 하나를 들으면 열을 아는 아이였다고 한다.

★★
□ 02 **宝の持ち腐れ** | たからのもちぐされ 보물을 가지고 썩힌다

せっかく留^{りゅうがく}学まで行^いって英^{えいご}語力^{りょく}を磨^{みが}いたのに、ただ家^{いえ}でぶらぶらして
いるなんて**宝の持ち腐れ**だ。

모처럼 유학까지 가서 영어 실력을 갈고닦았는데 그냥 집에서 빈둥거리며 지내고 있다니 아까운 재능을 썩
히고 있다.

PLUS 좋은 것을 가지고 있으면서 쓰지 않는다는 뜻.

★★
□ 03 **五里霧中** | ごりむちゅう 오리무중

新^{あたら}しい部^{ぶしょ}署に異^{いどう}動になり、今^{いま}までの業^{ぎょうむ}務とは全^{まった}く違^{ちが}って**五里霧中**の
毎^{まいにち}日だ。 새로운 부서에 이동했는데 지금까지의 업무와 전혀 달라서 매일 오리무중 상태이다.

PLUS 어떻게 해야 할지 갈피를 잡을 수가 없다는 뜻.

★★
□ 04 **用意周到** | よういしゅうとう 용의주도

彼^{かれ}は几^{きちょうめん}帳面な上^{うえ}に**用意周到**な性^{せいかく}格で、絶^{ぜったい}対に忘^{わす}れ物^{もの}なんかしない。

그는 꼼꼼하고 용의주도한 성격이어서 절대로 물건을 잊어버리지 않는다.

관용어

★★
□ 01 **追い討ちをかける** | おいうちをかける 더욱 몰아치다

相^{あいて}手の弱^{じゃくてん}点を見^みつけて**追い討ちをかけた**。

상대방의 약점을 찾아내어 더욱 몰아붙였다.

★★
□ 02 **我を折る** | がをおる 고집을 꺾다

自^{じぶん}分が正^{ただ}しいと思^{おも}うなら、**我を折って**妥^{だきょう}協する必^{ひつよう}要はない。

자신이 옳다고 생각한다면 고집을 꺾고 타협할 필요는 없다.

★★
□ 03 **牙を剥く** | きばをむく 송곳니를 드러내다(공격할 태세를 갖추다)

副^{ふくしゃちょう}社長が突^{とつじょ}如**牙を剥いて**社^{しゃちょう}長に辞^{じにん}任を迫^{せま}った。

부사장이 갑자기 송곳니를 드러내며 사장에게 사임을 요구했다.

**4
순위**

★★★ □ 04 踵を返す | きびすをかえす　발길을 돌리다

久々に友人の家を訪ねたが、留守だったので**踵を返した**。
오랜만에 친구 집을 방문했는데 부재 중이어서 발길을 돌렸다.

★★★ □ 05 けんもほろろ　매몰참

旧友に借金を申し込んだが、**けんもほろろ**に断られた。
옛 친구에게 돈을 빌려 달라고 부탁했는데 매몰차게 거절당했다.

★★★ □ 06 すねに傷を持つ | すねにきずをもつ　숨기고 싶은 과거가 있다

彼は**すねに傷を持つ**身だから、他人を批判することなどできないだろう。
그는 숨기고 싶은 과거가 있는 사람이라 남을 비판하는 것은 할 수 없을 것이다.

★★ □ 07 度が過ぎる | どがすぎる　도가 지나치다

いくら気分が悪いからって、そこまで言うのは**度が過ぎる**と思いませんか。
아무리 기분이 나쁘다고 해서 그렇게까지 말하는 것은 도가 지나치다고 생각하지 않습니까?

★★★ □ 08 七重の膝を八重に折る | ななえのひざをやえにおる　대단히 공손하게 사과하다

大事な顧客に迷惑をかけて、**七重の膝を八重に折って**謝った。
소중한 고객에게 폐를 끼쳐서 공손하게 사과했다.

★★ □ 09 恥も外聞もない | はじもがいぶんもない　체면을 신경 쓰지 않다

お金がなければ食べていけないので、当時は**恥も外聞もなく**借金をした。
돈이 없으면 먹고 살 수가 없어서 당시에는 체면을 신경 쓰지 않고 돈을 빌렸다.

★★ □ 10 虫が好かない | むしがすかない　왠지 마음에 들지 않는다

彼の人を見下すような話し方は**虫が好かない**。
그의 남을 깔보는 듯한 말투가 왠지 마음에 들지 않는다.

1 다음 밑줄 친 히라가나에 해당하는 한자를 고르세요.

1. ヨーロッパの城をまねてつくった建物　① 間似て ② 真似て
2. この仕事は大変だが、ほうしゅうは多い。　① 報酬 ② 報収
3. 部下のふしょうじの責任を上司がとらされた。① 不承事 ② 不祥事
4. 長年ちくせきされたノウハウ　① 築積 ② 蓄積
5. 熱中症防止のためにすいとうを持ち歩く。　① 水筒 ② 水稲

2 다음 두 문장 중에서 올바른 문장을 고르세요.

1. ① 古典文学に麻酔する。
   ② 古典文学に心酔する。

2. ① そんなはしたない言い方はやめなさい。
   ② そんなうるわしい言い方はやめなさい。

3. ① お腹がすいていたのでパンをむしゃむしゃと食べた。
   ② お腹がすいていたのでパンをむしゃくしゃと食べた。

4. ① 平日の美術館は人影もまだらだった。
   ② 平日の美術館は人影もまばらだった。

5. ① 電車の中で狸寝入りをする。
   ② 電車の中で狐の嫁入りをする。

3 다음 일본어가 설명하고 있는 단어를 고르세요.

1. 値段を見積もる。

① 値踏み　　② 値崩れ

2. 出前でとる食事

① 店屋物　　② 配達物

3. 春や秋に着る服

① 制服　　② 合服

4. 外に出るのが面倒で、なかなか出ない。

① 引きこもり　　② 出不精

5. 事件の影響が他の場所にも及ぶ。

① 飛び火　　② 火種

---

1 1.② 2.① 3.② 4.② 5.①　**2** 1.② 2.① 3.① 4.② 5.①　**3** 1.① 2.① 3.② 4.② 5.①

DAY 32

VOCA Check

나의 어휘 실력은 현재 어느 정도일까?
실전 어휘력 체크!

다음 어휘의 뜻을 써 보세요.

명사

□01 過渡期 ....
□02 吟味 ....
□03 醸造 ....
□04 気後れ ....
□05 気前 ....
□06 立ち往生 ....
□07 いたちごっこ ....
□08 血眼 ....
□09 目の当たり ....

동사

□10 織る ....
□11 搾る ....
□12 縮む ....
□13 濡らす ....
□14 恵まれる ....
□15 食い込む ....
□16 煮詰まる ....
□17 盛り返す ....
□18 出くわす ....

형용사

□19 いたたまれない ....
□20 忌ま忌ましい ....
□21 軽々しい ....
□22 屈託ない ....
□23 たどたどしい ....
□24 いびつ ....
□25 滑稽 ....
□26 陳腐 ....
□27 月並み ....

부사·의성어·의태어

□28 徐に ....
□29 極力 ....
□30 しばしば ....
□31 首尾よく ....
□32 どっかり ....
□33 ざらざら ....
□34 しょぼしょぼ ....
□35 だくだく ....
□36 なよなよ ....

속담·사자성어·관용어

□37 他山の石 ....
□38 一期一会 ....
□39 馬が合う ....
□40 波に乗る ....

- **정답 개수 01~10개** ▶ **당신은 초급자!** 산 넘어 산이네요! 정독하여 반드시 어휘 정복합시다!
- **정답 개수 11~20개** ▶ **당신은 초중급자!** 이제 걸음마 뗀 수준? 좀 더 노력하여 수준급으로 Go!
- **정답 개수 21~30개** ▶ **당신은 중급자!** 조금만 더 열심히 하면, 상급자까지 얼마 안 남았어요!
- **정답 개수 31~40개** ▶ **당신은 거의 상급자 수준?!** 방심은 금물! 100% 완벽에 도전합시다!

DAY 32

명사

32-1.mp3

기본 한자어

- □ 01 暗記 | あんき 암기
- □ 02 恩恵 | おんけい 은혜
- □ 03 過渡期 | かとき 과도기
- □ 04 貨幣 | かへい 화폐
- □ 05 加味 | かみ 가미
- □ 06 基軸 | きじく 기축
- □ 07 供給 | きょうきゅう 공급
- □ 08 吟味 | ぎんみ 음미
- □ 09 羞恥心 | しゅうちしん 수치심
- □ 10 熟睡 | じゅくすい 숙면
- □ 11 守銭奴 | しゅせんど 수전노
- □ 12 醸造 | じょうぞう 양조
- □ 13 摂取 | せっしゅ 섭취
- □ 14 創出 | そうしゅつ 창출
- □ 15 存続 | そんぞく 존속
- □ 16 惰性 | だせい 타성
- □ 17 挑発 | ちょうはつ 도발
- □ 18 沈黙 | ちんもく 침묵
- □ 19 発射 | はっしゃ 발사
- □ 20 微動 | びどう 미동
- □ 21 罷免 | ひめん 파면
- □ 22 氷河 | ひょうが 빙하
- □ 23 包容力 | ほうようりょく 포용력
- □ 24 躍進 | やくしん 약진
- □ 25 烙印 | らくいん 낙인
- □ 26 老衰 | ろうすい 노쇠

읽기에 주의해야 할 음훈 결합 명사

☐ 01 気後れ | きおくれ — 주눅이 듦

偉大(いだい)な先輩(せんぱい)ばかりいる席(せき)で発言(はつげん)するのは少(すこ)し**気後れ**する。

위대한 선배만 있는 자리에서 발언하는 것은 조금 주눅이 든다.

☐ 02 気落ち | きおち — 낙담

オーディションに合格(ごうかく)できなかった彼女(かのじょ)は、すっかり**気落ち**してしまった。

오디션에 합격하지 못한 그녀는 완전히 낙담하고 말았다.

☐ 03 気前 | きまえ — (돈 등을) 시원스레 잘 쓰는 성격

気前がいいからと言(い)って、その人(ひと)が金持(かねも)ちだとは限(かぎ)らない。

돈 씀씀이가 시원시원하다고 해서 그 사람이 부자라고는 할 수 없다.

☐ 04 立ち往生 | たちおうじょう — 옴짝달싹 못함

車(くるま)が道路(どうろ)の真(ま)ん中(なか)で**立ち往生**の状態(じょうたい)で渋滞(じゅうたい)している。

차가 도로 한가운데에서 옴짝달싹 못하는 상태로 정체되어 있다.

☐ 05 茶の間 | ちゃのま — 거실

茶の間でテレビを見(み)るのが祖父(そふ)の唯一(ゆいいつ)の楽(たの)しみだった。

거실에서 TV를 보는 것이 할아버지의 유일한 즐거움이었다.

☐ 06 手相 | てそう — 손금

手相を見(み)てもらったが、かなり長生(ながい)きすると言(い)われた。

손금을 봤는데 꽤 오래 살 거라는 말을 들었다.

☐ 07 伸び率 | のびりつ — 성장률

3年前(ねんまえ)から我(わ)が社(しゃ)は売上高(うりあげだか)の**伸び率**が鈍化(どんか)してきた。

3년 전부터 우리 회사는 매출액의 성장률이 둔화되어 왔다.

★★ □ 08 未払い | みはらい 체불

<ruby>会社<rt>かいしゃ</rt></ruby><ruby>側<rt>がわ</rt></ruby>に**未払い**の<ruby>給料<rt>きゅうりょう</rt></ruby>を<ruby>請求<rt>せいきゅう</rt></ruby>する。

회사 측에 체불된 급여를 청구하다.

□ 09 利回り | りまわり 이율

<ruby>一般的<rt>いっぱんてき</rt></ruby>に<ruby>大企業<rt>だいきぎょう</rt></ruby>ほど、<ruby>投資<rt>とうし</rt></ruby>**利回り**が<ruby>悪<rt>わる</rt></ruby>い。

일반적으로 대기업일수록 투자 이율이 좋지 않다.

□ 10 割り勘 | わりかん 더치페이(따로따로 계산함)

<ruby>人<rt>ひと</rt></ruby>におごってもらうより**割り勘**で<ruby>食<rt>た</rt></ruby>べた<ruby>方<rt>ほう</rt></ruby>が<ruby>気<rt>き</rt></ruby>が<ruby>楽<rt>らく</rt></ruby>だ、という<ruby>人<rt>ひと</rt></ruby>もいる。

남에게 얻어먹는 것보다 더치페이로 먹는 것이 마음이 편하다는 사람도 있다.

🟦 고유어

□ 01 宛名 | あてな 수취인명, 수취인 정보

<ruby>海外郵便<rt>かいがいゆうびん</rt></ruby>の<ruby>正<rt>ただ</rt></ruby>しい**宛名**の<ruby>書<rt>か</rt></ruby>き<ruby>方<rt>かた</rt></ruby>を<ruby>調<rt>しら</rt></ruby>べている。

해외 우편의 올바른 수취인 정보 기입 방법을 조사하고 있다.

□ 02 いたちごっこ 다람쥐 쳇바퀴 돌듯 변화가 없음

いくら<ruby>掃除<rt>そうじ</rt></ruby>しても<ruby>片<rt>かた</rt></ruby>っ<ruby>端<rt>ぱし</rt></ruby>から<ruby>汚<rt>よご</rt></ruby>す<ruby>人<rt>ひと</rt></ruby>がいては**いたちごっこ**だ。

아무리 청소해도 마구 어지럽히는 사람이 있어서는 늘 같은 악순환이다.

□ 03 痛手 | いたで 타격

<ruby>不動産投資<rt>ふどうさんとうし</rt></ruby>の<ruby>失敗<rt>しっぱい</rt></ruby>が<ruby>大<rt>おお</rt></ruby>きな**痛手**となった。

부동산 투자 실패가 큰 타격이 되었다.

□ 04 お構い無し | おかまいなし 개의치 않음

あの<ruby>人<rt>ひと</rt></ruby>は<ruby>周<rt>まわ</rt></ruby>りの<ruby>事<rt>こと</rt></ruby>など**お構い無し**で、<ruby>自分<rt>じぶん</rt></ruby>の<ruby>言<rt>い</rt></ruby>いたいことだけを<ruby>言<rt>い</rt></ruby>って<ruby>出<rt>で</rt></ruby>ていった。

그 사람은 주변 같은 것은 아랑곳하지 않고 자기가 하고 싶은 말만 하고는 나가 버렸다.

★★ □ 05 **遅咲き** | おそざき　늦게 꽃을 피움

彼女(かのじょ)は中年(ちゅうねん)を過(す)ぎてから成功(せいこう)した**遅咲き**の女優(じょゆう)だ。
그녀는 중년이 지나서 성공한 늦게 꽃을 피운 여배우이다.

★★ □ 06 **返り咲き** | かえりざき　한번 잃었던 자리를 되찾음

長(なが)い間(あいだ)不調(ふちょう)だったゴルフのスター選手(せんしゅ)が、調子(ちょうし)を取(と)り戻(もど)して賞金王(しょうきんおう)に**返り咲き**した。
오랫동안 부진했던 골프 스타 선수가 제 기량을 회복하여 상금왕에 복귀했다.

★★ □ 07 **懸け橋** | かけはし　관계를 이어 주는 역할을 하는 매개체나 사람, 가교

このスポーツ交流会(こうりゅうかい)は日韓友好(にっかんゆうこう)の**懸け橋**としての役割(やくわり)を担(にな)っている。
이 스포츠 교류회는 한일 우호의 가교 역할을 맡고 있다.

★★ □ 08 **釘付け** | くぎづけ　그 자리에서 꼼짝 못하게 됨

この番組(ばんぐみ)は視聴者(しちょうしゃ)を**釘付け**にする番組(ばんぐみ)として長年(ながねん)高(こう)視聴率(しちょうりつ)を獲得(かくとく)してきた。
이 방송은 시청자를 사로잡는 방송으로 오랫동안 높은 시청률을 획득해 왔다.

★★★ □ 09 **兼ね合い** | かねあい　균형

仕事(しごと)と家庭(かてい)との**兼ね合い**は大変難(たいへんむずか)しいことだ。
일과 가정의 균형을 유지하는 것은 대단히 어려운 일이다.

★★ □ 10 **下り坂** | くだりざか　내리막길

下り坂での運転(うんてん)はブレーキのタイミングが重要(じゅうよう)だ。
내리막길에서의 운전은 브레이크를 잡는 타이밍이 중요하다.

반 上り坂 | のぼりざか 오르막길

★★ □ 11 **雲行き** | くもゆき　(일이 흘러가는) 정세

景気回復(けいきかいふく)の兆(きざ)しが見(み)えていたのも束(つか)の間(ま)、**雲行き**が怪(あや)しくなってきた。
경기 회복 조짐이 보이던 것도 잠시 정세가 이상해지기 시작했다.

4순위

★★ □ 12 尻尾 | しっぽ 꼬리

うちの犬(いぬ)は家族(かぞく)が帰(かえ)ってくると**尻尾**を振(ふ)りながら喜(よろこ)ぶ。
우리 집 개는 가족이 집에 돌아오면 꼬리를 흔들면서 기뻐한다.

★★ □ 13 血眼 | ちまなこ 혈안

落(お)とした財布(さいふ)を**血眼**になって探(さが)してみたが、見(み)つからなかった。
잃어버린 지갑을 혈안이 되어 찾아 보았지만 발견되지 않았다.

★★ □ 14 梯子 | はしご 사다리

屋根裏部屋(やねうらべや)に行(い)くには**梯子**を登(のぼ)らなくてはならなくて不便(ふべん)だった。
다락방에 가려면 사다리를 타고 올라가야만 해서 불편했다.

★★ □ 15 目の当たり | まのあたり 눈앞, 바로 앞

地震(じしん)の被害(ひがい)を**目の当たり**にして、その恐(おそ)ろしさを実感(じっかん)した。
지진 피해를 바로 앞에서 보고 그 무시무시함을 실감했다.

동사

32-2.mp3

기본 동사

★ □ 01 編む | あむ 엮다, 뜨개질하다

彼女(かのじょ)はマフラーやセーターを**編む**のが唯一(ゆいいつ)の趣味(しゅみ)だそうだ。
그녀는 목도리나 스웨터를 짜는 것이 유일한 취미라고 한다.

★ □ 02 織る | おる (옷감 등을) 짜다

布(ぬの)を**織る**技術(ぎじゅつ)には国(くに)それぞれの特徴(とくちょう)がある。
옷감을 짜는 기술은 나라마다 특징이 있다.

★ □ 03 着せる | きせる (옷 등을) 입히다

子供(こども)に浴衣(ゆかた)を**着せて**花火大会(はなびたいかい)に出(で)かけた。
아이에게 유카타를 입혀서 불꽃놀이를 보러 나갔다.

☐ 04 **覚ます** | さます　(잠이) 깨다

高熱(こうねつ)にうかされ、夜中(よなか)に何度(なんど)も目(め)を**覚まして**しまった。

고열에 의식이 몽롱해져 한밤중에 몇 번이나 잠을 깨고 말았다.

PLUS 주로 目(め)を覚ます(잠에서 깨다, 눈을 뜨다)나 酔(よ)いを覚ます(술이 깨다)의 조합으로 쓰이는 경우가 많다.

☐ 05 **搾る** | しぼる　(물기 등을) 짜내다

雑巾(ぞうきん)を**搾って**床(ゆか)を拭(ふ)いてから、ワックスをかけてください。

걸레의 물기를 짜내어 바닥을 닦은 후에 왁스를 칠하세요.

☐ 06 **揃う** | そろう　갖추어지다

一人暮(ひとりぐ)らしに必要(ひつよう)な電気製品(でんきせいひん)はほとんど**揃って**いる。

혼자 살 때 필요한 전기제품은 거의 갖추어져 있다.

☐ 07 **縮む** | ちぢむ　줄어들다, 쪼그라들다

セーターを洗濯機(せんたくき)で洗(あら)ったら**縮んで**しまって、もう着(き)られなくなった。

스웨터를 세탁기로 빨았더니 줄어들어 버려서 이제 입을 수 없게 되었다.

☐ 08 **散らかす** | ちらかす　어지럽히다

せっかく掃除(そうじ)したばかりなのに、子供(こども)たちがもう部屋(へや)を**散らかして**いる。

모처럼 청소를 끝냈는데 아이들이 벌써 방을 어지럽히고 있다.

PLUS 散らかる | ちらかる 어질러지다, 흩어지다

☐ 09 **縫う** | ぬう　꿰매다

この生地(きじ)は厚(あつ)すぎるから、ミシンで**縫う**より手(て)で**縫った**方(ほう)がよさそうだ。

이 옷감은 너무 두꺼워서 재봉틀로 꿰매는 것보다 손으로 꿰매는 편이 좋을 것 같다.

☐ 10 **脱げる** | ぬげる　(착용하고 있던 것이) 벗겨지다

急(いそ)いで階段(かいだん)を駆(か)け上(あ)がったら、靴(くつ)が片方(かたほう)**脱げて**しまった。

서둘러 계단을 뛰어 올라가다가 신발 한쪽이 벗겨져 버렸다.

□ 11 濡らす | ぬらす (물 등에) 적시다

このシートは水(みず)に**濡らして**、3分(ぷん)ほど放置(ほうち)してから貼(は)り付(つ)ける。
이 시트는 물에 적셔서 3분 정도 놔 둔 후에 붙인다.

□ 12 延ばす | のばす (시간 등을) 연기하다, 연장하다

応募者(おうぼしゃ)が少(すく)なくて、締(し)め切(き)りが1週間(しゅうかん)**延ばされた**。
응모자가 적어서 마감일이 일주일 연기되었다.

□ 13 外す | はずす 떼어 내다, 벗겨 내다

あまりにも暑(あつ)くて、ワイシャツの一番上(いちばんうえ)のボタンを**外した**。
너무 더워서 와이셔츠의 맨 윗 단추를 풀었다.

□ 14 恵まれる | めぐまれる 혜택을 받다, 복이 있다

友人(ゆうじん)に**恵まれて**、充実(じゅうじつ)した学生生活(がくせいせいかつ)を送(おく)った。
친구 복이 있어서 충실한 학창 시절을 보냈다.

□ 15 沸く | わく (물 등이) 끓다

ポットのお湯(ゆ)が**沸いた**ので、同僚(どうりょう)たちにコーヒーを淹(い)れてあげた。
주전자 물이 끓어서 동료들에게 커피를 타 주었다.

복합동사

□ 01 突き返す | つきかえす 받지 않고 되돌려 주다

部長(ぶちょう)は、部下(ぶか)の辞表(じひょう)をその場(ば)で**突き返した**。
부장은 부하의 사표를 그 자리에서 되돌려 주었다.

□ 02 駆り出す | かりだす (억지로) 끌어내다, 동원하다

自由業(じゆうぎょう)なので、時間(じかん)のやりくりがきく私(わたし)も応援(おうえん)に**駆り出された**。
자유업이라서 시간 조절이 가능한 나도 응원에 동원되었다.

☐ 03 食い込む | くいこむ　(어떠한 영역으로) 파고들다

今度の大会で上位に**食い込む**のは難しそうだ。
이번 대회에서 상위로 파고드는 것은 어려울 것 같다.

☐ 04 出揃う | でそろう　전부 갖추어지다

出席者が**出揃った**ので、会議を始めます。
참석자가 모두 모였으니 회의를 시작하겠습니다.

☐ 05 煮詰まる | につまる　충분히 논의하여 결론이 나도록 하다

会議に会議を重ねて、ようやく結論が**煮詰まって**きた。
회의에 회의를 거듭하여 겨우 결론이 났다.

☐ 06 捩じ込む | ねじこむ　쑤셔 넣다

ズボンのポケットに手ぬぐいを無理やり**捩じ込んだ**。
바지 주머니에 수건을 억지로 쑤셔 넣었다.

☐ 07 粘り抜く | ねばりぬく　끝까지 해내다

最後まで諦めずに**粘り抜いて**、初めてマラソンを完走した。
마지막까지 포기하지 않고 버터 내어 처음으로 마라톤을 완주했다.

☐ 08 盛り返す | もりかえす　만회하다, 복구하다

後半戦から日本チームが**盛り返して**、1点差まで詰め寄った。
후반전부터 일본 팀이 만회하여 1점 차까지 바싹 따라붙었다.

☐ 09 出くわす | でくわす　(예상치 못한 것과) 맞닥뜨리다

ドライブ中、タイヤがパンクするという予期せぬ事故に**出くわした**。
드라이브 중에 타이어가 펑크 나는 예기치 못한 사고와 맞닥뜨렸다.

☐ 10 見立てる | みたてる　(비슷한 다른 것에) 비유하다

この詩はバラの花を女性に**見立てた**作品だ。
이 시는 장미를 여성에 비유한 작품이다.

형용사

32-3.mp3

い 형용사

☆☆ □ 01 いたたまれない　너 이상 견딜 수가 없다

彼女(かのじょ)の話(はなし)を聞(き)いたら、あまりにも気(き)の毒(どく)で**いたたまれなく**なった。
그녀의 이야기를 들었더니 너무나 가여워서 더 이상 견딜 수 없게 되었다.

☆☆ □ 02 忌ま忌ましい | いまいましい　거슬리다, 화가 치밀다

いつも私(わたし)の意見(いけん)に反対(はんたい)をする**忌ま忌ましい**連中(れんちゅう)がいる。
항상 내 의견에 반대를 하는 거슬리는 무리가 있다.

☆☆ □ 03 軽々しい | かるがるしい　경망스럽다

他人(たにん)の家庭事情(かていじじょう)について**軽々しく**口(くち)を出(だ)すなんて、非常識(ひじょうしき)だ。
남의 가정 사정에 대해 경망스럽게 말참견을 하다니 비상식적이다.

☆☆ □ 04 屈託ない | くったくない　태평하다

屈託ない笑顔(えがお)を見(み)せる子供(こども)たちにカメラのレンズを向(む)けた。
태평한 웃음을 보이고 있는 아이들을 향해 카메라 렌즈를 돌렸다.

☆☆ □ 05 たどたどしい　(동작이나 말투 등이) 어설프다, 더듬거리다

その外国人(がいこくじん)は**たどたどしい**日本語(にほんご)で説明(せつめい)をした。
그 외국인은 더듬거리는 일본어로 설명을 했다.

な 형용사

☆☆ □ 01 いびつ　일그러짐

手作(てづく)りのパンなので形(かたち)はちょっと**いびつだ**が、味(あじ)には自信(じしん)がある。
수제 빵이라서 모양은 좀 일그러졌지만 맛에는 자신이 있다.

☆☆ □ 02 滑稽 | こっけい　우스꽝스러움

真面目(まじめ)にやればやるほど**滑稽だ**が、やっている本人(ほんにん)は必死(ひっし)だ。
진지하게 하면 할수록 우스꽝스럽지만 하고 있는 본인은 필사적이다.

□ 03 陳腐 | ちんぷ 진부함

陳腐な台詞だけでなく、尻切れとんぼのストーリーにもがっかりした。
진부한 대사뿐만 아니라 어중간한 스토리에도 실망했다.

□ 04 月並み | つきなみ 평범함, 진부함

エントリーシートの内容は**月並みな**表現が多くて味気ない。
입사 지원서 내용은 진부한 표현이 많아서 색다른 맛이 없다.

□ 05 悲惨 | ひさん 비참함

旅客機の墜落した事故現場は**悲惨な**状況だ。
여객기가 추락한 사고 현장은 비참한 상황이다.

부사

32-4.mp3

□ 01 徐に | おもむろに 서서히

じっと話を聞いていた父は**徐に**話し始めた。
가만히 이야기를 듣고 있던 아버지가 천천히 이야기를 시작했다.

□ 02 極力 | きょくりょく 최대한, 되도록

災害時には**極力**落ち着いて、随時最新情報を集めるようにしなければならない。
재해 발생 시에는 되도록 침착함을 유지하며 수시로 최신 정보를 모으도록 해야 한다.

□ 03 しばしば 종종, 자주

最近、研究のために**しばしば**歌舞伎を見に行くようになった。
요즘 연구를 위해 종종 가부키를 보러 가게 되었다.

□ 04 首尾よく | しゅびよく 순조롭게

今回の取引は、初めての割には**首尾よく**進んでほっとした。
이번 거래는 처음치고는 순조롭게 진행되어서 한시름 놓았다.

4순위

★★ □ 05 どっかり　무게감 있게 자리하고 있는 모양, 떡 하니

日当(ひあ)たりのいい所(ところ)にアロエの鉢植(はちう)えが**どっかり**居座(いすわ)っている。
햇볕이 잘 드는 곳에 알로에 화분이 떡 하니 자리를 잡고 있다

의성어·의태어

★★ □ 01 ざらざら　감촉이 거친 모양, 까칠까칠

部屋(へや)の床(ゆか)に砂(すな)が落(お)ちていて、素足(すあし)で歩(ある)くと**ざらざら**する。
방바닥에 모래가 떨어져 있어서 맨발로 걸으면 까칠까칠하다.

★★ □ 02 しょぼしょぼ　눈이 잘 안 떠져서 사물이 잘 보이지 않는 모양

さっき起(お)きたばかりで、目(め)が**しょぼしょぼ**してよく見(み)えない。
방금 막 일어나서 눈이 흐릿해서 잘 안 보인다.

★★ □ 03 だくだく　땀이나 피 등이 줄줄 흐르는 모양

炎天下(えんてんか)で作業(さぎょう)しているので、汗(あせ)が**だくだく**と流(なが)れる。
뜨거운 햇볕 아래에서 작업하고 있어서 땀이 줄줄 흐른다.

★★ □ 04 なよなよ　가냘프고 약한 모양

彼(かれ)は小学生(しょうがくせい)の頃(ころ)は**なよなよ**していて、誰(だれ)もサッカー選手(せんしゅ)になるとは思(おも)わなかったらしい。
그는 초등학생 때는 마르고 비실비실해서 아무도 축구 선수가 될 거라고는 생각하지 않았다고 한다.

★★ □ 05 まるまる　살이 쪄서 동글동글해 보이는 모양

未熟児(みじゅくじ)で生(う)まれた娘(むすめ)も、今(いま)は**まるまる**太(ふと)って元気(げんき)だ。
미숙아로 태어난 딸도 지금은 포동포동 살이 쪄서 건강하다.

속담·사자성어

☐ 01 灯台下暗し | とうだいもとくらし　등잔 밑이 어둡다

携帯(けいたい)を無(な)くしたと思(おも)ったら、ポケットの中(なか)にあった。まさに**灯台下暗しだ**。 휴대 전화를 잃어버렸다고 생각했는데 주머니 안에 있었다. 등잔 밑이 어두운 법이다.

☐ 02 他山の石 | たざんのいし　타산지석

他人事(ひとごと)のように思(おも)わずに、**他山の石**として気(き)を付(つ)けた方(ほう)がいい。
다른 사람 일이라고 생각하지 말고 타산지석으로 삼아 조심하는 것이 좋다.

PLUS 남의 말이나 행동이 자신의 지식이나 인격 수양에 도움이 된다는 뜻.

☐ 03 一期一会 | いちごいちえ　일생에 단 한 번의 만남

常(つね)に**一期一会**の心(こころ)で相手(あいて)に接(せっ)することを心掛(こころが)けている。
항상 일생에 단 한 번이라는 마음으로 상대를 대하도록 하고 있다.

☐ 04 一刀両断 | いっとうりょうだん　일도양단

一刀両断に解決(かいけつ)しようとしてもあまりに障害(しょうがい)が多(おお)すぎる。
일도양단으로 해결하려고 해도 너무 장애가 많다.

PLUS 망설이지 않고 과감하게 결정한다는 뜻.

4순위

관용어

☐ 01 馬が合う | うまがあう　마음이 잘 맞다

生(う)まれも育(そだ)ちも全然違(ぜんぜんちが)うのに、なぜかあの人(ひと)とは**馬が合う**。
태생도 자란 환경도 전혀 다른데 왠지 저 사람과는 마음이 잘 맞는다.

☐ 02 けじめをつける　구분을 짓다

いくら親(した)しい人(ひと)でも公私(こうし)の**けじめをつける**必要(ひつよう)はある。
아무리 친한 사람이라도 공과 사의 구분을 지을 필요는 있다.

□ 03 底を打つ | そこをうつ　바닥을 치다

経済(けいざい)が**底を打った**と判断(はんだん)するのはまだ時期尚早(じきしょうそう)だ。
경제가 바닥을 쳤다고 판단하는 것은 아직 시기상조이다

□ 04 ちょっかいを出す | ちょっかいをだす　참견하다

彼(かれ)は人(ひと)のプライベートにまで**ちょっかいを出す**から、みんなに嫌(いや)がられている。 그는 남의 사생활에까지 참견하기 때문에 다들 싫어한다.

□ 05 波に乗る | なみにのる　파도를 타다(흐름에 편승하다)

この企業(きぎょう)は経済成長(けいざいせいちょう)の**波に乗って**目覚(めざ)ましく発展(はってん)した。
이 기업은 경제 성장의 파도를 타고 눈부시게 발전했다.

□ 06 肘鉄砲を食わす | ひじでっぽうをくわす　단호하게 거절하다

憧(あこが)れの彼女(かのじょ)にデートの申(もう)し込(こ)みをしたが、**肘鉄砲を食わされた**。
동경하던 그녀에게 데이트 신청을 했지만 단호하게 거절당했다.

□ 07 一肌脱ぐ | ひとはだぬぐ　(도움을 주려고) 발 벗고 나서다

20年来(ねんらい)の友人(ゆうじん)の頼(たの)みなら、**一肌脱ぐ**しかないだろう。
20년 동안 알고 지낸 친구의 부탁이라면 발벗고 나설 수밖에 없을 것이다.

□ 08 ひびが入る | ひびがはいる　금이 가다

金(かね)の貸(か)し借(か)りによって、人間関係(にんげんかんけい)に**ひびが入る**こともある。
돈을 빌리거나 빌려주면서 인간관계에 금이 가는 일도 있다.

□ 09 水に流す | みずにながす　(나쁜 일을) 잊다, 흘려보내다

今(いま)までのことは全(すべ)て**水に流して**、一(いち)からやり直(なお)しましょう。
지금까지의 일은 모두 잊고 처음부터 다시 시작합시다.

□ 10 眼鏡にかなう | めがねにかなう　(윗사람의) 눈에 들다

監督(かんとく)の**眼鏡にかなった**から、スターの座(ざ)は約束(やくそく)されたようなものだ。
감독 눈에 들었으니 스타 자리는 약속된 거나 다름없다.

1 다음 밑줄 친 히라가나에 해당하는 한자를 고르세요.

1. 不祥事を起こした職員を<u>ひめん</u>する。 ① 罷免 ② 秘免
2. 投資の失敗が大きな<u>いたで</u>となった。 ① 痛出 ② 痛手
3. 水分を<u>せっしゅ</u>する。 ① 摂取 ② 接取
4. 醤油を<u>じょうぞう</u>する。 ① 醸造 ② 譲造
5. <u>ろうすい</u>で死亡した。 ① 老酔 ② 老衰

2 다음 두 문장 중에서 올바른 문장을 고르세요.

1. ① 梯子をかけて屋根に登る。
   ② 弟子をかけて屋根に登る。

2. ① 葉書に住所とあだ名を書く。
   ② 葉書に住所とあて名を書く。

3. ① たどたどしい英語で外国人に道の案内をする。
   ② いたたまれない英語で外国人に道の案内をする。

4. ① 彼女にデートの申し込みをしたが、水鉄砲を食わされた。
   ② 彼女にデートの申し込みをしたが、肘鉄砲を食わされた。

5. ① 今までのことは全部水に流して、もう一度やり直そう。
   ② 今までのことは全部川に流して、もう一度やり直そう。

3 다음 일본어가 설명하고 있는 단어를 고르세요.

1. 人のために力を貸す。

① 脱帽する ② 一肌脱ぐ

2. 必要なものやあるべきものが整ったり集まる。

① 揃う ② 祝う

3. 未熟なため、滑らかに事が進まない。

① たどたどしい ② 仰々しい

4. 形がゆがんでいる。

① くびれる ② いびつ

5. 均衡・バランス

① 兼ね合い ② 頃合い

1 1.① 2.② 3.① 4.① 5.② 2 1.① 2.② 3.① 4.② 5.① 3 1.② 2.① 3.① 4.② 5.①

DAY 33

VOCA Check

나의 어휘 실력은 현재 어느 정도일까?
실전 어휘력 체크!

다음 어휘의 뜻을 써 보세요.

명사

- □01 毀損 ....
- □02 染色 ....
- □03 傍聴 ....
- □04 敷地 ....
- □05 序の口 ....
- □06 不渡り ....
- □07 お召し物 ....
- □08 立ち消え ....
- □09 歯応え ....

동사

- □10 植える ....
- □11 遡る ....
- □12 染まる ....
- □13 濁る ....
- □14 横切る ....
- □15 食い下がる ....
- □16 なぎ倒す ....
- □17 振り切る ....
- □18 剥き出す ....

형용사

- □19 ぎこちない ....
- □20 とげとげしい ....
- □21 華々しい ....
- □22 回りくどい ....
- □23 見苦しい ....
- □24 可憐 ....
- □25 壮大 ....
- □26 出し抜け ....
- □27 風変わり ....

부사·의성어·의태어

- □28 一挙に ....
- □29 辛うじて ....
- □30 立て続けに ....
- □31 突如 ....
- □32 果たして ....
- □33 ずかずか ....
- □34 てくてく ....
- □35 へなへな ....
- □36 めろめろ ....

속담·사자성어·관용어

- □37 親の七光り ....
- □38 不眠不休 ....
- □39 尋常ではない ....
- □40 出る所へ出る ....

- 정답 개수 01~10개 ▶ **당신은 초급자!** 산 넘어 산이네요! 정독하여 반드시 어휘 정복합시다!
- 정답 개수 11~20개 ▶ **당신은 초중급자!** 이제 걸음마 뗀 수준? 좀 더 노력하여 수준급으로 Go!
- 정답 개수 21~30개 ▶ **당신은 중급자!** 조금만 더 열심히 하면, 상급자까지 얼마 안 남았어요!
- 정답 개수 31~40개 ▶ **당신은 거의 상급자 수준?!** 방심은 금물! 100% 완벽에 도전합시다!

DAY 33

명사

33-1.mp3

기본 한자어

- □ 01 甘受 | かんじゅ 감수
- □ 02 寒波 | かんぱ 한파
- □ 03 毀損 | きそん 훼손
- □ 04 虚構 | きょこう 허구
- □ 05 金字塔 | きんじとう 금자탑
- □ 06 決裂 | けつれつ 결렬
- □ 07 採択 | さいたく 채택
- □ 08 才能 | さいのう 재능
- □ 09 山河 | さんが 산하
- □ 10 遵守 | じゅんしゅ 준수
- □ 11 染色 | せんしょく 염색
- □ 12 相殺 | そうさい 상쇄
- □ 13 即座 | そくざ 즉석
- □ 14 調停 | ちょうてい 조정
- □ 15 抵触 | ていしょく 저촉
- □ 16 発酵 | はっこう 발효
- □ 17 不服 | ふふく 불복
- □ 18 豊作 | ほうさく 풍작
- □ 19 傍聴 | ぼうちょう 방청
- □ 20 法律 | ほうりつ 법률
- □ 21 牧畜 | ぼくちく 목축
- □ 22 面識 | めんしき 면식
- □ 23 様相 | ようそう 양상
- □ 24 養豚 | ようとん 양돈
- □ 25 酪農 | らくのう 낙농
- □ 26 労使 | ろうし 노사

읽기에 주의해야 할 음훈 결합 명사

☐ 01 気立て | きだて 마음씨

息子(むすこ)は**気立て**のいい娘(むすめ)を嫁(よめ)にもらった。
아들은 마음씨 좋은 처자를 아내로 맞이했다.

☐ 02 敷地 | しきち 부지

会社(かいしゃ)の**敷地**内(ない)に託児所(たくじしょ)が設(もう)けられることになった。
회사 부지 안에 탁아소가 설치되게 되었다.

☐ 03 仕切り | しきり 칸막이

一(ひと)つの部屋(へや)に**仕切り**を置(お)いて、二(ふた)つの部屋(へや)として使(つか)っている。
하나의 방에 칸막이를 설치하여 두 개의 방으로 사용하고 있다.

☐ 04 序の口 | じょのくち 시작에 불과함

この程度(ていど)の問題(もんだい)はまだ**序の口**で、ページが進(すす)むと難(むずか)しくなる。
이 정도의 문제는 아직 시작에 불과하고 페이지가 진행되면 어려워진다.

☐ 05 手加減 | てかげん 적당히 봐 줌

大人(おとな)が子供(こども)たちと野球(やきゅう)をする時(とき)には、**手加減**することが多(おお)い。
어른이 아이들과 야구를 할 때는 적당히 봐 주는 경우가 많다.

☐ 06 眠気覚まし | ねむけざまし 잠 깨우기

眠気覚ましのコーヒーを飲(の)んでから、一日(いちにち)の仕事(しごと)を始(はじ)める。
잠 깨우기용 커피를 마시고 나서 하루 업무를 시작한다.

☐ 07 仏頂面 | ぶっちょうづら 무뚝뚝한 얼굴

この建物(たてもの)の管理人(かんりにん)はいつも**仏頂面**をしていて、近寄(ちかよ)りがたい。
이 건물의 관리인은 항상 무뚝뚝한 얼굴을 하고 있어서 다가가기 어렵다.

4순위

★★ ☐ **08** 不渡り | ふわたり　부도

不渡りは決(けっ)して100%倒産(とうさん)を意味(いみ)するわけではない。

부도는 결코 100% 도산을 의미하는 것이 아니다.

★★★ ☐ **09** 迷子 | まいご　미아

子供(こども)の頃(ころ)に花火大会(はなびたいかい)で**迷子**になったことがある。

어렸을 때 불꽃 축제에서 미아가 된 적이 있다.

★★★ ☐ **10** 野次馬 | やじうま　구경꾼

火事(かじ)が起(お)きた現場(げんば)には朝(あさ)から多(おお)くの**野次馬**が集(あつ)まった。

화재가 일어난 현장에는 아침부터 많은 구경꾼들이 모였다.

고유어

★★ ☐ **01** 相身互い | あいみたがい　동병상련

会社(かいしゃ)の同期(どうき)はライバルだが、**相身互い**の関係(かんけい)だから仲良(なかよ)くしている。

회사 동기는 라이벌이지만 동병상련의 관계이기 때문에 사이좋게 지내고 있다.

★★ ☐ **02** 御伽噺 | おとぎばなし　옛날이야기

小(ちい)さい頃(ころ)、祖父(そふ)は面白(おもしろ)い**御伽噺**をよく聞(き)かせてくれた。

어렸을 때 할아버지는 재미있는 옛날이야기를 자주 들려주었다.

★★ ☐ **03** お召し物 | おめしもの　옷('남의 옷'의 높임말)

素敵(すてき)な**お召し物**ですね。奥様(おくさま)にとてもお似合(にあ)いです。

멋진 옷이네요. 부인께 아주 잘 어울려요.

★★ ☐ **04** 鞍替え | くらがえ　(직업이나 소속 등을) 바꿈

オリンピック代表選手(だいひょうせんしゅ)だった彼女(かのじょ)は、コーチから代議士(だいぎし)に**鞍替え**した。

올림픽 대표 선수였던 그녀는 코치에서 국회의원으로 직업을 바꾸었다.

☐ 05 立ち消え | たちぎえ 흐지부지됨

本社移転の話は、いつの間にか**立ち消え**になったらしい。
본사 이전 이야기는 어느샌가 흐지부지되었다고 한다.

☐ 06 手綱 | たづな 고삐

我が家では、ずっと前から父ではなく母が家計の**手綱**を握っている。
우리 집에서는 아주 예전부터 아버지가 아닌 어머니가 가계의 고삐를 쥐고 있다.

☐ 07 歯応え | はごたえ 음식물을 씹을 때의 느낌

私は柔らかい食べ物より、**歯応え**がある食べ物の方が好きだ。
나는 부드러운 음식보다 (적당히 단단해서) 씹는 느낌이 있는 음식을 더 좋아한다.

☐ 08 花形 | はながた 인기 스타

彼はサッカー界の**花形**選手として注目を浴びている。
그는 축구계의 인기 스타로서 주목을 받고 있다.

☐ 09 人となり | ひととなり 타고난 성격, 성품

彼女とは20年来の親友なので、その**人となり**はよく知っている。
그녀와는 20년 지기 친구여서 그 성품은 아주 잘 알고 있다.

☐ 10 出会い頭 | であいがしら 다른 길로 접어드는 순간

廊下の曲がり角で、**出会い頭**に人とぶつかって怪我をした。
복도의 모퉁이에서 돌아가는 순간에 다른 사람과 부딪쳐서 다쳤다.

☐ 11 仲人 | なこうど 중매인, 주선인

結婚式の**仲人**は常務にお願いすることにした。
결혼식 중매인은 상무님께 부탁드리기로 했다.

☐ 12 人伝 | ひとづて 다른 사람을 통해 소식을 접함

彼女が去年結婚したという噂を**人伝**に聞いて、びっくりした。
그녀가 작년에 결혼했다는 소문을 다른 사람을 통해 전해 듣고 깜짝 놀랐다.

PLUS 주로 人伝に聞く(다른 사람을 통해 소식을 듣다)의 형태로 쓰이는 경우가 많다.

4순위

☐ 13 日向ぼっこ | ひなたぼっこ 일광욕

子供(こども)の頃(ころ)は、冬(ふゆ)になると縁側(えんがわ)で**日向ぼっこ**をしたものだ。
어렸을 때는 겨울이 되면 툇마루에서 일광욕을 하곤 했다.

☐ 14 間取り | まどり 방 배치

部屋(へや)を選(えら)ぶ時(とき)は、自分(じぶん)のライフスタイルに合(あ)った**間取り**を選(えら)ぶことが大切(たいせつ)だ。 방을 고를 때는 자신의 라이프 스타일에 맞는 방 배치를 고르는 것이 중요하다.

☐ 15 元手 | もとで 밑천

退職金(たいしょくきん)を**元手**にして商売(しょうばい)を始(はじ)めようとしている。
퇴직금을 밑천으로 해서 장사를 시작하려고 하고 있다.

동사

33-2.mp3

기본 동사

☐ 01 植える | うえる (나무를) 심다

新築(しんちく)の記念(きねん)に紅葉(もみじ)と桜(さくら)の木(き)を**植えた**。
신축 기념으로 단풍과 벚나무를 심었다.

☐ 02 怖気づく | おじけづく 겁을 먹다

山(やま)には毒蛇(どくへび)が出(で)るかもしれないと聞(き)いて**怖気づいた**。
산에는 독사가 나올지도 모른다는 말을 듣고 겁을 먹었다.

☐ 03 枯れる | かれる 시들다

旅行(りょこう)に行(い)っている間(あいだ)に鉢植(はちう)えの花(はな)が**枯れて**しまった。
여행을 가 있는 동안에 화분의 꽃이 시들어 버렸다.

☐ 04 遡る | さかのぼる 거슬러 올라가다

あの橋(はし)からは鮭(さけ)が川(かわ)を**遡る**ところが見(み)られるそうだ。
저 다리에서는 연어가 강을 거슬러 올라가는 모습을 볼 수 있다고 한다.

☆☆ □ 05 茂る | しげる (나무, 풀 등이) 우거지다

庭(にわ)に雑草(ざっそう)が**茂って**いたので、兄(あに)と一緒(いっしょ)に草取(くさと)りをした。
마당에 잡초가 우거져 있어서 형과 함께 풀 뽑기를 했다.

☆☆ □ 06 仕舞う | しまう 넣어 두다

春(はる)になったので、セーターやコートなどは箪笥(たんす)の中(なか)に**仕舞った**方(ほう)がいい。
봄이 되었으니 스웨터나 코트 같은 것들은 옷장 안에 넣어 두는 것이 좋겠다.

☆☆ □ 07 澄む | すむ 맑다, 맑아지다

私(わたし)の田舎(いなか)は、川(かわ)の水(みず)が**澄んで**いるので夏(なつ)はホタルも見(み)られる。
내 고향은 강물이 맑아서 여름에는 반딧불도 볼 수 있다.

☆☆ □ 08 染まる | そまる 물들다

夕日(ゆうひ)に赤(あか)く**染まる**富士山(ふじさん)はいつ見(み)ても美(うつく)しい。
저녁노을에 붉게 물든 후지산은 언제 봐도 아름답다.

☆☆ □ 09 照る | てる 비치다

日中(にっちゅう)はずっと日(ひ)が**照って**いて、あまり寒(さむ)く感(かん)じられなかった。
낮 동안에는 계속 해가 비치고 있어서 별로 춥게 느껴지지 않았다.

☆☆ □ 10 溶ける | とける 녹다

今日(きょう)はだいぶ気温(きおん)が上(あ)がって、道端(みちばた)の雪(ゆき)が全部(ぜんぶ)**溶けた**。
오늘은 기온이 꽤 올라가서 길가의 눈이 전부 녹았다.

☆☆ □ 11 生る | なる (열매 등이) 열리다

この地方(ちほう)では今(いま)、リンゴの木(き)いっぱいに実(み)が**生って**いる。
이 지방에서는 지금 사과나무 가득 열매가 열려 있다.

☆☆ □ 12 濁る | にごる 흐려지다, 탁하다

その池(いけ)の水(みず)は**濁って**いて、嫌(いや)な臭(にお)いもした。
그 연못의 물은 탁하고 불쾌한 냄새도 났다.

4 순위

★★ □ 13 引きずる | ひきずる 질질 끌다

しんぷ すそ ある
新婦がウェディングドレスの裾を**引きずりながら**歩く。
신부가 웨딩드레스의 치맛자락을 질질 끌면서 걷는다.

★★ □ 14 解く | ほどく (얽힌 것을) 풀다

いったん いと もとどお むずか
一旦もつれた糸を元通りに**解く**のはとても難しい。
일단 얽힌 실을 원래대로 푸는 것은 대단히 어렵다.

★★ □ 15 横切る | よこぎる 가로지르다, 횡단하다

み ひろ とお む がわ い
あそこに見える広い通りを**横切って**向かい側へ行けばいい。
저기 보이는 넓은 길을 가로질러서 건너편으로 가면 된다.

복합동사

★★★ □ 01 食い下がる | くいさがる 물고 늘어지다

しんぱん はんてい こうぎ のぞ
審判に**食い下がって**判定に抗議するのは望ましくない。
심판을 물고 늘어지며 판정에 항의하는 것은 바람직하지 않다.

★★★ □ 02 繰り広げる | くりひろげる 펼치다, 전개하다

りょう さいご だいせっせん
両チームは最後まで大接戦を**繰り広げた**。
양 팀은 마지막까지 대접전을 펼쳤다.

★★★ □ 03 競り勝つ | せりかつ 경쟁하여 이기다

おも はげ
思ったより激しいレースだったが、なんとか**競り勝つ**ことができた。
생각보다 격렬한 레이스였지만 겨우 이길 수가 있었다.

★★ □ 04 突き進む | つきすすむ 돌진하다

ゆうしょうこうほ れんぱ む
優勝候補のチームが連覇に向かって**突き進ん**でいる。
우승 후보 팀이 연패를 향해 돌진하고 있다.

★★★ □ 05 なぎ倒す | なぎたおす　차례로 쓰러뜨리다

小柄(こがら)な力士(りきし)が大柄(おおがら)な力士(りきし)たちを**なぎ倒した**。
작은 체격의 씨름 선수가 큰 체격의 씨름 선수들을 차례로 쓰러뜨렸다.

★★ □ 06 投げ付ける | なげつける　거칠게 내던지다

審判(しんぱん)にボールを**投げ付けた**選手(せんしゅ)は退場(たいじょう)させられた。
심판에게 공을 내던진 선수는 퇴장당했다.

★★ □ 07 振り切る | ふりきる　(추격을) 따돌리다, 뿌리치다

昨日(きのう)の試合(しあい)は２対(たい)１で相手(あいて)チームを**振り切った**。
어제 시합은 2대 1로 상대방 팀을 뿌리쳤다.

★★ □ 08 奮い立つ | ふるいたつ　사기가 오르다

代表選手(だいひょうせんしゅ)たちは数々(かずかず)の激励(げきれい)メールに**奮い立った**。
대표 선수들은 수많은 격려 메일에 사기가 올랐다.

★★ □ 09 剥き出す | むきだす　드러내다

そのボクサーは、闘志(とうし)を**剥き出して**、相手(あいて)を睨(にら)み付(つ)けた。
그 권투 선수는 투지를 드러내며 상대방을 노려보았다.

★★★ □ 10 渡り合う | わたりあう　맞서 싸우다

挑戦者(ちょうせんしゃ)はこの試合(しあい)で世界(せかい)チャンピオンと激(はげ)しく**渡り合った**。
도전자는 이 시합에서 세계 챔피언과 격렬하게 맞서 싸웠다.

형용사

33-3.mp3

い 형용사

★★ □ 01 ぎこちない　어색하다

まだ新入社員(しんにゅうしゃいん)なので、彼(かれ)のプレゼンテーションはどうも**ぎこちない**。
아직 신입 사원이라서 그의 프레젠테이션은 어딘가 어색했다.

☆☆ □ 02 **とげとげしい** 　　　　　　　　　　　　　　　　가시 돋치다

彼のとげとげしい発言は相手を傷つけることが多い。
かれ　　　　　　はつげん　あいて　きず　　　　　　　おお

그의 가시 돋친 발언은 상대에게 상처를 주는 경우가 많다.

☆☆ □ 03 **華々しい** ｜ **はなばなしい** 　　　　　　　　(활약 등이) 눈부시다, 화려하다

彼は華々しい活躍でチームを勝利に導いた。
かれ　　　　　　かつやく　　　　　　　しょうり　みちび

그는 눈부신 활약으로 팀을 승리로 이끌었다.

☆☆ □ 04 **回りくどい** ｜ **まわりくどい** 　　　　　　　에둘러 말해서 답답하다

そんな回りくどい言い方はやめて、もっとストレートに話してください。
　　　　　　　　い　かた　　　　　　　　　　　　　　　　　　はな

그렇게 답답하게 에둘러 말하지 말고 좀 더 직설적으로 이야기하세요.

☆☆ □ 05 **見苦しい** ｜ **みぐるしい** 　　　　　　　　　　보기에 좋지 않다

素直に負けを認めない姿は実に見苦しかった。
すなお　ま　　　みと　　　　すがた　じつ

순순히 패배를 인정하지 않는 모습은 정말 보기 흉했다.

な 형용사

☆☆ □ 01 **可憐** ｜ **かれん** 　　　　　　　　　　　　　　　　　　가련함

ベランダにある鉢植えの朝顔が可憐な花を咲かせていた。
　　　　　　　はちう　　あさがお　　　　　　はな　さ

베란다에 있는 화분에 심어진 나팔꽃이 가련한 꽃을 피우고 있었다.

☆☆ □ 02 **壮大** ｜ **そうだい** 　　　　　　　　　　　　　　　　장대함

これは戦国時代の歴史を壮大なスケールで描いた映画だ。
　　　　せんごくじだい　れきし　　　　　　　　　　えが　　えいが

이것은 전국 시대의 역사를 장대한 스케일로 그린 영화이다.

☆☆ □ 03 **出し抜け** ｜ **だしぬけ** 　　　　　　　　　　　　　　갑작스러움

生徒から出し抜けに質問を受けた教師は慌てた。
せいと　　　　　　　　しつもん　う　　　きょうし　あわ

학생으로부터 갑작스럽게 질문을 받은 교사는 당황했다.

★★ □ 04 懇ろ | ねんごろ 정성스러움

ホームステイをした時(とき)、ホストファミリーから**懇ろな**もてなしを受(う)けた。
홈스테이를 했을 때 호스트 가족으로부터 정성스러운 대접을 받았다.

★★★ □ 05 風変わり | ふうがわり 특이함, 별남

彼(かれ)の小説(しょうせつ)にはいつも**風変わりな**男女(だんじょ)が登場(とうじょう)するのが特徴(とくちょう)だ。
그의 소설에는 언제나 특이한 남녀가 등장하는 것이 특징이다.

부사

33-4.mp3

★★ □ 01 一挙に | いっきょに 일거에, 한꺼번에

麻薬取引(まやくとりひき)をしていた暴力団(ぼうりょくだん)が**一挙に**検挙(けんきょ)された。
마약 거래를 하고 있던 폭력단이 한꺼번에 검거되었다.

★★ □ 02 辛うじて | かろうじて 겨우, 간신히

彼(かれ)は僅(わず)かな食料(しょくりょう)と水(みず)だけで**辛うじて**生(い)き延(の)びた。
그는 얼마 안 되는 음식과 물만으로 간신히 살아 남았다.

★★ □ 03 立て続けに | たてつづけに 잇달아

最近(さいきん)、**立て続けに**放火(ほうか)による火事(かじ)が起(お)きていて不安(ふあん)だ。
요즘 잇달아 방화로 인한 화재가 일어나고 있어서 불안하다.

★★ □ 04 突如 | とつじょ 갑자기

突如、人里(ひとざと)に熊(くま)が現(あらわ)れて騒動(そうどう)になった。
갑자기 인가에 곰이 나타나서 소동이 일어났다.

★ □ 05 果たして | はたして 과연

確(たし)かに彼(かれ)が一番怪(いちばんあや)しいが、**果たして**犯人(はんにん)なのだろうか。
분명 그가 가장 수상하긴 하지만 과연 범인인 것일까?

(PLUS) 뒤에 의문문을 동반하여 '과연 ~일까?'의 뜻으로 쓰이는 경우가 많다.

의성어·의태어

☐ 01 ずかずか　허락 없이 마음대로 들어가는 모양

他人(たにん)の家(いえ)に**ずかずか**と勝手(かって)に入(はい)り込(こ)んではいけない。
남의 집에 그렇게 마음대로 들어가서는 안 된다.

☐ 02 てくてく　먼 거리를 보통 걸음걸이로 걷는 모양

学校(がっこう)から家(いえ)までバスに乗(の)らないで、**てくてく**と歩(ある)いて帰(かえ)ってきた。
학교에서 집까지 버스를 타지 않고 보통 걸음으로 걸어서 돌아왔다.

☐ 03 へなへな　힘없이 주저앉는 모양

そのニュースを聞(き)いて、彼(かれ)は**へなへな**と力(ちから)なく座(すわ)り込(こ)んでしまった。
그 뉴스를 듣고 그는 비틀비틀 힘없이 주저앉고 말았다.

☐ 04 めらめら　불길이 활활 타오르는 모양

その男(おとこ)の目(め)は**めらめら**と嫉妬(しっと)の炎(ほのお)を燃(も)やしていた。
그 남자의 눈은 이글이글 질투의 불꽃을 태우고 있었다.

☐ 05 めろめろ　정신을 못 차리고 흐리멍덩한 모양

新入社員(しんにゅうしゃいん)の彼女(かのじょ)は同(おな)じ部署(ぶしょ)の男(おとこ)たちのハートを**めろめろ**にした。
신입 사원인 그녀는 같은 부서에 있는 남자들의 마음을 사로잡았다.

속담·사자성어

☐ 01 人事を尽くして天命を待つ｜じんじをつくしててんめいをまつ
해야 할 일을 하고 결과는 하늘의 뜻에 맡긴다

試験(しけん)に受(う)かるか自信(じしん)はないが、**人事を尽くして天命を待つ**だけだ。
시험에 붙을 자신은 없지만 최선을 다했으니 결과는 하늘에 맡길 뿐이다.

★★★ □ 02 親の七光り | おやのななひかり 부모의 후광

最近(さいきん)は**親の七光り**でテレビに出(で)ている二世(にせい)タレントが多(おお)すぎる。
요즘에는 부모의 후광으로 TV에 나오는 2세 연예인이 너무 많다.

PLUS 자식의 출세에 영향을 주는 부모의 지위나 명성 등의 영향력을 뜻하며 親の光は七光라고도 한다.

★★★ □ 03 罵詈雑言 | ばりぞうごん 온갖 욕설이나 폭언

悪質(あくしつ)なクレーマーから**罵詈雑言**を浴(あ)びせられた。
악질적인 클레이머로부터 온갖 폭언을 들었다.

★★ □ 04 不眠不休 | ふみんふきゅう 불면불휴

ガス管(かん)の破裂事故(はれつじこ)の処理(しょり)が**不眠不休**で行(おこな)われている。
가스관 파열 사고 처리가 불면불휴로 이루어지고 있다.

PLUS 쉴 틈이 없다는 뜻.

관용어

★★ □ 01 糸を引く | いとをひく (뒤에서) 조종하다

この事件(じけん)はどうも誰(だれ)かが影(かげ)で**糸を引いて**いるらしい。
이 사건은 아무래도 누군가가 뒤에서 조종하고 있는 것 같다.

★★★ □ 02 尋常ではない | じんじょうではない 심상치 않다

今朝(けさ)、**尋常ではない**背中(せなか)の痛(いた)みで目(め)が覚(さ)めた。
오늘 아침에 심상치 않은 등의 통증 때문에 잠이 깼다.

★★ □ 03 叩けば埃が出る | たたけばほこりがでる 두드리면 먼지가 나온다

叩けば埃が出るものだから、あの人(ひと)も裏(うら)があるかもしれない。
두드리면 먼지가 나오는 법이니까 저 사람도 (우리가 모르는) 뒤가 있을지도 모른다.

4순위

★★ □ 04 **地に落ちる** | ちにおちる　　땅에 떨어지다

あの政治家は不正献金問題で信用度が**地に落ちた**。
저 정치가는 부정 헌금 문제로 신용도가 땅에 떨어졌다.

★★ □ 05 **調子を合わせる** | ちょうしをあわせる　　장단을 맞추다

あの人の言うことは真に受けないで、適当に**調子を合わせて**いればいい。
저 사람이 하는 말은 진심으로 받아들이지 말고 적당하게 장단을 맞추고 있으면 된다.

★★★ □ 06 **出る所へ出る** | でるところへでる　　법대로 하다

私を疑うのなら、**出る所へ出て**はっきり白黒をつけましょう。
나를 의심하는 거라면 법대로 해서 확실히 진실을 밝힙시다.

★★ □ 07 **名乗りを上げる** | なのりをあげる　　이름을 올리다, 입후보하다

有名作家が国会議員選挙に**名乗りを上げた**。
유명 작가가 국회의원 선거에 출마했다.

★★ □ 08 **寝た子を起こす** | ねたこをおこす　　쓸데없는 행동을 하다

今更その話をするのは**寝た子を起こす**ようなものだ。
이제 와서 그 이야기를 하는 것은 긁어 부스럼과 같은 것이다.

★★ □ 09 **懐を肥やす** | ふところをこやす　　사리사욕을 채우다

その政治家は賄賂を受け取って**懐を肥やして**いたそうだ。
그 정치가는 뇌물을 받아 사리사욕을 채웠다고 한다.

★★★ □ 10 **矢面に立つ** | やおもてにたつ　　비난 · 비판의 대상이 되다, 도마에 오르다

消費税率の引き上げを打ち出したら、批判の**矢面に立たされた**。
소비세율 인상을 내세웠더니 비판의 도마에 올랐다.

1 다음 밑줄 친 히라가나에 해당하는 한자를 고르세요.

1. この話はきょこうだ。 ① 虚空 ② 虚構
2. ノートを机の中にしまう。 ① 支舞う ② 仕舞う
3. 会社の方針にふふくを唱える。 ① 不服 ② 不福
4. まわりくどい言い方はやめてくれ。 ① 回り ② 周り
5. 裁判をぼうちょうする。 ① 傍調 ② 傍聴

2 다음 두 문장 중에서 올바른 문장을 고르세요.

1. ① この事件には影で糸を引いている組織がある。
   ② この事件には影で弓を引いている組織がある。

2. ① 内向的なので、初対面の相手との会話はぎこちないものになる。
   ② 内向的なので、初対面の相手との会話はここちよいものになる。

3. ① 交渉が炸裂する。
   ② 交渉が決裂する。

4. ① 世界チャンピオンと互角に触れ合う。
   ② 世界チャンピオンと互角に渡り合う。

5. ① 法律に抵触する恐れがある。
   ② 法律に抵抗する恐れがある。

3 다음 일본어가 설명하고 있는 단어를 고르세요.

1. 後世に残る不滅の業績

① 御伽噺　　② 金字塔

2. 薬品で色をつける。

① 塗装　　② 染色

3. 普通ではない

① 尋常ではない　　② 非常ではない

4. まだまだ始まったばかりの段階で、これから先がある。

① 宵の口　　② 序の口

5. 不機嫌な顔の表情

① 泣き面　　② 仏頂面

1 1.② 2.② 3.① 4.① 5.② 2 1.① 2.① 3.② 4.② 5.① 3 1.② 2.② 3.① 4.② 5.②

DAY 34

VOCA Check

나의 어휘 실력은 현재 어느 정도일까?
실전 어휘력 체크!

다음 어휘의 뜻을 써 보세요.

명사

□01 恐慌 ....
□02 拾得 ....
□03 貯蔵 ....
□04 音沙汰 ....
□05 仕打ち ....
□06 自腹 ....
□07 海原 ....
□08 素面 ....
□09 盗み聞き ....

동사

□10 埋まる ....
□11 衰える ....
□12 煙る ....
□13 滅びる ....
□14 群がる ....
□15 押し退ける ....
□16 釣り込む ....
□17 触れ合う ....
□18 よじ登る ....

형용사

□19 けたたましい ....
□20 辞さない ....
□21 でかい ....
□22 目まぐるしい ....
□23 ややこしい ....
□24 円滑 ....
□25 等閑 ....
□26 無茶 ....
□27 厄介 ....

부사·의성어·의태어

□28 必ずしも ....
□29 若干 ....
□30 間もなく ....
□31 やたら ....
□32 やむを得ず ....
□33 ちょいちょい ....
□34 泣く泣く ....
□35 ひくひく ....
□36 まごまご ....

속담·사자성어·관용어

□37 所変われば品変わる ....
□38 完全無欠 ....
□39 信を問う ....
□40 名をとどろかせる ....

- **정답 개수 01~10개** ▶ **당신은 초급자!** 산 넘어 산이네요! 정독하여 반드시 어휘 정복합시다!
- **정답 개수 11~20개** ▶ **당신은 초중급자!** 이제 걸음마 뗀 수준? 좀 더 노력하여 수준급으로 Go!
- **정답 개수 21~30개** ▶ **당신은 중급자!** 조금만 더 열심히 하면, 상급자까지 얼마 안 남았어요!
- **정답 개수 31~40개** ▶ **당신은 거의 상급자 수준?!** 방심은 금물! 100% 완벽에 도전합시다!

시험에 많이 나오는 어휘 **4순위**

DAY 34

명사

34-1.mp3

기본 한자어

- □ 01 急騰 | きゅうとう 급등
- □ 02 恐慌 | きょうこう 공황
- □ 03 驚嘆 | きょうたん 경탄
- □ 04 敬意 | けいい 경의
- □ 05 継承 | けいしょう 계승
- □ 06 好事家 | こうずか 호사가
- □ 07 穀物 | こくもつ 곡물
- □ 08 叱責 | しっせき 질책
- □ 09 紙幣 | しへい 지폐
- □ 10 拾得 | しゅうとく 습득
- □ 11 蒸気 | じょうき 증기
- □ 12 譲歩 | じょうほ 양보
- □ 13 仲裁 | ちゅうさい 중재
- □ 14 中傷 | ちゅうしょう 중상
- □ 15 貯蔵 | ちょぞう 저장
- □ 16 提供 | ていきょう 제공
- □ 17 邸宅 | ていたく 저택
- □ 18 添削 | てんさく 첨삭
- □ 19 陶器 | とうき 도기
- □ 20 搭載 | とうさい 탑재
- □ 21 統率 | とうそつ 통솔
- □ 22 卑下 | ひげ 비하
- □ 23 膨張 | ぼうちょう 팽창
- □ 24 浴室 | よくしつ 욕실
- □ 25 翌日 | よくじつ 다음 날
- □ 26 履行 | りこう 이행

읽기에 주의해야 할 음훈 결합 명사

☐ 01 音沙汰 | おとさた　소식

彼とは夏休みに一度会ったきりで、その後まったく**音沙汰**がない。
그와는 여름 방학 때 한 번 만난 이래로 전혀 소식이 없다.

☐ 02 缶詰 | かんづめ　통조림 / 가둠

締切日間近なので、事務所に**缶詰**になって作業を続けた。
마감일이 코앞으로 다가와서 사무소에 틀어박혀 작업을 계속했다.

PLUS '가둔다'는 뜻으로 쓰일 때는 주로 缶詰にする(가두다), 缶詰になる(갇히다, 틀어박히다)의 형태로 쓰인다.

☐ 03 喧嘩腰 | けんかごし　싸우는 투

そんな**喧嘩腰**で交渉したら、まとまる話もまとまらなくなるだろう。
그렇게 싸우는 투로 교섭하면 잘 해결될 이야기도 해결이 안 되게 될 것이다.

☐ 04 仕打ち | しうち　처사, 소행

長年勤めてきた役員を追い出すなんて、冷たい**仕打ち**だ。
오랫동안 근무해 온 임원을 내쫓다니 매정한 처사이다.

☐ 05 自腹 | じばら　자기 돈

営業部の人は**自腹**を切って取引先への手土産を買っていく。
영업부 직원은 자기 돈을 써서 거래처에 들고 갈 선물을 사 간다.

☐ 06 叩き台 | たたきだい　임시로 만든 원안, 시안

計画書の草案を**叩き台**にして、事業計画を練った。
계획서 초안을 시안으로 해서 사업 계획을 짰다.

☐ 07 立役者 | たてやくしゃ　주역, 중심인물

彼こそが試合を優勝に導いた**立役者**だそうだ。
그가 바로 시합을 우승으로 이끌어 낸 주역이라고 한다.

★★★ □08 **取り越し苦労** | とりこしぐろう　쓸데없는 걱정

心配性な吉田さんはいつも**取り越し苦労**ばかりしている。
매사에 걱정이 많은 요시다 씨는 항상 쓸데없는 걱정만 하고 있다.

★★★ □09 **生返事** | なまへんじ　건성으로 하는 대답

思い切って彼女を食事に誘ったが、**生返事**をされてがっかりした。
큰맘 먹고 그녀를 식사에 초대했는데 건성으로 하는 대답을 듣고 실망했다.

★★ □10 **踏み台** | ふみだい　발판

私は人を**踏み台**にしてまで出世したいとは思わない。
나는 다른 사람을 밟고 올라서면서까지 출세하고 싶다고는 생각하지 않는다.

고유어

★ □01 **欠伸** | あくび　하품

朝早い会議なので、**欠伸**が出るのも仕方がないことだ。
이른 아침에 하는 회의라서 하품이 나오는 것도 어쩔 수가 없는 일이다.

★★ □02 **海女** | あま　해녀

この島では**海女**さんが真珠を採るところを実際に見られる。
이 섬에서는 해녀가 진주를 채집하는 모습을 실제로 볼 수 있다.

★★ □03 **海原** | うなばら　넓은 바다, 창해

広い**海原**をヨットに乗って進んでいくと、向こうに小さな島が見えた。
넓은 창해를 요트를 타고 나아가니 건너편에 작은 섬이 보였다.

★★ □04 **乙女** | おとめ　처녀

乙女心というものが分かっていない男だから、女性にもてるはずがない。
여자 마음이라는 것을 모르는 남자라서 여자에게 인기가 있을 리가 없다.

☐ 05 栄え・映え | はえ — 영예

今回(こんかい)**栄え**ある優勝(ゆうしょう)を飾(かざ)ったのは、意外(いがい)にも初出場(はつしゅつじょう)のチームだった。
이번에 영예로운 우승을 장식한 팀은 뜻밖에도 첫 출전한 팀이었다.

☐ 06 老舗 | しにせ — 전통 있는 가게, 노포

このそば屋(や)は江戸時代(えどじだい)からずっと続(つづ)いてきた**老舗**だ。
이 메밀국수 가게는 에도 시대 때부터 계속 이어져 온 노포이다.

☐ 07 素面 | しらふ — (술에 취하지 않은) 맨 얼굴, 맨 정신

素面でみんなの前(まえ)で歌(うた)うなんて、いくらなんでも恥(は)ずかしくてできない。
맨 정신으로 다른 사람들 앞에서 노래를 부르다니 아무리 그래도 창피해서 못 하겠다.

☐ 08 白湯 | しらゆ・さゆ — 맹물

江戸時代(えどじだい)、庶民(しょみん)はお茶(ちゃ)の代(か)わりに**白湯**を飲(の)んだそうだ。
에도 시대 때 서민들은 차 대신에 맹물을 마셨다고 한다.

☐ 09 盗み聞き | ぬすみぎき — 몰래 엿들음

人(ひと)の話(はなし)を**盗み聞き**して、噂(うわさ)を流(なが)すなんてひどすぎる。
남의 이야기를 엿듣고 소문을 퍼뜨리다니 너무하다.

PLUS 盗み見 | ぬすみみ 몰래 엿봄

☐ 10 斜向かい | はすむかい — 대각선으로 건너편

うちの**斜向かい**にコンビニがあるのでとても便利(べんり)だ。
우리 집 대각선 건너편에 편의점이 있어서 아주 편리하다.

☐ 11 裸足 | はだし — 맨발

裸足で生活(せいかつ)することは様々(さまざま)な健康効果(けんこうこうか)があるそうだ。
맨발로 생활하는 것은 다양한 건강 효과가 있다고 한다.

☐ 12 火種 | ひだね — 불씨

紛争(ふんそう)の**火種**が全世界(ぜんせかい)に広(ひろ)がっているようで不安(ふあん)だ。
분쟁의 불씨가 전 세계로 퍼지고 있는 것 같아서 불안하다.

★★ □ 13 黒子 | ほくろ 검은 점

ずっと前(まえ)からコンプレックスだった**黒子**をレーザー治療(ちりょう)で切除(せつじょ)した。
아주 예전부터 콤플렉스였던 검은 점을 레이저 치료로 절제했다.

★★ □ 14 負けず嫌い | まけずぎらい 지기 싫어함

負けず嫌いの性格(せいかく)の人(ひと)はストレスをためやすいようだ。
지기 싫어하는 성격인 사람은 스트레스가 쌓이기 쉬운 것 같다.

★★ □ 15 持ち回り | もちまわり 돌아가며 일을 맡음

町内会(ちょうないかい)の班長(はんちょう)は**持ち回り**で担当(たんとう)することになっている。
주민자치회 반장은 돌아가면서 담당하게 되어 있다.

동사

34-2.mp3

기본 동사

★ □ 01 埋まる | うまる 묻히다 / 채워지다

開幕戦(かいまくせん)の日(ひ)はいつも大勢(おおぜい)の観客(かんきゃく)で**埋まる**。
개막전 날은 항상 많은 관객들로 채워진다.

★ □ 02 埋める | うめる 묻다, 메우다

この近(ちか)くに徳川家(とくがわけ)の財宝(ざいほう)が**埋められて**いるという噂(うわさ)がある。
이 근처에 도쿠가와 집안의 재산과 보물이 묻혀 있다는 소문이 있다.

★ □ 03 衰える | おとろえる 쇠퇴하다

今朝(けさ)になって、ようやく台風(たいふう)の勢力(せいりょく)が**衰えた**。
오늘 아침이 되어 겨우 태풍의 세력이 쇠퇴했다.

★ □ 04 腐る | くさる 썩다

夏(なつ)は食(た)べ物(もの)が**腐りやすい**ので、すぐ冷蔵庫(れいぞうこ)に入(い)れておいてください。
여름에는 음식이 상하기 쉬우니 바로 냉장고에 넣어 두세요.

□ 05 **汲む** ｜ **くむ**　　　　　　　　　　　　　(물 등을) 긷다

今は水道があるが、昔は井戸から水を**汲んで**使った。
_{いま} _{すいどう}　　　_{むかし} _{いど}　　_{みず}　　　_{つか}

지금은 수도가 있지만 옛날에는 우물에서 물을 길어서 사용했다.

□ 06 **煙る** ｜ **けむる**　　　　　　　　　　　연기가 자욱하다

魚を焼く時は、いくら窓を開けておいても部屋が**煙る**。
_{さかな} _や _{とき}　　　　　_{まど} _あ　　　　　　_{へ や}

생선을 구울 때는 아무리 창문을 열어 놓아도 방이 연기로 자욱하다.

□ 07 **好む** ｜ **このむ**　　　　　　　　　　　선호하다

この国の人たちは辛い味の食べ物を**好む**傾向があるそうだ。
_{くに} _{ひと}　　　_{から} _{あじ} _た _{もの}　　　_{けいこう}

이 나라 사람들은 매운맛 음식을 선호하는 경향이 있다고 한다.

□ 08 **屯する** ｜ **たむろする**　　　　　　　사람들이 많이 모이다

コンビニの前で**屯する**若者たちの前を通り過ぎた。
_{まえ}　　　_{わかもの}　　_{まえ} _{とお} _す

편의점 앞에 떼지어 모여 있는 젊은 사람들 앞을 지나갔다.

□ 09 **生える** ｜ **はえる**　　　　　　　　　　나다, 자라다

男の子は、高校生くらいになると髭が**生え始める**。
_{おとこ} _こ　　_{こうこうせい}　　　　　　　_{ひげ}　　_{はじ}

남자아이는 고등학생쯤 되면 수염이 나기 시작한다.

□ 10 **深まる** ｜ **ふかまる**　　　　　　　　　깊어지다

朝夕は肌寒くなって、段々と秋が**深まる**。
_{あさゆう} _{はださむ}　　　　_{だんだん} _{あき}

아침저녁에는 쌀쌀해져서 점점 가을이 깊어진다.

□ 11 **吠える** ｜ **ほえる**　　　　　　　　　　(개 등이) 짖다

この犬は飼い主以外の人を見ると、いつも**吠える**。
_{いぬ} _か _{ぬしいがい} _{ひと} _み

이 개는 주인 이외의 사람을 보면 항상 짖는다.

□ 12 **滅びる** ｜ **ほろびる**　　　　　　　　　멸망하다, 사라지다

なぜ恐竜が**滅びた**のか、未だにその原因は不明だ。
_{きょうりゅう}　　　　　　_{いま}　　　　_{げんいん} _{ふ めい}

왜 공룡이 사라졌는지 아직도 그 원인은 불분명하다.

4순위

★ □ 13 増す | ます　늘다, 증가하다

食欲が**増す**季節になって、何を食べてもおいしい。
식욕이 늘어나는 계절이 되어 무엇을 먹어도 맛있다.

★ □ 14 群がる | むらがる　떼지어 모이다

砂糖を床にこぼしたら、みるみるうちにアリたちが**群がった**。
설탕을 바닥에 흘렸더니 순식간에 개미들이 떼지어 모였다.

★★ □ 15 弱める | よわめる　약하게 하다

クーラーが効き過ぎているようですね。少し**弱めましょう**か。
에어컨이 너무 센 것 같네요. 조금 약하게 할까요?

복합동사

★★ □ 01 押し退ける | おしのける　밀어내다

僕は人を**押し退けて**まで出世しようとは思わない。
나는 다른 사람을 밀어내면서까지 출세하려고는 생각하지 않는다.

★★ □ 02 駆けずり回る | かけずりまわる　이리저리 뛰어다니다

劇団に所属して全国を公演で**駆けずり回って**いた。
극단에 소속되어 전국을 공연을 하며 이리저리 뛰어다니고 있었다.

★★ □ 03 かぶりつく　달라붙다

客席の最前列に**かぶりついて**芝居を見る。
객석 맨 앞줄에 달라붙어 연극을 보다.

★★ □ 04 差し止める | さしとめる　금지하다, 정지하다

この本は何者かの圧力がかかって出版を**差し止められた**。
이 책은 누군가의 압력을 받아 출판을 정지당했다.

★★ □ 05 **立ち込める** | **たちこめる** (연기, 냄새 등이) 드리우다

部屋(へや)に入(はい)ったとたん、異臭(いしゅう)が**立ち込めて**いて思(おも)わず口(くち)を塞(ふさ)いだ。
방에 들어가자마자 이상한 냄새가 퍼져 있어서 나도 모르게 입을 막았다.

★★ □ 06 **釣り込む** | **つりこむ** (흥미를 유발시켜) 끌어들이다

この作品(さくひん)は読者(どくしゃ)を小説世界(しょうせつせかい)に**釣り込む**ものがあるようだ。
이 작품은 독자를 소설의 세계로 끌어들이는 매력이 있는 것 같다.

★★★ □ 07 **練り歩く** | **ねりあるく** 줄지어 걷다, 천천히 행진하다

神輿(みこし)を担(かつ)いだ若者(わかもの)たちが商店街(しょうてんがい)を**練り歩いて**いる。
가마를 짊어진 젊은이들이 상점가를 줄지어 행진하고 있다.

★★ □ 08 **触れ合う** | **ふれあう** 맞닿다, 접촉하다

この動物園(どうぶつえん)では、動物(どうぶつ)と**触れ合う**ことができるコーナーがある。
이 동물원에서는 동물들과 접촉할 수 있는 코너가 있다.

★★ □ 09 **掘り刻む** | **ほりきざむ** 파서 새기다

彫刻刀(ちょうこくとう)で仏像(ぶつぞう)の顔(かお)を丁寧(ていねい)に**掘り刻む**。
조각칼로 불상의 얼굴을 정성스럽게 파서 새기다.

★★ □ 10 **よじ登る** | **よじのぼる** 기어오르다

この映画(えいが)の見(み)どころは主人公(しゅじんこう)が超高層(ちょうこうそう)ビルを**よじ登る**場面(ばめん)だ。
이 영화의 하이라이트는 주인공이 초고층 빌딩을 기어오르는 장면이다.

형용사

34-3.mp3

い형용사

★★ □ 01 **けたたましい** 요란하다

サッカーの応援(おうえん)で、**けたたましい**音(おと)が遠(とお)くまで鳴(な)り響(ひび)いた。
축구 응원으로 요란한 소리가 멀리까지 울려 퍼졌다.

4순위

□ 02 **辞さない** | じさない 불사하다

じぎょう　けいやく　はき　おど
事業の契約を破棄することも**辞さない**と脅された。
사업 계약을 파기하는 일도 불사하겠다고 협박당했다

□ 03 **でかい** 크다

すもう　と　ちか　み　おも
相撲取りを近くで見たら、思ったよりもっと**でかかった**。
스모 선수를 가까이서 보니 생각보다 더 컸다.

□ 04 **目まぐるしい** | めまぐるしい 눈앞이 어지럽다

じゅんい　い　か
マラソンのレースで**目まぐるしい**ほど順位が入れ替わる。
마라톤 레이스에서 눈앞이 어지러울 만큼 순위가 바뀐다.

□ 05 **ややこしい** 복잡하다, 까다롭다

しょうせつ　とうじょうじんぶつ　にんげんかんけい
この小説は登場人物の人間関係が**ややこしい**。
이 소설은 등장인물의 인간관계가 복잡하다.

な 형용사

□ 01 **円滑** | えんかつ 원활함

ぎょうむ　うんえい　かいぎ　ひら　き
円滑な業務運営のために、会議を開くことに決めた。
원활한 업무 운영을 위하여 회의를 열기로 결정했다.

□ 02 **等閑** | なおざり 소홀함

ぶいん　れんしゅうたいど　いっかつ
部員たちの**等閑な**練習態度にキャプテンが一喝した。
부원들의 소홀한 연습 태도에 주장이 크게 화를 냈다.

□ 03 **未熟** | みじゅく 미숙함

しごと　はじ　まじめ　しごと
仕事を始めたばかりで**未熟な**ところはあるが、真面目に仕事している。
일을 막 시작해서 미숙한 부분은 있지만 성실하게 일하고 있다.

☐ 04 無茶 | むちゃ 터무니없음, 말도 안 됨

今日中にこの仕事を終えろなんて、**無茶な**話だ。
오늘 중으로 이 일을 끝내라니 말도 안 되는 이야기이다.

☐ 05 厄介 | やっかい 성가심, 귀찮음

部長から**厄介な**仕事を押し付けられて、憂鬱だ。
부장이 성가신 일을 떠맡겨서 우울하다.

부사

34-4.mp3

☐ 01 必ずしも | かならずしも 반드시, 꼭

お金持ちだからといって、**必ずしも**幸せだとは限らない。
부자라고 해서 반드시 행복하다고는 할 수 없다.

PLUS 뒤에 부정 표현을 동반하여 必ずしも ～ない(반드시 ～한 것은 아니다)의 형태로 쓰인다.

☐ 02 若干 | じゃっかん 약간, 조금

金銭的な余裕が**若干**あるとしても無駄遣いをしてはいけない。
금전적인 여유가 조금 있다고 해도 낭비를 해서는 안 된다.

☐ 03 間もなく | まもなく 이제 곧

お待たせ致しました。**間もなく**終点の東京駅です。
오래 기다리셨습니다. 이제 곧 종점인 도쿄역입니다.

☐ 04 やたら 쓸데없이, 공연히

この国のタクシー料金は**やたら**に高いので、気軽に乗れない。
이 나라의 택시 요금은 쓸데없이 비싸기 때문에 마음 편하게 탈 수가 없다.

☐ 05 やむを得ず | やむをえず 어쩔 수 없이, 하는 수 없이

やむを得ず急ブレーキをかけることがありますので、ご注意ください。
어쩔 수 없이 급브레이크를 거는 경우가 있으니 주의해 주십시오.

4순위

의성어·의태어

★★ □ **01 ちょいちょい** 조금씩 시간을 두고 반복되는 모양

顔(かお)なじみの常連(じょうれん)さんは、**ちょいちょい**店(みせ)にやって来(く)る。

낯익은 단골손님은 드문드문 가게를 찾아온다.

★★ □ **02 泣く泣く | なくなく** 울며 겨자 먹기로

先祖代々(せんぞだいだい)の土地(とち)を**泣く泣く**手放(てばな)した。

조상 대대로 물려받은 땅을 울며 겨자 먹기로 포기했다.

★★ □ **03 ぴかぴか** 반짝반짝 빛나는 모양

鍋(なべ)を専用(せんよう)スポンジで磨(みが)いたら、黒(くろ)ずみもとれて**ぴかぴか**になった。

냄비를 전용 스폰지로 닦았더니 검은 때도 벗겨져 반짝반짝해졌다.

★★ □ **04 ひくひく** 코를 벌름거리는 모양

犬(いぬ)に餌(えさ)をやったら、鼻(はな)を**ひくひく**させて匂(にお)いを嗅(か)いでいた。

개에게 먹이를 주었더니 코를 벌름거리며 냄새를 맡고 있었다.

★★ □ **05 まごまご** 어찌할 바를 몰라 허둥대는 모양

東京駅(とうきょうえき)に初(はじ)めて行(い)った時(とき)、あまりにも広(ひろ)くて**まごまご**してしまった。

도쿄역에 처음 갔을 때 너무나도 넓어서 어찌할 바를 몰라 헤매고 말았다.

속담·사자성어

★★ □ **01 言わぬが花 | いわぬがはな** 말하지 않는 편이 좋다

浪人中(ろうにんちゅう)の友人(ゆうじん)のことを考(かんが)えて、大学生活(だいがくせいかつ)の話(はなし)は**言わぬが花**だ。

재수 중인 친구를 생각해서 대학 생활 이야기는 하지 않는 것이 좋겠다.

☆☆ □ 02 所変われば品変わる | ところかわればしなかわる

장소가 바뀌면 풍습도 바뀐다

所変われば品変わるで、私たちが普段しているジェスチャーも外国では相手を侮辱するジェスチャーと捉えられてしまうものもある。

장소가 바뀌면 풍속도 바뀐다는 말이 있는데 우리가 평소에 쓰고 있는 제스처가 외국에서는 상대를 모욕하는 제스처로 간주되어 버리는 것도 있다.

☆☆ □ 03 荒唐無稽 | こうとうむけい

황당무계

あの人の話は**荒唐無稽**すぎて、信じようにも信じられない。

그 사람의 이야기는 너무 황당무계해서 믿을래야 믿을 수 없다.

☆☆ □ 04 完全無欠 | かんぜんむけつ

완전무결

人間は**完全無欠**ではないから、失敗しても落ち込むことはない。

인간은 완전무결하지 않으니까 실패하더라도 낙심할 필요는 없다.

관용어

☆☆☆ □ 01 職を解かれる | しょくをとかれる

해임을 당하다

委員が所属する会派を離脱した場合は**職を解かれる**。

위원이 소속된 회파를 탈퇴했을 경우에는 해임된다.

☆☆ □ 02 信を問う | しんをとう

얼마나 신뢰하는지 물어보다

総選挙で国民の**信を問わなければ**ならない。

총선에서 국민들이 얼마나 신뢰하고 있는지를 물어보아야 한다.

☆☆☆ □ 03 端を開く | たんをひらく

물꼬를 트다

貿易開始の**端を開く**目的で、使節を派遣した。

무역 개시의 물꼬를 틀 목적으로 사절을 파견했다.

★★
□ 04 天に唾する｜てんにつばする　　　　　　　　　누워서 침 뱉기

がいこく　ばんぐみ　じこく　わるくち　い
外国の番組で自国の悪口を言うのは天に唾するようなものだ。

외국 방송에서 자기 나라 욕을 하는 것은 누워서 침 뱉는 거나 다름없다.

★★
□ 05 名をとどろかせる｜なをとどろかせる　　　　　　위상을 떨치다

かれ　しょうせつか
彼は小説家としてだけではなく、政界にもその名をとどろかせた。

せいかい

그는 소설가로서뿐만 아니라 정계에도 그 위상을 떨쳤다.

★★
□ 06 白日の下に晒す｜はくじつのもとにさらす　　　　만천하에 알려지다

ふ　せい
これまでの不正がいよいよ白日の下に晒される時がやってきた。

とき

지금까지의 부정이 드디어 만천하에 알려지게 될 때가 찾아왔다.

★★
□ 07 本決まりになる｜ほんぎまりになる　　　　　　　정식으로 결정되다

かいぎ　こんねんど　よさん
会議で今年度の予算が本決まりになったと聞いた。

き

회의에서 금년도 예산이 정식으로 결정되었다고 들었다.

★★
□ 08 水も漏らさぬ｜みずももらさぬ　　　　　　　　　물 샐 틈 없는

そうり　かんてい
総理の官邸は水も漏らさぬ警戒ぶりだった。

けいかい

총리 관저는 물 샐 틈 없는 경계 태세였다.

★★
□ 09 野次が飛ぶ｜やじがとぶ　　　　　　　　　　　　야유가 오가다

こっかい　おおごえ
国会で大声で野次が飛ぶ場面をニュースで見た。

ばめん　み

국회에서 큰 소리로 야유가 오가는 장면을 뉴스에서 보았다.

★★
□ 10 闇に葬る｜やみにほうむる　　　　　　　　　　　어둠에 묻다

れきし
歴史の闇に葬られた未解決事件を追う。

みかいけつじけん　お

역사의 어둠에 묻혀진 미해결 사건을 쫓는다.

1 다음 밑줄 친 히라가나에 해당하는 한자를 고르세요.

1. 物価がきゅうとうする ① 急騰 ② 給湯
2. 喧嘩のちゅうさいをする。 ① 仲裁 ② 仲際
3. こうとうむけいな話 ① 荒唐務稽 ② 荒唐無稽
4. 100年の歴史を持つしにせ ① 老店 ② 老舗
5. 原稿をてんさくしてもらう ① 添削 ② 検索

2 다음 두 문장 중에서 올바른 문장을 고르세요.

1. ① 私の取り越し苦労ならいいのだが、彼のことが心配だ。
   ② 私の取り出し苦労ならいいのだが、彼のことが心配だ。

2. ① その後彼からは音沙汰がない。
   ② その後彼からはご無沙汰がない。

3. ① 腹を割って取引先に手土産を買っていく。
   ② 自腹を切って取引先に手土産を買っていく。

4. ① この島では海女さんが真珠をとっている。
   ② この島では尼さんが真珠をとっている。

5. ① けがらわしいサイレンの音
   ② けたたましいサイレンの音

3 다음 일본어가 설명하고 있는 단어를 고르세요.

1. 出版や発行を中止させる。

① 差し止め　② 足止め

2. 本格的に検討する前の試案

① 叩き台　② 桧舞台

3. 次の日

① 一両日　② 翌日

4. 大きい

① でかい　② うざい

5. 大きくふくれ上がる

① 膨張　② 拡張

1 1.① 2.① 3.② 4.② 5.①　2 1.① 2.① 3.② 4.① 5.②　3 1.① 2.① 3.② 4.① 5.①

DAY 35

VOCA Check

나의 어휘 실력은 현재 어느 정도일까?
실전 어휘력 체크!

다음 어휘의 뜻을 써 보세요.

명사

□01 耕作 ....
□02 最盛期 ....
□03 拉致 ....
□04 落ち度 ....
□05 恩知らず ....
□06 仕草 ....
□07 空家 ....
□08 居候 ....
□09 辛口 ....

동사

□10 かじる ....
□11 辿る ....
□12 臨む ....
□13 跨ぐ ....
□14 蒸す ....
□15 示し合わせる ....
□16 立ち上げる ....
□17 伸し掛かる ....
□18 見届ける ....

형용사

□19 輝かしい ....
□20 きめ細かい ....
□21 ふさわしい ....
□22 由々しい ....
□23 揺るぎない ....
□24 横柄 ....
□25 怠慢 ....
□26 不可欠 ....
□27 無節操 ....

부사·의성어·의태어

□28 ぎっしり ....
□29 こっそり ....
□30 幸い ....
□31 すっきり ....
□32 念のため ....
□33 さめざめ ....
□34 しみじみ ....
□35 へらへら ....
□36 わなわな ....

속담·사자성어·관용어

□37 上には上がある ....
□38 十人十色 ....
□39 草木もなびく ....
□40 白羽の矢を立てる ....

- **정답 개수 01~10개** ▶ **당신은 초급자!** 산 넘어 산이네요! 정독하여 반드시 어휘 정복합시다!
- **정답 개수 11~20개** ▶ **당신은 초중급자!** 이제 걸음마 뗀 수준? 좀 더 노력하여 수준급으로 Go!
- **정답 개수 21~30개** ▶ **당신은 중급자!** 조금만 더 열심히 하면, 상급자까지 얼마 안 남았어요!
- **정답 개수 31~40개** ▶ **당신은 거의 상급자 수준?!** 방심은 금물! 100% 완벽에 도전합시다!

시험에 많이 나오는 어휘 4순위

DAY 35

명사

35-1.mp3

기본 한자어

□ 01 革新 | かくしん 혁신
□ 02 化繊 | かせん 화학섬유
□ 03 家畜 | かちく 가축
□ 04 看病 | かんびょう 간병
□ 05 起因 | きいん 기인
□ 06 耕作 | こうさく 경작
□ 07 鉱山 | こうざん 광산
□ 08 採掘 | さいくつ 채굴
□ 09 最盛期 | さいせいき 전성기
□ 10 賛辞 | さんじ 찬사
□ 11 樹立 | じゅりつ 수립
□ 12 心血 | しんけつ 심혈
□ 13 生育 | せいいく 생육
□ 14 政略 | せいりゃく 정략
□ 15 節減 | せつげん 절감
□ 16 炭鉱 | たんこう 탄광
□ 17 低調 | ていちょう 저조
□ 18 抱負 | ほうふ 포부
□ 19 補強 | ほきょう 보강
□ 20 揶揄 | やゆ 야유
□ 21 有機 | ゆうき 유기
□ 22 遊牧 | ゆうぼく 유목
□ 23 楽園 | らくえん 낙원
□ 24 拉致 | らち 납치
□ 25 凌駕 | りょうが 능가
□ 26 林業 | りんぎょう 임업

읽기에 주의해야 할 음훈 결합 명사

□ 01 落ち度 | おちど 잘못, 실수, 과실

こちら側には何の**落ち度**もないので、責任を取る必要はない。
우리 쪽에는 아무런 잘못이 없으니까 책임을 질 필요는 없다.

□ 02 折り返し点 | おりかえしてん 반환점

ここは東京オリンピックのマラソン競技の**折り返し点**だったところだ。
여기는 도쿄 올림픽 마라톤 경기의 반환점이었던 곳이다.

□ 03 恩知らず | おんしらず 은혜도 모름

さんざん人の世話になっておいて電話もしないなんて、なんて**恩知らず**なんだろう。
실컷 남의 신세를 져 놓고 전화도 하지 않다니 어떻게 이렇게 은혜를 모르는 사람일까?

□ 04 駆け込み乗車 | かけこみじょうしゃ 떠나려는 열차에 무리하게 뛰어들어 승차함

駆け込み乗車は大変危険ですので、おやめください。
무리한 승차는 대단히 위험하므로 삼가시기 바랍니다.

□ 05 上半期 | かみはんき 상반기

今年の**上半期**の売り上げは去年と比べて横ばいだ。
올해 상반기 매상은 작년과 비교해서 보합 상태이다.

(반) 下半期 | しもはんき 하반기

□ 06 仕上がり | しあがり 완성

今日のお申し込みですと、**仕上がり**は明後日になります。
오늘 신청하시면 모레 완성됩니다.

□ 07 仕切り直し | しきりなおし 처음부터 다시 함

今日の試合では勝負がつかず、**仕切り直し**の試合をすることになった。
오늘 시합으로는 승부가 나지 않아서 재경기를 하게 되었다.

☐ 08 仕草 | しぐさ 몸짓, 동작

じょせい かみ す だんせい おお
女性が髪をかきあげる**仕草**が好きだという男性は多いらしい。
여자가 머리를 쓸어올리는 동작을 좋아한다는 남자가 많다고 한다

☐ 09 手本 | てほん 본보기, 시범

し しょう おど いっしょうけんめい れんしゅう
師匠の踊りを**手本**にして一生懸命に練習する。
스승의 춤을 본보기로 하여 열심히 연습하다.

☐ 10 胴上げ | どうあげ 헹가래

ゆうしょう き しゅんかん せんしゅ かんとく
優勝が決まった瞬間、選手たちは監督を**胴上げ**した。
우승이 결정된 순간 선수들은 감독을 헹가래쳤다.

고유어

☐ 01 空家 | あきや 빈집

ち く ひっ こ おも さが
この地区に引越しをしようと思って**空家**を探しているところだ。
이 지구로 이사를 하려고 생각 중이어서 빈집을 찾고 있는 중이다.

☐ 02 甘口 | あまくち 순한 맛

わたし からくち ほう す
私は**甘口**のカレーよりはちょっと辛口のカレーの方が好きだ。
나는 순한 맛의 카레보다는 약간 매콤한 맛의 카레를 더 좋아한다.

☐ 03 新手 | あらて 새로운 수법

さいきん あ す じ けん おうこう
最近、**新手**の空き巣事件が横行している。
요즘 새로운 수법의 빈집털이 사건이 판을 치고 있다.

☐ 04 居候 | いそうろう 식객

ろうにん じ だい お じ いえ よ び こう かよ
浪人時代は叔父の家に**居候**して予備校に通った。
재수생 시절에는 작은아버지 집에서 얹혀살며 재수 학원을 다녔다.

☐ 05 **大家** | **おおや** — 셋집 주인

大家さんに頼み込んで、家賃の支払いを待ってもらった。
셋집 주인에게 부탁하여 방세 지불을 미루었다.

☐ 06 **片隅** | **かたすみ** — 구석

部屋の**片隅**にぽつんと薄汚れたぬいぐるみが置かれていた。
방 한구석에 덩그러니 약간 때가 탄 봉제 인형이 놓여져 있었다.

☐ 07 **辛口** | **からくち** — 평가가 엄함 / 매운 음식이나 술을 좋아함

審査員全員の**辛口**のコメントに出演者は思わず顔を歪めた。
심사 위원 전원의 엄한 코멘트에 출연자는 저도 모르게 얼굴을 찌푸렸다.

☐ 08 **首輪** | **くびわ** — (애완동물에게 채우는) 목걸이

犬に新しい**首輪**をつけて公園に散歩に行った。
개에게 새 목줄을 걸어서 공원에 산책하러 갔다.

☐ 09 **諺** | **ことわざ** — 속담

私の一番好きな**諺**は「棚からぼた餅」だ。
내가 가장 좋아하는 속담은 '호박이 넝쿨째 굴러들어 온다'이다.

☐ 10 **舌鼓** | **したつづみ** — 입맛을 다심

ホテルのレストランで高級なフランス料理に**舌鼓**を打つ。
호텔 레스토랑에서 고급스러운 프랑스 요리에 입맛을 다시다.

☐ 11 **捨て鉢** | **すてばち** — 자포자기

何をやってもうまくいかず、**捨て鉢**になってしまった。
무엇을 해도 잘되지 않아 자포자기하게 되었다.

☐ 12 **手応え** | **てごたえ** — (무언가를 했을 때의) 느낌, 반응

今回の試験の**手応え**は、まあまあという感じだった。
이번 시험을 친 느낌은 그럭저럭인 느낌이었다.

4 순위

★★★ □ 13 成れの果て | なれのはて　영락한 모습, 쇠퇴한 모습

昔(むかし)はきれいだった湖(みずうみ)の**成れの果て**が、このゴミ捨(す)て場(ば)だ。

옛날에는 깨끗했던 호수의 쇠퇴한 모습이 이 쓰레기장이다.

★★ □ 14 家主 | やぬし　집주인

家(いえ)をリフォームするには**家主**の承諾(しょうだく)が必要(ひつよう)だそうだ。

집을 리폼하려면 집주인의 승낙이 필요하다고 한다.

★★ □ 15 夜道 | よみち　밤길

こんな暗(くら)い**夜道**を一人(ひとり)で歩(ある)くのは危(あぶ)ないですから、気(き)をつけてください。

이런 어두운 밤길을 혼자 걷는 것은 위험하니까 조심하세요.

동사

35-2.mp3

기본 동사

★ □ 01 炒める | いためる　볶다

まず野菜(やさい)から**炒めて**、その後(あと)で肉(にく)をフライパンに入(い)れた。

우선 야채부터 볶고 그다음에 고기를 프라이팬에 넣었다.

★ □ 02 かじる　갉아먹다

倉庫(そうこ)の奥(おく)で、ねずみがチーズを**かじって**いる。

창고 구석에서 쥐가 치즈를 갉아먹고 있다.

★★ □ 03 籠もる | こもる　틀어박히다

若(わか)い僧侶(そうりょ)が山(やま)に**籠って**修行(しゅぎょう)をする。

젊은 승려가 산에 틀어박혀서 수행을 한다.

★ □ 04 勧める | すすめる　권하다, 추천하다

先生(せんせい)にお酒(さけ)を**勧めた**が、明日(あした)は早(はや)いという理由(りゆう)で断(ことわ)られた。

선생님께 술을 권했지만 내일은 일찍 일이 있다는 이유로 거절당했다.

□ 05 沿う | そう　따르다

夕方(ゆうがた)、仲間(なかま)と一緒(いっしょ)に川(かわ)に**沿って**散歩(さんぽ)をしてきた。
저녁에 친구와 함께 강을 따라 산책을 하고 왔다.

□ 06 辿る | たどる　길을 따라가다

以前(いぜん)通(とお)った道(みち)と同(おな)じ道(みち)を**辿って**宿(やど)に帰(かえ)った。
이전에 지나간 길과 같은 길을 따라서 숙소로 돌아갔다.

□ 07 次ぐ | つぐ　뒤따르다, 잇다

大阪(おおさか)は東京(とうきょう)に**次ぐ**２番目(ばんめ)の都市(とし)として知(し)られている。
오사카는 도쿄의 뒤를 잇는 두 번째 도시로 알려져 있다.

□ 08 煮る | にる　(간을 해서) 삶다

最初(さいしょ)に大根(だいこん)を**煮て**、それからサバを鍋(なべ)に入(い)れてください。
처음에 무를 삶고 그다음에 고등어를 냄비에 넣어 주세요.

□ 09 臨む | のぞむ　임하다 / 면하다

どんな仕事(しごと)をするにしても、仕事(しごと)に**臨む**姿勢(しせい)が最(もっと)も重要(じゅうよう)だ。
어떤 일을 하더라도 일에 임하는 자세가 가장 중요하다.

□ 10 隔てる | へだてる　사이에 두다

川(かわ)を**隔てて**、スラム街(がい)と繁華街(はんかがい)が向(む)かい合(あ)っている。
강을 사이에 두고 슬럼가와 번화가가 서로 마주 보고 있다.

□ 11 低まる | ひくまる　낮아지다

庭(にわ)の一部(いちぶ)が少(すこ)し**低まって**いるので、雨(あめ)が降(ふ)るとそこに水(みず)がたまる。
마당 일부가 조금 낮아져 있어서 비가 내리면 그곳에 물이 고인다.

□ 12 跨ぐ | またぐ　양쪽 다리를 벌리고 위를 넘다 / 양쪽을 이어서 걸치다

神戸市(こうべし)と淡路島(あわじしま)を**跨ぐ**吊(つ)り橋(ばし)が完成(かんせい)した。
고베시와 아와지섬을 잇는 현수교가 완성되었다.

4 순위

★★ □ 13 蒸す | むす 찌다

スーパーで買(か)ってきた肉(にく)まんを蒸(む)し器(き)で**蒸して**食(た)べた。
슈퍼에서 사 온 고기만두를 찜통에 넣어 쪄 먹었다

★★ □ 14 面する | めんする 면하다

このホテルは海(うみ)に**面して**いるので、観光客(かんこうきゃく)にとても人気(にんき)がある。
이 호텔은 바다와 면하고 있어서 관광객에게 매우 인기가 있다.

★★ □ 15 盛る | もる (그릇 등에) 담다

マグロの刺身(さしみ)がきれいな皿(さら)に**盛られて**出(で)てきた。
참치 회가 예쁜 접시에 담겨져 나왔다.

복합동사

★★★ □ 01 掻き立てる | かきたてる 불러일으키다, 부채질하다

どうすれば消費者(しょうひしゃ)の購買意欲(こうばいいよく)を**掻き立てる**ことができますか。
어떻게 하면 소비자의 구매 욕구를 불러일으킬 수 있을까요?

★★★ □ 02 示し合わせる | しめしあわせる 미리 짜다

まるで**示し合わせた**かのように、会場(かいじょう)に集(あつ)まった人(ひと)たちは爆笑(ばくしょう)した。
마치 미리 짠 듯이 행사장에 모인 사람들은 크게 웃었다.

★★ □ 03 すり抜ける | すりぬける 빠져나가다

法(ほう)の網(あみ)を**すり抜けて**脱税(だつぜい)をする企業(きぎょう)が多(おお)くなったようだ。
법망을 빠져나가 탈세를 하는 기업이 많아진 것 같다.

★★ □ 04 立ち上げる | たちあげる (어떤 단체나 조직 등을) 만들다, 세우다

組織(そしき)から独立(どくりつ)して新(あたら)しい団体(だんたい)を**立ち上げる**計画(けいかく)がある。
조직으로부터 독립해서 새로운 단체를 세울 계획이 있다.

★★ □ 05 立て直す | たてなおす 재정비하다

国家の財政を**立て直す**には増税をするしかない。
국가 재정을 재정비하려면 증세를 할 수밖에 없다.

★★ □ 06 取りまとめる | とりまとめる 총괄하다

幹事とは、あるグループを**取りまとめる**代表となる人のことをいう。
간사란 한 그룹을 총괄하는 대표가 되는 사람을 말한다.

★★★ □ 07 伸し掛かる | のしかかる 무겁게 짓누르다 / (책임이나 부담이) 가해지다

財政的な圧迫が**伸し掛かって**経営陣は頭を抱えている。
재정적인 압박이 덮쳐서 경영진은 골머리를 앓고 있다.

★★ □ 08 掘り起こす | ほりおこす 파서 일구다

新製品を開発して市場を**掘り起こそう**とする。
신제품을 개발하여 시장을 일구려고 한다.

★★★ □ 09 見届ける | みとどける (어떤 상황이나 일을 끝까지) 지켜보다

結果を**見届けて**からでないと、気になって仕事も手につかない。
결과를 확인하고 나서가 아니면 신경이 쓰여서 일도 손에 잡히지 않는다.

★★★ □ 10 燃え尽きる | もえつきる 전력을 다해서 기운이 없다

大きなプロジェクトが終わって**燃え尽きて**しまい、次の仕事に身が入らない。 큰 프로젝트가 끝나고 온몸의 힘이 빠져서 다음 일에 집중이 되지 않는다.

4순위

형용사

35-3.mp3

い형용사

★ □ 01 輝かしい | かがやかしい (업적이나 실적이 훌륭해서) 눈부시다

その新入社員は**輝かしい**営業実績を残した。
그 신입 사원은 눈부신 영업 실적을 남겼다.

★★ □02 きめ細かい | きめこまかい (마음 씀씀이가) 세심하다

あのホテルはお客様(きゃくさま)への**きめ細かい**サービスが評判(ひょうばん)になっている。

그 호텔은 손님에 대한 세심한 서비스로 좋은 평판을 얻고 있다.

★ □03 ふさわしい 걸맞다, 어울리다

能力(のうりょく)に**ふさわしい**待遇(たいぐう)をしてくれる会社(かいしゃ)で働(はたら)きたい。

능력에 걸맞는 대우를 해 주는 회사에서 일하고 싶다.

★★ □04 由々しい | ゆゆしい (가만히 둘 수 없을 만큼) 중대하다

このままだと、これからもっと**由々しい**事態(じたい)になる恐(おそ)れがある。

이대로라면 앞으로 더욱 중대한 사태가 될 우려가 있다.

★★ □05 揺るぎない | ゆるぎない 흔들림 없다

世界(せかい)のトップブランドとして**揺るぎない**地位(ちい)を誇(ほこ)っている。

세계의 톱 브랜드로서 흔들림 없는 지위를 자랑하고 있다.

な 형용사

★★ □01 横柄 | おうへい 오만함, 거만함

彼女(かのじょ)の**横柄な**態度(たいど)にはもうこれ以上我慢(いじょうがまん)できない。

그녀의 오만한 태도는 이제 더 이상 참을 수가 없다.

★★ □02 怠慢 | たいまん 태만함

指示(しじ)された仕事(しごと)をしないのは**怠慢に**ほかならない。

지시받은 일을 하지 않는 것은 태만하다고밖에 할 수 없다.

★ □03 的確 | てきかく 적확함

リーダーには**的確な**判断力(はんだんりょく)と行動力(こうどうりょく)が必要(ひつよう)だ。

리더에게는 적확한 판단력과 행동력이 필요하다.

★ □ 04 不可欠 | ふかけつ　불가결함, 없어서는 안 됨

メールは現代社会(げんだいしゃかい)でどんな仕事(しごと)をするにしても**不可欠な**ものだ。

메일은 현대 사회에서 어떤 일을 하더라도 불가결한 것이다.

★★ □ 05 無節操 | むせっそう　지조가 없음

無節操に流行(りゅうこう)に飛(と)び付(つ)く人(ひと)が多(おお)いのは問題(もんだい)だ。

지조 없이 유행에 매달리는 사람이 많은 것은 문제이다.

부사

35-4.mp3

★ □ 01 ぎっしり　가득

月末(げつまつ)までスケジュールが**ぎっしり**と詰(つ)まっていて、ずっと忙(いそが)しい。

월말까지 스케줄이 꽉 차 있어서 계속 바쁘다.

★ □ 02 こっそり　몰래, 슬쩍

母(はは)が父(ちち)には内緒(ないしょ)で、**こっそり**と小遣(こづか)いを渡(わた)してくれた。

어머니가 아버지에게는 비밀로 하고 몰래 용돈을 건네주었다.

★ □ 03 幸い | さいわい　다행히

携帯電話(けいたいでんわ)を無(な)くしたが、**幸い**親切(しんせつ)な人(ひと)が届(とど)けてくれた。

휴대 전화를 잃어버렸는데 다행히 친절한 사람이 가져다주었다.

★ □ 04 すっきり　불필요한 것이 없어 깔끔한 모양

要(い)らない物(もの)を処分(しょぶん)したら、部屋(へや)の中(なか)がだいぶ**すっきり**した。

필요 없는 물건을 처분했더니 방 안이 상당히 깔끔해졌다.

★★ □ 05 念のため | ねんのため　만약을 위해

念のため、寝(ね)る前(まえ)に戸締(とじま)りを確認(かくにん)した方(ほう)がいい。

만약을 위해 자기 전에 문단속을 확인하는 것이 좋다.

4순위

의성어·의태어

★★ □ **01 さめざめ** 눈물을 흘리며 소리 없이 우는 모양

悲(かな)しいことがあったのか、彼女(かのじょ)は部屋(へや)で**さめざめ**と泣(な)いていた。

슬픈 일이 있었는지 그녀는 방에서 눈물을 흘리며 소리 죽여 울고 있었다.

★★ □ **02 しみじみ** 마음속 깊이 사무치는 모양

10年(ねん)ぶりに母校(ぼこう)を訪(たず)ねたら、**しみじみ**と懐(なつ)かしさが込(こ)み上(あ)げてきた。

10년 만에 모교를 찾아갔더니 사무치게 그리움이 밀려왔다.

★★ □ **03 へらへら** 실없이 웃는 모양

厳(きび)しい状況(じょうきょう)でも、彼(かれ)はいつも**へらへら**笑(わら)っている。

힘든 상황에서도 그는 항상 헤헤 하며 웃고 있다.

★★ □ **04 もじもじ** 주변을 의식하며 머뭇거리는 모양

その子(こ)は恥(は)ずかしそうに柱(はしら)の影(かげ)で**もじもじ**していた。

그 아이는 부끄러운 듯이 기둥 그늘에서 머뭇거리고 있었다.

★★★ □ **05 わなわな** 추위나 격렬한 감정으로 몸이 떨리는 모양

あまりにひどい仕打(しう)ちに、怒(いか)りで**わなわな**と震(ふる)えた。

너무 심한 처사에 분노로 부들부들 떨었다.

속담·사자성어

★★ □ **01 上には上がある | うえにはうえがある** 뛰는 놈 위에 나는 놈 있다

上には上があるもので、大会新記録(たいかいしんきろく)はすぐに塗(ぬ)り替(か)えられてしまった。

뛰는 놈 위에는 나는 놈이 있는 법인지 대회 신기록은 금방 갱신되어 버렸다.

☐ 02 かわいい子には旅をさせよ | かわいいこにはたびをさせよ
귀한 자식에게는 고생스러운 세상 경험을 시켜라

かわいい子には旅をさせよと言うから、息子には地元ではなく、地方の大学に行かせて自炊をさせるのがいいと思っている。

귀한 자식은 여행을 보내라는 말이 있듯이 아들은 지금 사는 곳 말고 다른 지방의 대학으로 보내서 자취를 시키는 것이 좋을 것 같다.

☐ 03 十人十色 | じゅうにんといろ 십인십색

人の意見は**十人十色**だから、自分の意見だけが正しいと思ってはいけない。 사람의 의견은 십인십색이니 자신의 의견만이 옳다고 생각해서는 안 된다.

PLUS 사람마다 각자 개성이 있다는 뜻.

☐ 04 重厚長大 | じゅうこうちょうだい 중후장대

造船業のような**重厚長大**な産業は、これから衰退していくだろう。

조선업과 같은 중후장대한 산업은 앞으로 쇠퇴해 갈 것이다.

PLUS 제품이 무겁고 두껍고 길고 크다는 뜻으로 중공업을 달리 이르는 말.

관용어

4순위

☐ 01 草木もなびく | くさきもなびく 초목도 따를 만큼 세력이 강하다

徳川家康は**草木もなびかせる**ような権力者だった。

도쿠가와 이에야스는 따르지 않는 자가 없을 정도의 권력자였다.

☐ 02 白旗を掲げる | しらはたをかかげる 백기를 들다

とても勝てる相手ではないので、**白旗を掲げて**降参した。

도저히 이길 수 있는 상대가 아니어서 백기를 들고 항복했다.

☐ 03 白羽の矢を立てる | しらはのやをたてる 여럿 중에서 하나를 뽑다

彼は自分の後継者として弟子の一人に**白羽の矢を立てた**。

그는 자신의 후계자로 제자 중에서 한 사람을 뽑았다.

★★ □ 04 **知る人ぞ知る** | しるひとぞしる　알 만한 사람은 다 안다

この先(さき)には**知る人ぞ知る**中華料理(ちゅうかりょうり)の名店(めいてん)がある。
이 앞에는 알 만한 사람은 다 아는 유명한 중화요리 가게가 있다.

★★★ □ 05 **底が割れる** | そこがわれる　들통나다

確(たし)かめればすぐ**底が割れる**ような嘘(うそ)をつくなんて、本当(ほんとう)に情(なさ)けない。
확인하면 금방 들통날 거짓말을 하다니 정말 한심하다.

★★★ □ 06 **二の舞を演ずる** | にのまいをえんずる　과거의 실패를 되풀이하다, 전철을 밟다

彼(かれ)の**二の舞を演ずる**ことのないように、念(ねん)には念(ねん)を入(い)れている。
그의 전철을 밟는 일이 없도록 신중에 신중을 기하고 있다.

★★★ □ 07 **退っ引きならない** | のっぴきならない　이러지도 저러지도 못하다

急(きゅう)に会社(かいしゃ)を辞(や)めるなんて、何(なに)か**退っ引きならない**事情(じじょう)でもあったのだろう。
갑자기 회사를 그만두다니 피치 못할 사정이 있었던 것일까?

★★ □ 08 **馬脚を露す** | ばきゃくをあらわす　숨기던 것이 드러나다, 마각을 드러내다

才能(さいのう)のない彼(かれ)が**馬脚を露す**のは、もう時間(じかん)の問題(もんだい)だ。
재능이 없는 그가 마각을 드러내는 것은 이제 시간의 문제이다.

★★ □ 09 **化けの皮が剥がれる** | ばけのかわがはがれる　(숨기던) 정체가 탄로나다

彼女(かのじょ)はいつもインテリぶっているが、どうせすぐに**化けの皮が剥がれる**だろう。
그녀는 항상 지적인 척하지만 어차피 곧 정체가 탄로날 것이다.

★★ □ 10 **不評を買う** | ふひょうをかう　평이 나쁘다

新型車(しんがたしゃ)のデザインはユーザーから**不評を買って**いる。
신형 차 디자인은 사용자로부터 평이 나쁘다.

1 다음 밑줄 친 히라가나에 해당하는 한자를 고르세요.

1. 最近、あらての詐欺事件が続いている。 ① 荒手 ② 新手
2. 世界新記録をじゅりつする。 ① 樹立 ② 樹律
3. とうとうばきゃくをあらわしたな。 ① 馬却 ② 馬脚
4. 石炭をさいくつする。 ① 採窟 ② 採掘
5. エネルギーをせつげんする。 ① 節減 ② 接減

2 다음 두 문장 중에서 올바른 문장을 고르세요.

1. ① 昔からよく使われる噂
   ② 昔からよく使われる諺
2. ① この国の発展に心血を注いだ偉人
   ② この国の発展に鼻血を注いだ偉人
3. ① まじまじと恥ずかしそうに下を向いている。
   ② もじもじと恥ずかしそうに下を向いている。
4. ① 高級なフランス料理に舌鼓を打つ。
   ② 高級なフランス料理に太鼓を打つ。
5. ① 新しいプロジェクトチームを掻き立てる。
   ② 新しいプロジェクトチームを立ち上げる。

3 다음 일본어가 설명하고 있는 단어를 고르세요.

1. 前と同じ失敗をする。

① 二の舞を演じる ② どじを踏む

2. 道に沿っていく。

① 遡る ② 辿る

3. 失敗・ミス

① 落ち目 ② 落ち度

4. そのままにしておけないほど大変だ。

① 由々しい ② 猛々しい

5. 田畑をたがやして農作物をつくる。

① 造作 ② 耕作

1 1.② 2.① 3.② 4.② 5.① 2 1.② 2.① 3.② 4.① 5.② 3 1.① 2.② 3.② 4.① 5.②

DAY 36

VOCA Check

나의 어휘 실력은 현재 어느 정도일까?
실전 어휘력 체크!

다음 어휘의 뜻을 써 보세요.

명사

□01 宮殿 ....
□02 地盤 ....
□03 阻止 ....
□04 一輪挿し ....
□05 思惑 ....
□06 退屈しのぎ ....
□07 鵜呑み ....
□08 上の空 ....
□09 手間 ....

동사

□10 治まる ....
□11 刈る ....
□12 摘む ....
□13 控える ....
□14 群れる ....
□15 売り叩く ....
□16 焦げ付く ....
□17 積み上げる ....
□18 持ち寄る ....

형용사

□19 あくどい ....
□20 味気ない ....
□21 とんでもない ....
□22 安っぽい ....
□23 煩わしい ....
□24 移り気 ....
□25 生一本 ....
□26 狡猾 ....
□27 細やか ....

부사·의성어·의태어

□28 一気に ....
□29 こんがり ....
□30 たった ....
□31 ちくりと ....
□32 ちゃんと ....
□33 いじいじ ....
□34 おずおず ....
□35 おたおた ....
□36 せかせか ....

속담·사자성어·관용어

□37 魚心あれば水心 ....
□38 意気消沈 ....
□39 さばを読む ....
□40 高が知れる ....

- **정답 개수 01~10개** ▶ **당신은 초급자!** 산 넘어 산이네요! 정독하여 반드시 어휘 정복합시다!
- **정답 개수 11~20개** ▶ **당신은 초중급자!** 이제 걸음마 뗀 수준? 좀 더 노력하여 수준급으로 Go!
- **정답 개수 21~30개** ▶ **당신은 중급자!** 조금만 더 열심히 하면, 상급자까지 얼마 안 남았어요!
- **정답 개수 31~40개** ▶ **당신은 거의 상급자 수준?!** 방심은 금물! 100% 완벽에 도전합시다!

명사

36-1.mp3

기본 한자어

- 01 監査 | かんさ 감사
- 02 陥落 | かんらく 함락
- 03 貴賓 | きひん 귀빈
- 04 宮殿 | きゅうでん 궁전
- 05 護衛 | ごえい 호위
- 06 誇示 | こじ 과시
- 07 地盤 | じばん 지반
- 08 振興 | しんこう 진흥
- 09 信任 | しんにん 신임
- 10 増加 | ぞうか 증가
- 11 阻止 | そし 저지
- 12 措置 | そち 조치
- 13 追悼 | ついとう 추도
- 14 伝播 | でんぱ 전파
- 15 内紛 | ないふん 내분
- 16 難航 | なんこう 난항
- 17 範疇 | はんちゅう 범주
- 18 疲弊 | ひへい 피폐
- 19 腐敗 | ふはい 부패
- 20 紛糾 | ふんきゅう 분규
- 21 融和 | ゆうわ 융화
- 22 擁護 | ようご 옹호
- 23 臨場感 | りんじょうかん 현장감
- 24 累計 | るいけい 누계
- 25 劣等感 | れっとうかん 열등감
- 26 濾過 | ろか 여과

읽기에 주의해야 할 음훈 결합 명사

01 一輪挿し | いちりんざし 한두 송이의 꽃을 꽂는 작은 꽃병

先生(せんせい)の机(つくえ)の上(うえ)には、いつも**一輪挿し**の花瓶(かびん)が置(お)いてある。
선생님 책상 위에는 항상 한두 송이용의 작은 꽃병이 놓여져 있다.

02 謳い文句 | うたいもんく 선전 문구

1週間(しゅうかん)で3キロやせるという**謳い文句**に騙(だま)された女性(じょせい)たちが相次(あいつ)いだ。
일주일에 3kg이 빠진다는 선전 문구에 속은 여성들이 뒤를 이었다.

03 思惑 | おもわく 생각, 의도

株価(かぶか)が上(あ)がると見込(みこ)んで投資(とうし)したが、**思惑**が外(はず)れて大損(おおぞん)した。
주가가 오를 것으로 예상하고 투자했지만 예상이 빗나가 크게 손해 봤다.

04 逆戻り | ぎゃくもどり 되돌아감

家(いえ)に財布(さいふ)を忘(わす)れてきたことに気(き)づいて、**逆戻り**して取(と)ってきた。
집에 지갑을 두고 온 것을 깨닫고 다시 돌아가서 가지고 왔다.

05 興醒め | きょうざめ 흥이 깨짐, 흥미를 잃음

楽(たの)しみにしていた旅行(りょこう)もあの人(ひと)も一緒(いっしょ)に行(い)くと聞(き)いて**興醒め**した。
기대했던 여행도 저 사람도 같이 간다고 들어서 흥이 깨졌다.

06 世間擦れ | せけんずれ 세파에 찌듦

彼(かれ)は高校生(こうこうせい)の時(とき)から働(はたら)いていたので、**世間擦れ**したところがある。
그는 고등학생 때부터 일을 해서 세파에 찌들린 측면이 있다.

07 退屈しのぎ | たいくつしのぎ 심심풀이

退屈しのぎに携帯電話(けいたいでんわ)に入(はい)っているゲームをする。
심심풀이로 휴대 전화에 들어 있는 게임을 한다.

08 台無し | だいなし 쓸모없게 됨

せっかくのいい作品(さくひん)もあのラストシーンで**台無し**になった。
모처럼 좋은 작품도 그 마지막 장면 때문에 망치게 되었다.

★★ □ 09 肉付け | にくづけ 살을 붙임, 내용을 충실히 보충함

針金(はりがね)で形(かた)をとってから、粘土(ねんど)で**肉付け**をしていく。

철사로 뼈대를 만든 다음 점토로 살을 붙여 나간다.

★★ □ 10 門前払い | もんぜんばらい 문전박대

アポなしで飛(と)び込(こ)み営業(えいぎょう)をしたが、**門前払い**を食(く)らってしまった。

예약 없이 기습 영업을 했지만 문전박대를 당하고 말았다.

고유어

★★★ □ 01 鵜呑み | うのみ 뜻도 모르고 그대로 받아들임

メディアの情報(じょうほう)をそのまま**鵜呑み**にするのはとても危険(きけん)なことだ。

미디어의 정보를 뜻도 모르고 그대로 받아들이는 것은 아주 위험한 일이다.

★★★ □ 02 上滑り | うわすべり 수박 겉핥기식임, 피상적임

こんな**上滑り**な議論(ぎろん)はいつまで続(つづ)けても意味(いみ)がない。

이런 수박 겉핥기식 논의는 언제까지고 계속해도 의미가 없다.

★★ □ 03 上の空 | うわのそら 건성

彼(かれ)はさっきからテレビばかり見(み)て、私(わたし)の話(はなし)なんかは**上の空**のようだ。

그는 아까부터 TV만 보며 내 이야기 같은 것은 건성으로 듣고 있는 것 같다.

★★ □ 04 食わず嫌い | くわずぎらい (어떤 일의 진가에 대해서 알려고 하지도 않고) 무턱대고 싫어함

子供(こども)の頃(ころ)は**食わず嫌い**でずっとウニの寿司(すし)を食(た)べなかった。

어렸을 때는 이유도 없이 싫어하는 게 많아서 계속 성게 초밥을 먹지 않았다.

★★ □ 05 雑魚寝 | ざこね 여럿이 한곳에서 모여서 자는 잠

友人(ゆうじん)の部屋(へや)で**雑魚寝**したのも、今(いま)では懐(なつ)かしい思(おも)い出(で)だ。

친구 방에서 여럿이 모여서 잔 것도 지금은 그리운 추억이다.

☐ 06 **挿絵** | さしえ 삽화

この新聞の連載小説は内容よりも**挿絵**が素晴らしい。
이 신문의 연재 소설은 내용보다도 삽화가 훌륭하다.

☐ 07 **取り柄** | とりえ 내세울 만한 장점

自分には何の**取り柄**もないと考えるのは精神的にもよくない。
자기에게는 아무것도 내세울 만한 것이 없다고 생각하는 것은 정신적으로 좋지 않다.

☐ 08 **台詞** | せりふ 대사

あんなに長い**台詞**を覚えるなんて、俳優とは大変な職業だ。
저렇게 긴 대사를 외운다니 배우란 힘든 직업이다.

☐ 09 **筒抜け** | つつぬけ 훤히 다 들림, 비밀이 새어 나감

情報がライバル会社に**筒抜け**になってしまった。
정보가 경쟁사에 다 새어 나가 버렸다.

☐ 10 **手間** | てま 수고

この料理は下ごしらえの段階からだいぶ**手間**がかかっている。
이 요리는 준비 단계부터 상당히 손이 많이 갔다.

PLUS 주로 手間がかかる(손이 많이 가다)의 형태로 쓰이는 경우가 많다.

☐ 11 **一人占め・独り占め** | ひとりじめ 독차지

人気グループに所属する彼女は、その人気を**一人占め**している。
인기 그룹에 소속된 그녀는 그 인기를 독차지하고 있다.

☐ 12 **踏み切り** | ふみきり 건널목

踏み切りでは一時停止して左右を確認してから渡らなければならない。
건널목에서는 일시정지하여 좌우를 확인한 다음 건너야 한다.

4순위

★★★ □ 13 矛先 | ほこさき 창 끝 / (논쟁, 비난 등의) 공격 방향

監督(かんとく)は試合後(しあいご)、審判(しんぱん)へ怒(いか)りの**矛先**を向(む)けた。
감독은 시합 후 심판에게 분노의 화살을 돌렸다.

PLUS 주로 矛先を向(む)ける(비난이나 공격 대상으로 삼다)의 형태로 쓰이는 경우가 많다.

★★ □ 14 目印 | めじるし (쉽게 기억하거나 찾아내기 위한) 단서, 표시, 표적

あの高(たか)いビルを**目印**にして歩(ある)けば、目的地(もくてきち)まで迷(まよ)わずに行(い)ける。
저 높은 빌딩을 표적 삼아 걸어가면 목적지까지 헤매지 않고 갈 수 있다.

★★★ □ 15 横流し | よこながし 몰래 빼돌림, 부정 유출

個人情報(こじんじょうほう)が**横流し**されている可能性(かのうせい)がある。
개인 정보가 부정 유출되었을 가능성이 있다.

동사

36-2.mp3

기본 동사

★ □ 01 荒らす | あらす 엉망으로 만들어 놓다

庭(にわ)の芝生(しばふ)を野良犬(のらいぬ)に**荒らされて**、父(ちち)は朝(あさ)から不機嫌(ふきげん)だ。
마당의 잔디를 들개가 엉망으로 만들어 놓아서 아버지는 아침부터 기분이 안 좋다.

★ □ 02 治まる | おさまる 안정되다, (증상 등이) 가라앉다

薬(くすり)を飲(の)んだら、やっと激(はげ)しい咳(せき)が**治まって**だいぶ楽(らく)になった。
약을 먹었더니 심한 기침이 겨우 가라앉아 꽤 편해졌다.

★ □ 03 兼ねる | かねる 겸하다

来週(らいしゅう)はお花見(はなみ)も**兼ねて**野外授業(やがいじゅぎょう)をすることにした。
다음 주에는 꽃놀이도 겸해서 야외 수업을 하기로 했다.

□ 04 刈る | かる (풀이나 털 등을) 베다, 깎다

庭の芝生を芝刈り機で短く**刈ったら**、さっぱりした。

마당의 잔디를 잔디깎이로 짧게 깎았더니 깔끔해졌다.

□ 05 垂れる | たれる (아래로) 늘어뜨리다

軒下に１メートル以上の太い氷柱が**垂れて**いる。

처마 밑에 1m가 넘는 굵은 고드름이 매달려 있다.

□ 06 慎む | つつしむ 삼가다

当分お酒は**慎んだ**方がいいと、医者に忠告された。

당분간 술은 삼가는 편이 좋다고 의사에게 충고를 들었다.

□ 07 摘む | つむ (풀이나 열매 등을) 따다, 뜯다

庭に咲いた色とりどりの花を**摘んで**きて、部屋に飾った。

마당에 핀 색색의 꽃을 따 와서 방에 장식했다.

□ 08 連なる | つらなる 나란히 늘어서다

窓越しに、遠くの山々が**連なる**景色を眺めた。

창문 너머로 멀리 보이는 산들이 나란히 늘어선 경치를 바라보았다.

□ 09 吐く | はく 토하다

長時間バスに揺られたら、気分が悪くなって**吐いた**。

장시간 흔들리는 버스에 있었더니 속이 안 좋아져서 토했다.

□ 10 放す | はなす 놓아주다, 풀어놓다

子供たちは歓声を上げながら稚魚を川に**放した**。

아이들은 환성을 지르며 치어를 강에 놓아주었다.

□ 11 控える | ひかえる 삼가다

医者から当分アルコールとタバコは**控える**ようにと言われた。

의사로부터 당분간 알코올과 담배는 삼가라는 말을 들었다.

★★ ☐ 12 細る | ほそる　여위다

入院(にゅういん)してから、だいぶ体(からだ)が**細って**しまって心配(しんぱい)だ。

입원하고 나서 살이 많이 빠져서 걱정이다

★★ ☐ 13 群れる | むれる　무리 짓다

丘(おか)の上(うえ)でたくさんの羊(ひつじ)が**群れて**草(くさ)を食(は)んでいる。

언덕 위에서 많은 양들이 무리 지어 풀을 뜯고 있다.

★★ ☐ 14 弱まる | よわまる　약해지다

超大型(ちょうおおがた)の台風(たいふう)も今朝(けさ)からは勢力(せいりょく)が**弱まった**。

초대형 태풍도 오늘 아침부터는 세력이 약해졌다.

★ ☐ 15 弱る | よわる　약해지다

彼(かれ)の病状(びょうじょう)は思(おも)わしくなく、目(め)に見(み)えて日(ひ)に日(ひ)に**弱って**きた。

그의 병세는 좋지 않아서 눈에 띄게 나날이 약해졌다.

복합동사

★★ ☐ 01 煽り立てる | あおりたてる　부채질하다

ネット広告(こうこく)を利用(りよう)して若者(わかもの)の購買欲(こうばいよく)を**煽り立てる**。

인터넷 광고를 이용해서 젊은이의 구매욕을 부채질하다.

★★ ☐ 02 請け合う | うけあう　보증하다, 굳게 약속하다

これは国際規格(こくさいきかく)にも合格(ごうかく)したもので、品質(ひんしつ)は**請け合う**。

이것은 국제 규격에도 합격한 것으로 품질은 보증한다.

★★ ☐ 03 売り叩く | うりたたく　(헐값에) 팔다

資金(しきん)を集(あつ)めるために工場設備(こうじょうせつび)を**売り叩いた**。

자금을 모으기 위해 공장 설비를 헐값에 팔아 넘겼다.

□ 04 売り払う | うりはらう　팔아치우다

先月、本社の土地をすべて**売り払って**しまった。
지난달에 본사의 토지를 몽땅 팔아 치워 버렸다.

□ 05 焦げ付く | こげつく　(빌려준 돈을) 회수하지 못하게 되다

大口の債権が**焦げ付いて**大きな損失となった。
거액의 채권이 회수 불능 상태가 되어 큰 손실을 입었다.

□ 06 差し遣わす | さしつかわす　파견하다

社長本人が行けなくなったので、代理を**差し遣わした**。
사장 본인이 갈 수 없게 되어서 대리를 파견했다.

□ 07 積み上げる | つみあげる　쌓아 올리다

彼は社内でもトップクラスの営業実績を**積み上げた**。
그는 사내에서도 톱 클래스의 영업 실적을 쌓아 올렸다.

□ 08 取り付ける | とりつける　(계약을) 성립시키다

彼はインターン社員でありながら、次々と契約を**取り付けた**。
그는 인턴 사원이면서 계속해서 계약을 성사시켰다.

□ 09 乗り上げる | のりあげる　(장애물에) 걸리다

新しい計画は滑り出しの段階から暗礁に**乗り上げた**。
새로운 계획은 시작 단계에서부터 암초에 걸렸다.

□ 10 持ち寄る | もちよる　각자 가지고 오다

ホームパーティーは招待された人たちが食べ物を**持ち寄る**ことに決めた。
홈 파티에는 초대받은 사람들이 각자 음식을 가지고 오기로 했다.

형용사

36-3.mp3

い 형용사

★★ □ 01 あくどい　　악랄하다

世(よ)の中(なか)には**あくどい**商法(しょうほう)で金(かね)を儲(もう)ける人(ひと)たちもいる。

세상에는 악랄한 상법으로 돈을 버는 사람들도 있다.

★★ □ 02 味気ない | あじけない　　재미없다, 시시하다

毎日会社(まいにちかいしゃ)と家(いえ)を往復(おうふく)するだけの**味気ない**生活(せいかつ)はもううんざりだ。

매일 회사와 집을 왕복하기만 하는 재미없는 생활은 이제 지긋지긋하다.

★★ □ 03 とんでもない　　터무니없다

とんでもない値段(ねだん)を要求(ようきゅう)する悪徳業者(あくとくぎょうしゃ)もいるらしい。

터무니없는 가격을 요구하는 악덕업자도 있다고 한다.

★★ □ 04 安っぽい | やすっぽい　　값싼 티가 나다, 싸구려 같다

安っぽいカメラでこんな素敵(すてき)な写真(しゃしん)が撮(と)れるなんて、さすが腕前(うでまえ)が違(ちが)う。

싸구려 카메라로 이런 멋진 사진을 찍을 수 있다니, 과연 실력이 다르다.

★★ □ 05 煩わしい | わずらわしい　　번거롭다

ご入会(にゅうかい)にあたって、**煩わしい**手続(てつづ)きは一切不要(いっさいふよう)です。

입회하실 때 번거로운 절차는 일체 필요하지 않습니다.

な 형용사

★ □ 01 移り気 | うつりぎ　　변덕

確(たし)かにいい人(ひと)だが、あの**移り気な**性格(せいかく)だけは直(なお)してほしい。

좋은 사람이긴 하지만 저 변덕스러운 성격만은 고쳤으면 좋겠다.

生一本 │ **きいっぽん**　　　　　　　　　　　　올곧음, 한결같음

かれ　　　　　　　　　　　　　　　　　　　す　　　　　　よわた　　へた　　　　　　　　　　　　　しんぱい
彼の**生一本**なところは好きだが、世渡りが下手なのはちょっと心配だ。

그의 올곧은 성격은 좋아하지만 처세가 서툰 것은 좀 걱정이다.

★
★ □ 03 **狡猾** │ **こうかつ**　　　　　　　　　　　　　　　교활함

さぎし　　あま　ことば　　　　　　　だま　　　　　　　　　　ちか
狡猾な詐欺師の甘い言葉にはもう騙されないと誓った。

교활한 사기꾼의 달콤한 말에는 이제 속지 않겠다고 맹세했다.

★
★ □ 04 **細やか** │ **こまやか**　　　　　　　　　　　　　세심함

せったい　　　とき　　あいて　　　　　　　　　きくば　　たいせつ
接待をする時は、相手への**細やか**な気配りが大切だ。

접대를 할 때는 상대방을 향한 세심한 배려가 중요하다.

★
★ □ 05 **悲愴** │ **ひそう**　　　　　　　　　　　　　　비통함

かお　　こんがん
悲愴な顔つきで懇願されると、どうしたらいいのか分からなくなる。

비통한 표정으로 간청을 받으면 어떡해야 좋을지 모르게 된다.

부사

🎧 36-4.mp3

4순위

★
★ □ 01 **一気に** │ **いっきに**　　　　　　　　　　　　단숨에, 단번에

あさ　お　が　　　　　　　　　　　みず　　　　　　　の　ほ
朝、起き掛けにコップいっぱいの水を**一気に**飲み干した。

아침에 일어나자마자 컵에 가득 담긴 물을 단숨에 들이켰다.

★
★ □ 02 **こんがり**　　　　　　　　　　　　　노릇노릇하게 잘 구워진

かれ　　まいあさ　　　　　　　　　や　　　　　　　　　　　　　　　　　　ぬ　た
彼は、毎朝**こんがり**と焼けたトーストにバターとジャムを塗って食べる。

그는 매일 아침 노릇노릇하게 구운 토스트에 버터와 잼을 발라서 먹는다.

★ □ 03 **たった**　　　　　　　　　　　　　　　　단, 오직

かのじょ　　　　　ひとり　おとうと　びょうき　な　　　　　　　　　　かな
彼女は**たった**一人の弟を病気で亡くして、とても悲しんでいる。

그녀는 단 하나뿐인 동생을 병으로 잃어서 매우 슬퍼하고 있다.

☐ 04 ちくりと　뾰족한 것에 찔릴 때의 느낌, 따끔

この注射は**ちくりと**痛いが、とても効き目があるそうだ。
이 주사는 따끔하게 아프지만 효과는 아주 좋다고 한다

☐ 05 ちゃんと　제대로

お菓子ばかり食べていないで、ご飯も**ちゃんと**食べなさい。
과자만 먹고 있지 말고 밥도 잘 챙겨 먹어라.

의성어·의태어

☐ 01 いじいじ　단호하게 행동을 취하지 못하고 어물거리는 모양

いじいじしないで、言いたいことがあったらはっきり言ってください。
어물거리지 말고 하고 싶은 말이 있으면 분명하게 말하세요.

☐ 02 おずおず　잔뜩 주눅이 들어 행동하는 모양

どうしてもわからない問題があって、**おずおず**と手を挙げて質問した。
도저히 모르는 문제가 있어서 조심스럽게 손을 들어 질문했다.

☐ 03 おたおた　갑작스러운 일에 어쩔 줄 몰라 당황하는 모양

突然予期せぬことが起こって、**おたおた**と慌てた。
갑자기 예기치 않은 일이 일어나서 어쩔 줄 몰라 당황했다.

☐ 04 ずたずた　잘게 찢어지는 모양, 갈기갈기

彼は不合格の通知表を**ずたずた**に破ってゴミ箱に捨てた。
그는 불합격 통지표를 갈기갈기 찢어서 쓰레기통에 버렸다.

☐ 05 せかせか　초조하여 냉정함을 잃은 모양

そんなに**せかせか**しなくても間に合うから、もう少しゆっくり歩こう。
그렇게 초조해하지 않아도 제시간에 도착할 테니 좀 더 천천히 걷자.

속담·사자성어

★★ □ 01 魚心あれば水心 | うおごころあればみずごころ 이심전심

長年(ながねん)の付(つ)き合(あ)いもあり、**魚心あれば水心**でこちらの立場(たちば)を理解(りかい)していただけた。 오랫동안 가까이 지내온 것도 있어서 그런지 이심전심으로 이쪽 입장을 이해해 주었다.

PLUS 서로 마음이 통한다는 뜻.

★★ □ 02 木を見て森を見ず | きをみてもりをみず 나무만 보고 숲을 보지 못한다

経営者(けいえいしゃ)は常(つね)に**木を見て森を見ず**にならないよう、長期的(ちょうきてき)な計画(けいかく)を立(た)てる必要(ひつよう)がある。

경영자는 항상 나무를 보고 숲을 보지 못하는 일이 없도록 장기적인 계획을 세울 필요가 있다.

PLUS 사물의 일부만 보고 전체를 보지 못함을 이르는 말.

★★ □ 03 意気消沈 | いきしょうちん 의기소침

弟(おとうと)は滑(すべ)り止(ど)めの学校(がっこう)にも落(お)ちてしまい、**意気消沈**している。

동생은 보험으로 생각한 학교에도 떨어져 버려 의기소침한 상태이다.

★★ □ 04 終始一貫 | しゅうしいっかん 시종일관, 처음부터 끝까지

理事会(りじかい)のメンバーは**終始一貫**して海外支店(かいがいしてん)の早期撤収(そうきてっしゅう)という主張(しゅちょう)を曲(ま)げなかった。 이사회 멤버는 시종일관 해외 지점의 조기 철수라는 주장을 굽히지 않았다.

4순위

관용어

★★ □ 01 一脈相通じる | いちみゃくあいつうじる 일맥상통하다

二人(ふたり)の思想(しそう)は基本的(きほんてき)な部分(ぶぶん)においては**一脈相通じる**ところがある。

두 사람의 사상은 기본적인 부분에 있어서는 일맥상통하는 부분이 있다.

★★ □ 02 鯖を読む | さばをよむ 수를 속이다

年齢(ねんれい)を聞(き)かれた時(とき)、思(おも)わず「30歳(さい)」と5歳(さい)も**鯖を読ん**でしまった。

나이를 물었을 때 나도 모르게 '서른 살'이라고 다섯 살이나 숫자를 속이고 말았다.

□ 03 私腹を肥やす | しふくをこやす　사리사욕을 채우다

彼は何年もの間、製薬会社からの賄賂で**私腹を肥やしていた**。
그는 수년 간 제약 회사로부터 뇌물을 받아 사리사욕을 채우고 있었다.

□ 04 知らぬが仏 | しらぬがほとけ　모르는 게 약

「**知らぬが仏**」ということもあるから、あまり詮索しない方がいいだろう。
'모르는 게 약'인 경우도 있으니까 그다지 캐묻지 않는 편이 좋을 것이다.

□ 05 世話を焼く | せわをやく　돌보다, 챙기다

部長は人の**世話を焼く**のが好きな人だが、部下からは面倒くさがられているようだ。 부장은 남들 챙기는 것을 좋아하는 사람이지만 부하들은 귀찮아하는 것 같다.

□ 06 高が知れる | たかがしれる　안 봐도 뻔하다

銀行に預けていても、利息なんて**高が知れて**いる。
은행에 돈을 맡겨도 이자 같은 것은 안 봐도 뻔하다.

□ 07 契りを結ぶ | ちぎりをむすぶ　(부부나 의형제의) 연을 맺다

義兄弟の**契りを結ぶ**というのは、お互い裏切らないということだ。
의형제의 연을 맺는다는 것은 서로 배신하지 않겠다는 것이다.

□ 08 生木を裂く | なまきをさく　(사랑하는 남녀를) 억지로 갈라놓다

両親は**生木を裂こう**としたが、無駄なことだった。
부모는 사랑하는 두 사람을 억지로 갈라놓으려고 했지만 소용없는 일이었다.

□ 09 諸手を挙げて | もろてをあげて　쌍수를 들고(기꺼이 환영함)

地元の選手の大活躍に、皆**諸手を挙げて**喜んだ。
같은 지역 출신 선수의 대활약에 모두 쌍수 들고 기뻐했다.

□ 10 洋の東西を問わず | ようのとうざいをとわず　동서양을 막론하고

洋の東西を問わず、婚礼にふさわしい色彩は白だ。
동서양을 막론하고 혼례에 어울리는 색채는 흰색이다.

1 다음 밑줄 친 히라가나에 해당하는 한자를 고르세요.

1. 小説のさしえ ① 差絵 ② 挿絵
2. 交渉がなんこうする。 ① 難航 ② 難攻
3. この話はうのみにしない方がいい。 ① 鵜呑み ② 卯のみ
4. 夫婦のちぎりを結ぶ。 ① 千切り ② 契り
5. 一つの部屋でざこねをする。 ① 雑魚寝 ② 雑魚根

2 다음 두 문장 중에서 올바른 문장을 고르세요.

1. ① 人の話を秋の空で聞く。
   ② 人の話を上の空で聞く。

2. ① 批判の矛先は総理大臣に向けられた。
   ② 批判の爪先は総理大臣に向けられた。

3. ① さばを呼んで年齢をごまかす。
   ② さばを読んで年齢をごまかす。

4. ① 高利貸しのくどい商法
   ② 高利貸しのあくどい商法

5. ① わずらわしい手続きなしに、すぐにご入会できます。
   ② わざとらしい手続きなしに、すぐにご入会できます。

3 다음 일본어가 설명하고 있는 단어를 고르세요.

1. 小説や演劇で登場人物が口にする言葉

① 掛け声　　② 台詞

2. 広告に書いてある、商品の特長や効果を表した言葉

① 謳い文句　　② ちらし

3. 食い止める

① 廃止　　② 阻止

4. あたかもその場所にいるかのような感じ

① 臨場感　　② 違和感

5. ずるい

① 恍惚　　② 狡猾

---

1 1.② 2.① 3.① 4.② 5.①　**2** 1.② 2.① 3.② 4.② 5.①　**3** 1.② 2.① 3.② 4.① 5.②

DAY 37

VOCA Check

나의 어휘 실력은 현재 어느 정도일까?
실전 어휘력 체크!

다음 어휘의 뜻을 써 보세요.

명사

□01 懐柔 ....
□02 持論 ....
□03 網羅 ....
□04 頭金 ....
□05 生地 ....
□06 下地 ....
□07 天下り ....
□08 魚の目 ....
□09 外回り ....

동사

□10 浮き足立つ ....
□11 気圧される ....
□12 千切る ....
□13 爪先立つ ....
□14 煮える ....
□15 追い落とす ....
□16 買い付ける ....
□17 差し出す ....
□18 据え置く ....

형용사

□19 甲斐甲斐しい ....
□20 しんどい ....
□21 望ましい ....
□22 等しい ....
□23 惨い ....
□24 気さく ....
□25 盛大 ....
□26 ぶっきらぼう ....
□27 無邪気 ....

부사·의성어·의태어

□28 あたふた ....
□29 たちまち ....
□30 とりあえず ....
□31 密かに ....
□32 丸ごと ....
□33 おろおろ ....
□34 がちがち ....
□35 くさくさ ....
□36 すごすご ....

속담·사자성어·관용어

□37 思い立ったが吉日 ....
□38 前代未聞 ....
□39 意に添う ....
□40 抜き差しならぬ ....

- **정답 개수 01~10개** ▸ **당신은 초급자!** 산 넘어 산이네요! 정독하여 반드시 어휘 정복합시다!
- **정답 개수 11~20개** ▸ **당신은 초중급자!** 이제 걸음마 뗀 수준? 좀 더 노력하여 수준급으로 Go!
- **정답 개수 21~30개** ▸ **당신은 중급자!** 조금만 더 열심히 하면, 상급자까지 얼마 안 남았어요!
- **정답 개수 31~40개** ▸ **당신은 거의 상급자 수준?!** 방심은 금물! 100% 완벽에 도전합시다!

명사

37-1.mp3

기본 한자어

- □ 01 栄光 | えいこう 영광
- □ 02 懐柔 | かいじゅう 회유
- □ 03 機構 | きこう 기구
- □ 04 機密 | きみつ 기밀
- □ 05 禁忌 | きんき 금기
- □ 06 好敵手 | こうてきしゅ 호적수
- □ 07 克明 | こくめい 극명
- □ 08 策定 | さくてい 책정
- □ 09 斜面 | しゃめん 경사면
- □ 10 熟知 | じゅくち 숙지
- □ 11 照明 | しょうめい 조명
- □ 12 持論 | じろん 지론
- □ 13 真偽 | しんぎ 진위
- □ 14 進展 | しんてん 진전
- □ 15 星座 | せいざ 별자리
- □ 16 制裁 | せいさい 제재
- □ 17 扇動 | せんどう 선동
- □ 18 総括 | そうかつ 총괄
- □ 19 象牙 | ぞうげ 상아
- □ 20 偵察 | ていさつ 정찰
- □ 21 扶養 | ふよう 부양
- □ 22 網羅 | もうら 망라
- □ 23 門外漢 | もんがいかん 문외한
- □ 24 臨床 | りんしょう 임상
- □ 25 累積 | るいせき 누적
- □ 26 論旨 | ろんし 논지

읽기에 주의해야 할 음훈 결합 명사

□ 01 頭金 | あたまきん 계약금

先月(せんげつ)もらったボーナスは新車購入(しんしゃこうにゅう)の**頭金**にほとんど使(つか)ってしまった。

지난달 받은 보너스는 새 차 구입 계약금으로 거의 다 써 버렸다.

□ 02 頭文字 | かしらもじ 머릿글자

ノートには自分(じぶん)の名前(なまえ)を書(か)かずに、**頭文字**だけを書(か)いておいた。

노트에는 자신의 이름을 쓰지 않고 머릿글자만을 써 놓았다.

□ 03 生地 | きじ 옷감

彼女(かのじょ)は**生地**を買(か)ってきて、自分(じぶん)で服(ふく)を作(つく)るのが趣味(しゅみ)だ。

그녀는 옷감을 사 와서 스스로 옷을 만드는 것이 취미이다.

□ 04 気疲れ | きづかれ (이것저것 신경 쓰느라 느끼는) 정신적 피로

実家(じっか)にしばらく世話(せわ)になることになったが、いろいろと**気疲れ**することが多(おお)い。

부모님 집에 한동안 신세를 지게 되었는데 여러모로 신경 쓸 것이 많아 지치는 일이 많다.

□ 05 直談判 | じかだんぱん 직접 담판

課長(かちょう)に提案(ていあん)を無視(むし)されたので、部長(ぶちょう)に**直談判**しに行(い)った。

과장님에게 제안을 무시당했기 때문에 부장님에게 직접 담판하러 갔다.

□ 06 下地 | したじ 밑바탕, 기초

彼(かれ)は現在(げんざい)の郵便制度(ゆうびんせいど)の**下地**を作(つく)った人(ひと)として有名(ゆうめい)だ。

그는 현재의 우편 제도의 기초를 만든 사람으로 유명하다.

□ 07 手製 | てせい 수제(직접 손으로 만듦)

手製のクッキーを作(つく)って知人(ちじん)たちに配(くば)ったら好評(こうひょう)だった。

수제 쿠키를 만들어서 지인들에게 나누어 주었더니 평이 좋았다.

동 手作り | てづくり

★★ □ 08 夏服 | なつふく　하복

陽気(ようき)がすっかり秋(あき)らしくなったので、**夏服**は仕舞(しま)うことにした。
완연한 가을 날씨가 되어서 하복은 넣어 두기로 했다

반 冬服 | ふゆふく 동복

★★ □ 09 普段着 | ふだんぎ　평상복

うちに帰(かえ)ったら、まずスーツを脱(ぬ)いで**普段着**に着替(きが)える。
집에 돌아가면 우선 양복을 벗고 평상복으로 갈아입는다.

★★ □ 10 水鉄砲 | みずでっぽう　물총

小(ちい)さい頃(ころ)はお風呂屋(ふろや)さんに行(い)く時(とき)に必(かなら)ず**水鉄砲**を持(も)っていった。
어렸을 때는 대중 목욕탕에 갈 때 반드시 물총을 가지고 갔다.

고유어

★★ □ 01 相乗り | あいのり　합승

たまたま目的地(もくてきち)が同(おな)じ人(ひと)がいて、タクシーで**相乗り**して行(い)くことにした。
마침 목적지가 같은 사람이 있어서 택시로 합승해서 가기로 했다.

★★★ □ 02 当てずっぽう | あてずっぽう　어림짐작

当てずっぽうだけで結果(けっか)を予測(よそく)するのではなく、根拠(こんきょ)となり得(う)るデータが必要(ひつよう)だ。 어림짐작만으로 결과를 예측할 것이 아니라 근거가 될 수 있는 데이터가 필요하다.

★★ □ 03 天下り | あまくだり　낙하산 인사

高級公務員(こうきゅうこうむいん)の**天下り**は相変(あいか)わらず減(へ)っていなかった。
고급 공무원의 낙하산 인사는 여전히 줄어들지 않았다.

★★ □ 04 魚の目 | うおのめ　티눈

足(あし)の裏(うら)にできた**魚の目**が痛(いた)くて、歩(ある)くこともできない状態(じょうたい)だ。
발바닥에 생긴 티눈이 아파서 걸을 수도 없는 상태이다.

★★★ □ 05 欠片 | かけら 부서진 물건의 한 조각(아주 적다는 뜻의 비유)

謝罪の一言もない彼の態度を見ると、良心の**欠片**もないようだ。

사과 한마디 없는 그의 태도를 보면 양심은 손톱만큼도 없는 것 같다.

PLUS 欠片もない(손톱만큼도 없다)의 형태로 많이 쓰인다.

★★ □ 06 金槌 | かなづち 쇠망치 / 수영을 못 하는 사람

日本では泳げない人を「**金槌**」と呼ぶが、私もそれだ。

일본에서는 수영을 못 하는 사람을 '쇠망치'라고 부르는데, 나도 그렇다.

★★ □ 07 小言 | こごと 잔소리

母は私の顔を見るたびに勉強しろと、**小言**を言う。

어머니는 내 얼굴을 볼 때마다 공부하라고 잔소리를 한다.

★★★ □ 08 掴み所 | つかみどころ 요점

彼の**掴み所**がない話を黙って聞き続けるわけにはいかなかった。

그의 요점 없는 이야기를 가만히 계속 들을 수는 없었다.

★★ □ 09 外回り | そとまわり 외근

工作機械の営業で**外回り**をするのが私の仕事だ。

공작 기계 영업으로 외근을 하는 것이 나의 일이다.

★★ □ 10 高止まり | たかどまり (시세, 물가 등이) 높은 상태로 지속됨

この会社の株価は毎日**高止まり**している。

이 회사의 주가는 매일 고공 행진하고 있다.

★★ □ 11 食べ盛り | たべざかり 한창 많이 먹을 나이

食べ盛りの子供たちが3人もいて、現在我が家は火の車だ。

한창 많이 먹을 나이의 아이들이 셋이나 있어서 현재 우리 집은 재정 상태가 심각하다.

★★ □ 12 猫舌 | ねこじた 뜨거운 것을 못 먹음

猫舌なので、スープは冷ましてから飲むことにしている。

뜨거운 것을 못 먹기 때문에 수프는 식힌 후에 먹도록 하고 있다.

★★ □ 13 喉越し | のどごし　목 넘김(목으로 넘어가는 느낌)

これはすっきりとした**喉越し**が特徴(とくちょう)のビールだ。
이것은 깔끔한 목 넘김이 특징인 맥주이다.

★★ □ 14 花冷え | はなびえ　꽃샘추위

花冷えなのか、今日(きょう)は4月(がつ)にしては寒(さむ)くて風邪(かぜ)を引(ひ)きそうだ。
꽃샘추위인지 오늘은 4월치고는 추워서 감기에 걸릴 것 같다.

★★ □ 15 迎え酒 | むかえざけ　해장술

迎え酒を飲(の)むと二日酔(ふつかよ)いが楽(らく)になるような気(き)がするが、それは錯覚(さっかく)だ。
해장술을 마시면 숙취가 편해지는 듯한 느낌이 들지만 그것은 착각이다.

동사

37-2.mp3

기본 동사

★★ □ 01 浮き足立つ | うきあしだつ　동요하다

敵(てき)が攻(せ)めてくるのではないかと、住民(じゅうみん)たちは**浮き足立っている**。
적이 쳐들어오는 것이 아닐까 하고 주민들은 동요하고 있다.

★★ □ 02 慮る | おもんぱかる　심사숙고하다

年老(としお)いた両親(りょうしん)の気持(きも)ちを**慮り**、思(おも)い出(で)の場所(ばしょ)を巡(めぐ)る旅(たび)を計画(けいかく)した。
나이 드신 부모님의 마음을 고려해서 추억의 장소를 도는 여행을 계획했다.

★★★ □ 03 掲げる | かかげる　(생각 등을 공개적으로) 내세우다

毎年(まいとし)書初(かきぞ)めをして目標(もくひょう)を**掲げる**が、いつも途中(とちゅう)で挫(くじ)けてしまう。
매년 붓글씨를 써서 목표를 세우지만 항상 도중에 좌절하고 만다.

★★ □ 04 掠れる・擦れる | かすれる　목이 쉬다

大声(おおごえ)で選挙演説(せんきょえんぜつ)をしたので、声(こえ)が**掠れて**しまった。
큰 소리로 선거 연설을 해서 목이 쉬어 버렸다.

☐ 05 気圧される | けおされる　압도되다, 압도당하다

相手(あいて)の勢(いきお)いに**気圧されて**、何(なに)も言(い)えなくなった。
상대방의 기세에 압도되어 아무 말도 할 수 없게 되었다.

☐ 06 肥える | こえる　살찌다

あの小屋(こや)では、よく**肥えた**豚(ぶた)がたくさん飼(か)われている。
저 헛간에서는 살이 잘 오른 돼지가 많이 사육되고 있다.

☐ 07 しわがれる　(목소리가) 거칠다

部長(ぶちょう)は会議(かいぎ)でしゃべり過(す)ぎて、声(こえ)が**しわがれて**しまった。
부장은 회의에서 너무 말을 많이 해서 목소리가 쉬어 버렸다.

☐ 08 炊く | たく　밥을 짓다

母(はは)はご飯(はん)を**炊いて**夕食(ゆうしょく)の準備(じゅんび)をしている。
어머니는 밥을 지으며 저녁 준비를 하고 있다.

☐ 09 千切る | ちぎる　찢다, 뜯다

子供(こども)がパンを**千切っては**食(た)べ、**千切っては**食(た)べを繰(く)り返(かえ)している。
아이가 빵을 뜯어 먹고 또 뜯어 먹기를 반복하고 있다.

☐ 10 血走る | ちばしる　충혈되다

テーブルでポーカーをしている男(おとこ)たちの目(め)は、興奮(こうふん)して**血走って**いた。
테이블에서 포커를 하고 있는 남자들의 눈은 흥분하여 충혈되어 있었다.

☐ 11 注ぐ | つぐ　붓다, 따르다

デパートで買(か)ってきた高級(こうきゅう)ワインをグラスに**注いで**飲(の)んでみた。
백화점에서 사 온 고급 와인을 잔에 따라서 마셔 보았다.

☐ 12 爪先立つ | つまさきだつ　발뒤꿈치를 들다

人込(ひとご)みで先(さき)がよく見(み)えないので、**爪先立って**前方(ぜんぽう)を見(み)た。
인파 속에서 앞이 잘 보이지 않아서 발뒤꿈치를 들고 앞쪽을 보았다.

4순위

13 煮える | にえる (삶아져서) 익다

魚が**煮えたら**、次は野菜を鍋に入れてください。

생선이 익으면 다음에는 채소를 냄비에 넣어 주세요.

14 のめる 고꾸라지다

夜歩いていたら、石に躓いて前に**のめって**しまった。

밤에 걷고 있었는데 돌에 발이 걸려서 앞으로 고꾸라지고 말았다.

15 揺する | ゆする 흔들다

柿の木を**揺すって**実を落として食べた。

감나무를 흔들어 열매를 떨어뜨려서 먹었다.

복합동사

01 売りさばく | うりさばく 팔아 치우다

彼女は巧みなセールストークでたくさんの商品を**売りさばいた**。

그녀는 능숙한 세일즈 토크로 많은 상품을 팔아 치웠다.

02 売り付ける | うりつける 강매하다

詐欺師に偽りの健康食品を**売り付けられて**しまった。

사기꾼에게 가짜 건강식품을 강매당하고 말았다.

03 売り渡す | うりわたす 팔아넘기다

この土地は、3年後には隣の地主に**売り渡す**約束になっている。

이 땅은 3년 후에는 옆의 땅 주인에게 팔아넘기기로 약속되어 있다.

04 追い落とす | おいおとす (선임자의) 자리를 빼앗다

彼は先輩を**追い落として**、ついに社長の座についた。

그는 선배의 자리를 빼앗아 드디어 사장 자리에 앉았다.

☆☆ □ 05 **買い上げる** ｜ かいあげる　　　　　(관공서 등이 민간에서 물건을) 사들이다

<ruby>政<rt>せい</rt></ruby><ruby>府<rt>ふ</rt></ruby>が<ruby>農<rt>のう</rt></ruby><ruby>民<rt>みん</rt></ruby>から<ruby>米<rt>こめ</rt></ruby>の<ruby>一<rt>いち</rt></ruby><ruby>部<rt>ぶ</rt></ruby>を**買い上げる**ことになった。

정부가 농민으로부터 쌀의 일부를 사들이게 되었다.

☆☆ □ 06 **買い付ける** ｜ かいつける　　　　　　(대량으로) 사들이다

<ruby>世<rt>せ</rt></ruby><ruby>界<rt>かい</rt></ruby><ruby>中<rt>じゅう</rt></ruby>を<ruby>歩<rt>ある</rt></ruby>いて、<ruby>日<rt>に</rt></ruby><ruby>本<rt>ほん</rt></ruby>で<ruby>売<rt>う</rt></ruby>れそうな<ruby>生<rt>せい</rt></ruby><ruby>活<rt>かつ</rt></ruby><ruby>雑<rt>ざっ</rt></ruby><ruby>貨<rt>か</rt></ruby>を**買い付ける**。

전 세계를 걸어다니며 일본에서 잘 팔릴 것 같은 생활 잡화를 마구 사들이다.

☆☆ □ 07 **駆け巡る** ｜ かけめぐる　　　　　　　　　　　　　뛰어다니다

<ruby>新<rt>しん</rt></ruby><ruby>聞<rt>ぶん</rt></ruby><ruby>記<rt>き</rt></ruby><ruby>者<rt>しゃ</rt></ruby>として<ruby>全<rt>ぜん</rt></ruby><ruby>国<rt>こく</rt></ruby>を**駆け巡**って<ruby>取<rt>しゅ</rt></ruby><ruby>材<rt>ざい</rt></ruby>してきた。

신문 기자로서 전국을 뛰어다니며 취재해 왔다.

☆☆ □ 08 **差し出す** ｜ さしだす　　　　　　　　　　　　내밀다, 제출하다

<ruby>結<rt>けっ</rt></ruby><ruby>局<rt>きょく</rt></ruby>、<ruby>彼<rt>かの</rt></ruby><ruby>女<rt>じょ</rt></ruby>は<ruby>私<rt>わたし</rt></ruby>の<ruby>目<rt>め</rt></ruby>の<ruby>前<rt>まえ</rt></ruby>で<ruby>上<rt>じょう</rt></ruby><ruby>司<rt>し</rt></ruby>に<ruby>辞<rt>じ</rt></ruby><ruby>表<rt>ひょう</rt></ruby>を**差し出**した。

결국 그녀는 내 눈앞에서 상사에게 사표를 제출했다.

☆☆☆ □ 09 **据え置く** ｜ すえおく　　　　　　　　　　　　　　동결하다

この<ruby>商<rt>しょう</rt></ruby><ruby>品<rt>ひん</rt></ruby>は<ruby>値<rt>ね</rt></ruby><ruby>上<rt>あ</rt></ruby>げが<ruby>検<rt>けん</rt></ruby><ruby>討<rt>とう</rt></ruby>されたが、**据え置く**ことに<ruby>決<rt>き</rt></ruby>められた。

이 상품은 가격 인상이 검토되었지만 (가격을) 동결하기로 결정되었다.

☆☆☆ □ 10 **行き渡る** ｜ ゆきわたる　　　　　　　　　　　고루 전해지다

<ruby>場<rt>じょう</rt></ruby><ruby>内<rt>ない</rt></ruby>の<ruby>人<rt>ひと</rt></ruby>たちにパンフレットが**行き渡る**ように<ruby>準<rt>じゅん</rt></ruby><ruby>備<rt>び</rt></ruby>している。

장내에 있는 사람들에게 팸플릿이 고루 전달되도록 준비하고 있다.

형용사　　　　　　　　　　　　　　　　　　　🎧 37-3.mp3

■ **い 형용사**

☆☆ □ 01 **甲斐甲斐しい** ｜ かいがいしい　　　　　　　　　바지런하다

<ruby>病<rt>びょう</rt></ruby><ruby>気<rt>き</rt></ruby>の<ruby>母<rt>はは</rt></ruby>を<ruby>世<rt>せ</rt></ruby><ruby>話<rt>わ</rt></ruby>する<ruby>妹<rt>いもうと</rt></ruby>の**甲斐甲斐しい**<ruby>姿<rt>すがた</rt></ruby>を<ruby>見<rt>み</rt></ruby>て、ほっと<ruby>胸<rt>むね</rt></ruby>をなでおろした。 병에 걸린 어머니를 돌보는 동생의 바지런한 모습을 보고 안심했다.

4순위

☆☆ □ 02 しんどい　　힘들다

最近(さいきん)は毎晩(まいばん)11時(じ)まで残業(ざんぎょう)しなければならないので正直(しょうじき)**しんどい**。
요즘은 매일 밤 11시까지 야근을 해야 하기 때문에 솔직히 힘들다.

☆☆ □ 03 望ましい | のぞましい　　바람직하다, 요망되다

採用条件(さいようじょうけん)として、できれば中国語(ちゅうごくご)が話(はな)せることが**望ましい**。
채용 조건으로 가능하다면 중국어를 할 줄 아는 것이 요망된다.

☆☆ □ 04 等しい | ひとしい　　같다, 다름없다

この仕事(しごと)はアルバイトだが、給料(きゅうりょう)はほとんどボランティアに**等しい**。
이 일은 아르바이트이지만 급여는 거의 자원봉사나 다름없다.

☆☆ □ 05 惨い | むごい　　무자비하다

20年(ねん)も働(はたら)いてきた社員(しゃいん)を首(くび)にするなんて、**惨い**仕打(しう)ちだ。
20년이나 일해 온 직원을 해고하다니 무자비한 처사다.

な 형용사

☆☆ □ 01 気さく | きさく　　털털함

彼(かれ)は**気さくな**ので、個人的(こじんてき)なことを訊(き)いても嫌(いや)な顔(かお)をしない。
그는 성격이 털털해서 개인적인 것을 물어도 싫은 표정을 하지 않는다.

☆☆ □ 02 盛大 | せいだい　　성대함

新社屋(しんしゃおく)の完成(かんせい)を祝(いわ)うパーティーが**盛大に**行(おこな)われた。
신사옥의 완성을 축하하는 파티가 성대하게 열렸다.

☆☆ □ 03 ぶっきらぼう　　무뚝뚝함

息子(むすこ)はかわいげがなく、いつも**ぶっきらぼうな**返事(へんじ)しかできない。
아들은 귀여운 데가 없이 항상 무뚝뚝한 대답밖에 못한다.

★★ □ 04 無邪気 | むじゃき　　천진난만함

無邪気に笑っている子供の顔を見ていると、心が安らぐ。
천진난만하게 웃고 있는 아이의 얼굴을 보고 있으면 마음이 편안해진다.

★★ □ 05 有望 | ゆうぼう　　유망함

有望な人材を確保するために各企業は努力している。
유망한 인재를 확보하기 위해 각 기업은 노력하고 있다.

부사

37-4.mp3

★★ □ 01 あたふた　　허둥지둥

こういう時でも**あたふた**と騒がず、冷静になる必要がある。
이러한 때라도 허둥지둥 당황하지 말고 냉정해질 필요가 있다.

★ □ 02 たちまち　　순식간에

二日酔いの薬を飲んだら、**たちまち**効果があらわれた。
숙취를 해소하는 약을 먹었더니 순식간에 효과가 나타났다.

★ □ 03 とりあえず　　일단, 우선

とりあえず、ビール２本と枝豆をお願いします。
일단 맥주 두 병과 가지콩을 부탁합니다.

★ □ 04 密かに | ひそかに　　몰래

密かに引出しの中に隠しておいたお菓子を取り出して一人で食べた。
몰래 서랍 안에 숨겨 두었던 과자를 꺼내어 혼자 먹었다.

★★ □ 05 丸ごと | まるごと　　통째로

ナイフがなかったので、りんごを**丸ごと**かじって食べるしかなかった。
칼이 없어서 사과를 통째로 베어 먹을 수밖에 없었다.

의성어 · 의태어

☐ **01** おろおろ　어쩔 줄 몰라 당황하는 모양

犯人(はんにん)からの脅迫状(きょうはくじょう)を見(み)て、ただ**おろおろ**するばかりだった。

범인으로부터 받은 협박장을 보고 그저 허둥지둥 당황할 뿐이었다.

☐ **02** がちがち　긴장하여 굳은 모양

最終面接(さいしゅうめんせつ)を前(まえ)にして、彼(かれ)は**がちがち**に緊張(きんちょう)している。

최종 면접을 앞두고 그는 단단히 긴장하고 있다.

☐ **03** くさくさ　기분이 울적한 모양

くさくさしていないで、外(そと)に出(で)て気分転換(きぶんてんかん)でもしてきたらどうですか。

울적하게 있지 말고 밖에 나가서 기분 전환이라도 하고 오는 게 어때요?

☐ **04** すごすご　힘없이

ここに来(き)ても仕事(しごと)はないと言(い)われて、**すごすご**と家(いえ)に帰(かえ)った。

여기에 와도 일은 없다는 말을 듣고 힘없이 집으로 돌아왔다.

☐ **05** ほのぼの　희미함, 훈훈함

これは**ほのぼの**とした家族愛(かぞくあい)がテーマのドラマだ。

이것은 훈훈한 가족애가 주제인 드라마이다.

속담 · 사자성어

☐ **01** 思い立ったが吉日 | おもいたったがきちじつ　마음먹은 날이 길일

思い立ったが吉日ということで、今日(きょう)から30分間(ぶんかん)のウォーキングを始(はじ)めてみた。

마음먹은 날이 길일이라는 말대로 오늘부터 30분간 걷기를 시작해 보았다.

PLUS 하기로 마음먹었다면 그날을 길일이라고 생각하고 바로 실행에 옮기라는 뜻.

☐ 02 河童の川流れ | かっぱのかわながれ
물귀신도 강에서 떠내려간다, 원숭이도 나무에서 떨어진다

いくら場慣れしているとはいえ、油断して**河童の川流れ**にならないように気を付けないと。
아무리 잘 아는 장소라고 해도 방심해서 원숭이도 나무에서 떨어지는 꼴이 되지 않도록 조심해야 한다.

☐ 03 自給自足 | じきゅうじそく 자급자족

自給自足で畑を耕し、山で暮らしている若者がテレビで紹介された。
자급자족으로 밭을 갈며 산에서 지내고 있는 젊은이가 TV에서 소개되었다.

☐ 04 前代未聞 | ぜんだいみもん 전대미문

職員全員が顧客の預かり金を着服したという**前代未聞**の事件が発覚した。
전 직원이 고객이 맡긴 돈을 착복하는 전대미문의 사건이 발각되었다.

PLUS 지금까지 들어 본 적이 없다는 뜻.

관용어

☐ 01 一命を取り留める | いちめいをとりとめる 목숨을 건지다

交通事故に遭ったが、不幸中の幸いで**一命を取り留める**ことができた。
교통사고를 당했지만 불행 중 다행으로 목숨을 건질 수 있었다.

☐ 02 言ってのける | いってのける 하기 힘든 말을 하다

かわいい顔をして、上司に言いにくいことでもさらりと**言ってのける**。
귀여운 얼굴을 하고서 상사에게 하기 힘든 말도 아무렇지 않게 한다.

☐ 03 意に添う | いにそう 마음에 들다

彼は30代後半だが、**意に添う**人がいなくてまだ独身だ。
그는 30대 후반이지만 마음에 드는 사람이 없어서 아직 독신이다.

☐ 04 警鐘を鳴らす | けいしょうをならす　경종을 울리다

科学者が環境破壊に対する**警鐘を鳴らし**ている。
과학자가 환경 파괴에 대한 경종을 울리고 있다.

☐ 05 二転三転する | にてんさんてんする　계속 바뀌다, 계속 번복되다

捕まった犯人の供述は**二転三転し**ている。
붙잡힌 범인의 진술은 계속 번복되고 있다.

☐ 06 抜き差しならぬ | ぬきさしならぬ　어찌할 도리가 없다

環境破壊はもはや**抜き差しならぬ**段階まで進んでいる。
환경 파괴는 이제 어찌할 도리가 없는 단계까지 진행되어 있다.

☐ 07 根を下ろす | ねをおろす　뿌리를 내리다

地域に**根を下ろした**様々な活動を行っている。
지역에 뿌리를 내린 다양한 활동을 하고 있다.

☐ 08 ピリオドを打つ | ピリオドをうつ　종지부를 찍다

結局、5年間の結婚生活に**ピリオドを打った**。
결국 5년 동안의 결혼 생활에 종지부를 찍었다.

☐ 09 待ちぼうけを食う | まちぼうけをくう　바람을 맞다

デートの相手に**待ちぼうけを食わされて**、すごく落ち込んでいる。
데이트 상대에게 바람을 맞아서 몹시 낙담했다.

☐ 10 よりを戻す | よりをもどす　(이별한 남녀가) 다시 만나다

あの二人は別れたはずなのに、いつの間にか**よりを戻し**ていた。
저 두 사람은 분명히 헤어졌을 텐데 어느새 다시 만나고 있었다.

1 다음 밑줄 친 히라가나에 해당하는 한자를 고르세요.

1. スーツを脱いでふだんぎに着がえる。　① 不断着　② 普段着
2. この方面に関しては、もんがいかんだ。　① 門外観　② 門外漢
3. せいさいを加える。　① 制裁　② 製裁
4. この国のるいせき債務は増える一方だ。　① 塁積　② 累積
5. 子供たちのむじゃきな笑い声　① 無邪鬼　② 無邪気

2 다음 두 문장 중에서 올바른 문장을 고르세요.

1. ① 薬を飲んだら、５分後にたちまち効果があらわれた。
   ② 薬を飲んだら、５分後にまちまち効果があらわれた。

2. ① セールスを断られて、いそいそと帰る。
   ② セールスを断られて、すごすごと帰る。

3. ① 思い立ったが吉日
   ② 思い立ったが縁日

4. ① やむをえずビール２本、お願いします。
   ② とりあえずビール２本、お願いします。

5. ① 臨床実験を重ねて集めたデータ
   ② 臨終実験を重ねて集めたデータ

3 다음 일본어가 설명하고 있는 단어를 고르세요.

1. 話の内容がころころ変わる。

① 七転八倒　② 二転三転

2. 栄養をたくさんとって太る。

① 肥える　② 腫れる

3. 人々をあおって動かす。

① 扇動　② 勧誘

4. 話し方や態度に愛想がないさま

① 人懐こい　② ぶっきらぼう

5. 全部そのまま

① 丸ごと　② ままごと

---

1 1.② 2.② 3.① 4.② 5.②　2 1.① 2.② 3.① 4.② 5.①　3 1.② 2.① 3.① 4.② 5.①

DAY 38

VOCA Check

나의 어휘 실력은 현재 어느 정도일까?
실전 어휘력 체크!

다음 어휘의 뜻을 써 보세요.

명사

- □01 威嚇 ....
- □02 同棲 ....
- □03 撲滅 ....
- □04 青二才 ....
- □05 消印 ....
- □06 雑木林 ....
- □07 板挟み ....
- □08 生焼け ....
- □09 間借り ....

동사

- □10 蠢かす ....
- □11 かざす ....
- □12 白ける ....
- □13 臥す ....
- □14 滅入る ....
- □15 差し置く ....
- □16 立ち返る ....
- □17 取り仕切る ....
- □18 張り詰める ....

형용사

- □19 厚かましい ....
- □20 如才ない ....
- □21 容易い ....
- □22 根強い ....
- □23 物見高い ....
- □24 肝心 ....
- □25 迅速 ....
- □26 不束 ....
- □27 優勢 ....

부사·의성어·의태어

- □28 せめて ....
- □29 どこまでも ....
- □30 所構わず ....
- □31 まずまず ....
- □32 やや ....
- □33 がさがさ ....
- □34 くどくど ....
- □35 たらたら ....
- □36 ぴしゃぴしゃ ....

속담·사자성어·관용어

- □37 贔屓の引き倒し ....
- □38 徹頭徹尾 ....
- □39 裏を取る ....
- □40 上前をはねる ....

- **정답 개수 01~10개** ▸ **당신은 초급자!** 산 넘어 산이네요! 정독하여 반드시 어휘 정복합시다!
- **정답 개수 11~20개** ▸ **당신은 초중급자!** 이제 걸음마 뗀 수준? 좀 더 노력하여 수준급으로 Go!
- **정답 개수 21~30개** ▸ **당신은 중급자!** 조금만 더 열심히 하면, 상급자까지 얼마 안 남았어요!
- **정답 개수 31~40개** ▸ **당신은 거의 상급자 수준?!** 방심은 금물! 100% 완벽에 도전합시다!

명사

기본 한자어

- □ 01 威嚇 | いかく 위협
- □ 02 飢餓 | きが 기아
- □ 03 寄付 | きふ 기부
- □ 04 抗争 | こうそう 항쟁
- □ 05 五輪 | ごりん 올림픽
- □ 06 慈善 | じぜん 자선
- □ 07 射幸心 | しゃこうしん 사행심
- □ 08 診療 | しんりょう 진료
- □ 09 束縛 | そくばく 속박
- □ 10 追撃 | ついげき 추격
- □ 11 追放 | ついほう 추방
- □ 12 同棲 | どうせい 동거
- □ 13 難破 | なんぱ 난파
- □ 14 避雷針 | ひらいしん 피뢰침
- □ 15 福祉 | ふくし 복지
- □ 16 偏在 | へんざい 편재
- □ 17 変遷 | へんせん 변천
- □ 18 飽和 | ほうわ 포화
- □ 19 撲滅 | ぼくめつ 박멸
- □ 20 容認 | ようにん 용인
- □ 21 濫用 | らんよう 남용
- □ 22 流失 | りゅうしつ 유실
- □ 23 零細 | れいさい 영세
- □ 24 隷属 | れいぞく 예속
- □ 25 列挙 | れっきょ 열거
- □ 26 老婆心 | ろうばしん 노파심

읽기에 주의해야 할 음훈 결합 명사

☐ 01 青二才 | あおにさい 풋내기, 애송이

青二才のくせに上司(じょうし)に意見(いけん)するとは、生意気(なまいき)だと思(おも)われても仕方(しかた)ない。
애송이 주제에 상사에게 설교를 하다니 건방지다고 여겨져도 어쩔 수 없다.

☐ 02 芋蔓式 | いもづるしき 줄줄이 연루됨

有名人(ゆうめいじん)の薬物(やくぶつ)使用(しよう)の逮捕(たいほ)をきっかけに売人(ばいにん)や共犯者(きょうはんしゃ)が**芋蔓式**に逮捕(たいほ)された。 유명인이 약물을 사용해서 체포된 것을 계기로 판매자와 공범자가 줄줄이 체포되었다.

☐ 03 餌食 | えじき 희생양

逃(に)げ惑(まど)うシマウマの群(む)れの一頭(いっとう)がライオンの**餌食**になった。
도망치려고 갈팡질팡하는 얼룩말 무리 중의 한 마리가 사자의 희생양이 되었다.

☐ 04 腐れ縁 | くされえん 끊을래야 끊을 수 없는 인연, 지긋지긋한 사이

好(す)きで付(つ)き合(あ)っているのではなく、ただの**腐れ縁**だけでつながっている人(ひと)たちも多(おお)い。
좋아서 만나는 것이 아니라 그냥 끊을 수 없는 관계이다 보니 계속해서 인연을 이어가는 사람도 많다.

☐ 05 消印 | けしいん 소인

消印が押(お)された使用(しよう)済(ず)み切手(きって)はボランティア活動(かつどう)に使(つか)われる。
소인이 찍힌 사용이 끝난 우표는 자원봉사 활동에 사용된다.

☐ 06 雑木林 | ぞうきばやし 잡목림

雑木林に囲(かこ)まれた閑静(かんせい)な住宅街(じゅうたくがい)に住(す)みたい。
잡목림에 둘러싸인 한산한 주택가에 살고 싶다.

☐ 07 二枚目 | にまいめ 미남

どちらかと言(い)うと、**二枚目**よりは三枚目(さんまいめ)のタイプの方(ほう)が好(す)きだ。
굳이 고르자면 잘생긴 사람보다는 재미있는 사람을 더 좋아한다.

PLUS 三枚目 | さんまいめ 익살꾼

4순위

□ 08 **平社員** | **ひらしゃいん**　　　　　　　　　　　　평사원

大卒の新入社員の地位は、当然**平社員**だ。
だいそつ　しんにゅうしゃいん　ち　い　とうぜん

대졸 신입 사원의 지위는 당연히 평사원이다.

□ 09 **歩合** | **ぶあい**　　　　　　　　　　　　　　비율

セールスマンの給料は大体**歩合**制だ。
きゅうりょう　だいたい　せい

세일즈맨의 급여는 대개 비율제(인센티브제)이다.

□ 10 **不死身** | **ふじみ**　　　　　　　　　　　　불사신

アクション映画の主人公は**不死身**の人が多い。
えい が　しゅじんこう　ひと　おお

액션 영화의 주인공은 불사신인 사람이 많다.

📖 고유어

□ 01 **板挟み** | **いたばさみ**　　　　　　　　　　사이에 끼임

上司と部下の**板挟み**になって、辛い立場だ。
じょう し　ぶ か　つら　たち ば

상사와 부하 사이에 끼어 괴로운 입장이다.

□ 02 **下請け** | **したうけ**　　　　　　　　　　　하청

うちの会社は大手建築会社の**下請け**会社だ。
かいしゃ　おお て けんちくがいしゃ　がいしゃ

우리 회사는 대형 건축 회사의 하청 회사이다.

□ 03 **大当たり** | **おおあたり**　　　　　　　　대박

友達に誘われて初めて馬券を買ったが、思いがけず**大当たり**した。
ともだち　さそ　はじ　ばけん　か　おも

친구가 권유하여 처음으로 마권을 샀는데 예상외로 대박이 났다.

□ 04 **差し入れ** | **さしいれ**　　　일에 대한 수고를 격려하기 위한 간식

先輩からお菓子の**差し入れ**をもらったので、休憩の時に食べた。
せんぱい　か し　きゅうけい　とき き た

선배가 수고를 격려하기 위한 간식으로 과자를 가지고 와서 휴식 시간에 먹었다.

★★ □ 05 離れ離れ | はなればなれ 멀리 떨어짐

りょうしん　りこん　　　きょうだい　ねんまえ

両親の離婚でこの兄弟は20年前に**離れ離れ**になってしまった。
부모님의 이혼으로 이 형제는 20년 전에 멀리 떨어져 지내게 되었다.

★★ □ 06 届出 | とどけで 신고

しやくしょ　い　　じゅうしょへんこう

市役所に行って住所変更の**届出**をした。
시청에 가서 주소 변경 신고를 했다.

★★ □ 07 生焼け | なまやけ 설익음

ぶたにく　ぜったい　　　　じょうたい　た

豚肉は絶対**生焼け**の状態で食べてはいけない。
돼지고기는 절대 설익은 상태로 먹어서는 안 된다.

★★ □ 08 日取り | ひどり 날을 잡음

こんやく　　　　　けっこんしき　　　　　き

婚約はしたが、結婚式の**日取り**はまだ決まっていない。
약혼은 했지만 결혼식 날짜는 아직 정해지지 않았다.

★★ □ 09 二日酔い | ふつかよい 숙취

しごとがえ　　どうりょう　の　　　　　けさ

仕事帰りに同僚と飲みすぎて、今朝は**二日酔い**だ。
퇴근길에 동료와 술을 너무 많이 마셔서 오늘 아침은 숙취 상태이다.

★★ □ 10 振込み | ふりこみ 불입, 입금

たこう　　　　　てすうりょう　むりょう　ぎんこう

他行への**振込み**手数料が無料の銀行もある。
다른 은행에 입금할 때 입금 수수료가 무료인 은행도 있다.

★★ □ 11 触れ合い | ふれあい 서로 접촉함, 만남

どうぶつえん　　さまざま　どうぶつ

この動物園では様々な動物との**触れ合い**ができる。
이 동물원에서는 다양한 동물과 만날 수 있다.

★★★ □ 12 間借り | まがり 돈을 주고 방을 빌림

がくせいじだい　だいがく　　　　ちか　　　　　　　　　す

学生時代は大学のすぐ近くのアパートに**間借り**して住んでいた。
학창 시절에는 대학 바로 근처의 아파트에 방을 빌려서 살았다.

□ 13 見掛け倒し | みかけだおし 겉만 번지르르함

たくさんポケットがあって便利(べんり)そうだったから買(か)ったのに、**見掛け倒し**だった。 주머니가 많아서 편해 보여서 샀는데 겉보기와는 달리 실속은 없었다.

□ 14 横取り | よこどり 가로챔

他人(たにん)のものを**横取り**するなんて、本当(ほんとう)に図々(ずうずう)しい人(ひと)に違(ちが)いない。
남의 물건을 가로채다니 정말 뻔뻔한 사람임에 틀림없다.

□ 15 よそ行き | よそゆき 외출(복), 나들이(옷)

子供(こども)の頃(ころ)、デパートで買(か)い物(もの)をする時(とき)は**よそ行き**の服(ふく)を着(き)て行(い)った。
어렸을 때 백화점에서 쇼핑을 할 때는 나들이옷을 입고 갔다.

동사

38-2.mp3

기본 동사

□ 01 青ざめる | あおざめる (얼굴색이) 창백해지다

その話(はなし)を聞(き)くと、彼(かれ)は顔(かお)が急(きゅう)に**青ざめて**、座(すわ)り込(こ)んでしまった。
그 이야기를 듣자 그는 얼굴이 갑자기 창백해지더니 주저앉아 버렸다.

□ 02 息巻く | いきまく 씩씩거리다

お客(きゃく)さんが**息巻いた**口調(くちょう)でクレームをつけてきた。
손님이 씩씩거리는 말투로 클레임을 걸어 왔다.

□ 03 蠢かす | うごめかす 벌름거리다, 실룩거리다

殺虫剤(さっちゅうざい)をかけられた蝿(はえ)は足(あし)を**蠢かして**まだ生(い)きていた。
살충제를 맞은 파리는 다리를 실룩거리며 아직 살아 있었다.

□ 04 香る | かおる (향기가) 나다

柚子(ゆず)の風味(ふうみ)が**香る**ドレッシングをサラダにかけて食(た)べた。
유자의 풍미가 나는 드레싱을 샐러드에 뿌려서 먹었다.

☐ 05 角張る | かくばる 각지다

表面がざらざらして**角張って**いる石を河原で拾った。
표면이 까칠까칠하고 각져 있는 돌을 강변에서 주웠다.

☐ 06 かざす 손을 이마 앞에 대고 빛을 가리다, 가까이 손을 대다

暗い館内から外に出たら、まぶしくて思わず手を**かざした**。
어두운 관내에서 밖으로 나왔더니 눈이 부셔서 나도 모르게 손을 이마 앞에 대고 빛을 가렸다.

☐ 07 きっとなる 엄격해지다, 무섭게 변하다

嫌味を言われた瞬間、彼の表情が**きっとなった**。
싫은 소리를 듣자마자 그의 표정이 무섭게 변했다.

☐ 08 白ける | しらける 좋은 분위기가 깨지다

彼女はつまらない冗談を言って場を**白けさせた**。
그녀는 재미없는 농담을 해서 그 자리를 얼어붙게 만들었다.

☐ 09 拗ねる | すねる 토라지다, 삐치다

母に叱られて**拗ねて**いる弟をなぐさめた。
어머니께 혼이 난 동생을 토닥였다.

☐ 10 囃す | はやす 장단을 맞추다

手拍子に**囃して**歌を歌い、会場は盛り上がった。
손박자에 장단을 맞추어 노래를 부르며 행사장은 분위기가 달아올랐다.

☐ 11 臥す | ふす 눕다, 드러눕다

床に**臥した**まま、天井を仰いでいる。
잠자리에 누운 채 천장을 올려다보고 있다.

☐ 12 ほじる 후비다

鼻の穴を**ほじって**いたら、鼻血が出てしまった。
콧구멍을 후볐더니 코피가 나고 말았다.

동 ほじくる

★★★ □ 13 滅入る | めいる　기운이 없어지다, 울적해지다

明日からテスト週間だと思うと、気が**滅入る**。
내일부터 시험 주간이라고 생각하니 기운이 없어진다

★ □ 14 茹でる | ゆでる　삶다, 데치다

野菜をあまり長時間**茹でる**と、栄養分が損なわれる。
야채를 너무 장시간 삶으면 영양분이 손상된다.

★★ □ 15 患う | わずらう　아프다, 병을 앓다

若い頃から胃を**患って**いるので、一度にたくさん食べられない。
젊었을 때부터 위가 좋지 않아 한 번에 많이 먹을 수가 없다.

복합동사

★★ □ 01 差し置く | さしおく　제쳐놓다

この件は担当者を**差し置いて**決めるわけにはいかない。
이 건은 담당자를 제쳐놓고 결정할 수는 없다.

★★ □ 02 急き立てる | せきたてる　재촉하다

何も手伝ってくれないくせに、早く早くと**急き立てて**いる。
아무것도 도와주지 않으면서 빨리 하라고 재촉하고 있다.

★★ □ 03 立ち返る | たちかえる　(출발점으로) 돌아가다

商売の原点に**立ち返って**顧客サービスに努める。
장사의 원점으로 돌아가서 고객 서비스에 힘쓰다.

★★ □ 04 立ち向かう | たちむかう　맞서다

会社が苦しい時だから、みんなで力を合わせて困難に**立ち向かおう**。
회사가 힘들 때니까 모두 함께 힘을 합쳐서 역경에 맞서자.

★ □ 05 取り扱う | とりあつかう　취급하다

個人情報（こじんじょうほう）は正（ただ）しく**取り扱わなければ**ならない。
개인 정보는 올바르게 취급해야만 한다.

★★ □ 06 取り仕切る | とりしきる　(일을) 맡아서 주재하다

今回（こんかい）の制作（せいさく）プロジェクトは彼（かれ）が**取り仕切る**ことになった。
이번 제작 프로젝트는 그가 맡아서 주재하게 되었다.

★★★ □ 07 張り詰める | はりつめる　긴장되다

今日（きょう）の会議（かいぎ）には**張り詰めた**空気（くうき）が漂（ただよ）っていた。
오늘 회의는 긴장된 공기가 감돌고 있었다.

★★ □ 08 見合う | みあう　부합하다

労働（ろうどう）に**見合う**報酬（ほうしゅう）がほしいのは、誰（だれ）だって同（おな）じだ。
노동에 부합하는 보수를 받고 싶은 것은 누구나 마찬가지이다.

★★ □ 09 申し入れる | もうしいれる　제의하다, 신청하다

やむを得（え）ない事情（じじょう）で、内定（ないてい）の辞退（じたい）を**申し入れた**。
어쩔 수 없는 사정으로 내정 사퇴를 신청했다.

★★ □ 10 申し出る | もうしでる　자청해서 말하다, 신청하다

休暇（きゅうか）を**申し出て**、彼女（かのじょ）と一緒（いっしょ）に旅行（りょこう）でも行（い）ってくるつもりだ。
휴가를 신청해서 여자 친구와 함께 여행이라도 다녀올 생각이다.

형용사

38-3.mp3

い형용사

★ □ 01 厚かましい | あつかましい　뻔뻔하다

先生（せんせい）に向（む）かって「おごってくれ」と平気（へいき）で言（い）うなんて、**厚かましい**生徒（せいと）だ。
선생님을 향해 '한턱내요!'라고 아무렇지도 않게 말하다니 뻔뻔한 학생이다.

★★ □02 如才ない | じょさいない　　싹싹하고 빈틈없다

ベテランのホテルマンはお客(きゃく)さんへの対応(たいおう)に**如才ない**。
베테랑 호텔 직원은 손님에 대한 대응에 빈틈이 없다.

★ □03 容易い | たやすい　　손쉽다

君(きみ)のキャリアなら、新(あたら)しい仕事(しごと)を見(み)つけるのは**容易い**だろう。
너의 경력이라면 새로운 일을 찾는 것은 쉬울 거야.

★★ □04 根強い | ねづよい　　뿌리 깊다

職種(しょくしゅ)による偏見(へんけん)が未(いま)だに**根強い**のは否(いな)めない。
직종에 따른 편견이 여전히 뿌리 깊은 것은 부정할 수 없다.

★★ □05 物見高い | ものみだかい　　호기심이 많다

火事現場(かじげんば)は**物見高い**野次馬(やじうま)たちで一杯(いっぱい)になった。
화재 현장은 호기심 많은 구경꾼들로 꽉 찼다.

な 형용사

★★ □01 肝心 | かんじん　　중요함

まとめ方(かた)はいいが、**肝心な**ところが抜(ぬ)けているから書(か)き直(なお)してくれ。
정리 방법은 좋지만 중요한 부분이 빠져 있으니까 다시 써 줘.

★★ □02 迅速 | じんそく　　신속함

ユーザーからのクレームには**迅速に**対応(たいおう)する必要(ひつよう)がある。
유저로부터의 클레임에는 신속하게 대응할 필요가 있다.

★★★ □03 不束 | ふつつか　　못남(자신이나 자기 쪽 사람을 낮춰 말할 때 사용)

不束な娘(むすめ)ではございますが、末永(すえなが)くよろしくお願(ねが)い致(いた)します。
못난 딸이지만 오래오래 잘 부탁드리겠습니다.

★★ □ 04 安らか | やすらか 편안함

病気で苦しんだ人とは思えないほど、**安らかな**死に顔だった。
병으로 고통받은 사람이라고는 생각할 수 없을 만큼 편안하게 잠든 모습이었다.

★★ □ 05 優勢 | ゆうせい 우세함

値下げ効果は限定的という見方が**優勢だ**。
가격 인하 효과는 한정적이라는 견해가 우세하다.

부사

38-4.mp3

★ □ 01 せめて 적어도, 하다못해

海外旅行は無理でも、**せめて**日帰り旅行くらいはしたい。
해외여행은 무리여도 하다못해 당일치기 여행 정도는 하고 싶다.

★★ □ 02 どこまでも 끝없이

雨に濡れた犬はとぼとぼと、少年の後を**どこまでも**ついて行った。
비에 젖은 개는 터벅터벅 소년의 뒤를 끝없이 따라갔다.

★★ □ 03 所構わず | ところかまわず 장소를 가리지 않고

所構わずタバコを吸う人は、他人の気持ちも少しは考えてもらいたい。
장소를 가리지 않고 담배를 피우는 사람은 다른 사람의 기분도 조금은 생각해 주었으면 한다.

★★ □ 04 まずまず 그럭저럭

試験は**まずまず**の出来だったから、留年は免れるだろう。
시험은 그럭저럭 보았으니까 유급은 면할 것이다.

동 まあまあ

★ □ 05 やや 얼마간, 다소

明日は風が強く、波の高さは3メートルと**やや**高いでしょう。
내일은 바람이 강하고 파고는 3m로 다소 높겠습니다.

의성어·의태어

□ 01 がさがさ 얇고 건조한 것이 부딪히며 나는 소리

隣(となり)の人(ひと)が**がさがさ**音(おと)を立(た)てながら新聞(しんぶん)を読(よ)むのが気(き)になる。
엽 사람이 부스럭거리며 신문을 읽는 것이 신경 쓰인다.

□ 02 くどくど 끈질기게 반복해서 말하는 모양

くどくどとしつこく説教(せっきょう)する上司(じょうし)はみんなから煙(けむ)たがられている。
구구절절 장황하게 설교하는 상사는 모두가 거북해한다.

□ 03 たらたら 아부나 불만 등을 장황하게 늘어놓는 모양

いつまでも**たらたら**と不平(ふへい)ばかり言(い)っていても、何(なに)も始(はじ)まらない。
언제까지나 장황하게 불평만 하고 있어서는 아무것도 해결되지 않는다.

□ 04 ぴしゃぴしゃ 물이 튀는 소리

雨粒(あまつぶ)が硝子(ガラス)窓(まど)に当(あ)たって**ぴしゃぴしゃ**と跳(は)ね返(かえ)る。
빗방울이 유리창에 부딪혀 탁탁 튄다.

□ 05 むんむん 열기가 가득한 모양, 후끈후끈

会場(かいじょう)は大勢(おおぜい)のファンが詰(つ)めかけ、熱気(ねっき)で**むんむん**していた。
공연장은 많은 팬들이 밀어닥쳐 열기로 후끈 달아올라 있었다.

속담·사자성어

□ 01 無くて七癖 | なくてななくせ 사람은 누구나 많든 적든 버릇이 있다

無くて七癖はあるもので、無意識(むいしき)にしてしまっている癖(くせ)は誰(だれ)にでもあるものだ。
사람은 누구나 저마다 버릇이 있는 법이어서 무의식적으로 하게 되는 버릇은 누구에게나 있는 법이다.

☐ 02 贔屓の引き倒し | ひいきのひきたおし 지나친 역성은 오히려 피해를 줌

先生が特定の学生を誉め続けたせいで、**贔屓の引き倒し**になりいじめの対象になる恐れもある。

선생님이 특정 학생을 계속 칭찬한 탓에 그것이 역효과를 발휘하여 괴롭힘의 대상이 될 우려도 있다.

☐ 03 徹頭徹尾 | てっとうてつび 철두철미

今年は目標実現のために**徹頭徹尾**、行動していくことを決めた。

올해는 목표 실현을 위해 철두철미하게 행동하기로 했다.

☐ 04 二者択一 | にしゃたくいつ 양자택일

単身赴任をするか、家族全員で引っ越しをするか、**二者択一**を迫られている。

단신부임을 할지 가족들을 데리고 이사를 갈지 양자택일을 해야만 하는 상황이다.

관용어

☐ 01 明るみに出る | あかるみにでる 표면에 나타나다, 겉으로 드러나다

あるジャーナリストによって、暴力団の実態が**明るみに出た**。

한 저널리스트에 의해 폭력단의 실태가 드러났다.

☐ 02 一途を辿る | いっとをたどる 일이 한 방향으로만 흘러가다, 일로를 걷다

凶悪な犯罪はますます増加の**一途を辿っ**ている。

흉악한 범죄는 점점 더 증가 일로를 걷고 있다.

☐ 03 裏を取る | うらをとる (증거를 찾아 진술 등을) 검증하다, 확인하다

犯人の自白の**裏を取る**ために、再検証した。

범인의 자백을 확인하기 위해 재검증했다.

4 순위

★
★ □ 04 上前をはねる | うわまえをはねる (중개료나 수수료 등의 명목으로 돈을) 뜯다, 갈취하다

この商売(しょうばい)もブローカーに**上前をはねられる**ので、あまり儲(もう)からない。
이 장사도 브로커에게 뜯기고 있어서 별로 돈이 벌리지 않는다.

★
★ □ 05 種が割れる | たねがわれる 수법이 탄로나다

被害者(ひがいしゃ)が続出(ぞくしゅつ)した悪徳商法(あくとくしょうほう)の**種が割れた**。
피해자가 속출한 악덕 상법의 수법이 탄로났다.

★
★ □ 06 頭角を現す | とうかくをあらわす 두각을 나타내다

彼女(かのじょ)は最近(さいきん)めきめきと**頭角を現して**きた若手(わかて)の女優(じょゆう)だ。
그녀는 요즘 부쩍 두각을 나타내게 된 젊은 여배우이다.

★
★ □ 07 泥を吐く | どろをはく 자백하다

逮捕(たいほ)三日目(みっかめ)の朝(あさ)、容疑者(ようぎしゃ)がとうとう**泥を吐いた**。
체포 3일째 아침에 용의자가 드디어 자백했다.

★
★ □ 08 鳴りを潜める | なりをひそめる 대외적인 활동을 하지 않다, 잠잠하다

一時(いちじ)**鳴りを潜めて**いた暴走族(ぼうそうぞく)が、また活動(かつどう)を始(はじ)めた。
한동안 잠잠하던 폭주족이 다시 활동을 시작했다.

★
★ □ 09 一溜まりもない | ひとたまりもない 잠시도 버티지 못하다

自転車(じてんしゃ)に乗(の)っていて横(よこ)から車(くるま)にぶつけられたら**一溜まりもない**。
자전거를 타다가 옆에서 자동차에 부딪히면 뼈도 못 추린다.

★
★ □ 10 巻き添えになる | まきぞえになる 말려들다

交差点(こうさてん)で歩行者(ほこうしゃ)が**巻き添えになる**事故(じこ)が発生(はっせい)した。
교차로에서 보행자가 말려드는 사고가 발생했다.

1 다음 밑줄 친 히라가나에 해당하는 한자를 고르세요.

1. れいさい企業で働く。　① 零細　② 零済
2. 結婚前からどうせい生活をしていた。　① 同姓　② 同棲
3. 人口がほうわ状態になる。　① 砲火　② 飽和
4. しゃこうしんを煽るパチンコ　① 射幸心　② 射功心
5. かんじんな部分についての説明が足りない。　① 肝人　② 肝心

2 다음 두 문장 중에서 올바른 문장을 고르세요.

1. ① ふしだらな娘ですが、よろしくお願いいたします。
   ② ふつつかな娘ですが、よろしくお願いいたします。

2. ① たらたらと不満を口にする。
   ② ぽたぽたと不満を口にする。

3. ① １級は無理でも、せめて２級は合格したい。
   ② １級は無理でも、むしろ２級は合格したい。

4. ① この件は担当者を据え置いて決めるわけにはいかない。
   ② この件は担当者を差し置いて決めるわけにはいかない。

5. ① 結婚式の日取りを決める。
   ② 結婚式の日当りを決める。

3 다음 일본어가 설명하고 있는 단어를 고르세요.

1. 証言や情報の真偽を他の方面から確かめる。

① 裏を取る ② 裏をかく

2. 病気になったり、体を悪くする。

① 見舞う ② 患う

3. 興がさめて雰囲気が悪くなる。

① ぼやける ② 白ける

4. 他の支配下に置かれる。

① 隷属 ② 列挙

5. 社会経験の足りない男

① 紅一点 ② 青二才

1 1. ① 2. ② 3. ② 4. ① 5. ② 2 1. ② 2. ① 3. ① 4. ② 5. ① 3 1. ① 2. ② 3. ② 4. ① 5. ②

DAY 39

VOCA Check

나의 어휘 실력은 현재 어느 정도일까?
실전 어휘력 체크!

다음 어휘의 뜻을 써 보세요.

명사

□01 共謀 ....
□02 亀裂 ....
□03 奴隷 ....
□04 献立 ....
□05 世間話 ....
□06 屁理屈 ....
□07 後ろ向き ....
□08 風向き ....
□09 下火 ....

동사

□10 うなだれる ....
□11 憂える ....
□12 強張る ....
□13 はしゃぐ ....
□14 剥れる ....
□15 織り成す ....
□16 出回る ....
□17 行き詰まる ....
□18 酔い痴れる ....

형용사

□19 荒い ....
□20 勇ましい ....
□21 大人気ない ....
□22 逞しい ....
□23 だらしない ....
□24 傲慢 ....
□25 ずぼら ....
□26 柔和 ....
□27 能天気 ....

부사·의성어·의태어

□28 頭ごなしに ....
□29 ありったけ ....
□30 こっくり ....
□31 とめどなく ....
□32 目一杯 ....
□33 うずうず ....
□34 うだうだ ....
□35 ずばずば ....
□36 ぼそぼそ ....

속담·사자성어·관용어

□37 人の噂も七十五日 ....
□38 支離滅裂 ....
□39 思いもよらない ....
□40 濡れ衣を着せる ....

- **정답 개수 01~10개** **당신은 초급자!** 산 넘어 산이네요! 정독하여 반드시 어휘 정복합시다!
- **정답 개수 11~20개** **당신은 초중급자!** 이제 걸음마 뗀 수준? 좀 더 노력하여 수준급으로 Go!
- **정답 개수 21~30개** **당신은 중급자!** 조금만 더 열심히 하면, 상급자까지 얼마 안 남았어요!
- **정답 개수 31~40개** **당신은 거의 상급자 수준?!** 방심은 금물! 100% 완벽에 도전합시다!

시험에 많이 나오는 어휘 **4순위**

DAY 39

명사

39-1.mp3

기본 한자어

□ 01	遺失物	いしつぶつ	유실물	□ 14	尋問	じんもん	심문
□ 02	究明	きゅうめい	구명	□ 15	選択	せんたく	선택
□ 03	糾明	きゅうめい	규명	□ 16	全容	ぜんよう	전모
□ 04	共謀	きょうぼう	공모	□ 17	卓上	たくじょう	탁상
□ 05	亀裂	きれつ	균열	□ 18	撤廃	てっぱい	철폐
□ 06	謹慎	きんしん	근신	□ 19	同調	どうちょう	동조
□ 07	拳銃	けんじゅう	권총	□ 20	奴隷	どれい	노예
□ 08	検討	けんとう	검토	□ 21	波紋	はもん	파문
□ 09	痕跡	こんせき	흔적	□ 22	噴水	ふんすい	분수
□ 10	残骸	ざんがい	잔해	□ 23	防弾	ぼうだん	방탄
□ 11	始末	しまつ	처리	□ 24	捕獲	ほかく	포획
□ 12	醜態	しゅうたい	추태	□ 25	発端	ほったん	발단
□ 13	真珠	しんじゅ	진주	□ 26	迷宮	めいきゅう	미궁

읽기에 주의해야 할 음훈 결합 명사

☐ 01 勘違い | かんちがい 착각

あまりにも忙しくて今日はてっきり水曜日だと**勘違い**していた。
너무 바빠서 오늘이 그만 수요일인 줄로 착각했다.

☐ 02 献立 | こんだて 메뉴

毎日**献立**を考えて決めるのも一苦労だ。
매일 메뉴를 생각해서 결정하는 것도 일이다.

☐ 03 週明け | しゅうあけ 새로운 한 주가 시작되는 날

この仕事を**週明け**までに終わらせろなんて、あまりにも無謀だ。
이 일을 다음 주가 시작되기 전까지 끝내라니 너무 무모하다.

☐ 04 世間話 | せけんばなし 세상 사는 이야기, 잡담

友達と**世間話**に花が咲いて、つい長居をしてしまった。
친구와 세상 사는 이야기에 꽃을 피우다 그만 오래 머물러 버렸다.

☐ 05 番号札 | ばんごうふだ 번호표

ご来店のお客様は**番号札**を取ってお待ちください。
방문해 주신 손님은 번호표를 뽑고 기다려 주세요.

☐ 06 屁理屈 | へりくつ 억지소리

そんな**屁理屈**は学校を休む理由にならない。
그런 억지는 학교를 쉴 이유가 되지 않는다.

☐ 07 身代金 | みのしろきん 몸값

誘拐犯は**身代金**として1億円を要求してきた。
유괴범은 몸값으로 1억 엔을 요구해 왔다.

★★ □08 銘柄 | めいがら 브랜드

彼(かれ)は焼酎(しょうちゅう)の**銘柄**についてとても詳(くわ)しい人(ひと)として有名(ゆうめい)だ。
그는 소주 브랜드에 대해 아주 잘 아는 사람으로 유명하다.

★★★ □09 八百長 | やおちょう 미리 짠 시합, 승부 조작

大相撲(おおずもう)の**八百長**に関(かん)する疑惑(ぎわく)は未(いま)だに残(のこ)っている。
스모 대회의 승부 조작에 관한 의혹은 여전히 남아 있다.

★★ □10 湯桶読み | ゆとうよみ 한자어의 앞글자는 뜻으로 뒷글자는 음으로 읽는 것

雨具(あまぐ)、手帳(てちょう)、手本(てほん)は**湯桶読み**の単語(たんご)だ。
'비옷, 수첩, 시범'은 앞글자는 뜻으로 읽고 뒷글자는 음으로 읽는 단어이다.

반 重箱読み | じゅうばこよみ 한자어의 앞글자는 음으로 뒷글자는 뜻으로 읽는 것.

고유어

★★ □01 糸口 | いとぐち 실마리

事件(じけん)を解決(かいけつ)するための**糸口**を探(さぐ)っている。
사건을 해결하기 위한 실마리를 찾고 있다.

★★ □02 後ろ向き | うしろむき 등을 돌림, 소극적임

社長(しゃちょう)が**後ろ向き**なので、このプロジェクトは白紙(はくし)になりそうだ。
사장이 소극적이어서 이 프로젝트는 백지가 될 것 같다.

반 前向き | まえむき 사고방식이 발전적 · 적극적임

★★★ □03 お払い箱 | おはらいばこ 해고

突然(とつぜん)、会社(かいしゃ)を**お払い箱**になって生活(せいかつ)に困(こま)っている。
갑자기 회사에서 해고당하여 생활에 곤란을 겪고 있다.

★★ □04 風向き | かざむき 풍향 / 형세

社長(しゃちょう)が退任(たいにん)してから会社(かいしゃ)の**風向き**が変(か)わりつつある。
사장이 퇴임하고 나서 회사 분위기가 바뀌고 있다.

☐ 05 切り下げ | きりさげ　절하(깎아 내림)

かいしゃがわ　ちんぎん　かんが
会社側は賃金の**切り下げ**を考えているようだ。
회사 측은 임금 절하를 생각하고 있는 모양이다.

☐ 06 木霊 | こだま　메아리

わか　ぎわ　かのじょ　い　はな　ことば　いま　あたま　なか
別れ際に彼女が言い放った言葉が今も頭の中で**木霊**している。
헤어질 때 그녀가 내뱉은 말이 지금도 머릿속에서 메아리치고 있다.

☐ 07 先行き | さきゆき　전망

しんこうこく　さいきん　けいき　ふあん　で
新興国でも最近では景気の**先行き**に不安が出てきた。
신흥국에서도 최근에는 경기 전망에 불안이 드러났다.

☐ 08 下火 | したび　시들해짐, 기세가 약해짐

にんき
あれほど人気があったテレビゲームのブームが**下火**になった。
그토록 인기가 있던 TV 게임의 붐이 시들해졌다.

☐ 09 手解き | てほどき　기초를 가르침

かのじょ　さい　ははおや　う
彼女は3歳からピアニストだった母親からピアノの**手解き**を受けた。
그녀는 세 살부터 피아니스트였던 어머니로부터 피아노 교육을 받았다.

☐ 10 共倒れ | ともだおれ　(쌍방이) 함께 쓰러짐

かぞく　かいごづか　しんこく　もんだい　お
家族が介護疲れで**共倒れ**になるという深刻な問題が起きている。
가족이 간병하다 지쳐서 함께 쓰러지게 되는 심각한 문제가 일어나고 있다.

☐ 11 根元 | ねもと　근본, 근원

はんざい　た　しみん ひとり ひとり　きょうりょく　ひつよう
犯罪を**根元**から断つには市民一人一人の協力が必要だ。
범죄를 근본부터 뿌리 뽑으려면 시민 한 사람 한 사람의 협력이 필요하다.

☐ 12 冷え込み | ひえこみ　침체

ことし　じどうしゃじゅよう　つづ
今年も自動車需要の**冷え込み**が続いている。
올해도 자동차 수요의 침체가 이어지고 있다.

★★ □ 13 **身の証** | みのあかし 자신의 결백함

警察に疑われ、**身の証**を立てるのに苦労した。
경찰에게 의심을 받게 되어 자신의 결백함을 증명하는 것에 고생했다.

★★ □ 14 **見栄え・見映え** | みばえ 보기 좋음, 좋게 보임

社会生活の上で**見栄え**というのはすごく大事なことだ。
사회생활을 함에 있어서 겉모습이 좋아 보인다는 것은 굉장히 중요한 것이다.

★★ □ 15 **目移り** | めうつり 여기저기로 눈이 감

バイキングはいつも何から食べたらいいか、**目移り**する。
뷔페는 항상 무엇부터 먹으면 좋을지 여기저기로 눈이 간다.

동사

39-2.mp3

기본 동사

★★ □ 01 **赤らむ** | あからむ 붉어지다

彼と口を利くのが恥ずかしいのか、彼女の顔はほんのり**赤らんだ**。
그와 말을 하는 것이 부끄러운지 그녀의 얼굴이 살짝 붉어졌다.

★★ □ 02 **いじける** 기가 죽다, 위축되다

試験に落ちた弟は**いじけて**、自分の部屋から出てこなかった。
시험에 떨어진 동생은 기가 죽어서 자기 방에서 나오지 않았다.

★★ □ 03 **項垂れる** | うなだれる 고개를 떨구다

父は最悪の結果を耳にして、**項垂れて**しまった。
아버지는 최악의 결과를 듣고서 고개를 떨구고 말았다.

★★ □ 04 **憂える** | うれえる 걱정하다

青年代議士が今の社会は本当にこれでいいのかと**憂えて**いる。
청년 국회의원이 지금의 사회는 정말 이대로 괜찮은지를 걱정하고 있다.

☆☆ □ 05 **浮付く** | **うわつく** 들뜨다

観光気分の**浮付いた**気持ちでは、まともに仕事ができるわけがない。
관광하듯 들뜬 기분으로는 제대로 일을 할 수 있을 리가 없다.

☆☆ □ 06 **堪える** | **こたえる** 참다, 견디다

この銘柄のワインの味はいつ飲んでも**堪えられない**。
이 브랜드의 와인 맛은 언제 마셔도 (너무 맛있어서) 참을 수가 없다.

☆☆ □ 07 **強張る** | **こわばる** 굳어지다

彼はさっきから緊張して**強張った**表情をしている。
그는 아까부터 긴장하여 굳어진 표정을 하고 있다.

☆☆ □ 08 **しょぼくれる** 처량해 보이다

若い頃は元気だった彼も、最近では**しょぼくれた**中年になった。
젊었을 때는 원기왕성하던 그도 요즘에는 처량해 보이는 중년이 되었다.

☆ □ 09 **聳える** | **そびえる** 우뚝 솟다

東京のような大都会にはたくさんの高層ビルが**聳えて**いる。
도쿄와 같은 대도시에는 많은 고층 빌딩이 우뚝 솟아 있다.

☆☆ □ 10 **燥ぐ** | **はしゃぐ** (들떠서) 떠들어대다

試験に合格したからといって、**燥いでは**いられない。
시험에 합격했다고 해서 들떠서 떠들어대고 있을 수만은 없다.

☆☆ □ 11 **恥らう** | **はじらう** 부끄러워하다

彼氏のことを聞かれた彼女の**恥らう**顔は愛らしかった。
남자 친구에 관한 질문을 받은 그녀의 부끄러워하는 얼굴은 사랑스러웠다.

☆☆ □ 12 **はにかむ** 수줍은 표정을 짓다, 수줍다는 듯 행동하다

彼は**はにかんだ**表情がかわいいと、女性から人気がある。
그는 수줍어하는 표정이 귀엽다고 여자들에게 인기가 있다.

☆☆ □ 13 火照る | ほてる (얼굴, 몸 등이) 달아오르다, 화끈거리다

社員研修で顔が**火照る**ほど恥ずかしい経験をした。

직원 연수에서 얼굴이 화끈거릴 만큼 부끄러운 경험을 했다

☆☆ □ 14 剥れる | むくれる 뾰로통해지다

自分の意見が採用されなかったからといって、そう**剥れる**なよ。

자신의 의견이 채택되지 않았다고 해서 그렇게 뾰로통해지지 마.

☆☆ □ 15 妬ける | やける 질투하다

あの夫婦の仲の良さは傍目から見ても**妬ける**くらいだ。

저 부부의 좋은 금슬은 옆에서 봐도 질투가 날 정도이다.

복합동사

☆☆ □ 01 合わせ持つ・併せ持つ | あわせもつ 겸비하다

才色を**合わせ持った**彼女を妻にしたいと思う男たちは多かった。

재색을 겸비한 그녀를 아내로 맞이하고 싶다고 생각하는 남자들은 많았다.

☆☆ □ 02 推し量る | おしはかる 짐작하다, 헤아리다

葬儀場では、遺族の悲しみを**推し量らなければ**ならない。

장례식장에서는 유족의 슬픔을 헤아려야 한다.

☆☆ □ 03 織り成す | おりなす 엮어 내다, 엮어 가다

この映画は四人の主人公が**織り成す**ストーリーになっている。

이 영화는 네 명의 주인공이 엮어 가는 스토리로 이루어져 있다.

☆☆ □ 04 掻き鳴らす | かきならす (현악기 등을) 연주하다

彼はストレスを解消するために朝からギターを**掻き鳴らして**いる。

그는 스트레스를 해소하기 위해 아침부터 기타를 연주하고 있다.

★★★ □ 05 出回る | でまわる 나돌다

もともとは春(はる)が旬(しゅん)のイチゴだが、この頃(ごろ)は冬(ふゆ)でも**出回って**いる。
원래는 봄이 제철인 딸기인데 요즘에는 겨울에도 유통된다.

★★ □ 06 取り払う | とりはらう 제거하다, 철거하다

年齢(ねんれい)や性別(せいべつ)といった制限(せいげん)を**取り払って**人材(じんざい)を求(もと)める。
나이나 성별과 같은 제한을 없애고 인재를 구하다.

★★★ □ 07 跳ね除ける | はねのける 떨쳐 버리다, 제거하다

チームの主将(しゅしょう)はプレッシャーを**跳ね除けて**、見事(みごと)にチームを勝利(しょうり)に導(みちび)いた。 팀의 주장은 압박감을 떨쳐 버리고 훌륭하게 팀을 승리로 이끌었다.

★★ □ 08 見せ付ける | みせつける 노골적으로 보여 주다

優勝候補(ゆうしょうこうほ)のチームが実力(じつりょく)の差(さ)を**見せ付けた**試合(しあい)だった。
우승 후보인 팀이 실력 차이를 노골적으로 보여 준 시합이었다.

★★ □ 09 行き詰まる | ゆきづまる (사정, 상황 등이) 어려워지다

ますます就職活動(しゅうしょくかつどう)が**行き詰まって**いて心配(しんぱい)だ。
점점 더 취직 활동이 어려워지고 있어서 걱정이다.

★★ □ 10 酔い痴れる | よいしれる 빠져들다

世界最高(せかいさいこう)と言(い)われるオペラ歌手(かしゅ)の歌声(うたごえ)に**酔い痴れる**。
세계 최고라고 불리는 오페라 가수의 노랫소리에 빠져들다.

4순위

형용사

39-3.mp3

い 형용사

★★ □ 01 荒い | あらい 거칠다

うちの社長(しゃちょう)は人使(ひとづか)いが**荒い**ので、社員(しゃいん)は大変(たいへん)だ。
우리 사장은 사람 다루는 것이 거칠어서 직원은 힘들다.

★★ □02 勇ましい | いさましい 용감하다

この絵(え)には**勇ましい**武士(ぶし)が描(えが)かれている。
이 그림에는 용감한 무사가 그려져 있다.

★★ □03 大人気ない | おとなげない 어른스럽지 못하다

こんなことでいちいち目(め)くじらを立(た)てるなんて、**大人気ない**。
이런 일로 일일이 트집을 잡다니 어른스럽지 못하다.

★★ □04 逞しい | たくましい 다부지다

彼女(かのじょ)は若(わか)いのに生活力(せいかつりょく)があって**逞しい**。
그녀는 젊은데도 생활력이 있고 다부지다.

★ □05 だらしない 칠칠치 못하다, 깔끔하지 못하다

こんな**だらしない**服装(ふくそう)で人前(ひとまえ)に出(で)るわけにはいかない。
이런 칠칠치 못한 복장으로 사람들 앞에 나갈 수는 없다.

な 형용사

★★ □01 傲慢 | ごうまん 오만함, 거만함

彼(かれ)は部長(ぶちょう)に出世(しゅっせ)したとたん、突然態度(とつぜんたいど)が**傲慢に**なった。
그는 부장으로 출세하자마자 갑자기 태도가 거만해졌다.

★★ □02 ずぼら 아무지지 못함

ずぼらな性格(せいかく)で、整理整頓(せいりせいとん)なんかはしたことがない。
아무진 성격이 아니라서 정리 정돈 같은 것은 한 적이 없다.

★★ □03 柔和 | にゅうわ 온유함

田中(たなか)さんは**柔和な**性格(せいかく)なので、めったに怒(おこ)らない。
다나카 씨는 온유한 성격이라서 좀처럼 화를 내지 않는다.

☐ 04 能天気 | のうてんき　태평스러움

そんな**能天気な**生活(せいかつ)をしていられるのも、せいぜい大学(だいがく)２年生(ねんせい)までだ。
그렇게 태평스러운 생활을 하고 있을 수 있는 것도 기껏해야 대학교 2학년까지이다.

☐ 05 野暮 | やぼ　세상 물정이나 처세술 등을 잘 모름, 쑥임, 바보 같음

新婚(しんこん)の人(ひと)に「今(いま)、幸(しあわ)せですか」だなんて、**野暮な**質問(しつもん)だ。
신혼인 사람에게 '지금 행복합니까?'라니, 눈치 없는 질문이다.

부사

39-4.mp3

☐ 01 頭ごなしに | あたまごなしに　덮어놓고, 무턱대고

生徒(せいと)の言(い)い分(ぶん)も聞(き)かず、**頭ごなしに**叱(しか)りつけるのは間違(まちが)った教育(きょういく)だ。
학생이 하는 말도 듣지 않고 덮어놓고 야단치는 것은 잘못된 교육이다.

☐ 02 ありったけ　있는 대로 모두

助(たす)けを求(もと)めて、**ありったけ**の声(こえ)を上(あ)げて叫(さけ)んだ。
도움을 청하기 위해 있는 힘을 다해 소리를 질렀다.

☐ 03 こっくり　고개를 끄덕이는 모양

一緒(いっしょ)に行(い)くかと訊(き)かれて、彼女(かのじょ)は**こっくり**と頷(うなず)いた。
같이 갈 거냐고 묻자 그녀는 가만히 고개를 끄덕였다.

☐ 04 とめどなく　하염없이, 끊임없이

悲(かな)しい映画(えいが)を見(み)て、彼女(かのじょ)の目(め)から涙(なみだ)が**とめどなく**流(なが)れた。
슬픈 영화를 보고 그녀의 눈에서 눈물이 하염없이 흘렀다.

☐ 05 目一杯 | めいっぱい　최대한

銀行(ぎんこう)から**目一杯**、金(かね)を借(か)りてきたが、家(いえ)を買(か)うにはまだまだ足(た)りない。
은행에서 최대한 돈을 빌려 왔지만 집을 사기에는 아직도 부족하다.

4순위

의성어·의태어

★★ □ **01 うずうず** 어떤 일을 하고 싶어서 좀이 쑤시는 모양

父(ちち)はさっきから何(なに)か言(い)いたくて、**うずうず**している様子(ようす)だ。
아버지는 아까부터 무언가 말하고 싶어서 입이 근질거리는 모양이다.

★★ □ **02 うだうだ** 쓸데없는 말을 늘어놓는 모양

人(ひと)の意見(いけん)に**うだうだ**と文句(もんく)をつけるなら、自分(じぶん)でやってみなさい。
남의 의견에 이러쿵저러쿵 트집을 잡을 거라면 스스로 해 보거라.

★★ □ **03 ずばずば** 거침없이 자신의 생각을 말하는 모양

社長(しゃちょう)に**ずばずば**と何(なん)でも言(い)えるのは、あの部長(ぶちょう)くらいのものだ。
사장에게 거침없이 무슨 말이든 할 수 있는 사람은 저 부장 정도밖에 없다.

★★ □ **04 ぼそぼそ** 낮고 작은 목소리로 말하는 모양

彼(かれ)は**ぼそぼそ**と何(なに)かを呟(つぶや)いたが、声(こえ)が小(ちい)さくて聞(き)き取(と)れなかった。
그는 나직이 무언가를 중얼거렸지만 소리가 작아서 알아들을 수 없었다.

★★★ □ **05 ゆめゆめ** (뒤에 부정어를 동반하여) 절대로

このことは他(ほか)の人(ひと)には**ゆめゆめ**言(い)わないようにしてください。
이 일은 다른 사람에게는 절대로 말하지 않도록 해 주세요.

속담·사자성어

★★ □ **01 人の噂も七十五日 | ひとのうわさもしちじゅうごにち**
남의 소문도 75일

連日(れんじつ)マスコミを騒(さわ)がせたあの事件(じけん)も、**人の噂も七十五日**という言葉(ことば)のとおり今(いま)ではすっかり熱(ねつ)が冷(さ)めたようだ。
연일 매스컴을 떠들썩하게 한 그 사건도 남의 소문도 75일이라는 말대로 지금은 완전히 열이 식은 듯하다.

PLUS 소문은 오래가지 않는다는 뜻.

☐ 02 ペンは剣よりも強し | ぺんはけんよりもつよし 펜은 칼보다 강하다

ペンは剣よりも強しというように、マスメディアの報道によって政権を揺るがすこともある。

펜은 칼보다 강하다는 말이 있듯이 매스미디어의 보도에 의해 정권이 흔들리는 경우도 있다.

☐ 03 支離滅裂 | しりめつれつ 지리멸렬

犯人の供述は二転三転し、**支離滅裂**な内容であったため精神鑑定が行われることとなった。

범인의 진술은 일관성이 없고 지리멸렬한 내용이었기 때문에 정신 감정을 실시하게 되었다.

PLUS 이야기나 행동에 일관성이 없고 조리도 맞지 않는다는 뜻.

☐ 04 問答無用 | もんどうむよう 의논해 봤자 아무 소용없음

反対は多かったが、**問答無用**とばかりに校長が新しい校則を定めた。

반대가 많았지만 의논해 봤자 소용없다는 듯이 교장이 새로운 교칙을 정했다.

관용어

☐ 01 思いもよらない | おもいもよらない 생각지도 못하다

父の死という**思いもよらない**出来事に呆然とした。

아버지의 죽음이라는 생각지도 못한 사건에 망연자실했다.

☐ 02 及びもつかない | およびもつかない 범접할 수 없다

すべての成功者は、陰で凡人には到底**及びもつかない**努力をしているのだろう。

모든 성공한 사람들은 남몰래 보통 사람들은 도저히 범접할 수 없는 노력을 하고 있는 것이겠지.

☐ 03 買って出る | かってでる 자진해서 맡다

彼女は日本から来るお客さんの案内役を**買って出た**。

그녀는 일본에서 오는 손님의 안내 역할을 자진해서 맡았다.

★★ □ 04 寸暇を惜しむ | すんかをおしむ　짧은 시간도 아끼다

寸暇を惜しんで勉学(べんがく)に励(はげ)む。

짧은 시간도 아끼며 면학에 힘쓰다.

★★ □ 05 大事に至る | だいじにいたる　큰 사고로 이어지다

交通事故(こうつうじこ)に遭(あ)ったが、幸(さいわ)い**大事に至らなかった**。

교통사고를 당했지만 다행히 큰 사고로 이어지지는 않았다.

★★ □ 06 濡れ衣を着せる | ぬれぎぬをきせる　누명을 씌우다

警察(けいさつ)に**濡れ衣を着せられて**殺人事件(さつじんじけん)の犯人(はんにん)にされた。

경찰이 누명을 씌워 살인 사건의 범인이 되었다.

★★ □ 07 蜂の巣をつついたような | はちのすをつついたような　벌집을 쑤셔 놓은 것 같은

戦争(せんそう)が始(はじ)まるという噂(うわさ)で、**蜂の巣をつついたような**騒(さわ)ぎになった。

전쟁이 시작될 거라는 소문으로 벌집을 쑤셔 놓은 것 같은 소동이 일어났다.

★★ □ 08 万全を期する | ばんぜんをきする　만전을 기하다

原子力発電所(げんしりょくはつでんしょ)の安全対策(あんぜんたいさく)には**万全を期して**いる。

원자력 발전소의 안전 대책에는 만전을 기하고 있다.

★★ □ 09 不幸中の幸い | ふこうちゅうのさいわい　불행 중 다행

交通事故(こうつうじこ)で廃車(はいしゃ)になったが、怪我(けが)がなかったのは**不幸中の幸い**だ。

교통사고로 폐차가 되었지만 다치지 않은 것은 불행 중 다행이다.

★★★ □ 10 虫が知らせる | むしがしらせる　왠지 나쁜 예감이 들다

虫が知らせたのか、そのバスに乗(の)らなかったおかげで事故(じこ)に遭(あ)わずに済(す)んだ。

나쁜 예감이 들어 그 버스를 타지 않은 덕에 사고를 면했다.

1 다음 밑줄 친 히라가나에 해당하는 한자를 고르세요.

1. 政治家の発言がはもんを呼ぶ。　① 波乱　② 波紋
2. 壁にきれつが入る。　① 亀裂　② 器裂
3. 泥棒の犯人が部屋にこんせきを残す。　① 痕跡　② 根跡
4. 仲間ときょうぼうして銀行強盗を働く。　① 共暴　② 共謀
5. 不祥事を起こしてきんしん処分になる。　① 謹慎　② 謹心

2 다음 두 문장 중에서 올바른 문장을 고르세요.

1. ① 蜘蛛の子を散らすような騒ぎ
   ② 蜂の巣をつついたような騒ぎ

2. ① 高級ワインのたえられない味
   ② 高級ワインのこたえられない味

3. ① 犯人が分からないまま、事件は迷宮入りした。
   ② 犯人が分からないまま、事件はお宮参りした。

4. ① 生徒の言い分も聞かず、頭ごなしに叱るのはよくない。
   ② 生徒の言い分も聞かず、腹ごなしに叱るのはよくない。

5. ① さっきから一言言いたくて、ぐずぐずしている。
   ② さっきから一言言いたくて、うずうずしている。

3 다음 일본어가 설명하고 있는 단어를 고르세요.

1. 盛んだったものの勢いがなくなる。

① 弱火　　② 下火

2. 表面上、よく見える。

① 見栄え　　② 見切り

3. 事実と違うのに犯人扱いされる。

① 着衣　　② 濡れ衣

4. 落胆や失望などにより、元気なくうつむく。

① 頷く　　② 項垂れる

5. 顔や体が熱くなる。

① 火照る　　② 炎上する

---

1 1.② 2.① 3.① 4.② 5.①　2 1.② 2.② 3.① 4.① 5.②　3 1.② 2.① 3.② 4.② 5.①

DAY 40

VOCA Check

나의 어휘 실력은 현재 어느 정도일까?
실전 어휘력 체크!

다음 어휘의 뜻을 써 보세요.

명사

□01 管轄 ....
□02 牽引 ....
□03 嗜好品 ....
□04 大風呂敷 ....
□05 箇条書き ....
□06 地獄耳 ....
□07 足手まとい ....
□08 生身 ....
□09 耳障り ....

동사

□10 自惚れる ....
□11 たじろぐ ....
□12 和む ....
□13 漲る ....
□14 貪る ....
□15 繰り上げる ....
□16 差し掛かる ....
□17 立て込む ....
□18 持ち堪える ....

형용사

□19 荒っぽい ....
□20 図太い ....
□21 情け深い ....
□22 涙もろい ....
□23 用心深い ....
□24 一途 ....
□25 うぶ ....
□26 果敢 ....
□27 強靭 ....

부사·의성어·의태어

□28 あっけらかん ....
□29 あんぐり ....
□30 愕然 ....
□31 手放しで ....
□32 世にも ....
□33 とんとん ....
□34 ぬけぬけ ....
□35 びしびし ....
□36 ぼつぼつ ....

속담·사자성어·관용어

□37 亀の甲より年の功 ....
□38 神出鬼没 ....
□39 因縁をつける ....
□40 根を絶やす ....

- 정답 개수 01~10개 당신은 초급자! 산 넘어 산이네요! 정독하여 반드시 어휘 정복합시다!
- 정답 개수 11~20개 당신은 초중급자! 이제 걸음마 뗀 수준? 좀 더 노력하여 수준급으로 Go!
- 정답 개수 21~30개 당신은 중급자! 조금만 더 열심히 하면, 상급자까지 얼마 안 남았어요!
- 정답 개수 31~40개 당신은 거의 상급자 수준?! 방심은 금물! 100% 완벽에 도전합시다!

DAY 40

명사

40-1.mp3

기본 한자어

- □ 01 液晶 | えきしょう 액정
- □ 02 仮説 | かせつ 가설
- □ 03 管轄 | かんかつ 관할
- □ 04 換気扇 | かんきせん 환풍기
- □ 05 勧告 | かんこく 권고
- □ 06 環状 | かんじょう 순환
- □ 07 幹線 | かんせん 간선
- □ 08 均衡 | きんこう 균형
- □ 09 下段 | げだん 하단
- □ 10 牽引 | けんいん 견인
- □ 11 孤児 | こじ 고아
- □ 12 嗜好品 | しこうひん 기호품
- □ 13 自負 | じふ 자부
- □ 14 守衛 | しゅえい 수위
- □ 15 出帆 | しゅっぱん 출범
- □ 16 殉職 | じゅんしょく 순직
- □ 17 針路 | しんろ 항로, 진로
- □ 18 世襲 | せしゅう 세습
- □ 19 旋回 | せんかい 선회
- □ 20 相続 | そうぞく 상속
- □ 21 督促 | とくそく 독촉
- □ 22 内助 | ないじょ 내조
- □ 23 婦女 | ふじょ 부녀
- □ 24 復旧 | ふっきゅう 복구
- □ 25 方案 | ほうあん 방안
- □ 26 盲点 | もうてん 맹점

읽기에 주의해야 할 음훈 결합 명사

★★ □ 01 意気込み | いきごみ　각오, 의욕

決勝戦(けっしょうせん)に向(む)けた**意気込み**を聞(き)かせてください。
결승전을 향한 각오를 들려주세요.

★★★ □ 02 大風呂敷 | おおぶろしき　허풍, 큰소리

絶対(ぜったい)にこの商品(しょうひん)は売(う)れると、会議(かいぎ)で**大風呂敷**を広(ひろ)げた。
절대 이 상품은 잘 팔릴 거라고 회의에서 큰소리쳤다.

★★ □ 03 箇条書き | かじょうがき　항목별로 적음

自治体(じちたい)へ要求(ようきゅう)を**箇条書き**にして提出(ていしゅつ)することにした。
자치단체에 요구를 항목별로 적어서 제출하기로 했다.

★★ □ 04 気配り | きくばり　배려

周(まわ)りの人(ひと)に**気配り**できる人(ひと)はどこに行(い)っても好(す)かれる。
주변 사람을 배려할 수 있는 사람은 어디에 가도 사람들이 좋아한다.

★★ □ 05 客足 | きゃくあし　손님들의 발길

不景気(ふけいき)で、有名(ゆうめい)な観光地(かんこうち)でも**客足**が遠(とお)のいているようだ。
불경기로 유명한 관광지에서도 손님들의 발길이 끊기고 있는 모양이다.

★★★ □ 06 地獄耳 | じごくみみ　한 번 들으면 절대 잊지 않음 / 남의 소문 등을 잘 앎

地獄耳の彼女(かのじょ)は、社内(しゃない)の噂話(うわさばなし)を全部知(ぜんぶし)っているそうだ。
소식통인 그녀는 사내 소문을 전부 알고 있다고 한다.

★★ □ 07 度合 | どあい　정도

国家代表選手(こっかだいひょうせんしゅ)は真剣(しんけん)さの**度合**が全然違(ぜんぜんちが)う。
국가대표 선수는 진지함의 정도가 전혀 다르다.

★★ □ 08 二枚舌 | にまいじた　거짓말

どうして子供(こども)にも分(わ)かるような**二枚舌**を使(つか)うのか、まったく理解(りかい)できない。 어째서 어린애도 알 만한 거짓말을 하는지 전혀 이해할 수가 없다.

★★ □ 09 **二つ返事** | ふたつへんじ　　즉답, 흔쾌히 승낙함

先輩(せんぱい)の誘(さそ)いに**二つ返事**でオーケーを出(だ)したら、喜(よろこ)んでくれた。

선배의 초대에 즉시 OK라고 대답을 했더니 기뻐해 주었다

★★ □ 10 **無駄骨** | むだぼね　　헛수고

せっかく朝早(あさはや)くから行(い)ったのに、定休日(ていきゅうび)で**無駄骨**だった。

모처럼 아침 일찍부터 갔는데 정기 휴일이라서 헛수고였다.

고유어

★★★ □ 01 **足手まとい** | あしてまとい・あしでまとい　　방해

他(ほか)の社員(しゃいん)の**足手まとい**にならないように頑張(がんば)ります。

다른 직원에게 방해가 되지 않도록 열심히 하겠습니다.

★★ □ 02 **足取り** | あしどり　　발자취, 행적

警察(けいさつ)は逃走(とうそう)した犯人(はんにん)の**足取り**を追(お)っている。

경찰은 도주한 범인의 행적을 쫓고 있다.

★★★ □ 03 **憂き目** | うきめ　　괴로움, 쓰라린 경험

大学生(だいがくせい)の頃(ころ)、家(いえ)が火事(かじ)で全焼(ぜんしょう)する**憂き目**にあった。

대학생 때 집이 화재로 모조리 불에 타는 쓰라린 경험을 당했다.

★★ □ 04 **駆け足** | かけあし　　뛰어감 / 서두름

時間(じかん)の関係上(かんけいじょう)、**駆け足**で説明(せつめい)しますのでよく聞(き)いてください。

시간 관계상 서둘러 설명할 테니까 잘 들어 주세요.

★★ □ 05 **決め手** | きめて　　(진위 여부나 승패 등을 가르는) 결정적인 요소

斬新(ざんしん)なデザインが**決め手**となって、この製品(せいひん)を選(えら)んだ。

참신한 디자인이 결정타가 되어 이 제품을 골랐다.

★★ □ 06 手持ち | てもち 지금 가지고 있음

手持ちの資料で分かることなら、時間の許す範囲の中で調べます。
가지고 있는 자료로 알 수 있는 것이라면 시간이 허락하는 범위 안에서 조사하겠습니다.

★★ □ 07 生身 | なまみ 살아 있는 몸

彼も**生身**の人間だから、病気や怪我をすることもある。
그도 살아 있는 몸을 가진 인간이라서 병이나 부상을 당하는 경우도 있다.

★★ □ 08 離れ業 | はなれわざ 보통 사람들은 감히 엄두도 나지 않을 재주나 행동

彼女は世界大会で初出場最年少優勝という**離れ業**をやってのけた。
그녀는 세계대회에서 첫 출전 최연소 우승이라는 위업을 해냈다.

★★ □ 09 伏目 | ふしめ 눈을 아래로 향함

彼女はみんなの話を聞いている間、終始**伏目**がちだった。
그녀는 모두의 이야기를 듣고 있는 동안 시종일관 눈을 아래로 내리깔았다.

★★ □ 10 見晴らし | みはらし 전망

このビルの屋上は**見晴らし**がよく、天気がいい日は富士山も見える。
이 빌딩의 옥상은 전망이 좋아서 날씨가 좋은 날에는 후지산도 보인다.

㊟ 眺望 | ちょうぼう 조망

★★ □ 11 耳打ち | みみうち 귓속말

周りの人に聞かれないように、そっと**耳打ち**をしてその場を去った。
주위 사람들에게 들리지 않도록 살짝 귓속말을 하고 그 자리를 떠났다.

★★ □ 12 見物 | みもの 볼 만함

彼のあわてようはなかなかの**見物**だった。
그가 허둥대는 모습은 꽤나 볼 만했다.

★★ □ 13 目配せ | めくばせ 눈짓

そろそろプレゼンテーションを始めるようにと、部下に**目配せ**をする。
슬슬 프레젠테이션을 시작하라고 부하에게 눈짓을 하다.

☆☆ □ 14 目星 | めぼし　　눈독

前々から**目星**をつけていた不動産物件を購入した。
아주 예전부터 눈독을 들이고 있던 부동산 물건을 구입했다.

☆☆ □ 15 物差し | ものさし　　자, 척도

人はそれぞれ生い立ちや性格が違うので、同じ**物差し**で見ない方がいい。
사람은 각자 성장 배경이나 성격이 다르기 때문에 같은 척도로 보지 않는 것이 좋다.

동사

40-2.mp3

기본 동사

☆☆ □ 01 自惚れる・己惚れる | うぬぼれる　　우쭐해져 있다

親にちやほやされて**自惚れて**いる子は協調性がなくて困る。
부모가 오냐 오냐 해서 우쭐해져 있는 아이는 협조심이 없어서 곤란하다.

☆☆ □ 02 うろたえる　　허둥대다

彼女の的を射た言葉に、彼は一瞬**うろたえた**。
그녀의 핵심을 찌른 말에 그는 순간 허둥댔다.

☆☆☆ □ 03 駆られる | かられる　　(충동, 감정 등에) 사로잡히다

思わずタバコを吸いたい衝動に**駆られた**が、我慢した。
나도 모르게 담배를 피우고 싶은 충동에 사로잡혔지만 참았다.

☆☆ □ 04 ざわめく　　웅성거리다, 술렁이다

何か大きな事件でも起きたのか、通り全体が**ざわめいて**いた。
뭔가 큰 사건이라도 일어났는지 거리 전체가 술렁이고 있었다.

☆☆ □ 05 すくむ　　움츠러지다

観客の前で緊張のあまり、身が**すくんで**しまった。
관객 앞에서 긴장한 나머지 몸이 움츠러지고 말았다.

★★★ □ **06 たじろぐ** 기죽다

どんな難問(なんもん)にも**たじろがない**ように、しっかり準備(じゅんび)しておいた方(ほう)がいい。
어떤 난문에도 기죽지 않도록 확실히 준비해 두는 것이 좋다.

★★★ □ **07 たまげる** 매우 놀라다

初(はじ)めて行(い)ったドーム球場(きゅうじょう)の広(ひろ)さに私(わたし)も弟(おとうと)も**たまげた**。
처음으로 간 돔 구장의 넓이에 나도 동생도 매우 놀랐다.

★★ □ **08 血迷う | ちまよう** 이성을 잃다, 눈이 뒤집히다

安月給(やすげっきゅう)なのに何(なに)を**血迷った**のか、20万円(まんえん)もする腕時計(うでどけい)を買(か)った。
월급도 적으면서 무엇에 눈이 뒤집혔는지 20만 엔이나 하는 손목시계를 샀다.

★★ □ **09 和む | なごむ** (기분, 분위기 등이) 누그러지다

最初(さいしょ)は緊張(きんちょう)していたが、段々雰囲気(だんだんふんいき)が**和ん**できた。
처음에는 긴장했었지만 점점 분위기가 누그러졌다.

★★ □ **10 憚る | はばかる** 꺼리다

既婚者(きこんしゃ)の目(め)の前(まえ)で言(い)うにはちょっと**憚られる**話(はなし)だと思(おも)われる。
기혼자 눈앞에서 말하기에는 좀 꺼려지는 이야기라고 생각된다.

4순위

★★ □ **11 晴らす | はらす** (기분 등을) 풀다

気分(きぶん)を**晴らす**にはストレスの原因(げんいん)を取(と)り除(のぞ)くのが一番(いちばん)だ。
기분을 풀려면 스트레스의 원인을 없애는 것이 가장 좋다.

★★★ □ **12 漲る | みなぎる** 넘치다

あの人(ひと)の言葉(ことば)には覇気(はき)が**漲って**いて、聞(き)いている方(ほう)も元気(げんき)になれる。
저 사람 말에는 패기가 넘치고 있어서 듣고 있는 쪽도 기운이 나게 된다.

★★ □ **13 貪る | むさぼる** 탐내다, 욕심부리다

若(わか)かった頃(ころ)は**貪る**ように本(ほん)を読(よ)んだものだが、最近(さいきん)は読(よ)まなくなった。
젊었을 때는 욕심부리듯이 책을 읽곤 했지만 요즘에는 읽지 않게 되었다.

★★ □ 14 むせぶ (연기, 눈물, 먼지, 음식, 향기 등으로) 기침이 나다 / 흐느껴 울다

二度と会えないと思っていた人と会えて、感涙に**むせんで**しまった。
두 번 다시 못 만날 거라고 생각했던 사람과 만나게 되어 감격의 눈물로 목이 메이고 말았다.

★★ □ 15 よじる 꼬다, 비틀다

彼の冗談があまりにもおかしくて、みんな身を**よじって**笑っている。
그의 농담이 너무나도 웃겨서 모두 몸을 비틀며 웃고 있다.

복합동사

★★ □ 01 入れ違う | いれちがう 한쪽이 나간 후 다른 한쪽이 들어오다, 엇갈리다

出席者の名簿の名前が**入れ違って**いた。
참석자 명부의 이름이 잘못 들어가 있었다.

★★★ □ 02 繰り上げる | くりあげる 앞당기다

出張の予定を一日**繰り上げて**、東京に戻った。
출장 일정을 하루 앞당겨서 도쿄로 돌아왔다.

★★ □ 03 差し掛かる | さしかかる (어떤 지점에) 접어들다

試合も終盤に**差し掛かって**、応援にも熱が入る。
시합도 종반으로 접어들면서 응원에도 열기가 묻어났다.

★★★ □ 04 仕立てる | したてる (옷을) 맞추다

花火大会に行く前に、母に浴衣を**仕立てて**もらった。
불꽃 축제에 가기 전에 엄마가 유카타를 맞춰 주었다.

★★★ □ 05 立て込む | たてこむ (한 번에 많은 일들이 들어와 할 일이나 일정 등이) 겹치다

スケジュールが**立て込んで**、どちらかはキャンセルするしかなかった。
스케줄이 겹쳐서 어느 한쪽은 취소할 수밖에 없었다.

□ 06 待ち焦がれる | まちこがれる　　애타게 기다리다

子供(こども)たちは、妻(つま)が退院(たいいん)する日(ひ)を**待ち焦がれて**いる。
아이들은 아내가 퇴원하는 날을 애타게 기다리고 있다.

□ 07 見計らう | みはからう　　(적당한 때, 시기 등을) 보다, 가늠하다

時期(じき)を**見計らって**、両親(りょうしん)に留学(りゅうがく)の話(はなし)を打(う)ち明(あ)けるつもりだ。
때를 봐서 부모님께 유학 이야기를 털어놓을 생각이다.

□ 08 持ち越す | もちこす　　미루다

勝負(しょうぶ)は次(つぎ)の試合(しあい)に**持ち越された**。
승부는 다음 시합으로 미루어졌다.

□ 09 持ち堪える | もちこたえる　　버티다, 지탱하다

救助隊(きゅうじょたい)が到着(とうちゃく)するまで、なんとか**持ち堪えて**ほしい。
구조대가 도착할 때까지 어떻게든 버텼으면 좋겠다.

□ 10 持て余す | もてあます　　어찌할 바를 모르다, 주체하지 못하다

友達(ともだち)との約束(やくそく)が急(きゅう)にキャンセルになって暇(ひま)を**持て余して**いる。
친구와의 약속이 갑자기 취소되어 남는 시간을 주체하지 못하고 있다.

4순위

형용사

40-3.mp3

い 형용사

□ 01 荒っぽい | あらっぽい　　거칠다, 난폭하다

彼(かれ)は言葉遣(ことばづか)いが**荒っぽくて**損(そん)をしていることに気付(きづ)いていない。
그는 말투가 거칠어서 손해를 보고 있다는 것을 알아채지 못하고 있다.

□ 02 図太い | ずぶとい　　배짱이 좋다, 대담하다

彼(かれ)は何(なに)があっても動(どう)じない、**図太い**神経(しんけい)の持(も)ち主(ぬし)だ。
그는 무슨 일이 있어도 동요하지 않는 대담한 신경의 소유자이다.

★ □03 情け深い | なさけぶかい 정이 깊다

うちの部長は仕事には厳しいが、本当は**情け深い**人だ。
우리 부장님은 일에는 엄격하지만 사실은 정이 깊은 사람이다.

★ □04 涙もろい | なみだもろい 잘 울다, 눈물이 많다

彼女は感情的なだけでなく、**涙もろい**性格だ。
그녀는 감정적일 뿐만 아니라 눈물이 많은 성격이다.

★★ □05 用心深い | ようじんぶかい 조심성이 많다

結婚詐欺に遭ってから、**用心深い**性格に変わった。
결혼 사기를 당하고 나서 조심성이 많은 성격으로 바뀌었다.

な 형용사

★★ □01 一途 | いちず 한결같음

彼女の**一途な**性格は、時として裏目に出ることもある。
그녀의 한결같은 성격은 때로 역효과가 나는 경우도 있다.

★★ □02 うぶ 순진함

あの女の人は見た目より、意外と**うぶな**ところもあって驚いた。
그 여자는 보기보다 의외로 순진한 부분도 있어서 깜짝 놀랐다.

★★ □03 果敢 | かかん 과감함

これからは難しいことにも**果敢に**挑戦してみたい。
앞으로는 어려운 일에도 과감히 도전해 보고 싶다.

★★ □04 強靭 | きょうじん 강인함

70歳とは思えない彼の**強靭な**体力に観衆は感嘆した。
일흔 살이라고는 생각할 수 없는 그의 강인한 체력에 관중은 감탄했다.

□ 05 高尚 | こうしょう　고상함, 품위 있음

高尚な話題(わだい)ばかりでなく、砕(くだ)けた話(はなし)も交(まじ)えて講演(こうえん)する。
고상한 화제뿐만 아니라 스스럼없는 이야기도 섞어서 강연하다.

부사

40-4.mp3

□ 01 あっけらかん　아무 일도 없다는 듯 태연한 모양

校長先生(こうちょうせんせい)にあんなに叱(しか)られたのに、**あっけらかん**としている。
교장 선생님께 저렇게 야단을 맞았는데도 태연하다.

□ 02 あんぐり　놀라거나 기가 막혀 입이 벌어지는 모양

彼(かれ)の図々(ずうずう)しさに呆(あき)れて、思(おも)わず**あんぐり**と口(くち)を開(あ)けた。
그의 뻔뻔스러움에 기가 막혀서 나도 모르게 입이 떡 벌어졌다.

□ 03 愕然 | がくぜん　충격을 받아 놀라는 모양

人気歌手(にんきかしゅ)の突然(とつぜん)の引退宣言(いんたいせんげん)にファンたちは**愕然**となった。
인기 가수의 갑작스러운 은퇴 선언에 팬들은 충격을 받았다.

□ 04 手放しで | てばなしで　무조건

書類審査(しょるいしんさ)が通(とお)ったからといって、**手放しで**喜(よろこ)べない。
서류 심사가 통과되었다고 해서 무조건 기뻐할 수만은 없다.

□ 05 世にも | よにも　참으로

この本(ほん)には、**世にも**不思議(ふしぎ)な現象(げんしょう)について書(か)かれてある。
이 책에는 참으로 이상한 현상에 대해 쓰여져 있다.

4순위

의성어·의태어

☐ 01 とんとん 순조롭게 일이 진행되는 모양

まったく期待(きたい)していなかったのに、契約(けいやく)の話(はなし)が**とんとん**進(すす)んだ。
전혀 기대하고 있지 않았는데 계약 이야기가 척척 진행되었다.

☐ 02 ぬけぬけ 뻔뻔스러운 모양

先生(せんせい)の前(まえ)でよくもそんな嘘(うそ)を**ぬけぬけ**とつけるもんだね。
선생님 앞에서 잘도 그런 거짓말을 뻔뻔하게 할 수 있구나.

☐ 03 びしびし 호되고 가차 없이 행동을 취하는 모양

新任(しんにん)のコーチは選手(せんしゅ)たちを**びしびし**鍛(きた)えている。
신임 코치는 선수들을 호되게 단련시키고 있다.

☐ 04 ぼつぼつ 작은 구멍이나 점, 알갱이 등이 여기저기 있는 모양

にきびが気(き)になって潰(つぶ)していたら、顔面(がんめん)が**ぼつぼつ**になってしまった。
여드름이 신경 쓰여서 터뜨렸더니 안면에 부스럼이 생겨 버렸다.

☐ 05 むにゃむにゃ 뜻 모를 소리를 중얼거리는 모양

娘(むすめ)は何(なに)やら**むにゃむにゃ**と寝言(ねごと)を言(い)っていた。
딸은 무언가 중얼중얼 잠꼬대를 하고 있었다.

속담·사자성어

☐ 01 亀の甲より年の功 | かめのこうよりとしのこう 거북이 등딱지보다 연륜의 내공

亀の甲より年の功で、経験豊富(けいけんほうふ)な先輩(せんぱい)の言葉(ことば)には納得(なっとく)させられる。
무엇이든 경험이 중요한 법이어서 경험이 풍부한 선배 말에는 납득하게 된다.

PLUS 무엇이든 경험이 중요하다는 뜻.

☐ 02 同じ釜の飯を食う | おなじかまのめしをくう 한솥밥을 먹다

あいつとは**同じ釜の飯を食った**仲だから、親の葬式に行かないわけにもいかない。 저 녀석과는 한솥밥을 먹은 사이이니 부모님 장례식에 가지 않을 수는 없다.

☐ 03 神出鬼没 | しんしゅつきぼつ 신출귀몰

今回は**神出鬼没**な彼のおかげで、なんとか無事に事なきを得た。
이번에는 신출귀몰한 그 덕분에 어떻게 무사하게 큰일 없이 끝낼 수 있었다.

☐ 04 朝令暮改 | ちょうれいぼかい 조령모개

朝令暮改な上司の発言は、部下にとって本当に迷惑だ。
조령모개한 상사의 발언은 부하에게 있어 정말 민폐다.

PLUS 지시가 자주 바뀌어서 갈피를 잡기 어렵다는 뜻.

관용어

☐ 01 因縁をつける | いんねんをつける 시비를 걸다

ただ歩いていただけなのに、道端でチンピラに**因縁をつけられた**。
그냥 길을 걷고 있을 뿐이었는데 길거리에서 불량배가 시비를 걸었다.

☐ 02 小回りが利く | こまわりがきく 좁은 곳에서도 방향을 바꿀 수 있다

軽自動車は**小回りが利いて**とても便利だ。
경차는 좁은 곳에서도 방향을 바꿀 수 있어서 매우 편리하다.

☐ 03 尻尾を掴む | しっぽをつかむ 꼬리를 잡다, 단서를 잡다

今までも何となくおかしいとは思っていたが、とうとう**尻尾を掴んだ**。
지금까지 왠지 이상하다고는 생각하고 있었는데 드디어 꼬리를 잡았다.

☐ 04 世話が焼ける | せわがやける 손이 많이 간다

息子は高校生にもなったのに、何かと**世話が焼けて**困る。
아들은 고등학생이나 되었는데 여러모로 손이 많이 가서 곤란하다.

★★ □ 05 **根を絶やす** | ねをたやす 뿌리를 뽑다, 근절하다

世界(せかい)にはびこるテロリストの**根を絶やす**のは並大抵(なみたいてい)のことではない。
세계에 활개치는 테러리스트의 뿌리를 뽑는 것은 보통 일이 아니다.

★★ □ 06 **星が割れる** | ほしがわれる 범인이 밝혀지다

参考人(さんこうにん)の供述(きょうじゅつ)によって、アリバイが崩(くず)れて**星が割れた**。
참고인 진술에 의해 알리바이가 무너져 범인이 밝혀졌다.

★★ □ 07 **星を挙げる** | ほしをあげる 범인을 잡다

警察(けいさつ)の必死(ひっし)の捜査(そうさ)で、ようやく**星を挙げた**。
경찰의 필사적인 수사로 겨우 범인을 잡았다.

★★ □ 08 **魔が差す** | まがさす 나쁜 마음이 들다

「つい**魔が差して**」とは捕(つか)まった万引(まんび)き犯(はん)がよく言(い)う台詞(せりふ)だ。
'그만 나쁜 마음이 들어서'라는 말은 가게에서 물건을 훔치다 붙잡힌 사람이 자주 하는 말이다.

★★★ □ 09 **三行半** | みくだりはん 이혼장

結婚(けっこん)25年目(ねんめ)にして、妻(つま)に**三行半**を突(つ)きつけられた。
결혼 25년 차에 아내가 이혼장을 들이밀었다.

★★★ □ 10 **輪をかける** | わをかける (~보다) 더하다, 한술 더 뜨다

父(ちち)も背(せ)が高(たか)いが、その息子(むすこ)はそれに**輪をかけた**大男(おおおとこ)だ。
아버지도 키가 크지만 그 아들은 아버지보다 더 심하게 키가 큰 남자이다.

1 다음 밑줄 친 히라가나에 해당하는 한자를 고르세요.

1. ものさしで長さを計る。 ① 物刺し ② 物差し
2. このパレードは本当にみものだ。 ① 見物 ② 干物
3. 時間がないのでかけあしで説明します。 ① 掛け足 ② 駆け足
4. ふしめがちに相手を見る。 ① 伏目 ② 節目
5. 泥棒に金を盗まれるといううきめにあった。 ① 浮き目 ② 憂き目

2 다음 두 문장 중에서 올바른 문장을 고르세요.

1. ① 今日一日の努力が無駄骨になった。
② 今日一日の努力があばら骨になった。

2. ① この商品を選んだ決まり手は何ですか。
② この商品を選んだ決め手は何ですか。

3. ① すぐに「わかりました」と二つ返事でオーケーを出す。
② すぐに「わかりました」と生返事でオーケーを出す。

4. ① 何を彷迷ったのか、35万円の腕時計を買ってしまった。
② 何を血迷ったのか、35万円の腕時計を買ってしまった。

5. ① むにゃむにゃ寝言を言う。
② むしゃむしゃ寝言を言う。

3 다음 일본어가 설명하고 있는 단어를 고르세요.

1. 情報を手に入れるのが早く、何でも知っている。

① 空耳　　② 地獄耳

2. 見当・見込み

① 図星　　② 目星

3. 厳しく鍛える。

① びしびし　　② ひしひし

4. どこにでも現れる。

① 百鬼夜行　　② 神出鬼没

5. 主要な鉄道や道路

① 幹線　　② 在来線

---

1 1.② 2.① 3.② 4.① 5.② **2** 1.① 2.② 3.① 4.② 5.① **3** 1.② 2.② 3.① 4.② 5.①

시험에 많이 나오는 어휘 5순위

정답률 99%에 도전한다!

만점 혹은 전체 문제에서 한두 문제를 틀리는 수준으로 이 정도의 실력을 얻기 위해서는 기존 시험에 출제된 적이 있는 어휘만으로는 부족합니다. 거의 대부분의 시험에서 매회 한 문제 정도는 시중에 나온 교재의 허를 찌르는 어휘들이 출제되므로 이에 대한 대비도 철저히 해야 합니다.

DAY 41

VOCA Check

나의 어휘 실력은 현재 어느 정도일까?
실전 어휘력 체크!

다음 어휘의 뜻을 써 보세요.

명사

□01 控除 ....
□02 堆積 ....
□03 帳簿 ....
□04 買い得 ....
□05 村八分 ....
□06 横文字 ....
□07 顔ぶれ ....
□08 捨て身 ....
□09 腹立ち紛れ ....

동사

□10 戒める ....
□11 口説く ....
□12 茶化す ....
□13 匂わす ....
□14 のろける ....
□15 いがみ合う ....
□16 折り合う ....
□17 立ち退く ....
□18 取り成す ....

형용사

□19 否めない ....
□20 雄々しい ....
□21 ふてぶてしい ....
□22 女々しい ....
□23 凛々しい ....
□24 大らか ....
□25 愚か ....
□26 軽はずみ ....
□27 悠長 ....

부사·의성어·의태어

□28 有らん限り ....
□29 否応なく ....
□30 心ならずも ....
□31 そそくさと ....
□32 むっつり ....
□33 あっぷあっぷ ....
□34 ぱちぱち ....
□35 ひょいひょい ....
□36 悠々 ....

속담·사자성어·관용어

□37 言うは易く行うは難し ....
□38 一心不乱 ....
□39 地から湧く ....
□40 羽が生えたよう ....

- **정답 개수 01~10개** ▶ **당신은 초급자!** 산 넘어 산이네요! 정독하여 반드시 어휘 정복합시다!
- **정답 개수 11~20개** ▶ **당신은 초중급자!** 이제 걸음마 뗀 수준? 좀 더 노력하여 수준급으로 Go!
- **정답 개수 21~30개** ▶ **당신은 중급자!** 조금만 더 열심히 하면, 상급자까지 얼마 안 남았어요!
- **정답 개수 31~40개** ▶ **당신은 거의 상급자 수준?!** 방심은 금물! 100% 완벽에 도전합시다!

시험에 많이 나오는 어휘 **5순위**

DAY 41

명사

41-1.mp3

기본 한자어

□ 01 怨恨 | えんこん 원한

□ 02 現存 | げんそん 현존

□ 03 控除 | こうじょ 공제

□ 04 故国 | ここく 고국

□ 05 困窮 | こんきゅう 곤궁

□ 06 殺菌 | さっきん 살균

□ 07 刺繍 | ししゅう 자수

□ 08 図体 | ずうたい 덩치

□ 09 折衷 | せっちゅう 절충

□ 10 繊維 | せんい 섬유

□ 11 洗浄 | せんじょう 세정

□ 12 装備 | そうび 장비

□ 13 堆積 | たいせき 퇴적

□ 14 箪笥 | たんす 옷장

□ 15 徴収 | ちょうしゅう 징수

□ 16 帳簿 | ちょうぼ 장부

□ 17 提訴 | ていそ 제소

□ 18 撤去 | てっきょ 철거

□ 19 鉄条網 | てつじょうもう 철조망

□ 20 伝票 | でんぴょう 전표

□ 21 納税 | のうぜい 납세

□ 22 破局 | はきょく 파국

□ 23 敷設 | ふせつ 부설

□ 24 暴騰 | ぼうとう 폭등

□ 25 没頭 | ぼっとう 몰두

□ 26 浪費 | ろうひ 낭비

읽기에 주의해야 할 음훈 결합 명사

☐ 01 買い得 | かいどく (품질이 좋거나 양이 많아서) 사면 득이 됨

あのスーパーは週末になると、お**買い得**商品でいっぱいだ。
그 슈퍼는 주말이 되면 사면 득이 되는 상품으로 가득하다.

☐ 02 気晴らし | きばらし 기분 전환

気晴らしに近くの公園に行ってから、コーヒーショップに立ち寄った。
기분 전환으로 근처 공원에 다녀온 다음 커피숍에 들렀다.

☐ 03 寒気 | さむけ 한기, 오한

昨日から頭痛もするし、**寒気**もするので病院に行ってきた。
어제부터 두통도 나고 한기도 들어서 병원에 다녀왔다.

☐ 04 順繰り | じゅんぐり 차례차례함

展示会のブースを**順繰り**に回ってパンフレットを集めた。
전시회 부스를 차례차례 돌면서 팸플릿을 모았다.

☐ 05 控え室 | ひかえしつ 대기실

次の出演者はこちらの**控え室**でお待ちください。
다음 출연자는 이쪽 대기실에서 기다려 주십시오.

☐ 06 村八分 | むらはちぶ (마을 단위로) 따돌림

この地域のしきたりを守らなければ**村八分**にされても仕方がない。
이 지역의 관습을 지키지 않으면 따돌림을 당해도 어쩔 수가 없다.

☐ 07 目線 | めせん 시선, 눈높이

面接の時は**目線**をどこに置くかでその人の印象が変わる。
면접할 때는 시선을 어디에 두는가로 그 사람의 인상이 바뀐다.

☐ 08 やせ我慢 | やせがまん 억지로 참음

寒いくせに、**やせ我慢**をして半袖のシャツを着ている。
추우면서도 억지로 참고 반팔 셔츠를 입고 있다.

★★ □ 09 雪合戦 | ゆきがっせん 눈싸움

小学生の時、雪が降ると体育の時間に**雪合戦**をした。
초등학생 때 눈이 내리면 체육 시간에 눈싸움을 했다.

★★ □ 10 横文字 | よこもじ 외래어

日本語で言えばいいのに、何かと**横文字**を使いたがる人たちが多くて困る。 일본어로 말하면 되는데도 공연히 외래어를 사용하고 싶어 하는 사람들이 많아서 곤란하다.

고유어

★★ □ 01 浮かぬ顔 | うかぬかお 근심스러운 표정

兄は昨日から会社で何かあったのか、**浮かぬ顔**をして溜息ばかりついている。
오빠는 어제부터 회사에서 무슨 일이 있었는지 근심스러운 표정을 하고 한숨만 쉬고 있다.

★★ □ 02 面持ち | おももち (불안, 불만, 걱정 등의 감정이 드러난) 얼굴

発表の日を迎え、みんな不安な**面持ち**で待っていた。
발표일을 맞이하여 모두 불안한 표정으로 기다리고 있었다.

★★ □ 03 顔ぶれ | かおぶれ 멤버

久しぶりに会合に出たら、**顔ぶれ**が大きく変わっていた。
오랜만에 모임에 나갔더니 멤버가 많이 바뀌어 있었다.

★★ □ 04 肩書き | かたがき (사회적 지위나 신분을 알 수 있는) 직업, 직함

彼の華麗な**肩書き**のほとんどは嘘だったことが明らかになった。
그의 화려한 직함의 대부분은 거짓말이었음이 밝혀졌다.

★★★ □ 05 したり顔 | したりがお 의기양양한 표정

部長は部下の手柄にも関わらず、**したり顔**で自慢話をした。
부장은 부하의 공적임에도 불구하고 의기양양한 표정으로 자기 자랑을 했다.

★★ □ 06 捨て身 | すてみ　목숨을 걺

捨て身の覚悟で立ち向かったが、相手はあまりにも強かった。
목숨을 걸겠다는 각오로 맞섰지만 상대방은 너무나도 강했다.

★★ □ 07 手入れ | ていれ　손질

隣の家の庭はいつも**手入れ**が行き届いている。
옆집 정원은 항상 손질이 잘되어 있다.

★★ □ 08 腹立ち紛れ | はらだちまぎれ　홧김

腹立ち紛れにドアを思い切り蹴ったら、壊れて閉まらなくなった。
홧김에 문을 힘껏 발로 찼더니 부서져서 닫히지 않게 되었다.

★★ □ 09 膨れっ面 | ふくれっつら　뾰로통한 표정

仕事で旅行に行けなくなったと言ったら、彼女に**膨れっ面**をされた。
일 때문에 여행을 갈 수 없게 되었다고 말했더니 여자 친구가 뾰로통한 표정을 지었다.

★★ □ 10 身の回り | みのまわり　일상생활에 필요한 것

妻は**身の回り**のものだけかばんに詰めて、家を出て行ってしまった。
아내는 일상용품만 가방에 챙겨서 집을 나가 버렸다.

★★ □ 11 目配り | めくばり　여기저기 주의하여 살핌

この会社はあらゆる産業動向に**目配り**をして成長した。
이 회사는 모든 산업 동향을 두루 살피며 성장했다.

★★ □ 12 目鼻立ち | めはなだち　이목구비

彼女は子供の頃から**目鼻立ち**が整っていて、今はかなり美人だ。
그녀는 어렸을 때부터 이목구비가 뚜렷했기에 지금은 꽤 미인이다.

★★ □ 13 物知り顔 | ものしりがお　알고 있다는 표정

本当は何もわかっていないくせに、**物知り顔**で相手の話を聞いている。
사실은 아무것도 모르는 주제에 알고 있다는 표정으로 상대방의 이야기를 듣고 있다.

★★★ □ 14 矢面 | やおもて (비난 등을) 집중적으로 받는 처지

私の長所は、ある程度非難の**矢面**に立たされても冷静でいられることだ。
나의 장점은 어느 정도 비난을 받는 입장에 서더라도 냉정하게 있을 수 있다는 점이다.

★★ □ 15 やり手 | やりて 실력자, 수완가

彼は**やり手**の営業マンで、今月も売り上げがトップだった。
그는 수완이 좋은 영업 사원으로 이번 달에도 매상이 톱이었다.

동사

41-2.mp3

기본 동사

★★ □ 01 戒める | いましめる (실수하지 않도록 마음을) 다잡다

いくらうまくいっても、いつも自分を**戒める**態度は忘れてはいけない。
아무리 일이 잘 풀리더라도 항상 자신을 다잡는 태도는 잊어서는 안 된다.

★★ □ 02 穿つ | うがつ 뚫다 / 핵심을 찌르다

部長の**穿った**追及に課長は言葉を失った。
부장님의 핵심을 찌른 추궁에 과장님은 할 말을 잃었다.

★★ □ 03 託ける | かこつける 핑계 삼다, 구실 삼다

会社の役員たちは仕事に**託けて**、ゴルフを楽しんでいる。
회사 임원들은 일을 핑계 삼아 골프를 즐기고 있다.

★★ □ 04 口説く | くどく 설득하다, 꼬드기다

取引先を**口説いて**金融商品を買わせる。
거래처를 꼬드겨서 금융 상품을 사게 하다.

★★ □ 05 称える | たたえる 칭송하다

優勝チームの栄誉を**称えて**、校歌を演奏した。
우승 팀의 영예를 칭송하여 교가를 연주했다.

★★★ □ 06 奉る | たてまつる (윗사람에게) 바치다, 드리다

恐れながら、一言申し**奉りたく**存じます。
황송하지만 한 말씀 올리고 싶습니다.

★★★ □ 07 賜る | たまわる 내리시다, 하사하다(존경어) / 받다(겸양어)

校長先生から有難いお話を**賜る**。
교장 선생님으로부터 고마운 이야기를 듣다.

★★ □ 08 茶化す | ちゃかす 농담으로 얼버무리다

真面目な話をしているんだから、**茶化さないで**ちゃんと聞いてください。
진지한 이야기를 하고 있으니 농담으로 얼버무리지 말고 제대로 들어 주세요.

★★ □ 09 馴染む | なじむ 익숙해지다, 친숙해지다

この駅の発車ベルの音はいつまで経っても耳に**馴染まない**。
이 역의 발차 벨소리는 아무리 시간이 지나도 귀에 익숙해지지 않는다.

★★ □ 10 訛る | なまる 사투리로 말하다

あのおじいさんは**訛って**いて、何を言っているのか分かりにくかった。
저 할아버지는 사투리로 말하고 있어서 무슨 말을 하고 있는지 이해하기 어려웠다.

★★★ □ 11 匂わす | におわす 암시하다

チーム移籍の可能性を**匂わす**ような発言が問題になった。
팀의 이적 가능성을 암시하는 듯한 발언이 문제가 되었다.

★★ □ 12 濁す | にごす (말끝을) 흐리다, 애매하게 말하다

彼は高橋さんの質問にだけは、口を**濁して**答えなかった。
그는 다카하시 씨가 한 질문만큼은 말을 흐리며 답하지 않았다.

★★ □ 13 のろける | (자기 쪽 사람을) 자랑 삼아 이야기하다

友達の前で妻の料理が一番おいしい、と**のろけた**。
친구 앞에서 아내의 요리가 제일 맛있다고 자랑했다.

5순위

★★ □ 14 冷やかす | ひやかす 놀리다

新婚の大川さんはいつも周りの人から**冷やかされて**いる。
신혼인 오카와 씨는 항상 주변 사람들로부터 놀림을 당하고 있다.

★★ □ 15 報じる | ほうじる 보도하다

自然災害を**報じる**記者はハプニングに遭うことが多い。
자연재해를 보도하는 기자는 해프닝을 겪는 경우가 많다.

복합동사

★ □ 01 有り触れる | ありふれる 흔해 빠지다

有り触れた材料でも、こんなに立派でおいしい料理ができる。
흔해빠진 재료로도 이렇게 훌륭하고 맛있는 요리를 할 수 있다.

★★ □ 02 いがみ合う | いがみあう 서로 다투다, 으르렁거리다

あの夫婦は**いがみ合って**喧嘩ばかりしているが、外面はいい。
저 부부는 서로 으르렁거리며 싸움만 하지만 남에게는 친절하다.

★★ □ 03 受け流す | うけながす 적당히 받아넘기다

上司から嫌味を言われても、軽く**受け流した**方がいい。
상사로부터 싫은 소리를 들어도 가볍게 적당히 받아넘기는 편이 좋다.

★★★ □ 04 折り合う | おりあう 서로 양보하다

嫌な上司でもサラリーマンなので、**折り合って**仕事をするしかない。
싫은 상사라도 직장인이기 때문에 서로 양보하며 일을 할 수밖에 없다.

★★★ □ 05 掛け合う | かけあう 교섭하다

アパートの大家さんに**掛け合って**、部屋の壁を塗り替えてもらった。
아파트 집주인과 교섭하여 방의 벽을 다시 칠했다.

☐ 06 切り詰める | きりつめる 절약하다

収入(しゅうにゅう)が減(へ)ったので、外食(がいしょく)もやめて**切り詰める**しかない。
수입이 줄어서 외식도 그만두고 절약하는 수밖에 없다.

☐ 07 立ち退く | たちのく (살던 집에서) 나가다

アパートの家賃(やちん)が上(あ)がったので、今月(こんげつ)で**立ち退く**ことにした。
아파트의 집세가 올라서 이번 달을 끝으로 나가기로 했다.

☐ 08 付け上がる | つけあがる 기어오르다

彼(かれ)は甘(あま)やかすと**付け上がる**ので、いつも注意(ちゅうい)した方(ほう)がいい。
그는 응석을 받아 주면 기어오르기 때문에 항상 조심하는 편이 좋다.

☐ 09 取り成す | とりなす (싸움 등을) 중재하다

どうか喧嘩(けんか)した二人(ふたり)を**取り成して**仲直(なかなお)りをさせてください。
어떻게든 싸운 두 사람을 중재해서 화해를 시켜 주세요.

☐ 10 踏み外す | ふみはずす 바른 길에서 벗어나다

人(ひと)の道(みち)を**踏み外して**しまうことだけは、やってはいけない。
사람의 길을 벗어나는 일만큼은 해서는 안 된다.

형용사

41-3.mp3

い 형용사

☐ 01 否めない | いなめない 부정할 수 없다

向(む)こうも悪(わる)いが、こちらに手落(てお)ちがあったことも**否めない**。
상대방도 나쁘지만 우리 쪽에 실수가 있었던 것도 부정할 수 없다.

☐ 02 雄々しい | おおしい 씩씩하다, 용감하다

2頭(とう)の鹿(しか)が**雄々しく**角(つの)を突(つ)き合(あ)わせて戦(たたか)っている。
두 마리의 사슴이 용감하게 뿔을 들이받으며 싸우고 있다.

☆☆ □ 03 ふてぶてしい (불리한 입장임에도 얄미울 만큼) 뻔뻔스럽다

反省するどころか、何が悪いと言わんばかりの**ふてぶてしい**態度をとる。
반성하기는커녕 뭐가 나쁘냐는 식의 뻔뻔스러운 태도를 취하다.

☆☆ □ 04 女々しい | めめしい (남자가) 남자답지 못하다

男のくせにこんなことでいつまでも悩んでいるなんて、本当に**女々しい**ぞ。
남자가 돼서 이런 일로 언제까지나 고민하고 있다니 정말 남자답지 못하군.

☆☆ □ 05 凛々しい | りりしい 늠름하다

凛々しい顔立ちをした若者たちが一堂に集まった。
늠름한 얼굴을 한 젊은이들이 한자리에 모였다.

な 형용사

☆☆ □ 01 大らか | おおらか 느긋하고 대범함

彼は細かいことを気にしない、**大らかな**性格の持ち主だ。
그는 자질구레한 일에는 신경 쓰지 않는 느긋하고 대범한 성격의 소유자이다.

☆☆ □ 02 朧げ | おぼろげ 희미함

霧がかかっている湖に**朧げに**一艘の舟が見えた。
안개가 끼어 있는 호수에 희미하게 한 척의 배가 보였다.

☆ □ 03 愚か | おろか 어리석음

愚かにも奨学金制度があるということを知らず、苦労した。
어리석게도 장학금 제도가 있다는 것을 모르고 고생했다.

☆☆ □ 04 軽はずみ | かるはずみ 경솔함

軽はずみな言動や行動は慎んでください。
경솔한 언동이나 행동은 삼가세요.

★★ □ 05 悠長 | ゆうちょう 느긋함

こんな大(だい)ピンチにもかかわらず、彼(かれ)は**悠長に**構(かま)えている。
이런 큰 위기에도 불구하고 그는 느긋하게 행동하고 있다.

부사

41-4.mp3

★★★ □ 01 有らん限り | あらんかぎり 있는 힘껏

応援団長(おうえんだんちょう)は、**有らん限り**の声(こえ)を振(ふ)り絞(しぼ)ってエールを送(おく)った。
응원단장은 있는 힘껏 목소리를 짜내어 함성을 보냈다.

★★ □ 02 否応なく | いやおうなく 좋든 싫든, 억지로

先輩(せんぱい)に誘(さそ)われて、**否応なく**試合(しあい)に出(で)ることになった。
선배에게 권유받아 억지로 시합에 나가게 되었다.

동 否応無しに | いやおうなしに

★★★ □ 03 心ならずも | こころならずも 본의 아니게

社長(しゃちょう)の命令(めいれい)で**心ならずも**参加(さんか)することになった。
사장님 명령으로 본의 아니게 참가하게 되었다.

★★ □ 04 そそくさと 허둥지둥

彼(かれ)は携帯電話(けいたいでんわ)で誰(だれ)かと話(はな)したあと、**そそくさと**帰(かえ)っていった。
그는 휴대 전화로 누군가와 이야기한 후 허둥지둥 집으로 돌아갔다.

★★ □ 05 むっつり 말 없이 무뚝뚝하게 있는 모양

父(ちち)はさっきから**むっつり**と黙(だま)ったままソファーに座(すわ)っている。
아버지는 아까부터 뚱하게 아무 말도 하지 않은 채 소파에 앉아 있다.

5순위

의성어·의태어

☐ 01 **あっぷあっぷ** 물에 빠져 허우적거리는 모양 / 힘든 상황에 고전하는 모양

経営(けいえい)が苦(くる)しくて、**あっぷあっぷ**の状態(じょうたい)が続(つづ)いている。
경영이 어려워서 힘든 상태가 계속되고 있다.

☐ 02 **ぱちぱち** 박수를 치는 소리, 짝짝

場内(じょうない)から**ぱちぱち**とまばらな拍手(はくしゅ)が起(お)こる音(おと)を聞(き)いた。
장내에서 짝짝 하고 드문드문 박수 치는 소리를 들었다.

☐ 03 **ひょいひょい** 가볍게 뛰는 모양 / 가볍게 일을 하는 모양

祖父(そふ)は70歳(さい)の高齢(こうれい)にもかかわらず、山(やま)を**ひょいひょい**登(のぼ)っていった。
할아버지는 70세의 고령임에도 불구하고 산을 아무렇지 않게 올라갔다.

☐ 04 **易々・安々** | やすやす 쉽사리

この絵(え)は**易々**と手(て)に入(い)れることができない有名(ゆうめい)な絵画(かいが)だ。
이 그림은 쉽사리 손에 넣을 수 없는 유명한 회화이다.

☐ 05 **悠々** | ゆうゆう 시간적 또는 공간적 여유가 충분한 모양

映画(えいが)は3時(じ)からなので、今(いま)から行(い)っても**悠々**と間(ま)に合(あ)う。
영화는 3시부터라서 지금부터 가도 여유있게 제시간에 갈 수 있다.

속담·사자성어

☐ 01 **言うは易く行うは難し** | いうはやすくおこなうはかたし
말하기는 쉬워도 행동하기는 어렵다

高(たか)い目標(もくひょう)を掲(かか)げるのはいいけど、**言うは易く行うは難し**だということも忘(わす)れるな。
높은 목표를 잡는 것은 좋지만 말보다는 실행이 어렵다는 것도 잊지 마라.

☐ 02 恩を仇で返す | おんをあだでかえす 은혜를 원수로 갚다

あんなにかわいがっていたんだから、まさか**恩を仇で返す**ようなことはしないだろう。
그렇게 예뻐했으니 설마 은혜를 원수로 갚는 짓은 하지 않겠지.

☐ 03 猪突猛進 | ちょとつもうしん 저돌적으로 밀어붙임

猪突猛進タイプの彼(かれ)は、目標(もくひょう)ができると凄(すご)いパワーとスピードで実行(じっこう)していく。
저돌적으로 밀어붙이는 타입인 그는 목표가 생기면 엄청난 파워와 스피드로 실행해 간다.

☐ 04 一心不乱 | いっしんふらん 일심불란

探(さが)し求(もと)めていた本(ほん)が手(て)に入(はい)り、**一心不乱**に読(よ)んだ。
그토록 찾던 책이 손에 들어와 일심불란한 마음으로 읽었다.

PLUS 한 가지 일에만 정신을 쏟아 집중한다는 뜻.

관용어

☐ 01 打って出る | うってでる 자진해서 나서다

彼(かれ)がもし次回(じかい)の選挙(せんきょ)に**打って出る**なら、ぜひ支持(しじ)したい。
그가 만약 다음 선거에 나선다면 꼭 지지하겠다.

☐ 02 倉が建つ | くらがたつ 큰 부자가 되다

お茶代(ちゃだい)やタバコ代(だい)を節約(せつやく)したからといって、**倉が建つ**ものではない。
찻값과 담뱃값을 아낀다고 해서 큰 부자가 되는 것은 아니다.

☐ 03 地から湧く | ちからわく 땅에서 솟아나다

お金(かね)というのは天(てん)から降(ふ)るものでもなく、**地から湧く**ものでもない。
돈이라는 것은 하늘에서 떨어지는 것도 아니고 땅에서 솟아나는 것도 아니다.

★★ □ 04 **馬鹿にならない | ばかにならない** 무시할 수 없다

毎日(まいにち)バスに乗(の)ると、交通費(こうつうひ)だけでも**馬鹿にならない**。

매일 버스를 타면 교통비만도 무시할 수 없다.

★★ □ 05 **羽が生えたよう | はねがはえたよう** 날개가 돋친 듯이(물건이 엄청난 기세로 팔리거나 없어짐)

子供(こども)の教育費(きょういくひ)やらなんやらで、**羽が生えたように**どんどんお金(かね)が出(で)ていく。

아이의 교육비 등으로 날개가 돋친 듯이 계속해서 돈이 나간다.

★★ □ 06 **懐が暖かい | ふところがあたたかい** 주머니 사정이 좋다, 충분한 돈이 있다

昨日(きのう)までは素寒貧(すかんぴん)だったが、給料(きゅうりょう)が入(はい)って**懐が暖かく**なった。

어제까지는 빈털터리였는데 급여가 들어와서 주머니 사정이 좋아졌다.

★★ □ 07 **持ち合わせがない | もちあわせがない** 마침 가진 돈이 없다

すみませんが、今(いま)**持ち合わせがない**ので立(た)て替(か)えていただけませんか。

죄송합니다만, 지금 마침 가진 돈이 없어서 대신 돈 좀 내 주실 수 있으세요?

★★★ □ 08 **山を当てる | やまをあてる** 운으로 행운을 잡다

まったくの素人(しろうと)が株(かぶ)で**山を当てる**のはかなり難(むずか)しいことだ。

왕초보가 주식으로 행운을 잡는 것은 대단히 어려운 일이다.

★★ □ 09 **湯水のように使う | ゆみずのようにつかう** 물 쓰듯 쓰다

そんなにお金(かね)を**湯水のように使ったら**、きっと後悔(こうかい)するだろう。

그렇게 돈을 물 쓰듯이 쓴다면 분명 나중에 후회할 것이다.

★★ □ 10 **路頭に迷う | ろとうにまよう** 길거리에 나앉다

金遣(かねづか)いが荒(あら)いと、**路頭に迷う**生活(せいかつ)をすることになるかもしれない。

돈 씀씀이가 헤프면 길거리에 나앉는 생활을 하게 될지도 모른다.

1 다음 밑줄 친 히라가나에 해당하는 한자를 고르세요.

1. ちょうぼに収入を記録する。 ① 調簿 ② 帳簿
2. いやおうなく参加させられた。 ① 否応 ② 嫌応
3. 鉄道をふせつする。 ① 敷設 ② 布石
4. 古い建物をてっきょする。 ① 隠去 ② 撤去
5. 父の会社が倒産して一家はろとうに迷った。 ① 路頭 ② 路踏

2 다음 두 문장 중에서 올바른 문장을 고르세요.

1. ① 有り合わせがなくて、友達に立て替えてもらった。
   ② 持ち合わせがなくて、友達に立て替えてもらった。

2. ① 田中さんはいつもぷっつりとしているが、本当は面白い人だ。
   ② 田中さんはいつもむっつりとしているが、本当は面白い人だ。

3. ① 今日は給料日なので懐が暖かい。
   ② 今日は給料日なので懐が深い。

4. ① 日本の文化や習慣にはすっかりなじみました。
   ② 日本の文化や習慣にはすっかりにじみました。

5. ① 妻の料理が一番おいしい、ととろける。
   ② 妻の料理が一番おいしい、とのろける。

3 다음 일본어가 설명하고 있는 단어를 고르세요.

1. 外国語

① 横文字 ② 大文字

2. 機械、庭などの維持や管理

① 手引き ② 手入れ

3. 仲間外れ

① 村八分 ② 部外者

4. 話す言葉に方言が混じっている。

① なまる ② どもる

5. それとなく暗示する。

① 嗅がせる ② 匂わす

---

1 1.② 2.① 3.① 4.② 5.① **2** 1.② 2.② 3.① 4.① 5.② **3** 1.① 2.② 3.① 4.① 5.②

VOCA Check

나의 어휘 실력은 현재 어느 정도일까?
실전 어휘력 체크!

DAY 42

다음 어휘의 뜻을 써 보세요.

명사

- □01 駆除 ....
- □02 焦土化 ....
- □03 清涼剤 ....
- □04 一時逃れ ....
- □05 時間稼ぎ ....
- □06 分刻み ....
- □07 及び腰 ....
- □08 桁外れ ....
- □09 物腰 ....

동사

- □10 侮る ....
- □11 象る ....
- □12 はぐらかす ....
- □13 秀でる ....
- □14 力む ....
- □15 なすり付ける ....
- □16 申し合わせる ....
- □17 もたれ合う ....
- □18 寄せ付ける ....

형용사

- □19 えげつない ....
- □20 小難しい ....
- □21 しおらしい ....
- □22 せこい ....
- □23 猛々しい ....
- □24 気詰まり ....
- □25 つっけんどん ....
- □26 不都合 ....
- □27 無口 ....

부사·의성어·의태어

- □28 及ばずながら ....
- □29 心底 ....
- □30 謹んで ....
- □31 どっぷり ....
- □32 物の弾みで ....
- □33 うかうか ....
- □34 のこのこ ....
- □35 ぱくぱく ....
- □36 もろもろ ....

속담·사자성어·관용어

- □37 売り言葉に買い言葉 ....
- □38 一念発起 ....
- □39 固唾を呑む ....
- □40 さじを投げる ....

- **정답 개수 01~10개** ▶ **당신은 초급자!** 산 넘어 산이네요! 정독하여 반드시 어휘 정복합시다!
- **정답 개수 11~20개** ▶ **당신은 초중급자!** 이제 걸음마 뗀 수준? 좀 더 노력하여 수준급으로 Go!
- **정답 개수 21~30개** ▶ **당신은 중급자!** 조금만 더 열심히 하면, 상급자까지 얼마 안 남았어요!
- **정답 개수 31~40개** ▶ **당신은 거의 상급자 수준?!** 방심은 금물! 100% 완벽에 도전합시다!

시험에 많이 나오는 어휘 **5순위**

DAY 42

명사

42-1.mp3

기본 한자어

□ 01	海抜 | かいばつ	해발
□ 02	下半身 | かはんしん	하반신
□ 03	球根 | きゅうこん	구근(알뿌리)
□ 04	空腹 | くうふく	공복
□ 05	駆除 | くじょ	구제
□ 06	骨董品 | こっとうひん	골동품
□ 07	事務 | じむ	사무
□ 08	謝絶 | しゃぜつ	사절
□ 09	焦土化 | しょうどか	초토화
□ 10	上半身 | じょうはんしん	상반신
□ 11	深呼吸 | しんこきゅう	심호흡
□ 12	浸水 | しんすい	침수
□ 13	彗星 | すいせい	혜성
□ 14	正座 | せいざ	정좌
□ 15	清涼剤 | せいりょうざい	청량제
□ 16	摂理 | せつり	섭리
□ 17	増殖 | ぞうしょく	증식
□ 18	阻害 | そがい	저해
□ 19	致命傷 | ちめいしょう	치명상
□ 20	天敵 | てんてき	천적
□ 21	標本 | ひょうほん	표본
□ 22	縫合 | ほうごう	봉합
□ 23	紡績 | ぼうせき	방적
□ 24	養鶏場 | ようけいじょう	양계장
□ 25	両極 | りょうきょく	양극
□ 26	惑星 | わくせい	혹성, 행성

읽기에 주의해야 할 음훈 결합 명사

★★ □ 01 一時逃れ | いちじのがれ　임시방편

根本的な問題を解決しなければ、**一時逃れ**になるだけだ。
근본적인 문제를 해결하지 않으면 임시방편이 될 뿐이다.

★★ □ 02 客引き | きゃくひき　호객꾼

街道沿いには旅館の**客引き**が大勢立っていた。
큰길가에는 여관의 호객꾼이 많이 서 있었다.

★ □ 03 残高 | ざんだか　잔고

通帳の**残高**を確認するのをすっかり忘れていた。
통장 진고를 확인하는 것을 깜빡 잊고 있었다.

★★ □ 04 時間稼ぎ | じかんかせぎ　시간 벌기

私としてはどんな対応も取れなかったので、彼が来るまで**時間稼ぎ**をした。
나로서는 어떤 대응도 취할 수 없었기 때문에 그가 올 때까지 시간을 벌었다.

★★ □ 05 時間つぶし | じかんつぶし　시간 때우기

時間つぶしのために、近くの本屋に行って立ち読みをすることが多い。
시간을 때우기 위해 근처에 있는 서점에 가서 서서 책을 읽는 경우가 많다.

㊐ 暇つぶし | ひまつぶし

★★★ □ 06 相場 | そうば　시세 / 세간에서 일반적으로 통용되는 생각이나 평가

日本の結婚式のご祝儀の**相場**はいくらぐらいか教えてください。
일본의 결혼식 축의금은 얼마가 적당한지 가르쳐 주세요.

★★ □ 07 手順 | てじゅん　수순, 절차

最初に調理の**手順**を説明してから、実習を始める。
처음에 조리 순서를 설명하고 나서 실습을 시작한다.

☐08 秒読み | びょうよみ 초읽기

結婚式まで**秒読み**状態なのに、ちっとも気分が乗らない。
결혼식까지 초읽기 상태인데 조금도 실감이 나지 않는다.

☐09 分刻み | ふんきざみ 분 단위

人気タレントたちのスケジュールは、誰もがみんな**分刻み**だ。
인기 연예인들의 스케줄은 누구나 모두 분 단위이다.

☐10 身支度 | みじたく 옷을 차려입음, 나갈 채비

姉は夕方になるときれいに**身支度**をしてデートに出かけた。
언니는 저녁이 되자 예쁘게 옷을 차려입고 데이트를 하러 나갔다.

고유어

☐01 裏口 | うらぐち 뒷문 / 부정한 방법

パートのおばさんやバイト生は仕事が終わると店の**裏口**から出ていく。
파트타임 아주머니와 아르바이트생은 일이 끝나면 가게 뒷문으로 나간다.

☐02 及び腰 | およびごし 머뭇거리는 태도

今回の汚職事件の報道にはマスコミも**及び腰**になっている。
이번 비리 사건의 보도에는 매스컴도 머뭇거리는 태도를 취하고 있다.

☐03 風の便り | かぜのたより 풍문

昔付き合っていた彼女が先週結婚したと**風の便り**に聞いた。
옛날에 사귀었던 여자 친구가 지난주에 결혼했다고 풍문으로 들었다.

☐04 軽口 | かるくち 가볍게 입을 놀림

厳格な家庭で育った彼は、**軽口**は慎むように言われてきた。
엄격한 가정에서 자란 그는 가볍게 입을 놀리지 않도록 하라는 말을 들어 왔다.

☐ 05 **桁外れ** | けたはずれ 어마어마함

この新型車は、**桁外れ**の馬力が出ると話題を呼んでいる。
이 신형 차는 어마어마한 마력이 나온다며 화제를 불러 모으고 있다.

☐ 06 **尻目に** | しりめに 거들떠보지도 않고

のんびり休んでいる友人たちを**尻目に**、勉強に励む。
느긋하게 쉬고 있는 친구들은 거들떠보지도 않고 공부에 전념하다.

PLUS ～を尻目に(~은 거들떠보지도 않고)의 형태로 쓰이는 경우가 많다.

☐ 07 **筋合い** | すじあい 이유, 근거

部外者のあなたにとやかく言われる**筋合い**はない、と相手に怒鳴られた。
제3자인 당신에게 이러쿵저러쿵 말을 들을 이유는 없다며 상대방은 화를 내며 소리를 질렀다.

☐ 08 **手口** | てぐち 수법

巧妙な**手口**で私たちを狙う悪質商法が増えている。
교묘한 수법으로 우리를 노리는 악질 상법이 늘어나고 있다.

☐ 09 **歯車** | はぐるま 톱니바퀴

歯車がうまく噛み合わないと、機械は全然動かなくなる。
톱니바퀴가 잘 맞지 않으면 기계는 전혀 움직이지 않게 된다.

☐ 10 **歯止め** | はどめ 제동

少子化の進行に**歯止め**をかけるためのいろいろな制度がある。
저출산 진행에 제동을 걸기 위한 여러 가지 제도가 있다.

☐ 11 **引け目** | ひけめ 주눅

上司と一緒にいると理由もなく**引け目**を感じてしまう。
상사와 함께 있으면 이유도 없이 주눅이 들어 버린다.

☐ 12 **物腰** | ものごし 언동(말과 행동)

柔らかい**物腰**で人と接することができれば、人に嫌われたりしないだろう。 부드러운 말과 행동으로 남을 대할 수 있으면 남에게 미움받을 일은 없을 것이다.

★★ □ 13 もらい泣き | もらいなき 남의 울음에 자신도 따라 욺

あまりに不幸(ふこう)な彼女(かのじょ)の境遇(きょうぐう)に、思(おも)わず**もらい泣き**をしてしまった。

너무나 불행한 그녀의 처지에 나도 모르게 따라서 울고 말았다.

★★★ □ 14 やり場 | やりば 가지고 갈 곳, 보낼 곳

突然(とつぜん)リストラを言(い)い渡(わた)されて、**やり場**のない怒(いか)りに震(ふる)えた。

갑자기 정리 해고라는 말을 전해 듣고 어떻게 할 수 없는 분노로 부들부들 떨었다.

★★ □ 15 弱腰 | よわごし 저자세

最初(さいしょ)からそんな**弱腰**では、相手(あいて)に見(み)くびられてしまうだろう。

처음부터 그렇게 저자세로 나가면 상대방에게 얕보이고 말 것이다.

동사

42-2.mp3

기본 동사

★★ □ 01 侮る | あなどる 얕보다

次(つぎ)の試合(しあい)の相手(あいて)は**侮れない**実力(じつりょく)を持(も)っている。

다음 시합 상대는 얕볼 수 없는 실력을 가지고 있다.

★★ □ 02 暴く | あばく 폭로하다

大地震後(おおじしんご)に政府(せいふ)が隠(かく)しておいた秘密(ひみつ)のデータが**暴かれた**。

대지진 후에 정부가 숨겨 두었던 비밀 데이터가 폭로되었다.

★★ □ 03 誘う | いざなう (어떠한 세계로) 꾀어내다, 유혹하다

バロック音楽(おんがく)の世界(せかい)に**誘う**番組(ばんぐみ)を毎週楽(まいしゅうたの)しみにしている。

바로크 음악의 세계로 초대하는 프로그램을 매주 즐겨 보고 있다.

★★ □ 04 象る | かたどる 본뜨다

大阪城(おおさかじょう)を**象った**ロゴマークが町(まち)のあちこちで目(め)に付(つ)く。

오사카성을 본뜬 로고 마크가 동네 여기저기에서 눈에 띈다.

□ 05 奏でる | かなでる　연주하다

バイオリンが**奏でる**美(うつく)しい旋律(せんりつ)を、目(め)を閉(と)じて鑑賞(かんしょう)する。
바이올린이 연주하는 아름다운 선율을 눈을 감고 감상하다.

□ 06 覆る | くつがえる　뒤집히다

一度(いちど)出(だ)された審判(しんぱん)の判定(はんてい)が**覆る**ことは決(けっ)してないだろう。
한번 내려진 심판의 판정이 뒤집히는 일은 결코 없을 것이다.

□ 07 挿す | さす　꽂다

娘(むすめ)にもらった花(はな)を花瓶(かびん)に**挿して**机(つくえ)の上(うえ)に飾(かざ)っておいた。
딸에게 받은 꽃을 꽃병에 꽂아 책상 위에 장식해 놓았다.

□ 08 障る | さわる　해롭다

退院(たいいん)したばかりだから、急(きゅう)に動(うご)けば体(からだ)に**障る**。
막 퇴원했기 때문에 갑자기 움직이면 몸에 해롭다.

□ 09 はぐらかす　얼버무리다

核心(かくしん)に触(ふ)れる質問(しつもん)を彼(かれ)にしたが、うまく**はぐらかされて**しまった。
핵심을 건드리는 질문을 그에게 했는데 교묘하게 얼버무려 버렸다.

□ 10 阻む | はばむ　저지하다, 방해하다

決勝戦(けっしょうせん)で負(ま)けて、２連覇(れんぱ)を**阻まれる**ことになった。
결승전에서 패해 2연패를 저지당하게 되었다.

□ 11 秀でる | ひいでる　뛰어나다

彼(かれ)の作(つく)った映画(えいが)の中(なか)では、この作品(さくひん)が一番(いちばん)**秀でて**いる。
그가 만든 영화 중에서는 이 작품이 가장 뛰어나다.

□ 12 潜める | ひそめる　숨기다, 가라앉히다

電車(でんしゃ)の中(なか)で電話(でんわ)をする時(とき)は声(こえ)を**潜めて**話(はな)すのがマナーだ。
전철 안에서 전화를 할 때는 목소리를 낮추어 작게 말하는 것이 매너이다.

☆☆ □ 13 吹かす | ふかす (연기를) 내뿜다

空港の待合室にある喫煙室でタバコを**吹かして**いる。
공항 대합실에 있는 흡연실에서 담배를 피우고 있다.

☆☆ □ 14 めかす (명사 뒤에 붙어) ~처럼 보이게 하다, ~인 체하다

彼女は冗談**めかして**言っていたが、目は笑っていなかった。
그녀는 농담인 척하며 말했지만 눈은 웃고 있지 않았다.

☆☆ □ 15 力む | りきむ 힘을 주다

投げる時に**力みすぎる**と、かえってボールは遠くまで飛ばない。
던질 때 너무 힘을 많이 주면 오히려 공은 멀리까지 날아가지 않는다.

복합동사

☆☆ □ 01 付け込む | つけこむ (허점 등을) 파고들다

人の弱みに**付け込む**のは卑怯だ。
남의 약점을 파고드는 것은 비겁하다.

☆☆ □ 02 なすり付ける | なすりつける 전가하다, 뒤집어씌우다

自分の罪を他人に**なすり付けて**、よくも平気でいられるな。
자신의 잘못을 다른 사람에게 뒤집어씌우고 잘도 아무렇지 않게 지낼 수 있구나.

☆☆ □ 03 弾き飛ばす | はじきとばす 튕겨 내다

これで窓ガラスをコーティングすると、雨を**弾き飛ばす**効果があるそうだ。
이것으로 창유리를 코팅하면 비를 튕겨 내는 효과가 있다고 한다.

☆☆ □ 04 引きずり出す | ひきずりだす 끌어내다

押入れの奥に仕舞っておいた荷物を**引きずり出した**。
벽장 깊숙한 곳에 넣어 두었던 짐을 끌어냈다.

☆ □ 05 踏み躙る | ふみにじる 짓밟다

人の好意を**踏み躙る**なんて、絶対に許せない。
남의 호의를 짓밟다니 절대로 용서할 수 없다.

☆ □ 06 見繕う | みつくろう (목적이나 예산에 맞는 것을 골라) 준비하다

今日はお客様が見えるから、**見繕って**おやつの準備をお願いします。
오늘은 손님이 오시니까 적당한 간식 준비를 부탁합니다.

☆ □ 07 申し合わせる | もうしあわせる 미리 의논하여 정하다

運営に関する必要な事項を**申し合わせる**ために集まった。
운영에 관해 필요한 사항을 협의하기 위해 모였다.

☆ □ 08 もたれ合う | もたれあう 서로 기대다, 서로 의지하다

この町の人々は隣の人と**もたれ合いながら**生活していた。
이 동네 사람들은 이웃 사람과 서로 의지하면서 생활하고 있었다.

☆ □ 09 もめ合う | もめあう 옥신각신하다

さっきからあの二人は酒に酔ったのか、大声で**もめ合って**いる。
아까부터 저 두 사람은 술에 취했는지 큰소리로 옥신각신하고 있다.

☆ □ 10 寄せ付ける | よせつける 가까이 오게 하다

彼は自分から人を**寄せ付けない**態度を取ってばかりいる。
그는 스스로 남이 다가오지 못하게끔 하는 태도를 취하고만 있다.

5순위

형용사

42-3.mp3

い 형용사

☆ □ 01 えげつない 야비하다

友達や恋人を騙してまで金儲けをするなんて、ずいぶん**えげつない**。
친구나 연인을 속이면서까지 돈을 벌다니 너무 야비하다.

★★ □ 02 **小難しい** | こむずかしい　까다롭다, 골치 아프다

会議(かいぎ)のことで頭(あたま)がいっぱいだから、**小難しい**話(はなし)は遠慮(えんりょ)してほしい。
회의 일로 머리가 꽉 차 있으니까 까다로운 이야기는 하지 않았으면 좋겠다.

★★★ □ 03 **しおらしい**　품위 있다

控(ひか)えめで**しおらしい**、昔風(むかしふう)の女性(じょせい)が好(この)みだ。
점잖고 품위 있는 옛날 스타일의 여자를 좋아한다.

★★ □ 04 **せこい**　쩨쩨하다

アルバイト生(せい)に交通費(こうつうひ)も払(はら)わないなんて、**せこい**店長(てんちょう)だ。
아르바이트생에게 교통비도 지불하지 않다니 쩨쩨한 점장이다.

★★★ □ 05 **猛々しい** | たけだけしい　용맹스럽다

有力大名(ゆうりょくだいみょう)の下(もと)にはいつも**猛々しい**武者(むしゃ)たちがいた。
유력 다이묘 밑에는 언제나 용맹스러운 무사들이 있었다.

な 형용사

★★ □ 01 **気詰まり** | きづまり　어색함, 거북함

社長(しゃちょう)を交(まじ)えた会議(かいぎ)は**気詰まりな**雰囲気(ふんいき)になる。
사장이 참석한 회의는 불편한 분위기가 된다.

★★★ □ 02 **つっけんどん**　무뚝뚝함

そんな**つっけんどんな**言(い)い方(かた)で頼(たの)んだら、誰(だれ)も君(きみ)の頼(たの)みを聞(き)いてくれないよ。
그렇게 무뚝뚝한 말투로 부탁한다면 아무도 자네 부탁을 들어주지 않을 거야.

★★ □ 03 **不都合** | ふつごう　(사정, 상황 등이) 안 좋음, 불편함

大事(だいじ)な予定(よてい)が重(かさ)なってしまって、ちょっと**不都合な**ことになった。
중요한 일정이 겹쳐 버려서 상황이 좀 안 좋게 되었다.

☐ 04 無口 | むくち 말이 없음, 과묵함

山田(やまだ)さんは**無口ながらも**たくましいところがあって、女(おんな)の人(ひと)に人気(にんき)がある。

야마다 씨는 과묵하면서도 듬직한 데가 있어서 여자에게 인기가 있다.

☐ 05 冷淡 | れいたん 냉담함

取引先(とりひきさき)の**冷淡な**対応(たいおう)に失望(しつぼう)を隠(かく)し切(き)れなかった。

거래처의 냉담한 대응에 실망을 감출 수가 없었다.

부사

42-4.mp3

☐ 01 及ばずながら | およばずながら 미흡하지만

及ばずながら、私共(わたくしども)もご協力(きょうりょく)させていただきます。

미흡하지만 저희들도 협력하겠습니다.

☐ 02 心底 | しんそこ 정말로, 진심으로

さっきの部長(ぶちょう)の一言(ひとこと)で、**心底**会社(かいしゃ)を辞(や)めたくなった。

방금 전에 부장님이 한 한마디 때문에 진심으로 회사를 그만두고 싶어졌다.

☐ 03 謹んで | つつしんで 삼가

社員一同(しゃいんいちどう)、**謹んで**新春(しんしゅん)のご挨拶(あいさつ)を申(もう)し上(あ)げます。

직원 일동, 삼가 새봄을 맞이하는 인사를 올리겠습니다.

☐ 04 どっぷり 어떤 환경에 완전히 적응한 모양

怠惰(たいだ)な生活(せいかつ)に**どっぷり**浸(つ)かって、仕事(しごと)を探(さが)す気力(きりょく)もなくなってしまった。

나태한 생활을 계속 하다 보니 일을 찾을 기력도 없어져 버렸다.

☐ 05 物の弾みで | もののはずみで 얼떨결에

物の弾みで、つい出来(でき)もしないことをできると口走(くちばし)ってしまった。

얼떨결에 그만 하지도 못할 일을 할 수 있다고 말해 버렸다.

의성어·의태어

★★ □ 01 うかうか 멍하게 있는 모양

優秀(ゆうしゅう)な新入社員(しんにゅうしゃいん)が入(はい)ってきて、**うかうか**してはいられない。
우수한 신입 사원이 들어와서 멍하니 있을 수는 없다.

★★ □ 02 のこのこ 오면 안 될 곳에 태연하게 나타나는 모양

倒産寸前(とうさんすんぜん)だというのも知(し)らずに、**のこのこ**と営業(えいぎょう)に出(で)かけた。
도산 직전이라는 것도 모르고 태연하게 영업을 하러 나갔다.

★★ □ 03 ぱくぱく 입을 뻐끔거리는 모양

お腹(なか)が空(す)いていたのか、金魚(きんぎょ)が**ぱくぱく**と餌(えさ)を食(た)べる。
배가 고팠는지 금붕어가 뻐끔거리며 모이를 먹는다.

★★ □ 04 ばりばり 기세 좋게 일을 처리하는 모양

仕事(しごと)を**ばりばり**とこなすキャリアウーマンになるのが私(わたし)の夢(ゆめ)だった。
일을 척척 해내는 커리어 우먼이 되는 것이 나의 꿈이었다.

★★ □ 05 もろもろ 여러 가지

海外出張(かいがいしゅっちょう)に関(かん)する**もろもろ**の準備(じゅんび)をすべて終(お)えた。
해외 출장에 관한 여러 가지 준비를 모두 끝냈다.

속담·사자성어

★★ □ 01 売り言葉に買い言葉 | うりことばにかいことば
폭언을 폭언으로 대응하다

つい興奮(こうふん)して**売り言葉に買い言葉**になって、大喧嘩(おおげんか)をしてしまった。
그만 흥분하여 험한 말을 주고받으며 크게 다퉈 버렸다.

□ 02 蓼食う虫も好き好き | たでくうむしもすきずき
여뀌도 좋다고 먹는 벌레가 있다

私だったら、あんな人とは結婚しないけど**蓼食う虫も好き好き**というからね。

나라면 저런 사람과는 결혼하지 않겠지만 제 눈에 안경이라는 말도 있으니 뭐.

PLUS 취미나 기호는 제각각이라는 뜻.

□ 03 波乱万丈 | はらんばんじょう 파란만장

どんな人でも人生というものは**波乱万丈**に満ちているものだ。

어떤 사람이라도 인생이라는 것은 파란만장함으로 차 있는 법이다.

□ 04 一念発起 | いちねんほっき 마음을 다잡고 무언가를 이루기로 결심함

会社からリストラされたのをきっかけに、**一念発起**して司法試験の勉強を始めた。

회사에서 정리 해고당한 것을 계기로 마음을 다잡고 사법시험 공부를 시작했다.

관용어

□ 01 居留守を使う | いるすをつかう 집에 없는 척하다

居留守を使って、借金取りから逃れることができた。

집에 없는 척하여 빚쟁이로부터 벗어날 수 있었다.

□ 02 固唾を呑む | かたずをのむ
마른침을 삼키다, 걱정스럽게 일의 경과를 지켜보다

スタンドを埋め尽くした観客は**固唾を呑んで**試合を見守った。

관람석을 가득 채운 관객들은 마른침을 삼키며 시합을 지켜보았다.

□ 03 差しつ差されつ | さしつさされつ 부어라 마셔라

差しつ差されつ、大学時代のサークル仲間とお酒を飲んだ。

부어라 마셔라 하고 대학 시절의 동아리 동료와 술을 마셨다.

5순위

★★★ □ 04 **さじを投げる | さじをなげる** 포기하다

その病人(びょうにん)は医者(いしゃ)も**さじを投げる**ほど手遅(ておく)れの状態(じょうたい)だった。
그 환자는 의사도 포기한 만큼 이미 늦은 상태였다.

★★ □ 05 **根が生えたよう | ねがはえたよう** 뿌리가 내린 듯(항상 그 자리임)

課長(かちょう)はパソコンの前(まえ)で**根が生えたような**生活(せいかつ)を送(おく)っている。
과장은 컴퓨터 앞에서 뿌리가 내린 듯한 생활을 하고 있다.

★★ □ 06 **判で押したよう | はんでおしたよう** 판에 박힌 듯(늘 똑같음)

判で押したような生活(せいかつ)にうんざりして、会社(かいしゃ)に辞表(じひょう)を出(だ)してきた。
판에 박힌 듯한 생활에 진력이 나서 회사에 사표를 내고 왔다.

★★ □ 07 **びくともしない** 꿈쩍도 하지 않다

ドアには鍵(かぎ)がかかっていて、押(お)しても引(ひ)いても**びくともしなかった**。
문에는 열쇠가 잠겨 있어서 밀어도 당겨도 꿈쩍도 하지 않았다.

★★ □ 08 **見栄を張る | みえをはる** 허세를 부리다, 허영을 부리다

彼女(かのじょ)との初(はつ)デートなので、**見栄を張って**高級(こうきゅう)レストランを予約(よやく)した。
그녀와의 첫 데이트라서 허세를 부려 고급 레스토랑을 예약했다.

★★ □ 09 **道草を食う | みちくさをくう** 딴짓을 하며 농땡이를 부리다

母(はは)に頼(たの)まれたお遣(つか)いの途中(とちゅう)に**道草を食って**ゲームセンターで遊(あそ)んだ。
어머니가 부탁한 심부름을 하는 도중에 농땡이를 부려 오락실에서 놀았다.

★★ □ 10 **メリハリが利く | めりはりがきく**
(긴장감과 편안함이 적당히) 균형을 이루다

早起(はやお)きをするようになってから、生活(せいかつ)に**メリハリが利く**ようになった。
일찍 일어나면서부터 생활 밸런스가 좋아지게 되었다.

1 다음 밑줄 친 히라가나에 해당하는 한자를 고르세요.

1. ものごしのやわらかい人　① 物腰　② 物越
2. ぼうせき工場で働く。　① 防疫　② 紡績
3. 植物の成長をそがいする物質　① 阻害　② 疎害
4. かいばつ2千メートルの高原地帯　① 海閥　② 海抜
5. 車がしんそこ好きだ。　① 心底　② 親底

2 다음 두 문장 중에서 올바른 문장을 고르세요.

1. ① この爆弾の破壊力は下駄外れだ。
② この爆弾の破壊力は桁外れだ。

2. ① 留守番をして借金取りから逃れる。
② 居留守を使って借金取りから逃れる。

3. ① ゲームセンターで道草を食っていたら家に帰るのが遅くなった。
② ゲームセンターで道草を刈っていたら家に帰るのが遅くなった。

4. ① 医者がさじをなめるほど病人の状態は悪い。
② 医者がさじを投げるほど病人の状態は悪い。

5. ① ばりばりと仕事をこなす。
② ぱくぱくと仕事をこなす。

3 다음 일본어가 설명하고 있는 단어를 고르세요.

1. 自信のない態度

① 喧嘩腰　② 及び腰

2. 時間を計算できるくらいもうすぐ

① 秒読み　② 分刻み

3. 暴露する

① 暴く　② 示す

4. 軽く見て馬鹿にする。

① 悔いる　② 侮る

5. 死の原因となる深い傷

① 凍傷　② 致命傷

1 1. ① 2. ② 3. ① 4. ② 5. ①　2 1. ② 2. ② 3. ① 4. ② 5. ①　3 1. ② 2. ① 3. ① 4. ② 5. ②

DAY 43

VOCA Check

나의 어휘 실력은 현재 어느 정도일까?
실전 어휘력 체크!

다음 어휘의 뜻을 써 보세요.

명사

□01 音痴 .... □02 購買 .... □03 嫉妬 ....

□04 おうむ返し .... □05 質屋 .... □06 世間知らず ....

□07 粗探し .... □08 潮時 .... □09 たけなわ ....

동사

□10 商う .... □11 渋る .... □12 添える ....

□13 逸れる .... □14 ばら撒く .... □15 入り乱れる ....

□16 吊り上げる .... □17 払い下げる .... □18 持ち直す ....

형용사

□19 素っ気ない .... □20 つれない .... □21 煮え切らない ....

□22 ふがいない .... □23 欲深い .... □24 些細 ....

□25 丁重 .... □26 遠回し .... □27 理不尽 ....

부사·의성어·의태어

□28 余すところなく .... □29 洗いざらい .... □30 取りも直さず ....

□31 まんまと .... □32 ややもすれば .... □33 うねうね ....

□34 つんつん .... □35 でれでれ .... □36 ぽつぽつ ....

속담·사자성어·관용어

□37 善は急げ .... □38 直立不動 ....

□39 一線を画する .... □40 床に就く ....

- 정답 개수 01~10개 ▶ **당신은 초급자!** 산 넘어 산이네요! 정독하여 반드시 어휘 정복합시다!
- 정답 개수 11~20개 ▶ **당신은 초중급자!** 이제 걸음마 뗀 수준? 좀 더 노력하여 수준급으로 Go!
- 정답 개수 21~30개 ▶ **당신은 중급자!** 조금만 더 열심히 하면, 상급자까지 얼마 안 남았어요!
- 정답 개수 31~40개 ▶ **당신은 거의 상급자 수준?!** 방심은 금물! 100% 완벽에 도전합시다!

시험에 많이 나오는 어휘 5순위

DAY 43

명사

43-1.mp3

기본 한자어

- □ 01 音痴 | おんち 음치
- □ 02 感激 | かんげき 감격
- □ 03 恐怖 | きょうふ 공포
- □ 04 緊張 | きんちょう 긴장
- □ 05 句点 | くてん 마침표
- □ 06 化粧 | けしょう 화장
- □ 07 解毒剤 | げどくざい 해독제
- □ 08 購買 | こうばい 구매
- □ 09 骨格 | こっかく 골격
- □ 10 孤独 | こどく 고독
- □ 11 詩歌 | しいか 시가
- □ 12 嫉妬 | しっと 질투
- □ 13 市販 | しはん 시판
- □ 14 執着 | しゅうちゃく 집착
- □ 15 冗談 | じょうだん 농담
- □ 16 転売 | てんばい 전매
- □ 17 同情 | どうじょう 동정
- □ 18 読点 | とうてん 쉼표
- □ 19 捺印 | なついん 날인
- □ 20 廃業 | はいぎょう 폐업
- □ 21 返品 | へんぴん 반품
- □ 22 発作 | ほっさ 발작
- □ 23 満喫 | まんきつ 만끽
- □ 24 優越感 | ゆうえつかん 우월감
- □ 25 歪曲 | わいきょく 왜곡
- □ 26 賄賂 | わいろ 뇌물

읽기에 주의해야 할 음훈 결합 명사

★★ □ 01 **一夜漬け** | いちやづけ　　벼락치기

一夜漬けで勉強しただけでは、いい点数を取れるわけがない。
벼락치기로 공부한 것만으로는 좋은 점수를 딸 수 있을 리가 없다.

★★ □ 02 **一気飲み** | いっきのみ　　술을 한 번에 들이킴

酒の**一気飲み**で急性アルコール中毒になった人たちが多いそうだ。
술을 한 번에 들이키다가 급성 알코올 중독이 된 사람들이 많다고 한다.

★★★ □ 03 **おうむ返し** | おうむがえし　　앵무새처럼 따라 말함

話を聞いてるのか聞いてないのか、**おうむ返し**に返事をしてばかりいる。
이야기를 듣고 있는 건지 안 듣고 있는 건지 앵무새처럼 말을 따라 하고만 있다.

★★ □ 04 **仕組み** | しくみ　　구조

この本はエンジンが動く**仕組み**を分かりやすく説明してある。
이 책은 엔진이 움직이는 구조를 알기 쉽게 설명하고 있다.

★★ □ 05 **時代遅れ** | じだいおくれ　　시대에 뒤떨어짐

男尊女卑思想は**時代遅れ**の考え方だ。
남존여비 사상은 시대에 뒤떨어진 사고방식이다.

★★ □ 06 **質屋** | しちや　　전당포

質屋に入るところを知り合いに見られて、すごく恥ずかしかった。
전당포로 들어가는 모습을 아는 사람이 봐서 굉장히 부끄러웠다.

★★★ □ 07 **酒気帯び運転** | しゅきおびうんてん　　음주 운전

忘年会の帰りに、**酒気帯び運転**で罰金をとられてしまった。
송년회에서 돌아오는 길에 음주 운전으로 벌금을 내고 말았다.

★★ □ 08 **職人気質** | しょくにんかたぎ　　장인 정신, 장인 기질

職人気質の父は、いくら金になるといっても気に入らない仕事は絶対に引き受けない。 장인 기질이 있는 아버지는 아무리 돈이 된다고 해도 마음에 들지 않는 일은 절대로 맡지 않는다.

5순위

☐ 09 世間知らず | せけんしらず　철부지, 세상 물정을 모름

世間知らずのお嬢(じょう)さんにこんな仕事(しごと)ができるわけがない。
세상 물정도 모르는 철부지 아가씨에게 이런 일이 가능할 리가 없다.

☐ 10 目玉商品 | めだましょうひん　주력 상품

このスーパーでは日替(ひが)わりで**目玉商品**を売(う)り出(だ)している。
이 슈퍼에서는 매일 다른 상품을 주력 상품으로 판매하고 있다.

고유어

☐ 01 粗探し | あらさがし　흠 잡기

いつも人(ひと)の**粗探し**ばかりしているから、みんなに嫌(きら)われるのは当然(とうぜん)だ。
항상 남의 흠 잡기만 하니까 모두가 싫어하는 것은 당연하다.

☐ 02 後ろ盾 | うしろだて　후원자

有名(ゆうめい)な投資家(とうしか)が**後ろ盾**になってくれたので心強(こころづよ)い。
유명한 투자가가 후원자가 되어 주어서 마음이 든든하다.

☐ 03 うわ言 | うわごと　병으로 의식이 몽롱한 상태에서 하는 말, 헛소리

あの病人(びょうにん)は入院中(にゅういんちゅう)、ずっと**うわ言**を口(くち)にしていたそうだ。
그 환자는 입원 중에 계속 헛소리를 해댔다고 한다.

☐ 04 金切り声 | かなきりごえ　날카롭게 째지는 목소리

私(わたし)は煙(けむり)に気(き)が付(つ)いて、みんなに「逃(に)げろ」と**金切り声**で叫(さけ)んだ。
나는 연기가 난다는 것을 알아채고 모두에게 '도망쳐!'라고 날카롭게 째지는 목소리로 소리쳤다.

☐ 05 かりそめ　일시적임, 한때뿐임

留学時代(りゅうがくじだい)は**かりそめ**の幸(しあわ)せだったが、楽(たの)しい日々(ひび)だった。
유학 시절은 한때뿐인 행복이었지만 즐거운 나날이었다.

□ 06 潮時 | しおどき (일을 시작하거나 끝내기에 적당한) 시기

_う _あ _へ _{しょうばい}
売り上げもずいぶん減ったし、この商売もそろそろ潮時だ。

매상도 상당히 줄었고 하니 이 장사도 슬슬 (그만둘) 시기가 되었다.

□ 07 たけなわ 절정, 한창

_{えん} _{ひら} _{じかん} _{せま}
宴もたけなわではありますが、そろそろお開きの時間が迫ってきました。

잔치도 절정이긴 합니다만, 슬슬 끝낼 시간이 다가왔습니다.

□ 08 付け | つけ 청구서, 대가

_{ふ きそく} _{せいかつ} _{おく} _{まわ} _{びょうき}
不規則な生活を送っていた付けが回って病気になった。

불규칙한 생활을 한 대가가 돌아와서 병이 들었다.

PLUS ツケ로도 많이 쓰인다.

□ 09 手際 | てぎわ 솜씨

_{しごと} _{おお} _{しごと} _{かた づ}
いくら仕事が多くても、てきぱきと手際よく仕事を片付ける。

아무리 일이 많아도 척척 솜씨 좋게 일을 끝낸다.

□ 10 出任せ | でまかせ 나오는 대로 함, 함부로 함

_{くち} _い _{だれ} _{しん} _{おも}
そんな口から出任せを言ったって、誰も信じてくれないと思うよ。

그렇게 입에서 나오는 대로 막 말하면 아무도 믿어 주지 않을 거야.

⑤ 出放題 | でほうだい

□ 11 猫なで声 | ねこなでごえ 아양 떠는 목소리

_{かのじょ} _{ふ だん} _{そ け} _{なに たの とき} _だ
彼女は普段は素っ気ないくせに、何か頼む時だけは猫なで声を出す。

그녀는 평상시에는 쌀쌀맞으면서 무언가 부탁할 때만은 아양 떠는 목소리를 낸다.

□ 12 はけ口 | はけぐち (불만 등의) 배출구

_{ふ まん} _{ひと や あ}
不満のはけ口がないからといって、人に八つ当たりはしないでほしい。

불만의 배출구가 없다고 해서 남에게 화풀이는 하지 않았으면 좋겠다.

5
순
위

☆☆ □ 13 **含み** | ふくみ　말의 표면상으로는 드러나 있지 않은 의도

言いたいことがあるならはっきり言えばいいのに、何か**含み**のあるような言い方をする。

하고 싶은 말이 있으면 확실히 말하면 되는데 무언가 다른 의도가 있는 듯이 말한다.

☆☆ □ 14 **身の程** | みのほど　(자기) 신분, 분수

身の程も知らずに社長に大きな口を叩いて首になってしまった。

자기 분수도 모르고 사장에게 큰소리를 치다가 해고되고 말았다.

PLUS 보통 身の程知らず(자기 분수를 모름)의 형태로 쓰이는 경우가 많다.

☆☆ □ 15 **割安** | わりやす　비교적 쌈

この観光地のホテルはシーズンオフの時には**割安**になるところが多い。

이 관광지의 호텔은 시즌 오프 때에는 비교적 싸지는 곳이 많다.

반 割高 | わりだか 비교적 비쌈

동사

43-2.mp3

기본 동사

☆☆ □ 01 **商う** | あきなう　장사하다, 거래하다

この店は江戸時代から金物を**商って**きた店だそうだ。

이 가게는 에도 시대 때부터 철물점을 운영해 온 가게라고 한다.

☆☆ □ 02 **牛耳る** | ぎゅうじる　좌지우지하다

彼は組織を**牛耳る**人物にまで成長した。

그는 조직을 좌지우지하는 인물로까지 성장했다.

☆☆ □ 03 **くすぐる**　간지럽히다 / (마음을) 자극하다

この店は女心を**くすぐる**サービスが人気を呼んでいるそうだ。

이 가게는 여심을 자극하는 서비스가 인기를 끌고 있다고 한다.

★★★ ☐ 04 しつらえる　　설치하다, 꾸미다

あの喫茶店(きっさてん)は季節(きせつ)ごとに入口(いりぐち)の飾(かざ)りを**しつらえて**いる。
저 찻집은 계절마다 다른 장식을 입구에 꾸미고 있다.

★★ ☐ 05 渋る | しぶる　　주저하다

最近(さいきん)口数(くちかず)が減(へ)った娘(むすめ)は、登校(とうこう)を**渋る**ようになった。
요즘 말수가 줄어든 딸은 등교를 주저하게 되었다.

★★ ☐ 06 洒落る | しゃれる　　세련되다

洒落た感(かん)じのインテリアがこの店(みせ)の人気(にんき)の秘訣(ひけつ)だと思(おも)う。
세련된 느낌의 인테리어가 이 가게의 인기 비결이라고 생각한다.

★★ ☐ 07 制する | せいする　　제압하다

昔(むかし)も今(いま)も、情報(じょうほう)を**制する**者(もの)が世界(せかい)を**制する**。
예나 지금이나 정보를 제압하는 자가 세계를 제압한다.

★★ ☐ 08 添える | そえる　　첨부하다, 더하다

プレゼントだけではなく、手紙(てがみ)も一緒(いっしょ)に**添えて**送(おく)ろうと思(おも)う。
선물뿐만 아니라 편지도 함께 첨부하여 보내려고 생각한다.

★ ☐ 09 畳む | たたむ　　(이불이나 옷 등을) 개다 / (장사 등을) 접다

父(ちち)は長年営業(ながねんえいぎょう)していた店(みせ)を**畳む**決心(けっしん)をした。
아버지는 오랜 세월 운영하던 가게를 접을 결심을 했다.

★ ☐ 10 ためらう　　주저하다

経済的(けいざいてき)な問題(もんだい)があって、留学(りゅうがく)に行(い)くのを**ためらって**いる。
경제적인 문제가 있어서 유학 가는 것을 주저하고 있다.

★★ ☐ 11 遣わす | つかわす　　파견하다

経営専門家(けいえいせんもんか)を**遣わして**子会社(こがいしゃ)の活性化(かっせいか)を図(はか)る。
경영 전문가를 파견하여 자회사의 활성화를 꾀하다.

□ 12 **逸れる** | はぐれる (일행으로부터) 떨어지다

人通り(ひとどおり)の多(おお)い道(みち)で両親(りょうしん)と**逸れて**しまった。
사람들이 왕래가 많은 길에서 부모님과 떨어지고 말았다.

□ 13 **ばら撒く** | ばらまく 여기저기 흩뿌리다, 마구 뿌려대다

二人(ふたり)の男(おとこ)の人(ひと)が新(あたら)しくオープンした店(みせ)のチラシを**ばら撒いて**いる。
두 남자가 새로 오픈한 가게의 전단지를 뿌리고 있다.

□ 14 **付す** | ふす 붙이다, 첨부하다

契約書(けいやくしょ)に新(あら)たな条件(じょうけん)を**付す**。
계약서에 새로운 조건을 첨부하다.

□ 15 **撒く** | まく (씨 등을) 뿌리다 / (금품이나 전단지 등을) 살포하다

道端(みちばた)で宣伝用(せんでんよう)のビラを**撒いて**歩(ある)いている。
길거리에서 선전용 전단지를 뿌리며 걷고 있다.

복합동사

□ 01 **入り乱れる** | いりみだれる (어지럽게) 뒤섞이다

机(つくえ)の上(うえ)は書類(しょるい)が**入り乱れて**いて、ごちゃごちゃになっている。
책상 위는 서류가 뒤섞여 있어서 엉망진창이 되어 있다.

□ 02 **埋め合わせる** | うめあわせる (손실 등을) 메우다

不動産(ふどうさん)を売却(ばいきゃく)して赤字(あかじ)を**埋め合わせよう**としている。
부동산을 매각하여 적자를 메우려 하고 있다.

□ 03 **転げ落ちる** | ころげおちる 굴러 떨어지다

酔(よ)っ払(ぱら)って、階段(かいだん)から**転げ落ちて**頭(あたま)を打(う)ってしまった。
술에 취해 계단에서 굴러 떨어져 머리를 부딪히고 말았다.

□ 04 **手繰り寄せる** | たぐりよせる (양손을 번갈아 움직여) 끌어당기다

漁師(りょうし)たちが船上(せんじょう)で網(あみ)を**手繰り寄せて**いる。
어부들이 배 위에서 그물을 끌어당기고 있다.

☐ 05 吊り上げる | つりあげる (가격을 인위적으로) 끌어올리다

不正(ふせい)な方法(ほうほう)で株価(かぶか)を**吊り上げた**企業(きぎょう)が摘発(てきはつ)された。
부정한 방법으로 주가를 끌어올린 기업이 적발되었다.

☐ 06 取り巻く | とりまく (주위를) 둘러싸다

我(わ)が国(くに)を**取り巻く**経済情勢(けいざいじょうせい)はますます厳(きび)しくなった。
우리나라를 둘러싼 경제 정세는 점점 더 힘들어졌다.

☐ 07 払い下げる | はらいさげる 공공 기관의 자산을 민간에 넘기다, 불하하다

国営工場(こくえいこうじょう)を民間(みんかん)に**払い下げた**というニュースを聞(き)いた。
국영 공장을 민간에 넘겼다는 뉴스를 들었다.

☐ 08 紛れ込む | まぎれこむ 섞여 들어가다

落(お)とした書類(しょるい)の束(たば)の中(なか)に大事(だいじ)な契約書(けいやくしょ)が**紛れ込んで**しまった。
떨어뜨린 서류 뭉치 속에 중요한 계약서가 섞여 들어가 버렸다.

☐ 09 見積もる | みつもる 어림잡다, 견적 내다

高級住宅街(こうきゅうじゅうたくがい)の家(いえ)は低(ひく)く**見積もっても**３億円(おくえん)くらいはする。
고급 주택가의 집은 낮게 잡아도 3억 엔 정도는 한다.

☐ 10 持ち直す | もちなおす 바꿔 들다 / 회복되다

下落続(げらくつづ)きだった株式(かぶしき)が、今日(きょう)は**持ち直した**そうだ。
계속 하락하던 주식이 오늘은 회복되었다고 한다.

5순위

형용사

43-3.mp3

い형용사

☐ 01 素っ気ない | そっけない 쌀쌀맞다

勇気(ゆうき)を出(だ)して話(はな)しかけたのに、相手(あいて)に**素っ気ない**態度(たいど)をされた。
용기를 내어 말을 걸었는데 상대방이 쌀쌀맞은 태도를 취했다.

★★ □ 02 つれない　　야속하다, 무정하다

昔の友人に**つれない**態度をとられて、すごくがっかりした。
옛 친구가 나를 무정하게 대해서 무척 실망했다.

★★ □ 03 煮え切らない | にえきらない　　우유부단하다

彼の**煮え切らない**態度には苛立ちを隠すことができなかった。
그의 우유부단한 태도에는 답답함을 감출 수가 없었다.

★★★ □ 04 ふがいない　　한심스럽다

あんなに優柔不断で**ふがいない**人だとはまったく知らなかった。
저렇게 우유부단하고 한심스러운 사람인 줄은 전혀 몰랐다.

★★ □ 05 欲深い | よくぶかい　　욕심이 많다

欲深い人間ほどギャンブルで失敗することが多い。
욕심이 많은 사람일수록 도박에서 실패하는 경우가 많다.

な 형용사

★ □ 01 些細 | ささい　　사소함

そんな**些細な**ことで喧嘩をするなんて、本当に馬鹿馬鹿しい。
그런 사소한 일로 싸움을 하다니 정말 어처구니없다.

★★ □ 02 丁重 | ていちょう　　정중함

先方からの誘いを**丁重に**お断りする手紙を書いた。
상대편으로부터의 초대를 정중하게 거절하는 편지를 썼다.

★★ □ 03 遠回し | とおまわし　　완곡함

彼女は相手を傷つけないように**遠回しに**誘いを断った。
그녀는 상대방을 상처 입히지 않도록 완곡하게 초대를 거절했다.

□ 04 悠久 | ゆうきゅう　유구함(변함없이 오랫동안 이어져 옴)

悠久の歴史(れきし)を持(も)った都市(とし)の写真集(しゃしんしゅう)を購入(こうにゅう)した。
유구한 역사를 가진 도시의 사진집을 구입했다.

□ 05 理不尽 | りふじん　도리에 맞지 않음, 부당함

いくら先輩(せんぱい)だからといって、そんな要求(ようきゅう)はあまりにも**理不尽すぎる**。
아무리 선배라지만 그런 요구는 너무 부당하다.

부사

43-4.mp3

□ 01 余すところなく | あますところなく　남김없이

京都(きょうと)は伝統文化(でんとうぶんか)の良(よ)さを**余すところなく**伝(つた)える都市(とし)だ。
교토는 전통문화의 장점을 남김없이 전하는 도시이다.

□ 02 洗いざらい | あらいざらい　모조리, 남김없이

親(おや)にこれ以上(いじょう)黙(だま)っているわけにもいかず、**洗いざらい**話(はな)してしまった。
부모님께 더 이상 입을 다물고 있을 수도 없어서 모조리 이야기해 버렸다.

□ 03 取りも直さず | とりもなおさず　바꿔 말하면, 즉

この結果(けっか)は**取りも直さず**景気(けいき)の悪化(あっか)を示(しめ)している。
이 결과는 바꿔 말하면 경기 악화를 나타내고 있다.

□ 04 まんまと　감쪽같이

息子(むすこ)の嘘(うそ)に**まんまと**騙(だま)されて、5千円(せんえん)も渡(わた)してしまった。
아들의 거짓말에 감쪽같이 속아서 5천 엔이나 주고 말았다.

□ 05 ややもすれば　자칫하면, 하마터면

ややもすれば誤解(ごかい)を招(まね)きかねない発言(はつげん)は控(ひか)えた方(ほう)がいい。
자칫하면 오해를 불러일으킬 수 있는 발언은 자제하는 것이 좋다.

의성어·의태어

□01 うねうね　　길이 꾸불꾸불하게 이어지는 모양

うねうねと続(つづ)く山道(やまみち)を上(のぼ)ると、スキー場(じょう)が見(み)えてきた。
꾸불꾸불 이어지는 산길을 올라가니 스키장이 보이기 시작했다.

□02 つんつん　　태도가 퉁명스러운 모양

彼女(かのじょ)は確(たし)かに美人(びじん)だが、性格(せいかく)がとても**つんつん**している。
그녀는 분명 미인이지만 성격이 아주 새침하다.

□03 でれでれ　　여자에게 빠져 정신을 못 차리는 모양

酒(さけ)に溺(おぼ)れて女(おんな)に**でれでれ**して身(み)を持(も)ち崩(くず)すなんて、情(なさ)けない。
술에 빠져 여자 꽁무니를 따라다니다 신세를 망치다니 한심하다.

□04 どしどし　　척척, 거리낌없이

番組(ばんぐみ)へのご意見(いけん)やご感想(かんそう)、ご質問(しつもん)など、**どしどし**お寄(よ)せください。
방송에 관한 의견이나 감상, 질문 등이 있으면 망설이지 말고 보내 주세요.

□05 ぽつぽつ　　조금씩 비가 내리는 모양, 뚝뚝

運動会(うんどうかい)の途中(とちゅう)から**ぽつぽつ**雨(あめ)が降(ふ)り出(だ)してきた。
운동회 도중에 비가 뚝뚝 떨어지기 시작했다.

속담·사자성어

□01 釈迦に説法 | しゃかにせっぽう　　부처님에게 설법

代理店様(だいりてんさま)には**釈迦に説法**かと思(おも)いますが、改(あらた)めてこの保険契約(ほけんけいやく)の条文(じょうぶん)についてご説明(せつめい)させていただきます。
대리점에는 공자 앞에서 문자 쓰는 격이라고 생각하지만 다시 이 보험 계약의 조문에 대해 설명드리겠습니다.

PLUS 전문가 앞에서 아는 체한다는 뜻

☐ 02 善は急げ | ぜんはいそげ　좋은 일은 망설이지 마라

善は急げで、前日(ぜんじつ)に思(おも)いついたアイデアをまとめてさっそく部長(ぶちょう)に提出(ていしゅつ)した。

좋은 일은 빨리 하라는 말대로 전날 떠오른 아이디어를 정리해서 곧바로 부장님께 제출했다.

☐ 03 隔靴掻痒 | かっかそうよう　격화소양

口出(くちだ)ししたいところだが、立場上(たちばじょう)できないので**隔靴掻痒**の思(おも)いだ。

한마디 하고 싶은 상황인데 그럴 만한 입장이 아니어서 답답한 기분이다.

PLUS 뜻대로 되지 않아 답답하다는 뜻.

☐ 04 直立不動 | ちょくりつふどう　직립부동

監督(かんとく)が話(はなし)をする時(とき)には、部員全員(ぶいんぜんいん)が**直立不動**の姿勢(しせい)で耳(みみ)を傾(かたむ)ける。

감독이 이야기를 할 때는 부원 전원이 직립부동 자세로 귀를 기울인다.

PLUS 똑바로 서서 움직이지 않는다는 뜻.

관용어

☐ 01 一線を画する | いっせんをかくする　선을 긋다(차이나 거리 등을 두다)

あの店(みせ)のそばは他店(たてん)とは**一線を画する**絶品(ぜっぴん)だと言(い)われている。

저 가게의 메밀국수는 다른 가게와는 차이가 있는 일품이라고 들었다.

☐ 02 差しつ抑えつ | さしつおさえつ　(주로 술을) 주거니 받거니

取引先(とりひきさき)の人(ひと)と上司(じょうし)は杯(さかずき)を**差しつ抑えつ**しながら飲(の)んでいる。

거래처 사람과 상사는 술잔을 주거니 받거니 하면서 마시고 있다.

☐ 03 砂を噛むよう | すなをかむよう　모래를 씹는 듯이(무미건조하다)

砂を噛むような面白(おもしろ)みのない日々(ひび)からどうにかして脱却(だっきゃく)したい。

모래를 씹는 듯한 재미없는 날들에서 어떻게든 벗어나고 싶다.

☐ 04 床に就く | とこにつく 잠자리에 들다

この頃疲れているし、明日も早いから、今日は早めに**床に就いた**。

요즘 피곤하기도 하고 내일도 일찍 나가야 해서 오늘은 일찌감치 잠자리에 들었다.

☐ 05 寝覚めが悪い | ねざめがわるい 아침에 잠에서 잘 못 일어나다

息子は寝付きはいいが、**寝覚めが悪くて**いつも朝は機嫌が悪い。

아들은 빨리 잠들지만 아침에 잘 못 일어나서 항상 아침에는 기분이 좋지 않다.

☐ 06 寝付きが悪い | ねつきがわるい 잠이 잘 오지 않다

娘は昼寝をし過ぎたせいか、今晩は**寝付きが悪い**ようだ。

딸은 낮잠을 너무 많이 잔 탓인지 오늘 밤은 잠이 잘 오지 않는 모양이다.

☐ 07 枕を高くする | まくらをたかくする 마음 편히 자다

今日で試験も終わったから、ようやく**枕を高くして**寝ることができる。

오늘로 시험도 끝났으니 이제야 겨우 두 다리 뻗고 마음 편하게 잘 수가 있겠다.

☐ 08 水をあける | みずをあける 차이를 벌리다

今度の試験では、ライバルに大きく**水をあけられて**しまった。

이번 시험에서는 라이벌과 크게 차이가 벌어지고 말았다.

☐ 09 横になる | よこになる 눕다

少し気分が悪くなったので、居間のソファーに**横になった**。

속이 좀 안 좋아져서 거실에 있는 소파에 누웠다.

☐ 10 呂律が回らない | ろれつがまわらない 혀가 꼬이다

彼女にふられたのがショックだったのか、**呂律が回らない**ほど酔っ払っていた。

여자 친구에게 차여서 충격을 받았는지 혀가 꼬일 만큼 술에 취해 있었다.

1 다음 밑줄 친 히라가나에 해당하는 한자를 고르세요.

1. 人のあらさがしをする。 ① 荒探し ② 粗探し
2. この商売もいまがしおどきだ。 ① 潮時 ② 塩時
3. じょうだんを言って人を笑わす。 ① 饒談 ② 冗談
4. 相手の誘いをていちょうに断る。 ① 丁澄 ② 丁重
5. おいしいものに対するしゅうちゃくが強い。 ① 執着 ② 集着

2 다음 두 문장 중에서 올바른 문장을 고르세요.

1. ① 収賄を受け取って逮捕される。
   ② 賄賂を受け取って逮捕される。
2. ① この工場での仕事は単調で、砂を噛むような思いだった。
   ② この工場での仕事は単調で、砂を飲むような思いだった。
3. ① 試験も終ったので、ようやく枕を並べて寝られるようになった。
   ② 試験も終ったので、ようやく枕を高くして寝られるようになった。
4. ① 伝統文化の良さを余すところなく伝える。
   ② 伝統文化の良さをところ狭しと伝える。
5. ① このことは取りも直さず景気の悪化を物語っている。
   ② このことは取るものも取りあえず景気の悪化を物語っている。

3 다음 일본어가 설명하고 있는 단어를 고르세요.

1. 客を店に呼ぶための魅力的な商品

① 目玉商品　　② 目鼻商品

2. ストレスなどを発散させる場所や機会

① ため口　　② はけ口

3. 全体的に判断して安い。

① 激安　　② 割安

4. 一番盛んな、真っ最中の時間

① たけなわ　　② たてなが

5. 同行していた人を見失って、離れ離れになる。

① はぐくむ　　② はぐれる

---

1 1.② 2.① 3.② 4.② 5.①　**2** 1.② 2.① 3.② 4.① 5.①　**3** 1.① 2.② 3.② 4.① 5.②

DAY 44

VOCA Check

나의 어휘 실력은 현재 어느 정도일까?
실전 어휘력 체크!

다음 어휘의 뜻을 써 보세요.

명사

□01 圧迫 .... □02 閑散 .... □03 怪我人 ....

□04 青天井 .... □05 瀬戸際 .... □06 手前味噌 ....

□07 頭打ち .... □08 置き傘 .... □09 ぎっくり腰 ....

동사

□10 窺う .... □11 仕切る .... □12 漂う ....

□13 ねぎらう .... □14 宿る .... □15 押し上げる ....

□16 切り込む .... □17 忍び寄る .... □18 垂れ込める ....

형용사

□19 荒々しい .... □20 恭しい .... □21 馴れ馴れしい ....

□22 久しい .... □23 脆い .... □24 くそ真面目 ....

□25 しなやか .... □26 巧み .... □27 投げやり ....

부사·의성어·의태어

□28 あけすけに .... □29 包み隠さず .... □30 つべこべ ....

□31 抜かりなく .... □32 甚だ .... □33 きびきび ....

□34 なみなみ .... □35 にょろにょろ .... □36 ぱりぱり ....

속담·사자성어·관용어

□37 苦しい時の神頼み .... □38 適材適所 ....

□39 盾に取る .... □40 白紙に戻す ....

- 정답 개수 01~10개 ▶ **당신은 초급자!** 산 넘어 산이네요! 정독하여 반드시 어휘 정복합시다!
- 정답 개수 11~20개 ▶ **당신은 초중급자!** 이제 걸음마 뗀 수준? 좀 더 노력하여 수준급으로 Go!
- 정답 개수 21~30개 ▶ **당신은 중급자!** 조금만 더 열심히 하면, 상급자까지 얼마 안 남았어요!
- 정답 개수 31~40개 ▶ **당신은 거의 상급자 수준?!** 방심은 금물! 100% 완벽에 도전합시다!

DAY 44

명사

기본 한자어

□ 01	圧迫	あっぱく	압박
□ 02	一段落	いちだんらく	일단락
□ 03	改善	かいぜん	개선
□ 04	合唱	がっしょう	합창
□ 05	合奏	がっそう	합주
□ 06	葛藤	かっとう	갈등
□ 07	過労	かろう	과로
□ 08	閑散	かんさん	한산
□ 09	義理	ぎり	의리
□ 10	金額	きんがく	금액
□ 11	勤務	きんむ	근무
□ 12	君臨	くんりん	군림
□ 13	怪我人	けがにん	부상자
□ 14	謙遜	けんそん	겸손
□ 15	拘束	こうそく	구속
□ 16	呼吸	こきゅう	호흡
□ 17	根性	こんじょう	근성
□ 18	色彩	しきさい	색채
□ 19	職人	しょくにん	장인
□ 20	請求	せいきゅう	청구
□ 21	転職	てんしょく	이직
□ 22	内定	ないてい	내정
□ 23	年俸	ねんぽう	연봉
□ 24	判子	はんこ	도장
□ 25	本性	ほんしょう	본성
□ 26	融通	ゆうずう	융통(성)

읽기에 주의해야 할 음훈 결합 명사

□ 01 青天井 | あおてんじょう　가격 등이 천정부지로 솟음

不景気に物価も**青天井**で、家計が本当に心配だ。
불경기에 물가도 천정부지라 가계가 정말 걱정이다.

□ 02 一騎打ち | いっきうち　일대일 맞대결

今度の市長選挙は新人と現職の**一騎打ち**となった。
이번 시장 선거는 신인과 현역의 일대일 맞대결이 되었다.

□ 03 口八丁手八丁 | くちはっちょうてはっちょう　말주변도 좋고 수완도 좋음

彼女は**口八丁手八丁**の司会者としてお茶の間に定着している。
그녀는 말주변도 좋고 수완도 좋은 사회자로서 안방극장에 정착했다.

□ 04 地滑り | じすべり　큰 변동

大企業の倒産は経済に**地滑り**を起こした。
대기업의 도산은 경제에 큰 변동을 일으켰다.

□ 05 地ならし | じならし　사전 준비

首相は消費税の増税に向けた**地ならし**を始めた。
수상은 소비세 증세를 향한 사전 준비를 시작했다.

□ 06 性懲り | しょうこり　질림

前回も失敗したのに、**性懲り**もなくまたネットショッピングをした。
지난번에도 실패했는데 질리지도 않고 또 인터넷 쇼핑을 했다.

□ 07 瀬戸際 | せとぎわ　(승부 등의) 갈림길, 분수령

ここで頑張るか転職するかの**瀬戸際**で、だいぶ悩んできた。
여기서 분발할지 이직할지의 갈림길에서 많이 고민해 왔다.

□ 08 手前味噌 | てまえみそ　자화자찬

手前味噌になりますが、うちの会社は顧客満足度1位です。
자화자찬이 됩니다만, 우리 회사는 고객 만족도 1위입니다.

☆☆☆ □09 堂々巡り | どうどうめぐり 아무런 진전이 없음

お互(たが)いの意見(いけん)が合(あ)わなくて、会議(かいぎ)は**堂々巡り**をしている。

서로의 이견이 맞지 않아서 회의는 아무런 진전 없이 겉돌기만 하고 있다.

☆☆☆ □10 引っ込み思案 | ひっこみじあん 소극적임

長男(ちょうなん)は積極的(せっきょくてき)で、次男(じなん)は少(すこ)し**引っ込み思案**だ。

장남은 적극적이고 차남은 약간 소극적이다.

고유어

☆☆☆ □01 頭打ち | あたまうち 더 이상 늘어나지 않음

新型車(しんがたしゃ)の販売台数(はんばいだいすう)がこのところ**頭打ち**だ。

신형 차의 판매 대수가 현재 더 이상 늘어나지 않는 상태이다.

☆☆ □02 裏返し | うらがえし (옷 등의 겉과 속이) 반대가 됨

セーターを**裏返し**に着(き)ていることに気(き)がついて、すごく恥(は)ずかしかった。

스웨터를 반대로 입었다는 것을 알게 되어 굉장히 창피했다.

☆☆ □03 売り出し | うりだし 할인 판매 / 인기가 많음, 잘나감

売り出し中(ちゅう)の分譲住宅(ぶんじょうじゅうたく)を見学(けんがく)しに行(い)った。

할인 판매 중인 분양 주택을 견학하러 갔다.

☆☆ □04 置き傘 | おきがさ 우산을 놓아 둠

会社(かいしゃ)に**置き傘**をしているので、雨(あめ)が降(ふ)っても大丈夫(だいじょうぶ)だ。

회사에 우산을 놓아 두기 때문에 비가 와도 괜찮다.

☆☆ □05 折りたたみ | おりたたみ 접이식

梅雨時(つゆどき)はいつも**折りたたみ**傘(がさ)をかばんに入(い)れて持(も)ち歩(ある)いている。

장마철에는 항상 접이식 우산을 가방에 넣어 다니고 있다.

★★ □ 06 変わり目 | かわりめ　　바뀔 때, 바뀌는 시기

季節(きせつ)の**変わり目**は風邪(かぜ)を引(ひ)きやすいから、気(き)をつけてください。
환절기에는 감기에 걸리기 쉬우니 조심하세요.

★★ □ 07 ぎっくり腰 | ぎっくりごし　　허리를 삐끗함

引越(ひっこ)しの作業中(さぎょうちゅう)、無理(むり)をして**ぎっくり腰**になってしまった。
이사 작업을 하는 중에 무리를 해서 허리를 삐끗하고 말았다.

★★ □ 08 立ち入り | たちいり　　출입

当(とう)ビルに無用(むよう)の方(かた)の**立ち入り**はご遠慮願(えんりょねが)います。
이 빌딩에 용무가 없으신 분은 출입을 삼가시기 바랍니다.

★★ □ 09 手当て | てあて　　수당 / 치료

今月(こんげつ)から残業(ざんぎょう)**手当て**が減(へ)らされて、とても困(こま)っている。
이번 달부터 야근 수당이 줄어들게 되어 매우 난처한 상황이다.

★★★ □ 10 手落ち | ておち　　부주의, 실수, 미비

申(もう)し訳(わけ)ございません、当方(とうほう)の**手落ち**でご迷惑(めいわく)をおかけしました。
죄송합니다. 저희 쪽 부주의로 폐를 끼쳤습니다.

★★ □ 11 手引き | てびき　　길잡이, 안내

学習指導(がくしゅうしどう)の**手引き**を見(み)ながら資料(しりょう)を作成(さくせい)した。
학습 지도에 관한 안내서를 보면서 자료를 작성했다.

★★ □ 12 夏ばて | なつばて　　더위 먹음

夏ばてを防止(ぼうし)するために食生活(しょくせいかつ)を見直(みなお)した。
더위 먹는 것을 방지하기 위해 식생활을 재점검했다.

㊐ 暑気あたり | しょきあたり

★★ □ 13 寝たきり | ねたきり　　누운 채 일어나지 못함

過(あやま)って風呂場(ふろば)で転倒(てんとう)して、それから**寝たきり**になってしまった。
실수로 목욕탕에서 넘어져 그 후로 누운 채 일어나지 못하게 되었다.

★★ □ 14 **程合い** | ほどあい 알맞음, 적당함

添付(てんぷ)された写真(しゃしん)を見(み)て、大(おお)きさの**程合い**を確認(かくにん)した。
첨부된 사진을 보고 크기의 적당함을 확인했다.

★★ □ 15 **身寄り** | みより 친족

身寄りのないお年寄(としよ)りの孤独死(こどくし)が社会問題(しゃかいもんだい)となっている。
친족이 없는 노인의 고독사가 사회 문제가 되고 있다.

동사

🎧 44-2.mp3

기본 동사

★ □ 01 **窺う** | うかがう 엿보다 / (눈치 등을) 살피다

どこの会社(かいしゃ)にも上司(じょうし)の顔色(かおいろ)を**窺って**ばかりいる部下(ぶか)がいる。
어느 회사나 상사 눈치만 살피는 부하가 있다.

★★ □ 02 **課する** | かする (세금이나 일, 책임 등을) 부과하다

この商品(しょうひん)には重(おも)い税金(ぜいきん)が**課せられて**いるらしい。
이 상품에는 무거운 세금이 부과되어 있다고 한다.

★★★ □ 03 **騙る** | かたる 사칭하다

有名人(ゆうめいじん)の名(な)を**騙って**掲示板(けいじばん)に出没(しゅつぼつ)する人(ひと)がいる。
유명인의 이름을 사칭하며 게시판에 출몰하는 사람이 있다.

★★ □ 04 **来す** | きたす 초래하다

チームワークの乱(みだ)れは会社(かいしゃ)の業務(ぎょうむ)に支障(ししょう)を**来す**。
팀워크가 흐트러지면 회사 업무에 지장을 초래한다.

★★ □ 05 **仕切る** | しきる 주재하다

彼女(かのじょ)は何(なん)でも自分(じぶん)が**仕切らない**と気(き)が済(す)まない性格(せいかく)のようだ。
그녀는 무엇이든 자신이 주재하지 않으면 성에 차지 않는 성격인 것 같다.

06 搾る | しぼる 호되게 야단치다

どうりょう あさ じょうし お こ
同僚が朝っぱらから上司に**搾られて**落ち込んでいる。

동료가 아침부터 상사에게 호되게 야단을 맞고 풀이 죽어 있다.

07 漂う | ただよう (분위기, 냄새 등이) 감돌다

ろうか なま ほうち あくしゅう
廊下に生ごみを放置しているような悪臭が**漂って**いる。

복도에 음식물 쓰레기를 방치하고 있는 듯한 악취가 떠돌고 있다.

08 発つ | たつ 출발하다

りゅうがくせい にほん けっきょく い
あの留学生はいつ日本を**発つ**のか、結局言ってくれなかった。

저 유학생은 언제 일본을 떠날 것인지 결국 말해 주지 않았다.

09 つつく (손가락이나 막대 등으로) 쑤시다

ぼう はち す あぶ こうい
棒で蜂の巣を**つつく**のは危ない行為だ。

막대기로 벌집을 쑤시는 것은 위험한 행위다.

10 点る | ともる 불이 켜지다

うすぐら こうえん がいとう
薄暗くなってくると、公園の街灯が**点る**。

살짝 어두워지기 시작하면 공원의 가로등이 켜진다.

11 ねぎらう 노고를 치하하다

しゃちょう きんぞく ねん しゃいん
社長が勤続30年の社員を**ねぎらった**。

사장이 근속 30년인 직원의 노고를 치하했다.

12 塞がる | ふさがる 막히다

みち くるま とお ある い
どの道も**塞がって**いて車では通れないので、歩いて行くことにした。

어떤 길도 막혀 있어서 차로는 지나갈 수가 없기 때문에 걸어서 가기로 했다.

13 施す | ほどこす (수단, 방법 등을) 쓰다, 시행하다

こま くふう せっけい こきゃく う
細かいところまで工夫を**施した**設計が顧客に受けている。

세세한 부분까지 신경을 쓴 설계가 고객에게 인기를 얻고 있다.

5순위

□ 14 全うする ｜ まっとうする　　　　　　　　　　(끝까지) 완수하다

かれ なに さいご にんむ ちか
彼は何があっても最後まで任務を**全うする**と誓った。

그는 무슨 일이 있어도 끝까지 임무를 완수하겠다고 맹세했다.

□ 15 宿る ｜ やどる　　　　　　　　　　　　　숙박하다 / 깃들다

けっこん ねんめ かのじょ なか あたら せいめい
結婚７年目の彼女のお腹に新しい生命が**宿った**。

결혼 7년 차인 그녀의 뱃속에 새로운 생명이 깃들었다.

복합동사

□ 01 押し上げる ｜ おしあげる　　　　밀어 올리다 / (높은 상태로) 이끌다

げんざいりょう ね さ けいき かいふく
原材料の値下がりが景気回復を**押し上げる**。

원재료의 가격 하락이 경기 회복을 견인한다.

□ 02 借り入れる ｜ かりいれる　　　　　　　　　　　차입하다

ぎんこう かいしゃ うんえい し きん
銀行から会社の運営資金を**借り入れる**ことにした。

은행으로부터 회사의 운영 자금을 차입하기로 했다.

□ 03 切り込む ｜ きりこむ　　　　　　　　　파고들다, 공략하다

に ほん し じょう かくしゃ せんりゃく
日本市場に**切り込む**各社の戦略をインタビューした。

일본 시장을 공략하는 각 회사의 전략을 인터뷰했다.

□ 04 繰り出す ｜ くりだす　　　　　　　　　떼지어 몰려 나가다

お ひさ ともだち まち
テストが終わって久しぶりに友達と街に**繰り出した**。

테스트가 끝나서 오랜만에 친구와 거리로 몰려 나갔다.

□ 05 忍び寄る ｜ しのびよる　　　　　　　(소리 없이) 살며시 다가가다

こうじょう ち たい ふ きょう かげ
工場地帯に不況の影が**忍び寄っている**。

공장 지대에 불황의 그림자가 살며시 다가오고 있다.

☐ 06 締め付ける | しめつける 죄어들다

長引く物価高が家計を**締め付けて**いる。
오랫동안 계속되는 높은 물가가 가계를 죄어들고 있다.

☐ 07 垂れ込める | たれこめる (안개, 구름 등이) 낮게 깔리다

我が国の景気の先行きに暗雲が**垂れ込めて**いる。
우리나라의 경기 앞날에 검은 구름이 낮게 깔려 있다.

☐ 08 取り下げる | とりさげる (고소 등을) 취하하다

暴力を振るわれたと訴えたタレントが訴訟を**取り下げた**。
폭력을 당했다고 고소한 탤런트가 소송을 취하했다.

☐ 09 寝そべる | ねそべる 배를 깔고 눕다

公園のベンチの上で二匹の猫が**寝そべって**いる。
공원 벤치 위에서 두 마리의 고양이가 배를 깔고 누워 있다.

☐ 10 のめり込む | のめりこむ 헤어나올 수 없을 만큼 깊이 빠져 버리다

ゲームに**のめり込んで**勉強が手につかない子供たちが多い。
게임에서 헤어나지 못해 공부가 손에 잡히지 않는 아이가 많다.

형용사

44-3.mp3

5순위

い형용사

☐ 01 荒々しい | あらあらしい 매우 거칠다

そのプロレスラーはリングの上で急に**荒々しく**声を上げた。
그 프로레슬러는 링 위에서 갑자기 거칠게 소리를 질렀다.

☐ 02 恭しい | うやうやしい 공손하다

校長先生は来賓に向かって**恭しく**お辞儀をした。
교장 선생님은 내빈을 향해 공손하게 고개 숙여 인사했다.

□ 03 **馴れ馴れしい** | なれなれしい　예의 없게 거리낌 없이 친한 듯 행동하다

初対面なのに**馴れ馴れしい**態度を取る人は好きになれない。
첫 대면인데도 거리낌 없이 친한 척하는 사람은 좋아할 수가 없다.

□ 04 **久しい** | ひさしい　오랜만이다

社会人になってからというもの、同級生に会うのも**久しい**。
직장인이 되고 나서 동급생을 만나는 것도 오랜만이다.

□ 05 **脆い** | もろい　무르다, 여리다

彼女は一見強そうに見えるが、実は心が**脆い**性格だ。
그녀는 얼핏 보면 강한 것처럼 보이지만 사실은 마음이 여린 성격이다.

な 형용사

□ 01 **くそ真面目** | くそまじめ　융통성이 없음

熱心なことはいいが、**くそ真面目に**見えたらあまりもてないだろう。
열심인 것은 좋지만 융통성이 없어 보이면 별로 인기를 끌 수 없을 것이다.

□ 02 **しなやか**　유연함

時代の変化に**しなやかに**対応できる会社が生き残る。
시대의 변화에 유연하게 대응할 수 있는 회사가 살아남는다.

□ 03 **巧み** | たくみ　교묘함, 훌륭함

ST電気は**巧みな**販売戦略で大きな利益を上げた。
ST전기는 교묘한 판매 전략으로 큰 이익을 올렸다.

□ 04 **投げやり** | なげやり　무책임함

息子の**投げやりな**態度にたまりかねて、担任に相談した。
아들의 무책임한 태도를 참다 못해 담임 선생님과 상담했다.

★★★ □ 05 伸びやか | のびやか 여유로움, 구김살 없음

伸びやかな人柄(ひとがら)のおかげで、彼女(かのじょ)の周(まわ)りにはいつも友達(ともだち)が多(おお)かった。
구김살 없는 성격 덕분에 그녀 주위에는 늘 친구들이 많았다.

부사

44-4.mp3

★★★ □ 01 あけすけに 직설적으로, 거리낌 없이

マスコミの質問(しつもん)に**あけすけに**答(こた)えたことが波紋(はもん)を呼(よ)んだ。
매스컴의 질문에 너무 직설적으로 대답해서 파문이 일었다.

★★ □ 02 包み隠さず | つつみかくさず 숨김없이

自分(じぶん)のことを**包み隠さず**、何(なん)でも話(はな)せる相手(あいて)はそんなに多(おお)くはない。
자기 일을 숨김없이 무엇이든 말할 수 있는 상대는 그렇게 많지는 않다.

★★★ □ 03 つべこべ 이러쿵저러쿵 잔소리나 불만을 늘어놓는 모양

つべこべ文句(もんく)を言(い)わないで、さっさと片付(かたづ)けなさい。
이러쿵저러쿵하지 말고 지금 당장 정리하거라.

★★ □ 04 抜かりなく | ぬかりなく 빈틈없이

今回(こんかい)の発表(はっぴょう)は絶対(ぜったい)**抜かりなく**準備(じゅんび)しておくつもりだ。
이번 발표는 절대 빈틈없이 준비해 놓을 작정이다.

★★ □ 05 甚だ | はなはだ 아주

甚だ簡単(かんたん)ではありますが、一言(ひとこと)ご挨拶(あいさつ)をさせていただきます。
아주 간단하긴 합니다만, 한마디 인사드리겠습니다.

의성어·의태어

★★ □ 01 **きびきび** 언행이 시원시원한 모양

きびきびとした若者(わかもの)らしい動(うご)きで観衆(かんしゅう)の目(め)を引(ひ)いた。
언행이 시원시원한 젊은이다운 움직임으로 관중의 시선을 끌었다.

★★ □ 02 **なみなみ** 액체가 용기에서 넘칠 듯 흔들리는 모양, 남실남실, 찰랑찰랑

ビールをグラスに**なみなみ**と注(つ)ぐ。
맥주를 유리잔에 찰랑찰랑 따르다.

★★ □ 03 **にょろにょろ** 지렁이 등이 꿈틀거리며 앞으로 나아가는 모양

蚯蚓(みみず)が**にょろにょろ**と土(つち)の上(うえ)で動(うご)き回(まわ)っている。
지렁이가 꿈틀꿈틀 땅 위에서 움직이고 있다.

★★ □ 04 **ぱりぱり** 얇은 것이 물기 없이 완전히 말라 있는 모양

電子(でんし)レンジで**ぱりぱり**になるまで乾燥(かんそう)させる。
전자레인지로 바싹 마를 때까지 건조시키다.

★★ □ 05 **ぽっちゃり** 통통한 모양

彼女(かのじょ)は太(ふと)っているというよりは、**ぽっちゃり**した体形(たいけい)の女(おんな)の子(こ)だ。
그녀는 살쪘다기보다는 통통한 체형의 여자아이이다.

속담·사자성어

★★ □ 01 **負け犬の遠吠え** | **まけいぬのとおぼえ**
싸움에서 진 개는 멀리서 짖는다, 패자는 말이 많다

いまさら何(なに)を言(い)っても**負け犬の遠吠え**にしか聞(き)こえないだろう。
이제 와서 무슨 말을 하더라도 패자의 변명으로밖에 들리지 않을 것이다.

□ 02 苦しい時の神頼み | くるしいときのかみだのみ

힘들 때는 없던 신앙심도 생겨난다, 급하면 관세음보살

就職(しゅうしょく)が決(き)まらないからといって**苦しい時の神頼み**でいきなり恩師(おんし)を訪(たず)ねていくのは失礼(しつれい)だ。

취업이 안 된다고 해서 급하면 관세음보살이라는 심정으로 은사를 찾아가는 것은 실례이다.

□ 03 適材適所 | てきざいてきしょ　　적재적소

適材適所の人事(じんじ)を行(おこな)うことは並大抵(なみたいてい)のことではない。

적재적소의 인사를 하는 것은 쉬운 일이 아니다.

□ 04 年功序列 | ねんこうじょれつ　　연공서열

年功序列にはメリットとデメリットがある。

연공서열에는 장점과 단점이 있다.

PLUS 근속연수와 연령에 따라 직장에서의 지위가 올라가는 체계를 뜻한다.

관용어

□ 01 穴があったら入りたい | あながあったらはいりたい

매우 부끄럽다, 구멍이라도 있으면 들어가고 싶은 심정이다

簡単(かんたん)な漢字(かんじ)を読(よ)み間違(まちが)えて、**穴があったら入りたい**気持(きも)ちだった。

쉬운 한자를 잘못 읽어서 구멍이 있다면 들어가고 싶은 기분이었다.

□ 02 盾に取る | たてにとる　　방패로 삼다, 구실로 삼다

犯人(はんにん)は人質(ひとじち)を**盾に取って**、建物(たてもの)の中(なか)に潜伏(せんぷく)している。

범인은 인질을 방패로 삼아 건물 안에 잠복해 있다.

□ 03 盾を突く | たてをつく　　반항을 하다

新入生(しんにゅうせい)のくせに先輩(せんぱい)に**盾を突く**生意気(なまいき)なやつだ。

신입생인 주제에 선배에게 반항을 하는 건방진 녀석이다.

PLUS 줄여서 盾突く라고도 한다.

5순위

★★ □ 04 寝息を立てる | ねいきをたてる　잠이 들다

さっきまで話し続けていたのに、もう**寝息を立てて**いる。
조금 전까지 계속 이야기하고 있었는데 벌써 잠이 들어 있다.

★★ □ 05 白紙に戻す | はくしにもどす　백지로 돌리다, 없던 일로 하다

今回の契約は一旦**白紙に戻す**ことにしましょう。
이번 계약은 일단 백지로 돌리기로 합시다.

★★ □ 06 話に花が咲く | はなしにはながさく　이야기에 꽃이 피다

20年ぶりの同窓会で、同級生との**話に花が咲い**た。
20년 만의 동창회에서 동급생과의 이야기에 꽃이 피었다.

★★★ □ 07 ぴんからきりまで　최상에서 최하까지

一口に骨董品といっても、**ぴんからきりまで**いろいろある。
한마디로 골동품이라고 해도 최상에서 최하까지 여러 가지가 있다.

★★ □ 08 山が当たる | やまがあたる　요행수가 들어맞다

期末テストは**山が当たって**、思ったより点数が良かった。
기말시험은 요행수가 들어맞아서 생각했던 것보다 점수가 좋았다.

★★ □ 09 幕が開く | まくがあく　막이 열리다(시작되다)

いよいよ決勝戦の**幕が開い**て、大声で応援を始めた。
드디어 결승전의 막이 열려서 큰 소리로 응원을 시작했다.

★★ □ 10 脇目も振らず | わきめもふらず　한눈도 팔지 않고

目的地を目指して**脇目も振らず**前を見て歩いた。
목적지를 향하여 한눈도 팔지 않고 앞을 보며 걸었다.

1 다음 밑줄 친 히라가나에 해당하는 한자를 고르세요.

1. 店がかんさんとしている。　① 長閑　② 閑散
2. せとぎわに追い込まれる。　① 瀬戸際　② 瀬渡際
3. てきざい適所　① 適財　② 適材
4. 事故で多くのけがにんが出た。　① 怪我人　② 怪餓人
5. こうそく時間の長い仕事　① 拘則　② 拘束

2 다음 두 문장 중에서 올바른 문장을 고르세요.

1. ① 包み隠さずあけすけに言う。
   ② 包み隠さずすけすけに言う。

2. ① あべこべ言わずに早く仕事をしろ。
   ② つべこべ言わずに早く仕事をしろ。

3. ① 恥ずかしくて穴があったら入りたいくらいだ。
   ② 恥ずかしくて隙間があったら入りたいくらいだ。

4. ① 契約書に押印を押す。
   ② 契約書に判子を押す。

5. ① 仕事が一段落したらお茶でも飲みましょう。
   ② 仕事が一悶着したらお茶でも飲みましょう。

3 다음 일본어가 설명하고 있는 단어를 고르세요.

1. 表と裏が逆だ。

① 裏目　　② 裏返し

2. 商品の売れ行きなどの勢いがなくなる。

① 頭打ち　　② 打ち首

3. 自分のことを自慢する。

① すずめの涙　　② 手前味噌

4. ある目的のために事前の準備をする。

① 地ならし　　② 掘り起こし

5. いったん出したものを撤回する。

① 押し下げる　　② 取り下げる

1 1. ② 2. ① 3. ② 4. ① 5. ②　2 1. ① 2. ② 3. ① 4. ② 5. ①　3 1. ② 2. ① 3. ② 4. ① 5. ②

VOCA Check

나의 어휘 실력은 현재 어느 정도일까?
실전 어휘력 체크!

다음 어휘의 뜻을 써 보세요.

명사

□01 規範 .... □02 辞退 .... □03 所持品 ....

□04 網戸 .... □05 一枚岩 .... □06 長蛇の列 ....

□07 腕試し .... □08 手探り .... □09 手立て ....

동사

□10 憩う .... □11 醸す .... □12 窮する ....

□13 綴る .... □14 ませる .... □15 歩み寄る ....

□16 成り下がる .... □17 見て取る .... □18 申し立てる ....

형용사

□19 厭わしい .... □20 恩着せがましい .... □21 差し出がましい ....

□22 空々しい .... □23 物憂い .... □24 迂闊 ....

□25 寛大 .... □26 愚劣 .... □27 尊大 ....

부사·의성어·의태어

□28 いささか .... □29 言わば .... □30 押し並べて ....

□31 お世辞にも .... □32 声の限りに .... □33 いそいそ ....

□34 ぎすぎす .... □35 ごたごた .... □36 ぞろぞろ ....

속담·사자성어·관용어

□37 高嶺の花 .... □38 粉骨砕身 ....

□39 精を出す .... □40 物議を醸す ....

- **정답 개수 01~10개** ▸ **당신은 초급자!** 산 넘어 산이네요! 정독하여 반드시 어휘 정복합시다!
- **정답 개수 11~20개** ▸ **당신은 초중급자!** 이제 걸음마 뗀 수준? 좀 더 노력하여 수준급으로 Go!
- **정답 개수 21~30개** ▸ **당신은 중급자!** 조금만 더 열심히 하면, 상급자까지 얼마 안 남았어요!
- **정답 개수 31~40개** ▸ **당신은 거의 상급자 수준?!** 방심은 금물! 100% 완벽에 도전합시다!

시험에 많이 나오는 어휘 **5순위**

DAY 45

명사

45-1.mp3

기본 한자어

- □ 01 圧力 | あつりょく 압력
- □ 02 一括 | いっかつ 일괄
- □ 03 怨念 | おんねん 원한
- □ 04 換気 | かんき 환기
- □ 05 規範 | きはん 규범
- □ 06 給付 | きゅうふ 지급
- □ 07 近郊 | きんこう 근교
- □ 08 減退 | げんたい 감퇴
- □ 09 功績 | こうせき 공적
- □ 10 再会 | さいかい 재회
- □ 11 辞退 | じたい 사퇴
- □ 12 所持品 | しょじひん 소지품
- □ 13 所有 | しょゆう 소유
- □ 14 随時 | ずいじ 수시
- □ 15 秩序 | ちつじょ 질서
- □ 16 堤防 | ていぼう 제방, 둑
- □ 17 適応 | てきおう 적응
- □ 18 土台 | どだい 토대
- □ 19 覇気 | はき 패기
- □ 20 繁華街 | はんかがい 번화가
- □ 21 非難 | ひなん 비난
- □ 22 貧困 | ひんこん 빈곤
- □ 23 普及 | ふきゅう 보급
- □ 24 不審者 | ふしんしゃ 수상한 사람
- □ 25 暴動 | ぼうどう 폭동
- □ 26 未練 | みれん 미련

읽기에 주의해야 할 음훈 결합 명사

★★ □ 01 **天邪鬼** | あまのじゃく　　들은 것과 반대로 행동하는 사람

彼(かれ)は**天邪鬼**なので、他人(たにん)が勧(すす)めたことは絶対(ぜったい)に実行(じっこう)しようとしない。
그는 청개구리라서 남이 권유한 것은 절대로 실행하려고 하지 않는다.

★★ □ 02 **網戸** | あみど　　방충망을 친 문

蚊(か)が入(はい)ってこないようにちゃんと**網戸**を閉(し)めてください。
모기가 들어오지 않도록 방충문을 꼭 닫아 주세요.

★★ □ 03 **言い分** | いいぶん　　할 말, 하고 싶은 말

黙(だま)っていてはわからないから、何(なに)か**言い分**があるなら言(い)ってみなさい。
아무 말도 안 하면 모르니까 뭐 하고픈 말이 있거든 말해 보거라.

★★★ □ 04 **一枚岩** | いちまいいわ　　(조직 등이) 튼튼함

我(わ)が社(しゃ)の営業部(えいぎょうぶ)は**一枚岩**の結束力(けっそくりょく)を誇(ほこ)る。
우리 회사의 영업부는 튼튼한 결속력을 자랑한다.

★★★ □ 05 **表沙汰** | おもてざた　　외부에 알려짐

権力争(けんりょくあらそ)いが**表沙汰**になり、仲間割(なかまわ)れが起(お)きた。
권력 다툼이 외부에 알려지면서 내부 분열이 일어났다.

★★★ □ 06 **堅物** | かたぶつ　　착실하고 바른 사람

彼(かれ)は仕事一筋(しごとひとすじ)で、博打(ばくち)も道楽(どうらく)も好(この)まない**堅物**だ。
그는 오로지 일에만 매달리며 도박도 주색잡기도 즐기지 않는 착실한 사람이다.

★★ □ 07 **正念場** | しょうねんば　　중요한 순간

夏休(なつやす)みも終(お)わり、いよいよこれからが受験勉強(じゅけんべんきょう)の**正念場**だ。
여름 방학도 끝났으니 드디어 이제부터가 입시 공부의 중요한 순간이다.

□ 08 長蛇の列 | ちょうだのれつ　　장사진(구불구불 이어진 긴 행렬)

向(む)こうにあるあのスーパーは開店前(かいてんまえ)から**長蛇の列**ができていた。
거너편에 있는 저 슈퍼는 개점 전부터 장사진을 이루고 있었다.

□ 09 手抜き工事 | てぬきこうじ　　부실 공사

あの建物(たてもの)が崩壊(ほうかい)した原因(げんいん)は**手抜き工事**にあった。
저 건물이 붕괴된 원인은 부실 공사에 있었다.

□ 10 出番 | でばん　　나가서 활약할 차례

最近(さいきん)スランプ気味(ぎみ)のあの選手(せんしゅ)はめっきり**出番**が少(すく)なくなった。
요즘 다소 슬럼프인 저 선수는 부쩍 출전 기회가 적어졌다.

고유어

□ 01 腕利き | うできき　　실력이 좋은 사람

さすが**腕利き**のベテラン職人(しょくにん)が作(つく)ったギターは音色(ねいろ)が違(ちが)う。
역시 실력이 좋은 베테랑 장인이 만든 기타는 음색이 다르다.

□ 02 腕試し | うでだめし　　실력을 시험함

腕試しに試験(しけん)を受(う)けたが、結果(けっか)は散々(さんざん)だった。
실력을 시험하기 위해 시험을 쳤는데 결과는 처참했다.

□ 03 顔向け | かおむけ　　얼굴을 대함

この試験(しけん)に落(お)ちたら、指導(しどう)してくれた先生(せんせい)に**顔向け**ができない。
이 시험에 떨어지면 지도해 준 선생님을 볼 면목이 없다.

PLUS 주로 顔向けができない(창피하거나 부끄러워 얼굴을 들 수 없다)의 형태로 많이 쓰인다.

□ 04 手掛かり | てがかり　　단서

大掛(おおが)かりな捜査(そうさ)を進(すす)めたが、まったく**手掛かり**が掴(つか)めなかった。
대대적인 수사를 진행했지만 전혀 단서를 잡을 수 없었다.

☐ 05 手探り | てさぐり　손으로 더듬음, 모색함

どんな解決方法(かいけつほうほう)があるか、今(いま)**手探り**の状態(じょうたい)だ。
어떤 해결 방법이 있는지 지금 모색하는 상태이다.

☐ 06 手捌き | てさばき　손놀림, 솜씨

デモンストレーションを見(み)て、さすがプロの**手捌き**は違(ちが)うと実感(じっかん)した。
데먼스트레이션(선전용 쇼)을 보고 역시 프로의 손놀림은 다르다고 실감했다.

☐ 07 手触り | てざわり　감촉

この生地(きじ)は**手触り**がいいし、吸湿性(きゅうしつせい)にも優(すぐ)れている。
이 옷감은 감촉이 좋고 흡습성도 뛰어나다.

☐ 08 手立て | てだて　방법

この問題(もんだい)を解決(かいけつ)する何(なに)かいい**手立て**はないだろうか。
이 문제를 해결할 무언가 좋은 방법은 없을까?

☐ 09 手違い | てちがい　착오

こちらに**手違い**がありました。ご迷惑(めいわく)をおかけして申(もう)し訳(わけ)ありません。
저희 쪽에 착오가 있었습니다. 불편을 드려 죄송합니다.

☐ 10 手付かず | てつかず　손을 안 댐

親(おや)にもらったお年玉(としだま)はまだ**手付かず**のまま持(も)っている。
부모님께 받은 세뱃돈은 아직 손대지 않은 채 가지고 있다.

☐ 11 手抜かり | てぬかり　실수, 결함, 빠뜨림

作業工程(さぎょうこうてい)において一切(いっさい)の**手抜かり**があってはいけない。
작업 공정에서 조금의 실수도 있어서는 안 된다.

☐ 12 手分け | てわけ　분담

メンバーみんなで**手分け**して作業(さぎょう)を進(すす)めた方(ほう)が早(はや)く終(お)わる。
멤버 모두 함께 분담하여 작업을 진행하는 편이 빨리 끝난다.

★★ □ 13 骨惜しみ | ほねおしみ 수고를 아낌, 꾀를 부려 게으름 피움

若(わか)い頃(ころ)から**骨惜しみ**せずにこつこつと働(はたら)けば、きっと成功(せいこう)する。
젊었을 때부터 수고를 아끼지 않고 부지런히 일하면 분명히 성공한다.

★★ □ 14 身動き | みうごき 몸을 움직임

バーゲン会場(かいじょう)は**身動き**もできないほど客(きゃく)で溢(あふ)れていた。
바겐세일 행사장은 몸도 움직일 수 없을 만큼 손님들로 넘치고 있었다.

★★ □ 15 指折り | ゆびおり 손꼽힘, 최고임

彼(かれ)は世界(せかい)でも**指折り**の名指揮者(めいしきしゃ)として有名(ゆうめい)だそうだ。
그는 세계에서도 손꼽히는 명지휘자로 유명하다고 한다.

동사

45-2.mp3

기본 동사

★★ □ 01 憩う | いこう 쉬다

公園(こうえん)の一角(いっかく)に**憩う**人々(ひとびと)が描(えが)かれている壁画(へきが)がある。
공원 일각에 쉬는 사람들이 그려져 있는 벽화가 있다.

★★ □ 02 大人びる | おとなびる 어른스러워지다

まだまだ子供(こども)だと思(おも)っていたが、急(きゅう)に**大人びた**ことを言(い)われて驚(おどろ)いた。
아직도 아이라고 생각하고 있었는데 갑자기 어른스러운 말을 하는 것을 듣고 깜짝 놀랐다.

★★★ □ 03 お見それする | おみそれする 몰라보다

大川(おおかわ)さんがこんなにゴルフが上手(じょうず)だとは、**お見それしました**。
오카와 씨가 이렇게 골프를 잘 칠 줄이야, 몰라봤습니다.

★★ □ 04 害する | がいする 해를 끼치다, 해치다

彼女(かのじょ)の何気(なにげ)ない言葉(ことば)に気分(きぶん)を**害する**ことが多々(たた)ある。
그녀가 아무렇지 않게 한 말에 기분을 해치는 일이 많이 있다.

★★ □ 05 適う | かなう 적합하다, 부합하다

すべての条件に**適う**職場を見つけるのは不可能に近い。
모든 조건에 부합하는 직장을 찾는 것은 불가능에 가깝다.

★★★ □ 06 醸す | かもす (분위기 등을) 빚어내다

この城の内部は不思議な雰囲気を**醸して**いる。
이 성의 내부는 이상한 분위기를 빚어내고 있다.

★★ □ 07 窮する | きゅうする 곤란해지다

子供に難しい質問をされて言葉に**窮した**。
아이에게 어려운 질문을 받아 말문이 막혔다.

PLUS ～に窮する(～하기가 곤란하다)의 형태로 쓰인다.

★★ □ 08 口ずさむ | くちずさむ 흥얼거리다

母は家事をしながら、いつも懐かしい童謡を**口ずさむ**。
어머니는 집안일을 하면서 항상 그리운 동요를 흥얼거린다.

★★ □ 09 定まる | さだまる 정해지다

まだ卒業後の進路が**定まって**いなくてとても不安だ。
아직 졸업 후의 진로가 정해지지 않아서 대단히 불안하다.

★★ □ 10 綴る | つづる 글을 쓰다

日々の生活の出来事を日記に**綴った**。
하루하루의 생활에서 일어나는 일을 일기로 썼다.

★ □ 11 なめる 깔보다, 무시하다

選挙が終わった途端に増税なんて、国民も**なめられた**ものだ。
선거가 끝나자마자 증세라니 국민도 무시당한 셈이다.

★★ □ 12 低める | ひくめる 낮추다

他の人に聞かれないように声を**低めて**話してください。
다른 사람에게 들리지 않도록 목소리를 낮춰서 이야기해 주세요.

5순위

★ □13 経る | へる (과정을) 거치다

彼女は5年間の留学生活を**経て**、今は実業家として活躍中だ。
그녀는 5년간의 유학 생활을 거쳐 지금은 실업가로 활약 중이다.

★★★ □14 ませる 조숙하다

中学生のくせに化粧をするなんて、**ませて**いる。
중학생인데 화장을 하다니 조숙하다.

★★ □15 瞬く | またたく・まばたく 눈을 깜박이다

津波が襲い、**瞬く**間に家々が飲まれた。
지진해일이 덮쳐서 눈 깜짝할 사이에 집들을 집어삼켰다.

복합동사

★★★ □01 歩み寄る | あゆみよる 서로 양보하다

両国がそれぞれ**歩み寄った**態度で国交することを願う。
양국이 각자 서로 양보하는 태도로 국교를 지속하기를 바란다.

★★★ □02 押し立てる | おしたてる 내세우다

与党がタレントを候補者に**押し立てて**選挙戦を行う。
여당이 연예인을 후보자로 내세워 선거전을 펼치다.

★★ □03 悔い改める | くいあらためる 뉘우치다, 회개하다

自分の過ちを**悔い改める**ことは口で言うほどたやすいことではない。
자신의 잘못을 뉘우치는 것은 말로 하는 것만큼 쉬운 일이 아니다.

★★★ □04 出し抜く | だしぬく (상대방의 방심을 틈타) 앞지르다, 선수를 치다

ライバルメーカーを**出し抜いて**低公害車を開発した。
경쟁사보다 앞서서 저공해차를 개발했다.

★★ □ 05 投げ打つ | なげうつ　내던지다

国民のために我が身を**投げ打つ**政治家はあまり見たことがない。
국민을 위해 자신의 몸을 내던지는 정치가는 별로 본 적이 없다.

★★★ □ 06 成り下がる | なりさがる　전락하다

与党も国民の支持を失うと野党に**成り下がる**。
여당도 국민의 지지를 잃으면 야당으로 전락한다.

★★ □ 07 働きかける | はたらきかける　(적극적으로) 요청하다, 요구하다

横断歩道の設置を積極的に**働きかけた**。
횡단보도 설치를 적극적으로 요청했다.

★★★ □ 08 祭り上げる | まつりあげる　추대하다

知らないうちにグループのリーダーに**祭り上げられて**しまって当惑している。 모르는 사이에 그룹의 리더로 추대받게 되어 당혹스럽다.

★★★ □ 09 見て取る | みてとる　알아차리다

彼は形勢が不利だと**見て取る**と、すぐに逃げ出した。
그는 형세가 불리함을 알아차리자 바로 도망쳤다.

★★ □ 10 申し立てる | もうしたてる　(의견이나 희망을 공공 기관에) 제기하다

課税金額について税務署に不服を**申し立てる**。
과세 금액에 대해 세무서에 불복을 제기하다.

5순위

형용사

45-3.mp3

い 형용사

★★ □ 01 厭わしい | いとわしい　싫다, 불쾌하다, 번거롭다

仕事自体は面白いが、人間関係は**厭わしい**。
일 자체는 재미있지만 인간관계는 번거롭다.

★★★ □02 恩着せがましい | おんきせがましい　생색내다

来なくてもよかったのに、**恩着せがましく**来てやったという態度が気に入らない。 오지 않아도 괜찮았는데 생색내며 와 주었다는 태도가 마음에 들지 않는다.

㊐ 恩がましい | おんがましい

★★★ □03 差し出がましい | さしでがましい　주제넘다, 쓸데없이 참견하다

差し出がましいことを言うようですが、タバコは百害あって一利なしです。 주제넘는 말을 하는 것 같습니다만, 담배는 백해무익합니다.

★★★ □04 空々しい | そらぞらしい　속이 빤히 들여다보이다

空々しい嘘をついても平気だなんて、よっぽど面の皮が厚いのだろう。
속이 빤히 들여다보이는 거짓말을 하고서도 아무렇지 않다니, 어지간히 낯짝이 두꺼운 것일 것이다.

★★ □05 物憂い | ものうい　나른하고 귀찮아서 할 마음이 안 생긴다

連休明けの朝は、なんとなく会社に行くのが**物憂い**。
연휴가 끝난 아침은 왠지 모르게 회사에 갈 마음이 생기지 않는다.

な 형용사

★★ □01 迂闊 | うかつ　세상 물정에 어두움, 섣부름

株式相場に**迂闊に**手を出すと、大損しかねない。
주식 시장에 섣불리 손을 대면 큰 손해를 볼 수 있다.

★★ □02 寛大 | かんだい　관대함

今回のトラブルに関しては、**寛大な**処置をしていただいた。
이번 트러블에 관해서는 관대한 조치를 해 주셨다.

★★ □03 愚劣 | ぐれつ　어리석고 못남

他国の文化を理解しようとしないのは**愚劣だ**。
다른 나라의 문화를 이해하려고 하지 않는 것은 매우 어리석고 못난 짓이다.

☆☆ □ 04 尊大 | そんだい 거만함

彼は**尊大な**態度を取るので、周りの人たちに嫌われている。
그는 거만한 태도를 취하기 때문에 주변 사람들에게 미움을 받고 있다.

☆ □ 05 華やか | はなやか 화려함

華やかに見える芸能界にも暗い部分はあるはずだ。
화려하게 보이는 연예계에도 어두운 부분이 있을 터이다.

부사

45-4.mp3

☆☆ □ 01 いささか 약간

ちょっといたずらをしようとして、**いささか**オーバーな表現をしてしまった。 장난을 좀 치려다가 약간 과장된 표현을 써 버렸다.

☆☆ □ 02 言わば | いわば 말하자면

あの二人の関係は、**言わば**水と油のようなものだ。
저 두 사람의 관계는 말하자면 물과 기름 같은 것이다.

☆☆☆ □ 03 押し並べて | おしなべて 다들 한결같이

我が社の売り上げは去年の下半期あたりから**押し並べて**良好だ。
우리 회사의 매상은 작년 하반기쯤부터 꾸준히 양호하다.

☆☆ □ 04 お世辞にも | おせじにも 농담으로도

彼女は**お世辞にも**料理が上手だとは言えない。
그녀는 농담으로도 요리를 잘한다고는 할 수 없다.

☆☆ □ 05 声の限りに | こえのかぎりに 있는 힘껏 목소리를 내서

助けを求めて**声の限りに**叫び続けたが、誰も来てくれなかった。
도움을 구하기 위해 있는 힘껏 계속 소리를 질렀지만 아무도 와 주지 않았다.

의성어·의태어

★★ □ 01 いそいそ　　기대감에 동작이 들떠 있는 모양

彼女(かのじょ)は身支度(みじたく)を整(ととの)えて、**いそいそ**とどこかへ出(で)かけて行(い)ってしまった。

그녀는 몸단장을 하고 부리나케 어딘가로 나가 버렸다.

★★ □ 02 ぎすぎす　　분위기가 딱딱해서 마음 편히 대화를 나누기 힘든 모양

この部署(ぶしょ)の人間関係(にんげんかんけい)はとても**ぎすぎす**している。

이 부서의 인간관계는 매우 껄끄럽다.

★★ □ 03 ごたごた　　어지럽고 어수선한 모양

家庭内(かていない)の**ごたごた**のせいで、仕事(しごと)にも身(み)が入(はい)らない。

집안이 어수선한 탓에 일에도 열중하지 못한다.

★★ □ 04 ぞろぞろ　　줄줄이 나타나는 모양

観光(かんこう)バスが止(と)まると、たくさんの見学(けんがく)の人(ひと)たちが**ぞろぞろ**と降(お)りてきた。

관광버스가 멈추자 견학하러 온 많은 사람들이 줄줄이 내리기 시작했다.

★★ □ 05 のそのそ　　느릿느릿 움직이는 모양

そんなに**のそのそ**歩(ある)いていたら、日(ひ)が暮(く)れて夜(よる)になってしまうだろう。

그렇게 천천히 걷다가는 날이 저물어서 밤이 되고 말 것이다.

속담·사자성어

★★ □ 01 高嶺の花 | たかねのはな　　높은 산의 꽃

彼女(かのじょ)は周(まわ)りの男性(だんせい)から**高嶺の花**だと思(おも)われることが多(おお)いせいで、実(じつ)は今(いま)まで付(つ)き合(あ)った男性(だんせい)は一人(ひとり)もいない。

그녀는 주변 남자들이 오르지 못할 나무라고 생각한 탓에 사실은 지금까지 사귄 남자가 한 명도 없다.

PLUS 보이기는 하지만 닿지 않는다는 뜻으로 손에 넣을 수 없는 것을 이르는 말.

☐ 02 長いものには巻かれろ | ながいものにはまかれろ 긴 것에는 감겨라

長いものには巻かれろというから、とりあえず上司(じょうし)の言(い)うことは聞(き)いておいた方(ほう)がいい。 긴 것에는 감기라는 말이 있으니 어쨌든 상사 말은 듣는 것이 좋다.

PLUS 힘 있는 자에게는 순종하라는 뜻.

☐ 03 粉骨砕身 | ふんこつさいしん 분골쇄신(있는 힘을 다해 노력함)

自社(じしゃ)の倒産(とうさん)の危機(きき)を救(すく)うために、社員一同(しゃいんいちどう)、**粉骨砕身**している。
자사를 도산 위기에서 구하기 위해 사원 모두가 분골쇄신하고 있다.

☐ 04 茫然自失 | ぼうぜんじしつ 망연자실

9回裏(かいうら)にサヨナラホームランを許(ゆる)してしまい、ピッチャーは**茫然自失**している。 9회 말에 역전 만루 홈런을 허용하여 투수는 망연자실했다.

관용어

☐ 01 一糸まとわぬ | いっしまとわぬ 실오라기 하나 걸치지 않은

有名(ゆうめい)タレントの**一糸まとわぬ**写真集(しゃしんしゅう)が話題(わだい)になっている。
유명 탤런트의 실오라기 하나 걸치지 않은 사진집이 화제가 되고 있다.

☐ 02 捨てたものではない | すてたものではない 쓸 만하다, 나쁘지만은 않다

あんな親切(しんせつ)な人(ひと)がいるなんて、この世(よ)の中(なか)もまだ**捨てたものではない**。
저런 친절한 사람이 있다니 이 세상도 아직 살 만하다.

☐ 03 精を出す | せいをだす 정성을 다하다

12月(がつ)の展覧会(てんらんかい)に向(む)けて、作品作(さくひんづく)りに**精を出して**いる。
12월 전람회를 목표로 작품 만들기에 정성을 다하고 있다.

☐ 04 深みにはまる | ふかみにはまる 깊이 빠져들다

賭博(とばく)に手(て)を出(だ)したら、**深みにはまって**財産(ざいさん)をすべてなくした。
도박에 손을 댔다가 깊이 빠져들어 재산을 전부 잃었다.

★★ □ 05 二股を掛ける | ふたまたをかける　양다리를 걸치다

恋人に**二股を掛けられたら**、誰でも裏切られたような気持ちになると思う。

애인이 양다리를 걸쳤다면 누구라도 배신당한 것 같은 기분이 될 것이다.

★★ □ 06 物議を醸す | ぶつぎをかもす　물의를 일으키다

この知事は歯に衣着せぬ発言で**物議を醸す**ことが多い。

이 지사는 너무 솔직한 발언 때문에 물의를 일으키는 경우가 많다.

★★ □ 07 間が持たない | まがもたない　어색하게 자꾸만 이야기가 끊어지다

私は他人と話す時、口下手なのでなかなか**間が持たない**。

나는 다른 사람과 이야기할 때 말이 서툴러서 어색하게 자꾸만 이야기가 끊어진다.

★★ □ 08 間が悪い | まがわるい　타이밍이 좋지 않다 / 겸연쩍다

こんな時に帰ってくるなんて、まったく**間が悪かった**としか言いようがない。

이럴 때 집에 돌아오다니 정말 타이밍이 좋지 않았다고밖에 말할 수 없다.

★★ □ 09 見るに見かねる | みるにみかねる　보다 못하다

息子の部屋があまりに汚いので、**見るに見かねて**掃除をした。

아들 방이 너무 더러워서 보다 못해 청소를 했다.

★ □ 10 面倒を見る | めんどうをみる　돌보다

娘が共働きをしているので、平日は私が孫の**面倒を見て**いる。

딸이 맞벌이를 하고 있어서 평일에는 내가 손자를 돌보고 있다.

1 다음 밑줄 친 히라가나에 해당하는 한자를 고르세요.

1. 若者らしいはきがある。 ① 破棄 ② 覇気
2. ちつじょを保って行動する。 ① 秩序 ② 秩助
3. 入学はずいじ可能です。 ① 髄時 ② 随時
4. 家で魚を焼いたのでかんきをする。 ① 換気 ② 環気
5. 東京きんこうにマンションを買った。 ① 近構 ② 近郊

2 다음 두 문장 중에서 올바른 문장을 고르세요.

1. ① 犯人逮捕の手掛りをつかむ。
② 犯人逮捕の手触りをつかむ。

2. ① どうしていいか、まだ手抜かりの状態だ。
② どうしていいか、まだ手探りの状態だ。

3. ① 腕試しに試験を受ける。
② 肝試しに試験を受ける。

4. ① 一糸乱れぬヌード写真集で話題の女優
② 一糸まとわぬヌード写真集で話題の女優

5. ① これからが受験の正念場だ。
② これからが受験の砂場だ。

3 다음 일본어가 설명하고 있는 단어를 고르세요.

1. 持っているお金などをそのまま使わないで置いておく。

① 手付かず　② 手持ち無沙汰

2. 作業を分担してする。

① 手加減　② 手分け

3. あっという間

① 瞬く間　② 合間

4. 手に入るはずの地位や権利などを放棄する。

① 撤退　② 辞退

5. その場で身につけたり持っている持ち物

① 所持品　② 調度品

---

1 1.② 2.① 3.② 4.① 5.②　2 1.① 2.② 3.① 4.② 5.①　3 1.① 2.② 3.① 4.② 5.①

DAY 46

VOCA Check

나의 어휘 실력은 현재 어느 정도일까?
실전 어휘력 체크!

다음 어휘의 뜻을 써 보세요.

명사

□01 糾弾 □02 裁判 □03 窃盗
□04 値千金 □05 関の山 □06 厄年
□07 受け売り □08 肩代わり □09 高ぶり

동사

□10 疎む □11 苛む □12 すっぽかす
□13 咎める □14 見せびらかす □15 引き取る
□16 付きまとう □17 張り巡らす □18 降り掛かる

형용사

□19 凄まじい □20 そぐわない □21 たわいない
□22 生ぬるい □23 余所余所しい □24 麗らか
□25 清らか □26 煌びやか □27 淑やか

부사·의성어·의태어

□28 裏を返せば □29 声高に □30 さしずめ
□31 ざっくばらんに □32 しどろもどろ □33 がくがく
□34 がさごそ □35 がしゃがしゃ □36 かたかた

속담·사자성어·관용어

□37 濡れ手で粟 □38 異口同音
□39 根が深い □40 軒を並べる

- **정답 개수 01~10개** ▷ **당신은 초급자!** 산 넘어 산이네요! 정독하여 반드시 어휘 정복합시다!
- **정답 개수 11~20개** ▷ **당신은 초중급자!** 이제 걸음마 뗀 수준? 좀 더 노력하여 수준급으로 Go!
- **정답 개수 21~30개** ▷ **당신은 중급자!** 조금만 더 열심히 하면, 상급자까지 얼마 안 남았어요!
- **정답 개수 31~40개** ▷ **당신은 거의 상급자 수준?!** 방심은 금물! 100% 완벽에 도전합시다!

시험에 많이 나오는 어휘 **5순위**

DAY 46

명사

46-1.mp3

기본 한자어

□ 01	貫徹	かんてつ	관철	□ 14	衰退	すいたい	쇠퇴
□ 02	糾弾	きゅうだん	규탄	□ 15	誓約	せいやく	서약
□ 03	勲章	くんしょう	훈장	□ 16	窃盗	せっとう	절도
□ 04	決意	けつい	결의	□ 17	宣誓	せんせい	선서
□ 05	後世	こうせい	후세	□ 18	捜索	そうさく	수색
□ 06	更年期	こうねんき	갱년기	□ 19	対峙	たいじ	대치
□ 07	幸福	こうふく	행복	□ 20	仲介	ちゅうかい	중개
□ 08	裁判	さいばん	재판	□ 21	長所	ちょうしょ	장점
□ 09	疾患	しっかん	질환	□ 22	天災	てんさい	자연재해
□ 10	充実	じゅうじつ	충실	□ 23	暴露	ばくろ	폭로
□ 11	収録	しゅうろく	수록	□ 24	判決	はんけつ	판결
□ 12	生涯	しょうがい	생애	□ 25	返却	へんきゃく	반납
□ 13	召喚	しょうかん	소환	□ 26	法曹界	ほうそうかい	법조계

읽기에 주의해야 할 음훈 결합 명사

★★★ □ **01** 値千金 | あたいせんきん　대단히 가치가 있음

彼(かれ)は**値千金**の決勝(けっしょう)ゴールを決(き)め、チームを優勝(ゆうしょう)に導(みちび)いた。
그는 천금 같은 결승골을 넣어 팀을 우승으로 이끌었다.

★★ □ **02** 気取り屋 | きどりや　남의 시선을 신경 쓰는 사람

気取り屋の彼(かれ)は人前(ひとまえ)で恥(はじ)をかくことが何(なに)よりも嫌(きら)いだ。
남의 시선을 신경 쓰는 그는 사람들 앞에서 창피를 당하는 것을 무엇보다도 싫어한다.

★★ □ **03** 食いしん坊 | くいしんぼう　먹보

私(わたし)の兄(あに)はとても**食いしん坊**で、食(た)べ歩(ある)きを趣味(しゅみ)にしている。
우리 오빠는 대단한 먹보라서 걸으면서 먹는 것을 취미로 삼고 있다.

★★★ □ **04** 仕出し | しだし　주문 배달(주문을 받아 음식을 만들어 배달함)

運動会(うんどうかい)では**仕出し**弁当(べんとう)を注文(ちゅうもん)することが多(おお)い。
운동회에서는 주문 배달 도시락을 주문하는 경우가 많다.

★★★ □ **05** 地鳴り | じなり　땅울림

火山活動(かざんかつどう)が活性化(かっせいか)し、この地域(ちいき)では**地鳴り**が聞(き)こえる。
화산 활동이 활성화하여 이 지역에서는 땅이 울리는 소리가 들린다.

★★★ □ **06** 関の山 | せきのやま　한계

どんなに運(うん)がよくても、準決勝進出(じゅんけっしょうしんしゅつ)が**関の山**だ。
아무리 운이 좋아도 준결승 진출이 한계이다.

PLUS 아무리 해도 여기까지가 한계라는 뜻으로 쓰인다.

★★ □ **07** 素振り | そぶり　(표정이나 행동 등에서 드러나는) 느낌

あの二人(ふたり)はまったく付(つ)き合(あ)っている**素振り**も見(み)せなかった。
저 두 사람은 전혀 사귀고 있다는 느낌을 주지 않았다.

★★ □ 08 見取り図 | みとりず　겨냥도(건물, 지리 등을 대략적으로 그린 약도)

工場の**見取り図**で全体を把握するのは難しくない。
공장의 겨냥도로 전체를 파악하는 것은 어렵지 않다.

★★ □ 09 厄年 | やくどし　액년

今年兄は**厄年**なので、先週神社にお祓いに行った。
올해 오빠는 액년이라서 지난주에 신사에 액막음을 하러 갔다.

★★ □ 10 雪だるま式 | ゆきだるましき　눈덩이처럼 불어남

いつの間にか**雪だるま式**に借金が膨らんでいて驚いた。
어느새 눈덩이처럼 빚이 불어나 있어서 깜짝 놀랐다.

PLUS 주로 雪だるま式に(눈덩이처럼)의 형태로 쓰이며, 뒤에는 伸びる・膨らむ와 같이 커지거나 많아진다는 뜻의 동사가 온다.

고유어

★★★ □ 01 受け売り | うけうり　남의 의견을 자신의 의견인 것처럼 말함

今話したことは、実は全部課長からの**受け売り**だ。
지금 이야기한 것은 사실은 전부 과장님께 들은 이야기이다.

★★ □ 02 顔見知り | かおみしり　안면 있는 사람

警察では**顔見知り**の犯行だと見て、捜査を進めている。
경찰에서는 안면 있는 사람의 범행이라고 보고 수사를 진행하고 있다.

★★ □ 03 肩代わり | かたがわり　대신 떠맡음

借金が膨らんで苦しい時、父に**肩代わり**してもらったことがある。
빚이 불어나 힘들 때 아버지께서 대신 갚아 주신 적이 있다.

★★ □ 04 口止め | くちどめ　입막음, 입단속

この話は誰にも言うなと友人から堅く**口止め**をされた。
이 이야기는 아무에게도 하지 말라고 친구가 단단히 입단속을 했다.

★★ □ 05 口直し | くちなおし 방금 먹은 음식의 맛을 지우기 위해 다른 음식을 먹음

脂(あぶら)っこい料理(りょうり)を食(た)べたので、**口直し**に濃(こ)いお茶(ちゃ)を飲(の)んだ。

기름진 요리를 먹고 느끼함이 가시도록 진한 차를 마셨다.

★★ □ 06 木陰 | こかげ 나무 그늘

カナダは湿気(しっけ)が少(すく)なくて暑(あつ)い夏(なつ)の日(ひ)も**木陰**に入(はい)ると涼(すず)しい。

캐나다는 습기가 적어서 더운 여름날에도 나무 그늘에 들어가면 시원하다.

★★★ □ 07 尻上がり | しりあがり 뒤로 갈수록 좋아짐

あのチームは**尻上がり**に調子(ちょうし)を上(あ)げて、最後(さいご)に勝敗(しょうはい)を逆転(ぎゃくてん)した。

저 팀은 뒷심을 발휘하여 마지막에 승패를 역전시켰다.

★★ □ 08 尻拭い | しりぬぐい (남의) 뒤치다꺼리

部下(ぶか)の失敗(しっぱい)の**尻拭い**をするのも上司(じょうし)の務(つと)めというものだ。

부하의 실패에 대한 뒤치다꺼리를 하는 것도 상사의 임무인 것이다.

★★ □ 09 高ぶり | たかぶり 마음이나 기분이 고조됨, 흥분

面接(めんせつ)の前(まえ)に深呼吸(しんこきゅう)をして心(こころ)の**高ぶり**を落(お)ち着(つ)かせた。

면접 전에 심호흡을 하며 마음의 흥분을 가라앉혔다.

★★★ □ 10 飲み込み | のみこみ 이해, 이해력

彼(かれ)は**飲み込み**が早(はや)いので、一度(いちど)言(い)えばすぐに全部理解(ぜんぶりかい)できる。

그는 이해가 빠르기 때문에 한번 말하면 금방 전부 이해할 수 있다.

PLUS 주로 飲み込みが早(はや)い(이해가 빠르다), 飲み込みが遅(おそ)い(이해가 늦다), 飲み込みが悪(わる)い(이해력이 약하다)의 형태로 쓰이는 경우가 많다.

★★ □ 11 場違い | ばちがい 장소에 맞지 않음

重役(じゅうやく)たちが集(あつ)まる会議(かいぎ)で**場違い**な発言(はつげん)をして怒(おこ)られた。

중역들이 모이는 회의에서 장소에 맞지 않는 발언을 하여 혼이 났다.

□ 12 右肩下がり | みぎかたさがり 감소 추세, 하락세

右肩上(みぎかたあ)がりの成長(せいちょう)どころか、**右肩下がり**になってしまった。
증가 추세의 성장은커녕 감소 추세가 되고 말았다.

(반) 右肩上がり | みぎかたあがり 상승세

□ 13 見出し | みだし 표제, 헤드라인

忙(いそが)しいので、毎朝新聞(まいあさしんぶん)は**見出し**くらいしか読(よ)めない。
바빠서 매일 아침 신문은 헤드라인 정도밖에 못 읽는다.

□ 14 身震い | みぶるい 몸이 떨림

そのピアニストの演奏(えんそう)は、**身震い**をするほど素晴(すば)らしいものだった。
그 피아니스트의 연주는 몸이 떨릴 만큼 훌륭한 연주였다.

□ 15 物言い | ものいい 말투, 말씨

彼(かれ)はいつも大袈裟(おおげさ)な**物言い**をするので、あまり真(ま)に受(う)けない方(ほう)がいい。
그는 항상 과장된 말투로 말하기 때문에 별로 진지하게 받아들이지 않는 것이 좋다.

동사

46-2.mp3

기본 동사

□ 01 いびる 못살게 굴다, 괴롭히다

新入社員(しんにゅうしゃいん)の頃(ころ)、先輩(せんぱい)に散々(さんざん)**いびられた**ことがある。
신입 사원 때 선배에게 심하게 괴롭힘을 당한 적이 있다.

□ 02 疎む | うとむ 멀리하다, 소외하다

あまりにも自己中心的(じこちゅうしんてき)な性格(せいかく)の人(ひと)は、みんなから**疎まれる**。
너무 자기 중심적인 성격의 사람은 모두가 멀리한다.

□ 03 かしこまる 공손한 자세나 태도를 취하다

従業員(じゅうぎょういん)たちは皆(みんな)、社長(しゃちょう)の話(はなし)を**かしこまって**聞(き)いていた。
종업원들은 모두 사장의 이야기를 공손한 자세로 듣고 있었다.

☐ 04 けしかける　꼬드기다, 부추기다

悪い友達に**けしかけられて**博打に手を出し、大損をしたことがある。
나쁜 친구에게 꼬드김을 당해서 도박에 손을 대어 큰 손해를 본 적이 있다.

☐ 05 請う | こう　청하다

先輩は厳しいので、何をするにも許しを**請う**必要がある。
선배는 엄하기 때문에 무엇을 하든지 허락을 청할 필요가 있다.

☐ 06 苛む | さいなむ　괴롭히다

彼女は友人を裏切った罪悪感に**苛まれて**いる。
그녀는 친구를 배신한 죄책감에 괴로워하고 있다.

☐ 07 割く | さく　쪼개다, 할애하다

毎日予習をするのに**割く**時間はどれくらいですか。
매일 예습을 하는 것에 할애하는 시간은 어느 정도입니까?

☐ 08 すっぽかす　(약속이나 일 등을) 내팽개치다

あまりにも忙しくて、彼女との約束を**すっぽかす**ことが多くなった。
너무 바빠서 그녀와의 약속을 어기는 경우가 많아졌다.

☐ 09 急かす | せかす　재촉하다

先生に**急かされて**、締め切り日よりも前にレポートを出すことになった。
선생님이 재촉해서 마감 날보다도 전에 리포트를 제출하게 되었다.

☐ 10 咎める | とがめる　나무라다, 책망하다

きれいな公園にゴミを捨てるのは良心が**咎める**。
깨끗한 공원에 쓰레기를 버리는 것은 양심에 찔린다.

☐ 11 宥める | なだめる　달래다

泣く子を**宥める**のは大変だ。
우는 아이를 달래는 것은 힘들다.

★★ □ 12 **跨る** | **またがる** 두 다리를 벌려 올라타다 / 이어지다, 걸치다

3年(ねん)に**跨る**このプロジェクトも、やっと終(お)わることになってほっとしている。 3년간 이어진 이 프로젝트도 드디어 끝나게 되어 안심이다.

★★ □ 13 **見せびらかす** | **みせびらかす** 자랑하려고 보여 주다, 과시하다

高価(こうか)な指輪(ゆびわ)を周(まわ)りにいる人(ひと)たちに**見せびらかしたい**。
값비싼 반지를 주위에 있는 사람들에게 보란 듯이 자랑하고 싶다.

★★ □ 14 **免じる** | **めんじる** 면하다, 면제하다

日頃(ひごろ)の態度(たいど)に**免じて**、今回(こんかい)は目(め)をつぶることにした。
평상시의 태도를 감안하여 이번에는 눈을 감기로 했다.

PLUS 주로 ~に免じて의 형태로 지금까지의 업적을 감안하여 이번에 저지른 잘못이나 책임 등을 면하다, 즉 용서한다는 뜻으로 쓰인다.

★★ □ 15 **要する** | **ようする** 요하다

証明書(しょうめいしょ)の発行(はっこう)には約(やく)２週間(しゅうかん)を**要する**。
증명서 발행에는 약 2주일을 요한다.

복합동사

★★★ □ 01 **打ちのめす** | **うちのめす** 때려 눕히다 / 큰 타격을 주다

今回(こんかい)の地震(じしん)で、住民(じゅうみん)の生活(せいかつ)は**打ちのめされた**。
이번 지진으로 주민들의 생활은 큰 타격을 받았다.

★★★ □ 02 **引き取る** | **ひきとる** (타인이 소유권을 포기한 것을) 떠맡다, 인수하다

売(う)れ残(のこ)った商品(しょうひん)は、こちらの方(ほう)で**引き取ります**のでご安心(あんしん)ください。
팔고 남은 상품은 저희 쪽에서 회수할 테니 안심하세요.

★★ □ 03 **嗅ぎ付ける** | **かぎつける** 냄새를 맡고 찾아내다, 탐지하다

狼(おおかみ)は獲物(えもの)の匂(にお)いを素早(すばや)く**嗅ぎ付けた**。
늑대는 먹이 냄새를 재빠르게 탐지했다.

□ 04 知れ渡る ｜ しれわたる

널리 알려지다

あの人の名前は世間に**知れ渡って**いるほど有名だそうだ。

ひと　　なまえ　　せけん　　　　　　　　　　　　　　　　　　　ゆうめい

저 사람의 이름은 세상에 널리 알려져 있을 만큼 유명하다고 한다.

□ 05 付きまとう ｜ つきまとう

끈질기게 따라붙다

ストーカーに**付きまとわ**れて大変なのに、警察は何もしてくれなかった。

たいへん　　　　　けいさつ　なに

스토커가 끈질기게 따라다녀서 힘든데 경찰은 아무것도 해 주지 않았다.

□ 06 取り合う ｜ とりあう

진지하게 받아 주다

名無しの怪文書は無視して**取り合わ**ないことにしている。

なな　　かいぶんしょ　むし

이름 없는 괴문서는 무시하고 진지하게 받아들이지 않기로 했다.

PLUS 주로 取り合わない(제대로 상대해 주지 않는다)의 형태로 쓰인다.

□ 07 張り巡らす ｜ はりめぐらす

(주위를) 삥 둘러치다

この建物の周りは鉄線が**張り巡ら**されている。

たてもの　まわ　　てっせん

이 건물 주위는 철선이 삥 둘러쳐져 있다.

□ 08 封じ込める ｜ ふうじこめる

봉하다, 봉인하다

堅い守備で相手の攻撃を完璧に**封じ込め**た。

かた　しゅび　あいて　こうげき　かんぺき

단단한 수비로 상대방의 공격을 완벽하게 봉쇄했다.

□ 09 降り掛かる ｜ ふりかかる

(재난 등이) 닥치다

平凡な生活をしていても、いつ災難が**降り掛かる**か分からない。

へいぼん　せいかつ　　　　　　　　　　さいなん　　　　　　　　わ

평범한 생활을 하고 있어도 언제 재난이 닥칠지 모른다.

□ 10 燃え立つ ｜ もえたつ

활활 타오르다

夕べ、倉庫が火事になって今も炎が**燃え立っ**ている。

ゆう　　そうこ　かじ　　　　　　いま　ほのお

어젯밤에 창고에 불이 나서 지금도 불길이 활활 타오르고 있다.

5순위

46-3.mp3

🔖 い 형용사

☆☆ □ 01 凄まじい ┃ すさまじい 　　　　　　　　　　엄청나다

アンゴラは石油収入で**凄まじい**経済発展を遂げている。
せき ゆ しゅうにゅう　　　　　　　　　けいざいはってん　と

앙골라는 석유 수입으로 엄청난 경제 발전을 이루고 있다.

☆☆ □ 02 そぐわない 　　　　　　　　　　　　　　어울리지 않다, 맞지 않다

市民たちは実態に**そぐわない**市の計画に反対している。
し みん　　　じったい　　　　　　　し　けいかく　はんたい

시민들은 실태에 어울리지 않는 시의 계획에 반대하고 있다.

☆☆ □ 03 たわいない 　　　　　　　　　　　　　　　　　　　실없다

友達同士たわいない冗談を言い合って笑った。
ともだちどう し　　　　　　　じょうだん　い　あ　わら

친구끼리 실없는 농담을 주고받으며 웃었다.

☆☆ □ 04 生ぬるい ┃ なまぬるい 　　　　　미지근하다 / 소극적이다, 미온적이다

最近の警察は暴力団に対する対応が**生ぬるい**。
さいきん　けいさつ　ぼうりょくだん　たい　たいおう

요즘 경찰은 폭력 조직에 대한 대응이 미온적이다.

☆☆ □ 05 余所余所しい ┃ よそよそしい 　　　　(사이, 관계 등이) 서먹서먹하다

あの二人は実の兄弟なのに、どこか態度が**余所余所しい**。
ふたり　じつ　きょうだい　　　　　　　　たい ど

저 두 사람은 친형제인데도 어딘가 태도가 서먹서먹하다.

🔖 な 형용사

☆☆ □ 01 麗らか ┃ うららか 　　　　　　　　　　　　　　화창함

麗らかな春の陽気に誘われて、公園を散歩した。
はる　ようき　さそ　　　　こうえん　さんぽ

화창한 봄 날씨에 이끌려서 공원을 산책했다.

□ 02 清らか | きよらか 맑음, 깨끗함

あの山のふもとには**清らかな**小川が流れている。
저 산기슭에는 맑은 시냇물이 흐르고 있다.

□ 03 煌びやか | きらびやか (의상, 건물, 가구 등이) 화려하고 아름다움

煌びやかに着飾った女性たちがパーティーに集まった。
화려하게 차려입은 여자들이 파티에 모였다.

□ 04 淑やか | しとやか 정숙함

いつもは活発な彼女も、今日は着物を着て**淑やかに**している。
평상시에는 활발한 그녀도 오늘은 기모노를 입고 정숙하게 있다.

□ 05 遥か | はるか 아득함

遥か遠くの海を貨物船が進んでいくのが見える。
아득히 멀리 있는 바다를 화물선이 나아가고 있는 것이 보인다.

부사

46-4.mp3

□ 01 裏を返せば | うらをかえせば 이면을 보면, 뒤집어 생각하면

「慎重」という言葉も**裏を返せば**消極的という意味になる。
'신중'이라는 말도 뒤집어 생각하면 소극적이라는 의미가 된다.

□ 02 声高に | こわだかに 소리 높여

多くの市民団体が増税反対を**声高に**叫んでいる。
많은 시민 단체들이 증세 반대를 소리 높여 외치고 있다.

□ 03 さしずめ 우선, 당장/요컨대

アメ横は韓国で言ったら、**さしずめ**南大門市場といったところでしょうか。
아메요코는 한국으로 치면 요컨대 남대문 시장과 같은 곳인가요?

★★★ □ 04 ざっくばらんに　허심탄회하게

今日の父兄会は**ざっくばらんに**子供たちについてお話できたらと思います。 오늘 학부모회는 허심탄회하게 아이들에 대해 이야기할 수 있었으면 좋겠습니다.

★★★ □ 05 しどろもどろ　횡설수설

予想もしなかった質問をされて、**しどろもどろ**に答えてしまった。
예상치 못한 질문을 받아 횡설수설 답하고 말았다.

의성어·의태어

★★ □ 01 がくがく　공포, 추위, 긴장 등으로 몸이 떨리는 모양

あまりの恐怖に全身が**がくがく**震えた。
너무나 공포스러워서 온몸이 부들부들 떨렸다.

★★ □ 02 がさごそ　종이나 마른 잎 등이 바스락거리는 모양

彼は**がさごそ**と紙袋の中から何かを取り出そうとしている。
그는 부스럭거리며 종이 봉투 안에서 무언가를 꺼내려 하고 있다.

★★ □ 03 がしゃがしゃ　작고 단단한 것이 부딪히는 소리

がしゃがしゃと音を立てて箱の中にある小銭を掻き回した。
달각달각 소리를 내며 상자 안에 있는 동전을 휘저었다.

★★ □ 04 かたかた　딱딱한 물건이 연속적으로 부딪히는 소리

トラックが家の前を通るたびに、**かたかた**とコップが揺れる。
트럭이 집 앞을 지나갈 때마다 달그락달그락 컵이 흔들린다.

★★ □ 05 ごそごそ　재질이 거친 것이 부딪히며 나는 소리

机の引き出しに手を入れて、**ごそごそ**と何かを探している。
책상 서랍에 손을 넣어 부스럭부스럭 무언가를 찾고 있다.

속담·사자성어

☆☆ □ 01 情けは人の為ならず | なさけはひとのためならず
다른 사람에게 베푼 인정은 언젠가 돌아온다, 정은 돌고 돈다

情けは人の為ならずだから、見ず知らずの人にも親切にするようにしている。 정은 돌고 도는 법이니 모르는 사람에게도 친절하게 대하도록 하고 있다.

☆☆ □ 02 濡れ手で粟 | ぬれてであわ　젖은 손으로 좁쌀 만지기

タイミングよく株で成功した彼は、**濡れ手で粟**の利益をかなり得たそうだ。 타이밍을 잘 맞춰 주식으로 성공한 그는 젖은 손으로 좁쌀 만지듯 크게 득을 봤다.

PLUS 젖은 손으로 좁쌀을 만지면 좁쌀이 많이 달라붙는 것에서 유래하여 적은 노력으로 큰 이익을 얻는다는 뜻.

☆☆ □ 03 異口同音 | いくどうおん　이구동성

先日の定例会議では、役員たちが**異口同音**に人員削減に反対した。
며칠 전에 있었던 정례 회의에서는 임원들이 이구동성으로 인원 삭감에 반대했다.

☆☆ □ 04 和気藹々 | わきあいあい　화기애애

このサークルは伝統的に先輩後輩が分け隔てなく、**和気藹々**とした雰囲気である。 이 서클은 전통적으로 선후배 구분 없이 화기애애한 분위기이다.

관용어

☆☆ □ 01 長い目で見る | ながいめでみる　긴 안목으로 보다, 멀리 내다보다

この投資はすぐには利益にならないので、**長い目で見た**方がいいだろう。
이 투자는 당장은 이익이 되지 않기 때문에 길게 보는 편이 좋을 것이다.

☆☆ □ 02 根が深い | ねがふかい　뿌리가 깊다

相撲界の八百長問題は思ったよりも**根が深かった**。
스모계의 승부 조작 문제는 생각했던 것보다도 뿌리가 깊었다.

★★ □ 03 念頭に置く | ねんとうにおく　염두에 두다

初心者(しょしんしゃ)がまず**念頭に置く**べき心得(こころえ)を教(おし)えてもらった。
초심자가 우선 염두에 두어야만 하는 소양을 배웠다.

★★ □ 04 軒を並べる | のきをならべる　건물들이 늘어서 있다

この通(とお)りは高級(こうきゅう)ブランド店(てん)や老舗(しにせ)が**軒を並べて**いる。
이 거리는 고급 브랜드점과 노포가 줄지어 늘어서 있다.

★★ □ 05 馬鹿を見る | ばかをみる　불이익을 당하다

正直者(しょうじきもの)が**馬鹿を見る**世(よ)の中(なか)は変(か)えていかなければならない。
정직한 사람이 불이익을 당하는 세상은 바꾸어 나가야만 한다.

★★ □ 06 人並み外れる | ひとなみはずれる　유별나다, 보통이 아니다

この小説家(しょうせつか)は**人並み外れた**想像力(そうぞうりょく)の持(も)ち主(ぬし)だった。
이 소설가는 유별난 상상력의 소유자였다.

★★ □ 07 本音を吐く | ほんねをはく　본심을 털어놓다

彼(かれ)は嘘(うそ)を突(つ)き通(とお)せずに、とうとう**本音を吐いて**しまった。
그는 거짓말을 끝까지 관철시키지 못하고 결국 본심을 털어놓고 말았다.

★★ □ 08 幕が下りる | まくがおりる　막을 내리다, 끝나다

二十日(はつか)間(かん)の競技大会(きょうぎたいかい)も、今日(きょう)で**幕が下りる**ことになった。
20일간의 스포츠 대회도 오늘로 막을 내리게 되었다.

★★ □ 09 摩擦が生じる | まさつがしょうじる　마찰이 생기다

輸入拡大(ゆにゅうかくだい)を求(もと)めることによって両国(りょうこく)に**摩擦が生じた**。
수입 확대를 요구하는 일로 인하여 양국에 마찰이 생겼다.

★★★ □ 10 微塵もない | みじんもない　티끌만큼도 없다

犯人(はんにん)の発言(はつげん)には反省(はんせい)の気持(きも)ちが**微塵もなかった**。
범인의 발언에는 반성하는 마음이 티끌만큼도 없었다.

1 다음 밑줄 친 히라가나에 해당하는 한자를 고르세요.

1. 人の借金をかた代わりする。 ① 肩 ② 片
2. しょうがいを研究に捧げる。 ① 渉外 ② 生涯
3. 皆いく同音にほめている。 ① 異口 ② 異区
4. 借りた本を図書館にへんきゃくする。 ① 返脚 ② 返却
5. 地域経済がすいたいする。 ① 衰退 ② 酔態

2 다음 두 문장 중에서 올바른 문장을 고르세요.

1. ① 彼と私はお互い昔からの人見知りの仲だ。
   ② 彼と私はお互い昔からの顔見知りの仲だ。
2. ① 雪だるま式に借金が増える。
   ② 芋づる式に借金が増える。
3. ① 誰にも言わないようにと口直しされた。
   ② 誰にも言わないようにと口止めされた。
4. ① 彼女との約束をすっぽかす。
   ② 彼女との約束を待ちぼうけする。
5. ① ストーカーに付き添われて大変だった。
   ② ストーカーに付きまとわれて大変だった。

3 다음 일본어가 설명하고 있는 단어를 고르세요.

1. 人の失敗などの後処理

① 尻切れトンボ　　② 尻拭い

2. そそのかして何をするように仕向ける。

① おしかける　　② けしかける

3. 急がせる

① せかす　　② ぼかす

4. いじめる

① いびる　　② びびる

5. 地震や台風、雷など

① 天下り　　② 天災

---

1 1.① 2.② 3.① 4.② 5.①　**2** 1.② 2.① 3.② 4.① 5.②　**3** 1.② 2.② 3.① 4.① 5.②

DAY 47

VOCA Check

나의 어휘 실력은 현재 어느 정도일까?
실전 어휘력 체크!

다음 어휘의 뜻을 써 보세요.

명사

□01 感嘆符 .... □02 妥結 .... □03 布石 ....
□04 相棒 .... □05 甲斐性 .... □06 勢揃い ....
□07 足踏み .... □08 浮き彫り .... □09 下読み ....

동사

□10 労る .... □11 晒す .... □12 なびく ....
□13 ひけらかす .... □14 揉める .... □15 連れ添う ....
□16 取り持つ .... □17 張り合う .... □18 まかり通る ....

형용사

□19 胡散臭い .... □20 所在ない .... □21 古臭い ....
□22 水臭い .... □23 物々しい .... □24 粋 ....
□25 均等 .... □26 不恰好 .... □27 物騒 ....

부사·의성어·의태어

□28 うんともすんとも .... □29 忌憚なく .... □30 げっそりと ....
□31 古今東西を問わず .... □32 殊更 .... □33 さむざむ ....
□34 じとじと .... □35 しらじら .... □36 ぬくぬく ....

속담·사자성어·관용어

□37 腐っても鯛 .... □38 主客転倒 ....
□39 言い掛かりをつける .... □40 火に油を注ぐ ....

- **정답 개수 01~10개** ▸ **당신은 초급자!** 산 넘어 산이네요! 정독하여 반드시 어휘 정복합시다!
- **정답 개수 11~20개** ▸ **당신은 초중급자!** 이제 걸음마 뗀 수준? 좀 더 노력하여 수준급으로 Go!
- **정답 개수 21~30개** ▸ **당신은 중급자!** 조금만 더 열심히 하면, 상급자까지 얼마 안 남았어요!
- **정답 개수 31~40개** ▸ **당신은 거의 상급자 수준?!** 방심은 금물! 100% 완벽에 도전합시다!

DAY 47

명사

47-1.mp3

기본 한자어

□ 01 運搬 | うんぱん 운반
□ 02 括弧 | かっこ 괄호
□ 03 喝采 | かっさい 갈채
□ 04 干渉 | かんしょう 간섭
□ 05 感嘆符 | かんたんふ 느낌표
□ 06 寛容 | かんよう 관용
□ 07 虚偽 | きょぎ 허위
□ 08 惨事 | さんじ 참사
□ 09 山脈 | さんみゃく 산맥
□ 10 償還 | しょうかん 상환
□ 11 衝撃 | しょうげき 충격
□ 12 醸成 | じょうせい 조성
□ 13 尽力 | じんりょく 진력
□ 14 先駆者 | せんくしゃ 선구자
□ 15 捜査 | そうさ 수사
□ 16 妥結 | だけつ 타결
□ 17 堕落 | だらく 타락
□ 18 嘆願 | たんがん 탄원
□ 19 発効 | はっこう 발효
□ 20 服従 | ふくじゅう 복종
□ 21 布石 | ふせき 포석
□ 22 粉砕 | ふんさい 분쇄
□ 23 返還 | へんかん 반환
□ 24 貿易 | ぼうえき 무역
□ 25 模範 | もはん 모범
□ 26 約款 | やっかん 약관

읽기에 주의해야 할 음훈 결합 명사

☐ 01 相棒 | あいぼう 파트너

高校時代、よき**相棒**に巡り合えたことは幸せだった。
고등학교 때 좋은 단짝을 만나게 되어 행복했다.

☐ 02 大御所 | おおごしょ 그 분야의 거장

芸能界の**大御所**と呼ばれる俳優の闘病生活がドキュメンタリーで放映された。 연예계 거장이라 불리는 배우의 투병 생활이 다큐멘터리로 방영되었다.

☐ 03 押し問答 | おしもんどう 입씨름, 승강이

疎遠である親戚の葬式に「行く」「行かない」の**押し問答**の末、私だけが行くことになった。
소원한 친척의 장례식에 참석할지 말지를 두고 승강이를 벌인 끝에 나만 가게 되었다.

☐ 04 お膳立て | おぜんだて (행사 등의) 준비

先輩がお見合いの**お膳立て**をしてくれたおかげで一生の伴侶と巡り合えました。 선배가 맞선 준비를 해 준 덕분에 일생의 반려자를 만날 수 있었습니다.

☐ 05 甲斐性 | かいしょう 생활력

この頃、彼女くらいの**甲斐性**のある女性はとても珍しい。
요즘 그녀 정도의 생활력이 있는 여자는 무척 드물다.

☐ 06 子煩悩 | こぼんのう 자기 자식을 끔찍이 아낌(또는 그런 사람)

結婚10年目にしてやっと子供を授かったので、彼の**子煩悩**ぶりは社内でも有名だ。
결혼 10년 차가 되어 겨우 아이를 얻어서 그의 아이 사랑은 사내에서도 유명하다.

☐ 07 素手 | すで 맨손

ドライアイスを**素手**で触るのは危険だ。
드라이아이스를 맨손으로 만지는 것은 위험하다.

☐ 08 図星 | ずぼし — 마음속의 생각 등을 딱 맞힘

彼女(かのじょ)の言葉(ことば)が**図星**だったからか、彼(かれ)はその言葉(ことば)を聞(き)くや否(いな)や赤面(せきめん)した。

그녀의 말이 딱 들어맞았는지 그는 그 말을 듣자마자 얼굴이 빨개졌다.

☐ 09 勢揃い | せいぞろい — 많은 사람이 한자리에 모임

映画(えいが)の試写会(ししゃかい)には出演者(しゅつえんしゃ)が**勢揃い**して舞台(ぶたい)に立(た)ち、集(あつ)まったファンを喜(よろこ)ばせた。

영화 시사회에는 출연자가 모두 모여 무대에 서서 모여든 팬들을 기쁘게 했다.

☐ 10 無理強い | むりじい — 억지로 강요함

子供(こども)に**無理強い**をして勉強(べんきょう)させても成績(せいせき)を上(あ)げることは難(むずか)しい。

아이에게 억지로 공부를 시켜 봤자 성적 올리기는 쉽지 않다.

고유어

☐ 01 足掛かり | あしがかり — 발판

子会社(こがいしゃ)との取(と)り引(ひ)きを**足掛かり**に親会社(おやがいしゃ)にアプローチする。

자회사와의 거래를 발판으로 모회사에 접근하다.

☐ 02 足踏み | あしぶみ — 제자리걸음

景気回復(けいきかいふく)は相変(あいか)わらず**足踏み**状態(じょうたい)が続(つづ)いている。

경기 회복은 여전히 제자리걸음 상태가 계속되고 있다.

☐ 03 命取り | いのちとり — 치명적임

不用意(ふようい)な発言(はつげん)が**命取り**となり、大臣(だいじん)は辞任(じにん)に追(お)い込(こ)まれてしまった。

부주의한 발언이 치명상이 되어 장관은 사임하게 되었다.

☐ 04 浮き彫り | うきぼり — 부각

この映画(えいが)は日本(にほん)の問題点(もんだいてん)を**浮き彫り**にしたドキュメンタリーだ。

이 영화는 일본의 문제점을 부각한 다큐멘터리이다.

☐ 05 売れ行き | うれゆき 팔리는 상태, 팔림새

去年に比べて、今年は**売れ行き**があまりよくない。
작년과 비교해서 올해는 팔림새가 별로 좋지 않다.

☐ 06 先駆け | さきがけ 선구

「冬のソナタ」は韓流ブームの**先駆け**となったドラマだ。
'겨울 연가'는 한류 붐의 선구가 된 드라마이다.

☐ 07 下読み | したよみ (원고, 기사 등을) 미리 읽어 둠

アナウンサーはニュースが始まる前に**下読み**をしておかなければならない。 아나운서는 뉴스가 시작되기 전에 원고를 미리 읽어 두어야만 한다.

☐ 08 競り合い | せりあい 경쟁

両チームの**競り合い**が続いて、最後まで目が離せない試合だ。
양팀의 경쟁이 계속되어 끝까지 눈을 뗄 수 없는 시합이다.

☐ 09 立ち上がり | たちあがり 시작

このピッチャーはいつも**立ち上がり**に点を取られるのが問題だ。
이 투수는 항상 시작할 때 점수를 빼앗기는 것이 문제이다.

☐ 10 出来栄え・出来映え | できばえ 만들어진 모양새, 만듦새

あの作家の新作は見事な**出来栄え**の作品になっている。
저 작가의 신작은 훌륭하게 만들어진 작품이다.

☐ 11 名指し | なざし 이름을 거론함, 지명함

社長は会議で私のことを**名指し**で批判した。
사장님은 회의에서 내 이름을 거론하며 비판했다.

☐ 12 日向 | ひなた 양달, 양지

朝顔は**日向**を好む植物なので、鉢植えは日陰には置かない方がいい。
나팔꽃은 양지를 선호하는 식물이기 때문에 화분은 그늘에 두지 않는 것이 좋다.

반 日陰 | ひかげ 응달, 그늘

5순위

★★ □ 13 前置き | まえおき 서두

前置きはこのくらいにして、本題(ほんだい)に入(はい)らせていただきます。
서두는 이쯤으로 하고 본론으로 들어가겠습니다.

★★ □ 14 負け惜しみ | まけおしみ 패자의 변명

弱(よわ)い者(もの)ほど勝負(しょうぶ)に負(ま)けた時(とき)に**負け惜しみ**を言(い)うものだ。
약한 자일수록 승부에 패했을 때 변명을 하는 법이다.

★★★ □ 15 物別れ | ものわかれ 의견이 맞지 않은 상태로 갈라짐, 결렬

両国(りょうこく)の交渉(こうしょう)は12月(がつ)31日(にち)に**物別れ**のまま終(お)わることになった。
양국의 교섭은 12월 31일에 결렬된 채 끝나게 되었다.

동사

🎧 47-2.mp3

기본 동사

★★★ □ 01 論う | あげつらう 결점이나 단점 등을 꼬집어서 이야기하다

人(ひと)の欠点(けってん)をいちいち**論う**上司(じょうし)の下(もと)では働(はたら)きたくない。
남의 결점을 하나하나 꼬집어대는 상사 밑에서는 일하고 싶지 않다.

★ □ 02 労る | いたわる (아픈 사람이나 어려움에 처한 사람을) 돌보다

お年寄(としよ)りや体(からだ)の不自由(ふじゆう)な人(ひと)は皆(みんな)で**労らなければ**ならない。
노인이나 몸이 불편한 사람은 모두 함께 돌봐야만 한다.

★★ □ 03 軋む | きしむ 삐걱거리다

ベッドが古(ふる)くて**軋む**ので、新(あたら)しい物(もの)に買(か)い換(か)えようと思(おも)う。
침대가 낡고 삐걱거려서 새것으로 바꾸려고 생각한다.

★★ □ 04 媚びる | こびる 알랑거리다, 비위를 맞추다

映画監督(えいがかんとく)として、大衆(たいしゅう)に**媚びる**映画(えいが)は作(つく)りたくない。
영화 감독으로서 대중의 비위를 맞추는 영화는 만들고 싶지 않다.

★★ □ 05 晒す | さらす (햇빛이 들거나 비가 내리는 곳에) 방치하다

隣(となり)の家(いえ)は留守(るす)なのか、洗濯物(せんたくもの)が雨(あめ)に**晒されたた**ままだ。

옆집은 부재 중인지 빨래가 비에 방치된 채 있다.

★ □ 06 研ぐ | とぐ 갈다

包丁(ほうちょう)を**研いだら**、びっくりするほど切(き)れ味(あじ)がよくなった。

식칼을 갈았더니 놀랄 만큼 잘 썰린다.

★★ □ 07 灯す・点す | ともす (등불이나 촛불 등을) 켜다

テントの中(なか)が暗(くら)くて、ランプに火(ひ)を**灯して**テントの真(ま)ん中(なか)に置(お)いた。

텐트 안이 어두워서 램프에 불을 켜서 텐트 한가운데에 놓았다.

★★ □ 08 なびく (남의 의견, 힘 등에) 따르다, 복종하다

彼(かれ)は力(ちから)のある人(ひと)にはすぐ**なびく**ような卑(いや)しい人間(にんげん)だ。

그는 힘이 있는 사람에게는 바로 복종하는 품격 없는 인간이다.

★★ □ 09 ねじれる 꼬이다, 엉키다

ドライヤーの電気(でんき)コードが**ねじれて**いて、使(つか)いづらかった。

드라이기의 전기 코드가 꼬여 있어서 사용하기 불편했다.

★★ □ 10 弾く | はじく 튕겨 내다

このズボンは安物(やすもの)だが、水(みず)をよく**弾く**ので雨(あめ)の日(ひ)にも快適(かいてき)だ。

이 바지는 싸구려이지만 물을 잘 튕겨 내기 때문에 비가 오는 날에도 쾌적하다.

★★ □ 11 ひけらかす 자랑하다

彼(かれ)はどこに行(い)っても知識(ちしき)を**ひけらかす**ので、他(ほか)の人(ひと)から嫌(きら)われている。

그는 어디에 가든지 지식을 자랑해서 다른 사람들이 싫어한다.

★★★ □ 12 諂う | へつらう 아첨하다, 아부하다

彼(かれ)は仕事(しごと)はうまくできないが、上司(じょうし)に**諂う**ことはとても上手(じょうず)だ。

그는 일은 잘 못하지만 상사에게 아부하는 것은 아주 잘한다.

★★ □ 13 遜る・謙る | へりくだる　자신을 낮추다, 겸손하다

丁寧なのはいいが、**遜った**言い方も度を越すと嫌味になる。
정중한 것은 좋지만 겸손한 말투도 도가 지나치면 비아냥으로 들린다.

★★★ □ 14 揉まれる | もまれる　(많은 사람들에 섞여) 시달리다, 고생하다

あんなにわがままな人はもう少し世の中に**揉まれた**方がいいと思う。
저렇게 제멋대로인 사람은 조금 더 혹독한 세상을 경험하는 게 좋다고 생각한다.

★★ □ 15 揉める | もめる　다툼이 일어나다

経営方針を巡って役員同士が**揉めて**いる。
경영 방침을 둘러싸고 임원들끼리 옥신각신하고 있다.

복합동사

★★★ □ 01 射止める | いとめる　(노리던 것을) 손에 넣다, 차지하다

彼は積極的なアプローチで彼女のハートを**射止める**ことに成功した。
그는 적극적으로 다가가 그녀의 마음을 차지하는 것에 성공했다.

★★ □ 02 思い焦がれる | おもいこがれる　애타게 생각하다

一目惚れした女性に**思い焦がれて**悩んでいる。
첫눈에 반한 여자가 애타게 생각나서 고민하고 있다.

★★ □ 03 連れ添う | つれそう　(부부가 되어) 함께 살다

彼は長年**連れ添って**きた妻と今年の春、死別した。
그는 오랜 세월 함께해 온 아내와 올봄에 사별했다.

★★ □ 04 解き放つ | ときはなつ　풀어 주다, 해방하다

戦争が終結したので、囚われていた捕虜を**解き放つ**。
전쟁이 종결되어 붙잡혀 있던 포로를 해방하다.

☐ 05 **取り持つ** | とりもつ　맺어 주다, 주선하다

彼らはスポーツが**取り持つ**縁で、来月結婚することになった。
그들은 스포츠가 맺어 준 인연으로 다음 달에 결혼하게 되었다.

☐ 06 **剥ぎ取る** | はぎとる　(몸에 지닌 옷이나 금품 등을) 빼앗다

その女性は身に付けていた宝石を強盗に**剥ぎ取られた**。
그 여성은 몸에 지니고 있던 보석을 강도에게 빼앗겼다.

☐ 07 **張り合う** | はりあう　(같은 목표를 두고) 경쟁하다

男なら誰でも一人の女性を巡ってライバルと**張り合った**ことはあるだろう。 남자라면 누구나 한 명의 여성을 둘러싸고 라이벌과 경쟁해 본 적이 있을 것이다.

☐ 08 **引き立てる** | ひきたてる　(후배나 상인 등을) 특별히 돌보다, 등용하다

いつも我が社をお**引き立て**くださり、心より御礼申し上げます。
항상 저희 회사를 특별히 돌봐 주셔서 진심으로 감사 말씀드립니다.

☐ 09 **まかり通る** | まかりとおる　통용되다

そんな馬鹿げた理屈が世の中に**まかり通る**はずがない。
그런 말도 안 되는 이치가 이 세상에 통용될 리가 없다.

☐ 10 **寄り添う** | よりそう　옆에 바싹 붙다

とても寒い夜、二人はそっと**寄り添いながら**眠った。
아주 추운 밤에 두 사람은 살짝 옆에 붙어서 잠이 들었다.

5순위

형용사

47-3.mp3

い형용사

☐ 01 **胡散臭い** | うさんくさい　어딘가 수상하다, 수상한 냄새가 나다

そんな**胡散臭い**儲け話には絶対乗らない方がいい。
그런 수상한 냄새가 나는 돈벌이 이야기에는 절대로 응하지 않는 게 좋다.

★★ □ **02 所在ない** | しょざいない (할 일이 없어) 심심하다, 무료하다

彼は**所在ない**様子で、ただ窓の外を眺めているだけだった。
그는 무료한 듯 그저 창밖을 바라만 보고 있을 뿐이었다.

★ □ **03 古臭い** | ふるくさい 낡아 빠지다

田舎に行くと、まだまだ**古臭い**習慣が残っている。
시골에 가면 아직도 낡아 빠진 관습이 남아 있다.

★★ □ **04 水臭い** | みずくさい (맛이) 싱겁다 / (친한 사이인데) 서먹서먹하다

最後のデートの時、彼女は何だか**水臭い**態度を取っていた。
마지막 데이트 때 그녀는 왠지 서먹서먹한 태도로 대했었다.

★★ □ **05 物々しい** | ものものしい 삼엄하다

大統領の演説会場には**物々しい**警備体制が敷かれた。
대통령의 연설 회장에는 삼엄한 경비 체제가 깔렸다.

な 형용사

★★ □ **01 粋** | いき 세련됨

彼はいつもとは違う**粋な**服装で事務室に現れた。
그는 평소와는 다른 세련된 복장으로 사무실에 나타났다.

★★ □ **02 均等** | きんとう 균등함, 고름

一つのケーキを皆で食べられるように**均等に**切ってください。
하나의 케이크를 모두가 함께 먹을 수 있도록 균등하게 잘라 주세요.

★★★ □ **03 不恰好** | ぶかっこう 꼴사나움, 볼품없음

部長は今日、**不恰好な**だぶだぶのズボンを履いて出勤した。
부장은 오늘 볼품없는 헐렁헐렁한 바지를 입고 출근했다

☐ 04 物騒 | ぶっそう 흉흉함

昨日も殺人事件があった。**物騒な**世の中になったものだ。

어제도 살인 사건이 있었다. 흉흉한 세상이 된 것 같다.

☐ 05 仄か | ほのか 희미함

あの庭には**仄かに**梅の香りが漂っていた。

저 마당에는 희미하게 매화 향이 감돌고 있었다.

부사

47-4.mp3

☐ 01 うんともすんとも 아무런 반응이 없음

昔の仲間にメールを送ったが、**うんともすんとも**言ってこない。

옛 동료에게 메일을 보냈는데 아무런 답이 오지 않는다.

☐ 02 忌憚なく | きたんなく 기탄없이, 거리낌 없이

今日は、**忌憚なく**ご自由に意見を述べていただきたい。

오늘은 기탄없이 자유롭게 의견을 말해 주었으면 한다.

☐ 03 げっそりと 홀쭉하게

太っていた彼が、入院して**げっそりと**痩せ細った。

뚱뚱했던 그가 입원해서 홀쭉하게 살이 빠졌다.

☐ 04 古今東西を問わず | ここんとうざいをとわず 동서고금을 막론하고

健康は、**古今東西を問わず**万人の話題であり、関心事だ。

건강은 동서고금을 막론하고 만인의 화제이자 관심사이다.

☐ 05 殊更 | ことさら 새삼스럽게, 특별히

すでにみんな知っていると思うから、**殊更**ここで話す必要はないだろう。

이미 모두 알고 있을 테니 새삼스럽게 여기서 이야기할 필요는 없겠지.

5순위

의성어·의태어

☐ 01 **さむざむ** 살풍경인 모양 / 몹시 추운 모양

カメラマンはシベリアの**さむざむ**とした光景を写真に撮った。
카메라맨은 시베리아의 으스스한 풍경을 사진으로 찍었다.

☐ 02 **じとじと** 습기가 많아 불쾌한 모양

梅雨時の**じとじと**した天気にはもううんざりだ。
장마철의 눅눅한 날씨는 이제 지긋지긋하다.

☐ 03 **しらじら** 해가 뜨면서 점점 밝아지는 모양

当時は毎日**しらじら**と夜が明けるまで勉強をした。
당시에는 매일 하얗게 아침이 밝아올 때까지 공부를 했다.

☐ 04 **ぬくぬく** 몸이 따뜻해져 포근한 느낌이 드는 모양

ガスヒーターのお陰で、部屋の中が段々**ぬくぬく**としてきた。
가스난로 덕분에 방 안이 점점 훈훈해졌다.

☐ 05 **ひしひし** 사무치게 느껴지는 모양

一人暮らしを始めてから、母のありがたさを**ひしひし**と感じている。
자취 생활을 시작하고서부터 어머니의 고마움을 절실하게 느끼고 있다.

속담·사자성어

☐ 01 **腐っても鯛** | くさってもたい 썩어도 도미

先日、10年ぶりにゴルフコンペに参加したが、**腐っても鯛**でなかなかのスコアで回ることができた。
며칠 전에 10년만에 골프 대회에 참가했는데 썩어도 도미라고 상당한 점수를 올리며 돌 수 있었다.

PLUS 정말 좋은 것은 다소 쇠락하더라도 나름의 가치를 유지한다는 뜻

□ 02 過ぎたるは及ばざるが如し | すぎたるはおよばざるがごとし
지나친 것은 모자란 것과 같다, 과유불급

果物(くだもの)が体(からだ)にいいからと言(い)って食(た)べ過(す)ぎるのは、**過ぎたるは及ばざるが如し**だ。
과일이 몸에 좋다고 해서 너무 많이 먹으면 과유불급이다.

□ 03 天地神明 | てんちしんめい　천지신명

天地神明にかけて、嘘(うそ)は申(もう)しません。
천지신명을 두고 거짓말은 하지 않겠습니다.

□ 04 主客転倒 | しゅかくてんとう　주객전도

はじめは遠慮気味(えんりょぎみ)だった後輩(こうはい)も、しだいに自分(じぶん)の考(かんが)えを主張(しゅちょう)し始(はじ)め、**主客転倒**したミーティングになった。
처음에는 다소 주저하던 후배도 점점 자기 생각을 주장하기 시작하면서 주객전도가 된 미팅이 되었다.

PLUS 일이 돌아가는 경우나 순서 등이 뒤바뀐다는 뜻.

관용어

□ 01 胡坐をかく | あぐらをかく　지금 상황에 안주하여 노력하지 않다

彼(かれ)は部長(ぶちょう)の地位(ちい)に**胡坐をかいて**全(まった)く努力(どりょく)していない。
그는 부장의 지위에 안주하여 전혀 노력하고 있지 않다.

□ 02 後を引く | あとをひく　(결말이 나지 않고) 계속 이어지다

この事件(じけん)の影響(えいきょう)は当分(とうぶん)**後を引く**だろう。
이 사건의 영향은 당분간 계속 이어질 것이다.

□ 03 合わせる顔がない | あわせるかおがない　면목이 없다

今度(こんど)の試合(しあい)にも負(ま)けたら、応援(おうえん)してくれる人(ひと)に**合わせる顔がない**。
이번 시합에도 패한다면 응원해 주는 사람들에게 면목이 없다.

★★ □ 04 **言い掛かりをつける | いいがかりをつける** 트집을 잡다

ただのミスだったのに、人(ひと)から故意(こい)だと**言い掛かりをつけられた**。
그냥 실수였는데 다른 사람에게서 고의라며 트집을 잡혔다

★★★ □ 05 **異彩を放つ | いさいをはなつ** 이채롭다, 유독 눈에 띄다

個性(こせい)の強(つよ)い彼(かれ)はグループの中(なか)で一人(ひとり)**異彩を放っ**ている。
개성이 강한 그는 그룹 안에서 혼자서 유독 눈에 띈다.

★★★ □ 06 **打てば響く | うてばひびく** 척 하면 착이다, 원하는 반응이 나오다

営業(えいぎょう)マンには**打てば響く**ような素早(すばや)い反応(はんのう)が望(のぞ)ましい。
영업 사원에게는 척 하면 착 하는 재빠른 반응이 요구된다.

★★★ □ 07 **根を詰める | こんをつめる** 정력을 다해 몰두하다

この仕事(しごと)はそんなに**根を詰めて**やる必要(ひつよう)はない。
이 일은 그렇게 정력을 다해서 할 필요는 없다.

★★ □ 08 **駄々を捏ねる | だだをこねる** 떼를 쓰다

子供(こども)が散々(さんざん)**駄々を捏ねる**ので、仕方(しかた)なくおもちゃを買(か)ってあげた。
아이가 너무 떼를 써서 어쩔 수 없이 장난감을 사 주었다.

★★ □ 09 **話に実が入る | はなしにみがはいる** (흥미로워서) 이야기에 열중하다

昨日(きのう)のサッカーの**話に実が入り**、本題(ほんだい)の方(ほう)はなかなか進(すす)まなかった。
어제 축구 이야기에 열중하여 본주제 쪽으로는 좀처럼 넘어가지 않았다.

★★ □ 10 **火に油を注ぐ | ひにあぶらをそそぐ** 불에 기름을 들이붓다

機嫌(きげん)の悪(わる)い部長(ぶちょう)にその話(はなし)をするのは**火に油を注ぐ**ようなものだ。
기분이 좋지 않은 부장에게 그 이야기를 하는 것은 불에 기름을 들이붓는 것과 같은 것이다.

1 다음 밑줄 친 히라가나에 해당하는 한자를 고르세요.

1. 社会の不安をじょうせいする。 ① 造成 ② 醸成
2. まえおきの長い話 ① 前置き ② 前起き
3. 音楽界のせんくしゃ ① 先区者 ② 先駆者
4. うさんくさい投資話には飛びつかない。 ① 胡散臭い ② 胡酸臭い
5. 最近はぶっそうな事件が多い。 ① 物走 ② 物騒

2 다음 두 문장 중에서 올바른 문장을 고르세요.

1. ① 貧富の格差がほとぼりになった。
   ② 貧富の格差が浮き彫りになった。

2. ① お酒を無理強いしてはいけない。
   ② お酒を先駆けしてはいけない。

3. ① 交渉が生き別れに終わった。
   ② 交渉が物別れに終わった。

4. ① 子供が駄々をこねて母親におもちゃを買わせた。
   ② 子供が団子をこねて母親におもちゃを買わせた。

5. ① ベッドが古くて媚びる。
   ② ベッドが古くて軋む。

3 다음 일본어가 설명하고 있는 단어를 고르세요.

1. 停滞して、物事がなかなか進まない。

① 足踏み　② 足かせ

2. その世界の大物

① 大田舎　② 大御所

3. 将来のためにあらかじめ備えておくこと

① 布石　② 定石

4. 刃物を石などで擦って鋭くする。

① 研ぐ　② 磨く

5. 相手に気に入られるように振舞う。

① あげつらう　② へつらう

1 1.② 2.① 3.② 4.① 5.②　2 1.② 2.① 3.② 4.① 5.②　3 1.① 2.② 3.① 4.① 5.②

DAY 48

VOCA Check

나의 어휘 실력은 현재 어느 정도일까?
실전 어휘력 체크!

다음 어휘의 뜻을 써 보세요.

명사

□01 磁石 .... □02 順位 .... □03 大量 ....
□04 総掛かり .... □05 高飛車 .... □06 見様見真似 ....
□07 掛け合い .... □08 霜焼け .... □09 立ちくらみ ....

동사

□10 弄る .... □11 萎む .... □12 退ける ....
□13 賄う .... □14 揺らめく .... □15 押し入る ....
□16 こじ開ける .... □17 突き出す .... □18 掘り返す ....

형용사

□19 争えない .... □20 か弱い .... □21 芳しい ....
□22 乏しい .... □23 睦まじい .... □24 定か ....
□25 質素 .... □26 長閑 .... □27 円やか ....

부사·의성어·의태어

□28 折り返し .... □29 いみじくも .... □30 続け様に ....
□31 見るからに .... □32 歴然と .... □33 かちかち ....
□34 じゃぶじゃぶ .... □35 ぱんぱん .... □36 ぴたぴた ....

속담·사자성어·관용어

□37 同じ穴の貉 .... □38 傍若無人 ....
□39 後を託す .... □40 我が強い ....

- **정답 개수 01~10개** ▸ **당신은 초급자!** 산 넘어 산이네요! 정독하여 반드시 어휘 정복합시다!
- **정답 개수 11~20개** ▸ **당신은 초중급자!** 이제 걸음마 뗀 수준? 좀 더 노력하여 수준급으로 Go!
- **정답 개수 21~30개** ▸ **당신은 중급자!** 조금만 더 열심히 하면, 상급자까지 얼마 안 남았어요!
- **정답 개수 31~40개** ▸ **당신은 거의 상급자 수준?!** 방심은 금물! 100% 완벽에 도전합시다!

시험에 많이 나오는 어휘 **5순위**

DAY 48

명사

48-1.mp3

기본 한자어

- □ 01 悔恨 | かいこん 회한
- □ 02 関税 | かんぜい 관세
- □ 03 酷使 | こくし 혹사
- □ 04 詐称 | さしょう 사칭
- □ 05 錯覚 | さっかく 착각
- □ 06 磁石 | じしゃく 자석
- □ 07 寿命 | じゅみょう 수명
- □ 08 順位 | じゅんい 순위
- □ 09 渉外 | しょうがい 섭외
- □ 10 除去 | じょきょ 제거
- □ 11 深海 | しんかい 심해
- □ 12 真空 | しんくう 진공
- □ 13 森林 | しんりん 삼림
- □ 14 崇拝 | すうはい 숭배
- □ 15 税関 | ぜいかん 세관
- □ 16 喪失 | そうしつ 상실
- □ 17 大量 | たいりょう 대량
- □ 18 抽出 | ちゅうしゅつ 추출
- □ 19 調達 | ちょうたつ 조달
- □ 20 追跡 | ついせき 추적
- □ 21 定額 | ていがく 정액
- □ 22 天井 | てんじょう 천장
- □ 23 配慮 | はいりょ 배려
- □ 24 報償 | ほうしょう 보상
- □ 25 募集 | ぼしゅう 모집
- □ 26 麻酔 | ますい 마취

읽기에 주의해야 할 음훈 결합 명사

□ 01 **荒療治** | あらりょうじ　　극약처방

経営悪化の危機を乗り越えるために在庫を一掃するという**荒療治**を決行した。 경영 악화 위기를 극복하기 위해 재고를 모두 처분하는 극약처방을 결행했다.

□ 02 **有り体** | ありてい　　있는 그대로

有り体に言えば、彼が成功する可能性はゼロに近い。
있는 그대로 말하자면 그가 성공할 가능성은 제로에 가깝다.

□ 03 **総掛かり** | そうがかり　　총동원

行方不明になった女児を地元の警察は**総掛かり**で捜索を続けた。
행방불명이 된 여자아이를 지역 경찰은 인력을 총동원하여 수색을 계속했다.

□ 04 **総出** | そうで　　총출동

この地域では収穫の時期になると家族**総出**で農作業をする光景がよく目につく。 이 지역에서는 수확 시기가 되면 가족이 총출동하여 농사일을 하는 광경이 자주 눈에 띈다.

□ 05 **体当たり** | たいあたり　　온몸을 던져 부딪침, 전력을 다함

彼女の失敗を恐れない**体当たり**のチャレンジはみんなに勇気を与えてくれる。 그녀의 실패를 두려워하지 않는 몸을 사리지 않는 도전은 모두에게 용기를 주었다.

□ 06 **高飛車** | たかびしゃ　　위압적인 태도, 고자세

彼の**高飛車**な態度は周囲の反感を買っただけでなく、マスコミでも大々的に報道された。
그의 고압적인 태도는 주위의 반감을 샀을 뿐 아니라 매스컴에서도 대대적으로 보도되었다.

□ 07 **段違い** | だんちがい　　격이 다름

さすがこの道40年のベテランと、経験が浅い私とは**段違い**だ。
역시 이 방면 40년의 베테랑과 경험이 얕은 나는 격이 다르다.

☐ 08 **手持ち無沙汰** | てもちぶさた 할 일이 없어 무료함

病院(びょういん)の待合室(まちあいしつ)で**手持ち無沙汰**にならないように単語帳(たんごちょう)を持(も)って行(い)った。
병원 대기실에서 심심하지 않도록 단어장을 가지고 갔다.

☐ 09 **見様見真似** | みようみまね 눈동냥으로 배움

シュートがうまい先輩(せんぱい)の動(うご)きをじっくり観察(かんさつ)して、**見様見真似**でやってみた。
슛이 능숙한 선배의 움직임을 잘 관찰해서 본 대로 따라 해 보았다.

☐ 10 **紋切り型** | もんきりがた 틀에 박힌 형식

紋切り型の祝辞(しゅくじ)は聞(き)いていても内容(ないよう)が耳(みみ)に入(はい)ってこない。
틀에 박힌 축사는 듣고 있어도 내용이 귀에 들어오지 않는다.

고유어

☐ 01 **置いてけぼり** | おいてけぼり 남겨 두고 떠남

集合時間(しゅうごうじかん)に遅刻(ちこく)したばかりに、皆(みんな)に**置いてけぼり**を食(く)らった。
집합 시간에 지각한 탓에 모두가 나를 남겨 두고 떠났다.

☐ 02 **置き去り** | おきざり 내버려두고 감

赤(あか)ちゃんを**置き去り**にした事件(じけん)がまた発生(はっせい)したそうだ。
아기를 버려두고 간 사건이 또 발생했다고 한다.

☐ 03 **掛け合い** | かけあい 담판

賃上(ちんあ)げを求(もと)めて社長(しゃちょう)のところに**掛け合い**に行(い)く。
임금 인상을 요구하며 사장이 있는 곳으로 담판하러 가다.

☐ 04 **がた落ち** | がたおち 뚝 떨어짐, 폭락

自動車(じどうしゃ)メーカーのT社(しゃ)はリコール問題(もんだい)で信用(しんよう)が**がた落ち**になった。
자동차 회사인 T사는 리콜 문제로 신용이 뚝 떨어지게 되었다.

☐ 05 絡繰り | からくり 계략, 음모

あの会社が急成長した裏には**絡繰り**があった。
저 회사가 급성장한 이면에는 음모가 있었다.

☐ 06 霜焼け | しもやけ 가벼운 동상

裸足で氷の上を歩いたら、足に**霜焼け**ができてとても痒い。
맨발로 얼음 위를 걸었더니 발에 동상이 걸려서 대단히 가렵다.

☐ 07 立ちくらみ | たちくらみ 앉아 있다가 일어났을 때 어지러워지는 현상

急に立ち上がったら、**立ちくらみ**がした。貧血かもしれない。
갑자기 일어났더니 현기증이 났다. 빈혈일지도 모른다.

☐ 08 出来損ない | できそこない 됨됨이가 안 좋음, 완성도가 떨어짐

出来損ないの野菜を農家から安い値段で買って食べている。
재배가 잘 안 된 채소를 농가로부터 저렴한 가격으로 사서 먹고 있다.

☐ 09 手始め | てはじめ 시작, 첫걸음

アンケート調査を**手始め**にマーケティングを行う計画だ。
설문 조사를 시작으로 마케팅을 실시할 계획이다.

☐ 10 寝冷え | ねびえ 춥게 자서 탈이 남

クーラーをつけっぱなしにして寝たら、**寝冷え**をして体調が悪い。
냉방을 켜 놓은 채로 잤더니 탈이 나서 몸 상태가 좋지 않다.

☐ 11 人馴れ | ひとなれ (동물이) 사람을 잘 따름

この馬は小さい時から乗馬に使われてきたので、**人馴れ**している。
이 말은 어렸을 때부터 승마에 이용되어 왔기 때문에 사람을 잘 따른다.

☐ 12 恵みの雨 | めぐみのあめ 단비

この雨は、水不足に悩む農村には**恵みの雨**だろう。
이 비는 물 부족으로 고생하는 농촌에는 단비일 것이다.

☐ 13 物怖じ | ものおじ 겁을 먹음

彼(かれ)は**物怖じ**しない性格(せいかく)なので、何(なに)にでも挑戦(ちょうせん)したがる。
그는 겁이 없는 성격이라서 무슨 일에든 도전하고 싶어 한다.

☐ 14 行き倒れ | ゆきだおれ 길가에 쓰러짐

道端(みちばた)で哀(あわ)れな乞食(こじき)が**行き倒れ**になって死(し)んでいた。
길거리에서 불쌍한 거지가 쓰러져 죽어 있었다.

☐ 15 選り好み | よりごのみ・えりごのみ 좋아하는 것을 가림

せっかく世界(せかい)の料理(りょうり)があったので、**選り好み**をしないでいろいろ食(た)べてみた。 모처럼 여러 나라의 요리가 있어서 가리지 않고 이것저것 먹어 보았다.

동사

48-2.mp3

기본 동사

☐ 01 相手取る | あいてどる 상대하다

製薬会社(せいやくがいしゃ)を**相手取って**訴訟(そしょう)を起(お)こした。
제약 회사를 상대로 소송을 일으켰다.

PLUS 뒤에는 주로 소송한다는 뜻의 단어가 온다.

☐ 02 弄る | いじる 만지작거리다

子供(こども)が携帯電話(けいたいでんわ)を**弄って**、壊(こわ)してしまった。
아이가 휴대 전화를 만지작거리다가 망가뜨리고 말았다.

☐ 03 押さえる | おさえる 확보하다

チケットはちゃんと**押さえて**あるから、心配(しんぱい)しなくていいよ。
티켓은 확실하게 확보해 두었으니까 걱정하지 않아도 돼.

☐ 04 帯びる | おびる (어떤 성질이나 요소를) 띠다, 머금다

この金属(きんぞく)は電気(でんき)を**帯びる**と高熱(こうねつ)を出(だ)す性質(せいしつ)がある。
이 금속은 전기를 머금으면 고열을 내는 성질이 있다.

□ 05 垣間見る | かいまみる — 엿보다

偶然街角で募金運動をしている彼女の姿を見つけ、普段とは違う一面を**垣間見た**気がした。

우연히 길모퉁이에서 모금 운동을 하고 있는 그녀의 모습을 발견하고서 평소와는 다른 일면을 엿본 것 같았다.

□ 06 くすむ — 칙칙해지다

弟は表紙の**くすんだ**古本をどこからか買ってきた。

동생은 표지가 칙칙해진 헌책을 어딘가에서 사 왔다.

□ 07 萎む | しぼむ — (식물이 생기를 잃어) 오그라들다, 시들다

元気に咲いていたチューリップの花が急に**萎んで**しまって悲しい。

활짝 피어 있던 튤립이 갑자기 시들어 버려서 슬프다.

□ 08 退ける | しりぞける — 물리치다

保守党候補が革新系候補を**退けて**当選した。

보수당 후보가 혁신계 후보를 물리치고 당선되었다.

□ 09 据える | すえる — (물건을 놓을 장소를 정하여 그곳에) 두다

まず冷蔵庫を**据えて**から、残りの荷物を運び入れた。

우선 냉장고를 배치한 다음, 남은 짐을 옮겨서 들여놓았다.

□ 10 滑る | すべる — 미끄러지다

雨の日は路面が**滑りやすく**、危険だ。

비 오는 날에는 길바닥이 미끄러지기 쉬워서 위험하다.

□ 11 だぶつく — 남아돌다

在庫が**だぶついて**きたので、生産を中止するしかなかった。

재고가 남아돌게 되었기 때문에 생산을 중지할 수밖에 없었다.

□ 12 凹む | へこむ — 움푹 들어가다

缶詰を地面に落としたら少し**凹んで**しまった。

통조림을 땅바닥에 떨어뜨렸더니 약간 움푹 패여 버렸다.

□ 13 賄う | まかなう　　조달하다

この国(くに)の電力(でんりょく)は、そのほとんどが水力発電(すいりょくはつでん)で**賄われて**いる。

이 나라의 전력은 그 대부분이 수력 발전으로 조달되고 있다.

□ 14 委ねる | ゆだねる　　위임하다

法律(ほうりつ)に暗(くら)いので、一切(いっさい)の権利(けんり)を代理人(だいりにん)に**委ねた**。

법률에 어두워서 일체의 권리를 대리인에게 위임했다.

□ 15 揺らめく | ゆらめく　　흔들거리다

ろうそくの火(ひ)が風(かぜ)に**揺らめいて**、ときどき消(き)えそうになった。

촛불이 바람에 흔들거리며 가끔 꺼질 것 같았다.

복합동사

□ 01 浮かび上がる | うかびあがる　　부상하다

捜査線上(そうさせんじょう)に容疑者(ようぎしゃ)が**浮かび上がって**いる。

수사 선상에 용의자가 부상했다.

□ 02 送り付ける | おくりつける　　(달갑지 않은 것을) 보내다

誘拐事件(ゆうかいじけん)の犯人(はんにん)が脅迫状(きょうはくじょう)を**送り付けて**きた。

유괴 사건의 범인이 협박장을 보내왔다.

□ 03 押し入る | おしいる　　강제로 들어가다, 침입하다

二人組(ふたりぐみ)の男(おとこ)が一人(ひとり)暮(ぐ)らしのお年寄(としよ)りの家(いえ)に**押し入った**。

2인조 남자가 혼자 살고 있는 노인의 집에 침입했다.

□ 04 脅し取る | おどしとる　　협박하여 금품을 빼앗다

中学生(ちゅうがくせい)からゲーム機(き)を**脅し取った**男(おとこ)を逮捕(たいほ)した。

중학생을 협박해서 게임기를 빼앗은 남자를 체포했다.

★★ □ 05 こじ開ける | こじあける　　억지로 열다

犯人は金具で窓を**こじ開けて**中に侵入したものと思われる。
범인은 쇠붙이로 창문을 억지로 열고 안으로 침입한 것으로 생각된다.

★★ □ 06 摩り替える | すりかえる　　바꿔치기하다

詐欺師は本物の宝石を偽物と**摩り替えた**。
사기꾼은 진짜 보석을 가짜 보석과 바꿔치기했다.

★★ □ 07 騙し取る | だましとる　　속여서 빼앗다

一人暮らしの老人が年金を**騙し取られた**。
혼자 사는 노인이 속아서 연금을 빼앗겼다.

★★★ □ 08 突き出す | つきだす　　범인을 경찰에 넘기다

ようやく証拠を掴んだので、容疑者を警察に**突き出した**。
겨우 증거를 잡아서 용의자를 경찰에 넘겼다.

★★ □ 09 掘り返す | ほりかえす　　파헤치다

今更そんな過去の事件を**掘り返して**どうするつもりですか。
이제 와서 그런 과거의 사건을 파헤쳐서 어쩌려고요?

★★★ □ 10 巻き上げる | まきあげる　　빼앗다, 갈취하다

旅行先でギャンブルに手を出し、金を**巻き上げられた**。
여행지에서 도박에 손을 대어 돈을 잃었다.

5순위

형용사

48-3.mp3

い 형용사

★★ □ 01 争えない | あらそえない　　부정할 수 없다, 속일 수 없다

息子の顔を見ると、やはり血は**争えない**ものだとつくづく思う。
아들 얼굴을 보면 역시 피는 속일 수 없는 것이라고 새삼 느낀다.

★★ □ 02 か弱い | かよわい 연약하다

か弱い女性(じょせい)も子供(こども)を産(う)むと強(つよ)くなるものだ。

연약한 여자도 아이를 낳으면 강해지는 법이다.

★★★ □ 03 芳しい | かんばしい 좋다, 바람직하다

最近(さいきん)、バイトばかりしていたせいか、全体的(ぜんたいてき)に成績(せいせき)が**芳しく**ない。

요즘 아르바이트만 해서 그런지 전체적으로 성적이 좋지 않다.

PLUS 주로 芳しくない(좋지 않다)의 형태로 쓰이는 경우가 많다.

★ □ 04 乏しい | とぼしい 부족하다

金銭感覚(きんせんかんかく)に**乏しい**人(ひと)と結婚(けっこん)すると、苦労(くろう)が絶(た)えない。

금전 감각이 부족한 사람과 결혼하면 고생이 끊이지 않는다.

★ □ 05 睦まじい | むつまじい (부부의) 금슬이 좋다

仲(なか)が**睦まじい**老夫婦(ろうふうふ)がベンチに座(すわ)っている。

금슬이 좋은 노부부가 벤치에 앉아 있다.

な 형용사

★★ □ 01 定か | さだか 확실함

そこに行(い)ったことがあるような気(き)もするが、記憶(きおく)が**定かでは**ない。

거기에 간 적이 있는 것 같은 느낌도 들지만 기억이 확실하지 않다.

★★ □ 02 質素 | しっそ 검소함

贅沢(ぜいたく)は一切(いっさい)せず、毎日(まいにち)**質素な**生活(せいかつ)を送(おく)っている。

사치는 일체 부리지 않고 매일 검소한 생활을 보내고 있다.

★★ □ 03 長閑 | のどか 한적함

この地域(ちいき)には**長閑な**田園地帯(でんえんちたい)が広(ひろ)がっている。

이 지역에는 한적한 전원 지대가 펼쳐져 있다.

☐ 04 稀・希 | まれ — 드묾, 희귀함

この写真に写っている自然現象はごく**稀な**もので、かなり珍しいそうだ。
이 사진에 찍힌 자연 현상은 아주 희귀한 것으로 상당히 드물다고 한다.

☐ 05 円やか | まろやか — 맛이 부드러움

このチョコレートは口にした瞬間、**円やかな**味わいが広がる。
이 초콜릿은 입에 넣는 순간 부드러운 맛이 퍼진다.

부사

48-4.mp3

☐ 01 折り返し | おりかえし — 즉시, 당장

ただいま外出中ですので、**折り返し**お電話いたします。
지금 외출 중이니 곧바로 전화드리겠습니다.

☐ 02 いみじくも — 용하게도, 교묘하게도

いみじくも課長から指摘していただいた通りになりました。
용하게도 과장님께서 지적하신 대로 되었습니다.

☐ 03 続け様に | つづけざまに — 계속해서

先週から**続け様に**宴会があって、今日は胃の調子がよくない。
지난주부터 계속해서 회식이 있어서 오늘은 위 상태가 좋지 않다.

☐ 04 見るからに | みるからに — 언뜻 보기에도, 딱 봐도

あのプロレスラーは体も大きく、筋肉もあって**見るからに**強そうだ。
저 프로 레슬러는 몸집도 크고 근육도 있어서 언뜻 보기에도 강해 보인다.

☐ 05 歴然と | れきぜんと — 역력히

試合の結果で両チームの実力の差は**歴然と**している。
시합의 결과로 양 팀의 실력 차는 역력히 드러났다.

의성어·의태어

☐ 01 **かちかち** 시곗바늘이 째깍째깍 울리는 소리

目を閉じたら、時計の針が**かちかち**と鳴るのが聞こえる。
눈을 감으면 시곗바늘이 째깍째깍 울리는 소리가 들린다.

☐ 02 **じゃぶじゃぶ** 물이 출렁이는 소리

洗濯板で**じゃぶじゃぶ**と洗濯物を洗っている。
빨래판으로 물을 출렁이며 빨래를 하고 있다.

㊐ ざぶざぶ

☐ 03 **ぱたぱた** 먼지 등을 털어 내는 소리

母は棚のほこりをはたきで**ぱたぱた**と払っている。
어머니는 선반의 먼지를 먼지떨이로 툭툭 털고 있다.

☐ 04 **ぱんぱん** 금방이라도 터질 듯 부풀어 있는 모양

ぱんぱんに膨らんだゴミ袋を持ってゴミ捨て場に行った。
빵빵하게 부푼 쓰레기봉투를 가지고 쓰레기장으로 갔다.

☐ 05 **ぴたぴた** 찰싹 달라붙는 모양

プリクラの写真を携帯電話に**ぴたぴた**と貼った。
스티커 사진을 휴대 전화에 찰싹 붙였다.

속담·사자성어

☐ 01 **同じ穴の狢** | おなじあなのむじな 같은 동굴의 너구리

結局、あの二人は彼女を裏切ったという点においては**同じ穴の狢**だったと言えよう。
결국 그 두 사람은 그녀를 배신했다는 점에 있어서는 같은 동굴의 너구리였다고 할 수 있을 것이다.

PLUS 한통속 또는 같은 부류라는 뜻으로 보통 나쁜 의미로 쓰인다.

☆☆ □ 02 隣の芝生は青い | となりのしばふはあおい 옆집 잔디는 푸르다

隣の芝生は青いというもので、つい他人(たにん)と比較(ひかく)してしまう癖(くせ)がある。
남의 떡이 더 커 보이는 법이어서 나도 모르게 그만 다른 사람과 비교해 버리는 습관이 있다.

PLUS 남의 것이 더 좋아 보인다는 뜻.

☆☆ □ 03 傍若無人 | ぼうじゃくぶじん 방약무인

他(ほか)の客(きゃく)がいるのにもかかわらず、**傍若無人**な態度(たいど)の客(きゃく)は迷惑極(めいわくきわ)まりない。
다른 손님이 있는데도 불구하고 방약무인하게 구는 손님은 정말이지 민폐 그 자체다.

PLUS 옆에 아무도 없는 것처럼 거리낌없이 행동한다는 뜻.

☆☆ □ 04 油断大敵 | ゆだんたいてき 방심이 최대의 적이다

油断大敵という言葉(ことば)のとおり、しっかり準備(じゅんび)しておかないと痛(いた)い目(め)にあうこともある。
방심이 최대의 적이라는 말이 있듯이 빈틈없이 준비를 해 두지 않으면 큰코다친다.

관용어

☆☆ □ 01 後を託す | あとをたくす 뒷일을 맡기다

年(とし)も年(とし)なので、後輩(こうはい)に**後を託して**引退(いんたい)することにした。
나이도 나이인지라 후배에게 뒷일을 맡기고 은퇴하기로 했다.

☆☆ □ 02 蟻の這い出る隙もない | ありのはいでるすきもない 개미 한 마리 기어나올 틈도 없다, 아주 약간의 틈도 없을 정도로 경비가 삼엄하다

蟻の這い出る隙もないほど厳重(げんじゅう)な警備(けいび)が敷(し)かれている。
개미 한 마리 기어나올 틈도 없을 만큼 엄중한 경비가 깔려 있다.

☆☆ □ 03 生きた心地もしない | いきたここちもしない (너무 무섭거나 괴로워서) 살아 있다는 느낌이 안 든다

走行中(そうこうちゅう)に車(くるま)のブレーキが急(きゅう)に壊(こわ)れて、**生きた心地もしなかった**。
주행 중에 차 브레이크가 갑자기 고장 나서 살아 있다는 게 실감이 안 난다.

□ 04 **我が強い | ががつよい** 고집이 세다

あの子(こ)は人一倍(ひといちばい)**我が強くて**、いくら反対(はんたい)しても無駄(むだ)だった。
저 아이는 남달리 고집이 세서 아무리 반대해도 소용없었다.

□ 05 **癪に障る | しゃくにさわる** 비위에 거슬리다

あの男性(だんせい)の言(い)うことにはいちいち棘(とげ)があるので、聞(き)いていると**癪に障る**。
저 남자가 하는 말에는 하나하나 가시가 있어서 듣고 있으면 비위에 거슬린다.

□ 06 **名が売れる | ながうれる** 이름이 팔리다, 유명해지다

私(わたし)も最近(さいきん)ではこの業界(ぎょうかい)で**名が売れて**きたようだ。
나도 최근에는 이 업계에서 이름이 팔리기 시작한 것 같다.

□ 07 **羽目を外す | はめをはずす** 도가 지나치다 싫을 만큼 자유롭게 행동하다

毎日(まいにち)が残業続(ざんぎょうつづ)きで、たまには**羽目を外して**遊(あそ)んでみたい。
매일이 야근의 연속이라서 가끔은 고삐를 풀고 놀아 보고 싶다.

□ 08 **冷や飯を食う | ひやめしをくう** 냉대를 당하다

部長(ぶちょう)は昔(むかし)、地方(ちほう)に左遷(させん)されて**冷や飯を食った**ことがある。
부장님은 예전에 지방으로 좌천되어 냉대를 당한 적이 있다.

□ 09 **歩を運ぶ | ほをはこぶ** 발걸음을 옮기다

道端(みちばた)に咲(さ)いている花(はな)をカメラに収(おさ)めながら、ゆっくりと**歩を運んだ**。
길거리에 피어 있는 꽃을 카메라에 담으면서 천천히 발걸음을 옮겼다.

□ 10 **目処が立つ | めどがたつ** 전망이 서다

だいぶ時間(じかん)がかかったが、ようやく新製品開発(しんせいひんかいはつ)の**目処が立った**。
꽤나 시간이 걸렸지만 겨우 신제품 개발 전망이 섰다.

1 다음 밑줄 친 히라가나에 해당하는 한자를 고르세요.

1. 警察をさしょうする。　① 詐称　② 査証
2. ようやく新製品開発のめどが立った。　① 目度　② 目処
3. たまにははめをはずして遊びたい。　① 羽目　② 歯目
4. 体をこくしする。　① 酷似　② 酷使
5. 不純物をじょきょする。　① 除去　② 徐去

2 다음 두 문장 중에서 올바른 문장을 고르세요.

1. ① 荒療治の回答に腹が立った。
   ② 紋切り型の回答に腹が立った。

2. ① 場違いの実力の差がある。
   ② 段違いの実力の差がある。

3. ① 国を相手取って訴訟を起こす。
   ② 国を陣取って訴訟を起こす。

4. ① 海外から帰国した姉を家族総出で出迎える。
   ② 海外から帰国した姉を家族総掛かりで出迎える。

5. ① アルバイトをして貯めたお金で留学費用を損なう。
   ② アルバイトをして貯めたお金で留学費用を賄う。

3 다음 일본어가 설명하고 있는 단어를 고르세요.

1. 隙間に物を差し込んで無理に開ける。

① こじ開ける ② ねじ開ける

2. 完全ではない形で出来上がったもの

① 出来栄え ② 出来損ない

3. のんびりと落ち着いている。

① のどか ② ほのか

4. 冷遇

① 臭い飯 ② 冷や飯

5. 騙して取り上げる。

① 巻き上げる ② 巻き取る

---

1 1.① 2.② 3.① 4.② 5.① 2 1.② 2.② 3.① 4.① 5.② 3 1.① 2.② 3.① 4.② 5.①

DAY 49

VOCA Check

나의 어휘 실력은 현재 어느 정도일까? 실전 어휘력 체크!

다음 어휘의 뜻을 써 보세요.

명사

□01 偽善 .... □02 図鑑 .... □03 是認 ....

□04 お座成り .... □05 手当たり次第 .... □06 度忘れ ....

□07 大詰め .... □08 泊まり込み .... □09 札付き ....

동사

□10 崇める .... □11 覆す .... □12 呪う ....

□13 葬る .... □14 詣でる .... □15 取り調べる ....

□16 見せ掛ける .... □17 揉み合う .... □18 割り出す ....

형용사

□19 神々しい .... □20 慎ましい .... □21 つましい ....

□22 捗々しい .... □23 物凄い .... □24 天晴れ ....

□25 切口上 .... □26 凄絶 .... □27 拙劣 ....

부사·의성어·의태어

□28 からきし .... □29 ぞろりと .... □30 のっけから ....

□31 ふんだんに .... □32 まったりと .... □33 ごわごわ ....

□34 ざあざあ .... □35 どたばた .... □36 ぼちぼち ....

속담·사자성어·관용어

□37 朱に交われば赤くなる .... □38 流言飛語 ....

□39 功を奏する .... □40 水泡に帰する ....

- 정답 개수 01~10개 ▸ **당신은 초급자!** 산 넘어 산이네요! 정독하여 반드시 어휘 정복합시다!
- 정답 개수 11~20개 ▸ **당신은 초중급자!** 이제 걸음마 뗀 수준? 좀 더 노력하여 수준급으로 Go!
- 정답 개수 21~30개 ▸ **당신은 중급자!** 조금만 더 열심히 하면, 상급자까지 얼마 안 남았어요!
- 정답 개수 31~40개 ▸ **당신은 거의 상급자 수준?!** 방심은 금물! 100% 완벽에 도전합시다!

시험에 많이 나오는 어휘 **5순위**

DAY 49

명사

49-1.mp3

기본 한자어

- □ 01 解答 | かいとう 해답
- □ 02 隔離 | かくり 격리
- □ 03 監督 | かんとく 감독
- □ 04 希釈 | きしゃく 희석
- □ 05 偽善 | ぎぜん 위선
- □ 06 汽笛 | きてき 기적
- □ 07 下克上 | げこくじょう 하극상
- □ 08 豪傑 | ごうけつ 호걸
- □ 09 重鎮 | じゅうちん 중진
- □ 10 住人 | じゅうにん 거주자
- □ 11 奨励 | しょうれい 장려
- □ 12 図鑑 | ずかん 도감
- □ 13 是認 | ぜにん 시인
- □ 14 船舶 | せんぱく 선박
- □ 15 造船 | ぞうせん 조선
- □ 16 奪取 | だっしゅ 탈취
- □ 17 駐屯 | ちゅうとん 주둔
- □ 18 忍耐 | にんたい 인내
- □ 19 濃縮 | のうしゅく 농축
- □ 20 抜群 | ばつぐん 발군
- □ 21 繁殖 | はんしょく 번식
- □ 22 避難 | ひなん 피난
- □ 23 抱擁 | ほうよう 포옹
- □ 24 磨耗 | まもう 마모
- □ 25 未遂 | みすい 미수
- □ 26 領域 | りょういき 영역

읽기에 주의해야 할 음훈 결합 명사

★★★ □ 01 お座成り | おざなり　건성건성임, 무성의함

店員(てんいん)に**お座成り**な対応(たいおう)をされて腹(はら)が立(た)った。
점원이 건성건성 응대를 해서 화가 났다.

★★★ □ 02 寒の戻り | かんのもどり　늦봄에 일시적으로 추워지는 일

今日(きょう)は**寒の戻り**で、せっかく箪笥(たんす)にしまったコートをまた出(だ)して着(き)た。
오늘은 다시 추위가 찾아와 모처럼 옷장에 넣어 둔 코트를 다시 꺼내 입었다.

★ □ 03 地元 | じもと　그 지역 / (화자의) 사는 지역

大学(だいがく)を卒業(そつぎょう)した後(あと)は、**地元**に戻(もど)って就職(しゅうしょく)するつもりだ。
대학교를 졸업한 후에는 시골로 내려가서 취직할 생각이나.

★★ □ 04 素顔 | すがお　있는 그대로의 모습, 본모습

有名人(ゆうめいじん)の**素顔**を垣間見(かいまみ)ることができた一日密着取材(いちにちみっちゃくしゅざい)の番組(ばんぐみ)は、思(おも)いの外好評(ほかこうひょう)だった。
유명인의 있는 그대로의 모습을 엿 볼 수 있었던 1일 밀착 취재 방송은 예상외로 호평이었다.

★★ □ 05 素通り | すどおり　그냥 지나침

この問題(もんだい)は決(けっ)して**素通り**することができない。
이 문제는 결코 그냥 지나칠 수 없다.

★★ □ 06 手当たり次第 | てあたりしだい　손에 잡히는 대로, 닥치는 대로

手当たり次第に飛(と)び込(こ)み営業(えいぎょう)をしても、成功(せいこう)する確率(かくりつ)はかなり低(ひく)いだろう。
닥치는 대로 방문 영업을 해도 성공할 확률은 상당히 낮을 것이다.

★★ □ 07 特種 | とくだね　특종

新聞記者(しんぶんきしゃ)は**特種**を探(さが)すのが使命(しめい)だ。
신문 기자는 특종을 찾는 것이 사명이다.

5순위

★★★ □ 08 **度忘れ** | どわすれ　알고 있는데 생각이 안 남

顔(かお)は覚(おぼ)えているが、名前(なまえ)を**度忘れ**した。
얼굴은 기억하는데 이름이 생각 안 난다.

★★★ □ 09 **番狂わせ** | ばんくるわせ　예상 밖의 결과, 이변

高校野球(こうこうやきゅう)は毎年(まいとし)**番狂わせ**のドラマが多(おお)くて面白(おもしろ)い。
고교 야구는 매년 드라마틱한 이변이 속출해서 재미있다.

★★★ □ 10 **棒読み** | ぼうよみ　문장을 아무런 억양 없이 읽음

間違(まちが)わないように読(よ)もうとすると、つい早口(はやくち)になったり**棒読み**になったりしてしまう。 틀리지 않게 읽으려고 하면 그만 빨리 읽게 되거나 억양 없이 읽게 되어 버린다.

고유어

★★★ □ 01 **当たり障り** | あたりさわり　지장, 영향

彼(かれ)とはそれほど親(した)しくないので、**当たり障り**のない世間話(せけんばなし)をした。
그와는 그다지 친하지 않아서 무난한 세상 사는 이야기를 했다.

PLUS 주로 当たり障りのない(무난하다)의 형태로 쓰이는 경우가 많다.

★★ □ 02 **請負** | うけおい　일정 기간 동안 돈을 받고 일을 맡음, 도급

入札(にゅうさつ)の結果(けっか)、我(わ)が社(しゃ)がその工事(こうじ)の**請負**をすることになった。
입찰 결과, 우리 회사가 그 공사의 도급을 하게 되었다.

★★★ □ 03 **大詰め** | おおづめ　막바지, 대단원

この試合(しあい)も9回(かい)に入(はい)り、いよいよ**大詰め**を迎(むか)えた。
이 시합도 9회에 들어가면서 드디어 대단원을 맞이했다.

★★ □ 04 **変わり身** | かわりみ　(정세의 변화에 맞춰) 처신을 달리함

彼(かれ)は社内(しゃない)でも**変わり身**が早(はや)いことで有名(ゆうめい)だが、あまりにも露骨(ろこつ)すぎて、みんなに敬遠(けいえん)されている。
그는 사내에서도 처신이 갑자기 달라지는 것으로 유명한데 너무 노골적이어서 다들 멀리하고 있다.

☐ 05 潮騒 | しおさい 밀물 소리

海辺(うみべ)の静(しず)かなホテルで**潮騒**を聞(き)きながら寝(ね)るのが私(わたし)の夢(ゆめ)だ。
해변의 조용한 호텔에서 밀물 소리를 들으며 자는 것이 나의 꿈이다.

☐ 06 黄昏 | たそがれ 황혼

黄昏どきは何故(なぜ)か感傷的(かんしょうてき)な気分(きぶん)になってしまう。
황혼이 질 때는 왠지 감상적인 기분이 되어 버린다.

☐ 07 種切れ | たねぎれ 재료가 떨어짐

朝礼(ちょうれい)の時(とき)にする話(はなし)も毎日(まいにち)しているといつか**種切れ**になる。
조례 때 하는 이야기도 매일 하고 있으면 언젠가 이야깃거리가 떨어진다.

☐ 08 泊まり込み | とまりこみ (업무 등의 사정으로) 그곳에서 묵음

締(し)め切(き)り間近(まぢか)で、会社(かいしゃ)に**泊まり込み**で作業(さぎょう)した。
마감이 임박하여 회사에 묵으며 작업했다.

☐ 09 取り止め | とりやめ 그만둠, 취소

今回(こんかい)の出張(しゅっちょう)は急遽(きゅうきょ)**取り止め**になった。
이번 출장은 갑자기 취소가 되었다.

☐ 10 仲違い | なかたがい 사이가 틀어짐

学生時代(がくせいじだい)からの友人(ゆうじん)とつまらない理由(りゆう)で**仲違い**してしまった。
학생 때부터 알고 지내던 친구와 별것 아닌 이유로 사이가 틀어져 버렸다.

☐ 11 札付き | ふだつき 꼬리표가 붙음, (나쁜) 정평이 남

あのタレントは、デビューする前(まえ)は**札付き**の不良(ふりょう)だったらしい。
저 연예인은 데뷔하기 전에는 정평이 난 불량아였다고 한다.

☐ 12 真顔 | まがお 진지한 얼굴

母(はは)は**真顔**で弟(おとうと)に「本当(ほんとう)にあの彼女(かのじょ)と結婚(けっこん)するの?」と問(と)い質(ただ)した。
어머니는 진지한 얼굴로 동생에게 "정말로 그 여자 친구랑 결혼할 거야?" 하고 확인하듯 물었다.

5순위

☐ 13 **耳寄り** | みみより 솔깃함

この雑誌(ざっし)には**耳寄り**な情報(じょうほう)がたくさん載(の)っている。
이 잡지에는 솔깃한 정보가 많이 실려 있다.

☐ 14 **山場** | やまば 절정, 고비

今夜(こんや)の試合(しあい)の最大(さいだい)の**山場**は8回(かい)の裏(うら)に訪(おとず)れた。
오늘 밤 시합의 최대 고비는 8회 말에 찾아왔다.

☐ 15 **坩堝** | るつぼ 도가니 / 여러 가지가 섞여 있음

これは人種(じんしゅ)の**坩堝**であるアメリカに移民(いみん)する人々(ひとびと)の様子(ようす)をまとめたドキュメンタリーだ。 이것은 인종의 도가니인 미국으로 이민하는 사람들의 모습을 담은 다큐멘터리이다.

동사

49-2.mp3

기본 동사

☐ 01 **崇める** | あがめる 숭배하다

彼(かれ)は若者(わかもの)から神(かみ)のように**崇められて**いるカリスマ的(てき)な存在(そんざい)だ。
그는 젊은 사람들로부터 신처럼 숭배받고 있는 카리스마적인 존재이다.

☐ 02 **促す** | うながす 촉구하다

ユーザーにウイルス対策(たいさく)ソフトの利用(りよう)を**促す**告知(こくち)を掲載(けいさい)した。
유저에게 바이러스 대책 소프트웨어 이용을 촉구하는 고지를 게재했다.

☐ 03 **清める** | きよめる 정화시키다

私(わたし)の父(ちち)は心(こころ)を**清める**ために、毎日神社(まいにちじんじゃ)にお参(まい)りをしている。
우리 아버지는 마음을 정화시키기 위해 매일 신사에 참배를 하고 있다.

☐ 04 **覆す** | くつがえす 뒤집다, 뒤엎다

それが事実(じじつ)なら、科学(かがく)の常識(じょうしき)を**覆す**大発見(だいはっけん)だ。
그것이 사실이라면 과학 상식을 뒤엎는 대발견이다.

□ 05 **損う** | そこなう　망가뜨리다, 손상시키다

パソコンの故障(こしょう)で大事(だいじ)なデータが**損われて**しまった。
컴퓨터 고장으로 중요한 데이터가 손상되어 버렸다.

□ 06 **誑かす** | たぶらかす　속이다, 현혹시키다

うまいことを言(い)って国民(こくみん)を**誑かす**政治家(せいじか)は落選(らくせん)させるべきだ。
그럴싸한 말을 해서 국민을 현혹시키는 정치가는 낙선시켜야만 한다.

□ 07 **詰める** | つめる　간격을 좁히다

もう少(すこ)し**詰めたら**あと一人(ひとり)くらい座(すわ)れそうだ。
조금 더 좁혀서 앉으면 한 명 더 앉을 수 있을 것 같다.

□ 08 **倣う** | ならう　따라 하다, 모방하다

この国(くに)の社会制度(しゃかいせいど)はヨーロッパの国(くに)に**倣って**作(つく)られたものが多(おお)い。
이 나라의 사회 제도는 유럽 국가를 모방하여 만들어진 것이 많다.

□ 09 **呪う** | のろう　저주하다

1年(ねん)の間(あいだ)に家族(かぞく)が3人(にん)も死(し)ぬなんて、**呪われて**いるとしか思(おも)えない。
1년 사이에 가족이 셋이나 죽다니 저주받았다고밖에 생각할 수 없다.

□ 10 **化ける** | ばける　둔갑하다 / 글자가 깨지다

ホームページの文字(もじ)が**化けて**内容(ないよう)が全然(ぜんぜん)分(わ)からない。
홈페이지의 글자가 깨져서 내용을 전혀 모르겠다.

□ 11 **孕む** | はらむ　내포하다

誰(だれ)も気付(きづ)いていないが、この法律(ほうりつ)は大(おお)きな問題(もんだい)を**孕んで**いる。
아무도 알아채지 못했지만 이 법률은 큰 문제를 내포하고 있다.

□ 12 **葬る** | ほうむる　묻다, 매장하다

真実(しんじつ)は闇(やみ)に**葬られた**まま、世(よ)の中(なか)の関心(かんしん)から遠(とお)のいた。
진실은 어둠에 묻힌 채 세상의 관심으로부터 멀어졌다.

★★★ □ 13 祀る | まつる　제사를 지내다 / 신으로 모시다

この踊(おど)りはインディアンが祖先(そせん)を**祀る**ためのものだ。

이 춤은 인디언이 조상에게 제사를 드리기 위한 것이다.

★★ □ 14 詣でる | もうでる　참배하다

受験(じゅけん)を前(まえ)に、神社(じんじゃ)に**詣でて**合格(ごうかく)祈願(きがん)をすることにした。

시험을 앞두고 신사에 참배하여 합격 기원을 하기로 했다.

★★ □ 15 寄越す | よこす　넘기다, 건네다

東京(とうきょう)で下宿(げしゅく)をしている息子(むすこ)が手紙(てがみ)を**寄越して**きた。

도쿄에서 하숙을 하고 있는 아들이 편지를 건네 왔다.

복합동사

★★ □ 01 忍び込む | しのびこむ　잠입하다

スパイとして敵地(てきち)に**忍び込む**のが君(きみ)に与(あた)えられた任務(にんむ)だ。

스파이로 적에 잠입하는 것이 자네에게 주어진 임무이다.

★★ □ 02 取り調べる | とりしらべる　취조하다

警察(けいさつ)は逮捕(たいほ)した犯人(はんにん)を徹底的(てっていてき)に**取り調べた**。

경찰은 체포한 범인을 철저하게 취조했다.

★★ □ 03 名乗り出る | なのりでる　내가 그 사람이라고 밝히며 나타나다

山奥(やまおく)で1億円(おくえん)が発見(はっけん)された事件(じけん)の落(お)とし主(ぬし)が**名乗り出て**きた。

산속에서 1억 엔이 발견된 사건의 분실자가 본인이라고 주장하는 사람이 나타났다.

★★ □ 04 張り込む | はりこむ　잠복하다

麻薬(まやく)の売人(ばいにん)が**張り込ん**でいた刑事(けいじ)に逮捕(たいほ)された。

마약상이 잠복해 있던 형사에게 체포되었다.

□ 05 **引き換える** | ひきかえる　　맞바꾸다, 교환하다

かいじょう い とうせんけん けいひん
イベント会場に行って当選券と景品を**引き換えた**。
이벤트장에 가서 당첨권과 경품을 교환했다.

□ 06 **見せ掛ける** | みせかける　　(그렇게 보이도록) 위장하다

ほけんきん ねら じこ あ
保険金を狙って事故に遭ったように**見せ掛ける**。
보험금을 노리고 사고를 당한 것처럼 위장하다.

□ 07 **燃え盛る** | もえさかる　　활활 타오르다

しょうぼうし ほのお なか と こ
消防士たちは**燃え盛る**炎の中に飛び込んでいった。
소방관들은 활활 타오르는 불길 속으로 뛰어들어 갔다.

□ 08 **揉み合う** | もみあう　　(많은 사람들이) 몸싸움을 벌이다

きどうたい たい ろじょう
機動隊とデモ隊が路上で**揉み合った**。
기동대와 시위대가 길거리에서 몸싸움을 벌였다.

□ 09 **揉み消す** | もみけす　　(담배 등을) 비벼서 끄다 / 무마하다

かじ ひ はいざら つよ
火事にならないように、タバコの火を灰皿で強く**揉み消した**。
화재가 일어나지 않도록 담뱃불을 재떨이에 세게 비벼서 껐다.

□ 10 **割り出す** | わりだす　　(어떠한 근거를 토대로 결론을) 도출하다, 추단하다

しゃしん はんにん じかん
モンタージュ写真から犯人を**割り出す**のも時間がかかる。
몽타주 사진으로부터 범인을 추측해 내는 것도 시간이 걸린다.

5순위

형용사

49-3.mp3

い형용사

□ 01 **神々しい** | こうごうしい　　성스럽다

はじ み せいどう ないぶ
初めて見たヨーロッパの聖堂の内部はとても**神々しかった**。
처음 본 유럽의 성당 내부는 아주 성스러웠다.

★★ □02 **慎ましい** | **つつましい** 조신하다

定年退職後(ていねんたいしょくご)は故郷(こきょう)に帰(かえ)って**慎ましく**暮(く)らしたい。

정년퇴직 후에는 고향으로 돌아가서 조신하게 살고 싶다.

★★ □03 **つましい** 검소하다

あの夫婦(ふうふ)は**つましい**暮(く)らしをしているが、実(じつ)は大変(たいへん)な大金持(おおがねも)ちだ。

저 부부는 검소한 생활을 하고 있지만 사실은 엄청난 큰 부자이다.

★★★ □04 **捗々しい** | **はかばかしい** 순조롭다

こう雨天続(うてんつづ)きだと、工事(こうじ)が**捗々しく**進(すす)まないから困(こま)る。

이렇게 계속 비가 내리면 공사가 순조롭게 진행되지 않아서 곤란하다.

★★ □05 **物凄い** | **ものすごい** 굉장하다

彼女(かのじょ)の家(いえ)が**物凄く**立派(りっぱ)だったので、見(み)た瞬間驚(しゅんかんおどろ)いた。

그녀의 집이 굉장히 훌륭했기 때문에 보자마자 깜짝 놀랐다.

な 형용사

★★ □01 **天晴れ** | **あっぱれ** 훌륭함

苦労(くろう)して弁護士(べんごし)になったのは我(わ)が子(こ)ながら**天晴れだ**。

고생해서 변호사가 된 것은 우리 아이지만 훌륭하다.

★★★ □02 **切口上** | **きりこうじょう** 말을 한 단어씩 끊어서 또박또박 말함

彼(かれ)の**切口上な**口(くち)の利(き)き方(かた)はとても不愉快(ふゆかい)だった。

또박또박 끊어서 말하는 그의 말투가 대단히 불쾌했다.

★★ □03 **凄絶** | **せいぜつ** 처절함

その軍人(ぐんじん)は敵陣(てきじん)に切(き)り込(こ)んで**凄絶な**最期(さいご)を迎(むか)えた。

그 군인은 적진으로 쳐들어가 처절한 최후를 맞이했다.

★★ □ 04 拙劣 | せつれつ 졸렬함

彼(かれ)は小学生(しょうがくせい)のような**拙劣な**文章(ぶんしょう)しか書(か)けない。

그는 초등학생과 같은 졸렬한 문장밖에 쓰지 못한다.

★★★ □ 05 破れかぶれ | やぶれかぶれ 될 대로 되라는 식임

彼女(かのじょ)に振(ふ)られた彼(かれ)は、**破れかぶれに**なって毎日酒(まいにちさけ)ばかり飲(の)んでいる。

여자 친구에게 차인 그는 될 대로 되라는 식으로 매일 술만 마시고 있다.

부사

49-4.mp3

★★★ □ 01 からきし・からっきし 전혀

スポーツは得意(とくい)だが、水泳(すいえい)だけは**からきし**できない。

스포츠는 자신 있지만 수영만은 전혀 못 한다.

★★ □ 02 ぞろりと 줄줄이

この博物館(はくぶつかん)には古代(こだい)の美術品(びじゅつひん)が**ぞろりと**揃(そろ)っている。

이 박물관에는 고대의 미술품이 줄줄이 늘어서 있다.

★★★ □ 03 のっけから 처음부터

このプロジェクトは、**のっけから**大(おお)きな難問(なんもん)を抱(かか)えることになった。

이 프로젝트는 처음부터 큰 난문을 안게 되었다.

★★★ □ 04 ふんだんに (넘칠 정도로) 실컷, 듬뿍

この映画(えいが)は笑(わら)いの要素(ようそ)を**ふんだんに**取(と)り入(い)れている。

이 영화는 웃음의 요소를 듬뿍 담고 있다.

★★ □ 05 まったりと 느긋하고 편안한 모양, 여유롭게

家内(かない)は実家(じっか)で家族(かぞく)と**まったりと**した時間(じかん)を過(す)ごしてきた。

아내는 친정에서 가족과 여유로운 시간을 보내고 왔다.

5순위

의성어·의태어

☐ **01 ごわごわ** 종이나 옷감 등이 빳빳한 모양

のりが効(き)きすぎて**ごわごわ**した手触(てざわ)りのシャツは着(き)にくい。
풀기가 너무 잘 들어서 빳빳한 감촉의 셔츠는 입기 힘들다.

☐ **02 ざあざあ** 비나 물이 쏟아져 내리는 모양

昨日(きのう)から**ざあざあ**降(ふ)っていた雨(あめ)も今朝(けさ)になってようやくやんだ。
어제부터 주룩주룩 쏟아져 내리던 비도 오늘 아침이 되어 겨우 그쳤다.

☐ **03 どたばた** 실내에서 쿵쾅거리며 소란을 피우는 모양

狭(せま)い会場(かいじょう)で子供(こども)たちが**どたばた**とはしゃぎまわっていた。
좁은 행사장에서 아이들이 쿵쾅거리며 돌아다니고 있었다.

☐ **04 ぼちぼち** 슬슬

駅前(えきまえ)の本屋(ほんや)も開店(かいてん)する頃(ころ)だから、**ぼちぼち**出(で)かけてみようか。
역 앞의 서점도 문을 열 때니까 슬슬 나가 볼까?

☐ **05 よれよれ** 옷이나 종이 등이 오래되어 구깃구깃해진 모양

このワイシャツは古(ふる)くなって首(くび)のところが**よれよれ**になっている。
이 와이셔츠는 오래되어 목 부분이 구깃구깃해져 있다.

속담·사자성어

☐ **01 犬も歩けば棒に当たる** | いぬもあるけばぼうにあたる
돌아다니다 보면 뜻밖의 행운 또는 재난을 만나게 된다

犬も歩けば棒に当たるというので、あちこちに履歴書(りれきしょ)を出(だ)してみたがいまだに返事(へんじ)がない。
행운을 잡으려면 일단 나가야 된다는 말대로 여기저기 이력서를 내 보았지만 아직 답장이 없다.

PLUS '행운을 만난다'는 뜻으로 쓰일 때는 '좋은 일이 생길지도 모르니 해 보자'는 의미가 되지만, '재난을 만난다'는 뜻으로 쓰일 때는 '쓸데없는 일에 나서지 말라'는 뜻으로 쓰인다.

☐ 02 朱に交われば赤くなる | しゅにまじわればあかくなる
빨간 것을 가까이 하면 빨개진다

彼は転校してからというもの、よくない友達と付き合うようになったせいで暴走族になってしまった。まさに**朱に交われば赤くなる**だ。
그는 전학을 가고 난 다음부터 안 좋은 친구들을 사귀게 된 탓에 폭주족이 되어 버렸다. 빨간 것을 가까이 하면 빨개진다는 말은 바로 이런 것을 말한다.

PLUS 사람은 인간관계나 환경에 따라 좋아질 수도 있고 나빠질 수도 있다는 뜻.

☐ 03 臨機応変 | りんきおうへん 임기응변

会社は**臨機応変**に対応すると言ったが、要するに行き当たりばったりということだ。 회사는 임기응변으로 대응하겠다고 말했지만, 요는 무작정 부딪혀 보겠다는 것이다.

☐ 04 流言飛語 | りゅうげんひご 유언비어

流言飛語のせいで、やむなく会社を辞めざるを得なくなった。
유언비어 때문에 어쩔 수 없이 회사를 그만두지 않을 수 없게 되었다.

관용어

☐ 01 生き血を吸う | いきちをすう
남의 피를 빨아먹다, 자신의 이득을 위해 인정사정없이 남을 이용하다

あの会社は、従業員の**生き血を吸って**いると言われても仕方がないほどのブラック企業だ。
그 회사는 종업원의 피를 빨아먹는다는 말을 들어도 어쩔 수 없을 만큼 블랙기업이다.

5순위

☐ 02 痛い目を見る | いたいめをみる 큰코다치다

もう敵はいないと油断していると、今に**痛い目を見る**ぞ。
이제 적수가 없다고 방심하고 있다가는 곧 큰코다칠 거야.

☐ 03 功を奏する | こうをそうする 주효하다

監督が考えた作戦が**功を奏して**試合に勝った。
감독이 생각한 작전이 주효하여 시합에 이겼다.

☐ 04 自他共に許す | じたともにゆるす　　자타가 공인하다

この研究分野(けんきゅうぶんや)ではあの博士(はかせ)が**自他共に許す**第一人者(だいいちにんしゃ)だ。
이 연구 분야에서는 저 박사가 자타가 공인하는 일인자이다.

☐ 05 水泡に帰する | すいほうにきする　　수포로 돌아가다

今(いま)までの努力(どりょく)が一瞬(いっしゅん)で**水泡に帰して**しまった。
지금까지의 노력이 한순간에 수포로 돌아가 버렸다.

☐ 06 相撲にならない | すもうにならない　　상대가 안 된다

小学生(しょうがくせい)が相手(あいて)ではまったく**相撲にならない**。
초등학생이 상대라면 전혀 상대가 안 된다.

☐ 07 想像を絶する | そうぞうをぜっする　　상상을 초월하다

地震(じしん)で**想像を絶する**被害(ひがい)が発生(はっせい)したという記事(きじ)を読(よ)んだ。
지진으로 상상을 초월하는 피해가 발생했다는 기사를 읽었다.

☐ 08 袖にする | そでにする　　(지금까지 친하게 지내던 사람을) 냉대하다

長年(ながねん)付(つ)き合(あ)ってきた彼女(かのじょ)に**袖にされて**しまった。
오랫동안 사귀어 온 여자 친구에게 냉대를 받고 말았다.

☐ 09 側杖を食う | そばづえをくう　　(남의 일에 말려들어) 뜻밖의 재난을 당하다

他人(たにん)の喧嘩(けんか)を仲裁(ちゅうさい)しようとしたが、**側杖を食って**怪我(けが)をした。
다른 사람의 싸움을 중재하려다가 뜻밖의 불똥이 튀어 다쳤다.

☐ 10 二の足を踏む | にのあしをふむ　　주저하다

不況(ふきょう)で設備投資(せつびとうし)に**二の足を踏む**企業(きぎょう)が多(おお)い。
불황 때문에 설비 투자를 주저하는 기업이 많다.

1 다음 밑줄 친 히라가나에 해당하는 한자를 고르세요.

1. 建築工事のうけおいをする。　① 請追　② 請負
2. 海辺でしおさいの音を聞く。　① 潮騒　② 潮際
3. 夏は菌がはんしょくしやすい。　① 繁植　② 繁殖
4. のうしゅくされた洗剤を使う。　① 濃縮　② 農縮
5. 今までの努力がすいほうに帰した。　① 水砲　② 水泡

2 다음 두 문장 중에서 올바른 문장을 고르세요.

1. ① この雑誌には耳鳴りな情報がたくさん載っている。
   ② この雑誌には耳寄りな情報がたくさん載っている。

2. ① 彼は昔、札付きの不良だった。
   ② 彼は昔、お墨付きの不良だった。

3. ① 不況で設備投資に二の足を踏む企業が増えている。
   ② 不況で設備投資に二束のわらじを履く企業が増えている。

4. ① 付き合っていた彼女に振袖にされてしまった。
   ② 付き合っていた彼女に袖にされてしまった。

5. ① 大きな問題をはらんだ法律
   ② 大きな問題をくるんだ法律

3 다음 일본어가 설명하고 있는 단어를 고르세요.

1. 最初から

① のっけから　　② はたから

2. 夕暮れ

① あかつき　　② たそがれ

3. 制度、やり方などを模倣する。

① ならう　　② おそわる

4. その場逃れのいい加減な態度

① お座成り　　② 上の空

5. 立ち寄らずにそのまま通り過ぎること

① お目通り　　② 素通り

1 1.② 2.① 3.② 4.① 5.②　2 1.② 2.① 3.① 4.② 5.①　3 1.① 2.② 3.① 4.① 5.②

DAY 50

VOCA Check

나의 어휘 실력은 현재 어느 정도일까?
실전 어휘력 체크!

다음 어휘의 뜻을 써 보세요.

명사

□01 口伝 ....
□02 煩悩 ....
□03 迷信 ....
□04 格上げ ....
□05 時間切れ ....
□06 帳尻 ....
□07 息吹 ....
□08 飛沫 ....
□09 尻込み ....

동사

□10 相次ぐ ....
□11 虐げる ....
□12 廃れる ....
□13 翻す ....
□14 弁える ....
□15 繰り下げる ....
□16 添い遂げる ....
□17 なだれ込む ....
□18 踏み倒す ....

형용사

□19 煙たい ....
□20 すばしこい ....
□21 見窄らしい ....
□22 申し分ない ....
□23 高慢 ....
□24 熾烈 ....
□25 詳らか ....
□26 不埒 ....
□27 淫ら ....

부사·의성어·의태어

□28 がくっと ....
□29 図らずも ....
□30 引っ切り無しに ....
□31 丸っきり ....
□32 みっちり ....
□33 じりじり ....
□34 すけすけ ....
□35 ふかぶか ....
□36 むくむく ....

속담·사자성어·관용어

□37 石橋を叩いて渡る ....
□38 理路整然 ....
□39 当たらず触らず ....
□40 情が移る ....

- **정답 개수 01~10개** ▶ **당신은 초급자!** 산 넘어 산이네요! 정독하여 반드시 어휘 정복합시다!
- **정답 개수 11~20개** ▶ **당신은 초중급자!** 이제 걸음마 뗀 수준? 좀 더 노력하여 수준급으로 Go!
- **정답 개수 21~30개** ▶ **당신은 중급자!** 조금만 더 열심히 하면, 상급자까지 얼마 안 남았어요!
- **정답 개수 31~40개** ▶ **당신은 거의 상급자 수준?!** 방심은 금물! 100% 완벽에 도전합시다!

시험에 많이 나오는 어휘 **5순위**

DAY 50

명사

50-1.mp3

기본 한자어

- □ 01 怪談 | かいだん 괴담
- □ 02 怪物 | かいぶつ 괴물
- □ 03 合併 | がっぺい 합병
- □ 04 干拓 | かんたく 간척
- □ 05 看破 | かんぱ 간파
- □ 06 危惧 | きぐ 기우
- □ 07 口伝 | くでん 구전
- □ 08 苦悩 | くのう 고뇌
- □ 09 下宿 | げしゅく 하숙
- □ 10 家来 | けらい 부하
- □ 11 交換 | こうかん 교환
- □ 12 羨望 | せんぼう 선망
- □ 13 端緒 | たんしょ 단서
- □ 14 陶酔 | とうすい 도취
- □ 15 銅像 | どうぞう 동상
- □ 16 農閑期 | のうかんき 농한기
- □ 17 農繁期 | のうはんき 농번기
- □ 18 逼迫 | ひっぱく 핍박
- □ 19 払拭 | ふっしょく 불식
- □ 20 僻地 | へきち 벽촌
- □ 21 包摂 | ほうせつ 포섭
- □ 22 凡人 | ぼんじん 평범한 사람
- □ 23 煩悩 | ぼんのう 번뇌
- □ 24 謀反 | むほん 모반
- □ 25 迷信 | めいしん 미신
- □ 26 幽霊 | ゆうれい 유령

읽기에 주의해야 할 음훈 결합 명사

□ 01 生き字引 | いきじびき　　살아 있는 사전, 척척박사

彼は20年以上も編集部で仕事をしてきたので、編集部の**生き字引**のような存在だ。

그는 20년 이상이나 편집부에서 일을 해 왔기 때문에 편집부의 걸어 다니는 사전과도 같은 존재이다.

PLUS 주로 직장 내 사정에 정통한 사람에 대해 말하는 경우가 많다.

□ 02 格上げ | かくあげ　　격상

来年度から出張所が支店に**格上げ**されることになった。

내년부터 출장소가 지점으로 격상되게 되었다.

□ 03 五月雨式 | さみだれしき　　한 번에 집중적으로 하는 것이 아니라 띄엄띄엄하는 방식

繁忙期のため生産出来次第、**五月雨式**に納品させていただきます。

성수기라 생산되는 대로 조금씩 납품하도록 하겠습니다.

□ 04 時間切れ | じかんぎれ　　시간이 다 됨

期末テストは**時間切れ**で、最後まで問題を解けなかった。

기말시험은 시간이 다 되어 끝까지 문제를 풀지 못했다.

□ 05 癇癪持ち | かんしゃくもち　　다혈질

彼は**癇癪持ち**で、感情の起伏が非常に激しい。

그는 다혈질이어서 감정 기복이 대단히 심하다.

□ 06 宙返り | ちゅうがえり　　공중제비

体操選手たちがトランポリンの上で**宙返り**をしている。

체조 선수들이 트램펄린 위에서 공중제비를 돌고 있다.

□ 07 帳尻 | ちょうじり　　수지

後期に業績不振を挽回して、なんとか**帳尻**を合わせた。

후기에 업적 부진을 만회하여 겨우 수지를 맞추었다.

□ 08 鉄砲水 | てっぽうみず　　갑자기 불어난 물

集中豪雨(しゅうちゅうごうう)による**鉄砲水**で20人(にん)が死亡(しぼう)したそうだ。

집중 호우로 인해 갑자기 불어난 물 때문에 20명이 사망했다고 한다.

□ 09 人気 | ひとけ　　사람이 있는 기척, 인기척

大通(おおどお)りから少(すこ)し外(はず)れただけで、**人気**がまったくなくなった。

대로에서 조금 벗어났을 뿐인데 인기척이 전혀 없어졌다.

□ 10 拍子抜け | ひょうしぬけ　　맥이 빠짐

長(なが)くなると思(おも)っていた会議(かいぎ)があっけなく終(お)わって**拍子抜け**してしまった。

길어질 거라고 생각했던 회의가 어이없게 끝나서 맥이 빠져 버렸다.

고유어

□ 01 息切れ | いきぎれ　　숨이 참 / 힘이 빠져 기세가 꺾임

好調(こうちょう)だった自動車(じどうしゃ)の輸出(ゆしゅつ)も最近(さいきん)**息切れ**し始(はじ)めた。

호조였던 자동차 수출도 요즘 힘이 빠지기 시작했다.

□ 02 息の根 | いきのね　　숨통

ヤミ金融(きんゆう)の**息の根**を止(と)める画期的判決(かっきてきはんけつ)が下(くだ)った。

불법 대부업의 숨통을 끊을 획기적인 판결이 내려졌다.

□ 03 息吹 | いぶき　　숨결, 기운

外(そと)に出(で)てみると、わずかではあるが春(はる)の**息吹**を感(かん)じることができる。

밖으로 나와 보니 희미하긴 하지만 봄기운을 느낄 수가 있다.

□ 04 毛嫌い | けぎらい　　이유 없이 싫어함

マンガ本(ほん)だからといって**毛嫌い**しないで、一度(いちど)読(よ)んでみてください。

만화책이라고 해서 이유 없이 싫어하지 말고 한번 읽어 보세요.

★★★ □ 05 逆撫で | さかなで — 신경에 거슬림

相手の神経を**逆撫で**するような発言は控えた方がいい。
상대의 신경을 거슬리게 하는 듯한 발언은 삼가는 것이 좋다.

★★ □ 06 柵 | しがらみ — 굴레, 속박

彼は世間の**柵**から逃れるように、ある日突然、旅に出た。
그는 세간의 속박에서 벗어나듯이 어느 날 갑자기 여행을 떠났다.

★★ □ 07 飛沫 | しぶき — 물보라

モーターボートが高々と**飛沫**を上げて水面を走っていく。
모터보트가 드높이 물보라를 일으키며 수면을 달려간다.

★★★ □ 08 尻込み | しりごみ — 꽁무니를 뺌

我々みんなは強敵を目の前にして、思わず**尻込み**してしまった。
우리 모두는 강적을 눈앞에 두고 저도 모르게 꽁무니를 빼 버렸다.

★★ □ 09 底無し | そこなし — 끝이 없음

彼は**底無し**の大酒飲みで有名だったそうだ。
그는 한계를 알 수 없는 대주가로 유명했다고 한다.

★★★ □ 10 叩き売り | たたきうり — 길거리에서 가격을 흥정하며 싼 가격에 팖

街に出てみたら、懐かしいバナナの**叩き売り**を見かけた。
거리에 나와 봤다가 그리운 길거리 바나나 장사를 보게 되었다.

★★ □ 11 狙い撃ち | ねらいうち — 집중 공격

特定の企業だけを**狙い撃ち**するウイルスが作られている。
특정 기업만을 집중 공격하는 바이러스가 만들어져 있다.

★★★ □ 12 目減り | めべり — (실질적인 가치가) 내려감

株式相場の下落で財産が**目減り**した。
주식 시세 하락으로 재산의 실질적인 가치가 내려갔다.

★★★ □ 13 もぬけの殻 | もぬけのから　(이미 도망치고 없어서) 텅 비어 있음

警察(けいさつ)がアジトに踏(ふ)み込(こ)んだ時(とき)には既(すで)に**もぬけの殻**だった。
경찰이 아지트로 들이닥쳤을 때는 이미 텅 비어 있었다.

★★ □ 14 わだかまり　응어리

対話(たいわ)を通(つう)じてお互(たが)いの**わだかまり**を解消(かいしょう)しよう。
대화를 통해서 서로의 응어리를 해소하자.

★★ □ 15 割増 | わりまし　할증

多(おお)くのタクシー会社(がいしゃ)では深夜(しんや)・早朝(そうちょう)の**割増**料金(りょうきん)が設定(せってい)されている。
여러 택시 회사에서는 심야와 이른 아침의 할증 요금이 설정되어 있다.

동사

50-2.mp3

기본 동사

★ □ 01 相次ぐ | あいつぐ　잇따르다

一人(ひとり)暮(ぐ)らしの老人(ろうじん)を狙(ねら)った強盗(ごうとう)事件(じけん)が**相次い**でいる。
혼자 사는 노인을 노린 강도 사건이 잇따르고 있다.

★★ □ 02 侵す | おかす　침범하다

何人(なんぴと)も他人(たにん)の権利(けんり)を**侵しては**ならない。
누구라도 남의 권리를 침범해서는 안 된다.

★★ □ 03 落ちぶれる | おちぶれる　영락하다

彼(かれ)の家(いえ)は戦後(せんご)の民主化(みんしゅか)で**落ちぶれた**階級(かいきゅう)だ。
그의 집안은 전후의 민주화로 영락한 계급이다.

★ □ 04 省みる | かえりみる　보살피다

父(ちち)は家庭(かてい)を**省みないで**、毎日外(まいにちそと)で酒(さけ)ばかり飲(の)んでいた。
아버지는 가정을 돌보지 않고 매일 밖에서 술만 마셨다.

★★★ □ 05 匿う | かくまう　숨겨 주다

犯人(はんにん)を**匿う**ことは、もちろん犯罪行為(はんざいこうい)になる。
범인을 숨겨 주는 것은 물론 범죄 행위가 된다.

★★★ □ 06 虐げる | しいたげる　학대하다

この国(くに)には未(いま)だに社会(しゃかい)の底辺(ていへん)で**虐げられて**いる人々(ひとびと)が多(おお)い。
이 나라에는 여전히 사회 저변에서 학대받고 있는 사람들이 많다.

★★ □ 07 廃れる | すたれる　쇠퇴하다

日本(にほん)には、いつの間(ま)にか**廃れて**しまった風習(ふうしゅう)がいくつもある。
일본에는 어느새 쇠퇴해 버린 풍습이 여럿 있다.

★★ □ 08 唆す | そそのかす　부추기다, 꼬드기다

彼(かれ)は友人(ゆうじん)を**唆して**店(みせ)の商品(しょうひん)を盗(ぬす)み出(だ)させた。
그는 친구를 꼬드겨서 가게의 상품을 훔쳐 오게 했다.

★★ □ 09 集る | たかる　(사람이) 모이다, (벌레 등이) 꼬이다

蜂蜜(はちみつ)の瓶(びん)の蓋(ふた)をうっかり閉(し)め忘(わす)れたため、蟻(あり)が**集って**しまった。
벌꿀이 담긴 병의 뚜껑을 닫는 것을 깜빡 잊어버려서 개미가 꼬이고 말았다.

★★ □ 10 賑わす | にぎわす　떠들썩하게 하다

世間(せけん)を**賑わした**誘拐事件(ゆうかいじけん)が無事(ぶじ)に解決(かいけつ)した。
세간을 떠들썩하게 한 유괴 사건이 무사히 해결되었다.

★★★ □ 11 蔓延る | はびこる　만연하다

長年(ながねん)手入(てい)れをしていなかった山小屋(やまごや)の周(まわ)りは雑草(ざっそう)が**蔓延って**いた。
오랫동안 손질을 하지 않은 산장 주변은 잡초가 무성하게 자라 있었다.

★★ □ 12 翻す | ひるがえす　지금까지 해 왔던 언행과는 반대의 태도를 취하다

教授(きょうじゅ)は、自分(じぶん)の学説(がくせつ)をあっさりと**翻して**論文(ろんぶん)を書(か)いた。
교수는 자신의 학설을 순순히 뒤집어 논문을 썼다.

★★★ □ 13 仄めかす | ほのめかす　암시하다

容疑者(ようぎしゃ)が犯行(はんこう)を**仄めかす**供述(きょうじゅつ)を始(はじ)めたらしい。

용의자가 범행을 암시하는 진술을 시작했다고 한다.

★ □ 14 乱す | みだす　어지럽히다

エリート社員(しゃいん)といえども会社(かいしゃ)の秩序(ちつじょ)を**乱す**行為(こうい)は許(ゆる)されない。

엘리트 직원이라고 해도 회사의 질서를 어지럽히는 행위는 용서받지 못한다.

★★ □ 15 弁える | わきまえる　(옳고 그름 등을) 분별하다

大人(おとな)なら、公私(こうし)の区別(くべつ)を**弁えて**行動(こうどう)しなければならない。

어른이라면 공사를 잘 분별해서 행동해야만 한다.

복합동사

★★★ □ 01 繰り越す | くりこす　다음 달로 넘기다, 이월하다

余(あま)ったお金(かね)は来年度(らいねんど)の会計(かいけい)に**繰り越す**ことにした。

남은 돈은 내년도 회계로 이월하기로 했다.

★★★ □ 02 繰り下げる | くりさげる　늦추다

来月(らいげつ)から中央線(ちゅうおうせん)の終電(しゅうでん)の時間(じかん)が**繰り下げられる**ことになった。

다음 달부터 주오선의 막차 시간이 늦춰지게 되었다.

★★★ □ 03 閉め出す・締め出す | しめだす　문을 닫아 못 들어오게 하다

うちは厳(きび)しい家庭(かてい)なので、門限(もんげん)に遅(おく)れたら**閉め出される**。

우리 집은 엄한 가정이어서 통금 시간에 늦으면 문이 닫혀 못 들어간다.

★★★ □ 04 添い遂げる | そいとげる　(부부로) 한평생을 같이 살다

母(はは)は初恋(はつこい)の相手(あいて)だった父(ちち)と結婚(けっこん)し、父(ちち)が死(し)ぬまで**添い遂げた**。

어머니는 첫사랑이었던 아버지와 결혼하여 아버지가 죽을 때까지 한평생을 같이 살았다.

☐ 05 立ちはだかる | たちはだかる　　막아서다, 가로막다

道路建設の計画に市民団体が**立ちはだかった**。
도로 건설 계획을 시민 단체가 가로막았다.

☐ 06 執り行う | とりおこなう　　(행사 등을) 거행하다

高速道路の開通式が厳かに**執り行われた**。
고속도로 개통식이 엄숙하게 거행되었다.

☐ 07 なだれ込む | なだれこむ　　(많은 사람들이 한 번에) 쏟아져 들어오다

多くの乗客が電車に**なだれ込んで**、駅は一時パニックになった。
많은 승객들이 전철로 밀려들어 와서 역은 한때 패닉 상태가 되었다.

☐ 08 踏み倒す | ふみたおす　　(빚 등을) 떼어먹다

彼は知り合いからの借金を**踏み倒して**どこかへ逃げた。
그는 지인들로부터 빌린 돈을 떼어먹고 어딘가로 도망쳤다.

☐ 09 見合わせる | みあわせる　　보류하다

東北新幹線は吹雪のため、運行を**見合わせて**おります。
도호쿠 신칸센은 눈보라로 인해 운행을 보류하고 있습니다.

☐ 10 見入る | みいる　　넋 놓고 보다, 주시하다

初めてテーブルマジックを見た時、その不思議さに思わず**見入って**しまった。 처음 테이블 매직을 봤을 때 그 신기함에 나도 모르게 넋 놓고 빠져들었다.

5순위

형용사

50-3.mp3

い 형용사

☐ 01 烏滸がましい | おこがましい　　건방지다, 주제넘다

烏滸がましいお願いをしてしまい、大変申し訳ございませんでした。
주제넘은 부탁을 드려 대단히 죄송했습니다.

★★ □ 02 煙たい | けむたい　(연기로 눈을 뜨거나 숨을 쉬기가) 힘들다, 냅다

蚊(か)取(と)り線香(せんこう)が**煙たくて**、なかなか寝(ね)付(つ)けなかった。
모기향 연기가 숨 막혀서 좀처럼 잠들 수가 없었다.

★★ □ 03 すばしこい　날쌔다

この地球上(ちきゅうじょう)で鼠(ねずみ)ほど**すばしこい**動物(どうぶつ)はいないのではないだろうか。
이 지구상에서 쥐만큼 날쌘 동물은 없는 것이 아닐까?

★★ □ 04 見窄らしい | みすぼらしい　초라하다

こんな**見窄らしい**格好(かっこう)では人前(ひとまえ)に出(で)られない。
이런 초라한 차림으로는 사람들 앞에 나갈 수 없다.

★★ □ 05 申し分ない | もうしぶんない　더할 나위 없다

この部屋(へや)はちょっと狭(せま)いが、一人暮(ひとりぐ)らしには**申し分ない**広(ひろ)さだ。
이 방은 좀 좁지만 혼자 살기에는 더할 나위 없는 넓이이다.

な 형용사

★★ □ 01 高慢 | こうまん　거만함

彼女(かのじょ)はいつも**高慢な**態度(たいど)で人(ひと)と接(せっ)するので、みんなに嫌(きら)われている。
그녀는 항상 거만한 태도로 사람들을 대하기 때문에 다들 싫어한다.

★★★ □ 02 熾烈 | しれつ　치열함

年末年始(ねんまつねんし)ともなると、各売(かくう)り場(ば)では**熾烈な**お正月商戦(しょうがつしょうせん)が繰(く)り広(ひろ)げられる。
연말연시가 되면 각 매장에서는 치열한 정월 판매 대결이 펼쳐진다.

★★★ □ 03 詳らか | つまびらか　자세함, 소상함

計画(けいかく)の内容(ないよう)を**詳らかに**して取引先(とりひきさき)を説得(せっとく)する。
계획 내용을 자세히 밝혀서 거래처를 설득하다.

★★★ □ 04 不埒 | ふらち 발칙함, 괘씸함

部長は出張にかこつけて旅行をする**不埒な**人だ。
부장은 출장을 핑계 삼아 여행을 하는 용서가 안 되는 사람이다.

★★ □ 05 淫ら | みだら 음란함

高校生のとき、親に隠れて**淫らな**小説を読んだことがある。
고등학생 때 부모님 몰래 음란 소설을 읽은 적이 있다.

부사

50-4.mp3

★★ □ 01 がくっと 급격하게 쇠퇴하는 모양

どうしたことか、今月に入って売上高が**がくっと**減った。
어찌된 일인지 이달에 들어서 매출액이 확 줄었다.

★★★ □ 02 図らずも | はからずも 뜻밖에도, 공교롭게도

図らずも高校の先輩と同じ会社で働いている。
공교롭게도 고등학교 선배와 같은 회사에서 일하고 있다.

★★ □ 03 引っ切り無しに | ひっきりなしに 쉴 새 없이

今日は朝から電話が**引っ切り無しに**かかってきて忙しい。
오늘은 아침부터 전화가 쉴 새 없이 걸려 와서 바쁘다.

★★ □ 04 丸っきり | まるっきり 전적으로, 전혀

テレビを見ていないので、最近のタレントの名前は**丸っきり**分からない。
TV를 안 보고 있어서 요즘 연예인 이름은 전혀 모른다.

★★ □ 05 みっちり 철저히

先輩に**みっちり**と指導を受けたら、実力が上がった。
선배에게 철저히 지도를 받았더니 실력이 올랐다.

5순위

의성어·의태어

□01 じりじり 태양이 내리쬐는 모양

真夏の太陽が**じりじり**と照りつける中、僕たちは走った。
한여름의 태양이 쨍쨍 내리쬐는 가운데, 우리들은 달렸다.

□02 すけすけ 속이 다 비치는 모양

下着が見えるくらい**すけすけ**のシャツを着たら、母に怒られた。
속옷이 보일 정도로 속이 훤히 비치는 셔츠를 입었다가 어머니에게 야단을 맞았다.

□03 ふかぶか 깊숙이

サングラスをかけ、**ふかぶか**と帽子をかぶって外に出て行った。
선글라스를 쓰고 깊숙이 모자를 쓰고 밖으로 나갔다.

□04 ぼたぼた 굵은 물방울이 뚝뚝 떨어지는 모양

天井から雨漏りがして、水が**ぼたぼた**と床に落ちている。
천장에서 비가 새서 물이 뚝뚝 바닥에 떨어지고 있다.

□05 むくむく 구름이나 연기 등이 피어오르는 모양

焚き火をしているらしく、隣の庭から**むくむく**と煙が立っている。
모닥불을 피우고 있는지 옆집 마당에서 뭉게뭉게 연기가 피어오르고 있다.

속담·사자성어

□01 石橋を叩いて渡る | いしばしをたたいてわたる 돌다리도 두드려 보고 건넌다

前回の失敗を踏まえて、今回は**石橋を叩いて渡る**気持ちでプロジェクトを進めてほしい。
지난번 실패를 참고로 하여 이번에는 돌다리도 두드리고 건너는 기분으로 프로젝트를 진행했으면 한다.

☐ 02 **水と油** | みずとあぶら　물과 기름 같은 사이, 서로 안 맞음

入社当初から彼と彼女は**水と油**の関係で、周りの同僚はいつも気疲れする。 입사 초기부터 그와 그녀는 물과 기름 같은 관계여서 주변 동료들은 항상 눈치를 보느라 힘들다.

☐ 03 **順風満帆** | じゅんぷうまんぱん　뜻대로 일이 진행됨

順風満帆に思えた会社経営は、取引先の倒産で突如ピンチに陥った。
순풍에 돛단 듯 순조롭던 회사 경영은 거래처의 도산으로 갑자기 위기에 몰렸다.

☐ 04 **理路整然** | りろせいぜん　논리정연

留学したい理由を**理路整然**と説明したら、最初反対していた両親も最後には納得してくれた。
유학하고 싶은 이유를 논리정연하게 설명했더니 처음에는 반대하시던 부모님도 마지막에는 납득해 주셨다.

관용어

☐ 01 **当たらず触らず** | あたらずさわらず
(말썽이 생기지 않도록) 중립적인 태도로, 무난하게

彼には**当たらず触らず**距離を置いて接するのが賢明だ。
그는 무난하게 거리를 두고 대하는 것이 현명하다.

☐ 02 **一目置く** | いちもくおく　실력을 인정하다

彼は仕事ができるので、先輩からも**一目置かれて**いる。
그는 일을 잘하기 때문에 선배로부터도 실력을 인정받고 있다.

☐ 03 **一世を風靡する** | いっせいをふうびする　한 시대를 풍미하다

一世を風靡したファッションが今年またブームになりつつある。
한 시대를 풍미한 패션이 올해 또 붐이 되고 있다.

☐ 04 **縁を切る** | えんをきる　인연을 끊다

あの事件以来、彼女とは**縁を切って**連絡をしなくなった。
그 사건 이후 그녀와는 인연을 끊고 연락을 하지 않게 되었다.

★★ □ 05 先を越す | さきをこす　선수를 치다

開発は我が社が早かったが、市販はライバル会社に**先を越された**。
개발은 우리 회사가 빨랐지만 시판은 경쟁사에게 선수를 빼앗겼다.

★★★ □ 06 情が移る | じょうがうつる　정이 들다

他人の子でも一緒に生活していると**情が移る**ものだ。
남의 아이라도 함께 생활하고 있으면 정이 드는 법이다.

★★★ □ 07 図に乗る | ずにのる　우쭐거리다

あいつは褒めてあげるとすぐ**図に乗る**から、あまり煽てない方がいいよ。
저 녀석은 칭찬해 주면 금방 우쭐대니까 너무 치켜세우지 않는 편이 좋아.

★★ □ 08 大魚を逸する | たいぎょをいっする　대어를 놓치다(큰 기회를 놓치다)

もう少しのところで強豪チームに勝てたのに、**大魚を逸して**しまった。
조금만 더 힘을 내면 강호 팀을 이길 수 있었는데 대어를 놓치고 말았다.

★★ □ 09 途轍もない | とてつもない　터무니없다

自転車でアメリカを横断するという、**途轍もない**計画を立てた。
자전거로 미국을 횡단한다는 터무니없는 계획을 세웠다.

★★ □ 10 音を上げる | ねをあげる　우는 소리를 하다

多くの部員は厳しい練習に**音を上げて**次々とやめていった。
많은 부원들이 힘든 훈련에 우는 소리를 하며 줄줄이 그만두고 나갔다.

1 다음 밑줄 친 히라가나에 해당하는 한자를 고르세요.

1. 彼女はみんなのせんぼうの的だ。 ① 全貌 ② 羨望
2. 人からいちもく置かれている。 ① 一目 ② 一黙
3. 一世をふうびしたテレビゲーム ① 富靡 ② 風靡
4. さみだれしきに質問が入ってくる。 ① 五月雨式 ② 時雨式
5. しがらみを脱ぎ捨てる。 ① 東雲 ② 柵

2 다음 두 문장 중에서 올바른 문장을 고르세요.

1. ① 吹雪のため、電車の運行を見合わせる。
② 吹雪のため、電車の運行をお見合いする。

2. ① 借金を踏み躙って逃げる。
② 借金を踏み倒して逃げる。

3. ① それでは丸っきり話が違うじゃないですか。
② それでは飛び切り話が違うじゃないですか。

4. ① 深夜は割増料金になる。
② 深夜は割合料金になる。

5. ① 市の職員の不祥事が引き続いている。
② 市の職員の不祥事が相次いでいる。

3 다음 일본어가 설명하고 있는 단어를 고르세요.

1. 地位や等級をより高くする。

① 胴上げ　　② 格上げ

2. 大安売り

① 叩き売り　　② 受け売り

3. 関係を絶つ。

① 堰を切る　　② 縁を切る

4. 水が細かくなって飛び散ったもの

① しぶき　　② いぶき

5. 盛んだったものがなくなる。

① しおれる　　② すたれる

---

1 1. ② 2. ① 3. ② 4. ① 5. ②　2 1. ① 2. ② 3. ① 4. ① 5. ②　3 1. ② 2. ① 3. ② 4. ① 5. ②